JN121166

堀千晶
Chiaki HORI

# ドゥルーズ 思考の生態学

Deleuze.
Vers une éthologie de la pensée

月曜社

目次

## 凡例

本書における外国語文献の訳出に際しては、以下の表記法にしたがう。

「 」は、原文における引用符« »を示す。

『 』は、原文における書名を示す。

《 》は、原文において大文字ではじまる語を示す。ただし、大文字で表記するのが慣用になっている語は除く。

〔 〕は、訳者による補足を示す。

傍点強調は、特記がないかぎり引用者による。

本書において、ドゥルーズの著作は、共著も含め、以下の略号をもちいて表記する。頁指示は、原書の頁数をアラビア数字で、日本語訳書の頁数を漢数字で記す。

AŒ : Gilles Deleuze, Félix Guattari, *Capitalisme et schizophrénie : L'Anti-Œdipe*, Minuit, éd. augmentée 1973 (1e éd. 1972).(『資本主義と分裂症　アンチ・オイディプス』宇野邦一訳、河出文庫、上下巻、二〇〇六年)。

B : Deleuze, *Le Bergsonisme*, PUF, 1966.(『ベルクソニズム〈新訳〉』檜垣立哉・小林卓也訳、法政大学出版局、二〇一七年)。

CC : Deleuze, *Critique et clinique*, Minuit, 1993.(『批評と臨床』守中高明・谷昌親訳、河出文庫、二〇一〇年)。

D : Gilles Deleuze, Claire Parnet, *Dialogues*, Flammarion, nouvelle édition 1996 (1e éd. 1977).(『ディアローグ　ドゥ

ルーズの思想』江川隆男・増田靖彦訳、河出文庫、二〇一一年)。

DR : Deleuze, *Différence et répétition*, PUF, 1968.(『差異と反復』財津理訳、河出文庫、上下巻、二〇〇七年)。

DRF : Deleuze, *Deux régimes de fous : Textes et entretiens 1975-1995*, édition préparée par David Lapoujade, Minuit, 2003.(『狂人の二つの体制　1975-1982』『狂人の二つの体制　1983-1995』宇野邦一監修、河出書房新社、二〇〇四年［それぞれ上巻、下巻と表記］)。

EPU : Samuel Beckett, Gilles Deleuze, *Quad* suivi de *L'Épuisé*, Minuit, 1992.(『消尽したもの』宇野邦一訳、白水社、一九九四年)。

ES : Deleuze, *Empirisme et subjectivité : Essai sur la nature humaine selon Hume*, PUF, 1953.(『経験論と主体性　ヒュームにおける人間的自然についての試論』木田元・財津理訳、河出書房新社、二〇〇〇年)。

F : Deleuze, *Foucault*, Minuit, 1986.(『フーコー』宇野邦一訳、河出文庫、二〇〇七年)。

FB : Deleuze, *Francis Bacon : Logique de la sensation*, Différence, 1981.(『フランシス・ベーコン　感覚の論理学』宇野邦一訳、河出書房新社、二〇一六年)。

ID : Deleuze, *L'Île déserte et autres textes : Textes et entretiens 1953-1974*, édition préparée par David Lapoujade, Minuit, 2002.(『無人島 1953-1968』前田英樹監修、『無人島　1969-1974』小泉義之監修、河出書房新社、二〇〇三年［それぞれ上巻、下巻と表記］)。

IM : Deleuze, *Cinéma 1 : L'Image-mouvement*, Minuit, 1983.(『シネマ１＊運動イメージ』財津理・齋藤範訳、法政大学出版局、二〇〇八年)。

IT : Deleuze, *Cinéma 2 : L'Image-temps*, Minuit, 1985.(『シネマ２＊時間イメージ』宇野邦一・石原陽一郎・江澤健一郎・大原理志・岡村民夫訳、法政大学出版局、二〇〇六年)。

K : Deleuze, Guattari, *Kafka : Pour une littérature mineure*, Minuit, 1975.(『カフカ　マイナー文学のために〈新訳〉』宇野邦一訳、法政大学出版局、二〇一七年)。

LAT : Deleuze, *Lettres et autres textes*, édition préparée par David Lapoujade, Minuit, 2015.(『ドゥルーズ　書簡とそ

の他のテクスト』宇野邦一・堀千晶訳、河出書房新社、二〇一六年）。

LS : Deleuze, *Logique du sens*, Minuit, 1969.（『意味の論理学』小泉義之訳、上下巻、河出文庫、二〇〇七年）。

MP : Deleuze, Guattari, *Capitalisme et schizophrénie 2 : Mille plateaux*, Minuit, 1980.（『資本主義と分裂症　千のプラトー』宇野邦一・小沢秋広・田中敏彦・豊崎光一・宮林寛・守中高明訳、河出文庫、上中下巻、二〇一〇年）。

N : Deleuze, *Nietzsche*, PUF, 1965.（『ニーチェ』湯浅博雄訳、ちくま学芸文庫、一九九八年）。

NPh : Deleuze, *Nietzsche et la philosophie*, PUF, 1962.（『ニーチェと哲学』江川隆男訳、河出文庫、二〇〇八年）。

PCK : Deleuze, *La Philosophie critique de Kant*, PUF, 1963.（『カントの批判哲学』國分功一郎訳、ちくま学芸文庫、二〇〇八年）。

PLB : Deleuze, *Le Pli : Leibniz et le baroque*, Minuit, 1988.（『襞　ライプニッツとバロック』宇野邦一訳、河出書房新社、一九九八年）。

PP : Deleuze, *Pourparlers*, Minuit, 1990.（『記号と事件　1972-1990年の対話』宮林寛訳、河出文庫、二〇〇七年）。

PS : Deleuze, *Proust et les signes*, PUF, 3e éd. 1976 (1e éd. 1964, 2e éd. 1970).（『プルーストとシーニュ〈新訳〉』宇野邦一訳、法政大学出版局、二〇二一年）。

PSM : Deleuze, *Présentation de Sacher-Masoch : Le Froid et le cruel*, Minuit, 1967.（『ザッヘル＝マゾッホ紹介　冷淡なものと残酷なもの』堀千晶訳、河出文庫、二〇一八年）。

PV : Deleuze, *Périclès et Verdi : La Philosophie de François Châtelet*, Minuit, 1988.（『ペリクレスとヴェルディ　フランソワ・シャトレの哲学』丹生谷貴志訳、『ドゥルーズ・コレクションII　権力／芸術』所収、河出文庫、二〇一五年）。

QPh : Deleuze, Guattari, *Qu'est-ce que la philosophie ?*, Minuit, 1991.（『哲学とは何か』財津理訳、河出文庫、二〇一二年）。

SPE : Deleuze, *Spinoza et le problème de l'expression*, Minuit, 1968.（『スピノザと表現の問題』工藤喜作・小柴康子・小谷晴勇訳、法政大学出版局、一九九一年）。

SPP : Deleuze, *Spinoza : Philosophie pratique*, Minuit, 2e éd. augmentée 1981 (1e éd. 1970).（『スピノザ　実践の哲学』鈴木雅大訳、平凡社ライブラリー、二〇〇二年）。

SUP : Carmelo Bene, Gilles Deleuze, *Superpositions*, Minuit, 1979.（『重合』江口修訳、法政大学出版局、一九九六年）。

ドゥルーズの講義は、パリ第八大学のインターネットサイト « Voix de Deleuze »（http://www2.univ-paris8.fr/deleuze/）で、音声データとその文字への転記が公開されている。引用に際しては講義日時を記した。インターネットでの公開という特性上、参照箇所の特定のため、頁数の代用として該当箇所の冒頭を記した。たとえば、「Cours du 29 novembre 1983. « Pourquoi des ennuis arrivent... »」のような具合である。加えて、« WebDeleuze »（https://www.webdeleuze.com/）で公開されている講義も参照した。なお講義の転記には正確でないものも散見されるため、音声データにもとづいて適宜修正した。

# ドゥルーズ　思考の生態学

# 序

ドゥルーズの思想において、その秘密を把握するのが最も困難なのは、統一性と散逸性、体系性と離散性、連続性と飛躍が、それぞれ徹底的に突き詰められながら、それらが打ち消しあうことなく共存しているという点にある。語られている事柄においても、語っている言葉においても、事態は変わらない。ひとつの同じフレーズが、同じ語が反復されるとき、まるで明滅しながら高速で移動する光のように、凝縮した言葉が多方向へ散らばり、また逆に、散逸した無数の線がある一点で交叉し、結び目をなす。そうした瞬間に、フレーズは価値を　変させ、一瞬にして姿を変え、環境を変え、別の状況へと挿し込まれてゆく。単純な断片性でも純然たる一貫性でもないが、これ以上ないほど徹底した離散であり厳密な一貫性でもあるという不思議さ。ドゥルーズの書物は、それじたい無数のパッチワークがほどこされた「平滑空間」の多様体であり、そのなかを「戦争機械」としての語と概念の星座が、「石」ないし「隕石」のように移動し、落下し、浮遊し、転がり、飛躍しながら、大きな筆致によって、厳格な戦略と方向性を描き出してゆく。決して孤立して存在することはなく、つねに群れであり、多様体である様々な語と概念には、それぞれ異なる生態があり、異なる速度があり、異なる環境があり、異なるスタイルがある。

そうした語や概念のなかには、哲学史のなかで産出された諸概念の群れのなかで、ひときわ周縁的で異例なほとんど哲学とは言えないようなもの、ほとんど仕上げのなされていない無垢で野性的なものすらあるだろう。[1] 哲学書にふさわしい重厚さを欠いたあまりに軽いもの、普遍性と良識と常識を欠いたあまりに情動的なもの、発話主体の判然としないあまりに非人称的なもの、起源や目的を持つことなく中空に宙吊りにされたもの、論証手続きを欠いたあまりに迅速なもの、直線状に進むというよりは群れとなって渦巻状に広がってゆくもの、価値中立的というよりは状況に介入する指令語（スローガン）めいたもの。[2] こうしたすべてはまさに、ドゥルーズの書物が文字どおりテクスト上で演じてみせる、語と概念における戦争機械の政治なのだ。[3] 彼の書物に生息しそこで呼吸する語と概念のありようそのものが、眼前で遂行されつつある闘いの記録なのである。人間が日常的に採用している思考様式が「国家装置」のものであるとされているからには、この戦争機械が、読者自身をも標的にしていることは言うまでもない。ドゥルーズにおいては「哲学とは何か」という問いは、スタイルにおいても決して中立的なものとしてではなく、諸勢力のせめぎあう磁場として構想されている。「しかし哲学は厚顔無恥で愚かしい対抗者たちにぶつかればぶつかるほど、また哲学自身の内部でそうした者たちに出会えば出会うほど、ますます元気を感じるものだ。商品というよりもむしろ隕石であるような概念を創造するという課題を果たすための元気をである[4]」。

　ドゥルーズにあって、ひとつの体系を構成するかのような大域的な論理は、いつしか、それぞれ独自の生態を有する無数の局所的な論理の蝟集状態に変貌する。こうした局所的な論理性が、たがいの連関を明示することなく、ゆるやかに相互分離して、テクストのなかに浮遊し漂っているかと思えば、天と地を結ぶ雷鳴のように、一撃でつながりが閃きもする。やや譬喩めいた言い方をするなら、彼の書物は、道同士をつなぐ道があらかじめ準備されていないために、たがいにつながることのない、様々な種類の入り組んだ道が無造作に放置されている迷路のようなものだ。そこでは、たがいにへだてられた道と道をつなぎ、そのあいだに関連を生み出す行為そのものが、新たな道をつくることになるだろう。いわば「地図作成」であって、地図そのものが道の軌跡を描く行為そのものと一体化し、出来あがる地図は、作成行為そのものよりも決して大きくもなければ小さくもない。現実は地図作成より先に存在しない。地図作成はドゥルーズを読むことから遊離したものではなく、むしろ読むことそのものの一部をなしているからだ。そうした地図のなかには、非常に見通しがよく、見事に整備された分類の線がある一方で（ドゥルーズは分類への嗜好を表明している）、曲がりくねって先を見通すことができないばかりでなく、みずから変化していく動く曲線もあり、しかも頻繁に途中で線が途切れて、放り出されたまま宙に浮き、別のところでその線が空中で再開されたり、その線を別の線が乗っ取っていってしまったりするのである。こうして「地図」の問題系のなかに「線」が導入されることで、秘かにベルクソンへとつうじる経路が開かれていくように。局所から局所へ、断片から断片へ——技術からエロスへ、武勲詩から宝飾品へ、武器から分裂症へ、チンギス・ハンからＩＢＭへ。矢継ぎ早の展開と飛躍の速度に加え、統一性から散逸性へ、散逸性から統一性へと変貌する際の身替わりの圧倒的な素早さ、意味の瞬間的な変身が、そこここで間歇的、かつ、同時多発的に観測される。

それゆえドゥルーズの思想に対して、その全体像を一望のもとに眺め渡すことのできる単一の観点、そこに到達しさえすればすべてが遺漏なく理解されるようなひとつの観点は、客観的に言ってもおそらく存在しない。それができると思いなすとすれば、ひとつの通路にすぎないものを、迷路全体と取り違えているだけだろう。全体化の不可能性は、ドゥルーズが最初期から堅持する「関係の外在性」概念の帰結のひとつだが、彼の書物は、この外在性を、語と概念によって文字どおり物質的に体現してみせる。こうした事態は、ドゥルーズを他の思想家たちと対比してみる場合ばかりでなく、何らかの学問領域、たとえば生気論、言語、身体、機械、フェミニズム、クィア理論、精神分析、人類学、芸術、文学、映画、絵画、パフォーマンスアート、政治、教育などと、結合させてみる場合も同様だろう。いずれの観点、いずれの立場を取るかに応じて、それぞれのドゥルーズ像は異なる曲線を描くことになり、かくして別のドゥルーズへと迷い込む。

　だが、一見するとたんにばらばらに見えるドゥルーズの叙述のあいだを縫うように、いくつかの糸がとおされているのもまた事実である。たとえば、まさしく局所的なコネクションは、フーコーとの有名な対談「知識人と権力」における発言に見られるように、代表や代弁を回避し（反表象＝代理）、全体化と有機的組織化を回避しようとする戦術であるのはもちろん、断片同士のたえざる中継をとおして、論理的叛乱の網目を精緻に生み出そうとするものでもある。フーコーにとってばかりでなく、ドゥルーズにとっても、「理論とは本性上、反権力」である。[5] 加えて『ニーチェと哲学』には、より仔細かつ徹底的にドゥルーズの思想的方向づけを示す一節が見出される。そこで表明されているのは、ドゥルーズが、おそらく一度も妥協しなかった思想的立場であり、また彼が問いつづけた中心問題でもあるだろう。

「誰かが哲学は何の役に立つのかと尋ねてくるとき、答えは攻撃的でなければならない。なぜなら、そのような問いは皮肉で辛辣たらんとしているからである。哲学は国家や教会の役には立たない。国家や教会には別の関心事がある。哲学はいかなる既成権力の役にも立たない。哲学は悲しませるのに役立つ。誰も悲しませず、誰も不愉快にしないような哲学など、哲学ではない。哲学は愚劣を妨げるのに役立ち、愚劣を恥ずべきものに変える。哲学には、思考の低俗さをそのあらゆる形態において告発する以外の使用法はない。その源泉や目的が何であれ、一切の欺瞞に対して批判を目論むような学問が、哲学の他にひとつでも存在するであろうか。一切の虚構を告発すること。こうした虚構がなければ、反動的な力が勝利することなどないだろう。犠牲者と加害者との驚くべき共犯性をも形成する低俗と愚劣との混淆を、欺瞞のうちに告発すること。つまりは、思考を攻撃的で能動的で肯定的なものに変えること。自由な人間たちを生み出すこと、つまり文化の目的を国家や道徳や宗教の利益と混同することのない人間たちを育成すること。我々の思考の座を占めている怨恨や疚しい良心に対して闘いを挑むこと。否定とその偽りの威光を打ち破ること。哲学を除いたら、こういったことすべてにいったい誰が関心を抱くだろうか。批判としての哲学は、それが有する最も積極的な事柄、つまり欺瞞からの脱却の企てを我々に語るのだ[6]」。

これは、『哲学とは何か』以前に書かれた、ドゥルーズにとっての「哲学とは何か」であり、ドゥルーズの思想的営為全般を導く言葉と言ってもよい。それは窮極的には、「自由な人間たちを生み出すこと」、あるいは「自由な人間のイマージュを立ちあげること」[7]へと収斂してゆくだろう。「自由」の問題、それも人間的な自由の問題は、ドゥルーズの思考の核心に陣取りつづけたものであったはずである。そしてこの問いを、スピノザ＝ニーチェの系譜[8]のなかに位置づけるなかで、あらゆる低俗と愚劣、あらゆる既成権力への批判とともに、怨恨、疚しい良心、否定的なものへの批判が遂行され、恐怖や悲しみ、不安や意気阻喪を支配のためにもちいる勢力が批判され、権力と結託する者たちが批判される。ドゥルーズにおいて、思考様式と感性の様式の問題は、実存様式をめぐる問題であり、たんに思弁的な問題ではない。それは生存のしかたであり、生のスタイルなのである。思考の新たなイマージュは、生存の新たな様式と不可分なのだ。「動物」や「人間ならざるもの」、人間以前／人間以後が喚起され、その棲息環境として「草原」、「砂漠」、「無人島」が惹起されるとき、あるいは、外からやってくる力によって顔を歪められた絵画が論じられるとき、あるいは、ユダヤ人への生成変化やノマドが論じられるとき、思考と生の自由の問題が強烈に問われているのだ。生の実践が行き詰まった思考をうながし、思考の実践が行き詰まった生の活動を斜めに逃走させ、双方がたがいを尖端にもたらすような、そうした交叉と中継の様式をドゥルーズは模索した。

　逆に、低俗な思考と生との結託を彼はきわめて強く批判する。たとえば、次のような具合である。「魂の低俗さ、憎しみに満ちた生、あるいは生への復讐心によるのでなければ、なしたり語ったりできない事柄が存在しているのです。ときには、ひとつの仕草やひとつの言葉で十分でしょう。これらは生のスタイルであって、それがたえず繰り込まれてゆきながら、我々をそれぞれ特定の存在として構成するのです。〔……〕。偉大な書き手において、スタイルとはつねに生のスタイルでもあります。とはいっても個人的な何かではまったくなく、生の可能性の、生存様式の創出なのです」[9]。思考と生の「倫理」と「美学」、すなわち、低俗さ、憎しみ、怨恨と訣別する倫理と美学である。だがそれが「個人的」な領域にとどまっているべきでないとするなら、それは同時に、政治でもあらねばならないだろう。「倫理」は、「政治」へと挿し込まれねばならない。ドゥルーズの思考はときに、もっぱら思弁的にのみ理解されることもあり、また「倫理」が個人の水準でのみ理解されることもあるだろう。だが、それに対して、具体的な情況下にある集団的な実践の次元、歴史的－社会的環境のなかで活動し行動する政治的な実存に焦点を当てねばならない。それは、ドゥルーズ自身の語と概念を、特定の社会的政治的な文脈のなかに置きなおすことを要請するはずである。すなわち、つねに具体的な情況下にある出来事、生成変化、ノマドを思考することである。

＊

ドゥルーズをめぐる文献は膨大である。彼の書物の性格じたいが誘い出したのか、あるいは、彼が「と（et/and）」の思想家だからなのだろうか、主に英語圏を中心にして、しかし他の場所でも、「ドゥルーズとX」という題名の論文、単著、論文集が、無数に書かれてきた（「X」に、様々な名が入れ替わり挿入される）。そうしたなかで、ドゥルーズのテクストじたいの読解とともに、彼の思考を様々な分野へと接続する「応用」の試みがなされ、「ドゥルーズ」が、生産的な誤読や非生産的な無理解をともないつつ、様々な場所に散種されてきたのである。ドゥルーズのテクストが有する、いわば断片的につまみ食いされる能力には驚異的なものがあり、断片的に摑みとられた言葉が、移植先で新たな生命を獲得することもあるだろう。こうした一連の試みは、「ドゥルーズ」なる思想家の統一像を描こうというよりむしろ、そうした統一像が挫折を余儀なくされているという事態への徹底的な自覚のうえで、局所的なコネクションを増殖させようとする意志に貫かれたものである。

その一方で、ドゥルーズが「体系＝システム」の構築にこだわりつづけた思想家であるということは広く認知されており、近年のドゥルーズ論は、こうした体系性、一貫性をすでに自明の所与としている。つまり断片性や迷路を語るにせよ、ドゥルーズの体系性を把握せずに、それを言うことはもはやできないということだ。とはいえ、一貫性について知悉したうえで、それでもなお断片的な言葉が有するポテンシャルについて語らねばならない瞬間が、多くの論者にたびたびやって来るだろう。ドゥルーズが自死する前年の一九九四年に刊行され、高い評価を得たフランソワ・ズーラビシヴィリ『ドゥルーズ　ひとつの出来事の哲学』[10]は、ドゥルーズの思考のなかから一貫性を掬い出そうと企図したものであると、冒頭から表明されている著作であった。同様に、ドゥルーズが亡くなったあとの一九九七年に刊行されたアラン・バディウ『ドゥルーズ　存在の喧騒』[11]も、ドゥルーズ像の多様性を指摘したうえで（「どのドゥルーズか？」）、ドゥルーズは終始、《一》の哲学であったのだとして、ドゥルーズの単著を、もっぱらその観点から再構築しようとするものであった。その力業によって論争を引き起こしたバディウの読解は、読み方が還元的であること、彼の意図にそぐわない要素をばっさりと切り捨てることによって、強い体系化、全体化を行うことに「成功」したものであり、ドゥルーズ書としては、国際的におそらく最も広く読まれたもののひとつであり、現在まで繰り返し論じられつづけている著作となっている。ドゥルーズにおける《一》と《多》をめぐる問題については、あとで検討することになるだろう。

また、ドゥルーズの哲学といえば、しばしば「差異の哲学」、「存在発生の哲学」、「超越論的経験論」といった名が付与されてきた。二〇〇〇年以降、こうした鍵となる概念を多少なりとももちいつつ、フランス語圏である程度まとまったドゥルーズ論を刊行している主要な著者として、ブアニシュ[12]、ザブニャン[13]、ソーヴァニャルグ[14]、モンテベロ[15]、ラプジャード[16]らの名が挙げられるだろう。「差異の哲学」といった名で形容されるドゥルーズ思想の相貌のうち、本書にとって重要な論点を簡単にまとめるなら、個体化され終えた存在者ではなく、生成の只中にある存在者、すなわち存在者の発生と生成、変形と消滅の過程を思考する存在発生論、いわば生殖論、変形論、消滅論であるという点にあるだろう。これはつまり、すでに完成した事象を扱うのではなく、いままさに出来しつつある事態の推移の只中にたえず身を置くということであり、どんなときもすでに走り出している列車に、走りながら飛び乗るということである。変化をやめた個体は観察者の側にも、観察される側にも存在しないのだ。それゆえいったん事象が個体として成立したあとでも、個体のありようを根底から揺るがし変形させる経験を個体がみずから生きること、そのままの個体としては生きえないもの、言葉を変えるなら、自己の根幹からのつくり直しを経なければ生きえないような経験を、ドゥルーズは肯定するのである。このように個体を発生させ変形させ、場合によっては消滅させる力の凝集体を、ドゥルーズは前個体的な場と呼び、それを「卵」に譬える。個体がいまだ成長しておらず、「潜在的」なものとしてしか存在しないこの「卵」は、個体が出来上がったあともつねにかたわらに、個体を変形する力としてありつづけるだろう。そしておのれを変形させる経験へと晒されるなかで、主体は精神も身体もときに残酷に引きちぎられ「分裂」しつつ、しかし「怪物」的な生を胎動させることもありうる。日本語圏においては、とりわけ江川隆男[17]や小泉義之[18]が、それぞれ異なる立場から生と思考の怪物性を論じ、引き延ばしていくだろう。

また英語圏では一九九〇年代後半から、マヌエル・デランダが、とくに科学的、数理的な側面から強い読解を行う著作を刊行して、とくに英語圏におけるドゥルーズ読解に広く影響を及ぼした。彼はその他にも地質学的、生物学的、言語学的なアプローチや、政治的なアプローチなどを試み、いわゆる「新しい唯物論」と呼ばれる傾向へと合流していった[19]。また先述のバディウに触発されるかたちで執筆された英語圏の批判的かつ挑発的なドゥルーズ書として、ジジェク『身体なき器官』[20]や、それにつづくホルワード『ドゥルーズと創造の哲学』[21]を挙げることができる。近年では、ドゥルーズを含む二〇世紀の思想とのかかわりをとおして、「思弁的実在論」と呼ばれた潮流が、バディウ、ジジェク等との関連で生じたが、ドゥルーズとかかわる論者のなかでは、カンタン・メイヤスー[22]と、レヴィ・R・ブライアント[23]を挙げておきたい。日本語圏においては、とりわけ千葉雅也がそうした実在論的動向を導入しつつ、ヒューム的な「切断」をドゥルーズにおいて強調し、バディウが描出した《一者》の存在論のドゥルーズから、身を引き離そうとする試みを展開している[24]。加えてドゥルーズにおいては、彼の没後に発展した「思弁的実在論」や「新しい唯物論」ばかりでなく、それと同等以上に「旧唯物論」、すなわちマルクス主義がきわめて重要な意義を帯びる。それを考察する際に重要なのが、ドゥルーズ＝ガタリとマルクス主義の連関を論じたフランスのシベルタン＝ブラン[25]であり、また、アウトノミアとのかかわりを論じたソバーン[26]であり、ドゥルーズ＝ガタリの政治哲学に一書全体を捧げた佐藤嘉幸と廣瀬純[27]であり、また、ドゥルーズへの言及は少ないもののバリバール[28]や、新／旧の唯物論のいわば交点に位置するリード[29]の仕事である。

ここで名前を挙げることさえできない膨大な先行研究がすでに積み重ねられてきているなかで、本書の企図はきわめて慎み深いものである。というのもその主題は、ドゥルーズ思想における「出来事」と「生成変化」の概念をめぐって、その論理と政治的射程を探究するという論点のみに叙述が限定されるからだ。本書は三部構成であり、第Ⅰ部と第Ⅱ部は「出来事」を、第Ⅱ部と第Ⅲ部は「生成変化」を主に扱う。「生成変化」論には、『意味の論理学』を主要な典拠とする表層的なものと、『千のプラトー』を典拠とする質料‐力能的なものがあり、両者は、いくらか共通点を有するものの、ライプニッツとスピノザの差異に等しいほど、あるいは、ボルヘスとアルトーの差異に等しいほど、性格を異にするものである。各部はそれぞれ三章からなる。各部の前半は論理構造の叙述を主とし、後半は政治論へと考察を広げてゆく。各部の概要は以下の通りである。

第Ⅰ部「出来事の論理」においては、ドゥルーズの思考の基本的な骨格を浮彫りにすることを目指す。第一章「時間と真理」でまず確認するのは、思想的変遷を幾度も遂げたドゥルーズが堅持しつづけた問題は、生成変化を肯定するばかりでなく、生成変化のイデアとイデアの生成変化を同時に思考し、それらを結合させることで、生成変化を累乗的に高める点にある、ということである。別言するなら「生成変化」を、「コピー」ではなく、「モデル」の地位に据えることであり、そこから生じる帰結を引き受けることである。本書全体は、この問いに貫かれていると言ってもよいだろう。

この基本線を確認したうえで、第一章と、第二章「ライプニッツ／ドゥルーズ——神、世界、自我」では、運命論（「偶然的な未来」）をめぐる伝統的な議論を辿り、必然的な運命論（ディオドロス）、仮説的な運命論（アリストテレス）、仮説的な可能世界論（ライプニッツ）、無仮説的な多世界＝単一世界論（ドゥルーズ）の区別を行うことで、ドゥルーズの体系を、単数以上複数未満の宇宙論として位置づけることを試みる。ニーチェやベルクソンではなく、ライプニッツを特権的な比較対象としたのは、ライプニッツ的論理との対照においてこそ、ドゥルーズの「出来事」論の体系が、最も簡潔に明らかになると考えるからである。

第三章「カオスモスを信じること——潜在的なものの蜂起」では、ライプニッツ『弁神論』の体系の検討をとおして、あらゆる可能世界の結合（いわば理念的なカオスモス）と、有限個の可能世界の結合（現実のカオスモス）とを区別する。また、ピラミッド内の他の可能世界とのかかわりと、あらゆる可能事が含まれるとされるピラミッドとその《外》とのかかわり——ピラミッドそのものを発生させる審級、ピラミッド全体＝可能事の領野全体を書き換える運動——を区別し、後者のほうを、より根本的な出来事として位置づける。そのうえで、『シネマ』以後のドゥルーズの「世界を信じること」をめぐる議論を、出来事との関連に置くとともに、彼の宇宙論にも関連づける。すなわち、彼が信じるとしているのは、単純にこの世界のことでもなければ、別の世界でもなく、他様なる世界そのものが、最高度の異和として、決して解決されることのない問題として、世界のうちに内在化されるということである。そのことの批判的な意義を検討することにしたい。

第II部「生成変化の時間」では、第四章「出来事の裂開」と第五章「愛の病——神の発生と崩壊」の前半において、本書第I部の議論を整理し直し、ドゥルーズにおける「出来事」概念を、三つの相に区分けした（それぞれ「出来事A」、「出来事B」、「出来事「／」」と呼ぶ）。そして出来事の本質を、現実世界にも、可能世界にも、どのような世界にも、どのようなピラミッドにも属さない「世界間存在」

（ないし、パウル・クレーにならって「狭間世界」の存在）として規定する。つまり、どの世界にも固有に属することのないもの、どの世界にも姿を見せうるがどの世界にも帰属しきれず狭間に落下してしまうもの、どの世界からも逃走し漏れ出すもの、どの世界のものでもないものである。出来事の身分を三つの相に分けて規定することによって、ドゥルーズが「出来事のあの沈黙し闇に包まれた持ち分」と呼ぶものを、明確に位置づけることができるようになるだろう。

第五章「愛の病」では、個別的な出来事＝意味の発生ではなく、出来事の領野そのものの発生、すなわち『意味の論理学』で言うなら、意味の表層そのものの発生をめぐる問題を探究する。この問題の検討のために導入されるのが、シェリングである。シェリング的論理は、一九六〇年代後半のドゥルーズ――『ザッヘル＝マゾッホ紹介』、『差異と反復』、『スピノザと表現の問題』に加え、とりわけ『意味の論理学』――、そしてその後も『シネマ』や『批評と臨床』のドゥルーズが、全面的にではないにせよ、自覚的に援用していたものだ（後期においてはとりわけ自然主義をめぐる議論において）。シェリングが問うのは、混沌たる質料＝暗黒からの光＝知性の発生であり、その光＝知性によって統べられるはずの《自然》が直面する、崩壊のたえざる脅威としての病である。みずからを破壊し、おのれに亀裂を入れる《自然》と言ってもよい。ドゥルーズは『意味の論理学』において、混沌たる物体の深層からの非物体的な意味＝出来事の表層の発生と、その表層の崩壊の危機を描いたが、これはシェリング的論理を描き直したものである。そこでは、物体（暗闇－深層）と非物体的なもの（光－表層）の調和的な並行論がかろうじて成立しつつ、しかし、その調和に裂け目が走り、崩壊する危機がつねにかたわらにある（症例アルトー）。こうした崩壊の危機はまた、思考の、出来事の新たな発生の場ともなると言われるだろう。第二章では、『意味の論理学』において描かれる調和的な並行論とそのシェリング的な危機に対して、『差異と反復』においてはむしろ、並行論がスピノザ的なしかたで、崩壊の危機から免れているのではないかという仮説を検証する。すなわち、『意味の論理学』と『差異と反復』の相違を、シェリング的論理／スピノザ的論理と、並行論のありようをとおして検討する。

第六章「(不)可能性の世界」では、『差異と反復』と同時期に執筆された『スピノザと表現の問題』における複雑な並行論、おそらくドゥルーズの著作のなかで最も緻密に構成された並行論を検討する。同書における議論が、力能の並行論と属性の並行論という二層構造になっていることを確認したうえで、彼のスピノザ論のなかに、ドゥルーズがライプニッツから抽出した多世界＝単一世界的論理構造が折り畳まれているのではないかという仮説を検証する（あるいは逆に、ライプニッツ的論理のなかにスピノザ的論理の構造が折り畳まれていると言ってもよい）。つまり、ドゥルーズにおけるライプニッツ／スピノザの共存という問題をめぐって、決して一致することのないふたりの哲学者の対話とすれ違いを、並行論をとおして検討しつつ、スピノザ的な思考論の裂け目を浮彫りにすることを試みる。また第六章の中盤では、ベルクソン経由のドゥルーズの「潜在性」概念を、可能性じたいを可能化する（ないし不可能化する）、それじたいはいかなる可能性でもない実在的なものとして位置づけたうえで、あらゆる可能性を思考する無限の知性でさえシミュレーションできないことは何かを追跡する。そして第六章末尾では、この「可能化」をめぐる議論を手がかりに、ドゥルーズの政治論を検討することにしたい。新たな対話相手は、サルトルとフーコーであり、政治情況は六八年五月以後となるだろう。

第Ⅰ部はライプニッツ的論理を、第Ⅱ部はシェリング的論理／スピノザ的論理を拠点としていたのに対し、第Ⅲ部はスピノザ的論理を拠点とする。つまり、本書は大きな流れとして、ドゥルーズにおけるライプニッツ的なものからシェリング的なものの検討を経て、スピノザ的なものの検討へと向かうことになる。第Ⅰ部、第Ⅱ部において一貫して問われていたのは、世界や主体の「固有性＝私有物」――主語概念に囲い込まれ、そこに固有のものとして内属する述語＝出来事の総体――を、別言するなら形而上学的なテリトリー論を、ドゥルーズがいかに批判するかという点であった。こうした「固有性＝私有物」批判は、第Ⅲ部でノマド、領土、生成変化を論ずる際においても継続される。

第七章「ノマドのテリトリー」においては、『プルーストとシーニュ』の記号論における諸世界の分断や、『千のプラトー』のリトルネロ論における領土形成の問題を概観したうえで、いわば形而上学的な「領土」をめぐるドゥルーズのノマドロジーを、スピノザ主義における存在論的アナーキーの問題として読解してゆく。対象となるのは、『差異と反復』、それに『千のプラトー』である。本書で注目したいのは、「領土」の概念をめぐってドゥルーズが示す揺れ動きである。すなわち彼の示す路線は、ノマドによる領土（固有性）の全面的廃棄なのか、それとも、境界の流動する領土（固有性）なのか。第七章では、この揺れ動きをスピノザ的な実体／様態の区別の観点から検討したうえで、ノマドの「本質」が「占拠」にあるとされていることの意義を考察する。

第八章「力能の生態学」では、ドゥルーズのいう「スピノザの実存主義」が、反アリストテレス的な思考を基盤としている点を踏まえつつ、個体化が、「種」の分断――生物学的な「種」や、社会的な「種」、さらには二分法的な「性」など――を超えて行われるという点を概観してゆく。そうした個体化を背景とする生成変化においては、個体がおのれの形相そのものを変形し、形相横断すること (transformation)、あるいは脱形相化すること (déformation) が問われている。たとえば「人間」はもはや「人間」でないものへとおのれを投企する、ないしは投企されるのである。ドゥルーズは、スピノザの「個体」理論にもとづいて、それを技術的、芸術的に実装可能な《自然》の問題――ないしは《自然＝機械》の問題――として考えた。その点をめぐって本書ではドゥルーズが、排他的で不変的な「固有性＝私有物 (propriété)」ではなく、「保有＝憑依 (possession)」という両義的な表現を、力能についてもちいていたことを取りあげる。つまり他者とのかかわりと自己の形成をめぐる両義性である。同時にそれは、《存在》という平面のうえに棲息しながら、周囲の環境とのかかわりのなかで、いかにおのれの身体と思考と行為能力をつくりだすか、という生態学(エトロジー)的な存在構成の問題である。それこそ、ドゥルーズが言うところのエートスとエチカの問題にほかならない。この際、有名な「アレンジメント (agencement)」の概念は、たがいに異質な素材同士を関係させることで、「行為者 (agent)」と「活動力能 (puissance d'agir)」をつくりだし編みあげるシステムとして規定されるだろう。ところで新たな行為者と活動力能の形成をめぐる生成変化論は、変身論であることに加え、異質な集団同士の政治的同盟論でもある（公然ないし非公然の同盟ないし結社）。生成変化と同盟――変身をとおして同盟を形成すること、あるいは、他者と結びつきながら変身すること――というふたつの側面は不即不離の関係にある。また第八章では、「器官なき身体」論におけるマゾヒズムの「歓び」――力能の増大――の検討をとおして、ドゥルーズにおける倒錯的スピノザ主義を析出するとともに、いわゆる「ドゥルーズ」＝「歓びの哲学者」というイメージを斜めから検証する。そして、「器官なき身体」論をとおして、スピノザ／ドゥルーズの差異を考察する。

第九章「器官なき政治」では、『千のプラトー』に収められた「器官なき身体」論の初出版（一九七四年）を参照し、同テクストを翌年刊行の『カフカ』とも関連づけつつ、器官なき身体論を政治的な情況下に位置づけることを試みる。そのうえで、ドゥルーズ＝ガタリが、現代社会の最も内的な敵と見なしていたファシズムと、ポスト・ファシズムをめぐる議論を、器官なき身体論、資本主義－戦争機械論、情報権力論をとおして概観してゆく。ドゥルーズ＝ガタリによるこうした現状分析を踏まえながら、第三章末尾では、抵抗主体たる「我々の時代のノマドとは誰か」という問いを追跡する。近年の「ノマド」という言葉の商業主義的な濫用を掣肘すべく、ドゥルーズ＝ガタリにおける「ノマド」という語の用法を、一九世紀に遡りながら歴史的に位置づける。現代にあって忘却されているのは、「ノマド」が侮蔑語であったという単純な事実である。こうした点を踏まえたうえで、ノマドという語がプロレタリアート、階級外の者、アナーキスト、マイノリティといった諸側面をテクスト上で横断し、それらを結合させていくしかたを検討することにしたい。

本書の文献的な特徴は、ドゥルーズの既刊の著作ばかりでなく、彼の講義を広く参照した点にある。おそらく大半のドゥルーズ論よりも、講義への言及が多く見られるはずである。ドゥルーズの講義は、一九六〇年前後の一連の講義に加えて――リヨンの高等師範学校の図書館に収蔵されている[30]――、一九七〇年代前半から一九八七年までの講義の記録が残されている。本書で主に参照したのは、一九七〇年代後半以後の講義群だが、その一連の講義は、著作で言うなら、『千のプラトー』、『スピノザ実践の哲学』増補版、『フランシス・ベーコン　感覚の論理学』、『シネマ1』、『シネマ2』、『フーコー』、『襞　ライプニッツとバロック』の時期に行われていたものである。残された分量は膨大であり、音声ファイルと、それを文字に転記したテクストの二種類が、インターネット上で入手可能である。[31]ただしテクストは転記者によって大きく質が異なり、場合によっては著しく不正確であるため、引用に際しては録音にもとづいて転記を修正した箇所がある。

今日、フーコー講義を読まないフーコー研究者はおそらく存在しないが、ドゥルーズとフーコーではいささか事情が異なる。フーコーの場合、講義で語った内容の大半を生前に書物として刊行しなかったがゆえに、今日の研究において、いわゆる空白の年月を埋めるために、講義の存在が不可欠なものとなった。これに対し、ドゥルーズの講義は、基本的に刊行される著作の前駆的な準備と実験の役割をしている場合が多く、その内容が著作と講義で重なることもしばしばである。だからなのだろうか、ドゥルーズの講義にほとんど言及しないドゥルーズ研究者も多い。

ただ講義のなかでは、同じ事柄を異なる言葉で語るのはもちろんのこと、まったく異なる主題について語っていたり、著作では数行に圧縮されている事柄に多くの時間が費やされたり、新たな事例を出して説明したり、著作とまったく異なる構成で講義が組み立てられていたり、同じ問題にまったく異なる角度から迫っていたりと、既刊の著作の読解を補助するだけにはとどまらない要素が散見される。加えて、すでに述べたように、講義の分量は膨大である。一年分の講義で優に一冊の本になり、それが八年分近くある。研究史的にいうなら、生前に発表されながら、様々な媒体に散逸していたものを集めた『無人島』、『狂人の二つの体制』、『書簡とその他のテクスト』が刊行されたあとで、ドゥルーズをめぐる資料として、これ以上のものが出てくることは、草稿類の刊行を除けば（それがありうるかは現在のところ定かではないが）、もうないだろう。もちろん分量的には少ないが、質的に重要な資料が発見されることはつねにありうるにしても、である。

講義を読むこと、それに、ドゥルーズの金属質な声に耳を傾け、その速度とリズムにひたり、教室における軽い昂奮まじりのざわめきと混じり合う彼の朗らかな笑い声を聴くことは、とりわけ八〇年以降のドゥルーズの著作の言葉一つひとつに対して、新たに眼を開かせ、息吹を吹き込むような効果をもたらしてくれた。少なくとも、本書にかんしていえば、ドゥルーズの講義にふれることなしに、書かれることはありえなかっただろう。

# 第I部

# 出来事の論理

# 第一章　時間と真理

## 第一節　生成変化の真理

「虚偽の力能」と題された『シネマ2』第六章において、ドゥルーズは、「時間」と「真理」との関係という問題を投げかける。「時間」と「真理」とはそれぞれ、西洋思想史全体に深くかかわる問題だと言ってよいが、その一方で、彼がその問題を提示するのは、一九世紀末にはじまった映画における物語形式や説話（ナレーション）についてて論じながらのことであり、あたかも一九世紀末に誕生した映画史のひとつの断面に、長大な哲学史が圧縮して嵌め込まれるかのようだ。ドゥルーズが果敢に行うのはそればかりではない。そこで彼は、真理と時間の問題を、ほとんど宇宙論を逆立ちさせるような規模で転倒させながら、映画論を進めてゆくのである。[1] とまれ古典古代の時間論が、天体論に棹差すものである点に鑑みれば、その転覆が宇宙論的な射程を帯びることじたいは、さして驚くべきことではないかもしれない。

「芸術」のなかへと「哲学」的な問題を差し込む身振り、あるいは逆に、「哲学」のなかへと「芸術」の存在を差し込む身振り、局所的な地点に大きな問題を巧みに凝縮し集約させる身振りは、ドゥルーズにおいて決して珍しいものではない。ドゥルーズは、こうした脱文脈化と再接合の只中で、そこに一貫して流れる論理性を見出し創出するのであり、こうした綱渡りのような接合行為が生み出す高度の緊張状態の強度に賭けながら、しばしば芸術作品や哲学を論じるのだから、そうした身振りは彼にあってはむしろ常態なのだと言ったほうがよい。ベルクソンによる周知の映画批判にもかかわらず、そのイマージュ論と映画論を接合するという、『シネマ』の蛮勇とも言える構造そのものが、ドゥルーズの振舞いを典型的なしかたで示しているだろう。彼は映画論的にも哲学的にも途轍もない野心を抱き、しかもそれを異様な形と規模で、六〇歳にならんとする頃、実行に移してしまった。

なぜドゥルーズにとって芸術作品は、思考の問題にかんしてかくも特権的な地位を担っていたのか。ひとまず彼のテクストから確認できるのは、思考と芸術の結合は、ドゥルーズに特徴的な一種のニーチェ主義的な態度であるという点であり、芸術作品が、思考と生の最も鋭い尖端と見なされているという点だろう。たとえば、『ニーチェと哲学』[2]では、こう言われている。「我ら芸術家＝我ら真理や認識の探究者＝我ら生の新たな可能性の創出者」。すなわち芸術、思考、生が、謎めいていながら、同時に、彼にとっておそらく必然的でもある等号で結ばれるのである。日常的なものの哲学——日常的なものを説明するための哲学や、日常的なものから出発する思考——に、一切興味を示さず、つねに特異なもの、ごつごつした手ざわりのもの、流れるようにたわむもの、触れる手が切れてしまいそうな鋭利なものにうながされるように思考していたドゥルーズにとって、偉大な芸術作品は、思考と生のありようをそのたびごとに切り開く出来事の到来であったにちがいない[3]。生は思考にうながされて、思考は芸術にうながされて、芸術は生にうながされて、それぞれうごめきはじめるという具合に、こうした結合はドゥルーズにあってきわめて本質的なものである。それゆえ、先の時間と真理の連関をめぐる問いに加えて、それと交わるもうひとつ別の軸として、思考、芸術、生の連関を念頭に置いておかねばならないだろう。彼においては、出来事も、生成変化も、こうした問題連関のなかにあると考えられるからである。

ところで『シネマ2』おいて、ドゥルーズが真理と時間の関係にふれるのは、戦前と戦後の映画を分ける、「運動‐イマージュ」と「時間‐イマージュ」というふたつの体制のあいだの相違点を列挙しながらのことである。[4] つまり現実／描写の順序（現実がまずあって次にその描写があるのか、それとも描写とともに刻々と現実がつくられてゆくのか）、現実／想像を切り分ける境界のもつれ（現実と回想、夢、空想、想像とを識別しうるのか否か）、知覚／行動の関係（状況の知覚が行動へとつながり、状況の隠された真実をあきらかにするのか、それとも状況の知覚が有効な行動につながらず、常軌を逸した行動を誘発しただ状況を知覚するばかりなのか）をめぐる相違点を叙述しながら、彼は時間と真理の問題を、時間‐イマージュの顕在化とともに明白なものとなる第四の相違点として呈示する。それは、映画誕生以前から哲学において存在する問題でありながら、しかしドゥルーズによれば、まさしく映画にかかわる説話の問題として、映画がそのうちに抱えているものである。[5] 彼は次のように述べている。「より複雑でより一般的な第四の点が、そこから生じてくる。思想史を振り返ると、時間がたえず真理の概念を危機に陥れてきたことが確認される。真理は時代によって変化するということではない。たんなる経験的な内容ではなく、時間の形式が、あるいはむしろ時間の純粋な力が、真理を危機に陥れるのである。この危機は、古代から「偶然的な未来」のパラドクスとして勃発している」[6]。

周知の如く、ドゥルーズは二〇世紀の思想をとらえて離さなかった「時間」の問題を、一貫して考えつづけた思想家であり、たとえば「時間の綜合」、「生成変化の時間」、「アイオーン」などの彼の概念に加えて、「時間‐イマージュ」という『シネマ2』の題名からしても明白である。他方の「真理」にかんしても、ドゥルーズは真理に背後からついてまわり、逆撫でするような「虚偽」、「シミュラクル」といった主題を、『ニーチェと哲学』以来、繰り返し取りあげてきた。とりわけ『シネマ2』では、「虚偽の力能」が第六章の題名であるのに加え、第八章第三節におけるマイノリティによる仮構作用についての議論もよく知られたところだろう。ドゥルーズは準拠となる真実のない偽物や贋造物、偽造者や詐欺師の有する威力を繰り返し語るのだが、あたかも彼にとっては真理よりも、幾重にも重なる虚偽の戯れのほうこそが、逆説的にも真理を、とりわけ生の真理を顕出させるかのようである。だが同時に、ドゥルーズが「真理」を、単純に斥けているわけではない点にも目を向けねばなるまい。彼は、素朴な「真理」のモデル――ないし、モデルとしての真理――を手厳しく拒絶しながら、真理とは「発見」されるものではなく、「産出」されるものだとも言うのである。彼にとって真に生産的な偽なるものは、どこかに先行的に存在しているモデル＝真理でもなければ、モデル＝真理に忠実なものでもない。むしろ、定まったモデルを基準にするという思考法じたいを愚鈍なものに変えてしまう何かとして位置づけられているのである。尺度となるべきモデルそのものが変化してしまうとするなら、それを基準にしているものやそれを模倣しているものが不正確になるばかりでなく、さらには、モデルそのものが自己自身に対して根本的に不正確にならざるをえないからである。こうしてコピーの地位を、モデルを模倣しないものへと変えると同時に、モデルそのものの本質を、自己同一性を持たない他様なるものへと変形することが問われることになる。たとえば、ベルクソンにおける「記憶」がそうした生成するものであったようにである。

ここで『シネマ２』の執筆と並行して行われていたパリ第八大学における講義を紐解くなら、「時間」と「真理」のかかわりという問いの地位が、より判明に浮彫りになるだろう。一九八三‐八四年度にかけての講義の主題はまさしく「時間と真理――偽造者」[7]であり、時間と真理に加えて、虚偽、偽造、歪曲といった問題が前面に出てくる。同年度の講義で中心的に論じられるのは、『シネマ２』第六章「虚偽の力能」と重なりあう問題だとひとまず言えるが、しかしそれにとどまらず、同書の他の箇所とかかわる問題、そして『シネマ』全体のなかでさほど論じられることのない主題が広く扱われる。たとえば、のちの『哲学とは何か』という著作に結実することになる問いかけが、コンセプト、アフェクト、ペルセプトの交錯をとおして思考されるといった具合である。そしてこうした様々な主題を論じた一年間の講義が、「時間と真理――偽造者」という名のもとにまとめあげられているのだ（「哲学とは何か」は一九八〇年代の講義全体を通した通奏低音的な主題である）。

まずここでは、時間と真理、そしてこの関係がもたらす危機を明らかにするために、「真理」がいかにして時間と関係づけられてこなかったのか、すなわち、真理がいかにして時間から隔離されてきたかを、ドゥルーズの言葉に則して確認しておくことにしよう。それは別の観点からするなら、真理が危機に陥らないようにするために、どのような言説が考えだされなければならなかったか、そして、言説上においてであれ、真理を時間から隔離し絶対化する身振りそのものが、いかなるしかたで真理の特徴にかかわっているかを見ることでもある。ドゥルーズが述べるように、真理は伝統的に、時間ではなく、永遠と関連づけられてきた。そうすることで、時間との関係を免除されてきたのである。彼はこう述べている。「普遍と必然によって、さらには権利上の普遍性と必然性によって定義されるこの真なるものの形式、この有機的な活動は、何をモデルとしているのでしょうか。この形式は《永遠》をモデルにしており、根本的に《永遠》の印璽を押されているのです。時間をこうした真理の只中に放り込むなら、この真理は一体どうなるでしょうか」[8]。

ここでドゥルーズが問題にしているのは、イデア論的な伝統に属する真理概念である。この地上にある個別的なもの、肉体を具えたものはすべて生成にさらされ、いつかは消滅することを宿命としているが、その運命に対抗して、真理がつねに自己同一的にとどまり、模倣されるべきモデルになるためには、時間の流れる地上の外に、つまり時間の外部におのれを位置づけねばならない。「永遠」とは、時間的な無限の広がりを持つことではなく、肉体を持たずに時間外にあることであり、このように時間との関係を断つ超越的イデアという設定をつくりあげることによってはじめて、真理は、いつでもどこでも真でありつづけることが可能になる。真理が根本的に自己同一者として不変でありつづけるためには、時間のなかで変質しないどころか、時間内に存在しないものでなければならず、時間内で誕生もせず消滅もしないものとして規定されねばならない。時間内にあるということは、時間によって測定されうるということを意味するが、永遠は時間内にないために、時間と関係がなく、時間の作用に曝されることがない。永遠真理は、時間とは関係を持たないこと、決して触発される可能性を持たないことによって規定されるのである。こうした立場からするなら、永遠真理は、創造される可能性を排除したものとして《存在》することになるだろう。

こうした真理観の範型を完成させたプラトンは『ティマイオス』のなかで、永遠と、その似姿にすぎない時間（数に則して規則的に循環する季節・年月）とを対比させている。そして世界と時間の発生は同時的であって、宇宙がデミウルゴスによって製作されるそのとき、それは周期的に円環運動するようつくられるのであり、こうした運動の周期性が時間となる。つまり、『ティマイオス』で時間は、秩序づけられた世界の規則的なリズムとして、現実存在の側に位置づけられるのである。こうした模造物たる時間の秩序とは区別される《モデル》の世界に属するのが、非時間的な永遠の存在であり、周知のようにプラトンは、永遠のモデルに固有の無時間的な時間を、永遠の「現在」として描き出す。[9]決して過ぎ去らない現在であり、永遠的な自己同一性を指し示す現在、永遠の即自存在である。「ある」の《現在＝存在》はしたがって、時間の不在を証言するものにほかならず、そうした時間を欠いたものが、「本質」に属するとされる。そしてこの本質的な存在に固有の無時間性を表現する「現在」に対立するのが、「過去」や「未来」であり、永遠をモデルとする真理が決して成り立つことのない「生成変化」に固有の時間性である。この観点に立つなら、時間を導入するということが意味するのはつまり、《現在》とは本性を異にする「過去」や「未来」を導入することであって、生成変化の時間を導入すると言うのに等しいのである。

ドゥルーズは時間、とりわけ生成変化の時間にかんして、少なくとも言葉上は、プラトンの定式を反転させたものと同じような立場を取るように思われるかもしれない。すなわち、「現在」＝「存在」（永遠）を反転させた「過去‐未来」＝「生成変化」（時間）の特権化という道筋である。たとえば『意味の論理学』では、「現在」を回避しつづけながら、無限に「過去」と「未来」へと分割されつづける時間が、「生成変化」をめぐる議論のなかで強調されもする。しかし注意が必要なのは、ドゥルーズが生成変化の時間である過去や未来を強調するからといって、問題すべてが、世界内で変動する現実存在へと収斂するわけではないという点である。「モデル／似像」、「永遠／時間」、「天上／地上」、「存在／生成変化」、「本質／現実存在」を対立させ、その一方から他方へと軸足を移せば、それで事足れりとなるわけではない。地上のものはあまねく流転し生成変化すると言ったところで、それで終わりではないのである。なぜなら、地上では万物が流転するという議論は結局のところ、イデア論がイデアの実在性を証明するために使用する分割（天上＝存在／地上＝生成変化）と同じ分割線を援用しているからであり、そのちがいは、流動する地上を重視するか、それとも、不動の天上を重視するかにすぎず、それでは、イデア論の枠組にふれることにはならず、根本でこの分割を支えている図式そのものが無傷のまま温存されるからだ。同じ分割法を用いているかぎり、議論の枠組そのものが、すでにイデア論自身のうちに織り込みずみなのである。また、ドゥルーズが《理念（イデア）》について繰り返し語るという事実に鑑みれば、彼がイデア的なものを完全に捨て去り、似像、生成変化、現実存在のみの哲学を構成しようとするわけでもない。では、彼はどのような立ち位置を取るのか。

　ドゥルーズにおいて問題になっているのは、モデルとコピーのあいだ、本質と現実存在のあいだに横たわる中間領域であり、ライプニッツに倣って「中間の知」[10]と呼びうるようなものである。ドゥルーズの眼目は、現実存在の領域における生成変化に重きを置くのではなく、いわば、イデア＝モデルの領域に生成変化を持ち込むことであり、永遠真理の世界に、時間を導入することである。あるいは、永遠真理を「出来事」に変えることと言ってもよいだろう。それはつまり、永遠的なものを出来事として、差異の動きとして産出するという逆説的な事態である。真理の領域から排除された時間が、最も根本的なしかたで時間外的な真理を脅かすのは、時間外的なものの領域のなかへと時間が回帰するというこの逆説であり、この抑圧されたものとしての時間の注入による、時間外的な領域じたいの変形である。彼はプラトンの『ティマイオス』をめぐって、一九八四年二月七日の講義で次のように述べている。

「正確には、プラトンが語っているのは次のようなことです。変化と運動がコピーの状態であるのに対して、同じものと永遠的なものはモデルの状態である。この場合、それは実体Aです。しかし彼は、私が理解しているかぎりではこうつけ加えるのです。なぜ別のモデルがないのだろうか、と。すなわち、なぜ変化と動きはもっぱらコピーの状態なのか、なぜ動きと変化のモデルが同じように存在しないのか。彼が「然り」と返答する必要はありませんん、なぜなら動きと変化のモデルがあるとするなら、それは実体Bとなるからです。実体Bが存在するためには、動きと変化は、たんに似像とコピーの状態ではなく、モデルの性格でなければならない」[11]。

同様の主張が見られるのは、講義ばかりではない。たとえば、『意味の論理学』所収の「プラトンとシミュラクル」には次のようにある。「シミュラクルは、不均衡、差異をもとに構築され、非相似を内化している。それゆえ我々は、コピーに押しつけられるモデル、コピーの類似性を生み出す《同じもの》というモデルとの関係で、シミュラクルを定義することはもはやできない。シミュラクルになおモデルがあるとするなら、それは他なるモデル、内化される非相似を生み出す《他なるもの》というモデルである」[12]。また、『千のプラトー』にもこう書きつけられる。「安定的なもの、永遠的なもの、同一的なもの、定常的なものと対立するのは、生成変化と異質性というモデルである。生成変化そのものをモデルに仕立てあげること、それをコピーの副次的な性格にするのではもはやないこと、これはひとつの「逆説」である。プラトンは、『ティマイオス』においてこの可能性を示唆したものの、王道科学の名のもとにその可能性を排除し斥けてしまった[13]。《他なるもの》をイデアとすること、あるいは、「生成変化そのものをモデルに仕立てあげること」。ここでドゥルーズが遂行しているのは、現実存在とは区別されるイデア的なものの内部で、さらにふたつの領域を区別することである。すなわち、不変的イデア（イデアの変化不可能性、自己同一性）と可変的イデア（イデアの変化可能性、自己他者化）との峻別である。そして後者の側の可変的イデア、すなわち生成の存在、出来事としての真理を、ドゥルーズは探究するというのである。その一方で、イデアの変化不可能性は彼にとっておそらく、可変性を固定化し地層化していった果てにあらわれるヴァリアントのひとつにすぎない。繰り返しておくが、問題はたんに永遠／時間、存在／生成変化、本質／現実存在の区別ではない。そうではなく、永遠じたいのうちに永遠／時間の切断を持ち込むことであり、存在じたいのうちに存在／生成変化の切断を、イデアじたいのうちに不変／可変の切断を持ち込むことである。すなわち、存在について言われる存在、本質について言われる本質ではなく、生成変化についてのみ言われる恒常性、生成変化の反復であり、しかも生成変化する本質である。「時間」と関連づけられることによって、「真理」が切り開くのは、したがって生成変化の真理なのである。これを、「真理は時代によって変化する」という事態と混同してはならない。

おそらくここに、ベルクソン論（記憶）やニーチェ論（永遠回帰）をつうじて、『差異と反復』や『意味の論理学』をつうじて（「差異＝時間」についてのみ言われる「反復＝存在」、構造主義論における構造＝イデアとその変化）、あるいは、それ以後の著作（たとえば『千のプラトー』における質料＝イデア＝系統流）

をつうじて一貫する、ドゥルーズの思考の核心がひそんでいる。ドゥルーズが、その入り組んだ思考の道筋において見据えようとしているのは、運動や変化のイデアを考えつつ、同時に、イデアじたいに運動する性格——ただし、感覚的な事物とは異なるタイプの運動性、イデアの非物体的な変形——を与えることであり、イデア的なものに特有の変化能力、書き換え可能性を考えること、そうして本質的な理念性の概念を根本から刷新することである。プラトンにおいて善のイデアは、地上的な相対的な善とは区別される窮極的な善である。そしてこのイデアは、何が起ころうとも、善以外のものではありえないという意味で、同一性を具えてもいる。では、同一性のイデアについてはどうか。そのイデアは同一性そのものであり、定義上、同一性としてのイデア以外のものではありえない。つまり、同一性のイデアが窮極的な同一性でもあるということを意味している[14]。では、生成変化がイデアでもあるとするならどうなるのか。ドゥルーズが出来事の論理において思考する生成変化のイデアは、それじたい窮極的な生成変化であり、生成変化そのものであるイデアになるだろう。つまり、イデアという窮極的な生成変化である。差異のイデアは、純然たる差異そのものであり、差異以外のものではないイデアとなるだろう。生成変化とはつねに「差異化のイデア」かつ「イデアの差異化」であり、「他様化＝多様化のイデア」かつ「イデアの他様化＝多様化」である。同一的なイデアと生成変化するイデアというふたつのタイプが、まったく異なるのは明らかだ。一方は同一的でありつづけ、おのれのうちに閉じこもるものであり、他方はみずから無限に分裂し離散し、可塑的に無限変容し、おのれを窮極的に異化し多様化しつづけるものである（分裂、発散、差異化、多様化……）。ここでドゥルーズが行っているのは、無数にあるイデアのなかに、新たにひとつのイデアを追加することではない。

というのも、プラトンにおいては、どんなイデアであれ自己同一性という形式を持つということが、あらゆるイデアの基礎にあるからである。イデアが差異そのもの、生成変化そのものであるとしたらどうかという問いによって、ドゥルーズが挑戦するのは、あらゆるイデアの基礎そのものにある同一性形式である。とりわけ「永遠回帰」を論ずるなかで、彼が主張するのは、同一性を前提とするイデアを、すべて選別によって振るい落としてしまうことなのだ。したがって、そこにはプラトン的な意味でのイデアはひとつも残らないだろう――ただし、純然たる生成変化そのものを除いて。加えて、スピノザ主義を経由するドゥルーズにおいて、この生成変化のイデア＝イデアルな生成変化は、もはや超越的なものではなくなり、むしろ世界に張りつく汎神論的で内在的なものとなるだろう。イデアは超越的な高みにあることを捨て、内在的な《自然＝機械》となり、存在者たちに宿り、その生成変化を限界にまで引き延ばしてゆくということである。

　こうした点を踏まえたうえで、それでもなお、『差異と反復』で《理念（イデア）》を論ずるドゥルーズを、プラトン主義者と呼びたい誘惑が生じるかもしれない。だがそれは、イデア概念じたいにまさしく根本的な変形を加える、という条件をともなっている。そして、生成変化のイデア、かつ、イデアルな生成変化というその条件を見るかぎり、イデアを時間と出来事とともに変形しようとしているかぎり、発散する出来事の多様体として、イデアを動的関係とその変容において把握するというその戦略のありようを見るかぎり、彼はプラトン主義を脱臼させる捻じれたイデア論者でもある。この意味で、ドゥルーズ自身がみずからを形容して言うように、彼は一種の「形而上学者」だとも言えようが、ただし出来事と生成変化の倒錯的な形而上学者なのである。差異と反復、真理と時間、永遠と生成変化が、かくして分節＝接合される。彼は『差異と反復』でこう述べている。「《理念》は、断じて本質ではない。《理念》の対象であるかぎりでの問題は、定理的な本質の側というよりむしろ、出来事の、変状の、偶有性の側にある。〔……〕したがって《理念》の領域とは、非本質的なものなのである」。そしてプラトンにあってさえも、「問題、あるいは《理念》そのものを規定することが必要になるや、つまり弁証法〔対話法〕を作動させることが必要になるや、「何？」という問いはすぐさま、遙かに有効で力強く、遙かに差し迫った別の問い、すなわち「どのくらい」、「どのように」、「どのような場合に」という問いに席を譲るのである」[15]。

ところで、ドゥルーズが、時間外的なものの領域への時間の回帰というこの逆説――すなわち「どこで」、「いつ」、「どのように」、「どのような場合に」と密接にかかわる出来事を、イデアをめぐって問うという逆説――を考察するに当たって、念頭に置いていた文脈のひとつは、ベルクソンやニーチェ、言語学やマルクス主義などに加え、ストア派やライプニッツにおける「出来事」をめぐる思考である。ストア派の思想との近しさは、思考のなかにのみ存在する出来事、物体でもなければ本質でもない出来事という発想法のうちに見出される。ストア派の人々にとっては、出来事は思考されることしかできない対象なのである[16]。またライプニッツにおいて、出来事の概念は、具体的な現実存在に到来する動詞的な生成変化の一つひとつを表現する本質であり、置き換えのきかない単独的で特異な現実存在のありようを規定する充足理由である。そこでは現実存在そのものではなく、現実存在について言われる真理が問題となろう。たとえドゥルーズが、ライプニッツの論理を彼が意図したのとは別の方向へと転換し屈折させるにしても、ドゥルーズがライプニッツのシステムを経由する者であることにやはり変わりない。ストア派やライプニッツを受けて、出来事の論理、現実存在の真理をより精緻なものとすることが、ドゥルーズの哲学の重要な課題のひとつなのである。講義においてドゥルーズは次のように述べる。

「したがって、真理の概念の危機は、つい先日生じたというようなものではありません。この危機は哲学そのものとともにはじまるのです。〔……〕真理が根本的な危機に見舞われたのはどのようなときか。それは、現実存在するものの領域に真を適用することを主張しはじめるときです。すなわち、真理の概念を時間の形式と対峙させるときなのです。この対峙が、哲学においてただちに実現され問題を引き起こすと、哲学がそこから抜け出すことはありませんでした。それは哲学にとってきわめて本質的で、哲学が大いに愛好した問題であり、「偶然的な未来」の問題という古典的な名が授けられました。〔……〕実際のところ、別の言い方をするなら「現実存在の真理」とは何を意味しうるのでしょうか。現実存在の真理などあるのでしょうか[17]」。

時間を真理と対峙させることによって生じるこの「現実存在の真理」を考えるために、以下ではまず、「偶然的な未来」のパラドクスと、それをめぐる古代以来の定式化を概観しておくことにしたい。それは、アリストテレスからストア派やキケロを経由しつつ、ライプニッツにまで辿りつく運命と必然、自由と偶然をめぐる考察の系譜であり、ライプニッツの可能世界論というバロック哲学と、それを屈折させるドゥルーズのネオ・バロック哲学とはまさしく、この問いへもたらされる解決法のひとつだとされる。ドゥルーズにおいて必然性と偶然性の問いは、『シネマ』ばかりでなく『ニーチェと哲学』、『意味の論理学』、『襞』においても争点となるものであり、この迂回を経ることによって、ドゥルーズにおけるライプニッツの位置も明確化されるだろう。

## 第二節　過去／未来の脱臼

偶然的な未来をめぐって語られるのは、生成の現象であり、ある現実存在に対して生起する未来の出来事である。はじまりも終わりもなしに永遠に存在しているものには未来はない。そして同じ理由によって、不変の本質の領域には過去もなければ、記憶もなく忘却もない。未来と過去を導入すること、それは生成の実在と切り離すことができない。過去や未来という時間の落差の導入によって、自己同一性から溢れでるものが生じ、差異化が遂行されるのであり、時間はこの差異化の過程にぴたりと随伴する実在的な条件となる。偶然的な未来で問題となるのは、ひとつの個体の未来は必然的に決定されているのか、それとも偶然や自由や不確定性があるのか、未来の出来事を予言、予測しうるのか、未来について語られる命題の真偽はどうなるのか、といった問いである。そして「偶然的な未来」は、もっぱら未来にのみかかわるわけではなく、未来にかんして過去のある時点で述べられた予測的言述の地位や、過去の事象の様相にもかかわってくる。それは過去と未来というふたつの時間的な位相に、同時にかかわる。この問題を明確に定式化したのはアリストテレス『命題論』第九章であり、『シネマ2』のなかでドゥルーズは、この議論からもたらされる帰結に手短にふれている。「仮に、海戦が明日起こりうるというのが真だとするなら、以下のふたつの帰結のうちのどちらか一方を、どうして避けることができるだろうか。あるいは、可能から不可能が導き出されるか（というのも、もし海戦が起こるなら、それが起こらないというのはもはやありえないのだから）、あるいは、過去は必然的に真であるわけではない（というのも、海戦が起こらないこともありえたのだから）、というふたつの帰結である。このパラドクスを詭弁として片付けるのは簡単である。それにもかかわらずこのパラドクスは、真理と時間の形式との直接的関係を思考することの困難さを示してくれるし、真なるものを現実存在から遠くへと追いやり、永遠や永遠を模倣するもののうちへと閉じ込めるのを余儀なくさせてしまう[1]」。

『シネマ2』のなかでは、真理の問題のうちへの時間の導入にともなうこのふたつの帰結――すなわち、可能から不可能が導き出されること（あるいは逆に、不可能から可能が導き出されること）、もしくは、過去は必然的に真ではないこと――が、詳しく展開されることはないが、ここではアリストテレスの『命題論』と、ドゥルーズの講義を参照しながら、基本的な論点を確認してゆくことにしよう。まず押さえておくべきは、争点が「〈起こること〉と〈起こらないこと〉の両方がありうる」ような、偶然的な現実存在の領域にあるということ、アリストテレスの例でいうと、たとえば服にとっての「切り裂かれる」や「ぼろぼろに着古される」という出来事にあるということである[2]。ここで言われる「必然」とは、そうでないことが不可能、他のしかたで存在することが不可能という様相を指すものであり、他のしかたでの存在のありようを一切排除する（「起こらないことがありえない出来事は、起こらないことが不可能である。そして起こらないことが不可能である出来事は、起こることが必然である[3]」）。これに対し、「偶然」とは、そうでないことも可能、他のしかたで存在することが可能という様相であり、存在のしかたが複数区別されつつも、そのうちのひとつが他の可能性を排除することなく、可能性同士が併存している状態を指す。ドゥルーズも援用する有名な「海戦」の例であれば、明日海戦が起こるかどうかは、必然的には決定されておらず、起こる／起こらないが両方ありうるため偶然的である。それゆえドゥルーズは、海戦の勃発を可能性として、すなわち「明日起こりうる」というかたちで表現する。海戦は、「あるだろうことも、あらぬだろうことも」可能である。

ところで、明日という未来の時点で、もし海戦が起きるとすると、現在の時点で言われる「明日海戦が起きるだろう」という命題は真であり、起きないなら「明日海戦が起きないだろう」という命題が真である。アリストテレスは第三項排除を行い、海戦が起こることもなく、起こらないこともないというのは不可能であると主張するがゆえに、こうした条件のもとでは、明日戦争が起こるか起こらないかのいずれかが真であることは間違いがなく、両方とも偽であることはありえない。こうして彼が導き出す結論は、明日海戦が起こるか起こらないか、そのどちらかが真であることはたしかだが、どちらが実際に真であるかを現在の時点で確実に言うことはできない、という穏当なものである。現在の時点では、「明日海戦が起こるか、あるいは、起こらないか」というふたつの選択肢を、どちらかに決することなく両方保持しておくというのである。未来の事柄について、どちらか一方を必然的に（つまり、他方を排除するようなしかたで）決定することはできない。ドゥルーズはこうした事態を、「矛盾律」――Aであると同時にAでないことは不可能である――が、本質的に偶然的である未来の出来事にかんしては宙吊りにされると表現する。[4]

その一方でもし、明日になり海戦が実際に起こったとすると、未来から過去への遡及的な判断が行われ、「明日海戦が起こるだろう」と主張していた命題だけが真であったことになる。これは同時に「明日海戦が起こらないだろう」という命題は偽であったことを遡及的に意味するだろう。海戦が起こったのだから、海戦が起こらなかったということはありえず、したがってそれは不可能であるし、もう一歩踏み込んでいうなら、過去の時点ですでに不可能であったというわけである。つまり「明日海戦が起こらないだろう」という命題の文言は変更されていないにもかかわらず、この同じ命題は「可能」(起こらないことは可能)から、「不可能」(起こらないことは不可能)へと様相を変える。予測をした時点において可能と見なされていた事態は、海戦勃発以降の時点から遡及的に回顧するなら(そしてこの遡及行為の時間性を消去するなら)、そもそも不可能であったことになるのである。これがドゥルーズの主張する第一のポイント「可能から不可能が導き出される」という事態である。事態の推移にともなって、「明日海戦が起こらないことも可能である」ことが、「不可能である/不可能であった」ことになるというわけである。

　ドゥルーズは、これについて次のように指摘する。矛盾律の観点からするなら、この場合たしかにふたつの命題のうちの一方の命題「明日海戦が起こるだろう」のみが真になるので、矛盾律が問題なく復活しているように思えるかもしれない。だが、矛盾律が回復されるとともに、「可能」から「不可能」が結果するという別の問題が生じてくる。可能性からは可能性が、不可能性からは不可能性が導き出されるという原理——起こりうることは起こりうるし、起こりえないことは起こりえない——が揺らぎ、時間の落差のなかで、「起こりうることが起こりえない」、あるいは「起こりえないことが起こりうる」という逆説的な形態を取ることになる。時間というのは、そのなかで可能が不可能になり、不可能が可能になる場だというわけである。時間が持ち込まれると、可能性からは可能性の限界を超えた不可能性が生まれ、不可能性からは不可能性の限界を超えた可能性が生まれる。本質規定が揺らぐのである。この逆説をめぐる緊張が最も高まる場が、永遠的であるとされる真理の場であろう。ドゥルーズによるなら矛盾律が救済されるときに、別の問題を惹起してしまうというのである。彼はこう述べる。「いかなる代償を払って、無矛盾律を救ったのでしょう。たいへんな代償です。私はふたつの可能な命題を手にしていました。つまり「明日海戦があるだろう」と「明日海戦はないだろう」です。双方とも可能でした。〔けれども〕一方だけが必然的に真であり、つまり海戦があったと述べる命題だけが真なのです。海戦はなかったと述べる他方の命題は、必然的に偽となります。言い換えるなら、それは不可能だということです。必然的に偽であり不可能なのです。これはすさまじい事態です。可能なものから不可能なものが出てきてしまった。〔……〕私は別の無矛盾律に矛盾することなしには、無矛盾律を救うことができない。つまり可能から不可能を結果させることはできない〔という原理〕に矛盾することなしには」。[5] ここでドゥルーズが問題にしているのは、「真理が時代によって変化する」という相対主義ではない。そうではなく可能が不可能化し、不可能が可能化するといった事態、ありえないことはありうるし、ありうることはありえないという事態をとおして、真理の原理そのものに激震が走るという点である。

　ところで、海戦が起こったのか否かにかんして、一方の命題のみが真となると言われるときに前提とされているのが、「偶然的な未来」と対比される「必然的な過去」である。すなわち、あらゆる出来事は一度実現されたなら、それをなかったことにはできないし、他のしかたで存在したことにもできないという「撤回不可能性」のことだ。[6] この撤回不可能性によって、過去はすべて、必然的に一通りのしかたで、異なる存在方法を排除するようなしかたで決まるとされる。たしかに未来は「偶然的」であり、あることもあらぬことも「可能」かもしれないが、ひとたび可能性が現実化されると、それは一瞬の間を置くことすらなく、ただちに過去になるため、ただちに撤回不可能性が課され、そうして他のあり方を肯定する偶然性を主張することが即座にできなくなる。つまり、ひとたび現実になったことは、もはやなかったことにはできないということである。可能性の状態であれば「あれも、これも」ありえた偶然的な可能性が、時間とともにひとたび実現されると、こうした選択肢のあいだでの自由な揺れ動きができなくなり、一方の側の「あれを選んだ（ないし、選ばれた）」という事実をもはや撤回しえなくなる。「誰にでも起こりえた」（無差別）が、「特定のその人に起こった」（単独者）に変わるのと同じような事態である。起こる出来事は幸福なものかもしれないし、不幸なものかもしれない。だが、その人の身体や精神や周囲の世界は以前と同じ状態には戻らない。過去の撤回不可能性の原理が、必然性（そうでないことは不可能である）を課してくる。非排他的な諸々の潜勢態の偶然（あれも、これも）から、現勢態の排他的な必然（これのみ）へと、原理そのものが転換する。[7] つまり、未来から過去への推移とともに、可能的だったものが現実的なものとなり、偶然的だったものが必然的なものとなる。様相が転換するのである。

この必然化される「過去」に含まれるのは、現実存在するに到ったもの、現実存在として展開されたものだけであり、過去は現実化されたものの蓄積として理解されうる。そして過去においてすでに実現された出来事には、それを引き起こしたさらなる過去の原因が存在しているはずであり、その原因もすでに過去のものになっているのだから、そうした原因をなかったことにはできない。それゆえ原因を次々に連鎖させてゆくとき、過去においては必然性の原理が支配するのだから、唯一必然の因果系列を形成していることになるだろう。過去からの潜在性や偶然性の排除、因果性の導入、その系列化、線形化といった一連の操作をともなう、撤回不可能な過去のこうした因果連鎖が、未来に関連づけられるとき、運命論の最も厳格な形式が生じる。キケロが『宿命について』において、ディオドロスのうちに見たのがこうした強い意味での必然的な運命論であった。[8] ディオドロス的な運命論者にとっては、海戦が起こらないことは不可能である。この推論は特定の時点で止まる理由はなく、因果系列を次々に遡ってゆき、ついには、世界の起源（そうしたものがあるとして）においてすでに、ある時点で海戦が起こることは避けがたく決定されていたということになるだろう。

このように唯一のしかたで決定される世界がつくりあげられるとき、それを眺める人によってちがった景色が見えることは、ある種の無知として形容される。各人の眺望の相対性は、無知ゆえに世界が歪んで見えてしまうことであり、正しい視点をとれば、唯一のあり方で存在している世界をそのまま見ることができるはず、と考えられるからだ。たとえその視点を取りうるのは、神以外にないとしてもである（というより神とはむしろ、こうした視点を取りうる存在として措定されることで、真理の地平じたいを設定する審級だと言ったほうがよい）。過去が他のしかたではありえないことは、世界をひとつの必然的な真理として構築し、それ以外のありようを排除するということを意味する。いかなる行動をしようが、起こることはすでに決定されているがゆえに、そして、決まった事柄以外のことが起こらないようにする原因もあらかじめ存在するがゆえに、何を考えどんな行動を起こそうが結果は変らない、すべては無駄である。変えようのない事柄に挑む者は、ドン・キホーテとして嘲笑されよう。諦念、冷笑、忍従のみが正しい。夢見ることはやめにして、思考することも行動することも放棄すべきだ

――これは厳格な必然的運命論がもたらすいわゆる「怠惰の詭弁」であり、それは行動する意味と理由をすべて奪い取る。それゆえ多くの反論が試みられてきた。

こうした運命論的な姿勢に対して、ニーチェ的な系譜学による解釈をほどこすなら、それは世界を窮極的な次元に到るまで客体化し決定せんとする欲望、つまり、別のしかたではありえないし、ありえなかったし、これからもありえないだろう客観的事実の集積として、世界を一意的に規定し、管理しようとする権力意志と切り離せないはずだ。世界とその各区域が、必然性によって規定されていると見なし、さらには世界がそうあるよう言語的に介入し行為するのが、こうした運命論の権力としての価値なのであり、こうした運命論的な知じたいが一箇の権力装置である。こうした厳密な決定のもとにある世界は、生への憎しみ、すなわち異化、他様化、多様化への抑圧と切り離せず、また、そこでは一切の自由の余地が消滅することになる。

先ほどの引用にあったドゥルーズの議論の第二のポイントはまさしく、こうした過去の必然性、すなわち異なるしかたで存在することの不可能性に異を唱えることにある。彼は「過去は*必然的に*真であるわけではない」と述べているが、これはつまり一意的に決定された過去を、偶然性が戯れていた当の現場に連れ戻すことで、複数の別のありようを開いてやることを含意している。少し前の箇所でドゥルーズは、時間が直接的に現前するのは、過去がもはやかつて現実化されたもの、かつての現在の集積ではなく、むしろ潜在的なものとなり、また実現されている現在もその必然性が弱められ、それが現実化されている場の束縛から解放され、脱現働(アクチュアル)化されるときだと述べている。[9] それはひいては、別のしかたで未来をつくりだそうとする動きを、隙間の空間を、同時的に複数生み出すことにつうじてゆくように思われる。過去は別のしかたでもありうる、現在は必然的ではなく潜在的でもありうると主張することで、ドゥルーズは何を行おうとしているのだろうか。過去の必然性を弛緩させ、過去の偶然性を肯定しようすることで、何をしようとしているのか。[10] おそらく彼は、実現された（とされる）唯一の過去の事実のみへと過去全般を還元すること、過去を代表する幾つかの事実へと過去の表象を還元すること、過去の事実を一意的かつ必然的に決定すること、そのように規定された過去をとおして、現在と未来にかんする決定権ないし支配権を独占しようとする勢力に抵抗している。そして、この抵抗は同時に、「海戦は起こらないこともありえた」というかたちで、海戦を生み出さないような過去の他様なる潜在性を、あるいは戦争とは異なる事態を実際につくりだす一連の行為の組み合わせを、公的には一度もアクチュアルになったことのない潜勢力として、現状の事態に抗して呼び醒まそうとしているのではないか。『哲学とは何か』にあるように、「過去に抗して行動すること、そうして現在にはたらきかけること、（願わくば）来たるべきもののために——だが来たるべきものとは歴史のなかの未来ではないし、ユートピア的未来でさえない。それは無限の《今》なのだ」。[11] それはともすれば、いまだかつて実現されたことのない力、意識されることさえなかった力を、過去から掬い出し、反復することでもあるはずだ。まるで現在とは異なる現実を実現するよう求める、いまだかつて誰も聞く耳を持たなかった叫びであるかのように。あるいは書かれたまま数百年間誰も開封しなかった手紙、いや開封され読まれながらしかし誰にも読まれなかった手紙のように。現在の延長にはない眠り込んだ過去や、現在とは異なるリズムで存在している忘れられた過去がふいに目を醒まし、現在性の視野の外から突如回帰することもあろう。それをつかみとれるのは《今》だけである。過去の偶然性をめぐるこうした議論にはキルケゴール、ベルクソン、ベンヤミンらの残響がともなう。偶然性について、たとえばアガンベンは次のように指摘する。「作品は、事実上そこに含まれる内容によってのみならず、可能性として残されているものによっても評価される。〔……〕この観点に立つなら、単純に過去を必然性へと変えてしまうのではなく、その可能性、とりわけありえなかった（あるいは別なふうにありえたかもしれない）可能性、つまりは偶然性を反復する（キルケゴール的な意味では、回復する）ことのできるような過去との関係こそが、まさしく誠実な関係なのである」[12]。

『シネマ2』であれば、過去の事実は一意的に決定されるという事態を脱臼させる「虚偽の力能」の映画として、たとえば『去年マリエンバートで』や『嘘をつく男』における、起こったはずのないことが起こっていたこと、起こったはずのことが起こっていなかったこと、起こったはずの出来事が別のしかたで起こっていたことを取りあげるだろう[13]。現在と過去に揺らぎを取り戻させ、《今》のうちに無数の可能性や力能を賦与しようとするドゥルーズの主張は、あるべくしてあるとされる現実、拘束力のきわめて強い「現実」なるものに真っ向から対峙する不確定性のリアリズムである。彼は偶然的な未来ばかりでなく、偶然的な過去、つまり無数の他のしかたでありえた過去へと、過去を分身化させ、そこから現存の必然的な世界とは異なる並行世界を分岐させるか、あるいは、現存の世界をつくりだしている力関係とは異なる力の分布を、現存の世界のかたわらに幻視させようとするであろう。『去年マリエンバートで』や『嘘をつく男』では、いわば現実をめぐる蝶番が外れているが、しかも、登場人物の頭のなかでそうなるのでも、観客の頭のなかでそうなるのでもなく、客観的に不定になるのでなければならないとドゥルーズは言う[14]。つまり彼が目指すのは、認識上の不確定性ではなく、事象が発生してくるその過程の只中でのリアルな不確定性のための理論なのである。現状では困難ないし不可能とされるものを分岐させるため、と言ってもよいだろう。ニーチェに則して、彼は「「真の世界」は存在しない」[15]と言うが、それは現在への抵抗のための主張でもあるのである。

おそらくドゥルーズは、撤回しえない過去の個別的事実ばかりではなく、運命論を基礎づける原理そのものとしての過去に亀裂を入れようとしている。この試みが、時間外的な領域に時間を持ち込むという計画に連なるものだという点は、すぐ見て取ることができるだろう。必然的な運命論は、いわば永遠的なしかたで、各個体に起こることとの真理を保持しようとする学説であり、その原理となるのが過去の必然性だからである。ドゥルーズは過去の一意性のなかに、動きと揺らぎを持ち込みながら、同時に、実現された物事とその蓄積としてのみ見なされる「過去」の概念を別のものに刷新しようとしている。ドゥルーズにとっての過去は、アクチュアルに展開されたものではなく、むしろいまだ現実として展開されていないが実在的であるもの、一言でいうなら潜在的なものと考えられるからである。ここで導入されるのが、周知のようにベルクソンである。ドゥルーズはベルクソンの潜在的な記憶を、心理学的な意味の外へと連れ出し、新たな事象を生み出す力につくりかえる。『創造的進化』によるなら、ベルクソンにおける「つねに新しい創造への前進」とは、「前提と同じ尺度を持ちえず、前提によって規定不可能な結論への前進」を意味する。[16] たとえどれほど過去の事実が現在を規定しようとしても、そして様々な過去が入り乱れながら圧縮されて現在になだれ込み、現在を呑み込もうとしても、現在はそうした過去＝前提には還元されない過剰な部分を持つ。『ベルクソニズム』によるなら、それは「持続の只中にある事象の高次の「ためらい」」、ふたしかな逡巡のようなものだ。[17] 現在が過去から構成されていたとしても、しかし出来あがるものは、おのれを構成する要素には還元できず、同じ尺度を適用することすらできない余剰や余白をたえず身にまとって生まれてくる。過去の事実の集積ではない潜在的なもの、いまだ現実としては展開されていない潜在的なものが現実化されるということは、あらかじめ規定しえない遊びを、ずれをたえずつくりだすということである。自分をつくりあげる要素や前提からのずれをつかみとる「アクチュアルな機会」の生成に立ち会うこと——これはドゥルーズのベルクソン論ばかりでなく、ライプニッツ講義におけるホワイトヘッド論の主題のひとつでもあった。[18]

ドゥルーズは、過去において展開されずに潜在的なままに留まっているもの、もっと言うなら、「かつて現在であったためしがない過去[19]」に、力を与えなおす。彼にとって過去－現在の連関は必然的な因果によって支配されている関係ではなく、むしろ、実現された過去と現在との共犯的な相互束縛関係そのものを切断し、過去と現在とのあいだ、すでに決められた計画とその実現のあいだに、決してあらかじめ計画されえない偶然を、未完成な活動を生み出すものである。[20] 繰り返すが、ドゥルーズにおいて「過去」と「現在」という語は、意味をまったく差し換えられている。潜在的なものとしての過去と、そこから身を引き離す予期しえぬ分岐としての現在とを、うちに含みもつ《今》が、「アクチュアルな機会」が定式化されるのである。過去とは、現在を幾重にも取りまく潜在的なものの暈のようなものであり、事象じたいのたえざる「ためらい」に満たされた場である。加えてベルクソンの有名な記憶の円錐においては、過去の諸層同士がたがいを反復しあいながら、いわば円錐全体でつねに対流や渦巻が起こっていたことを想起しておこう。潜在的なものじたいが運動し変容するのである。

かくして、ドゥルーズは過去のふたつの異なる体制を区別することになる。すなわち一方には、過去、現在、未来を必然性の鎖で結び、この結合を基礎づける過去の運命論的な体制がある。その一方で、過去と現在のあいだを引き離し、ときには、現在（海戦が起こっている）のなかで、現在からは導き出すことのできない別の未来を生み出すような、潜勢力を導入しようとする潜在的なものの体制がある。ドゥルーズは、過去＝潜在的なものに遡行することによって過去そのものの必然性の軛をゆるめながら、問題提起的（ふたしか）なものとして過去を再構成し、実現された現実とのずれやゆらぎを含むものをつくりだす場に仕立てあげる。過去をめぐるこうした議論は、ドゥルーズが決して積極的に展開しようとしない一種の歴史哲学ともなるにちがいない。それは異なる歴史のとらえかたである。現在の由来を、過ぎ去った現在による表象とは別のところに求める歴史と言えるだろうか。現在が今あるような現実であることに対して抵抗するうごめきを引き出す歴史だろうか。あるいはゆらぐ様々な線をつなぎあわせる時の地図作成だろうか。[21] ユイレ＝ストローブの作品について、「歴史は大地と切り離せない、階級闘争は地面の下にある」と言われるように（『すべての革命はのるかそるかである』におけるミシュレ、マラルメ、パリ・コミューン）。[22] たしかにドゥルーズは歴史について肯定的に語ることは稀にしかなかった。だがドゥルーズが自身の著作において、たびたび異貌の哲学史を作成してきたことを想起しておこう。さらにはパレスチナをめぐって、「宗教的かつ神秘主義的なヴィジョン」に対抗する「歴史的なヴィジョン」を重視していたことを想起しておこう。[23] ドゥルーズ的な歴史があるとするならおそらく、既存の対象が成立してきた前提そのものを斜めから批判的に問い直し、それを異なる方向に逸脱させ、過去に実現されてきたのとは異なる視点と系譜を、硬い岩盤の下から、暗い海面の下から浮上させようとする抵抗の歴史となるだろう。それは歴史を支配しようとする者の眼のなかに入る砂粒のように、別の可能性を見させる活動となるにちがいない。そうして書き換えられた歴史は、新たな権力を樹立するためのものではないだろう。

## 第三節　ストア派、ヒューム、ライプニッツ

　ところで、ディオドロス的な必然的な運命論を批判する人々のなかでも、ドゥルーズはクリュシッポスの断片と、キケロの『宿命について』、そしてキケロやストア派を参照するライプニッツの『弁神論』にふれている。この三人に共通しているのは、キケロの言い方によれば、運命を必然性から切り離したうえで、運命を擁護することであり、彼らはそのために因果の問題を問い直す。絶対的な必然性を規定していたものこそ、連綿とつづく因果系列であり、運命を必然性から救い出そうとする人々が、事象間の因果関係に着目したのは当然だろう。『意味の論理学』においてドゥルーズもまさに、ストア派における因果性の区別を高く評価していた。彼はこう書いている。「哲学の精髄は何よりまず、それが存在と概念にもたらす新たな配分によって測定される。ストア派の人々は、いまだかつて誰も見たことのなかったところに境界線を引き、それを引き延ばしてゆく。〔……〕彼らがまさに遂行しつつあるのは、まず因果関係のまったく新たな分割である。彼らは因果関係を解体するのだ。たとえそれぞれの側でふたたび統一性をつくりなおすことになるとしても、である」[1]。

　では因果関係に入れられる亀裂とはどのようなものか。まずは、クリュシッポスの議論を簡単に見

ることにしよう。クリュシッポスによれば原因の区別は、1．自己完結的で一次的な原因と、2．結果の直前の補助的で二次的な原因、というふたつへと分けられる。[2] 具体例としてあげられるのは、円筒形の物体や独楽である。すなわち、円筒が転がるには、まずそれが回転しうるものでなければならず、回転する能力は円筒のうちに本来的な属性として含まれている。これが1の原因である。しかし回転が可能であるだけでは、実際に回転が起こることはなく、運動がはじまるには外的な力が加えられねばならない。これが2の原因である。1の原因のほうは円筒が円筒であるかぎり保持されつづけると言われるものであるのに対し、2の原因のほうは偶然的であり、必ずしも必然的に生じる事態ではない。換言するなら、1のほうは主語＝円筒に内属する本質的な属性であるのに対し、2は主語＝円筒に外から到来する偶有的な変化、運動である。1は運動を強制することがないのに対して、2は運動するよう決定するが、しかしこうした原因の到来じたいは偶然的であり、あらかじめ決定されていない。したがって、ここでクリュシッポスが述べているのは、「仮に力が加えられるならば」という条件的で仮説的な必然性であって、絶対的な必然性と区別される。[3] ところで、クリュシッポスを注釈するブレイエが強調するように、外側から刺激を与える出来事は、運動を起こす行為者の本質のうちには書き込まれておらず、先行する原因と、後続する結果と、行為する主体は、相互にへだたっており、それぞれたがいの外部にある。「先行する原因は、与えられているすべての例によれば、必然的に外在的であるように思われる。それは、出来事の主体である存在のうちに具わってはいない」[4]。このことは偶然性を論じるアリストテレスにおいても同様であって、衣服の存在の本質のうちに、引き裂かれるという述語も、擦り切れるという述語も書き込まれていない。[5]

キケロによるならクリュシッポスは、こうした出来事がたがいに組み合わさる場合の、出来事同士の関係のことを「運命共有性」、あるいはライプニッツに引きつけて訳すなら「共運命性」(*confatalia, confatalité*) と呼ぶ[6]。重要なのは、出来事同士の関係の場合、先行する出来事（原因）のうちに、後続する出来事（結果）が含まれておらず、ふたつの出来事のあいだの内的関係が切断されているという点である。言い方を変えるなら、本質的かつ必然的な紐帯で相互的に結びつくことをやめた各出来事が、いわば離れればなれに散らばり、散開したものとして肯定されているのである。こうした出来事が原因であるように見えるとき、それは実質的な結果をともなう起成原因ではなく、擬似的な原因であろう[7]。すなわち、出来事同士の関係は、先行するものが後続するものを、本質的に含むがゆえに、先行するものが必ず後続するものを帰結させるという類のものではなく（関係の内面性）、出来事相互のあいだには外在的で、よそよそしい関係しかないということである（関係の外在性）。ドゥルーズもまた、「物理的で完結的な原因の内面性」と、「純粋な外在性の境位において、結果＝効果同士のあいだに確立される非常に特殊な関係」とを区別している。すなわち、関係の「内在性形式」と「外在性形式」である。このとき前者は物体的な原因性であり、後者は実効的な関係を持たない疑似的な原因性（準原因）であるとされる[8]。

ドゥルーズは、ストア派における「外在性」をめぐる上記のような議論を踏襲しつつ、それとは若干異なるところに力点を置いている。つまり、「物体」と「非物体的なもの」の区別という、別のより強い区別を導入するのである。ドゥルーズはこの区別を、エミール・ブレイエの著作『初期ストア哲学における非物体的なものの理論』に負っているが、ドゥルーズによるなら、「出来事」はまさしく非物体的で、非現働的で、非実働的なものであり、思考の表層にのみ存在するものである。それは薄っぺらで表面的な「意味」とも呼ばれる（出来事＝意味）。それは現実化される物体の運動ではなく、精神の動きですらない。というのも、実際に動くもの、はたらきかけ、はたらきかけられるものであれば、魂であっても「物体（corps）」のうちに数え入れられるとされるからだ[9]。したがって、先ほどの例にあった、円筒に外側から加わる物理的な力は、彼の定義する「出来事」には含まれない。出来事同士、意味同士のあいだには、物体的な相互作用は存在しないからである。

　ドゥルーズは幾度も繰り返して、「出来事」は、物体として効力を持つものではなく、そうした運動が言語上で表現されたものだという点を強調する。ストア派の論理学は、もっぱら言語のみによる表面的で表層的な出来事＝意味の組み合わせであり、物体の世界や感覚的表象の世界とは位相を異にするというのである。ブレイエによるなら、ストア派の出来事の論理は、非現実的なものと非物体的なものしか含まない。なぜなら「この論理に固有の特徴があるとすれば、それは現実的なものとの一切の接触の外で展開されるということ、一見そうは見えないにもかかわらず、感覚的表象との一切の接触の外で展開されるということである。現実そのもの、感覚的表象を対象とする認識と、表現しうるものと関係する別の認識とのあいだの区別が、この教義の根本にあるのだ」[10]。ここでの「表現しうるもの」は、見たり、ふれたり、イメージ化したりすることのできる物体や運動ではなく、言語によって書かれた物体や運動の意味であり、指令であり、設計図であり、プログラムである。こうした意味のエクリチュールは、ちょうどアリスの世界のように、感覚しうる物体や表象とは別の次元で書かれ構築されるため、たとえ現実化されるときでさえ、実際に感覚的な表象と合致したり、類似したりする保証はない。また現実存在に対応しないからといって、意味を表現することが妨げられるわけでもない。端的に言って、出来事の言語的な世界は、感覚されうる現実世界をモデルにするのをやめてしまうのであり、そのことによって、言語によって表現しうるものは、感覚的な存在の次元とは異なる次元を獲得することになるだろう。言語はたとえば、物理法則の観点からしたら不合理な出来事の組み合わせをも表現しうるし、物理的に実現不可能な計画も表現しうる。それゆえ因果関係がなく、合理性がなく、論理的な不条理や矛盾に満ちた多種多様なシミュラクルの連なりが、厚みのない表層上に無数に書かれてゆくことになるだろう。たしかに、そのうちのあるものは、観察される現象と適合する関係を表現するかもしれないが、しかし、現実存在をモデルとしない出来事の組み合わせからするなら、こうした適合は実のところ、目的でも原理でもなく、ただ偶々生じた結果であるにすぎない。出来事の観点からすれば、現実と類比的な出来事であれ、現実とまったく対応しない出来事であれ、いずれにせよ物体的な現実性を持たない表層的な出来事としてリアルなのである。

ブレイエによるなら、ストア派の人々が出来事と区別して「原因」と呼ぶのは、たがいに接触しあい、衝突しあい、相互浸透しあうことが可能な物体のことであり、さらには物体に変化を引き起こす物質的な力のことである。そして原因によって生み出された結果として、新たな物体の状態がつくられるが、その状態もまた新たに原因となって別の結果を生むであろう。ドゥルーズはこれを原因と結果の連鎖ではなく、原因同士の連鎖として、結果となったものがただちに別の原因と化すような連鎖として考える。[11] それに対して「出来事」は、物体ではないため、たがいに接触がなく、たがいに「原因」になることができず、相互に原因めいたもの、「疑似原因」として、相互に外在的なままにとどまる。端的に言うなら、別の出来事を触発するための身体が出来事にはないからだ。出来事同士の関係はしたがって、影同士がたがいに物理的に影響しあうことのないまま、スクリーンの表層で絡み合い、交叉するようなものだろう。ブレイエは、ヒュームにおいて、原因と結果の関係が、実在的で内的なつながりではなく、たがいに無関係な知覚同士のたんなる並列であるという例を比較対象として引き合いにだしながら、ストア派における出来事同士のつながりについて語っている。ここでブレイエが「事実」と呼ぶのは出来事のことである。「出来事にかんする帰結事象と先行事象、原因と結果を語るとき、ヒュームと同様、ストア派の哲学者は、非物体的で非活動的な事実じたいに、事実同士をたがいに結びつけ、たがいに産出しあえるようにする内的な力を与えようとは考えていない。〔……〕この類の非現実的な因果性は、外的世界のなかに支点や対象を見つけることはまったくできず、ただ言語活動のなかに表現を見出しうるだけである[12]」。

ブレイエは別の箇所でも、ストア派とヒュームを比較するが、ストア派による出来事の論理には必ずしも主語（主体）は必要ないという主張を目にするとき、ブレイエの理路がよりはっきり見えてくるだろう[13]。ドゥルーズがヒューム論『経験論と主体性』において述べているように、たがいに内的な関係を持たない様々な「知覚」が出来事として次々に到来し、それが偶然的に組み合わさりつつ、矢継ぎ早に解体され、入れ替わってゆくという事態こそ、ヒュームは「精神の基底」だと考えていた。こうした環境において、主体や自我といった枠組は必然でも必要でもない。むしろ規則も秩序もなき知覚を組み合わせたものとして、あとから構築されるのが主体や自我や人格であって、あるものが「ひとつ」の自己同一的な対象として構築されるのは、そうした出来事を秩序づけて組み合わせることによる虚構なのである。[14] すなわち出来事の外に、それらを包括する容器のようなものとして、主体が設定されているわけではないとヒュームは考える。ドゥルーズの考えるヒューム的主体とは、出来事に対して超越的なものでも、出来事に先行するものでもなく、むしろこうした乱流的な出来事の集まり、群れそのものにほかならず、その輪郭は、結集する出来事とともに出来あがっては崩れ、変容していく。ただしドゥルーズのヒューム論において、「主体」と「精神」は、いずれも出来事を素材とするとはいえ、その出来事の組織化のありようにおいて、たがいに区別される。つまり、「精神」が知覚の無秩序的な乱流であるのに対して、「主体」は、「習慣」によって整序された一定のパターンを有する諸観念の集まりであるというのだ。素材上の等質性、形態上の異質性というわけである。いわば岸辺なき出来事の流れが、そのなかに大小様々の無数の乱流や対流や渦巻をもって動きつづける状態が、「精神」の基底にほかならず、その同じ岸辺なき流れが整序され、大きな乱れなく一定程度規則的に流れるようになった状態を「主体」と呼ぶということである（「精神」／「主体」という用語の区分はヒュームではなくドゥルーズによる）。だが、もちろん、こうした秩序化された主体が構築されることは必然ではなく、観念連合の恒常性を保証する装置が崩れ落ちるとき、自己同一性を持った主体性が構成されないという事態も起こるだろう。『経験論と主体性』でのドゥルーズは、彼にしては珍しく主体解体的な契機を論じないが、しかしその萌芽は、こうした主体の規定じたいのなかにすでに織り込まれている。ヒューム論は、主体が崩壊した時点からはじまる書物なのである。

　このように超越的な容器としての主体を想定しない観点に立つのであれば、統御されていない様々な出来事、自己に属するとは決して思えないよそよそしい出来事が、主体や対象の自己同一性にかかわりなく、それらのうちに差し込まれてくる余地や、あるいは、整序され秩序づけられた自我が、なんらかの騒音をきっかけに乱れてゆく余地が、秩序のかたわらにいつまでも残存することになるだろう。なぜなら出来事のほうが、主体の構築よりも先にあるからである（出来事の先行性、主体の二次性）。たとえ出来事がときに主体、ないし、擬似主体を構築するにしても、出来事の論理を、主体や対象を構築するという可能性だけのうちに幽閉しておくことはできない。出来事の群れが、整序されたパターンを持たぬ集団となることを、原理上、妨げることはできないからだ。こうした事態を、カント的な枠組と比較してみよう。カントは、直観の形式と、悟性のカテゴリーによって、感性的なものの秩序づけを行うことで、認識の可能性を保証しようとする。カントは、いかにして現象を、認識可能性のもとに収めるかを考えるがゆえに——認識可能なものとなるように、現象が主観において構成されるがゆえに現象は認識可能となる——、《自然》のほうが、おのれを主体に適合させることになるのである。所与が所与となり、現象としてあらわれるということは、直観の形式とカテゴリーに服するということを意味するからだ。逆にヒュームの認識論においては、認識可能性やその他の形態のもとに収めることができない諸印象と諸観念、窮極的には決して飼い馴らせないいわば野生の出来事と事実の集団がはじめに設定されている。主体が《自然》を統御できないのは、主体はいつも《自然》に対して遅れてやって来ざるをえないからである。それゆえカントとは逆に、主体＝人間本性（human nature）のほうが、《自然（Nature）》にあわせるのである[15]。主体や理性や悟性といった構成されたあらゆる秩序は、自然の経験から派生する効果にほかならない。それゆえ『経験論と主体性』にあるように、こうした無秩序な出来事や事実から出発して、事後的に構成される主体を問うことは、この叙述順序じたいによって、主体という秩序が生まれてこないという事態を否応なく顕在化させるのであり、主体概念を危機に陥れる臨界状態に迫っていくことになるのだ（シェリングが神の発生を問うときに、神が発生に失敗し霧散してしまう危機的可能性を不可避的に惹起せざるをえなかったように）。ドゥルーズのヒューム論が示唆するのは、主体や客体の同一性が、外部からの出来事の侵入によって、失調状態に陥るという事態であり、そうした失調状態のほうこそが根源的なものではないか、という点である。覚知の綜合、再生の綜合、再認の綜合の不調が起こった場合、それはカント的な意味での認識にとって重大であっても、ヒューム的な「精神」にとっては常態にすぎない。ヒューム論が問うのは、直観の形式や、悟性のカテゴリーや、統覚は、これらの出来事の効果として、産出されるものではないかという点なのである[16]。

ブレイエによるヒューム理解とは、出来事の束としてあらゆる事象を、あらゆる主体を、そして世界全体を考える思想家というものである。出来事に対して超越し、述語をおのれのうちに含む主体の存在は重要ではない。ブレイエはストア派の非物体的なものにおいても、ヒュームと同様の事態が起こると考えている。すなわち、非物体的なものの世界では、出来事のほうが、それが内属する主体よりも優先するのであり、また、非物体的なものの世界には出来事しかないのである。ブレイエはこう述べている。「ある意味でストア派の人たちは、世界を事実や出来事へと還元するヒュームやスチュアート・ミルの考え方からは、可能なかぎり遠くへだてられている。しかし別の意味からすると、ストア派の人たちはこうした考え方を可能にしたのであり、それは彼ら以前の誰も実行しようとはしなかった、存在のふたつの面の根本的な分断によってである。まず一方には深層の現実的な存在、力がある。もう一方には存在の表層で戯れる諸々の事実からなる平面があり、これらの事実は、非物体的な存在からなるつながりも目的もない多様体を構成するのである[17]」。

「つながりも目的もない多様体」を差し出すブレイエのこうした指摘に、ストア派とヒュームを分ける決定的な相違点をひとつ付け加えるとすれば、それは、ヒュームが知覚（事実）を出来事として考えているのに対し、ストア派は言語によって表現されるもの（意味）を、出来事として考えているという点である。ブレイエの言葉をパラフレーズするなら、ヒュームは、「経験される微粒子状の諸知覚からなるつながりも目的もない多様体」を思考する。ではドゥルーズにあって、ブレイエにおけるストア派の位置に入るのは誰か。すなわち「非物体的な存在からなるつながりも目的もない多様体」を思考しているのは誰か。それは、ライプニッツである。ライプニッツは、非物体的なものの関係の論理、出来事の論理という観点から読解されるのだ。ドゥルーズは、ストア派が曖昧なままに残したこの論理を、最初に開花させた理論家としてライプニッツを評価している。「だが、我々に残されている部分的で期待はずれのテクストによれば、ストア派の人々は、単純な物理的因果ないしは論理的矛盾へと回帰するという、二重の誘惑を振りはらうことができなかったように思われる。非論理的な両立不可能性の最初の理論家であり、それによって出来事の最初の偉大な理論家となるのは、ライプニッツである[18]」。

# 第二章　ライプニッツ／ドゥルーズ──神、世界、自我

## 第一節　ライプニッツの舞台装置──神の能力論と出来事の場

まず、ライプニッツ自身が出来事を論ずるために準備した舞台装置を概観してゆくことにしよう。[1]ライプニッツの体系を形式化するに当たって、大きく言えば、個体（モナド＝ひとつのセリー）から出発する方法と、世界（無数のセリーの複合体）から出発する方法と、無限者（神）から出発する方法というしかたが考えられるが、ここでは神からはじめることにする。これは、ドゥルーズが引用するメルロ＝ポンティの言葉によるなら、一七世紀特有の「無限から出発するという無邪気な思考法」[2]に対応するものである。とはいえ、ここで念頭に置いておくべきは、ドゥルーズが「神の死」と「人間の死」以降の思想家であり、神から出発する体系を明らかにする道の途上で、その核心をなす神概念じたいを換骨奪胎し、それを逸脱させる方向へと転換してゆくという点である。神からはじめる叙述は、ドゥルーズがいずれ屈折させる論点ともなるはずである。

また以下では、ドゥルーズの『カントの批判哲学』に見られる能力論にならって、神の問題を、能力の置換体系によって整理することを試みたい。ドゥルーズの能力論の方法とは、理性、悟性、想像

力（構想力）といった諸能力を区別したうえで、それらの並ぶ順序、すなわち諸能力の序列を考えるというものである。[3] それはたんに諸能力を区別するばかりでなく、それぞれの能力の力への意志を問い、ある能力のもとに、他の能力が服するそのありようを問うという、一種のニーチェ主義的とも呼びうる手法である。この手法によりドゥルーズは、悟性を頂点として他の能力がそれに奉仕する『純粋理性批判』の体系、理性を頂点とする『実践理性批判』の体系、諸能力が序列化されることも調和的に協働することもなしに自由に関係する『判断力批判』の体系を析出してみせる。以下で行うのは、こうした諸能力とその序列の置換という観点を、ライプニッツにおける神に適用してみることである。

ライプニッツにおける神は、「知性」、「意志」、「力能」という三つの能力に分かたれる。「知性」は可能性や真理へと向かうものであり（認識）、「意志」は善を目指す選択を行うものであり（道徳）、「力能」は可能性を存在へと向かわせるもの、ないしは、可能的なもの自身が有する現実存在へと向かう傾向である（現実化）。[4] すなわち、無限の知的能力、最善の選択能力、最大限の現実化能力という三つの能力が、神には具わっているとされる。こうした点をふまえたうえで、ライプニッツの体系において重要なのは、この三つの能力の存在ばかりでなく、知性、意志、力能という順序であるだろう。すなわち、まずあらゆる可能性が無限の知性によって思考されて、無限個の可能世界が発生し、次に無限個の可能世界のなかから最善のものが意志によって選択され、最後に知性が考え、意志が選択したひとつの最善世界を、力能が現実へともたらすというわけである。[5] まさしくこの順序、すなわち、第一に思考‐知性、第二に道徳‐意志、第三に産出‐力能という順序そのものが、ライプニッツの「神」概念の統一を構成し、また、神概念にもとづいた体系を構成するのである。神の諸能力の並び順が異なるなら、体系全体がまったく別のものになるだろう。そしてこうした手順で創造されたひとつの世界全体を、それぞれのモナド（魂）が表現するとされるのである。こうして神から出発して世界が創られ、最終的には神、世界、魂という伝統的な形而上学を構成する三対が設定される。ドゥルーズは、この形而上学的な三対を踏襲しつつ、それをライプニッツとは異なるしかたでもちいてゆくことになるだろう。

ところで、ライプニッツの体系において特徴的なのは、無限者の三つの能力のうち、「知性」が無限を肯定するにもかかわらず、「意志」のほうは、「ひとつの」世界、最善世界のみを選択するという制約を帯びており、無限を肯定しないという点にある。悪しき世界を肯定しない道徳的な「意志」によって、そのあとにやって来る神の「力能」が制約を受ける。たとえ力能じたいが無限を肯定できるとしても、しかし神はそれを望まないというわけである。もしも力能が権利上無限であったとしても、その力能は事実上、意志によって、そしてそこに暗黙裡に含まれる道徳性や同一性によって制約されてしか発動しないため、力能は——そして、力能によって現実化される現実存在の世界は——、最善の世界をたったひとつだけ選択するという道徳によって限定されることになる。その一方でドゥルーズは、神の道徳性が除去され、神の意志が同時に多方向に分裂しうるとしたら、ライプニッツの体系はどのように変容するのだろうかという問いを立てているはずである。だが、この点はひとまず措くことにしよう。

さて、「知性」は三つの能力のうちで第一に来るため、道徳的な「意志」によって制約されてはいない。知性がはたらく観念の領域、すなわち可能的なものの領域は、神の意志の自由にはならない領域であり、その存在を神が決断する領域でもない。別の角度から言うならつまり、ライプニッツの神は、「知性」の対象である可能的なもの（自己矛盾を含まないもの）を創造する「意志」も、「力能」も持っていない。神が創造しうるのは、世界の現実存在であって、様々な世界の可能性ではない。世界を製作するために意志が選び出す素材は、神が自分でこしらえたものではない。[6] この点をライプニッツは、デカルトとの差異として強調している。デカルトの神は、可能的なものじたいをみずから創造するのに対して（永遠真理の創造）、ライプニッツの神は、矛盾律という根本原理を歪めることをせず、不可能なものを可能にして存在させることはない。一方、デカルトの神は「いかなる法則にも服従せず」[7]、不可能的なものをも創造しうるため、能力論的な観点から言うと力能が優位に立っており、知性を超えて、思考されえないものをも産出しうるのである。同じようにして、ライプニッツの神を、スピノザの神と対照することもできるだろう。スピノザの神は、一切の道徳性を排し、意志を持たず、目的も持たない。スピノザにおいて内在的な《神＝自然》を構成するのは、無限の思考力能と無限の産出力能である。図式化して言うなら、意志を除去したうえでの無限思考と無限力能の並行論が、能力論的な観点から見たスピノザ的な《神＝自然》の体系である。スピノザにおいては、思考力能と産出力能は、たがいを制約しあうことなく、おのれのなしうることをみずから展開してゆく。[8]

ところで、ライプニッツの神は可能的なものを創造しないという論点は、可能的なものの地位にもかかわってくる。すでに見たように、知性、意志、力能という順序において、知性は現実存在を司る力能に対して先行するため、知性の領域は、現実存在の製作よりも権利上先にあるものとして考えられる。それゆえ、創造されたことのない可能的なものからなる知性の領域は、現実世界とともにつくられる時間が存在しない領域、すなわち、永遠的なもの、時間外のものの領域である。だからこそ仮に現実存在するに到らなくとも、知性の領域においてとらえられた観念は、それじたいで時間に束縛されない永遠の「実在性」を持つと言われることになる。[9] つまり、現実存在するかしないかにかかわらず肯定される実在性、人間の意識から独立して存在する実在的な思考が、知性の領域に設定されているのであり、この領域は創造されたものである世界に対して先立っているばかりでなく、そうした存在者を創造する神の意志からも独立している。可能的なものは、神の思いどおりにはならない。この永遠の実在の領域について、ライプニッツはさらに細かな区分を行う。知性のなかで永遠に存在する可能的なもののなかには、いわば永遠的かつ必然的なものと、永遠的かつ偶然的なものの区別があるのである。こうした可能的なもの区別は、知性という思考能力になされる分割に対応している。ライプニッツは、以下の三つのタイプへと「知」を分割する。[10]

1. 可能的かつ必然的なものを扱う「単純叡智の知（science de simple intelligence）」
2. 可能的かつ偶然的なものを扱う「中間の知（science moyenne）」
3. 現実的かつ偶然的なものを扱う「直視の知（science de vision）」

現実化され感覚可能なものとなった現実存在にかかわる知（実現された世界の経験から出発するもの）は、「3. 直視」であり、これは経験知、感覚に依存する知である。永遠的な可能事にかかわるのは最初のふたつだが、そのうちの「1. 単純叡智」は、「矛盾律」を原理とする知であり、反対が矛盾を含み不可能であるような知である。たとえば「三角形の内角の和は二直角に等しい」といったタイプの「本質」がそれにあたる。単純叡智の知は、別のことが起こりうる可能性を持たないという意味で、必然的なものである。これは、「理性的推論の真理」や、「種の概念」と呼ばれる、永遠的かつ必然的な知である。[11] これに対して偶然的な経験と必然的本質のあいだに位置する「中間の知」（モリナの発明による概念をライプニッツが取り入れたもの）は、必ずしも現実化されるわけではなく、また必然的でもない可能性、すなわち、出来事や事実や偶然的な未来を対象とする。「中間の知」は、ある事物やある人物に対して偶然的に生起する出来事、それが到来してもしなくともよい出来事にかんする真理をめぐるものだ。つまり、現実化され感覚経験されうるようになった偶発事そのものではなく、そうした偶発事の観念であり、思考の表層にある出来事のことである。ドゥルーズはライプニッツ講義のなかで、「単純叡智の知」にあたるものを「幾何学的ないし論理学的必然」と呼ぶ一方で、「中間の知」にあたるものを「物理的ないし仮説的な必然」と呼ぶ。[12] たとえば「私は散歩する」、「明日私は書く」、「洋服が引き裂かれる」、「アルキメデスが自分の墓のうえに球を置かせる」、「明日私が物を書くだろう」といった、現実存在する個々の身体や事物や精神において偶発的に起こることの観念である。[13] 三角形であれば、内角の和がいつでも二直角に等しいことではなく、砂のうえに書かれたこの三角形がある長さの三辺と三角をもつことの理由、そのように個々の三角形が個別化される理由が問われるのである。三角形の三角の和が恒常的であるという特質をいくら分析的に調べたところで、いまここにある砂上の三角形がどうしてその長さの辺、その大きさの角の三角形であるかの理由は出てこない。その三角形がどのような素材で、いつどのように描かれるのかを、考えなければならない。私は書くのであって書かないのではないし、散歩するのであって散歩しないのではないことの理由である。それが必然性を持たないからこそ、それだけいっそう精緻な発生の条件が要求されるのである。「充足理由律」は、「矛盾律」とはちがって出来事の真理を探究するものであり、「あるものがまさしくそれであって、他のあり方で存在しているのではない」ことの根拠を問う。

充足理由律は散歩と、散歩するための準備と、その準備の前の私の魂の状態と、散歩中の風の吹き方と、その風を起こした要因と……、といった出来事同士が無限に張り巡らせる網目状の連鎖にかんして、「すべてが十分な理由を持つ」ことを主張する。場所、時間、状況、手段といった、出来事をめぐるあらゆる変数が理由を持つとされるのである。したがって、ある出来事が到来する「私」の概念（主語概念）のうちに、それとかかわるすべての出来事、すなわち窮極的にはひとつの世界の全体が、その過去、未来全体を含めて折り込まれ、包摂されることになる。[14] これが、「主体」という容器を設定せず、また出来事同士を離散状態にとどめておくヒュームとの差異であって、ライプニッツは出来事をたがいに結びつけてひとつの世界として構成し、その世界を包摂する単位として魂を設定する。したがって、いまここで散歩する魂のうちに世界の記憶と地理すべてが凝縮される。中間の知の対象である各出来事（「明日書く」、「今夜コンサートがある」）は、連鎖する仮説的必然性として、おのれのうちに無限を折り込む。充足理由律は、主語への述語の包摂、主語による世界全体の表現と一体である。

ところで、こうした「出来事の真理」を扱う知が、すでに見たように「中間の知」として、文字どおり「あいだ」に位置づけられているという、そのことじたいが示唆的である。というのも、永遠に必然的な本質を扱うのでもなく、また流動的な感覚的物体を扱うのでもなく、それらの中間領域に陣取りながら、双方と踵を接しているということが、出来事の真理の特色だからである。これは、真理を現実存在と関連づけ、時間外のもののうちに時間的なものを挿入するというドゥルーズの論点とも通底するだろう。一方の面では永遠的なものにふれ、もう一方の面では現実存在にふれていること。中間の知、すなわちあいだに位置する出来事は、本質と現実存在というふたつの領域の境界となり、分水嶺となるような場所を占めており、両岸を引き離すと同時につなげもする折り目、襞となるである。

この中間的な性格との関連で想起されるのは、『意味の論理学』において、高み、表層、深層という三つの位相が分割されたときに、相似た事態が生起している点であろう。「高み」はイデアに、「表層」は非物体的な出来事に、「深層」は荒れ騒ぐ感覚的物体の混沌にそれぞれ対応しており、表層＝出来事はまさしく中間に立つことで、たんなるイデアでも、可感的な物体や表象でもない独自の地位を賦与されているのである。ドゥルーズは、「理念的」な「出来事」の位置を明確化しながら、それが理念的な本質とも、感覚的な現実存在（「偶発事」）とも混同されるべきでないと強調する。彼は出来事を、そのいずれでもない中間に位置づけるのであり、こうした中間的な立ち位置こそが、生成変化のイデアとしての出来事の場所となるだろう。ドゥルーズは、理念と生成変化を接合させることに力を傾注するのであり、そのために出来事はまさしく中間の場に位置づけられるのである。そして出来事はこの中間性というポジションの確立のために、イデア的な「本質」との闘いを遂行しつつ、同時に、経験的で感覚的な「偶発事」とも闘うという、ふたつの戦線を保持しなければならない。ドゥルーズは、次のように書いている。「出来事は唯一の理念性である。プラトン主義を転倒することとは、まず本質を解体し、それに代えて、特異性の噴出としての出来事を据えることなのだ。二重の闘争の目的は、出来事と本質の教条主義的な混同すべてを妨げ、さらには、出来事と偶発事の経験論的な混同すべてを妨げるという点にある」[15]。

こうした二重の闘争、二重の分離は、ドゥルーズ＝ガタリによる『千のプラトー』にも見られるものだ。彼らによるなら、フッサールにおける「曖昧な本質」ないし「遊牧的」な本質とは、感覚でも理念的本質でもなく、それらのあいだを縫うような中間的な本質にほかならない。たとえフッサールとライプニッツのあいだの大きなへだたりを考慮に入れたとしても、これもまた出来事的な本質であり、『千のプラトー』の言い方にしたがうなら、理念と情動、イデアと変身力能の癒合からなる遊牧的(ノマド)で流動的な本質だと言いうるだろう。問題なのは抽象的な本質でも、たんなる感性的物質でもなく、むしろ、感性的なものについて言われるそれじたい流動する可塑的なイデア性なのである。感性的物質のレベルではなく、本質のレベルで、イデアが可塑的かつ位相学的に変化するということだ。やや長くなるが『千のプラトー』からの引用を見ておこう。「フッサールが、物質的(マテリアル)で漠然とした本質の領域、つまり流動的で、非正確だが厳密な本質の領域を発見しながら、それを計量的かつ形相的な固定した本質と区別したとき、思考は決定的な一歩を踏み出したように思われる。すでに見たように、これらの漠然とした本質は、形相的本質からも、形成された事物からも区別される。〔……〕漠然とした本質は、物体性（物質性）を取り出すのだが、こうした物体性は、叡智的な形相的本質性や、形成され知覚される感覚的事物性と、混同されることはない。この物体性にはふたつの性格がある。

一方でそれは、状態変化としての極限化と切り離せず、それ自身非正確な時空において、出来事（切除、附加、投射……）として作用する変形（形相横断）や、歪形（脱形相化）の過程と切り離せない。他方でそれは、大きかったり小さかったりしうる表現的ないし強度的性質、すなわち可変的な情動（抵抗、硬さ、重さ、色彩……）と切り離せない。したがって出来事‐情動の移動するカップリングが存在し、漠然とした物体的本質を構成する。それは「固定した本質とそこから帰結する事物の諸特性」、「形相的本質と形成された事物」という定住的結合に対立するのである。おそらくフッサールにはこの漠然とした本質を、本質と感性的なもののあいだ、事物と概念とのあいだの中間の一種、いわばカントの図式のようなものにしようとする傾向があった。丸とは、感覚的な丸い事物と円の観念的本質の中間にある漠然とした本質、あるいは図式的な本質ではないだろうか[16]」。

言うまでもなく、『意味の論理学』から『千のプラトー』にかけての大きな変更点を指摘することができよう。すなわち、『意味の論理学』において「出来事」は、他方の物体的な次元、物質的な次元から根本的に切断された、「非物体的なもの」として、表層の「意味」として定位されていた。それに対して、『千のプラトー』では、この「出来事」が、質料‐力能と結合し、遊牧的で物体的な本質、「物体性（物質性）」となるのである。「理念上は連続する唯一の同じ機械状系統流、すなわち運動‐質料の流れ、特異性と表現特徴をになって連続変化する物質流[17]」というマテリアルな理念と、出来事とが癒合するのである。イデアのマテリアリズム、理念の唯物論化とでも呼ぶべきだろうか。『意味の論理学』の用語法を踏襲するなら、非物体的な意味の「表層」と物体の「深層」の融合のような現象、あるいは、形相と質料の癒合が『千のプラトー』では起こる。すなわち、「質料‐形相

(matière-forme)」から、「素材-力(matériau-force)」への移行である。それによってフォルムがよりいっそう流動化し力動化するとともに(フォルムから力=フォルスへ)、素材は他の形相へと移動したり、形相(形態)を喪失したりすることになるだろう。この論点は、ドゥルーズ自身が『意味の論理学』イタリア語訳版に寄せた、一九七六年の追記で証言しているところだ。すなわち、表層/深層の区別が廃棄され、すべてが到来する理念的な身体、器官なき身体が設置されるという変化のことである。[18] この変化にともなって、『千のプラトー』では、イデア=物質流を、個々の具体物として「実現」する「アレンジメント」の概念が導入され、そのアレンジメントじたいの権力作用や脱権力作用が、地層化/脱地層化として問われてゆくことになる。

ガタリと出会った一九六九年以降のきわめて大きな変化は承知のうえで、ここで強調しておきたいのは、そうした変化にもかかわらず保たれている「本質」の位置づけの相同性である(感性的なものと、固定的なイデアとに対する二重の戦線)。とりわけイデアについて言うなら、ドゥルーズ=ガタリは、プラトンを含む王道科学の「計量的かつ形相的な固定した本質」を二次的なものとして斥け、すべてのイデア性を、出来事的な本質——流動的な可塑性と、様々なタイプの強度の変様を、イデアじたいの水準で表現する本質——へと差し戻す。「プラトン主義の転倒」が示唆しているのは、理念には出来事しかないということであり(「出来事は唯一の理念性である」)、また、つねに同一的な外観を呈する本質(存在)が理念として存在するとしても、それは変数としてしか存在しない理念から派生する二次的なものにすぎない、ということである。固定的に見える本質とは、最低の度合の流動性と可塑性しか持たないイデア性だということであって、ドゥルーズ=ガタリはこの固定性に、「王道科学」のはらむ権力作用の徴候を見て取る。一九八八年のライプニッツ論『襞』でも、変化する湾曲を発生させるそれじたい湾曲する理念性を「屈折」と呼び、この屈折じたいがクレーの描く線のようになる無限の変化可能性のもとにあるとされていた。すなわち「無限の変化」によって構成される「湾曲あるいは屈折の無限系列」としての理念世界である。[19] 空間じたいが潜在的なしなり、たわみ、くぼみ、湾曲、屈曲で満たされたものとなる一方で、対象の物体性もまた可塑的に変化する相においてとらえられ、それが描き出すさまざまな曲線、曲面、湾曲の変数を身ひとつで表現する「オブジェクティル(objectile)」となる。[20] したがって仮に「永遠真理」という語をドゥルーズがもちいるとしても、[21] それは必然性を永遠的なしかたで据えつけるためではなく、むしろ微分的な可変性、可塑性(あるいは可変性の可変性、可塑性の可塑性)で充満した空間や対象を強い意味で肯定するためなのであり、そして、こうした肯定は、生成変化する感覚的表象にのみ頼っているかぎりなしえないのである。出来事の真理において重要なのは、理念的であるにもかかわらず、「偶然的」で「可塑的」で「曖昧」で「流動的」であるという中間的な性質であって、決して必然的になることのないイデアだという点である。

## 第二節　知性の眩暈、可能事の消尽

ライプニッツにおいてあらゆる出来事は偶然的である。というのも「全宇宙は実際とはちがったようにありえた」のであり、「そして反対が矛盾を含まないのですから、神の知恵や善意が何かを創造するように傾いたとしても、そういう創造も、とくにこの世の創造も、必然的ではなかったし、本質的でもなかったのです」[1]。出来事の偶然性は、「私」と「世界」の偶然性に直結する。神学的な枠組においてこそこの世界は偶然的である。この論点を、神の三つの能力の観点からもう一度取りあげなおしてみよう。ライプニッツの神が、知性、意志、力能の三つの能力と、その序列によって規定されるとするなら、永遠的な可能事の偶然性を支えるのは、連動して機能する「意志」と「力能」から、「知性」が独立して機能しているという点である。「知性」は、可能性を「選別」する「意志」に対して論理的に先行しており、意志が知性をあらかじめ束縛することはない。このように知性が、道徳的意志に従属せず、意志によって制約される力能にも従属しないとするなら、知性の対象となるそれぞれに分離された可能事と、それらの相互的な結びつきは、道徳や良識の制約を課されることのない「出来事の論理」にもとづく、アプリオリな偶然性が統べる諸世界をなすはずである。そして各出来事の有無ばかりでなく、出来事同士の連関をめぐる規則、すなわち、それぞれの世界を司る「掟」や「法則」もまた、世界ごとに異なる偶然的なものとなるだろう。可能世界論において賭けられているのは、ある海戦があるか否かだけではなく、化学的、生物学的、物理学的、心理学的、道徳的、社会的、政治的な「法」そのものでもあるはずだ。ドゥルーズの言うように、神が諸可能事のあいだで実行する選択は、「自然法則」にも及ぶ。[2] それゆえ原理的に言うなら、道徳的意志には無関心な知性は、「反」道徳的なのではなく、道徳そのものがいまだ存在しないという意味で、「無」道徳的な自由を享受するはずであり、事象同士のどのような関係も、どのような法も思考可能である。たとえそれがどれほど不吉な結果や、人々を嘆き悲しませるような災禍や、人々を苛立たせるような効果をもたらすとしても。この根本的に無道徳的な知性からは、ライプニッツのおける「悪」の問題——「形而上学的な悪」——が生まれるだろう。[3]

このように別の世界の可能性が多世界性として実在していることこそ、まさしくライプニッツにおける偶然性の神的な起源であり、偶然性は永遠的な知性と同時的に発生するのである。神の知性は、時間外的な可能性すべてをその細部まで見とおす能力によって、無数の可能世界すべてを見渡しており、しかもその知性は、最善の世界のみを思考するようにはできていない。ライプニッツにおいては、無道徳的で無邪気な神の知性によって可能世界が無数に思考され、そこに含まれるありとあらゆる悪の存在もまた、道徳的な意味の外で肯定される。「事物の源泉を求めようというときには、問題の所在を永遠真理の領域に置かねばならない。この領域は善にとってと同様、悪にとっても（いわば）観念的原因となっている」[4]。だからこそライプニッツは、「意志」による世界の選択の水準で道徳性を導入するのだろう。そして出来事としての世界は、「神と被造物との自由意志にもとづいているがゆえに、確実ではあってもやはり偶然的である」ということになる[5]。かくしてライプニッツが永遠性と偶然性を両立させるとき、世界を複数に分断し、分岐させる思考機械が駆動しはじめる。神の思考する諸世界は無数にあり、生起する事象や、世界の掟、法則をめぐる差異のディテールは無限に微細な点にまで及ぶはずである。世界は様々な可能的なものからなる無矛盾的な集合体であり、出来事AとBが共可能的であるかぎりにおいて、共通の世界に属し、それらがたがいに不共可能的になるとき、複数の世界へと分岐するとされる。ふたつの世界のあいだでは、どれほど微細なずれであれ、それひとつだけで別の世界系列を構成するには十分である。ライプニッツの言うように「事象同士の連関があるために、わずかでも事の成り行きが異なったならば、宇宙全体はそのあらゆる部分に到るまで、まったく別物だっただろうし、その始まりから別物であっただろう」[6]。

たとえば、ある村の子供が暗闇のなか足を水にひたして歩いてゆく際に、風が右の頬だけを撫ぜるのか、それとも左の頬だけか、あるいは両方の頬に同時にふれるのか、どういった感触を呼び醒ますのか。これらが、いずれも可能だとして、しかしあるひとつの風が、同じ日付の同じ時刻、同じ空間において、これらの動作を一気に行うことができないとするなら、このわずかなちがいが世界同士の全面的なちがいと結びつく。賭けられている争点は、ある時点における風の撫ぜ方のちがいをめぐる主観的な認識の問題ではなく、実在的な世界全体が丸ごと別のものになるか否かである。あるひとつの風の吹き方、水音の立ち方、光の揺れのうちに、子供の運命ばかりでなく、世界がもはや同じ世界ではいられなくなることが折り畳まれている。あるいは、ともに揺れ動く葉や枝や塵の動きの具合、方向、速度、その影や音の向きや長さ、暗闇の深さの度合、森に漂う香り。細部のなかには無限が埋まっている。充足理由律において「分析は無限に進行する」のであり[7]、それゆえ水のなかで差し出される一歩一歩、水紋の広がりかた、その小さな音の一つひとつが、運命の分かれ道である。左足を一歩静かに下ろしたことの背後で、すでに潜在的に無限個に世界が分岐していたのである。神の計算によっても、神の意志によっても、神の力能によっても、出来事の偶然性が消滅することはない。

可能世界論とは眩暈であり戦慄である。微細な差異、何気ない行動の一つひとつが、存在者と世界の運命が枝分かれしてゆく扉となる。扉の先は決して我々には見えない。だがライプニッツにおいては、人間的な意味で「知覚しうる／しえない」が問題なのではなく、神的な意味で「知覚しうる／しえない」が問題なのであり、無限の知覚能力が、限りなき知覚不可能性と戯れる限界地点こそが問われるであろう。可能世界が分岐するのは、神的な知性の臨界においてである。ライプニッツには、世界の分岐にかかわる特権的な《出来事》、世界全体の方向性を単体で決める特権的な《出来事》は存在せず、微分的なずれやぶれや破れの網目をとおして、無数の小文字の出来事の玉突き的な連関が生じることで、異なる諸世界があらゆる瞬間に、無数の方向に、一気に、そして、たえず発生するのであり、たとえ人間には知覚不可能なほどに緻密なものであったとしても、あらゆる出来事、あらゆる差異、あらゆる量子、識別されるすべてのものは、別の世界への扉にならねばならない。まるで果実が種子を放出するべく裂開するように、個々の出来事は、そこから諸世界が裂開しはじけ飛んでゆく分割線となる。あまりに差異が微妙なために、たがいに識別できないほどに似かよっており、ちょうど鏡に映った像のように相互に反射‐反復しあうようでありながら、しかし知覚されぬほどの、あるかあらぬかの幽かなちがいによって、たがいを分かつ諸世界のレプリカントたち。あるいは、決定的な巨視的差異に見舞われているために類似を見究めるための共通の場すら見出すのが困難な諸世界。到来する運命の落差におののかざるをえない諸世界。まったく異なる法則によって運行されているがゆえに、不条理や無秩序に見える諸世界。ほとんど無と言ってよい微分的な差異から、ほとんど宇宙的な差異に到るまで、差異のあらゆる度合を経由する諸世界を出来事は分開させ、裂開させ、放出する。諸世界は、たがいに類似によって交叉しあいながらも、決して混ざり合うことなく、おたがいを反復しあいながらも同一的であることはない、そして、無限の細部のさらに奥にある細部へとたえず視線を誘いつつ把捉されずに逃れつづける、一種のバロック的迷路を構成する。[8]

ライプニッツの神とは、無数の可能世界のなかに生息する分身たちのあいだで行われる、あらゆる振れ幅をもつ反復と差異の戯れのすべてを、無数の微粒子たちの舞う「水中バレエ」[9]すべてを、一気に眺めるような万華鏡的錯乱に近い視点にほかならない。神の知性はいわば基本設定において錯乱しているのであり、あとから来る道徳的意志が、その知性を正則的なものへと引き戻す。だが神的知性は、千々に乱れるその常態的な錯乱の正気によって、道徳外的な観点からあらゆる世界を幻視しつづけている。神の眼に映るのは、他の世界を屈折させながら、同時に、他の世界によって屈折させられて存在する諸可能世界の総体であり、さらには、これら無数の世界間で生まれる眩暈とおののきを覚えさせるようなたえざる往還であり、反復であり、錯綜である。

有限な知性には、こうした無数の諸世界すべてを見渡すことはできず、ひとつの世界内のディテールもすべて明晰に見通すことは到底叶わない。充足理由は有限者の所与になることはなく、有限な知性はごく一部を明晰に把握し、残りの部分は曖昧なしかたでそれを理解するだけである。有限者は多くの暗闇をともないつつ、曖昧に世界全体を表出する。ドゥルーズの表現によるなら、眩暈を引き起こしつつ、「潜在的」なしかたで全体を把握するということだ。「必然的な命題、すなわち本質的な真理の場合（「2たす2は4である」）、述語は概念のなかに明示的に包摂されているのに対し、偶然的な現実存在については（「アダムが罪を犯す」、「シーザーがルビコン川を渡る」）、包摂は暗黙的ないし潜在的でしかない、とライプニッツは述べているようである」[10]。ここで言う潜在的で曖昧な知覚とは、「波の音、ざわめき、霧、微粒子の舞踏」、「死や硬直症の、睡眠や入眠の、失神、眩暈の状態」に譬えられるようなものだ[11]。ドゥルーズのライプニッツ論において、「潜在性」の概念は、微小知覚が舞踏し、渦巻く眩暈と切り離せない——ヒューム論において、精神の根底は錯乱であると言われていたように。それは、無限をおのれのうちに抱擁する有限者が、無限と差し向かいで対峙する際の思考と知覚の麻痺とともにある。「無限はここではたんに、有限な知性のうちへの無意識の現前のようなものであり、有限な思考のうちへの思考されざるものの現前、有限な自我のうちへの非‐自我の現前のようなものである」[12]。有限性のうちなる無意識、思考されざるもの、非‐自我と対峙することは、「私」ならざるものをとおして、無限の世界に立ち会いおののくことなのである。これは神的無限者の眩暈とは異なる、実存者の眩暈であり、潜在性の戦慄であろう。諸世界に晒される自我は世界を構成する窮極的な審級ではないし、諸可能世界を見渡すものでもない。ライプニッツのシステムを、無限者から眺めるか、有限者から眺めるかは決定的な問題となるだろう。これらふたつの視点は絡み合っているとはいえ、本質的に性質を異にしている。

神の知性とは、無限を明晰に表象する怪物であり、不共可能性によって分裂し発散する諸世界をすべて同時に呑み込む。ただしラッセルの指摘するように、「現実存在する」という述語だけは主語概念に含まれていないとするなら、何が現実存在するかは、神の知性にとってもまた偶然的であらざるをえない[13]。ラッセルによるなら、現実存在に対して、神の知性は選り好みをしない。すなわち、ある個物が現実存在するか否かは、その個物の概念に何ら変更をもたらさない以上、個物の概念をいくら分析してみても、その概念のなかにはその個物の現実存在は含まれていないというのである。それゆえ、現実存在をめぐる問いは、分析命題の範囲には含まれないため、確実な知が不可能となる。無道徳的なものである知性にとって、思考されているのが現実存在なのか、フィクションなのかは関与性を持たない。ドゥルーズも言うように、この点はスピノザとの根本的な差異を構成するだろう[14]。

ライプニッツにおける無限知性は、仮説的必然を無数に所持し、それに応じてすでに世界を振り分け、あらかじめすべてシミュレートしている。仮説にもとづく多世界論である。それを譬喩的に形象化したのが、『弁神論』の末尾に登場する有名なピラミッドだが、それは永遠を象徴するピラミッドを通じて、偶然的な諸世界を提示する役割を担っている。ピラミッドの譬喩とは、いわば永遠性と偶然性の結合である。この確固たる建築物は、永遠的に無数の可能世界を表示しつづけ、複数の世界の存在がそれぞれの個別的な世界の偶然性を証言する。ピラミッドのなかで、各世界はたがいを反復しあい、差異の極小から極大までを行き来しながら、自分の世界が唯一の世界ではなく、どの世界も起源的でないことをあかす。他の諸世界にとってモデルとなる世界はない。

ただし起源がないとはいえ、ピラミッド内で諸世界は階層化されている。ピラミッドには頂点があるが底は無い。すなわち頂点だけは単一的なしかたで決めることができるとされ、そこに最善世界が据えられる一方で、反対に、下方へと下降するほどにいわばいやましに悪化してゆく世界が、底無しに広がるというわけである。最善に極大値はあるが最悪にはない。四角錐という形態は、むろんこうした階層化を行うために選ばれている。ピラミッドという譬喩形象は、最善を頂点とする階梯を導入するための、知的というより道徳的な装置である。こうした譬喩の選択は、ベルクソンの円錐と同様に無垢ではありえず、暗黙裡に議論を方向づけ誘導し、ときにはさらなる譬喩、たとえば円錐曲線を呼び込む。したがって『シネマ2』第五章で現在の複数の尖端に言及するとき、ドゥルーズは単一の尖端を持つ円錐という譬喩形象への批判的な変更を示唆しているものと考えられるだろう。[15] またライプニッツのピラミッドに円錐曲線が持ち込まれるなら、多次元多様体（ピラミッド）を横切る切断面として、諸世界を横断しながら、それらを「共存立」させる「平面」となるにちがいない。[16] こうした譬喩形象の有する効果は、四角錐や円錐が、たとえば霧や靄のような別の形象に置き換えられるとき、あるいは一陣の風に、ひとつの季節に、ひとつの海流に、動物たちの群れに置き換えられるとき、それがいかなる世界のイマージュを生み出すかを空想してみればただちに明白になるだろう。こうした形象化をアプリオリに禁ずる理由は存在しない。この場合、諸世界の階層化は、遥かに大きな困難に見舞われることになるはずである。

ところで、ライプニッツにおける「善」や「悪」といった用語は、道徳的な意味以外に、実在性の度合、すなわちその世界が含有する可能的な出来事の量という論理的な意味を持つ。世界の「善」の度合は、限定された包容力を持つ空間をいかに隙間なく可能的なもので満たすかというゲームとして思考され[17]、反対に、「悪」の度合は、どれほど多くの可能的なものがそこで制限されるのかという否定的なゲームとして考察されうる。[18] この場合の基準となるのは、「存在は非存在よりもすぐれている」以上、何であれ存在するということは善である、という点に求められることになるだろう。道徳的にではなく、知的に考察された最善世界においては、通常の善悪の基準が外れるのである。では、最善性を求める道徳性によってではなく、実在性の量的度合によって諸世界が序列づけられるとき、ピラミッドにおいて、その最底辺の土台にあたる基底部はどのような可能世界によって占められるのか。おそらくそれは、最小の実在性、最小の可能事しか含まない世界であり、もっと言うなら、無の深淵、一切の可能的なものが存在しない暗黒と微分的にしか区別されない世界であるはずだろう。講義においてドゥルーズも語るように、端的にそれ以下の世界はない。[19] そこに世界は実在せず、いかなる肯定的な実定性もなく、いかなる光も届かない。光を届かせようとする営みもない。そこは可能性の無であり、可能性の零度であり、他の可能世界と比べようにも、比べるべき要素を含まず、一切の比較を絶している暗黒であり、絶対否定である。もはや何事も可能ではない世界、あらゆる可能性が消尽した世界、絶対的虚無の世界。底無しの暗黒。晩年のベケット論で、ドゥルーズが接近してゆくのはこうした領域であろう。「疲労したものは、もはや何も実現することができないのに対し、消尽したものはもはや何も可能化することができない。〔……〕もはや何ひとつ可能ではない。苛烈なスピノザ主義である[20]」。

この「苛烈なスピノザ主義」を、ライプニッツの語彙に翻訳ないし翻案しうるとするなら、ピラミッドの外ということになるだろう。それは、ピラミッド内にある他の世界のことではなく、あらゆる可能事とその可能なあらゆる結合の総体の《外》であり、神の知性の《外》である。神の光も届かない深淵である。それゆえ、ピラミッドを上方の頂点からではなく、下方から眺めうるとするなら、ピラミッドは絶対的に底無しの暗闇のうえに高々と伸び広がる、土台なき永遠的建造物としての相貌をあらわにすることになるだろう（眺める可能性がまだ残っているとするならであるが）。神の眺めるピラミッドの下方の限界は、文字どおり底無しである。唯一の頂点＝唯一の現実世界を呼び込むために導入された四角錐の形象が、同時に、無底の深淵をも呼び込む。フロベールの夢想した書物と同様に、ピラミッドは宙に浮きあがり、可能的なもの同士のあいだの張力によってのみ支えられている。『襞』からの引用を見てみよう。「これは建築の夢である。すなわち、頂点を持つが、底のない巨大なピラミッドなのだ。それは無数の部屋から構成され、そのおのおのがひとつの世界である。頂点があるのは、あらゆる世界のなかで最善の世界がひとつあるからである。底がないのは、諸世界が霧のなかに見失われ、最悪と言われうるような最後の世界は存在しないからである」。[21]

また、『スピノザと表現の問題』におけるライプニッツ論では、「零」こそが「創造」の可能性の条件として述べられている。「創造可能な相異なる諸世界は、暗き底を形成する。この底から出発して、神は最善世界を創造すると同時に、その最善世界を最も上手く表現するモナドを、すなわち表現を創造するのである。神においてすら、少なくとも、神の知性のいくつかの領域においては、《一》は、創造を可能にする「零」と組み合わさる」。[22]ここでは議論の向きが変わっている。奈落に向けて下降するというよりは、零度から出発して上昇するのである。ちょうどシェリングにおける暗黒の無底が、一切の存在者に絶対的に先立つあらゆる存在発生の基盤として、存在者や世界の発生ばかりでなく神の現実存在の発生が賭けられる領野（ないし非‐領野）として機能しているように、ドゥルーズは、土台の底がひび割れることで、その無根拠性が無制限に深まってゆく限界なき深淵を、あらゆる可能世界を綜合するピラミッドの根底に、「創造を可能にする「零」」として、発生の原理として据える。あるいはベケットの人物たちが、可能性の消尽した空間でひとつの身振りを成し遂げるように。まるで暗闇の零度こそが、あらゆる思考可能なものの《外》こそが、あらゆる実在性が生ずる条件であるかのようだ。[23]一切の根拠なしに建築物を建てること、世界の存在の無根拠さに耐えることだろうか。この世界、他の可能世界、あらゆる可能なる実存の総体に、底無しの零が張りついて離れない。いわばピラミッドそのものの「充足理由律」（根拠律）じたいが、「不充足理由律」[24]（無根拠律）のうえにあるようなものだ。根拠も土台もなしに、零のうえに建てられた建造物の内的な緊張はいかなるものか。その深淵はいかにして開くのか。これこそドゥルーズが、ライプニッツの体系を読解しつつ、可能性概念を零度の限界点にまで追い込みながら発する問いであろう。

## 第三節　ドゥルーズの修辞法

無底への崩落が惹起する不穏さに較べるなら、ピラミッド内の各部屋へと向かう眼差しはまだ穏健である。ライプニッツのピラミッドのなかに見えるのは何か。それは無限の演算能力を持つ神が、世界において可能なあらゆる出来事の組み合わせを実行しつくしたシミュレーションであり、それゆえそこに含まれるのは、あらゆる計算可能な諸世界であり、その世界それぞれに棲まうあらゆる存在者の運命である。鉱物たち、植物たち、動物たち、原子たちに到来する過去、現在、未来の出来事すべて。ピラミッドとは、あらゆる存在者に到来する可能なあらゆる時間が、一望のもとに透明に眺められる装置であり、これはライプニッツにとって、可能なすべてのフィクションの形而上学的な基礎である。この神的なシミュレーションに時間があるとするなら、いまだ感覚可能な物体をともなって現実化されていないという意味で、脱現勢化された時間であろう。端的に言って、ここには《持続》がないのである。ピラミッドのうちには、地上的な現実存在に固有の流れる時間がなく、持続として展開される前の凝縮された時間だけがあるがゆえに、神＝計算機械は物理的な時間をかけることなしに、事態が実際に展開するのを待つことなしに、あらゆる世界の時間すべてを一気に駆け抜けることができるだろう。

神的知性の構築物にほかならないこのピラミッドは、神にとって透明であり、ピラミッドの壁面は神の眼差しにとってまったく障害になることなしに、そのうちに時間を見ることができる。映画論のドゥルーズは、ピラミッドのこうした性質を起点にして、自分自身の議論のほうへとライプニッツを引き込んでゆく。つまりドゥルーズは、このピラミッドが一種のクリスタルであり、あたかも占師が水晶球（クリスタル）のなかに一人の人物の過去と未来を見るかのように、ピラミッドのなかには時間が見えるとするのである。映画論の文脈でいえば、たとえばウェルズ『市民ケーン』の有名な水晶が想起されるだろう。こうしてライプニッツのピラミッドは、映画論のなかの「クリスタル‐イマージュ（image-cristal）」（「結晶イメージ」）、すなわち時間を顕現させる装置となるイマージュのほうへと漸進的に横すべりする。そしてピラミッドはもはや重厚な石ではなく、透過する光を屈折させるクリスタルガラスで出来ていることになるのである。一九八三年一一月二九日の講義において、ドゥルーズは、ライプニッツのピラミッドとクリスタルを明確に結びつけているが、そこで結節点となるのもやはり、ピラミッド＝クリスタルのなかに、様々な可能世界と様々な存在者の過去と未来が見られるという修辞的な譬喩である。ドゥルーズにとっては、クリスタルそのものが時間なのではなく、そのうちに時間が見えるのがクリスタルである。[1]「父ユピテルの宮殿は、ピラミッドの形態をしています。このピラミッドは、頂上については有限であり、頂点があります。しかしピラミッドは下方へは無限であり、下方へと開かれている。あなたたちはピラミッドを持っており、そのピラミッドのなかにはあらゆる種類の部屋が存在しています。あらゆる種類の部屋ですが、それを透かし見ることができる。ここから私は、これらの部屋はガラスでできている、それも最も高貴なガラスであるクリスタルガラスによってできていると結論します。私は、これらの部屋はクリスタル‐イマージュであると結論します。〔……〕たしかにピラミッドには頂点がありますが、下へと降りてゆく無限の部屋があるのです。そのそれぞれのなかでセクストゥスが動き回っていますが、異なるしかたで動き回っているのです」[2]。また講義ばかりでなく、『シネマ2』においても、ピラミッド＝クリスタル説が唱えられており、そこでは、クリスタルガラス製のピラミッドのなかに見えるのは、「偶然的な未来」であると述べられている。「あらゆる現代文学の源泉であるように思われるこの驚異的なテクストにおいて、ライプニッツは「偶然的な未来」を、クリスタル製のピラミッドを構成する部屋として提示している。ある部屋では、セクストゥスはローマに行かず、コリントスにある自分の庭を耕している。別の部屋ではトラキアの王になる。さらに別の部屋ではローマへと赴き、権力を掌握する……」[3]。

クリスタル－イマージュ（ひとつの部屋、ひとつの可能世界）は単体で意味を帯びるというよりむしろ、他のクリスタルとの関連で意味をもち、また、無数のクリスタルが集まった総体としてのピラミッド全体のなかで意味を帯びる。無数の可能世界は一群の群れをなし、系列化する。水晶のなかの水晶、水晶のかたわらの水晶。クリスタルはたがいを反射しあい、光は様々な色に分かれつつ複雑に屈折し交錯する。最善と零のあいだで、世界の変奏は際限なくつづく。一条の光がクリスタルのなかの諸地点を通り抜けつつ様々な方向に乱反射してゆくように、一人のセクストゥスはそれぞれの可能世界のなかで、セクストゥスでありつつ、それぞれ異なる無数のセクストゥスになる（属する世界ごとに異なる人格をまとうセクストゥス）。複数の可能世界のあいだを放浪する「曖昧なセクストゥス」は、「行く／行かない」という出来事のあいだを漂いつづけ、どちらか片方にのみ漂着するということがない[4]。重層化する差異と変奏のつながり――反復されるたびに差異が生じ、差異を生じさせつつ反復される――は、『ニーチェと哲学』においてはじめて呈示され、映画論においてもドゥルーズの継続的な関心事となっている、「虚偽の累乗＝力能」を示すものだ。[5] 贋物たちは、真理に対立する贋物なのではなく、真理基準となる準拠、モデルじたいが変形してしまい、そもそも真偽が決定しえないという意味での贋物である。[6] こうした贋物たちの加速的な累積や累乗の議論において重要なのもまた、孤立したひとつの構成要素ではなく、複数の構成要素が「系列」をなすという点にある。たとえば、真正性を欠いたセクストゥスたちの系列、『市民ケーン』のいかがわしい過去の経歴と収集品の系列、ウェルズ『フェイク』における嘘や贋作の系列。そうした系列を構成する要素の一つひとつが、相手の仮面をはがしては別の仮面を差し出し、身分を次々に偽造し、真実や核心の露呈をたえず先送りにしながら、いかがわしさを増殖させてゆく。ドゥルーズにおいて虚偽、偽装、贋造は、うろんな偽ものたちの集団化と、その掛け合わせ、その累乗から生じる嘘の増殖と切り離せない。嘘つきは群れをなして、嘘を乱反射させるのであり、何が真実かは掻き消され、それとともに真実と対比されるような嘘も消滅する。こうした事態こそ、現代の特徴だとドゥルーズは道徳的判断を交えずに言う。この意味での反復は、起源を持たないフェイクたちを無数に解き放ちながら、基準となる真理を宙吊りにしてゆく運動である。

こうした宙吊りの理論的な含意とは別に、先に引用した一九八三年一一月二九日の講義にかんして、もう一度ドゥルーズの言い回しを見ておくことにしよう。ドゥルーズはいかにして、自分の議論へとライプニッツを引き込んでいくのか、その特徴的な手段はいかなるものか。念のため、先ほどの引用の一部を再度引いておこう。「そのピラミッドのなかにはあらゆる種類の部屋が存在しています。あらゆる種類の部屋ですが、それを透かし見ることができる。ここから私は、これらの部屋はガラスでできている、それも最も高貴なガラスであるクリスタルガラスによってできていると結論します。私は、これらの部屋はクリスタル－イマージュであると結論します」。

もちろんライプニッツは『弁神論』において、ピラミッドの部屋がクリスタルガラスによってできている、などとは一言も述べていない。したがって、この読み方じたいがドゥルーズ自身の着想によるものだが、クリスタルガラスとピラミッドを結びつけるという発想（『失われた時を求めて』のコンブレーの語り手の部屋のようでもある）は、講義ばかりでなく、『シネマ2』という入念に推敲された書物にも、同じように書きつけられているのだから、これは講義のなかでの即興の思いつきというよりは、準備されたアイデアであると言ってよい。[7]ドゥルーズによるライプニッツ読解の進展過程を確認しておくと、ピラミッドの透明性と可視性を結節点とすることによって、まず「ガラス」を文脈に取り入れ、そのあとで「高貴なガラス」である「クリスタルガラス」へと移行しながら、ライプニッツをクリスタル全般の文脈へと引き込み、そののちに映画論の「クリスタル－イマージュ」へとピラミッドを関連づけている。こうして、「クリスタル」という譬喩形象は、「クリスタル－イマージュ」にまで辿り着くその過程を経ることによって、ドゥルーズのテクストのなかで、近代建築の素材としてのガラス、ケーンの過去がそのうちに見える水晶球、ライプニッツ的なピラミッド、そしてさらにはベルクソン的な現在と過去が形成する時間の結晶といった要素を、つなぎとめる結び目となる。そして、これらの要素のあいだを何気ない様子で移動してゆくことを可能にしているのが、横すべりする修辞なのである。

おそらくこうした譬喩の作業のうちに、ドゥルーズの読解にしばしば見られるなめらかなようでいて、たしかに実行されているある種の力業と飛躍とを見ることもできるだろう。いくつかの要素の共通性をもとにして、いわばカバン語ならぬカバン概念を作成し、それをもとにして自分の文脈のうちに対象を組み込む操作を、ドゥルーズはしばしば実演してみせる。ときに慎重に、ときに大胆に大見えを切るようにして。映画論での操作は、ライプニッツのテクストの一部分を、それじたいの文脈から切り離し、漂流する断片につくりかえたうえで、ドゥルーズ自身がつくる読み筋のうちに、ブリコラージュ式に嵌め込むことだ。ただし、ドゥルーズは本質的な点を逸しているわけではいない。というのも、問題になっているのはまさしくピラミッド内部の偶然的な出来事であり、様々な複数の一人の人物という、ある種の撞着語法によって表現されるような、自己内分裂を抱えた人物の生であり、そうした異なる同一人物が生きる諸世界のそれぞれにおいて、異なる過去、現在、未来の偶然的な出来事が見えるということだからである。先ほどから述べているように、ピラミッド＝クリスタルのなかに浮かびあがるのはまさしく、様々な時間が飛び交う万華鏡的なヴィジョンにほかならない。多数化した時間を一度に眺めることによって、幻惑させ戸惑わせるような効果が生じるとしても、である。というより、同一性を指定しうる準拠＝蝶番が外れたかのような効果を生じさせるものこそ、ドゥルーズにとっての時間の力である。

そして、ドゥルーズは、ピラミッド内部に見られる諸々の「偶然的な未来」にかんして、ライプニッツの思想の潜勢力をより明晰に抽出するために、「時間」という語を使い始めるのだが、このときドゥルーズの読解方法がいっそう顕著にあらわれる。というのも、ライプニッツは『弁神論』末尾のピラミッドを論じた箇所で、「時間」という言葉を使っていないのだが、ドゥルーズはこれをライプニッツの意図的な言い落としとしてとらえるのである。ライプニッツが言わなかったこと、ライプニッツが言わず語らずにしておいたことの徴候を、ドゥルーズは探偵のように推理し、読み解くのだ——まるでライプニッツ自身が、自分の言い落としを完全に理解していたばかりでなく、むしろそうした理解ゆえに、「時間」という言葉をライプニッツが意図的に封印し、その存在を糊塗したかのように。ドゥルーズはこうした読み換えの方法について完全に意識的であり、その発想のもとになった人物の名前を挙げている。遊戯を駆使する哲学的作家ボルヘスのことだが、すでに引用した一九八三年一一月二九日の講義で、ドゥルーズはボルヘスの「八岐の園」の一節を取りあげる。そして、このフィクションのうちに登場する崔奔（「中国の哲学者」）による架空の書物『八岐の園』のなかに、「時間」という語が使われていないことをボルヘスが指摘する箇所を読みあげたあとで、次のように述べるのである。

「こうした意図的省略をどのように説明したらいいでしょう。私はこの中国人哲学者に何が起きたかは分からないし、それは今度見ることにしましょう。ただ分かっているのは、これはまさしくライプニッツに生じたことだという点です。ただの一度たりとも彼は時間という語を使っていません。こうした意図的省略を信じることなどできるでしょうか。そう、すべてはこの点にかかっているのです。つまり、偶然的な未来の問題だということです。ところで偶然的な未来の問題とは、真理の概念を時間の形式と対峙させることでした。この点はすでに見ました。一度たりとも、彼は「時間」という語を使っていないのです。さて彼にはひとつ理由がある。我々は少なくともそれを言明できます、ライプニッツがこの語を隠し、一度も使わなかった理由をです。どういうことかといえば、この語を使うとなると、危険があるのです。おそらく、時間の形式が我々に与えてくれる眺め、眺望のもとでは、発散する諸系列が唯一同じ世界に属することになってしまうのです」[8]。

ここにはドゥルーズが複数の次元で遂行する、いくつかの読解、ないし読み換えが交錯している。とりわけ、以下の四つの点を指摘しておきたい。

1. ライプニッツの態度の読み換え——ライプニッツが「危険」の存在を察知していて、それを「隠した」ことにすることで、「省略」がまさしくライプニッツの「意図的」な行為であったことになる。あるいは時間という語を隠したことじたいをも隠したということを明るみに出すというステップを踏んだうえで、隠された語が明るみに出される、というか少なくともそういうことにされるのである。こうして読解じたいが、フィクションの圏域に踏み込んでゆく。

2. 『弁神論』の作者の読み換え——ドゥルーズはここでライプニッツを、ボルヘス「八岐の園」の物語のなかに嵌め込んでおり、それによってライプニッツはほとんど別人であるかのように、あたかもボルヘスのフィクションのなかに登場する架空の哲学者崔奔であるかのごとくに取り扱われている。ライプニッツと崔奔を二重写しにし、二人を重ね合せてゆくことで、ドゥルーズは、ライプニッツを、ボルヘス的な登場人物のほうにすり寄らせ、ライプニッツの虚構的分身を作成してゆく。ドゥルーズのライプニッツはほとんど、ピラミッドのなかの別の部屋に移ったかのようであり、別の可能世界にいるライプニッツのようですらある。かくして、ライプニッツが崔奔と同じ言い落としという手段を巧みに利用しているかのように文脈が埋められてゆく。ドゥルーズは、『差異と反復』の序文において、ボルヘスが「『ドン・キホーテ』の著者、ピエール・メナール」でもちいた、実在の作者を架空の作者にすげ替えるという方法を称讃し、それをおのれの哲学史の叙述方法とすることを宣言していた。すなわち、「実在する過去の哲学書が、あたかも想像上の贋物の書物であるかのように語ることに成功せねばならない」という手法である。[9] ドゥルーズの講義で行われているのもまさに、『弁神論』の用語をおおよそ同一に保ったままに（クリスタルガラス製のピラミッドという新たな設定を加えているものの）、その著者ライプニッツをボルヘス的な架空の実在人物へとつくりかえ、『弁神論』を取り囲む文脈をずらすことで、ライプニッツのテクストを分身化させて変形し、そこに読解の新たな可能性を注入することである。一人の同じ人物が複数の可能世界にまたがるように、文言の同一性を交点として、そこから異なる思考を複数取り出してみせるのだ。秘かに複数人に分裂したライプニッツたちが、ドゥルーズの言葉にのって、相互に反復しあう分身と化すのである。

3.『弁神論』じたいの読み換え——崔奔は、発散する不共可能的な諸系列が、複数の可能世界へと分岐するのではなく、不共可能的なままに同じひとつの世界に留まることを肯定する点で、ライプニッツとは決定的に異なる。したがって、これは『弁神論』が潜在的にのみ所持していた萌芽を、十全に展開させる読解であるが、読解方法ばかりでなく、この思想内容についても、ドゥルーズはボルヘスに負うものが大きい。ここで注記しておくべきは、共存する諸世界は、そうした共存を実現する場ないし平面の創出と切り離せないということである。それぞれの世界をひとつの宇宙のなかで分離し、決して交わらないようにしたまま共存させるという形式を考えることもできるはずだが、それでは各区画を分離壁や境界で強固にへだてた世界と同型になってしまうだろう。

4.時間概念の読み換え——ドゥルーズは「時間」という概念を、ライプニッツとまったくと言ってよいほど異なる意味でもちいている。ドゥルーズにおける時間の概念は、時間の「形式」と彼が言っていることから垣間見えるように、おそらくカント以降のものであり、それゆえドゥルーズがここで語っていることには、時間概念の転換が暗に含まれていると言ってよい。カントが、時間論にもたらした展開の鍵は、ドゥルーズによるなら、「同時性」や「恒久性」を、「継起」と同じく時間の様式として認めたという点にある。すなわち「恒久性」、「継起」、「同時性」とは時間の三つの様相であり、このなかの「継起」のみを特権化する必要はないというのだ。ライプニッツではなくカントこそが、時間を継起から解き放ち、むしろ継起しないものに時間を見出すことを可能にし、同時性を時間的な関係として定義した――これが、一九八〇年のライプニッツ講義においてドゥルーズが語っていることである。[10] 同講義においてドゥルーズは、カントに加えて、相対性理論における同時性の問題を念頭に置いていることを示唆する。もっと言うなら相対性理論、量子論、不確定性原理など科学の変動にともなって生じた二〇世紀の思考の地殻変動を、彼は受容しているということになるだろう。自然＝物質にしたがうことはもはや決定論を意味するどころか、逆に決定不可能性や、唯一的な時間への疑義――持続は一つか多か[11]――を惹起するようになり、唯物論を根幹から揺るがした（偶然性の唯物論）。科学とその背後にある形而上学的諸前提がもはや同じものではありえなくなったのである。ベルクソンが『持続と同時性』を執筆したのも、そうした背景からであろう。こうした文脈を踏まえるなら、ドゥルーズが「共存」の時間と呼んでいるものは、カントの名前を出しているにしても、カントのいう同時性とはやはり別ものだと見たほうがよいだろう。ドゥルーズが問題にしているのは、継起的な時系列の時間とも、単一の時系列のなかでの共時性とも異なる時間形式である。というのも彼は、共存しうるかどうか、同じ時間、同じ空間、同じ世界を共有しうるかどうかが、あらかじめ保証されていない別々の可能世界同士の時間の共存を考えているからである。

ドゥルーズのいう時間の形式とは、ひとつの曖昧な存在物（曖昧なセクストゥスのような）が、複数の可能世界、複数の空間、複数の時間、複数の法にまたがり、肯定／否定などのたがいに両立しない複数の様相へと「分裂」し、分岐していくそのあり方であり、さらにはそれによって、相互に不共可能的なものをピラミッド内部で「共存」させるそのあり方である。それは単一の等質的な世界内部での諸事象の継起を可能にする形式のことでもなければ、その世界のなかでの同一瞬間における空間的な共存でもない。つまり時間は、単一世界内にはない。そうではなく不共可能的な諸世界のあいだで、不共可能的なもの同士を共存させる形式なのである。時間は、不共可能なもの同士を分裂させつつ同時に共存させもする力であり、分裂－共存の力なのだ。したがってドゥルーズにおける時間とは、ひとつの世界内での時間の流れにかかわるというよりむしろ、両立不可能な複数の世界、空間、法、人格などのあいだで、それらを分岐させつつ、つなぎとめもする出来事の割り振りにかかわるものである。諸世界へと散らばってゆく一人で複数の同一人物（複数のアダム、複数のケーン、複数のエルミア）が、たがいを歪めあい、過去と未来をも反転させながら、ねじれた円環を形成し、たがいの齟齬を齟齬としてとどめたまま、へだたりを埋めぬまま共存することを可能にするもの、そうした共存が可能になるような場を考案するもの、それが時間なのである。共存はもはや自明のものではない以上、そのたびごとに共存のかたちが創出されるにちがいない。それこそ「出来事の時間」と呼びうるものであろう。時間は、つながりがたいものをつなげ、共存しえないものを共存させる綜合の営みとなるのである。場合分け（排他的な選言命題）にもとづいて振り分けられたライプニッツ的な可能世界論――ある場合はこの世界、別の場合はあの世界……――、すなわち、神の道徳性が統べる仮説的必然性の多数世界論は、ドゥルーズにおいては放棄される。そして彼は仮説にもとづく場合分けを脱臼させる脱仮説的な世界論へと移行するのである（非排他的な選言命題）。

　ドゥルーズは、先ほど引用した講義で、ライプニッツの「意図的省略」にふれたあとさらに言葉を継いでゆく。彼はボルヘス『八岐の園』からの引用を読みあげながら、みずからの言葉を挿入するため、以下では便宜的にボルヘスからの引用に傍線を引くことにする。

> あらゆるフィクションでは、様々な解決策が提示されるたびごとに、人物はそのうちのひとつをとり、他のものを捨てる。セクストゥスはローマに行くか、行かないかのどちらかとなるのです。〔……〕ほとんど解きほぐしようのないフィクションにおいて、崔奔はすべての解決策を同時に採用する。／同時にということは、時間ではないと、みなさんは言うでしょう。いいえちがうのです、同時にとは時間なのです。つまり同時性は、継起と同じく、時間の一部をなすということです。彼はこうして様々な未来を創造する、つまり様々な偶然的未来の問題です。その様々な時間がまた増殖し、分岐する。ここから例の小説の矛盾が生まれる。[12]

　ここでも意義深いのは、「同時性」をめぐるドゥルーズの挿入であろう。ドゥルーズがカント的と称する、一種の擬似カント的な時間の形式の観点――同時性とは時間である――が、暗黙裡にボルヘスのテクストのうちに持ち込まれる。ここではライプニッツ、カント、ボルヘス、ドゥルーズが絡まり合いながら、ライプニッツをボルヘスの作中人物の分身へと変身させるという演出を、アインシュタイン以降の世界に移植されたカントの仮面をかぶったボルヘスに行わせており、登場人物たちはみな矢継ぎばやに仮面をつけかえられる。別の観点からするなら、秘かに持ち出されたカントをも、ボルヘスの名において読み換えられたライプニッツの分身じたいの分身として現代的に析出するという、自由間接話法を多重に交錯させ蛇行させる操作がなされ、そのことにより、ライプニッツとカントが、すでに萌芽的に宿していたとドゥルーズが見なすものを現代に蘇生させるのである。アクロバットな綱渡りとしての読解である。ライプニッツとドゥルーズで「時間」という語の用法がちがうのだから、ライプニッツが「時間」という言葉を使うとどうなるか、その危険を承知していたというのは、むろんドゥルーズの修辞的な虚構である。ドゥルーズ自身、別の機会には、ライプニッツの空間が「可能な共存の秩序」であるのに対し、時間は「可能な継起の秩序」だと述べている[13]。それゆえドゥルーズが指摘していることは一種の牽強付会に近いものにも見えかねない。しかし同時に、ドゥルーズが「一度たりとも彼は時間という語を使っていません」と言うことによって問題にしていたのは、言葉の問題だけではないというのも事実である。というのも、彼がここで論じているのは、ドゥルーズ自身が「時間」と呼んでいるものをめぐって、ライプニッツが取る態度にほかならず、したがって、ここで問うべきなのはむしろ、ドゥルーズが「時間」という語を発しつつ喚起している時間の論理構造のほうであり、それをめぐるライプニッツの姿勢である。この点からするなら、ライプニッツがその危険を察知していたというのは理由のないことではない。つまりドゥルーズのいう「時間」が引き起こす事態とは、引用にもあるように「発散する諸系列が唯一同じ世界に属すること」、すなわち不共可能的な諸世界がひとつの宇宙に属することであり、ライプニッツはこの点にかんしては、明確に斥けているからである。『弁神論』で彼は、たしかに「危険」とも呼べそうなものを振り祓うかのように、以下の如く述べている。「私が世界と呼んでいるものは、現に存在する事物の全体的連続、全体的集合のことであるが、これは、幾つかの世界が様々の異なった時間や異なった場所に存在しうるなどとは主張しないようにするためである。というのも、もしそのようなことになれば、複数の世界のすべてを一緒にしてひとつの世界として、あるいはお望みならひとつの宇宙と見なさねばならなくなるからである[14]」。

『弁神論』のこうした言葉を見れば分かるように、ボルヘスにしたがうドゥルーズはある意味で、ライプニッツを逆撫でするように読解している。あるいは、すでにライプニッツのうちに萌芽的に存在していた、非ライプニッツ的な要素を十全に発展させていると言ってもよいかもしれない。ドゥルーズは、プラトンにおける「生成変化のイデア」の問題についても同様のことをしていたわけだが、つまり、ライプニッツ自身がそれだけは主張せずにいる点を、ドゥルーズはむしろライプニッツの核心にあるものとして、ただし彼がその帰結に尻込みし、抑圧したものとして強く主張し、取り出してみせるのである。ライプニッツは、これを回避するために、仮説的な場合分けをつくりだしながら諸世界をたがいに切り離した。ドゥルーズは、この仮説的な必然性にもとづく多世界を、ふたたび脱仮説化することで、諸世界横断的な同時性を作成するのである。それは、ドゥルーズとライプニッツのあいだに横たわる、神学や道徳をめぐる深い溝（それは自我論や世界論にも反映してくる）や、命題の取り扱い方の相違（分析と綜合のいずれを重視するか）、充足理由律と不充足理由律とのあいだの埋めがたいギャップなどが関係してくるだろう。ドゥルーズは、ライプニッツの議論の一部を差し引くことによって、その体系全体を文字どおり逆立ちさせることを試みるのである。

いずれにせよ、ドゥルーズやボルヘスが語っていることは、ライプニッツ的であるものの、まさしくそれゆえにライプニッツのものではないことがいっそう際立つ分身的な内容であろう。ひとつのフィクションが同時に不共可能的な諸世界であること。世界はおのれ自身と絶対的に両立しえないものをそのうちにたえず抱え込んでおり、世界にはいたるところに亀裂が走っていること。あるいは、ひとつの「世界＝作品」とは、不共可能的な諸要素をそのへだたりによってつなぎとめる場そのものであること、すなわち、ひとつの世界像へと収束しない様々な不共可能性によって引き裂かれることで一貫性を失いながら、しかしこの引き裂かれにおいて不共可能的なものを繋留しひきとめているような、そんな危うい均衡のうえに成り立つ、ある意味では脆弱で変わりやすく壊れやすい場にほかならないこと。過去は他のあり方を排除するような一通りのしかたで決定されているわけではなく、複数の相容れない諸系列がひとつの宇宙のなかで同時に創造されるため、過去は必然的な真実ではなく、複数の不共可能的な過去へと離散すること。ボルヘスが開くこうした次元を、ドゥルーズは『シネマ2』のなかで、「ライプニッツへのボルヘスからの回答」だと述べている。[15] こうした事態を文字どおり具現化する場合、むろん古典的な物語形式は破綻せざるをえない。筋立て、時間、空間の統一性からなる三単一の規則が粉々に砕かれるのに加え、作中人物や場所のアイデンティティも維持しえなくなり、作品内で過去に起こったことも次々に上書きされてゆくからだ。それは新しい物語形式の誕生となるだろう。ドゥルーズは、ボルヘスと同様に、かくなる「時間 - イマージュ」を直接提示するロブ゠グリエの映画は、「あらゆる説話を排斥するわけではない」としたうえで、次のようにつづける。「そうではなく、遙かに重要なのは、この時間 - イマージュが説話に、新たな価値を付与するという点にある。というのもそれは、みずからが運動 - イマージュを真の時間 - イマージュに置き換えるかぎりで、あらゆる継起的な筋立てから、説話を引き離すからである。かくして説話は、異なる諸現在を様々な作中人物に配分するようになる。それにより、諸現在や諸人物のそれぞれが、それじたいではもっともらしい可能な組み合わせをなすことになるのだが、その総体は「不共可能的」であり、そのことによって説明不可能なものが保持され、引き起こされるのである[16]」。

## 第四節　自我論への変奏

すでに述べたように、ライプニッツの体系の概略を記述するにあたって、神、世界、有限者という三つの開始点がありうるが、以下では有限者、すなわちモナドの側に焦点を当てながら、両立不可能なものたちが共存する世界に棲む主体のあり方について素描しておきたい。形而上学を構成する伝統的な三対である1．自我、2．世界、3．神は、それぞれ『意味の論理学』におけるドゥルーズの語彙でいうと、1．「結合（connexion）」、2．「連接（conjonction）」、3．「離接（disjonction）」、という綜合の三つの類型に対応する。「たしかに通常、自我という形態はひとつの系列の結合を保証し、世界という形態はたがいに延長可能な連続的な諸系列の収束を保証し、神という形態は、カントが見事に理解していたように、排他的で限定的な使用法における離接〔選言〕を保証する、というのは本当のことである」[1]。これら三つの審級の性格を図式化すると、以下の表のようになるだろう。

形而上学のこうした骨格は、ライプニッツ＝カント的なものだが、ドゥルーズがライプニッツに見て取るのは、この三つの審級が「同一性」の要請にしたがっているという点であり、とりわけ諸々の可能世界の分割と諸々の可能的自我の分割を取り仕切る神＝離接が、同一性の要請に束縛されているという点である。ライプニッツの体系においてはじつのところ、神は世界の同一性に奉仕し、世界は自我の同一性に奉仕しているのではないか。窮極的には自我の同一性に奉仕するよう、世界と神の同一性が要請されるのではないか。このようにドゥルーズは問題を立てる。「通常、離接は本来の意味での綜合ではなく、たんに連接的綜合に奉仕する統制的な分析にすぎない。なぜなら、それは収束しない諸系列を相互に分離させるからである。そしてそれぞれの連接的綜合はといえば、結合の綜合に従属する傾向にあ

| | 1．自我 | 2．世界 | 3．神 |
|---|---|---|---|
| タイプ | 結合(connexion) | 連接(conjonction) | 離接(disjonction) |
| 対象 | 諸々の出来事からなるひとつの系列 | 収束する複数の系列をまとめた、ひとつの世界 | 発散する複数の世界、分裂する自我 |
| 時間 | 単一系列内での、複数の出来事の共存と継起 | 共可能的な系列同士の共存と継起 | 不共可能的な諸世界・諸自我への分裂－共存と継起 |
| 原理 | 縮約－ハビトゥス | 共可能性－収束 | 不共可能性－発散 |

る。なぜなら、連接的綜合は、対象となる収束する諸系列を、連続性の条件のもと、たがいに延長しあうよう組織化するからである」[2]。つまり「神」（離接）は、「世界」（連接）の統一化に奉仕するようなしかたで出来事を諸世界に振り分け、さらに「世界」（連接）は、「自我」（結合）の同一性に従属するようなしかたで出来事同士を連関させるということである。それゆえ、ここではある意味、自我の同一性こそが、体系全体に同一性を行き渡らせる中心点となっている。

　また先ほどの引用で注目すべきなのは、1．自我-結合、2．世界-連接、3．神-離接の三対のなかで、3．神-離接だけが、「分析」と言われており、「綜合」とは言われていないという点である（「統制的な分析」）。離接（神）こそが、いかなる述語=出来事が主語=主体に割り振られるかを決定するとされるわけだが、「統制」とは、悟性の越権的使用をいましめる統制的な理念のように、世界の統一性から溢れでるものを刈り取るということだと推察される。加えてここで注目したいのは「分析」という点である。周知のようにライプニッツの真理認識の基本原理は「分析」であり、「主語への述語の内属」というライプニッツの有名な原理は、主語概念の「分析」によって、その主語に到来するあらゆる出来事=述語を認識しうるということに存している。つまりその主語概念に割り振られず、したがって主語概念に含まれない述語=出来事は、当の個体には到来しないということであり、それがまさに分析命題の確実性の前提となっている。

　離接が分析的に使用され、そのうえしかも、世界や自我の統一性に「奉仕」するとなると、どういう事態が生起するかは明らかであろう。離接は、当の世界や主体の概念に含まれない諸々の出来事を、そうした出来事が実際に起こる前から、統制作用によってあらかじめ除去し排除するのであり、そうして排除されたものは、他の世界へと追放されるのである。「各人の個体概念は、その人物にいつか起こることを一挙に含んでいる」[3]というライプニッツの言葉を反転させてみるなら、つまり、その人物に起こらないことすべてが一挙に排除される。こうした排除が、出来事が実際に起こる前にあらかじめ行われる理由のひとつは、神が主語概念を分析するなら、その概念のなかに主体の未来も過去もすべて読みとりうるはずであり、またそうなっていなければならないという要請によるものである。つまり超越的な審級から、主語概念のなかをすべて知る、あるいは覗き見ることができるようになっていなければならない。こうした神学的、認識論的、政治的な統制の要請のもと、主語概念が閉域化されているということだ。超越者の眼から見て、伺い知れぬ秘密を持つ者、予見しえぬ変則的な振舞いをする者は、神的権力にとって存在してはならないのである。

　そして主体に到来する出来事を完全に認識しうるためには、主語概念の境界線を明確に画定し領土確定したうえで、その領域内に、主体に到来すると想定されるあらゆる出来事＝述語を詰め込んでおかねばならない。この論理空間から排除された出来事＝述語は、主語概念の「分析」によって見出されることはない。離接が排他的かつ限定的な使用法をされる、とドゥルーズが述べるとき彼が意味しているのは、出来事＝述語のあらかじめの排除と、それによる主体＝主語の領土画定のことである。[4]ライプニッツにおける主語への述語の内属は、こうした主体のテリトリーの確定を行うものであり、主体は規定された境界線の外に出て行くことができない。[5]分析命題を可能にするためのこうした前駆的かつ予防的な領土化と排除は、主体ばかりでなく、その主体が表現するとされる世界全体に及ぶ。ライプニッツにあっては、世界全体が主語概念から演繹されるため、主体における表現から排除された述語＝出来事は、当の世界からも排除されるからだ。こうして主語概念からの排除の射程は、世界の過去、現在、未来の全体に及ぶ。[6] 世界のなかから、社会のなかから未来永劫にわたって特定の出来事が排除され、その可能性も根絶やしにされるのである。こうして自我と世界がそれぞれ閉域のなかに封じ込められ、その境界線が神的権力によって固く護持されることになる。仮説にもとづいて不共可能的な複数世界への分割を行う可能世界論が、権力装置の一種の隠喩となるのはこうした意味のことである。

ライプニッツの可能世界論における神の視点においては、出来あがりつつある現実の推移、持続が放棄され、すべての計算を終えた世界の終焉の地点から眺められる。問われるのは、あらゆる可能性のシミュレーションを行う可能世界論が前提とする、本質的に超越的な視点の位置取りである。仮説的な多世界論を司るシミュレーション的理性は、分岐する様々な可能性を肯定するようでいながら、一つひとつの可能世界について見ると、必然性を主張するのと大差がなくなってしまう。それゆえライプニッツのシステムの枠組をある程度維持しながら、出来事の偶然性を保持し、たとえわずかばかりのものであれ自由の隙間を残そうとするなら、現在の世界と両立しえない出来事を含む別の世界へと横断しつつ、別の主体へと生成しうるのでなければならない。[7] 可能世界論をめぐるドゥルーズの課題はおそらく、（準）神学的な体系の只中で、自由の余地をいかにして獲得するかという点にかかっている。そしてそのために、ピラミッドの部屋同士のあいだの壁にいくつもの穴をあけて通路を開くことによって、廃墟寸前のまるで虫喰い状態のようなピラミッドをつくりだしたうえで、主体が他の世界へと渡り歩き別の魂になることを思考するのである。だがクリスティアーヌ・フレモンも指摘するように、「所与のひとつのモナドが、全面的な転向によって、別のモナドになることは、不可識別者同一の原理とモナドの定義そのものに反する」[8]。したがって変身を可能にしたければ、モナドの定義を変えねばならず、また世界の定義も、神の定義も変えねばならないであろう。ライプニッツのシステムに逆らって、様々なモナドを横断する一種のトランス・モナドをつくりださねばならない。それは自我や世界を外部に向けて開くこと、ないしは『襞』の表現によるなら「半開き」[9]にすることである。さらには世界の組成形式そのものが、他様＝多様なるものの分裂‐共存へと変形されねばならない。ピラミッドが廃墟のような状態に近寄って行くという事態、すなわち可能世界同士をへだてる壁に穴が開き、閉じたテリトリーからの逃走路が開けるという事態が生じるのなら、それと連動しつつ、この崩れ落ちた壁を通りぬけて世界間を移動してゆく自我の水準においてもこうした崩落が何らかのしかたで生ずるのである。かくしてドゥルーズの自我論は、自我の同一性の優位を問いただし、それを解体することを出発点として、そこから世界や神のあり方にまで踏み込むかたちで進行する。ライプニッツのシステムにおける神、世界、自我のつながりを逆手にとることによって、自我の問題を孤立させるのではなく、自我の置かれている世界の問題として、そしてそれを統べる神的権力の問題として位置づけるのである（たとえばセクストゥスとローマ帝国）[10]。問われているのは、同一性から逃走する人間の側からの神的な計画（デザイン）に対する裏切りであり、さらには、脱道徳化した神（離接）の側からの人間への裏切りでもある[11]。まさしくクロソウスキー『バフォメット』の倒錯神学に、ドゥルーズがこうした理論的な試みを見て取っていたように[12]。

こうした事態をライプニッツが受け容れることはないだろう。ライプニッツの神はすでに、ひとつの世界の計画を一気に選択してしまっており、それを途中で変えることはない[13]。ドゥルーズによるなら、ライプニッツは「嘘をつく神、欺く神、ペテンをする神[14]」にならないよう神を守るのである。こうした神の擁護は、「分析命題」と、そこでの「主語への述語の内属」という両輪を駆使して遂行されるわけであり、それゆえ、ほかならぬこの世界における主体の自由と未来の偶然性を思考したいのであれば、ライプニッツにおいて、あらかじめいくつもの述語＝出来事を排除する「主語への述語の内属」や「分析命題」を批判しつつ、こうした包摂の影で駆動している主体の領土化、主体の領土からの述語＝出来事の予防的排除を問い直さねばならず、またそれと並行して、他様なる主体や他様なる世界への生成や異化の可能性を探求することが必要となるだろう。これはひいては、充足理由律を不十分化し、非充足化すること、すなわち、存在＝本質をめぐる理由はどこまで行っても決して十分なものにはならないという主張へと導かれるはずだ（「不充足理由律[15]」）。それは、ひとつの主体に起こることは当の主体の概念のなかにその理由が書いてあるわけではないこと、あらかじめ与えられた理由を破って出現する出来事があること、そもそも理由じたいが発生と推移の対象であることを示すという課題となる。こうした主体批判において鍵となるのは「主語への述語の内属」だが、ドゥルーズは『意味の論理学』で、ライプニッツ自身におけるこの原理の価値を切り下げようと試みる。「ライプニッツは、それぞれの個体的モナドが世界を表現するという有名なテーゼを主張する。しかしこのテーゼは、表現的なモナドのなかへの述語の内属を意味すると解釈されているかぎり、十分に理解されているとはいえない」。「ライプニッツ哲学において、述語の内属を特権化するのは恣意的である[16]」。「主語への述語の内属」は、ライプニッツにとって確実な真理へ到達する手段としての「分析」を基礎づけるものである。したがって確信犯的にドゥルーズがここで行っている価値の切り下げは、ライプニッツ読解としてはある種、異様なものだといってよい。ところで「主語への述語の内属」という前提の地位が疑われるとき、同時に「分析」も批判の俎上にあげられることになる。ドゥルーズにおいては、この「分析」を「綜合」へと転換すること、すなわちライプニッツ的な分析から、カント的な綜合への道を辿り直すことが、主語概念を転換する契機となる。時間概念の読み換えの際にも、ドゥルーズが不共可能的なものの綜合というかたちで、同様の道筋を辿っていたことが想起されるにちがいない。ドゥルーズはつまり、ライプニッツの体系における分析命題の価値を切り下げたうえで、その場所に、綜合の概念を代入することによって、ライプニッツの体系の大部分を保存しつつ（とりわけ「表現」の原理と、自我／世界／神からなる三分割図式）、同時に、その根幹となる原理を書き換える操作を行うのだ。ドゥルーズの方法は、非ユークリッド幾何学がつくりだされたときのように、ひとつの原理（ここでは分析命題）を減算することによって、体系から基礎部分を取り去り、それによって体系全体を流動化させ内側からの変化を誘発しながら、そのさなかで新たな体系の萌芽をつかみとり、新たな構築のチャンスを探究するのである。[17] 彼が目論むのは体系を放棄することではなく、廃墟における構築であり、廃墟の構築であるような破局の体系である。そのために配備されるのが、純粋に内在的でも超越的でもない、準-内在的で、準-超越的とでもいうべき読解法であり、もとの体系に寄生しながら、帰結のうえではまったく異なる体系（非体系ではない）をつくりだすことを目指すのだ。そして「分析」を減算したあとの空白に代入される「綜合」が意味するのはまさしく、主語がおのれの概念が定める境界の外へと出ること、自己超出することであり、主体がおのれの概念のうちに含まれていない出来事と遭遇すること、遭遇する予定のなかった世界——様々な法、風習、空間、時間——と出会うことである。ドゥルーズは、ライプニッツをめぐる講義のなかで、分析命題のライプニッツと綜合命題のカントを対比させつつ、次のように述べている。「別の側からカントがあらわれ、こう告げるのです。綜合命題が存在している、と。綜合命題とは何か、すぐにお分かりになるでしょう。〔……〕それは命題の項のうちのひとつが、他方の概念のなかに含まれていないような命題のことです。カントがやって来て我々に語りかけるのですが、これは叫びでしょうか、命題でしょうか。いずれにせよカントは、ライプニッツに反論して「否」と言うのです。綜合命題が存在する、しかも綜合命題によってしか認識は存在しない、と彼は言うのです。〔……〕こうしたことを主張する者は、認識についてライプニッツ的な構想を抱くことはできません。〔……〕認識することとは何か。それは概念を持つことではありません。認識することはいつでも、概念から溢れだすことなのです。換言するなら、認識するとは超出することなのです[18]」。

分析概念の前提を支えているのは、主語＝主体が占める固有性の閉域をあらかじめ設定し、所有地ないし領土として境界画定したうえで、その主語＝主体に生じるあらゆる出来事を、述語というかたちでその境界線の内側に前駆的かつ予防的に閉じ込め完全に封鎖するということであり、この包含と封鎖が完全に行われているときにのみ、分析命題の真理は確実なものとなる。これに対して綜合命題とは、主語＝主体が、囲い込まれたおのれの領土のなかに含まれてはいない述語＝出来事と関係することを意味する。つまり分析が要請する有限性からの超越であり、主語の概念に含まれていない外部の要素と関係することであり、縁（bord）を越えて「概念から溢れだすこと（déborder）」である。分析が関係の内面化であるのなら、反対に、綜合は関係の外在化を意味する。すなわち、ある項（主語＝主体）が何と関係するかは、その項の内部には書き込まれていない。[19]ドゥルーズが意図しているのは、あらゆる個物が、自己のうちに幽閉されることを形而上学的な水準で防止するべく、文字どおり外へと開く、ないし半開きにすることである。ある人物に対して、その外側から接続される述語＝出来事は、その人物に対して「異なる諸世界と諸個体性」を「開く」[20]とドゥルーズは言う。それはつまり、分析的な観点から眺められた個体にとってみれば不可能な可能性を開くことであろう。それこそ「内在性」の思想の意味するところではないか。「内在」とは、何かのうちへの内在ではなく、むしろ、あらゆる内部を解体する外への開かれであり、「生成変化」としての「推移（パサージュ）」であり、[21]異質な他者とのあいだにかかわりをつくる《差異》という経路なのだ。

綜合があるところでは、主体を囲う壁は穴だらけであり、世界同士を分離する塀や壁からは越境するものたちが溢れるであろう。世界は、おのれを取り囲む壁の外へと出てゆくとともに、他処から来る出来事と、予定調和なしに出会い、関係する通路を獲得する。綜合ないしは分裂‐共存とは、今ある主体や既存の世界とは内的な関係を持たない出来事を結合することであり、それによって主体や世界が変化し変形することである。もっと言うならそれは、主体や世界と不共可能的な最も強い差異によって、当の主体や世界が触発されることにほかならない。その主体とも、その主体が表現する世界とも、強い意味で異質な出来事と遭遇すること、それによって、主体と世界に本質的な変形を呼び醒ますことなのである。綜合命題はそれゆえ、認識にかかわるばかりでなく、きわめて実践的な実存の問題となる。認識の種類の差異が、臨界状態にある別様の実存様式を産出するのである。

こうした綜合命題の浮上をライプニッツ自身に語らせるために、ドゥルーズが活用するのが、ライプニッツの「曖昧なアダム」の仮説である。このアダムは、いくつかの述語だけ確定して、残りの述語はすべて曖昧であるため、枝分かれした無数の諸世界に出現することになるだろう。たとえばある世界では書物のなかの楽園に、あちらの世界では北極に、こちらの世界では南国に、といった具合である。そして自分が置かれたそれぞれの世界において、はじめて完足的な規定を得るのである。つまり曖昧さゆえにアダムは様々な世界にまたがって出現する一方で、世界のほうは、この曖昧なアダムにはまだ含まれていない出来事＝述語を綜合的につけ足してゆく。あるいは曖昧なアダムでなく――なぜ男性の例ばかりなのだろう――、イヴでもアンティゴネーでもよいはずだ。アンティゴネーが身を投じる世界が、彼女に述語＝出来事を綜合的に付加してゆくことで、アンティゴネーは諸世界を横断しつつ、遭遇する出来事に応じておのれの規定を獲得してゆく。[22] つまり出来事＝述語（埋葬する）とは、ある世界から別の世界への推移を担う事件なのであり、それによってアンティゴネーは、旧世界と新世界とが分岐し交叉する場所に位置し、世界に穴をあける媒介者になる。それは交わらない世界同士を交わらせる場、言葉、空間を創出することを同時にともなうだろう。

　ドゥルーズが語っているのは、すでに出来あがった主体や世界が外部と出会うというのではなく、そもそも主体や世界じたいが外との遭遇なしには成立しないということである。まず主体があって、その次にその主体に到来する出来事があるのではなく、まず無数の出来事があって――しかも諸世界の谷間にあって、どの世界にも固有のものとして帰属せず、むしろ世界のあいだの移行に関わる出来事があって――、それとともに主体が組みあげられ構築されてゆくというのである。ヒュームと同様に、主体という容器はもはや存在せず、出来事とその組み合わせしかない。主体の同一性に対する「出来事の先行性と始原性」があるというのだ。[23]ドゥルーズの用語で言うならこれは、述語が分析的に囲い込まれている「定住的」な主体と、囲いとは無縁の綜合による「ノマド的」な主体とのちがいに相当する。いまや主体とともにここで解き放たれるのは、出来事なのである。これは、ドゥルーズが「野生の特異性」[24]と呼んだ出来事のノマド的な状態であって、つまり主語概念や世界概念に属するものとしての出来事ではなく、主語概念と世界概念に絶対的に先行する、領土画定と囲い込みに拘束されない出来事にほかならない。ドゥルーズにとっての出来事はその定義上、予定調和を破るものである。強い意味での「遭遇」には、世界を、その法を、主体を外へと連れ出し、他様なるもの、異様なるものに変える傾向がある。すなわち人間や社会が、ある歴史的形成物としての「人間」や「社会」とは決して両立しえないものをうちに抱えること。主体構成の条件が、そのまま主体を解体し変形する条件ともなり、さらに言えば、主体が自己喪失する危険と隣り合わせの可能性ともなる。ドゥルーズが提示しているのは、構築と崩壊が背中合わせとならざるをえない開空間における、主体の生の条件である。ドゥルーズにとっては、こうした遭遇なしに主体が形成されることはない。

消滅するのは、出来事をそのうちに幽閉する領土画定線である。このとき問い直されるのは形而上学的な固有性＝所有物であろう。分析命題の崩壊は、主体や世界の固有性や領土の崩壊であり、それにともなって「モナドロジー」もまた固有の領土なき「ノマドロジー」へと変化する。[25]もはやいかなる固有の場も、固有の世界も、固有の性質も持たない出来事が、相互のへだたりをつうじて交流するのである。「それゆえ「曖昧なアダム」、すなわち放浪するノマドなアダム、複数の世界に共通のアダム＝Xがいるのだ。セクストゥス＝X、憑＝X。窮極的には、すべての世界に共通する何ものか＝X。あらゆる対象＝Xは「人物」である」[26]。曖昧な人物＝Xも、出来事も、それじたいでは自己同一性もなく、移行前と移行後の世界にまたがりながら、いずれにも固有の帰属先を持たない。いわば諸世界の狭間に、膜に、境界に、あいだに、あるいは、諸言語の谷間にあって、いずれの世界にも、いずれの言語にも属することなしに、しかし、この狭間から語りながら突発的に現出するのである。いかなる固有の領土も、超越的な同一性も前提することなしに、出来事のノマド的な状態から主体をつくりあげ、起ちあげること――これこそまさしく主体の論理に代わる「意味と出来事の論理」なのである[27]。

ドゥルーズがカントの綜合の論理と、ライプニッツの不共可能性の論理を結合させながら強調しているのは、世界内に出現する最高強度の異和にほかならない。たんに自我にとって予定されていないばかりでなく、いわば世界じたいが外との遭遇にさらされ、ひび割れるのである。デュラスの言葉を借りるなら、「世界の論理の突然のひび割れ」ということになろう[28]。思考されようとしているのは、決して調停することのできない異和である。たとえ、それを抱えた世界がおのれの機構を変動させても、当の世界と不共可能的でありつづける異和であり、しかもその異和を他の世界へと追放し隔離することによって、元の世界の調和を保つこともできない。これは、不和をめぐる一種の限界概念であって、ドゥルーズはそうした不和の出現を明確に指呼する。『襞』で彼が述べているように、「同じひとつの世界に出現する不調和は、暴力的なものでもありうるが、調和において解決される。なぜなら、還元不可能な唯一の不協和は異なる諸世界のあいだにあるからだ」[29]。逆に言うなら、異なる諸世界が同じひとつの世界をなすという「ネオ・バロック」とはつまり、世界の変形、社会体制や法の変換を経ても、なお回収も還元もしえずに残存しつづける不協和や齟齬やざらつきを、限界まで突き詰めてゆく行為のことだ。この不協和を体現する存在は、『アンチ・オイディプス』では分裂者と呼ばれる。それは、論理的なゲームであるばかりでなく、感性論的、道徳批判的、倫理的、政治的な射程を帯びる存在であろう。仮説に応じて諸世界が分けられ、各々の世界内が整然と秩序づけられた可能世界論は、突如として仮説に穴をあける騒乱と不調和に溢れた世界へと変貌し、その世界のなかには、もはや単一原理にもとづく秩序も法もない。古典的理性の崩壊したあとの混沌とする世界に、かろうじて調和を与えることを目論んだのがバロックだとドゥルーズは整理しているが、現代においてそうしたバロック的な調和はもはや与えるべくもないと、ドゥルーズは見ているのである。[30]

分析命題を基礎づける主語への述語の内属を解体し、それを綜合命題へと転換することは、個々の主体と世界とに直接かかわる転換となる。ともにあることを拒絶する者たち、互いがたがいを世界外に排除する者たち、すなわち不共可能的な者たちが共生することである。交わりえなかった世界同士の境界をずらし、新たな近傍（ネイバーフッド）をつくることである。それは、切り分けられた区画同士のあいだの仕切り壁に穿孔をあけることでもあろう。かくしてピラミッド内の各区画は、整然と区分けされることをやめ、ピラミッドは、区画同士をへだてる壁に穴が無数にあいた虫喰い状態の廃墟のような様相を呈し、その穴をとおして不共可能なものたちが行き来し、結合し、すれ違い、衝突することになるだろう。分析概念を保証していた領土画定線、各部屋を仕切る内壁は崩壊する。モナドの内側を掘削すると、そのモナドに含まれていない別の世界へと移行するトンネルがあらわれる。こうした地下トンネルを通過して何かを持ち運ぶ運動にこそ、異質な諸世界をつなぐことの眼目があろう。ドゥルーズが特権視したニーチェも（「歴史上のすべての名前、それは私だ」）、ベケットの『マロウン死す』や『名づけられないもの』の作中人物－声たち、すなわち声を混淆させる「諸可能世界」である「他者たち」についても同様である。もはや帰属先をもたぬ声の交錯、あるいは、ヘテロトピア。[31]

# 第三章　カオスモスを信じること――潜在的なものの蜂起

## 第一節　世界の論理

ドゥルーズは、先に見たように、「不共可能的な諸世界がひとつの同じ宇宙に属すること」を肯定するのだが、ここでいったん立ち止まって、次のように問うてみることにしよう。「ひとつの同じ宇宙」に属する「不共可能的な諸世界」は、あらゆる不共可能的な諸世界なのだろうか、それとも、いくつかの諸世界なのだろうか。すなわち、あらゆる可能世界からなるひとつの宇宙へと一気に向かう前に、有限個の世界からなる宇宙にとどまることはあるのだろうか。複数であるが有限個の世界が集まってひとつの宇宙を形成するとした場合、換言するなら、「すべての世界に共通する何ものか＝X」に達するのではなく、その手前で「複数の世界に共通する何ものか＝X」を想定した場合、事態はどうなるのか。たしかに、ドゥルーズは、こうした有限個の不共可能的な諸世界をひとつの世界とすることについて、明確に定式化しておらず、この点を強調するわけでは決してない。だが、たとえば『襞』における「半開き」のモナドは、すべての世界ではなく、「複数の世界にまたがる」と言われており、しかも、発散する諸系列からなる世界全体を表現することもいまやないとされている。[1]ここでは明らかに表現の原理が変わっているのである。以下では、こうした読み筋を追いかけてみよう。事実問題として、ドゥルーズが不共可能的なものの組み合わせを扱う作品、分身を扱う作品として具体的に例示するものは、曖昧なアダムばかりでなく、ボルヘスも有限個の可能世界の交叉を問うものなのだ。第一の補助線となるのはバディウの提示する集合論をめぐる解釈であり、第二の補助線となるのはドゥルーズのニーチェ論である。以下では、まずバディウの議論から見てゆくことにしよう。

バディウによるなら、神の構想する可能世界が無数にあるばかりでなく、複数の世界同士の組み合わせのしかたも無数にあることになるだろう。[2] つまり、有限個の不共可能的な諸世界（不共可能的な諸世界すべてではない）からなる宇宙もまた無限個あり、そして、組み合わせを新たに行うたびに増えていくその無限の増大じたいには際限がない。たとえば、可能世界a、b、c、dがあるとして、aとbからなる「宇宙A」、aとcからなる「宇宙B」、aとdからなる「宇宙C」……などの組み合わせをつくっていくことができる（宇宙を構成する諸世界の個数はふたつに限定されているわけではなく、三つ、四つ……と増やしていくことができる）。そのうえで今度は、宇宙Aと宇宙Bからなる「宇宙$\alpha$」、宇宙Bと宇宙Cからなる「宇宙$\beta$」……など、いったん出来あがったそれぞれ別個の宇宙同士の組み合わせも、際限なく構成してゆくことができる。こうした操作を繰り返してゆくことで、様々な水準が無限に複雑に入り組んだ「宇宙」が無数に形成される。そして、無限個の諸世界を組み合わせることで生じる諸宇宙の集合は、元の諸世界すべてを収集した集合、すなわち神的な知性によって思考可能なもののすべてを集めたライプニッツのピラミッドの大きさを超過するはずである。ライプニッツは、各可能世界を組み合わせるということを除外するのだから、文字どおり、不共可能的な諸世界からなる宇宙が織りなす無数のヴァリエーションは思考されていない。バディウに倣って言い換えるなら、ライプニッツがピラミッドの譬喩形象をもちいて主張する思考可能なものの「全体」は端的に存在せず、それはピラミッドを超えてさらに広がっていかざるをえない。無限を無限通りのしかたで組み合わせたその結果としてどのような組み合わせが実際に生じるかは、ライプニッツにおいて想定された領域から漏れ出してしまって、あらかじめ見通すことができず、何が生じるか、何が起こるか、客観的に予測不能になるのである。というのも、予測された組み合わせ＝世界を、さらに組み合わせたものが、一切の外的な構成要素を加えることなしに、その世界の内側にも、外側にも、構成されうるからである。その結果として、世界が呈する「状態」は、所与の想定された「世界」そのものを超過し、神的な「《世界》のプログラム」によってさえあらかじめ計算することのできない、員数外のもの、「識別不可能なもの」、「分身」となるだろう[3]。

相同的な事態を、ライプニッツ的な宇宙を文学的な形象に落とし込んだボルヘス「バベルの図書館」で考えてみることにしよう。ボルヘスは、言語化可能なもの、書くことが可能なものすべてを集積することを目論みつつ、同時に、文字は三〇種類弱の有限な数の文字を使うという限定を加え、また、図書館の書物の数を限定するために一冊の本の文字数を有限化し、冊数をも有限化した（この有限化の操作についてはひとまず措く）。そのうえで、「すべては書かれた」と述べるボルヘスが、示唆するだけにとどめておくのは、書物同士をいかに組み合わせ、グループ化して読むか、ということである。すなわち、バベルの図書館に収められた本を、順列組み合わせにしたがって結合させてゆきながら、「一冊も読まない場合」、「一冊だけ読む場合」、「二冊だけ読む場合」、……そして「すべて読む場合」、を考え、どの順番で読むか、再読も認めたうえで、順番のちがいも含めて、場合分けすることができるだろう。一度この操作を行った時点で得られる、読む順序の組み合わせの数の総計は、もともと収められていた膨大な本の数を、遥かに上回るものとなる。そしてそのうえで、同じ本を再読する可能性を含めつつ、あるいは一冊全体を読むのではなく途中で読むのをやめる、飛ばし読みするという可能性を含めつつ、前回の操作で得られた集合じたいを、ふたたび組み合わせてゆくという操作を行うことができ、しかも同様の操作を無限に繰り返してゆくことができる。そうした操作を繰り返すたびに、先立つ組み合わせの数を上回る組み合わせの数が出てくるのである。この場合、すでに固定されている文字の順列組み合わせに加えて、書物に具体的な順序を与えて読むという行為によって（あるいは、書くという行為によって）、すべてを書きつくしたはずの書物の総体を超過する体験が、現出してくることになるだろう。またマラルメのように頁の紙葉を入れ替えることも考えうる。[4] 換言するなら、「書きうるもの」の《全体》そのものを、「書く」ことはできず、その《全体》は、すでに書かれたものを組み合わせてゆくだけで、乗り越えられてしまい、閉鎖した《全体》をなさないのではないかということだ。同じ文字配列を反復することじたいが文字の意味を変えてしまうのがテクストであるなら、あるいは、先行する時間を繰り込むことで変化していくのが、読むことであるとするなら、なおさらであろう。このことが意味するのは、文字で書かれるものの総体は、その内部に全体化を妨げる機構を抱えているということであり、プログラムじたいの内部から、プログラム化されえぬものが出てくるのである。

　同様の操作を、ライプニッツのピラミッドのうちに収められた諸可能世界にかんしても行うことができる。バディウの主張するように、ライプニッツにおいては、知性の領域が、可能な存在の領域と一致する。つまり無限知性の思考しうるものが、あらゆる可能な諸世界を網羅的に消尽し、この可能世界の総体のなかに含まれぬものは、存在可能性から除外されるのである。しかし、不共可能的な諸世界からなるピラミッドを解体／再構築して結合しなおすなら、このピラミッドの譬喩によって思考されていないものが、ピラミッド自身の内部から漏れ出てくることになるのである。諸可能世界の総体とされるピラミッドは、実際のところ、閉じた《全体》を形成することがなく、ピラミッドは閉鎖可能性を原理上持たない。その断片同士の部分的なつながりの積み重なりが、《全体》を超過するエレメントを形成していってしまうからだ。《全体》は決して与えられないのである。これはつまり、シミュレーション的知性じたいの内部に、シミュレーションされぬものが発生する余地が残存するということであり、たがいに交叉せぬよう切り離された各可能世界内の状況の所与からだけでは、決して予測することも、識別することもできない事態、正則的な因果系列から切り離された事件が起こりうるということだ。バディウの集合論＝存在論の構成は、集合論＝存在論の孔を指し示すことに傾注する。たがいに不共可能的な世界同士の関係は、各可能世界の内部にはあらかじめ書き込まれてはいない。関係の外在性の原理が、ここでも作動するのである。

ライプニッツのピラミッドの場合、世界同士が、相互干渉しないように、各世界が整然と切り分けられ、また、諸世界同士がたがいに結合／解体する運動を行わないよう、各世界のポジションが堅固なピラミッドのなかで、不動の石のように固定されているはずである（ピラミッドという譬喩の含意からして）。しかしドゥルーズによって、たがいに結びつくようにされた不共可能的な諸世界では、ピラミッドを構成する石は、ピラミッドというフォルムから解放され、様々な水準で組み合わさる可動的で自由な石となり、[5]そしてこの石＝可能世界が、新たに重層的に組み合わされるたびごとに、別々の宇宙＝作品を生成する。具体的にいかなる可能世界、いかなる系列が、どの順番で、どう組み合わされるかが、生成する宇宙の特異性にとっては重要であり、組み合わせ方によって当の世界内の出来事の意味も変わるだろう。そして、このとき、永遠性と不動性の象徴であるピラミッドはもはやその形態を保持できなくなり、ピラミッドという譬喩形象じたいを放棄し、別のものへと変換せざるをえなくなるはずだ。それじたい出来事からなる可動的な石のブロック＝世界からなる、集合と離散を無限速度で無限に反復する霧状のもの、メロディもハーモニーもないコンポジション、諸世界を横断する平面のうえで結合されるダイアグラム——これこそ、ドゥルーズが「カオスモス」と呼ぶものであり、そのなかでは無底もまた様々な地点へと無数に分散する。かくして、不共可能的な諸世界を組み合わせる、という発想から生まれてくるのは、メタ・ピラミッド（ただしそれじたい閉鎖しえない）とでも呼びうるものであり、すなわち、すべての可能性を尽くしたと称するピラミッドじたいをふたたび解体し、そのピラミッド型の形状を復活させることなく、再構成していく道を開くことであろう。このとき何が最善の世界であるか、決定することはもはやできない。ピラミッドの唯一の頂点に位置づけられた最善の世界じたいが、ピラミッドの組み換えプロセスに巻き込まれてゆくからであり、無数の分身＝世界へと、因果の反転した世界へと、際限なく引き込まれてゆくからである。

　こうしたバディウ経由の議論の要点は、有限個の諸世界同士の組み合わせを肯定することによって、全体が閉鎖的な系をなすことの不可能が生じてくるということ、そしてこの非‐全体の裂開部には、あらかじめプログラム化しえない出来事の場が開けているということである。では、ドゥルーズ自身は、あらゆる可能世界の結合といくつかの可能世界の結合のあいだで、どのような思考を見せているのだろうか。以下では、彼のニーチェ論を辿ることにしよう。

　まず確認しておきたいのは、ドゥルーズが幾度も、ライプニッツをより徹底化させた思想家として、ニーチェを位置づけているという点である。たとえば、『意味の論理学』「第二四セリー　出来事の交流」では、共可能／不共可能を論ずる文脈のなかで、ライプニッツは不共可能的なものを排除したのに対し、ニーチェは、「不共可能的なもの」を「交流の手段」にしたとする。[6]『シネマ2』でも同様に、ニーチェが、「ライプニッツとは反対に」、「偽なるものの力能」と「その芸術的で創造的な力能」をもって、「真理の危機を解決する」とされる。[7] そして、そのすぐあとの段落で、ロブ＝グリエの作品における食いちがう幾つもの挿話の絡み合いが、「ライプニッツの考えとはちがって、これらの世界はすべて同一の宇宙に属しており、同じ物語の様々な変容である」[8]とつづくのである。

『ニーチェと哲学』、『差異と反復』、『意味の論理学』においては、条件をめぐる諸々の仮定に応じて生じうる結果の場合分けと、確率計算を行うような賭け＝ゲームの類型が、ライプニッツに結びつけられ、仮定と確率計算が、《偶然》を台無しにしてしまうとされる。[9] というのも確率計算は、同じ条件のもとで、同じ動作、同じ賭けを幾度も繰り返すことができるという前提を有しており、したがってそのたびごとの指し手をそのものとして肯定することはなく、それを数ある統計的な事象のうちのひとつとして処理することになるからである。また確率計算においては、たとえ異なる様々な場合が想定されるにしても、ゲームの規則、法、掟、因果は、先立って規定されたかたちのまま、手をふれられることなく残存しつづける。この法則のもとで、仮定にしたがって行われる場合分け――ある場合は……、別の場合は……――は、条件と、それに応じて起こりうる事象と、その事象がもたらす帰結とに応じた諸系列を分割し、そのあいだに超えることのできない境界を設定することになる。そして、可能世界論的な運命論と同様に、仮定にもとづいた「定住的配分」に到る。仮説的な偶然性は、仮説的な閉域でもあるのである。[10]偶然の分岐を肯定しているかのようで、実際は規則と仮定のもとで偶然を管理し、制御しているとされる確率論的思考への批判は、それが秘かに前提としている「道徳」への批判と結びつき、さらには世界の「経済＝構成（エコノミー）」への批判と結びつくことになる。これは、ライプニッツの可能世界論への批判と同型の議論である。ドゥルーズいわく、確率論的なゲーム＝賭けは人間的な賭けのだが、おそらくライプニッツの神もいまだに人間的なのだということになろう。ドゥルーズにとって人間的であるとはつまり、偶然性と生成変化へのおそれや不安から逃れられず、予期しえぬものへの忌避につきまとわれているということである。ドゥルーズは、次のように述べている。「賭けをするパスカルの人間であれ、チェスをするライプニッツの神であれ、ゲームが明示的にモデルとして採用されるのは、ゲームそのものがゲーム以外のものを暗黙のモデルとしているからにすぎない。すなわち、《善》や《最善》の道徳的モデル、原因と結果、手段と目標の経済的モデルを暗黙のモデルとしているのである[11]」。

これに対抗するのが、「先行する規則がなく、指し手がそのたびごとに規則を発明する」ようなゲーム＝賭けであり、「世界のリアリティを、世界の道徳性と経済＝構成（エコノミー）を攪乱する」ゲーム＝賭けである。[12]それは、確率論的計算を支える前提である規則の同一性じたいを賭けにさらしてしまうゲームであろう。場合分けの条件となる規則そのものが、一手ごとに変更されてゆくというのであり、そのなかではもはや仮定をつくるという行為そのものが失効するだろう。一般的にいうなら、ゲームの規則とは、確率論的計算の可能性の条件を定めることによって、行われる賭け＝ゲームの可能性の領域そのものを限定するものである。思い起こしておくなら、ドゥルーズが「高次の経験論」ないし「超越論的経験論」という名でもって、カントの超越論哲学を批判し、カント的な「あらゆる可能的な経験の条件」を、「リアルな経験の条件」へと差し替えねばならないと主張したのは、[13]カント的な意味での条件があまりに抽象的で、あまりに広範に適用可能であるというだけでなく、そもそも経験とその条件を、可能性以前のリアルな領域に差し戻すためでもあった。だからこそ、潜在的なものこそリアルであるという主張を前面に押し出すベルクソン論で、高次の経験論の主張がなされたはずである。同じように確率論的計算への批判においても貫徹されているのは、そもそもいかなる権利で、可能性そのものを先行的に条件づけうるのか、という点である。そして潜在的なものの領域において、場合分けを行うための仮定は成立するのか。そうした仮定が含む前提そのものから逸脱し、それを書き換えるポテンシャルこそが、潜在性と呼ばれていたのではなかったか。そうだとするなら、仮説的な必然性に穴をあけようとするドゥルーズが提案するのは、仮説の彼岸にある偶然こそが必然だとする議論であろう。このとき、「偶然」と「必然」がそれぞれまったく意味を変えることになる。

　それぞれの可能世界が別々の因果秩序、別々の法を持ちうるかぎりにおいて、諸世界を横断することは、この世界のうちに、あるいは、この世界の裂け目のうちに、他の世界の秩序、他なる法を持ち込むことに等しい。これが、カオスモスに向けての第一歩である。しかし、さらなる一歩を、ピラミッドの外へと踏み出すなら、あらゆる可能性が消尽した深淵が口を開けている。そこでは、世界の法則が突如として変わるというより、法なるものがふいに消滅し、あらゆる法が宙吊りにされる。法以前のもの、可能世界以前のものが、暗き底から不法侵入してくるのだ。それは、定住的に振り分けられる仮説的な条件と帰結の系列を裏切り、条件に還元しえぬ帰結の到来、因果の反転や転覆、様相の変換や無化などをもたらすだろう。さらには過去、現在、未来の同時性＝混乱をも招来するだろう（「誰も死んでいないが、つねに誰かが死んだばかりで、つねに誰かが死のうとしている」[14]）。それは新たなものが到来し、混沌がいたるところで生じ、システム全体が渦巻いて揺動する空間、場を統べる法そのものが根本から揺らぎ問い直され、先行きが定かでなくなる立法／無法の時間のアレゴリーである。そこでは過去に起こった事柄にもとづく確率論的計算が意味を喪失する。[15]

　ところでドゥルーズが主張するのは、この賭け＝ゲームが行われる理念的なノマド的空間において、「偶然全体を肯定すること」[16]であり（『意味の論理学』）、「骰子振りのそれぞれが、そのつど、偶然全体を肯定する」[17]ことである（『差異と反復』）。そして「あらゆる分肢、あらゆる断片がひと振りで投げられる、つまり、偶然全体が一度で投げられるのだ」と述べたうえで、「偶然のあらゆる分肢を組み合わせる唯一のしかた」があり、「偶然のあらゆる諸断片を結び合わせる唯一の宿命的な数[18]」があると言うのである（『ニーチェと哲学』）。この唯一の「数」とは、おそらくドゥルーズ流に再解釈された「永遠回帰」のことであり、生成変化についてのみ言われる存在のことであろう。だが、ここで着目したいのは、むしろ、「あらゆる分肢」や「偶然全体」をめぐる問題である。これを、先に見た諸可能世界を横断する議論の文脈に接続するなら、あらゆる可能世界の同時的な共存からなる一箇の宇宙を構成することになるだろう。こうして窮極的な多世界論が、単独世界論へと折り返されてゆくことになり、その単独世界は、また多世界論へと投げ返されてゆくことになる。だが、こうした窮極的な「多」と窮極的な「一」とのあいだでの往還運動とはややニュアンスの異なる、別の観点も『ニーチェと哲学』には存在する。ドゥルーズは次のように書いている。

「偶然によって、我々はあらゆる力同士の関係を肯定する。またたしかに、我々は永遠回帰の思想において、偶然全体を一度で肯定する。しかし、すべての力が同時に関係しあうわけではない。これらの力の力能はそれぞれ、少数の力との関係のなかで満たされる。〔……〕したがって、特定の量を持つ力同士の遭遇は、偶然の具体的な部分、偶然の肯定的な部分であり、それゆえあらゆる法と無縁である。つまりそれは、ディオニュソスの四肢なのだ。ところで、このような遭遇のなかで、各々の力は自身の量に対応する質を受け取る、つまり、力の持つ力能を実際に満たす触発を受け取るのである。〔……〕〔量と質の発生という〕ふたつの発生が分離不可能だということは、我々には諸々の力を抽象的に算定することはできないということを意味している。我々は、それぞれの場合に応じて、力それぞれの質と、その質のニュアンスとを、具体的に評価せねばならない」[19]。

すでに指摘したように、ドゥルーズはニーチェを、ライプニッツを徹底化させたその先の思想家として位置づけている。それと同時に、「力能」と「触発」を関連づける上記の引用にあらわれているのは、スピノザ的なニーチェであり、「可能性」を消尽させるスピノザを導入したニーチェである[20]。それは、「可能性」を増殖させるライプニッツと激しく争い、事を構えかねないニーチェであろう。この点を踏まえたうえで、三つの論点を確認してゆくことにしよう。

第一に、ドゥルーズが引用冒頭で提示しているのは、永遠回帰における偶然の肯定であり、振り直しのきかない、そのたびごとに一度きりの骰子振りによって、あらゆる力同士の関係が再編成されることを肯定することである。「回帰（retour）」は、回転のイメージをとおして「革命（révolution）」と結びついている。ところが、ドゥルーズはそうした永遠回帰を肯定しつつも、別の議論を差し出している。つまり、そうした「あらゆる力同士の関係」というしかたでの力の価値評価は、「抽象的」なものにとどまる、と述べているようなのだ。つまり、「我々には諸々の力を抽象的に算定することはでき」ず、具体的な力同士が出会い、争う遭遇の現場を、個々の事例として考慮しなければ、力の「質」とその「ニュアンス」を、「具体的」に評価することはできない、と。

ここでは、「偶然全体」（あらゆる力同士の関係）と、「偶然の具体的な部分」（有限個の具体的な諸力の関係）とが区別されており、そして、具体的なものへと向かう思考の水準においては、「偶然の具体的な部分」にこそ、何より固執しなければならない、情況の特殊性、単独性を消去してはならない、というのである。それでこそ、この「偶然的な部分」が分有する、絶対的かつ法外な「偶然」も浮彫りになるであろう。すなわち、永遠回帰＝永続革命に参加する、いまここでの具体的な回帰＝革命である。この論点を、可能世界論の文脈に接続するなら、あらゆる可能世界同士の関係というしかたでなされる単一の宇宙の規定も、抽象的なのではないかという論点が、ドゥルーズ自身の著作の内部から浮かびあがってくるはずである。たとえば一篇の小説や散文作品が書かれる際には、ひとつの文のなかに含まれる有限個の言葉、有限個のオブジェが、入念に選択され精緻に仕上げられねばならない。事実問題として言葉同士のあいだに張力が生まれなければ作品の力は存在しない。「何しろ私は一目見ただけで、すべてを視野におさめることができる人種に属していない。じっくり眺めて、事物を私から隔てている道を事物が通ってやってくるまで待たなければならない。これは私を愚弄するためにわざと仕組まれたことでなければ、実は幸福な、縁起のいい偶然なのだ。なにしろ私にとって、まだすっかり世界に対して閉じられていないこの場所から出発するのを助けてもらうために、何も起こらない夜空よりもましなものはなかった。確かにこの空は騒乱と暴力に満ちているのだが」(ベケット『マロウン死す』[21])。何らかの運動(芸術運動、文学運動、政治運動、社会運動……)が、既存の現実世界に穴をあける場合についても同様である。その既成のものに対する異和の種子は、どれほど小さなものであれ不調和の強度を高めることをもって有効となるからであり、あらゆる不調和を同時に提示してしまえば、特定の不調和の効果は、増大した背景の雑音のなかで掻き消えて声を失ってしまう。不調和には、具体的な不共可能性に応じて緊張の度合の差があり、それを緻密に仕上げねばならない。いわゆる大きな問題ばかりでなく、些細な異和こそが、還元しえない不和かもしれないからだ。同様の問題は、『千のプラトー』において音楽をめぐって論じられていた。「音楽をあらゆる出来事、あらゆる闖入に向けて開くと主張してみても、結局、一切の出来事を妨げる混信が再生産されてしまうのだ[22]」。解放を体現すると主張するカオスモスが、出来事を掻き消してしまうこと。あらゆる世界の共存を謳う抽象的な可能世界論には、実践的な観点からすると、どこか思弁的な詐術めいたところがある。ドゥルーズ＝ガタリの用語でいうなら、そこには抽象機械論(ダイアグラム)だけがあって、具体的なアレンジメント論(唯物論)が欠けている、すなわち、不調和じたいを闘争の起点として駆動させるアレンジメントが欠けているのである。抽象的な思弁には、行為する具体的な身体と情況が欠けているのだ。

　第二の論点だが、先の引用箇所では、永遠回帰の「思想」（＝思考）と書かれていることにも注目しておこう（「我々は永遠回帰の思想において、偶然全体を一度で肯定する」）。文脈を補足しておくなら、この引用は『ニーチェと哲学』第二章「能動と反動」の第三節から取られたものだが、同章の第一節は「身体」と題されている。つまり、この引用は、哲学に「身体」を導入したスピノザを引き込む文脈のなかで、スピノザと同様に、身体をきわめて重視したニーチェの姿を描くものである。『ニーチェと哲学』においては、「身体」を取りあげるとき、「意識」の価値を切り下げながら同時に、身体そのものを構成する「力」とその「関係」に焦点が当てられる。すなわちニーチェが「情動（affekt）」と呼ぶものである。ドゥルーズの「情動（affect）」論は、しばしばスピノザ的な視座から論じられるが、そこにはニーチェ的な含意も反響していることを考慮すべきであろう。[23]スピノザとニーチェにおける情動論をめぐる結び目を考慮しつつ、ドゥルーズは、『ニーチェと哲学』において、身体をめぐる問題に「触発＝変様すること（affecter）」の問題系を導入する（「触発される能力（pouvoir d'être affecté）」としての身体の力能）。ニーチェにおける「情動」は、意識や心理学的な感情の水準にはなく、身体の、生の水準に位置づけられており、それは、たがいに闘争しあい、他の力、他の身体を捕獲しようとする多元的な欲動、本能、力能である。あるいは、虫に擬態する花のように、他の身体に捕獲されることで、おのれの目的を達成しようとする受動的な積極性をまとう力を含めてもよいだろう。こうした力同士の結合や衝突のなかから、身体が、その様々な姿形が、その様々な類型が生まれてくるとニーチェは言うのである。「身体を定義するのは、支配する力と支配される力とのこの関係である。

諸々の力のあらゆる関係が、化学的、生物学的、社会的、政治的な身体を構成する。何らかのふたつの不均等な力が関係するや否や、ひとつの身体が構成される。それゆえ、身体はつねにニーチェ的な意味における偶然の果実であり、最も「驚くべき」もの、実際のところ意識や精神よりも遙かに驚くべきものとしてあらわれる[24]。そして重要なのは、こうした身体を構成する力同士の関係、他の力によって「触発される能力」は、「たんなる論理的可能性[25]」として抽象的に規定されるものではなく、各瞬間に具体的な力で満たされ、必然的に実現されるものだという点である。たんに論理的に可能ということではなく、身体においてリアルになしうること、すなわち、力能の実在論が問われている。スピノザ＝ニーチェ的な立ち位置からするなら、「なしうること」（力能＝潜勢態）は、実際に「なすこと」（行為＝現勢態）と密着しており[26]、具体的な物体が、ある力を発現させることも、させないことも自由に可能であるというのは虚構にすぎない。ドゥルーズは、おのれのなしうることから切り離された力を、「反動的」と呼ぶ。逆に、「力はその発現と切り離されない[27]」以上、発現しないということができない。身体が実存するということは、何らかの活動を行うということであって、活動せずに身体が実存することはない。行為者の身体と行為能力とは不可分である。身体は、たんに論理的に想定されるだけの可能性とは根本的に異なるリアリティを有する。身体とはつねに具体的な情況のなか、具体的な力同士の関係のもとで実現された実存なのだ。ドゥルーズによるなら、「この触発される能力は、それに対応する力そのものが歴史あるいは感覚的生成のうちに入らなければ、満たされることはない[28]」。同様に、カオスモスの力能もまた、たんなる論理的可能性から脱出したければ、歴史のうちに入り、具体的なアレンジメントの拘束のもとで実現されねばならない。『フーコー』において言われていたように、具体的なアレンジメントとは「歴史」なのである。[29]そして歴史的な情況＝アレンジメントの只中にあるとき、あらゆる可能性の総体と離別せざるをえない。可能性という貨幣——特定の物事を実行しないかわりに維持される、あれもこれもできるという可能性——をひたすら貯め込む守銭奴的な態度と訣別しなければ、何も実行されないのである。あるいは可能性だけを後生大事に守りとおすのであれば、それに対応する生き方が生まれることになろう。すなわちいかなる行動も起こさず、自分の身に行動が必要になるような何ごとも起こらないようにすること、そのアレンジメントを見事に描いたのがヘンリー・ジェイムズであった（『密林の獣』）。同様に、身体のカオスモス、すなわち器官なき身体もまた、歴史的な力関係に満ちた歴史的‐社会的な情況下に置かれなければ抽象的なままにとどまるだろう。『襞』にあるように、「カオス」が現実存在を獲得するには、混沌をいくらか選別する「篩」が必要なのである。[30]

最後に第三の点だが、具体的な身体と力関係の問題系とともに、道徳批判と価値評価が導入される。『ニーチェと哲学』第二章の題が、「能動と反動」であったことを思い起こしておこう。そしてライプニッツこそまさに、ルクレティウス、スピノザ、ニーチェという系譜のなかで、その道徳性ゆえに指弾される当の哲学者なのであった。[31]ドゥルーズが、ライプニッツにかんして批判したのは、最善世界を守ったということ、すなわち、ひとつの世界の同一性を守り、その世界の道徳的な優良性を守ったという点である。それに対して、ドゥルーズは世界の同一性を解体しながら、無数の世界を横断する経路でつなぐとともに、あらゆる法を宙吊りにする宇宙＝ピラミッドの《外》を構想することで、道徳性の優位を無効化する。そうしていわば、あらゆる可能世界の、あるいは、諸々の可能世界の同時的な出現によるカオスモスの創出を肯定するのである。これが、ドゥルーズによる「現代」の見取り図であった。ところで、あらゆる可能世界であろうと、いくつかの可能世界であろうと、いまだ問題化されていないのは、それぞれの世界にかんする価値評価である。すなわち、ドゥルーズのいう「系譜学」（力能の意志の質、すなわち生の肯定／生の否定の判別）、「類型学」（力の質、すなわち能動／反動の判別）、「徴候学」（いかなる力能の質のもとで、いかなる力が事象を占領しているかの判別）が、可能世界についても語られる必要があるのではないか。仮に、別の人間を登場させたとしても、それが人間学的に同じ類型の怨恨（ルサンチマン）の人間だとするなら、根本的な問題提起とはならない。それと同様に、別の世界を提示したとしても、それが同じ類型の世界だとするなら、たとえSF的な世界像やポスト・ヒューマンの像を描いたところで、その可能世界の批判力は脆弱なものにしかなりえない。結局、怨恨という人間の本質が、世界を越えて再生産されるにとどまるからだ。それは、生を否定する力能＝意志をたずさえる反動勢力の再生産であり、様々なる意匠のレプリカントとヴァリアントである。それに対して、純粋な論理主義とは異なるドゥルーズの世界論には、道徳批判的、政治批判的な射程がある。論理学の道徳的－政治的な中立性を、彼は信じていない。ニーチェ主義的に言うなら、「中立性」を標榜する論理学にも科学にも、力への意志が、ニヒリズムが、怨恨が貫通していると彼は考えるからだ。[32]「人間世界における反動の勝利の諸形象――怨恨、疚しい良心、禁欲主義の理想――の分析に、ニーチェはまるまる一冊（『道徳の系譜』）を捧げるだろう。それぞれの事例において、彼は反動的な力が勝利をおさめるのは、高次の力を構成することによってではなく、能動的な力を「切り離す」ことによってであるという点を示すだろう[33]」。「あらゆる諸力の反動化、これが人間と人間世界を定義する[34]」。

新たな世界の創出を可能世界論が思考するにしても、世界をめぐる系譜学、類型学、徴候学の診断を欠くかぎりにおいて、それは大きな意味を持たない。可能世界の共存、その結果としての無数の人間的世界の繁茂……。ニーチェはこう述べていた。「それゆえ道徳の問題は認識論の問題よりもラディカルだということ」[35]。

## 第二節　信仰と知

ドゥルーズが思考しているのは、不共可能なもの同士がたがいに分裂‐共存する場の創生であり、それは単一の原理、単一のアルケーによって整序された「統一的宇宙（uni-vers）」の「普遍性（universalité）」というよりは、「乱流的」な「発散的宇宙（di-vers）」の「多遍性（diversalité）」（セール）[1]や、「離接的発散性（disjonctive diversity）」（ホワイトヘッド）[2]に近い。そして発散的宇宙像は、統一的宇宙像を超出してゆく。こうしたドゥルーズの言説において同時に注視しなければならないのは、彼が「ひとつの同じ世界」、「ひとつの同じ宇宙」と述べているということだろう。マルチヴァース的な指向を明らかにするドゥルーズは、しかし単一性へとたびたび舞い戻る。この「ひとつ」は、不共可能性という関係、すなわち差異と発散、分裂と共存、異他性と多様性を軸として生み出される集合だが、彼はなぜ、それらが「ひとつの」世界、「ひとつの」宇宙をなしていると繰り返し主張するのだろうか。ドゥルーズが、単一性に固執するのはなぜか。

「不共可能的な諸世界が属するひとつの宇宙」を主張するドゥルーズは、可能なる諸世界が、たがいに交わらぬままにあることを肯定したいわけではない。少なくとも、諸世界の離散性のみを強調したいのではない。ライプニッツ論の文脈を確認しておくなら、ドゥルーズはむしろ、ライプニッツにおいて複数の世界が綺麗に整然と分離されることは、神学的であり、道徳的だと主張していた。というのも、世界の孤独性は、個の絶対性（絶対的に孤立する世界と自我）を想定することだからであり、ライプニッツの神が道徳性や政治性を発揮するのはまさしく、超越者としての観点から、各世界の境界を整然と切り分け、たがいのあいだに分離壁を設置し、各世界に統一性を割り振る点にあるからである。たしかにライプニッツは、現実存在の未来にかんして必然的なひとつの出来事を肯定するのではなく、ちがうしかたでもありえた諸々の偶然的で可能的な出来事を肯定する。しかし、各世界同士の分断を堅持し、それによって各世界内の調和を保護することで、同時に統一性という理想を守り抜く。つまりドゥルーズは、最善世界を選択する「意志」の水準ばかりでなく、個々の可能世界を絶対的に分離し孤立したものとしてシミュレートする、ライプニッツ的な神の「知性」の水準において秘かに稼働している道徳性のエコノミーをも指摘しているのである。また、各世界内が計算に服するものとしてしか肯定されないことも、そうした道徳性のなかに含まれるだろう。ライプニッツは道徳的意志を介入させる前にすでに、世界を調和的なものとしてのみ思考する点で、知性に対して外的な限界を導入し、それを制限しているのである。そして、そうだとするなら統一性への批判と複数性への指向と同じように、孤立した複数性からの離脱と単数形への指向にもまた、ドゥルーズの批判的な動機が潜んでいるのではないか。ドゥルーズは、道徳批判の観点から、世界を分断し、孤絶したままにしておかないのではないか。切り離された世界が、自閉しそれだけで自足することを認めないのは、絶対化した個人への批判と相同的な、個別化した世界への批判ではないか。それはブルジョワ個人主義批判と並走する、ブルジョワ世界批判ではないだろうか。すなわち、批判の実践という観点がここで持ちあがってくるのである。周知の如く、相互に分断されればらばらであること、交わらぬこと、サルトルで言うなら「集列」であることは、マルクス主義的見地からのたえざる批判の標的でありつづけてきた。ここでは『シネマ1』において、グリフィスの並行モンタージュが、エイゼンシュテインの弁証法的な対立のモンタージュとの対比で、ブルジョワ的と形容されていたことを想起しておこう。[3]

では、ライプニッツとはちがって、諸世界を切り分けたままにせずに交叉させるドゥルーズはどうするのか。すでに幾度も繰り返してきたように、彼は共存しえないもの、共生しえないもの、不共可能的なものが、それにもかかわらずともにある状態を思考する。そして、この宇宙において、シーザーが「ルビコン河を渡る／渡らない」というひとつの出来事——第Ⅱ部で述べるように、ドゥルーズにとってこれはふたつの出来事ではなく、ひとつの出来事である——の内的で即自的な分裂をとおして、複数の両立不可能な可能世界、不共可能的な系列が、分裂-交流するとされる。つまり、分断した諸世界をまず置くというより、出来事そのものが、諸世界を横断してゆく局面を、重視しているということである。閉じられた世界の形成よりも先に、そもそもひとつの世界のなかに固有の領土を持たない、ノマド的な出来事が先に来るのである。それぞれの可能世界が形成されたあとで、それら諸世界同士の交流がやって来るのではなく、その身ひとつで不共可能性を体現する出来事、つねにすでに世界を横断している出来事が、世界の組成の素材になっているのである。ドゥルーズのいう世界はこうした出来事からなる以上、根源的に諸世界が絡まりあったものとしてしか存在しない。共存しえないものと共生し、共生しえないものと共生する世界、共存しえないものを世界外へと追放することのない世界。したがってそれは、出来事の定義からして、ライプニッツのいう可能世界とは異なるのである。

こうした点は、ドゥルーズが主に一九八〇年代半ばから九〇年代にかけて、「世界を信じること」という発言をすることにもかかわってくるように思われる。ドゥルーズは、「諸世界」を信じると述べるのではなく、あくまで単数形の「世界」を信じると述べる。だがこの世界は、ライプニッツ的な可能世界のうちのひとつでもなければ、それを現実化した世界のことでもないし、この世界とは別の可能世界のことを指しているのでもない。この世界と切り離された可能世界を簡便に振り回すなら、それは、たんなる現実逃避の夢物語と区別することができなくなってしまう。こうした幻想への逃避からさらに一歩進んで、「あの別の世界ではこういうことも可能であったし、また別のあの世界ではこんなことがあったかもしれない、それにもかかわらずこの世界ときたら……」となるなら、それは、ただこの世界への怨恨にすぎず、ありもしない世界との関係でこの世界を裁くこととほとんど同型の議論となるだろう。すでにどこか他処で成立している別の世界を信じることは、それゆえ彼にとって問題ではないはずだ。[4]

ただし、そうは言っても、「世界を信じること」は、たんにいま現実存在している世界を信じ、それを追認するということでもない。そこで、次のような仮説を立てることができるだろう。すなわち、ドゥルーズが信ずるべきものとしている「ひとつの世界」とはいつも、分裂した諸世界が共存する宇宙、ある世界から別の世界へのたえざる移行のプロセス（しかしどの方向だろう）の只中にあって、決して閉じられていない宇宙を指しているのであり、それにより彼はいわば複数世界論と単一世界論のあいだを行くのではないか、と。そうだとするなら彼は、不共可能的な諸世界がその差異とへだたりにもとづいて形成するひとつのカオスモスをとおして、単一世界以上で複数世界未満の宇宙論、あるいは、一が多となり多が一となる世界を構想していることになるのではないか。ドゥルーズには、多世界化へ向かおうとする傾向と、単一世界へ向かおうとする傾向とがあって、それらが最終的に融和することも、妥協しあうこともなく、緊張状態に置かれたまま併存しているのである。それは、一となった世界をふたたび多へと引き戻す批判の運動として、また逆に、多となった諸世界を一において衝突させる別の批判の運動として、たえず反復されつづけるだろう。すなわち、ふたつの批判形式が、それじたい批判的に接合しているのである。「一」とは、等質化や融合を意味するのではなく、還元不可能な不協和との遭遇を指すのであり、あるいは、この世界の裂け目におけるそうした不協和の産出を指すのである。

ところで、単一世界以上で複数世界未満の宇宙論の立場は、現在の世界とは両立しえない、根本的に異質な別の世界の力能が、この世界から切り離されたどこか別の場所にあるのではなく(これが複数世界論の立場である)、むしろ、この世界のいまここに合理的な計算の外であらわれると考えるものであり(他様なる世界、他様なる秩序、他様なる法を、いまここに嵌め込むこと——他者ないしは異物との共存として)、さらには、あらゆる可能性の外にあるものが、前触れなしにこの世界に予期しえぬしかたで侵入し、力関係を攪拌すると考えるものである(思考可能なものの《外》)。所与の世界と両立不可能な他処から来た要素を、当の世界じたいの内部のいまここに見出だすこと、それは、歴史的な場のなかで、歴史の内側から、歴史の流れを逸脱する力が出現するのを肯定することではないか。そうだとするなら、複数世界と単数世界のあいだを行き来する世界を信じるということは、この世界における可能性／不可能性の配分や、力関係の配分を、骰子振りにゆだね、シャッフルしなおすという立場を取ることになるだろう。ライプニッツの可能世界は、各世界内での可能性／不可能性の割り振りを先取りすることによって、諸世界を振り分けることができた。排他的選言命題によるこの割り振りこそまさに、嘘をつかない道徳的な神の役割である。ドゥルーズはこの割り振りを神以前の状態へと差し戻す。つまり可能／不可能が、必然的かつ先駆的に決定されない状態である。可能／不可能の分割じたいの歴史的な偶然性を問うことと言ってもよいだろう。そもそもドゥルーズがベルクソンを引きつつ定式化した「潜在的なもの」とは、可能／不可能の分割に先立つ領域であり、むしろ可能／不可能という様相の彼岸で、（事後的に見るなら）可能から不可能への、あるいは不可能から可能への横断が生じる境位を指している。可能／不可能は、実在的な潜在的なものがおのれを現働化したあとで、この現働化されたものをもとにして、事後的にそう名指されるにすぎないからだ。したがって発生の順序にしたがうなら、第一に潜在的なもの／現働的なもの、第二に可能性／不可能性という順序が、遵守されねばなるまい。可能性／不可能性は、潜在的なもの／現働的なものに対して、あとから投射された影にすぎない。なお、ここでの「／」を、一方から他方への反転が起こる最小回路の軸と解されたい。すなわち潜在的なものから現働的なものへの、現働的なものから潜在的なものへの最小回路である（『シネマ2』のクリスタル－イマージュ）。[5] あるいはスピノザ論で言うなら、力能／行為、潜勢態／現勢態のたえざる反転である。ライプニッツも、現勢的なところのない純粋な潜勢態、行為としてあらわれない力能などありえないと述べていた。[6]

潜在的なものと可能的なものとの順序を転倒させ、潜在的なものに対して、可能性を先立たせてしまうこと、それによって潜在的なもの／現働的なものに対して可能性／不可能性のイメージがあらかじめ投影され、その結果として歪曲が行われること——こうして多くの錯誤が生まれることになる。[7]逆に、潜在的なもの／現働的なもの、ないしは、力能／行為とは、根源的な偶然性をはらみながら、可能性じたいの可能性をも産出する生の芸術のことである。それは可能／不可能の偶然性を生きる実存のしかたを構築することでもあるだろう。不可能なことを行うことや、思考不可能なことを思考することは、理性的に保証されているわけでもなければ、既存の知によってその存立基盤が与えられているわけでもない。おそらくだからこそ、知ないし理性の限界において、「あらゆる信仰（foi）」から切り離された「信（croyance）」が、「厳格な思考」[8]として示唆されるのである。

もとより信仰を、理性による証明で説明することはできない。[9]証明できるのであれば、信じる必要はない。信じるという行為の場があるとすれば、それは理性の彼岸にある。だからこそ、伝統的に、「信じること」の本質は、理性では説明しきれぬ事柄を信じることとされてきた。したがって、創造された世界のなかで生起する「奇蹟」が、証明の対象ではなく、信仰の対象とされてきたのである。したがって、ふたしかなこと、起こりえないこと、ありえないこと、不可能なこと以外は、信じる対象にはならない。ありえないことであるからこそ、それと対峙するにあたって「信じる」という跳躍が要求されるのである。別言するならつまり、信仰の対象となるのは、信じられないことだけである。この意味で、ジャン・ヴァールが『キルケゴール研究』において述べているように、「信仰とは、本質的に逆説なのである」[10]。ヴァールによるなら、信じることは、自己ではないもの、自己の枠組には回収できないもの、より具体的に言うなら、自我ばかりでなく、世界、言語、文化などの「枠組」に回収できないもの、すなわち、「他者」とのかかわりや、「実在」とのかかわりにおいて生ずるものである。ヴァールはこうつづける。「信じることとは本質的に超越を、他者を信じることである。自分とは異なる他の存在の実在について自問しはじめるとき、すでに信じる意志が存在している。信じる者とは、他者の実在に無限の関心を寄せる者のことなのである」[11]。

『シネマ』におけるドゥルーズは、信仰をめぐる西洋哲学の伝統を意識しつつ（とりわけパスカル、キルケゴール、ヒューム、ニーチェ）、不可能なこと、ありえないことを、超越神からではなく、内在的な世界の論理から解き明かそうとする。それは神への信仰でもなく、眼前の他人への無限の関心でもなく、奇跡も必要ない。それは世界と出来事を信じることである。「弁神論（テオディセ）」ではなく、一種の「宇宙弁護論（コスモディセ）」という形態をまとう。[12] ドゥルーズの信仰論は、ヴァールの表現を借りるなら、たしかに「他者の実在」と関連しているだろう。あらかじめ定められた可能性の領域にとって、世界じたいにとって、他なるものが問われるからだ。ただしドゥルーズはそれを超越的な場所に見出すのではなく、世界の縁、辺境、地下において思考しようとする。信じる対象は、所与のものとしてすでに獲得されているわけではない。その意味で、信じる対象はつねに欠けている。信じようにも、信じられるものがない。そうだとするなら信じる対象、それに信じるという行為が、この世界のうちにかすかな兆しとして——たとえば身体として、あるいは集団の結成として——つくりだされるのと同時に、信頼が世界のうちへと呼び戻されることになるだろう。ドゥルーズは次のように述べる。「ガレルを、アルトーやランボーと比べるなら、そこにはたんなる一般性を超えた何らかの真理がある。我々の信じる行為は、「肉体」以外のものを対象とすることができないが、我々に身体を信じさせてくれる特別な理由が必要である(「天使たちは知らない、なぜならあらゆる真の認識は闇に包まれた曖昧なものだから だ……」)。我々は身体を信じなければならないが、生の胚芽を信じるように、聖骸布やミイラの包帯のなかに保存され、死滅せずに敷石を突き破って出てくる種子を信じるように、身体を信じなければならない。この種子はあるがままのこの世界において、生のために証言するのである」[13]。可能性に先立つ、根源的な自由への、生の胚芽への、潜在的なもの／現働的なものへの信頼。ただしそれは、歴史的な時空間のなかで具体的な身体と行為と化すのでなければ、抽象的なままにとどまるだろう。

ドゥルーズいわく、他者の身体だけが信じられる。そしてこの身体は敷石の下に埋められた種子、遺骸とともに眠り込む種子のようなものであって、この世界のなかではおそらくまだ芽吹いてはいない。芽吹くときは敷石を押しのけながら、顔を出すのでなければならない。あるいは遺骸を蔽う布をかいくぐりながら、種子はおのれのうちに眠り込むものを展開するだろう。この種子は、この世界が受け容れることができずに地中に埋めた問題として、死骸と一緒に葬り去り封印しようとした問題として存在すると言えるのかもしれない。そうした問題がいつの日か、その社会がそのままでは受けとめることのできない事柄の徴候として、当の社会のうちにその姿をあらわす。大地に潜伏する生の種子は、地下にもぐっていた不和の種を示すものである。それは、決して十全に思考されてこなかったものであり、思考の題材としてすら提供されていないものであるはずだ。ドゥルーズの描くこの一節の意義を見るために、そこで名の挙がっている演劇人アルトーへと迂回しておきたい。アルトーの企図を貫いているのは、「人間」を支えている基礎そのもの、世界の根拠律そのものの底を打ち抜き、文盲のための新しい言葉と器官なき身体へと向けて、人間と世界を形成する原理を根底からつくりかえることであった。それこそが、彼にとって革命的な演劇の実現である。「演劇」は、テクストをそれとして自律させることなく、テクストを身体と結びつける形式である。アルトーは、決してテクストに引き籠もろうとはせず、テクストを礫として世界に投げつけ、「公の精神を攻撃する」[14]。彼は演劇のことを「潜在的な蜂起（révolte virtuelle）」と呼ぶ。ここでは、「潜在的（virtuel）」と「力（vertu）」の関係をも想起しておくべきだろう。こうした蜂起とは、「熟し切っていながらそれまでは隷属させられていた力、現実のなかでは使い途のなかった力」を炸裂させ、「本来は社会生活の敵であるはずの行為の数々に市民権と存在の権利を与える」ような行為を指す[15]。アルトーはさらに別の箇所で、演劇という行為についてこうも述べる。「私の言う行為とは、人間の身体の有機的で物理的な本当の変化を目指すものだ。／なぜか。／演劇は神話が潜在的、象徴的に展開されるあの舞台上のパレードではなく、／この、火と真の肉の坩堝であるからだ。そこでは解剖学的に／骨、四肢、音節の足踏みによって／身体がつくり直され、／物理的に、ありのままに／身体をつくるという神話的な行為が生じるのだ[16]」。アルトーが構想しているのは、この世界を引き写して、危害を及ぼさない程度の変更を加えた別の世界や別の身体ではない。演劇をとおして彼は公的な政治体、社会体、個人の肉体への変更を、既存世界への蜂起のプランとして企てる。アルトーは、演劇によって「非現実の種子[17]」を世界に播き、現実世界のなかで成長させながら、「この束の間の非現実の晴れ間[18]」をつくりだし、そこで呼吸することを模索するのである。ガレルとアルトーを比較した先の引用で言及されていたのは、「潜在的な蜂起」のためのこうした「種子」への言及を暗に引き受けたものだろう。アルトーはこうして徹底的なしかたで、現代世界への批判のポジションを取る。ニーチェとアルトーを対照させるデュムリエの言によるなら、アルトーの「器官なき身体」をめぐる思考は、「生きるのが不可能なことを生きる可能性」を追い求めるものだが、こうした可能性と不可能性のあいだの交錯、そのあいだでの行き来は、ドゥルーズの身体を信じることをめぐる議論のなかにも、たしかに息づいているように思われる。[19]

ドゥルーズの「信仰」論の特徴のひとつは、『哲学とは何か』にもあるように、信仰の世俗化（ヒューム）とともに、神への信仰を、世界を信じることへと差し替えたことにある。[20] しかし、「この」世界を信じるということ、両立不可能な諸系列の絡まり合いとしての「この」カオスモスを信じることとは、決して整合性がうまく保たれたひとつの世界を信じることではないし、自己同一的なこの世界を実現可能な唯一の世界として信じることでもない。ましてや、観察され観測されるこの世界が唯一の真理であると認めることでもない。そうではなく、ドゥルーズ的な世界への信とはむしろ、「この」世界は、共可能的で整合的なもののみから成り立っているわけではないと信じることであり、共存不可能と見なされてきたもの、排除されてきたものの共存を可能にする具体的な空間と、そうした共存を歴史のなかの具体的な場で生きる人々がみずからを生み出すことである。信をめぐる問題が、精神の問題としてばかりでなく身体の問題として、すなわち個人や集団のありようの変形可能性の問題として取り出されていたことをふたたび想起しておこう。ここで言う「身体」とは、器官＝機関とその各々に分業的に割り振られた役割や職能を超えて、自己を変形させてゆく個人や集団の力の別名である。信とは、現状の世界の論理とエコノミーへと整合的に還元できない出来事、事後的な投影の眼差しからすれば端的に言って「不可能」だったことを、「この」世界の内側からつくりだす力能／行為を肯定することであり、制度的に規定されてきた思考の条件と相容れないような、最も思考しがたきこと、考えることさえ許容されないことを考えることを肯定することである。まるで思考じたいが、最も思考しがたきことへと、限界の思考へと生成するようにして。『シネマ2』では、次のように言われている。「別の世界を信じるのではなく、人間と世界のつながりを信じること、愛や生を信じること、ちょうど不可能なことを信じ、思考されえないにもかかわらず思考されるしかないことを信じるように[21]」。かくして、ドゥルーズの「信仰」論においては、他者に加えて、不可能なものとの関係が喚起されることとなる。これは可能的なものの《外》、可能でも不可能でもない他者を信じることでもあるだろう。

こうした言明の背景には、「人間と世界のつながり」が、「信」の対象とならねばならないほどに、不可能なこと、困難なことと化しているという現状への認識があるだろう。今日では、他者との遭遇を機縁としてしかはじまらない「愛」や、端的な「生」もまた、不可能化されつつあるのではないか。それは「人民が不在である」という有名な確認とともに、重大な問題を示している。「欠けている人民」論は、パレスチナを筆頭に世界各地の土地収奪が行われる場所で、当の土地に人民がいない（ことにされる）という事態を背景にしつつ、帝国主義的あるいは資本主義的な統治機械によって、人民の分断が行われ、政治の主体がばらばらに引き裂かれ、不在化するという事態を指し示している。一方の「人間と世界のつながり」の不可能は、核の脅威ばかりでなく、低強度の戦争が遂行されるなかで、人間が世界のなかに、大地＝地球のうえにもはや生の拠点となりうる空間を持たず、世界が人間にとって居住不可能な場所と化しつつあるという事態を示しているようにも思われる。「土地なき人民」と「人民なき土地」。すなわち人民から土地を剝奪するとともに、人々が土地に住めないようにするという、喪失の二重の側面である。[22] もはや人間が誰一人として住んでいない大地とは、初期の「無人島」論、砂漠論以来の問題でもあったはずだ。[23] その形而上学的な含意に加え、歴史的な情況を背景としつつ、ドゥルーズはネグリとの対談において、神への信仰とは異質な信仰、世界と出来事への信仰について次のように述べている。「世界を信じることは、我々に最も欠けているものなのです。我々は完全に世界を喪失してしまっている、我々から世界は剝奪されているのです。世界を信じること、まさにそれは、たとえ小さなものであれ、コントロールから逃れる出来事を引き起こすこと、あるいは、たとえ限られた面積と容積のものであれ、新たな時空間を誕生させることでもあるのです[24]」。ドゥルーズの絶望の深さを示すものでもあるように思われる、「世界を信じること」の目標は、ここで語られているように、きわめて慎ましく、簡素なものである。「たとえ小さなものであれ」、「たとえ限られた面積と容積のものであれ」……。だが、ドゥルーズは決して不安や恐怖を売り捌くことはない。信じることにおいて問われているのは、剝奪者たちを尻目に閉所に引き籠ることでも、幻想にひたって逃避することでも、超越者に向かって拝跪することでも、大義の名において自死することでもない。出来事とは世界のなかに種子がつくる小さなひび割れであり、騒々しいというよりは静謐なものかもしれない。祈りとはドゥルーズは言わない。それは平等と自由のための「新たな時空間を誕生させること」、その行動と行為のさなかでの他者との連帯にもとづく思想形成である。ドゥルーズ＝ガタリの思想の連帯論としての側面は、第Ⅲ部の生成変化論において見ることにしよう。『シネマ』は、その語義に忠実に「運動」論として読むこともできるはずだ。「世界の道徳性と経済＝構成（エコノミー）

を攪乱する」運動として、である。そうだとするなら、身体を、世界を、人間と世界のつながりを、愛や生を信じることは、思考や観念の水準に加えて、身体と行為の運動の水準からふたたび価値評価されることになるだろう。

## 第三節　ドゥルーズの方法論

分断されたもの同士の衝突ぶくみの共存の場という観点からカオスモスを眺めるなら、カオスモスを一種の**批判**概念として読解することができる。すなわち、世界の経済（エコノミー）＝構成の臨界にかかわる「非現実の種子」をめぐるものとして、世界の既存の分節を脱臼させ、別のしかたで分節しつなげてゆく「潜在的な蜂起」の萌芽をめぐるものとして、である。それはこの世界から距離を取り、この世界の営まれ方を宙吊りにし、純粋状態の不和や攪乱運動をあらわにするための基盤なのだ。たんに思考しえず言語化されず感覚されず想起されない可能世界、ある世界とまったく無縁な世界は、当の世界に対する批判機能を持ちえない。それは端的に無関係にとどまり、無関係といえないほど無関係なままである。この点は、おそらくドゥルーズの方法論とも関連している。すなわち、実在を構成する異なる諸傾向を、本性の差異にもとづいて区別したうえで、それらの純粋な傾向同士の「事実上の混淆」を分析するというベルクソンから受け継いだ方法のことだが、この方法論はドゥルーズにおいて批判の力に転化するのである。彼は、ベルクソンとともに次のような確認からはじめる。所与の事実はどのようなものであれ、様々な要素、様々な傾向、様々な線が入り混じったものであり、その混合状態をそのまま扱っても、解像度の低い像しか抽出することはできない。そして程度の差異にとらわれたままの場合、すべてはあらかじめ妥協にまみれた「程度問題」になってしまう。「すべては多かれ少なかれ……」式の説明になるのである。それを回避するためには、いったん事実から離れて、事実を構成している様々な要素を、きっぱり裁断することを可能にする本性の差異を見いださねばならない。そうしてはじめて、たがいに独立した諸傾向のあいだに横たわる強い差異、強い分断を抽き出しうるようになる。そのうえで、強い分断によってへだてられた諸傾向をふたたび交叉させることで、特異な事実そのものへと舞い戻るのである。たとえば、所与のなかでは決して直接経験されることのない純粋知覚と純粋記憶、現在でしかない現在と過去でしかない過去を、それぞれ本性を異にするものとして取り出したうえで、その次の段階において、純粋知覚と純粋記憶をふたたび交わらせ、その交点においてふたたび経験を、ただし出発点とは異なる眼差しで構成し直すようにである。事実を構成する交錯した線をいったん解きほぐし、鋭利な鋏による切断を持ち込んだうえで、その線をふたたび交叉させ、当初の混淆状態とは別の事物の相貌を浮かびあがらせること。多と一、分離と交叉、批判のふたつの極。こうした方法論をドゥルーズは、一九五六年のベルクソン論の時点ですでに獲得している。[1]時代や著作に応じて、もちいられる用語が、「傾向」（ベルクソン論における空間的なもの／時間持続的なもの）、「構造」（マゾッホ論におけるサディズム／マゾヒズム）、「属性」（スピノザ論における延長／思考）、「社会形成体」（『アンチ・オイディプス』における原始共同体／専制君主／資本主義）、「体制」（社会機械／欲望する機械）、『ディアローグ』や『千のプラトー』における「線」（切片／亀裂／断絶……）、「記号系」（『千のプラトー』におけるシニフィアン／前シニフィアン／対抗シニフィアン／ポスト・シニフィアン）などと変異してゆくにせよ、切断と交叉による視点の組み換えというドゥルーズの方法論的な機序は変わらぬままである。加えてカント論でもちいられた能力論的な方法論では、ニーチェ的な「序列」という側面がさらに追加され、どの要素が優位に立つかによる変質が問題とされる。

不共可能的なもの同士の分断と、その再結合というネオ・バロック主義の理路もまた、この方法論と相同的な経過を辿ることになるだろう。すなわち、強い分断を持ち込んだうえで、それらをふたたび交叉させるのである。ただし、ネオ・バロックの場合は、交叉における不共可能性という新たな要素が加わる。つまり、分断された複数の傾向が、穏やかに再合成され、経験的な所与をふたたび提供するということは決してなく、むしろ、遭遇したもの同士は、解決されることのない根本的な不和として再合成されるのである（不共可能的な法同士の共存、あるいは、様々なる法とその消滅との共存）。それをすでに所与のものとなっている世界から眺めるならつまり、ある世界の内部に、その世界とは共立不可能なものが視野の外から出現し、それが当の世界と抗争関係に置かれる、という事態になるだろう。不和の内在的な出現とでも呼ぶべきこの方法を、以下では試みに批判哲学、とりわけマルクス主義的な「批判」の手法と比較してみることにしたい。それは、「批判（critique）」という語の語源的な意味における「分裂」、ないし「矛盾」[2]を根本に据える手法と言ってもよい。ここでは、『アンチ・オイディプス』の読者であったフレドリック・ジェイムソンによる『政治的無意識』を参照しながら、ドゥルーズの方法と通底する点を図式的に概観してみよう。[3] 1．テクスト内在的な立場をとらず、作品を、社会、歴史、政治の情況のなかに位置づけること（書物＝機械は、社会機械、歴史機械、政治機械といった別の機械と接続される）。2．社会的矛盾、社会内の矛盾を根底に据えること（社会形成体に走る亀裂、裂け目、ひび割れからはじめること）。3．矛盾にもとづいて、イデオロギー的な閉鎖領域のうちに亀裂、対立を浮上させること（一枚岩に見える世界の内部に分断を挿入すること）。4．異種混淆的なもの同士のこうした敵対性を、多声的なテクスト空間において顕現させること（不共可能的な声からなる自由間接的な多声空間）。5．テクストは多くの場合ヘゲモニーを握る階級や勢力の代弁をするがゆえに、批評家が抑圧された声の側を、論争的な転覆目的のために復元してやること（マイノリティの声を響かせること）。6．その復元された声をふたたび対立のなかに据え、支配的秩序にぶつけること（マイノリティの政治化）。7．ヘゲモニー的なものが被抑圧者を我有化し、飼い馴らす手管を暴くこと（社会の有機的な組織化、社会的な意味づけの独占、服従主体化への批判）。8．一体であるように見えるものに走る分断、ないしは反対に、乖離があるように見える事象同士のあいだにつながりを見出すこと（概念の創造）。

むろん、ドゥルーズとジェイムソンのあいだには明白な語彙上の差異や、立場の相違があるのは承知のうえで——ドゥルーズは「矛盾」や「対立」といった語をもちいない——、しかし、外的な類似にとどまらない何かがあるのも、おそらくたしかである。ドゥルーズは、マイノリティの側に身を置くというばかりでなく、マイノリティ自身が主体として有する活動する力、行為を強調する。そして言葉を持たない（とされてきた）者、言葉を剥奪された者を前にして、そうした人々を代弁することなしに書くこと（文盲のために書くこと）、既存の世界の分節が崩壊する臨界をおのれの場とし、そこに踏みとどまることを、自身の哲学の一貫した立場とする。議論の対象となる哲学や小説の選択も、おそらくこうした判断基準に貫かれている。ドゥルーズは、実質的にははじめての映画論であるゴダール論のなかで次のように述べている。「命令を下すことなしに、何かや誰かを代理＝表象すると主張することなしに、語るにはどうすればいいのか。権利なき者たちにいかにして語らせるか、そして権力に抗する闘争としての価値を音声に取り戻してやるにはどうすればいいのか。おそらくこれこそ、おのれ自身の言語のなかで外国人であることなのであり、言語活動のために、一種の逃走線を引くことなのです」[4]。ドゥルーズのテクストのなかでは、マイノリティの言説はたえず、国家や父権や宗教権力や支配的言語といったものとの対抗関係に置かれ、テクスト上における抗争関係をたえず示している。そのとき問題となるのは、あるときは分裂の溝をどれほど深めてゆけるか、本性を異にするもの同士の分裂の強度をいかに高められるかということであり、あるときは分裂したもの同士がいかにかかわり、「矛盾（contradiction）」、ないしドゥルーズの語彙でいうなら「副次矛盾（vice-diction）」を形成するか、という点にある。« vice-diction » の « vice » は、「副領事（*vice-consul*）」などの「副次」「補佐」「代理」という意味ばかりでなく[5]、「放蕩」「異常」の意味をも受けているだろう。すなわち、「矛盾」から斜めに離脱する「副次的に語ること」であり、かつまた、秩序や調和という美徳から離脱する「放蕩で、異常なしかたで語ること」である。ところで、分裂したもの同士が分裂したまま出会わなければ、決して矛盾は生まれない。だが、内側から分裂が生ずる場合、衝突は不可避である。これが意味するのは、はじめに「同一性」を置いて、その同一性がのちに分裂し、矛盾しあい対立しあうようになる、ということではない。そうしたモデルを採用するなら、社会がもともと一体であることを前提にしたうえで、それが何らかの「不都合」や「失策」によって分断に到るという、一種の疎外論的な理路をたどることになるだろう。そうではなくドゥルーズはむしろ一体性のないところから出発し、はじめに強い「分裂」を置いたうえで、その分裂したものたちがいかに関係するようになるかを考えるのである。統一的な《全体》は、「かつて存在していたもの」として、あとからつくられることによってのみ、虚構的＝擬制的に存在しはじめるものだろう。

　こうした混淆がなく、各形式が分離したまま存在し、相互に完全に「自律」している場合どうなるか。ジェイムソンは完全な自律性に対して、「準-自律性」概念を対置させつつ、次のように述べている。「「準-自律性」概念は必然的に、切り離すものであるとともに、関係づけるものでもなければならない。もしそうでなければ、各レベルは端的に自律しているにすぎなくなって、ブルジョワ的学問の物象化された空間に取り込まれてしまうことになる。〔……〕したがって、差異は、ここでは、無関係な多様性をただやみくもに創りだすものではなく、関係概念として把握されるのである」[6]。ジェイムソンが主張しているのは、絶対的な無関係性よりも、絶-対的な関係が引き起こす闘争性を希求するということであり、そうでなければ、ブルジョワ的閉鎖性のなかに自閉してしまうという指摘である。この意味では、並行性の強調以上に、分裂-共存の弁証法に、ただし決して調和的な綜合に到ることのない弁証法に立ち返らねばならないだろう。

　ドゥルーズが、「《多元論》＝《一元論》」という「魔術的な等式」[7]に繰り返し立ち返ることで、喚起しているのは、差異に闘争性を取り戻させる身振りであって、多元論が単体で取り出されたときに呈示する絶対的な無関係性のうちに引籠ることではないはずだ。あるいは『フーコー』においては、現在の状況との関係を喪失している記憶、アクチュアルなつながりをいまや慣習としてさえ失っているという意味で、「絶対的」に現在と切れている記憶が、フーコーによって「未来の記憶」として喚起されるという事態をあきらかにする。その記憶は現在とのあいだに「絶対的な関係」を持つというのである。[8] この表現においては、たんに「関係」があるだけではないのはもちろん、たんに「絶対的」（関係を断つ）というだけでもない。関係が関係でありつつもはや関係でなくなる限界状態と、絶対が絶対でありつつもはや絶対でなくなる限界状態とが、相互の尖端において交叉しているのである。こうした「絶対的な関係」を現実化するには、そうした場を、出来事の場として実際につくりだす必要があるだろう。そうした現実化ないしドラマ化——たんなる現働化ではなく、切迫し緊張で張りつめるアクチュアルな尖端——を、ドゥルーズが見出だす場のひとつがまさに芸術なのである。

## 第四節　虚偽の真理と真の嘘

最後に、第Ⅰ部冒頭の問題に戻ることにしよう。第Ⅰ部で区分けした類型は、必然的な運命論（ディオドロス）、仮説的な運命論（アリストテレス）、仮説的で多世界的な可能世界論（ライプニッツ）、脱仮説的で無原理的な多世界＝単一世界論（ドゥルーズ）である。前者ふたつが単一世界を想定し、後者ふたつが多世界を想定し、さらにドゥルーズはその多世界を、ふたたび単一世界へと批判的に引き戻す。未来を予見可能とするのがディオドロスとライプニッツであり、未来を開いたままにしておくのがアリストテレスとドゥルーズである。選言命題を排他的にもちいるのがアリストテレスとライプニッツであり、非排他的に、分裂‐共存的にもちいるのがドゥルーズである。ではドゥルーズにとって、すなわち、不共可能的な出来事が同時に共存するこのカオスモスを信ずる者にとって、「真理」はどうなるのだろうか。「明日、海戦が起こるだろう」という命題が真となるのは、「明日、海戦が起こる」という実際の事態が現に起こるときであると、仮定してみよう。しかし、カオスモスとなった世界において、「海戦は起こる」と同時に「海戦は起こらない」とするなら、それも、仮説的必然性を成立させるべく複数に場合分けされた諸世界のなかでそうなるのではなく、不共可能的なものが併存するひとつの宇宙＝カオスモスのなかで同時にそうなるとするなら、このとき、ある命題の真偽を決定するための枠組そのものが機能しなくなるだろう。事態の内容にはかかわらない、真理決定の条件そのもの、何が真理であるかを画定するためのモデルそのものの機能停止によって、真理が決定しえなくなるというわけである。もはやこのとき真理と対立するような虚偽も存在せず、モデルなきものたちがたがいを歪めあう過程の反復（虚偽の累乗）があるだけである。カオスモスはかくして、いかなる内容についてであれ、ひとつの真理を決定することを不可能にする。ドゥルーズは講義でこう述べる。「発散する諸系列が、同じひとつの世界に属しそこで発散すると想定してみましょう。このとき、ライプニッツの真実に忠実な神は、虚偽の累乗＝力能のほうへと移行してゆくのです」[1]。

　ライプニッツのように、可能世界をそれぞれ整然と分けるなら、各世界内での真理の確定不可能性という問題は生じない。各可能世界において、海戦が起こるか、起こらないかを、仮説的必然性にもとづいて一意的に決定しうるからである。したがって神は欺かない。しかしドゥルーズが、ライプニッツにおいて「真理の危機が見つけたのは、解決ではなく、むしろひとまずの休息にすぎない」と書いているのは、ライプニッツのあとに到来する、不共可能的なものの同時性、何が真実であるか定かならぬ世界を見越してのことだ。別の世界があるから偶然的というのではなく（この場合、各世界内には仮定に応じて決定される必然性が待っている）、たったひとつの世界においてさえ、あるたったひとつの事件についてでさえ、真理は揺れ動き、根源的に《偶然》そのものと、真理の《分裂》そのものと一体化するというのである。『差異と反復』で、ドゥルーズはこう述べている。「遊び＝賭けから除外されるものは何もない。つまり、一定の破片に帰結を結びつける仮説的必然性の絆によって、帰結が偶然を免れることなどない。それどころか、逆に帰結は、あらゆる可能な帰結を保持し分岐させる偶然全体に適合するのである」[2]。ドゥルーズにおいて重要なのは、したがって、唯一の因果系列を脱臼させることばかりでなく、複数の因果系列のなかでの仮説的必然性をも横すべりさせ混線させることであって、それは、発散する出来事によって諸可能世界という枠組のあいだを横断し、それら分断されたライプニッツ的な諸世界を再度つなぎあわせ、交錯させることをとおして、不共可能的な仮説そのものの共存をとおして、そしてさらには、あらゆる可能性の零度をとおしてなされるのである（不共可能的なものの共存——あくまで可能性は残っている——と、可能性の消尽はまったく異なる）。そして多方向的な発散する諸系列の同時的共存としての《偶然》こそ、ドゥルーズが、ライプニッツのもちいるのと同様の言葉——「永遠真理」——を活用しつつ、ライプニッツの定義を根本的に変容させながら名指す事態、すなわち諸系列への発散としての「変身（メタモルフォーズ）」と一体化する永遠真理にほかならない[3]。それは、永遠真理と永遠回帰とを往還する道であろう。

ただし、ライプニッツの「意図的な言い落とし」を読むドゥルーズにとって、ライプニッツはすでに暗黙裡にこの問題を開いている。そして、それはドゥルーズにとって二〇世紀の科学が唯物論を一新させたあとの時代における芸術作品と真理の問題でもある[4]。ドゥルーズはこの永遠真理－永遠回帰を、伝統的な「真のモデル」を失墜させる「虚偽の累乗＝力能」だと言うだろう。つまり、真と対立する偽ではなく、そうした対立そのものの外にあって、その対立を不可能にする虚偽の力が問題なのだということである。「時間の形式」の持つ威力が惹起する、「真理のあらゆる形式的モデル」への根本的な問い直しによってもたらされる、形式レベルにおける真理の変形こそが、彼にとって永遠的な変身の真理なのである。ドゥルーズはこう述べている。「ところがまさに、虚偽があるとなると、真のほうはもはや決定可能ではない。虚偽は誤謬や混同ではなく、真を決定不可能にする力能なのです。〔……〕クリスタルのなかに人が見るのは、虚偽であり、あるいはむしろ虚偽の力能〔累乗〕です。虚偽の力能とは時間の化身なのですが、それは時間の内容物が変わりうるからではなく、生成変化としての時間の形式が、真理のあらゆる形式的モデルに疑問を呈するからなのです。これこそ、まずウェルズの、次にレネやロブ＝グリエの時間の映画において到来したことです。それは決定不可能性の映画なのです」[5]。また『シネマ2』にはこうある。「すでに見たように、思考の力能はこのとき、思考のなかの思考されざるものに、思考に固有の非合理なものに、外部世界の彼岸にありながら世界への信を我々にふたたび与えうる外の点に場所を譲ったのだ。問題はもはや、映画が世界の幻影を与えてくれるかではなく、むしろ、映画がいかにして世界への信をふたたび与えてくれるか、なのである。この非合理的な点とは、ウェルズの喚起不可能なもの、ロブ＝グリエの説明不可能なもの、レネの決定不可能なもの、マルグリット・デュラスの不可能なものであり、あるいはまた、ゴダールの通約不可能なものと呼びうるもの（ふたつのもののあいだ）なのである」[6]。

信と贋造、世界を信じることと虚偽の累乗は、一見すると相反するが、しかし相互に緊密に結びついている。というのも、このふたつの事態は、ドゥルーズにおけるカオスモス論からの一貫した帰結だからだ。信じることとは、まさしくこの世界にとって「不可能なもの」にかかわる事柄である。すなわち、社会的な論理によっては「説明」も、「決定」も、「通約」もしえないもの（ベルクソンが「同じ尺度を持ちえず」と言っていたもの）、資本主義社会にとって脱経済（エコノミー）＝構成的なものを、まさにこの世界じたいのうちに産出する運動する身体にかかわるのである。それにより世界のうちに埋まっている、当の世界自身と両立しえない出来事の種子が成育するなら、そして、それによってはじめて世界を信じることが可能になるのだとするなら、それはすでに見てきたように、世界を構成する諸制度から、その定常的な運行の法則を取り除くことであるにちがいない。ドゥルーズはその一点をめがけて信じることを呼びかける。

　こうした不可能事との関係は、たえずドゥルーズの思考論の核心にある要素でもある。すなわち、思考されぬものを思考のうちに折り込むこと、折り込まれるがままにならぬものをこそ折り込むこと、いかなる外部世界よりも外にある《外》と出会うこと、それによってはじめて強いられるようにして、煽動されるようにして、自発的な意志の外で、否応なしに、思考はうごめきはじめるという彼の有名な議論のことだ。逃走線の問題と言ってもよいだろう。世界を信じることもまた、不可能性に直面しながら、限界に踵を接する営みであり、いわば可能と不可能とがふれあう瞬間である。「ある創造者が一連の不可能性によって喉元を摑まれていないとしたら、その人は創造者ではありません。**創造者**とは、**独自の不可能性を創造するとともに、同時に可能事をも創造する人のことなのです**」[7]。それゆえ繰り返しておこう。世界を信じることは、人々がそうであると思っているとおりに世界があるということではないし、人間の行動に報いてくれる社会という意味での、信頼に値する世界でもなく、高邁な理想を具現化した世界でもない。そうではなく、この世界において、（語の強い意味で）この世界を構成する理性（ratio）のなかにはありえないもの――すべてが「無理なもの（irrationnel）」ではないが到るところに無理なものがあって、[8]あるいはそれは高次の合理性でもあろうか――、世界のなかで起こりうる可能性としてカウントされていないもの、この世界のなかで共存しあうことはないとされているものたち、世界の因果や機構や論理にそぐわない周縁的なものたちを産出し、招来しうると主張することであり、そうした分裂‐共存の力のもとで現実に思考し行動することである。同じ事態を、こう言い換えることもできるだろう。存在者がみずからその身でもって世界における可能事と不可能事が振り分けられる場に佇み、内的不調和の分水嶺を生きること。すなわち、一方の半身で現在の秩序に生きながら、他方の半身で現在不可能とされている秩序をつくりだす実存の技法を、いまここで生きはじめることである。そして、現在の世界とその不可能事とのあいだに穿たれるへだたりのなかで、現代世界の悲惨をオブラートに包み込んでいる幻想の被膜を破りながら、非現実的とされるものへの権利を具体的に示してみせること。さらにはそうした実験を、世界の秩序に対する「対抗‐実現」ないしは「抵抗‐実存」に仕立てあげること。[9]すなわち、自分自身を条件づける前提には還元できず、むしろそうした前提の先を越し、それを内側から書き換える生存のあり方を創出すること、新たな自由の形象を創出することが問題なのだ。重要なのは、既成世界と両立しえない出来事を創作することで、この世界から逃走する実存そのものに生じる、新たな生の様式の創出である。

　ドゥルーズにとって世界を信じることはそれゆえ、いくつもの不可能性に囲繞され、「喉元を掴まれながら」、しかしその袋小路のなかで正しい世界を宙吊りし、妥当だとされている現状を斜方に裏切る術を発明することからしかはじまらない。世界への裏切りとともに信じることがはじまり、また、信じることは裏切りであるだろう。そして、世界の正しさ、その固有性を裏切る行為が、たとえば、その世界秩序の掟に生真面目にしたがいながら、掟の文言に過剰に忠実にしたがい、その可能性を考えることすら禁じられている事柄を引き出して愉しみ、同時に、現今の世界の不条理と愚劣さを白日のもとに晒し、そのすべてを演劇的、絵画的、映画的、政治的な時空間のなかで上演してみせるという、マゾッホの倒錯的な遊戯のユーモアに達することもあるかもしれない。あるいはキルケゴール的に言うなら、絶望していないと思いなしていることの絶望性を断ち切りながら、希望を持つという絶望からも離れ、それでも諦めきれぬと諦めるようなものかもしれない。

ドゥルーズにおける信じることは——パスカルが「跪く」という行為を問題にしたのと同じような意味で——、客観的で物質的な行為の問題であり、精神の問題であり、身体の問題、集団の問題、セクシュアリティの問題である。信仰論は、信じている対象によってではなく、信じる行為そのものによって、信じる者の行動のあり方、生き方を変えるという実存論的な色彩を帯びる。ドゥルーズはこう述べていた。「パスカルからキルケゴールにかけて、きわめて興味深い概念が発展した。二者択一はもはや、選択する項にかかわるのではなく、選択する者の実存＝生存様式にかかわるのである」[10]。そもそもドゥルーズにおいて、信仰の問題ばかりではなく、認識の問題も、実存の問題とかかわっていた。「認識のジャンルは認識のジャンル以上のものです。それは実存＝生存様式であり、生き方なのです」[11]と彼はスピノザ論講義で述べる。こうした言表を、字義どおりに受け取ることにしよう。とはいえドゥルーズは、実存にかかわる選択を、何か勇ましく英雄的な選択として論じているのではないし、また、『ヨブ記』のように賭金が補塡され、返済される物語を好んでいるわけでもない。彼はむしろ、現実の歴史的情況が徹底的な袋小路であるという認識を繰り返している。[12] すなわち、我々の無能性と恥辱の確認であり、「人間であることの恥辱」である。たとえばカフカ論において、ドゥルーズ＝ガタリは、マイナー作家はドイツ語で書くことができず、しかし別のしかたで書くこともできず、そのうえ書かないこともできない、という三重の隘路に挟まれていると述べている。[13]「信じること」の袋小路はどうかといえば、おそらく次のようなものが挙げられるだろう――「選択の余地があるということ（まだ選択の余地があるということ）を否定するという条件において、はじめて実行される選択[14]」。完全な自由が存在するという幻想は存在しないのはもちろんのこと、いくつかの選択肢が存在しているという事態すら許されず、選択の余地はもはや存在しない。『カフカ』をパラフレーズするなら、所与の選択肢のなかから選択することができず、他の選択肢も現状にはありえず、しかし選択しないこともできない、というような状況である。ただこの袋小路が何よりも徹底して回避するのは、選択肢が実際には存在しないにもかかわらず、選んでいるふりをすることで、選択肢がないことじたいを隠蔽するという事態である。無いということすら剝奪され、欠如じたいを奪われる状況を回避すること。徹底的に今日の残酷に向きあい、自分の無能に向き合い、不可能にぶつかること。無能性を生きる身体になること。その無能性と不可能とに直面しながら、思考されぬものを思考し、不可能事との不可能な関係を生きる実存、自己の可能性の領野の限界と踵を接しながら抵抗を生きること。ラプジャードは、ドゥルーズを注釈しながら次のように述べている。「マイナーなものと呼ばれなければならないのは、実存＝生存する権利を一切持たないものであり、合法性を剝奪された実存＝生存様式であり、実存＝生存するためにいかなる身体も、いかなる空間も、いかなる土地も、いかなる言語も自由に使用できない実存＝生存様式なのだ」。「「可能性を。でなければ窒息してしまう」[15]。人が行動するのは、政治的意志によってではなく、何よりそれ以外にどうしようもないからなのだ」。

ドゥルーズの眼差しは、主体を否応なく外へと投げ打つ出来事の経験、おのれの主体性を引き裂くような生存を生きるよう強いられる状況へと向かう。そこでは、あらゆる可能性が同時に開かれているという言説は斥けられるであろう。甘い誘惑としての希望をまず徹底的に断つような思考を構成しながら、それにもかかわらず、というよりむしろ、だからこそきわめて慎ましく簡素に、「たとえ小さなものであれ、コントロールから逃れる出来事」、未規定で不定なあるひとつの事件を信じ、「新たな時空間を誕生させる」ような、非現実の種子とその発芽のあいだの最小回路を生きる実存を肯定するのである。ドゥルーズが、そのような実存様式として挙げているのはどのようなものか。『哲学とは何か』ではこう述べられている。「神は実存しないのだと信じる者が、このとき幅を利かせるわけではない。なぜなら、そのような者は、否定的な運動としての古い平面に依然として属しているからだ。だが、新たな平面上では、問題はいまや、世界を信じる者の実存＝生存にかかわるのである。世界を信じるとは、世界の実存を信じるということですらなく、むしろ、運動状態と強度状態にある世界の諸可能性を信じることであり、それにより、動物や岩塊によほど近い新たな実存＝生存様式をふたたび誕生させることなのだ。この世界を、この生を信じることは、我々の最も困難な責務、すなわち、今日の我々の内在平面上で発見されるべき実存＝生存様式の責務になったのかもしれない[16]」。

これは、かつて『意味の論理学』で表明された哲学の使命、すなわち、「自由な人間のイマージュを立ちあげること[17]」にもかかわってくる点だろう。この新たな実存＝生存様式はたとえば、ストローブ＝ユイレのように言葉を単なる岩塊に生成させるのかもしれず、言葉の非人間的で異様な重みと、葉を揺らすたんなる風で、暗闇を満たすことかもしれない。あるいは、世界の片隅で闘う昆虫に「革命の運命と未来と同じくらいの重要性」を見出すことかもしれない。[18]ドゥルーズが述べる「動物や岩塊によほど近い実存様式」は、語る人間にとっての他者たる語らぬ存在（インファンス）に実存者が生成し、なおかつ、この語らぬ存在たち自身が管理や制御のままならぬ不定なものになり、監視困難な知覚されえぬ運動になり、等価交換されぬ身体になり、性規範の外で享楽することにおそらく漸近してゆくだろう。講義で言われるように、「あらゆる存在者は、おのれのうちにあるかぎり、自己の存在を実現する」のであり、「平等な存在の直観、反ヒエラルキー的な存在の直観」のもと、石、草、枯葉、昆虫、鼠、蜥蜴などのあらゆる存在＝生存様式は、等しく「存在」する。それは、「反ヒエラルキーの、絶対的な思想である。それは、ある種のアナーキーなのだ。存在における存在者たちのアナーキーがあるのだ」（内在性のアナーキー）[19]。ドゥルーズの「世界への信仰」[20]論は、「実存＝生存様式をたがいに比較し、選別し、一方が他方よりも「良い」と決める超越的価値」のような、一切の価値基準をことごとく斥けるための批判的実践である。

# 第Ⅱ部

# 生成変化の時間

# 第四章　出来事の裂開

## 第一節　生成変化の時間

ライプニッツがはっきりと認識しつつ、その帰結を前に尻込みしたとドゥルーズが考えたのは、他処の世界へと追放されるはずだったものが、ひとつの世界のうちで共存すること、決して調停しえないラディカルな不調和がひとつの世界のうちで形成されることであった。神が知解し、意志し、創造するのは、あちこちで秩序が乱れた世界ではなく、すなわち、シェリングが「悪」の問題とともに考察したような、世界の発生の水準で、その統一性に内側からひびを入れるような分裂の種が散乱した世界ではなく、反対に、出来事同士がたがいに整合的に秩序づけられ、その固有性と所有物が確定される世界である。たとえ、それぞれの世界ごとに起こる出来事の内容が異なっていたとしても、世界の形式、すなわち内的同一性と内的一貫性による存立という形式は、どのような世界であれ共通である。それぞれの世界に、固有の出来事が定住的に分配されることで、世界はそれぞれ固有の排他的なテリトリーを形成するのだ。この意味で、ライプニッツの可能世界論は、所有＝固有性の議論を世界の水準で繰り広げたものであり、またそれによって同時に、世界ばかりでなく各モナドにも、固有の所有物としての出来事が述語というかたちで割り振られることになろう。主語は、それぞれ自己固有の述語をおのれのうちに有するのである。ロックのうちに所有的個人主義があるとするなら、ライプニッツには形而上学的な所有＝固有性論とでも呼ぶべきものがある。

ライプニッツは、様々な偶然的出来事の可能性を考えることによって神の知性の無限性を保護するとともに、各世界の整合性によって神の良識（ひとつに決定可能な意味）を守り、地上的で人間的な道徳性を勝ち誇らせる……。これが、ライプニッツに対するドゥルーズの手厳しい評価である。彼は次のように書いている。「新たな真理を産出すること、ただしとりわけ「既成の感情をそこなわないこと」というライプニッツの奇妙な宣言は、なお哲学に重くのしかかっている。そして人々が目にしてきたのは、カントからヘーゲルにいたるまで、哲学者は結局たいへん市民的で敬虔な人物でありつづけ、好んで文化の目的を、宗教や、道徳や、国家の善と混同してきたということなのである」[1]。

反対にドゥルーズは、それぞれ整然と分割された世界への出来事の割り振りに真っ向から抗い、必然的な運命論も、仮説的な運命論も斥けながら、それを脱仮説的で分裂‐共存的な綜合へと書き換えてゆく。ドゥルーズは、形而上学的な固有性＝所有への批判を遂行する。すなわちどんな世界においても、どのモナドにおいても、固有の出来事は存在しないのではないか。したがって固有性からへだたる変身、転生こそが重要なのではないか。そしてその変身、転生は、もとの世界やもとのモナドと両立不可能性な要素との共存をもとにするものではないかと言うのである。それは、整合性や無矛盾性によって成立する世界ではなく、非整合性や非一貫性にもかかわらず共存立しつづける諸出来事が織りなす世界、ラディカルな亀裂が走る世界である。だが、このような世界を可能にするのは、いったいどのような論理なのか、そしてこのような世界において時間はどうなるのか。

　ドゥルーズにおいて、こうした論理、こうした時間は、明確な名前を有している。すなわち、「生成変化としての時間」、あるいは「生成変化としての時間の形式」である。[2] 先に見たようにそれは、不共可能的な出来事同士が、その不共可能性にもかかわらず同時的に共存立する形式となるものであり、分裂と共存、切断と綜合を特色とする。一九六九年に刊行された『意味の論理学』においてすでに、「生成変化」は「同時性」の徴のもとにある。ドゥルーズによるなら生成変化は、「存在＝である」の秩序では両立不可能なふたつの方向を、たった一度で同時に肯定するというのであり、存在の秩序においては両立不可能なものの両立、不共可能的なものの共存、同一化不可能なものの同一性こそ、まさしく生成変化だというのである。『意味の論理学』冒頭で論じられるこの生成変化の定義は、ある意味で、この書物全体のプログラムを構成していると言ってよいだろう。彼は次のように書いている。「もちろん、彼女〔アリス〕が同時に、より大きく、かつ、より小さくあるわけではない。しかし彼女は同時に、より大きく、かつ、より小さくなるのだ。いま彼女はより大きく、かつてはより小さかった。しかし、かつてよりも大きくなり、また、いまそうなっているよりも小さくなるのは同時にであり、一撃でそうなるのである。これこそ、ひとつの生成変化の同時性であり、その固有性は、現在をかわすことにある。そして現在をかわすものとしての生成変化は、以前と以後、過去と未来の分離や区別を受けつけない。生成変化の本質には、一回でふたつの方向＝意味へと行くこと、ふたつの方向＝意味へと発射することが属しているのである。〔……〕良識〔よき方向＝意味〕とは、あらゆるものには、決定可能なひとつの方向＝意味が存在すると主張することである。しかし、パラドクスとは、一度でふたつの方向＝意味を肯定することなのだ。〔……〕現在をかわす能力を含むこうした純粋な生成変化のパラドクスとは、無限の同一性である。すなわち、同時的なふたつの方向＝意味の無限の同一性、未来と過去、前日と翌日、プラスとマイナス、余分と不十分、能動と受動、原因と結果の無限の同一性のことである」[3]。

きわめて難解な一節である。というのも、肝心の「生成変化」とは何か、それはどういった事象を指すのか、そもそもそれは事象なのかということが、明らかにされぬまま、それがどのように振舞うかということのみが記述されるからだ。まず確認できるのは、ベルクソンの持続と同様に、生成変化はどのようなものであれ、停止した状態には還元できないものであり、いくら固定された状態を集めたところで、生成変化を再構成することはできないという点だろう。経験的な観点からするなら、生成変化の過程は、ある見地からすれば、すでに以前の状態ではなくなりながら、いまだに次の状態ではないという、諸状態の宙吊り運動のなかにあって、どちらに転がるか判明でない曖昧な中間的地帯を生きることであるだろう（同時にいずれでもないこと）。また別の見地からすれば、以前の状態をとどめつつ、すでに次の状態になりはじめているという、諸状態が混淆しねじれる運動のなかにあることであろう。この混淆のなかで、時間的な前後関係が定かならぬような混乱した境位に入るとするなら、何が先で、何が後だったのかを確定しようとする時系列的な判断も歪むことになるだろう（同時にいずれでもあること）。さらに言うなら、生成変化はおそらく、それぞれにねじれているこの「同時にいずれでもないこと」と、「同時にいずれでもあること」とが、それじたい同時的になることでもあり、「いずれでもないこと」と「いずれでもあること」とが、たえず反転して、ねじれてゆくということでもあるだろう。たとえば、もはや子供ではないが同時にまだ大人ではない者、まだ子供であるが同時にすでに大人でもある者。その人が生きる時間において、大人になることが、大人であることに先立つ子供のなかに混ざり、また子供になることが、子供であることのあとにやって来る大人のなかに混ざるということ、しかしそうした形容がいずれも剝がれ落ちる裸形の顔が、ふとした瞬間にあらわれもする、そうしたどちらともつかぬ反転やねじれが、回転し転がりながら、人が大きく／小さくなること、子供になり、と同時に大人になること……。

生成変化をめぐって、たとえば、こうした叙述を行うこともできるはずだ。だが、アリスを喚起する先の引用には、こうした叙述では届かない側面がある。というのも、こうした叙述は、推移する現在を経験的に生きる者の描写として成立しうるのに対して、アリスの経験は、推移する現在において生きうる身体の限界と世界の限界を超出しているからである。そもそもドゥルーズにおいては、ひとつの時間秩序、ひとつの空間秩序、ひとつの因果秩序のなかで、実現可能な出来事が問題になっているわけではない。『意味の論理学』における「現在」は、とりわけストア派との関連で、感性的な「事物の状態」、物体の能動と受動の関係に割りあてられている、という点を確認することもできるだろう。[4] それに対して、先の引用は、「現在をかわす」ことが、生成変化の固有性であると述べていた。したがって生成変化は、感性的な事物の秩序に属するものではなく、非物体的なもの、非感性的なもの、すなわち「出来事＝意味」の次元にあると見ることができるだろう（第III部で扱う『千のプラトー』の生成変化論はむしろ物質性の次元、器官なき身体の次元に位置づけられる）。また同様に、生成変化は、非感性的なものであるとはいえ、不変の同一性を保つ不動のイデアとも異なる。というのも端的に言うなら、生成変化の理念性は、イデアの理念性とはちがって、自己同一的なものにとどまっているわけではなく、（ふたつの方向に）発射される可動的で分裂的なものだからである。《同一性のイデア／イデアの同一性》とはちがい、生成変化は《変異・分裂のイデア／イデアの変異・分裂》である。生成変化は、同一的でありつづけることなく、おのれを無限に分割しつづけ、分裂しつづけるものである。すなわちこれは、生成変化じたいをイデアに仕立てあげるという、先に見たプロジェクトの一貫として位置づけることができる。

それゆえここでもまた、あいだを縫ってすすむこと、中間に陣取ることが問題となるはずだ。出来事の生成変化の場合には、感性的事物（深層）とイデア的本質（高み）のあいだを縫って進むというばかりでなく、「未来と過去、前日と翌日、プラスとマイナス、余分と不十分、能動と受動、原因と結果」といった諸々の方向へと、一気に分岐するというのである。同じひとつの出来事が、「未来」と「過去」、「プラス」と「マイナス」……といったもののあいだを縫って進むのだ。つまり、ドゥルーズは、中間知としてのライプニッツの出来事の規定に、また別の中間性、また別の分裂性をつけ足すことでドゥルーズ独自の出来事概念をつくりだしており、それを生成変化と呼んでいるのである。

こうした点を踏まえたうえで、ドゥルーズが『意味の論理学』で与えた規定をもう少し詳しく見てみよう。それによれば、出来事＝意味は、「普遍と特異、一般と特殊、個人と集団、肯定と否定などに対しても、さらには肯定と否定に対しても無差別。つまり、あらゆる対立物に対して無差別」[5]であり、質（肯定／否定）、量（あらゆる／いかなる／いくらかの）、関係（能動／受動、原因／結果、先行／後続……）、様相（可能、現実、必然）に対して無差別であると言われる。[6] つまりひとつの出来事は、たとえば「行く／行かない」（肯定／否定）に対して中立的なものであり、それゆえドゥルーズは、「行くこと」と「行かないこと」をふたつの出来事として数えるのでなく、ひとつの出来事として数えている。彼は、行くこと／行かないこと、食べること／食べられることに共通する、ある不可思議な要素を思考しているのである。先のアリスをめぐる引用に見られる、「ひとつの生成変化の同時性」という単数形での表現に最大限の注意を払わねばならない。このように両立しないものへの分割＝生成変化が、ひとつの出来事として数えられるという事態を譬喩的に示すのが、動詞の「不定法（infinitif）」と、時制、人称、態などに応じたその「活用（conjugaison）」に仮託して語られる、「不定法の出来事」である。[7] 動詞の不定法は、普遍と特異、肯定と否定、能動と受動などに対して無差別的でありながら、しかしそのいずれへも分化し形態変化することができる。出来事、すなわち不定法の純粋な出来事とは、「行く／行かない」、「食べる／食べられる」、「渡ることができる／渡る／渡らないことができない」といった諸々の選択肢のことではなく、そうしたいくつもの選択肢への分岐が発生する地帯それじたいなのである。ひとつの不定法の出来事はつねに、「行く／行かない」などのふたつ以上の様式に同時に開かれており、こうした分開と不可分である。

　ドゥルーズにおける出来事のこうした規定ゆえに、先ほどの引用にあった「アリスが大きくなる」と「アリスが小さくなる」は、ひとつの出来事の裂開したものとして生成することになる。ドゥルーズは、「より小さな状態」と「より大きな状態」とのあいだの関係が、「より小さな状態からより大きな状態へ移行すること」というひとつの「方向」として定まるのは、不定法の出来事が、あるひとつの世界でアリスの身体において現実化されるとき、つまり「現在」の次元にあるときだと言うだろう。つまり、不定法的な出来事は何らかのかたちで現実化され、具体化されるとき、一定の方向を帯びた時間関係として実現される（具体的な文のなかで、不定法の動詞を活用させて、一定のかたちを与える場合のように）。現働化、現実化、具現化のためには、関係に方向性や具体的な時空を与えるなど、諸々の規定行為が必要であるのに対し、[8]ドゥルーズがここで考えているのは、そうした具体化の手前にある潜在的な不定法の出来事それじたいである。不定法の出来事とそれが定める関係は、それじたいでは順序（まず小さい状態、次に大きい状態、あるいは、まず原因となる事象、次に結果となる事象）を有することはない。とはいえドゥルーズは、感性的な時間の外で諸々の要素が静的に並んでいる状態を考えているのではなく、順序を宙吊りにした一種の中性的な理念的場において、「より大きな状態からより小さな状態へ」と「より小さな状態からより大きな状態へ」、あるいは、「皿を落とすからその皿は割れる」と「皿が割れるからその皿を落とす」という、ひとつの関係に可能なあらゆる方向、可能なあらゆる距離を同時に一気に肯定するのである――たとえ、いわゆる現実世界の法則では起こりえない不条理な現象であったとしても。「食べる／食べられる」についても同様である。この場合、たとえば能動と受動、食べる主体と食べられる対象に共通の不定法の動詞として「食べること」が設定されており、この不定法は、主体／客体に対して中性的な出来事として位置づけられる。食べる者が、同時に、食べられる者になるのであり、食べられる者が食べる者ともなる。これらは、ひとつの出来事「食べる」であって、ふたつの出来事ではない。あるいは船が航行する際に、「舳先が水をかき分ける」と「水が船尾を押す」を同時に肯定すること。[9]こうした出来事は、主体と客体を分割し、そこに行為を割り振る思考法ではとらえることができない。起こる出来事の推移のなかでは、主／客、先行／後続、能動／受動……は、そのなかでたえざる反転が生じる一箇のブロックと化す。

ドゥルーズは不定法的な出来事を、動詞的な関係（大きくなる、食べる……）によって規定したうえで、この動詞的な関係が、区分された一方から他方へ、そして、他方から一方へという、ふたつの方向に一気に向かうとする。かくして不定法の出来事は、二重に規定されることになるだろう。つまり、動詞の表現するような運動や変化や差異化として、そして、分化するすべての方向へと同時的に分岐する作用として、のふたつである。そのうえで、こうした不定法の出来事同士が相互に関係しあい、連関関係を構築するさまが記述される（共可能性／不共可能性）。「イヴとアダムが林檎を食べる」世界、「林檎がイヴとアダムを食べる」世界、「イヴとアダムが林檎を食べない」世界、「林檎がイヴとアダムを食べない」世界……。そしてドゥルーズにおいて出来事はつねにほかの出来事との関連に置かれる。出来事は単体で成立するというよりは、他の出来事との関係によって、差異によって成立する。ドゥルーズは、ひとつの出来事がそれぞれ、他の出来事すべてを表現するという、表現的関係を主張するのである。ひとつのものによる全体の表現という発想は、ライプニッツ的にも、スピノザ的にも、ベルクソン的にも変奏されるものだ。

感性的次元で具体化される方向性を帯びた時間順序を宙吊りにする点で、ドゥルーズの議論は、方向性なき関係を根源的な実在とする時間論といくらか共通性を持つように見えるかもしれない。だが、ドゥルーズは、非物体的な出来事の次元において、一切の方向性を否定するのではなく、むしろ反対に、分裂 - 共存するあらゆる方向 = 意味が出来事を結節点として入り乱れ、さらには出来事同士が渦巻状に交流して構成するカオスモス、各出来事のうちに凝縮されもするカオスモスをこそ、イデアの生成変化として一気に肯定するのである。ドゥルーズが「時間」という語を手放さない理由のひとつはおそらくここにある。たしかにドゥルーズのいう出来事は身体を持たないため（ドゥルーズにおける脱物質化傾向）、現実化された事物の状態に特有の、時系列に沿った変化や運動の表象はない。だが、出来事が複数の方向へと同時的に一気に分裂するという、物体的なものとは異なる一種の運動、ただし感覚経験の運動という点では何も動かない純粋思考の運動が存在するためにはおそらく、そうした裂開、分開、発散の運動を可能にする独特の時間形式が必要であり、ドゥルーズはその時間形式を、あらゆる方向＝意味への発散を共存させる「生成変化としての時間の形式」に見出している。ここでの生成変化は、物体的な次元での変化のことではなく、物体的には何も起こらない非物体的な時間次元における方向＝意味の変化を肯定することであり、また、単一世界内での流動ではなく、複数世界のあいだでの分裂－共存である。ひとつの出来事は、複数の方向＝意味へと向けて張り裂けてゆき、そのそれぞれの方向＝意味もまたさらなる裂開を遂げるとともに、しかもそうした無数の方向＝意味が、ひとつの身体へと具体化される。したがって、ひとつの身体のうちには複数の方向＝意味がすでに充満してもいる。ドゥルーズが、『意味の論理学』に収められたクロソウスキー『バフォメット』論において描出した情景とは、まさにこうしたものである。ひとつの身体には複数の魂が宿っており、また一つひとつの魂じたいが複数の身体にまたがりながら、他の魂たちと混ざりあい交流しあう。「たしかに倒錯性の秩序が、統合性という神的秩序を破裂させたのだ。低次－世界における倒錯性に君臨するのは、不法侵入、放蕩、変装に溢れ、騒乱に満ちた繁茂する自然である。なぜなら、複数の魂が同じ身体に入り込み、同じ魂が複数の身体を所有するからだ。高みの倒錯性があるのは、すでに気息そのものが混淆しているからである。神はもはやいかなる同一性も保証しえない」[10]。ここでは仮に、バフォメットの原理と呼ぶことにするこの倒錯的な変身の作法を、可能世界論的に変奏しておこう。同じひとつの出来事が、複数の世界＝身体に取り憑き、不法侵入し、それぞれの世界＝身体でおのれを偽装し、また、その世界＝身体には幾多の出来事も同時に闖入し、相互に交流しながら、さらに複数の世界＝身体同士も混淆してゆく。ひとつの出来事のなかにはすでに、他の出来事が無数に犇めいている。

出来事の多方向的な発散のすべてを肯定する運動は、理念的には、世界内での物質的な時間持続（現在）を持つことなしに、「思考可能な最小の時間よりさらに短い時間[11]」において、物体の世界では何も起こらない時間において起こる。つまり意味は一気に、間を置かずに書き換えられるということである。生成変化は、無限小よりもさらに短い時間で生起し飛散する運動であって、継起の時間形式で生ずる運動ではない[12]。また『千のプラトー』では、物体の只中に「瞬間」的な閃きのようにして「非物体的な変形」が生じ、意味の布置を一気に変換すると言われるのだが、この際も、非物体的な領域の変形が可能であるための形式が必要になる点に変わりはない。この非物体的な変形運動は、「最小の時間よりもさらに短い」時間に生ずる、思考領域全体のクリナメンである。

## 第二節　出来事の諸相

ところで、出来事の二重の規定——すなわち、動詞によって表現される運動、変化、差異化の運動と、それとともに分岐する無数の方向＝意味すべてを同時に駆け巡り一気に肯定する思考の運動（アリスは「より大きくなり、同時に、より小さくなる」）――は、ドゥルーズが、ライプニッツの可能世界論を考察する手法に深くかかわっている。というのもドゥルーズにとって、ピラミッドを構成する素材はまさにこの不定法的な出来事にほかならないからだ。そこでいま仮に、ピラミッドのなかに、新たにひとつの出来事「猫が蝙蝠を食べる」[1]が、不定法の状態で投げ込まれたとしよう。ひとつの出来事は、ドゥルーズによるなら、「普遍と特異、一般と特殊、個人と集団、肯定と否定などに対して無差別」であり、質、量、関係、様相に対して無差別であり、たとえば、「神は存在する」と「神は存在しない」を一気に両方肯定するという、決定不可能な両義性を持つ。それらはいずれも生成変化の只中での分裂－共存の時間において、同じひとつの出来事が屈折して示すふたつの姿にすぎない。それゆえ、不定法で思考された「猫が蝙蝠を食べる」という出来事は、普遍／特異、肯定／否定、能動／受動、原因／結果、可能／現実……といったあらゆる屈折を発生させながら分開、裂開してゆき、そしてその屈折ごとに、「猫が蝙蝠を食べる世界」と「蝙蝠が猫を食べる世界」、「猫が蝙蝠を食べない世界」と「蝙蝠が猫を食べない世界」、「あらゆる猫が蝙蝠を食べる世界」と「一匹の猫が蝙蝠を食べる世界」、そして、「猫が蝙蝠を食べることが現実である世界」と「猫が蝙蝠を食べることが空想である世界」といった具合に、諸世界を枝分かれさせながら、一瞬で、既存の諸世界に新たな分裂を持ち込んで一気にシミュレーションを組みあげなおし、再生成させるだろう。ひとつの出来事は「現実的なもの、可能的なもの、不可能なものに共通のこの最小存在」[2]とも呼ばれるが、これはまさに一撃で出来事＝意味の世界を駆け巡る。つまりドゥルーズの定義によるなら、どのようなものであれ、ひとつの出来事があるなら、それは、両立不可能な無数の世界に一気にまたがるのだ。換言するなら、ライプニッツのピラミッドを構成する素材が、不定法の出来事であると見なすことは、それぞれの可能世界内にすでに収められた出来事ではなく、むしろ、各可能世界じたいを構成する審級、可能世界じたいの発生の条件の審級にこそ、ドゥルーズは照準を合わせているということである。可能世界やピラミッドをあらかじめ構成されたものと見なすのではなく、反対に、可能世界やピラミッドじたいに発生の問題を持ち込むこと、これがドゥルーズの主要な論点となる（『意味の論理学』における「動的発生」の問題）[3]。

ここで重要なのは、不定法の動詞（« *aller* »）と、それを条件にあわせて活用させたあとの形態——たとえば « *je vais* »——とを区別するようにして、純粋な不定法の出来事と、それを具体的な個々の場で活用＝屈折させた形態とを区別することである。以下では便宜的に、不定法のものを出来事A、活用＝屈折したものを出来事Bと呼ぶことにしよう。ライプニッツの例でいえば、各可能世界を構成する出来事は、すでに屈折したあとの出来事、すなわち出来事Bである。それに対し、不定法の出来事Aとは、「猫が蝙蝠を食べる」と「蝙蝠が猫を食べる」へと分化する以前の、それらいずれに対しても中立的ないわば潜勢態の出来事のことであり、みずからを分裂させながら各世界の生成へと向かう途上の出来事にほかならない。この区別が重要なのはなぜかといえば、各可能世界を構成するすでに屈折した出来事Bは、いわばその世界に属している出来事であると言いうるのに対し、屈折していない純粋状態の不定法の出来事Aは、いずれの可能世界にも固有のものとして属さないからである。つまり、出来事Bは世界のなかに居場所があるのに対して、出来事Aはいかなる世界のうちにも一切固有の場を持たない。それは、どれかひとつの世界によって、独占的に所有されるままには決してならず、別の諸世界へと、たえず片足を、というより、無数の足を忍び込ませている。

この出来事Aは、まったく思考しがたい対象である。というのも、言語的に表現する場合であれ、何らかのイメージを想像してみる場合であれ、出来事Aは、その言語世界や想像世界との相関関係において、すでに屈折させられ変容したかたち＝Bで出現するしかないからであり、言語「にとって」、想像力「にとって」存在する出来事でしかないからだ。このように屈折し変装した出来事Bは、もはや不定法の出来事Aそのものではない。どのような媒介をもちいるにせよ、表象されるのは基本的にすべて、その媒介に組み込まれ、変形されたあとの姿でしかない。たとえば不定法の動詞は、フランス語では、否定形ではなく、肯定形の**かたち**をしている――否定／肯定に対して無関心であるとされるにもかかわらず。それゆえ、「数字」と「数」を区別するように、出来事Aをあらわす不定法の動詞という記号と、出来事Aそのものを区別せねばならないだろう。つまり、不定法の出来事Aについては、すでに一旦屈折し姿を変えた出来事Bをとおしてのみ、それも不十分なかたちでのみ、語ることができるばかりであり、それは出来事Aについて記述しようとする試みについても同様である。**出来事Aはしたがって、いまここで出来事Aについて語ろうとしている言葉によって語られているものではない**。それというのも出来事Aは、発話された言葉の世界にも、想像の世界にも、感覚の世界にも、身体の世界にも、精神の世界にも、解釈の世界にも属すことがなく、それはただ変身し分裂する思考しがたき実在として、思考の限界として、思考されるだけだからだ。何らかのかたちにしてしまうと、そこからつねに逃れる。とはいえこうした性格の出来事Aを近似的にではあれ、かろうじて思考することを可能にしてくれるのは、特定のしかたで解釈され変形されることで出現する、具体的な出来事Bなのである。こうしたことを考えるなら、便宜的に分けた出来事Aと出来事Bという出来事のふたつの側面は、出来事Aが出来事Bの存在を基礎づける一方で（存在根拠）、出来事Bが出来事Aの認識を基礎づける（認識根拠）というかたちで、相互に巻き込みあう出来事のふたつの相であり、それらの相は区別することができても、切り離すことができず、また、一方を他方に、他方を一方に還元することもできない。[4] これらは、ドゥルーズが表現的な関係と呼ぶもの、すなわち、表現されるもの（出来事A）は、それを表現するもの（出来事B）の外では実存しないが、表現するもの（出来事B）は表現されるもの（出来事A）の表現である、という関係を構成している。ドゥルーズは、出来事Bにおける現実化から逃れる出来事Aの持ち分について、――「A」、「B」というような用語はもちろん使っていないが――以下のように語っている。「アルノー宛ての書簡にあるように、ライプニッツの哲学は、精神的なモナドや物質世界に対し、世界が先行して理念的に現実存在していることを要請する。彼の哲学は、出来事のあの沈黙し闇に包まれた持ち分を要請するのだ。我々は、出来事を表現する魂と、出来事を実現する身体とのうちにすでに組み込まれた出来事についてしか語ることができないが、しかし、それから逃れるあの持ち分がなければ、まったく語ることができないだろう。どれほど困難であろうとも、我々は、海戦を指揮する魂と海戦を実行する身体からこぼれて溢れだす、ある潜勢的なものから出発して、海戦を思考しなければならない」。[5]

「身体」や「魂」に「組み込まれた出来事」は、海戦でいうなら戦う身体や傷ついた身体、砲弾や船や波であったり、あるいは戦いを指揮したり、鼓舞したり、悲嘆に暮れたりする魂であったりする。出来事はこうした具体的な実存に刻み込まれる。それが、ここでいう出来事Bである。それに対して出来事Aという相、つまり、「海戦を指揮する魂と海戦を実行する身体からこぼれて溢れだす、ある潜勢的なもの」という相において把握された海戦の持ち分は、物質世界のなかにも、意識の世界のなかにも存在しないし、また現実世界のうちばかりでなく、可能世界のなかにさえない。もっと言えば、「出来事のあの沈黙し闇に包まれた持ち分」は、それじたいとしてはどこにもない。それは、「あらゆる生きものにとっての唯一の亡霊」[6]のようなものである。亡霊ないし幻影――それにもかかわらず、というより、そうであるがゆえに様々な世界、歴史の様々な場に憑きまとう何か。これはおそらく歴史の反復にかかわる要素である。海戦でいうなら、それが具体的な「魂」や「身体」に刻み込まれるのは特定の海戦においてのことだが、そうした特定の戦闘から海戦の「闇に包まれた部分」、いわばイデア的な部分が解き放たれるなら、それは時と場所を異にする別の海戦において、別の世界において、別の「身体」や「魂」に刻み込まれるであろう。この不可思議な部分は、複数の海戦のあいだにとどまり、次なる海戦、別の場所での海戦の実現まで息をひそめているだろう。別々の海戦をつなぎあわせ、歴史の反復を思考可能にするには、複数の場所に出現する要素がなければならない――今ここでの海戦は、かつて他処で起こった海戦と同じものである……。ただし「海戦が起こる」という出来事＝意味は、そのたびごとに異なる海戦としてしか反復＝実現されない。ドゥルーズは、出来事Bのまとう直接性から出来事という意味を引き剝がし、それを他の歴史の舞台へと移送しうるものにするのである。

　ドゥルーズは、こうした反復論的な発想を単数世界論ばかりでなく、多世界論にも持ち込んでゆく。あらゆる実現形態から逃れる出来事の持ち分は、いずれの世界にも固有のものとして帰属することなく、むしろ、複数の世界のあいだで、それらが分岐する地点に場所を占めると言いうるのみである。つまり出来事Aとは、世界‐内‐存在というよりもむしろ、こう言ってよければ諸世界‐間‐存在であり、クレーのいう「狭間世界（entremonde, Zwischenwelt）」に棲み、境界に棲息するものであって、世界内に棲む存在というより、諸世界を横断する存在というほうがおそらく適確なのである。クレーはこう述べている。「世界は絶えず我々に対してみずからを開いてきたし、いまも開いている。世界もまた自然に属するが、世界は万人に見えるものではなく、もしかすると本当は子供、狂人、原始人にしか見えないのかもしれない。たとえば私は、生まれていない者たちやすでに死んだ者たちの王国、到来する可能性のあるもの、到来を切望するが必ずしも到来しないであろうものの王国――あいだにある世界、狭間世界のことを考える。少なくとも私にとっては、あいだにある世界。私がそれを狭間世界と呼ぶのは、それが私の感覚が外的に知覚しうる諸世界同士のあいだにあると感じるからであり、内的にはそれを十分に同化吸収し、象徴の形で自己の外に投影できるからだ。子供、狂人、原始人は、こうした方向で見る能力を保存――あるいは再発見――してきた」[7]。

ドゥルーズにおいて、諸世界‐間‐存在、あいだの世界の幽霊たる出来事は、それじたいで同一性を持つことのない火の粉のように、様々な世界へと飛び散り、感覚、想像、記憶、思考、言語といった系列のなかへと投影され、そこで変形され、現働化されてゆくとともに、それじたい別の諸々の出来事へと裂開してゆく。かくして、徹底的に同一性を破砕するひとつの出来事Aは、ピラミッドのなかの様々な部屋（可能世界、系列）を通り抜けつつ、あるいは同じ世界のなかでの異なる時と場所を通り抜けつつ、各部屋ごとに、それぞれの場ごとに異なるしかたで、無数のシーザー、無数のアダム、無数のアンティゴネーのなかを通り抜け、無数のヴァリアントを生み出すのである。どの言語にも属さない言語、どの感官にもとらえられない感覚、誰の記憶にもとどめられない記憶……。ドゥルーズにおける一つひとつの出来事はそれじたいで、偶然的にではなく、本質的に偶然的であり、内的な特性によって多＝他であり、自己を多数化しつつ、自己を異化し、両立可能でない諸系列のあいだを揺らぎつづける。『意味の論理学』補遺で論じられる三篇の「現代文学」論でいうなら、『バフォメット』の「倒錯原理」、天使的な『フライデー』の「分身」、遺伝的な『獣人』の「裂け目」が、こうした出来事にあたるだろう。ドゥルーズにおいて、それじたいがひとつの動詞的な生成である出来事Aが実在するということは、同時に、両立不可能な無数の出来事Bに生成するということを必ず含んでいる（表現がなければ、表現されるものはあらわれない）。たとえば各世界のなかにある「ローマに行くこと」、「庭を耕すこと」、「電話を取ること」といった出来事Bのそれぞれが、不定法の出来事Aという相にまで差し戻されるとき、この不定法の潜勢力を介して、同時に、おのれと両立しえない「ローマに行かない」世界、「庭を耕さない」世界、「電話を取らない」世界といった、自分自身と不共可能的な系列にまたがり、それと交流していくことになる。かくして、生成変化としての時間のなかで、出来事のそれぞれが交叉点－分開点となり、可能世界は様々なしかたで一気に枝分かれし、そのすべてが理念的な分裂ないし分裂の理念のなかで、一挙に肯定されるのだ。具体的な個々の映画や小説を想起すれば明らかなように、事実上はすべての出来事がすべての世界にとっての分岐点になるわけではないが、権利上は、すべての出来事が分岐点になりうるだろう。

ドゥルーズが好む「線」の譬喩を使うなら、不定法の線は、世界同士の「あいだ」、「狭間」をさまよいながら、世界のあいだを縫うように進む線であり、世界同士のあいだの分水嶺の線、「稜線」[8]のようなものだと言えよう。そしてこの稜線が、山の斜面のどちら側にも属さないままに、それぞれの斜面に関与し、双方を振り分け、共存させるのと同じように、どの世界のうちにも属さないこの線は、まさしくそれゆえに、「不共可能的な諸々の現在」を同時にかすめ、そうした諸々の現在のあいだでの決定不可能性という迷宮（いずれでもあり、かつ、いずれでもない）をつくりだすのである。それゆえ出来事Aとはまさしく、不共可能的なものを分岐させつつ、それらを同時性によって取りまとめる線であり、複数の方向へと同時に向かうものを同時に肯定する審級である。この審級は、そこから出発して様々な意味＝方向が分化する発生的な空間であり、そうであるがゆえに、それじたいに定まった意味＝方向がない。窮極的には出来事Aそのものは無意味＝無方向である。諸世界を分裂させつつ、それらのあいだを縫うように交流させる線——これがドゥルーズの出来事であり、その生成変化である。かくして出来事は、その定義からして、ライプニッツが不共可能的な諸世界へと割り振ったものを、ふたたびつなげなおし、両立しえないものたちの共存を構成する機能を担っている。

この「あいだ」の線は、どの世界にも属することがないにもかかわらず、それが関与するいずれの世界にとっても外部の「ノーマンズ・ランド」[9]にある。ドゥルーズは、不共可能性こそが「根源的関係」だと述べているが[10]、不共可能的なもの同士の関係とは、まさしくへだたりによる「関係」であり、非関係による関係、関係の非関係であり、最もへだたったものとの関係、共存しがたいものとの共存の関係であり、それこそがドゥルーズにとってはまさしく、「根源的」なのである。出来事は、この非関係を産出する審級である。それは分岐する複数の世界のいずれにも親密にかかわりながら、しかしそのどちらの世界にとっても他処者なのだ。もしそれが世界内にわずかな場、最小の場を持つとするなら、それは、異質性、ひび割れ、裂け目としてだろう。それゆえ出来事Aの線は、世界内の通常の存在者として表象されることなく、具象的な姿をも有することのない「抽象線[11]」となるはずであり、世界のなかに積極的な場所を持たない隙間の線である。そして、それは世界内——すなわち諸々の可能世界、言語の世界、想像の世界、文化の世界、習俗の世界、環世界……——の法則や拘束力や整合性や因果性から、距離を取る場所に位置するであろう。

以下で引用する『意味の論理学』の文章において、いま仮に出来事Aと呼んでいるものをドゥルーズは「純粋な出来事」と呼び、出来事Bと呼んでいるものを「出来事」と呼びつつ、出来事Bを出来事Aへと差し戻す操作を、「反‐実現」と名づけている。純粋な出来事へのこうした反‐実現は、他の不共可能的な系列へと、「生成変化としての時間」をとおして分裂するためになされ、この分裂を媒介としながら、両立不可能なものたちがその無関係性によって相互に交流するためになされるのである。各出来事は反‐実現という批判的＝臨界的な行為をとおして、ひとつの世界（共可能的な諸系列のみからなる集合）にひびを入れ、その世界とラディカルに異質な別の世界に向けた開かれる扉となるのだ。愛というものが憎しみと同じひとつの出来事であり、生成変化をとおして同時に愛し、かつ、憎むという事態を一息に生きつづけることこそ、ドゥルーズの出来事概念が産出する帰結となるのである。「各出来事を反‐実現しながら、俳優‐ダンサーは純粋な出来事を抽出する。それは、他のあらゆる出来事と交流する純粋な出来事であり、他のあらゆる出来事を横断しつつ、他のあらゆる出来事をともなって、自分自身へと回帰する純粋な出来事なのだ。俳優‐ダンサーは、離接（選言）を綜合に仕立てあげる。この綜合は、離接するものをそのまま肯定し、各系列を他の系列のなかで反響させる。〔……〕へだたりすべてを踏査すること、ただし一本の同じ線のうえで。素早く駆け抜けること、同じ場所に留まるために。〔……〕私の愛は、へだたりの探査である。つまり、友に対する私の憎しみを、別の世界のうちで別の個体において肯定し、分岐し細分化する諸系列を相互に反響させる長い行程なのだ――ユーモアによる解決〔……〕」[12]。

潜勢的な不定法の出来事Aとそれを活用＝屈折させた現勢的な出来事Bのあいだには、いくつかの関係がありうる。形式的にいうなら、出来事Aから別の出来事A'へと向かうこと、出来事Bから出来事Aへと向かうこと、出来事Aから無数の出来事Bへ向かうことであり、そのいずれもが肯定される。ここで当然、生ずる疑問は、各世界内の具体的な場で現勢化される出来事Bから別の出来事B'へと向かう方向はないのか、という点である。具体的な状況を規定し、前後関係をもつ事件の歴史的な系列を構成するこの最も常識的な側面を、ドゥルーズはほとんど強調しない。もっと言うなら、「歴史」（具体的な場において実現される出来事）と、「生成変化」（歴史の具体的な場から逃れる出来事）を対立するもののようにして提示することもあるだろう。それゆえドゥルーズにおいて、脱歴史化、歴史の閑却を指摘する人々もいるかもしれない。ただドゥルーズは歴史の重要性を軽視しているわけではない。歴史は出来事を可能にする「条件」であり、それがなければ出来事は未規定なままにとどまるだろうと彼は考えているからだ[13]。ドゥルーズの議論は、歴史を踏まえたうえで、別の視点、別の見方、別の道筋を示すのであって、彼の関心は、ある場所で起こった出来事が同時代のほかの場所へ、あるいはほかの時代の別の場所へと、引き継がれるという点にあるとも言える。つまりある場所で起こった出来事や運動や変化がほかの場所に飛び火してゆくとき、それぞれの現場で起こっていることへの関心に加えて、時空を超えた飛び火そのものに彼は関心を抱く。出来事は、歴史のあるひとつの現場だけにとどまってはいない。表層上の言葉やイメージとなってその現場から抜け出し、他処へと中継されるのだ。一九六八年にゴダールが『ありきたりの映画（*Un film comme les autres*）』において、詩的かつ政治的な言葉の「表層」を強調し、この表層が現場の身体＝物体から音を切り出し、言葉を奪取し、命題という言語の礫として組織するという声を挿入したのも、運動の分身としての運動（シネマ）による出来事の飛び火を想起してのことだっただろう。ドゥルーズも同じように、歴史のなかである状況が、他処からやって来る突発的な出来事と結合し急変するような、そんな瞬間をとらえようとしているのであろう。アラブの叛乱、その理念、そのイマージュは飛び火する。[14] ありきたりの出来事（un événement comme les autres）、あるいは、他の無数の出来事のように／として（comme）、他の場所で反復される出来事。連綿と続く歴史の系譜のなかからは決してあらわれないような偏移の種子が、歴史を規定する構造の外からふいに到来する。

用語を仮に整理しておくなら、第一に、出来事Bから出来事Aへ向かうことを、「反‐実現」と呼んでおこう。「反‐実現」は、出来事Bを、世界‐間‐存在、いずれの言語でもない言語たる出来事Aへと差し戻す。第二に、その反対の方向、すなわち、潜勢的な出来事Aから（無数の）現勢的な出来事Bに向かうことを、「生成変化」と呼ぼう。これは、相容れぬ複数の系列への分裂‐共存を固有の形式とする。「生成変化」は、出来事Aを発散させ、各世界の論理に組み込むことで、それを各世界内の出来事Bにする。第三に異なる出来事同士の関連を、出来事同士の「交流」と呼ぶことにしておこう。すなわち、ひとつの出来事は単独で存在するわけではなく、他の諸出来事とのへだたり、差異を織り込んでおり、当の他の出来事じたいがまた別の諸出来事とのへだたりを織り込んでいるというかたちで、たがいを表現しあう。ドゥルーズにおける出来事は特異でありながら、必ず「系列」を、集団をなしており、その集団、群れのなかで出来事はたがいの距離や関係を、接近や遠ざかりを表現しあう。ドゥルーズにとって出来事の世界は、音そのものがたがいを知覚しあい、別の音の存在によって自分も満たされてゆく音楽のコンポジションをモデルのひとつにしている。[15]かくして出来事概念は、「反‐実現」、「生成変化」、「交流」を組み合わせながら成立するのである。この同時性は、各水準内での同時性でもあり、また、諸水準同士の同時性でもあるだろう。すなわち、この三つの水準そのものが、もつれ、絡み合い、反転しながら、同一性なしに転生を遂げてゆくのである。

一九六〇年代末に、いわば構造主義の総括を企図していたドゥルーズが、「対象x」や「パラドクサルな審級」と呼ぶものもまた、出来事Aと通底するものだと言ってよいだろう。パラドクサルな審級とは、どの世界＝系列内にも固有の場所を持つことなく、世界＝系列同士の狭間を縫って進みながら、不共可能的な諸系列を交流させ、しかし同時に、それらの諸系列のいずれにも固有には属さない系列‐間‐存在である。レヴィ＝ストロース、ラカン、アルチュセール、フーコー、バルトなど、「構造主義」を代表する人物たちの企てを総合することを目論んだ当時のドゥルーズは、構造主義の七つの基準をまとめあげた。すなわち、1．現実でも想像でもない「意味」の世界（象徴界）、2．場、3．示差的（微分的）関係と特異点、4．構造の現働化‐分化、5．構造の系列化（言語学、経済学、生物学）

と系列間の交流、6．系列間を行き交うパラドクサルな審級、7．構造変動＝革命と、構造のなかにおける主体と実践の位置、である。[16] そのなかで、パラドクサルな審級、すなわちたえず転位を繰り返し、おのれ自身からずれるこの要素は、「構造」をいわば亡霊的なしかたで支える「再認も同定もしえない何か」と形容される。[17] それゆえ出来事の論理と生成変化の時間は、上記の構造主義者たちすべてにかかわる特徴として、ドゥルーズによって把握されていると言えるだろう。同時期の『意味の論理学』で彼は次のように述べる。「パラドクサルな審級の特徴は何か。パラドクサルな審級は、たえずふたつの系列のなかで循環しつづける。まさにそれゆえに、パラドクサルな審級は、ふたつの系列の交流を保証するのである。〔……〕パラドクサルな審級とは鏡である。かくしてそれは同時に、言葉と物であり、名と対象であり、意味と指示対象であり、表現と対象指示であり、等々となる。したがって、パラドクサルな審級は、それが駆け巡るふたつの系列の収束を保証するのだが、ただし、ふたつの系列をたえず発散させつづけるという条件において保障するのだ。つまり、パラドクサルな審級には、つねに自己自身から位置をずらしつづけるという特性があるのだ。〔……〕パラドクサルな審級はあるべき場所にない、とラカンは言う。そして同じように、パラドクサルな審級は、自己同一性を欠き、自己自身との類似を欠き、自己自身の平衡を欠き、自己自身の起源を欠いている。パラドクサルな審級が活性化させるふたつの系列のうち、一方が根源的で他方が派生的だとは言えないであろう。〔……〕ふたつの系列がそこで交流する審級に対して、ふたつの系列は厳密に同時的なのである」。[18]

繰り返しになるが、ドゥルーズのいう「時間」は、時系列的な意味での時間とは関係がなく、歴史的な諸時点とその継起ともかかわりがない。彼の関心を惹くのは、生きられる時間というよりは、そうした経験的時間に背後からかかわり、それを意味づけ、価値づけているようなものだ。それゆえ、ここで「同時的」と言われているふたつの系列は、時系列のなかで同時的という意味ではまったくない。千年、二千年、いやそれ以上に離れていてもよい。本書の用語でいえば、出来事B1（実際の海戦1）と出来事B2（実際の海戦2）は、時系列的にいくらへだたっていてもよい。だがそれら出来事B1とB2は、特定の時点に属することなく漂流する出来事A（海戦のイデア）に対して同時的だというのである。当然ながら、ある事件、ある戦争について、それをどの出来事、どの戦争の反復であると解釈するのかが、起こった事件の輪郭、位置づけ、意味づけを規定するうえで重要な問題となろう。これは、とりわけ『ブリュメール一八日』との関連で当時なされていた、歴史と反復、ないしは革命と反復をめぐる議論ともかかわるものだ[19]。すなわち、ある特定の革命が反実現され、革命の理念となるとき、それはその特定の革命にのみかかわるわけではなく、歴史的にも、地理的にも、社会的にも、空間的にも、まったく異なる場において反復され、別の時空に飛び火するということであり、その反復のたびごとに、同じ革命が繰り返されることはない。反復はかならず差異化をともなうものである。パリ・コミューンの反復としてのロシア革命。これはしかし、パリ・コミューンこそが起源＝モデルというわけではない。ドゥルーズの出来事論はパリ・コミューンも、ロシア革命も、ここで言う出来事Bとしてとらえるものであって、それに対して出来事A（革命の理念）には、いかなる時代にも固有のものとして属することのない持ち分があるということだ。そして出来事B＝表現がないかぎり、出来事A＝表現されるものは歴史の舞台から身を引いて眠り込み、まどろみつづけるだろうし、新たな表現とともに出来事Aのほうも変化してゆくだろう。引用で挙げられているラカンの例でいえば、手紙が置かれる諸々の時空間はそれぞれ異なる別々のものだが、しかし、そのそれぞれの時空間に対して手紙は同時的にあり、しかもそれぞれの時空間において、手紙をめぐる人々の諸々の立場を割り振るものだというのである。したがって、時系列をまたいで反復される出来事Aに対する、それぞれ異なる出来事Bの「同時性」というものが語られる。そして、複数の出来事Bへと分岐しつつ、それらをつなぎもする出来事Aを「反‐実現」をとおして抽出することによって、過去の革命と現在の革命、あるいは、遠隔地同士での革命が、「生成変化」をつうじてたがいに交流しあうという事態も成り立つことになる。こうした歴史の反復を実現する者こそ「俳優‐ダンサー」、すなわち歴史の舞台にエッジを持ち込む「役者＝行為者（アクター）」なのである。反‐実現と生成変化はこの意味で、へだたったもの同士の交流と差異、連帯と齟齬、協働と逸脱をつねに同時成立させる。

　こうした時間概念を有するドゥルーズは、出来事B1から出来事B2への因果的な推移というよりむしろ、潜勢的な出来事Aから現勢的な出来事Bへの現働化（生成変化）というモデルを考えるのであり、それこそが彼にとっての時間なのだ。このモデルを、「構造」に重点を置いて表現したのが以下の引用であり、これは構造主義における時間と歴史をめぐる論争――構造には時間がないとするもの――を意識したものである。「時間にかんする構造主義の立場は、それゆえきわめて明確である。構造主義において、時間はつねに現働化の時間であり、この時間に沿って、潜在的に共存する諸要素が、多彩なリズムで実現されるのである。時間は潜在的なものから現働的なものへ、すなわち構造からその現働化へ向かうのであって、ひとつの現働的な形態から別のそれへと向かうのではない。

〔……〕それゆえ、発生的なものと構造的なものを対立させることも、時間と構造を対立させることもできない。発生は、時間と同じように、潜在的なものから現働的なものへ、構造からその現働化へと向かうのである[20]」。ドゥルーズが構造主義から離れたあとも、こうした特徴は変わることがないだろう。時系列的な時間が水平方向に向かうとするなら、垂直方向にその時系列を刺し貫く時間が、ドゥルーズの関心事なのである。発生は、差異をつくる差異、すなわち、具体的な現実において知覚される差異を生み出す潜在的な差異から出発して行われる。ライプニッツを応用したドゥルーズの語彙でいうなら、現働的には「曖昧」(かたちをもたない)であり、潜在的には「判明」(理念の水準では規定されている)なものから行われるものとされ[21]、この時期のドゥルーズはそれを「構造」概念と結びつけている。

また一九六〇年代末ばかりでなく、八五年の『シネマ2』のベルクソン論にも、ひとつの出来事と、その多様な場という同じ論理があらわれる。というのも、そこで鍵となるのも、ひとつの「同じ対象(工場)」が、たがいに本性を異にする「様々な回路を通過する」という点にあるからだ。この様々な回路は、「現実的なものと想像的なもの、物理的なものと心的なもの、客観的なものと主観的なもの、描写と説話、現働的なものと潜在的なもの……」などを含むものであり、それらは、この同じ対象をめぐって、相互に交流しあうことになる[22]。かくして、ロッセリーニの『『ヨーロッパ一九五一年』』のヒロインは、工場のいくつかの特徴を見て、囚人たちを見たと思い込む。〔……〕彼女は、別の特徴をとらえることもできただろうし、別のヴィジョンを持つこともできただろう。つまり労働者の入構、サイレンの合図、私は猶予を与えられた生存者が暗い避難所へと走るのを見ているようだった……[23]」。

反‐実現によって抽き出された出来事は、ある特定の対象（工場）を、工場というアイデンティティから引き剝がす。それによってひとつの同じ対象が、無数の回路を横断し、それぞれの場で屈折してゆく過程を経ながら、「現実」と「想像」といった二項の双方にまたがり、そのいずれでもあり、いずれでもないということによって、つまり、それらが識別不可能になることによって、ヒロインの幻視（ヴィジョン）が政治性をまとう。この「同じ対象」が、工場となり、監獄となり、収容所となるのは同時のことであり、工場が一意的に決定しうる「工場」という客観的な身分を喪失することによって、問題提起（ふたしか）的なものとなってゆく。すなわち、反‐実現と生成変化の二重の批判性が、眼差しをめぐる政治の起点となるのだ。

# 第五章　愛の病――神の発生と崩壊

## 第一節　出来事のなかの出来事――シェリング／ドゥルーズ

「固有性」を徹底的に欠いたパラドクサルな審級（不定法の出来事A）があり――「自己同一性、自己自身との類似、自己自身の平衡、自己自身の起源」を欠く審級――、それが諸系列のうちに姿を見せること。それが言葉や物、意味と指示対象などにおいて活用＝屈折し、それらのなかに組み込まれ、具体的なもの（出来事B）になること。言葉と物が分裂し、そのへだたりによって交流すること（「パラドクサルな審級」が、「同時に、言葉と物である」ということの意味は、まさに、言葉と物が決して一致しないということにほかならない）。ひとつのパラドクサルな審級とそれを組み込む諸系列とが同時的であると言われること。パラドクサルな審級じたいはいずれの系列のなかにも固有の場所はないこと――こうしたすべては、出来事の「交流」、「反‐実現」、「生成変化」の論理と時間からの帰結である。

こうした事態を形式的に整理して叙述するなら、以下のようになるだろう。現実化がなされる場、この場と相関することにより現実化される出来事B、いかなる場にも回収できない実在的な出来事A、出来事A同士の交流、出来事Aによる複数の枠組の横断、こうした横断によって生ずる不共可能的な枠組同士の接続（非関係の関係）。すでに様々な例を挙げたが、さらに『哲学とは何か』第一章における概念論も、同型の論理のなかに位置づけることができる。出来事同士を合成することで概念を現実化する各々の哲学者に特有の平面、この平面上で合成される概念＝出来事、いかなる個別の平面からも逃れる概念＝出来事の持ち分、他の哲学平面へと横断的に逃走しそこで種を異にする概念と結合する概念、この横断によって生ずる諸哲学平面の接続としての共存立平面。また、『千のプラトー』における抽象線と共存立平面も、こうした枠組外のものについての思考だと言えるだろう。

こうした点を踏まえたうえで、ドゥルーズが提起するさらなる問題は、以下のようなものである。すなわち、いくつもの出来事A＝パラドクサルな審級のなかには、特権的な出来事があるのだろうか。つまり、あらゆる出来事を可能にする出来事はあるのか。象徴界という弁別体系じたいを弁別し切り出す分割のように、非物体的な出来事界を切り出す出来事が存在するのだろうか。あらゆる出来事Aに共通するひとつの出来事、あらゆる出来事Aの相互的な非関係と分散を保証する零度の出来事はあるのだろうか。無数の不共可能的な方向を一撃で一挙に肯定する生成変化すべてについて言われる、たったひとつの生成変化はあるのだろうか。

どのような出来事であれ、権利上はパラドクサルな審級として他の不共可能的な世界との横断交通路になりうる。それゆえ、文学読解や神話読解、精神分析や社会の分析など、考察の対象となる何らかの具体化された系列においては、いかなる対象であれ、このパラドクサルな審級になる資格を有している。ただし、特定の系列、たとえば具体的な作品で、実際にパラドクサルな審級の役割を担うのは、限定された一部の対象であろう。たとえば人の手から人の手へ、部屋から部屋へ、眼差しから眼差しへと循環し、それぞれの場所で系列内での人間の立ち位置（隠さないことによって隠す人、見えているのに見ていない人、見えなさをも見ている人）を割り振ってゆくポー「盗まれた手紙」を論ずるラカンのように。[1] あるいは、結婚と離婚のゲームを繰り返す大人たちのあいだをまるでボールのように行き来する幼い少女メイジー（大人たちは彼女を世話する／しないをめぐって言い争っており、その様子をかたわらで眺めている別の人物がいる）が、両立不可能な大人たちを切り離しつつ結びつける審級をその身をもって体現してしまうヘンリー・ジェイムズ『メイジーの知ったこと』のように。分析に際しては構造における要所となるそうした審級の特異性を読んでゆく必要があるのだが、しかし構造から離れて「手紙」や「少女」という対象だけにその資格があるかといえば、他の対象にもその資格があるだろう。もちろん、ラカンにとっては、手紙＝文字という等号が成り立つ« lettre »こそが象徴界の役割を示す特権的な対象だったとしても、手紙という対象のみがパラドクサルな役回りを果たしうるわけではない。そして、「手紙」とは別の対象がパラドクサルな審級となるなら、ポーの作品はもはや同じ作品ではありえないはずだ。逆にいうと、「手紙＝文字」を、そうした対象として選択したという、その選択行為じたいが現実の作品構造のなかで決定的な要素となる。具体的な作品においては、こうした制約が肝心な要素となり、その周囲に、言葉やイメージが結晶化してゆく。制約なき作品は現実にはありえない。

　だがここで問題にしたいのは、具体的な作品を特異なものとして構造化するこうした個々の出来事のことではなく、出来事の領野そのものの出来、象徴界そのものの出来である。問題は、ある人間の（無）意識のなかに象徴界がいかに発生するかという個人水準の問題ではなく、そもそも象徴界なるものがいかに発生し成立するかという、いわゆる「動的発生」の問題である。

ライプニッツのように、出来事の叡智的な世界を永遠として位置づけ、それは時間内で創造されるものではないとする立場からすれば、出来事の世界そのものの発生は問題にならない。それは永遠的に「存在」するものであって、「生成」するものではないからだ。それゆえ彼は、ピラミッドの発生について問わずにいることができた。これに対し、シェリング『人間的自由の本質』はまったく異なる問いを立てる。[2]彼は、はじめに「暗闇」の無底の渦巻を設定し、そこではまだいかなる形態も、個体も、実存も展開されておらず、ただ潜在的で、混沌とした「意志」、「欲動」の実在のみがあるとする。そのうえで、そこに二次的なしかたで、「光」が、すなわち渦巻のなかに折り畳まれたものを分開し分節する作用が到来し（知性、言葉）、潜在的な欲動の渦巻を、個体発生に向けて整序し、方向づけることで、個体化、現働化の過程がつくりだされるとするのである。この立場からすれば、分節作用じたいを分節し切り出す作用を想定しなければならないことになるだろう。なぜなら光＝分開は、第一の段階ではまったく想定されていないからだ。問われるのは光の誕生であり、根源的な暗黒から光がおのれを区別し、闇から分裂することである。『差異と反復』の言い方によるなら、闇のなかに稲妻が閃くことだ。これはつまり、差異によって切り分ける出来事＝意味の世界じたいを、混沌せる物体の暗い世界から切り分けることで、出来事＝意味の世界そのものを発生させることである。ライプニッツの神を記述する際にもちいた能力論的手法をここでふたたび喚起しておくなら、ドゥルーズのもちいるシェリング的図式においてはまず、無規則的でアナーキーな無底の「力能」、実在的な個体産出的欲動が第一にあり（暗黒）、その次に「知性」がこの混沌とした欲動に軌道を与える別の原理としてやって来る（光）。したがって「光」は、決して無底の暗黒を消去しきることはできず——光は暗闇を背景としてそこから閃く——、「光」の世界はいつ暗黒に引き摺り込まれても不思議ではない。この暗黒はいわば「光」にとっての「死の本能」であるが、しかし、そこから光が生じてくる発生の根源的な場でもあるだろう。シェリングにおいて「意欲」ないし「意志」と呼ばれるのは、無底の力能、欲動であり、この点でニーチェをその系譜のなかに位置づけることもできよう（「単なる欲動または欲望（Sucht oder Begierde）すなわち盲目なる意志（blinder Wille）」）[3]。シェリングは、スピノザの体系を力動化し、汎神論の体系と自由とを高次元で和解させ、《自然》における自由を肯定するという企図を明確化する[4]。ドゥルーズ自身、『差異と反復』のなかで、シェリングについて次のように述べていた。ヘーゲルとシェリングという「二人の哲学者のうち、シェリングこそが、《同一的なもの》の闇夜から、稲妻によって差異を脱出させる術を知っているのである。その稲妻は、矛盾が放つ稲妻よりも繊細で、より変化に富み、より恐ろしいものでもあるのだ」[5]。

　こうした闇夜／稲妻、暗闇／光、無底／思考、産出／分開といったペアは、用語を変えつつ、『差異と反復』の他の箇所でも、『意味の論理学』でも、『ザッヘル＝マゾッホ紹介』（「死の本能とは何か」）でも、『シネマ1』（第八章の欲動論）でも取りあげられるものだ。このシェリング的図式において最も根源的な差異とは、光＝知性が発動させる分開、弁別、分節ではなく、むしろ暗闇／光、欲動／思考、精神分析的に言うなら現実界／象徴界を分割することで、この光（知性＝分開作用）じたいをそもそも可能にしている「／」である。この「／」以前には、光もないし、闇もない。暗闇＝欲動が「暗闇＝欲動」という位置づけを得るのも、光＝知性が「光＝知性」となるのも、この根源的な分割をもたらす分裂のあとのことである。[6] 光の発生以前の本源的な暗黒と、光／暗闇というペアの片割れとして位置づけられる暗闇とは、まったく別の位相にあるのである。混同を回避するため、以下では「暗黒」と「暗闇」という用語を採用して、使い分けることにしよう。無底の暗黒は、世界内的な時系列のなかで世界の創造に先立つとされる過去ではなく、世界そのものの発生に先立ち、世界内的な時系列そのものの発生に先立つ過去であり、世界を測る時系列の外にある過去である。この無底の暗黒において、「形態」を持つものは、物質的にも精神的にも一切存在しないとされ、いまだにすべてが折り畳まれた暗黙のもの（implicite）である。世界にはまだ個体として展開されたものは何もなく、神すら現実存在しない（神の実存に先立つ無底）[7]。「／」の生起によって画定される、安定した世界の分節も、それによって保証される知性の領域も、この段階では存在しない。分節－知性という領域じたいが、まだ分節されておらず、個体化されていないのだ。それゆえ知性などない暗黒のなかに根源的な分裂をもたらす「稲妻」、知性という分開作用そのものを可能にする分開をもたらす出来事が、無底の暗黒から、それじたい決して思考されえぬ思考として出現してこなければならない。これは、思考を可能にする思考（ならざるもの）であり、それが思考の発生にかかわるだけに、いっそう根源的な思考（されえぬもの）なのだ。これは暗黒と暗闇の差異とは異なる、思考と知性の差異となろう。すなわち知性の外から到来する「／」と、これによって切り分けられる暗闇／光の片割れとしての光＝知性の差異である。

暗黒を切り裂く閃光が出来事として、「／」として到来することではじめて、以前／以後のような分節にもとづいて語ることもまた可能になるだろう。すなわち、出来事が歴史を可能にするのであって、逆ではない。そして、絶対的に思考されえぬ「暗黒」は、事後的に、知性と対比される知性によって割り切れぬもの、すなわち、「暗闇」へと立ち位置を変え、歴史と神話によってその不気味さを塞がれてゆくことになるだろう。だが、暗黒からの出来事の到来そのものが、歴史の「なか」に収まることはない。出来事の閃きそのものが、以前／以後の分断を可能にし、歴史の条件そのものを設営するかぎりにおいて、出来事は歴史成立以前の境位から、歴史の《外》からやって来る。すなわち、歴史のなかでの「以前」ではなく、歴史じたいの成立以前であり――その意味で、つねに歴史につきまとうものであり――、歴史そのものに親密にかかわる《外》である。[8]

ここで言う暗黒と暗闇の区別に直接かかわる議論を展開したのが、『差異と反復』に一年先立つ『ザッヘル＝マゾッホ紹介』における「死の本能（*instinct*）」と「死の欲動（*pulsion*）」の区別であろう。この議論は、フロイトの用語をドゥルーズが独自のしかたで二重化し、それをシェリングの論理で再解釈しなおしたものと考えられる。ドゥルーズによるなら、「死の欲動」は「生の欲動」とのペアになったかたちでしかあらわれず、「生の欲動」と組み合わさることが、「死の欲動」にとっては「「現前化」の条件」[9]であるとされる。これは、あくまで「光」と対比されるかぎりでの「暗闇」にあたる。だが、ドゥルーズによるなら、それよりも深い「無底」が存在する。すなわち光と対のものとして規定される暗闇とはちがって、そうした相対性のなかに入ることのない純然たる暗黒があるように、「生の欲動」と対のものとして規定される「死の欲動」とはちがって、そうした相対的規定の外に「死の本能」ないしは「純粋状態のタナトス」がある。そしてそれこそが、「心的な生の根拠として、根拠以上のものとして規定されうる」と言うのである。[10] 死の本能は、「生命を持たぬもののまどろみを生が断ち切りにやって来る以前[11]」を反復し——生命以前／以後の創設に先立つ暗黒の無底を反復し——、この断ち切りそのものの現在——「／」＝稲妻の到来——を反復しながら、もはや先行するいかなる事態の反復でもないような未来を反復する。反復はこのときもはや、何らかの項の反復ではない。すなわち反復に先立って存在する何かがまずあり、それが反復されるのでない。「死の本能」はむしろ先行するものを抹消し、脱形態化しながら、何も反復することのない反復として、限界の反復として、項に対して先行する無底の轟きを反復するのである。[12]

ただし、『ザッヘル＝マゾッホ紹介』における「死の本能」は、神の実存の発生ではなく、人間の再生誕（生まれ直し）に接続される。[13]すなわち、女性が差配するマゾヒズムの儀式によって、過去の人間性と男性性——たとえば、《父》とのつながり——を振り祓うことで、「新しい人間」として生誕しなおすことにかかわるのである。[14]それが意味するのは、過去のなかでのまどろみを断ち切る新生を再開‐反復するということであり、もっと言うなら、おのれ自身の歴史と起源の《外》で再開される再生誕である。このように誕生を反復しやり直すという主題は、一九五〇年代の無人島論や、ミシェル・トゥルニエ『フライデーあるいは太平洋の冥界』を論ずる『意味の論理学』の無人島論にも見られるものだ。[15]マゾッホが上演するのは、過去の自己との強い断絶としての死であり、闇＝大地との再結合であり、再生の反復である。そこでは「人間」ばかりでなく、現今の「共同体」とは異なる他なる社会形態も構想されている。すなわち、「性愛もなく、財産もなく、祖国もなく、口論もせず、労働も」しない新たな人間の再生誕と、[16]既存の経済（エコノミー）を再生産しない社会の再構成である。[17]同時期に執筆された『意味の論理学』のゾラ論も、その末尾で「死の本能」を、社会と歴史を引き裂く亀裂（プロレタリアート）と関連づけているが、そこでもまた「死の本能」の無底は人間と同時に社会の消尽にかかわってゆく。[18] 死の本能をもって、死をもたらす文化に抵抗すること。これはドゥルーズが抱きつづけた思想的モチーフのひとつだが、彼のいう「自然主義」とは、社会的、歴史的環境に徹底的に固執しつつ、社会と歴史について言われるその《外》を、その裂け目を論ずるものなのである。

ところで、ドゥルーズにおける「シェリング的鉱脈」について語ることで、こうした「無底」をめぐる問題系へと注意をうながしたのはジャック・デリダである。[19] その一方でシェリングとの関連でデリダが指摘する、ドゥルーズの動物論の一種の「人間中心主義」――無底にふれて愚劣になりうるのが人間のみであるということが、逆説的に、人間に思考を特権的に割り振ることにつながるという指摘――は、スティグレールも言うように本質的な点ではないように思われる。[20] ドゥルーズにおいて、そしてシェリングにおいて問われている思考は、必ずしも人間に依存するものではないからである。それは、個体化をめぐる前個体的な領野、つまり、いまだに特定の形態をまとう個体として展開されていない、折り畳まれた強度的質料とその力能にかかわるものである（シェリングの「種子」、ドゥルーズの「卵」）。思考は、シェリングでいうなら原初的な暗黒＝欲動じたいに走る分開、分節であり、ドゥルーズでいうなら個体化の領野（卵）に新たに走る微分化＝差異化作用のことであり、「卵」が具体的な個体へと分化してゆく過程（「時－空的ダイナミズム」）そのものであって、スピノザを継ぐ彼らにとってそれは、こうしたものを表象する人間に依存しない実在性を有する。スピノザ論講義において、ドゥルーズは物体的な水準における思考について指摘していた。ドゥルーズは「分子の識別能力」[21]という表現をもちいているが、「分子」は発生にかかわる超越論的な場に属することを思い起こしておこう。[22]『差異と反復』ではこう言われている。「あらゆる時－空的ダイナミズムは、様々な方向をみずから描き出す原初的な意識の創発である。この意識はもろもろの運動と移動を二重化するものであって、自分がそれについての意識であるような身体や対象との関連で凝縮された特異性の閾で生まれるのだ。意識とは何ものかについての意識である、と言うだけでは十分ではない。意識とはこの何ものかの分身であって、それぞれの事物が意識なのだ」。[23]またシェリング的に言うなら、知性は神の実存にすら依存しない。なぜなら、神の実存に先立つ暗き底（自然）は、そこから出発して構成される神（光と闇という二原理の調和的結合）から独立にはたらくからであり、神の構成以後であっても、この暗き底の動きを完全に制御することはできず、新たな稲妻の生成を止めることもできないからだ（いわば、「暗き底」は神の存在根拠をなし、「神の実存」は暗き底の認識根拠――それが神の根底だったのだとする遡及的な論理――をなしている）。[24]『人間的自由の本質』は神の統一性、その調和を守ろうとする一方で、神に還元できず、神に先行する根底をこれ以上ないほど強烈なしかたで提起することで、神を引き裂いてもしまうのである。つまり、神の構成と神の引き裂きが併存していること、そして、引き裂きのほうが先行しているということが、『人間的自由の本質』の叙述の際立つ特徴である。シェリングの思考は、汎神論的な体系において、神の構成に先立つ荒れ狂う自然を思考するという意味で、人間的というより、遙かに宇宙論的な亀裂＝愚鈍さを思考するものであろう。[25]

　ドゥルーズが問題にしている原初的な思考は、人間の頭に宿る知性ではなく、事象そのものを発生させる場に宿り、事象の分化、形成、展開、崩壊を方向づけるものとしての差異のことであり、前個体的な発生の領野（暗黒と暗闇）に走る亀裂こそが、まずは原始的な思考のありようである。形態を持たず、個体化もされていない曖昧なもの＝暗きものが考えるのだとするなら、その「主体」（と言いうるとして）が、人間である必要はないだろう。胚を構成する物質群でも、群れでも、集団でも、ダニでもよいし、花でも岩でもよい[26]。たとえば、任意の場から特定の「集団」や「徒党」、「多様体」が分岐し、割って出る際の分割線の発生そのもの、そして、その集団や徒党が他からおのれを識別し分化させてゆく線に沿って、より明確な輪郭を持つ個体化に向かう動きそのものが原的な知性となる。あるいは、それまで区別や分節や亀裂が存在しなかったところに、内側からそれが発生すること。シェリングが言うように、混沌たるアナーキーな物質の渦巻たる「自然」において、「悟性の第一の作用は、諸力の分開（*Scheidung der Kräfte*）である。その所以は、かくしてのみ悟性は、自然のうちに、あたかも種子のうちのように無意識的にではあるが、しかもなお必然的に含まれている統一を展開することができるからである」[27]。これは、人間の知性や言語が、連続的な自然の世界に分割を持ち込むことで、融和的で未分化であった自然のなかに分節、分離、分割を持ち込むというのとは、まったく異なる論理である。というのもシェリングによるなら、人間の言語が分節、分割を持ち込むよりも先に、《自然》じたいがすでに分裂しているからだ。分裂したものは、調和的な「統一」や、部分を全体に統合する「有機体」を形成するとはかぎらず、部分が部分と争い、内部からその調和を割りうるような根本的な分裂を抱えており、また、微温的な調和のなかに誰もが想像していなかった新たな亀裂が走ることもあろう。「根底の本質は、自分ひとりでは決して真の完全なる統一を生産しえないものであるから、この荘厳がすべて解体する時がやってくる。そしてこれまでの世界の美わしい体軀が、おそるべき疾病によるかのように潰えて、遂に渾沌が再び入りくる[28]」。有機的で調和的な《自然》観とは異なるこうした《自然》を、本書では仮に《自然＝機械》と呼んでおくことにしよう。これは、人間の関与せぬかぎり、「自然」は融和的で統一的で調和に満ちているという先入見を破壊する主張である。ブランショはそうした観点について、別の角度からこうまとめている。「つまりそれは、実在そのもの――事物の根底、本質の深部における「存在するもの」――は、絶対的に連続的であるはずだという、思考と同じくらい古くからある公準である。／これこそパルメニデスの大いなる天球であり、アインシュタインの宇宙のモデルである。我々の認識の様態や、我々の感官や装置の構造や、数学的かつ非数学的な我々の言語活動の形態のみが、縫い目のないこの見事なチュニックを引き裂き切り分けるよう、我々に強いるのだという考え方がここから生まれるだろう。だが、それは何を言わんとしているのか。断続性のうちに、知性の不幸と分析的な理解のしるしを見なければならないのだろうか、またより一般的に言うなら、人間的構造の欠陥、我々の有限性の刻印を見なければならないのだろうか。〔……〕なぜ人間は、断続性が人間に固有の事態であり、人間の作品であると想定しておきながら、人間自身が何らかのしかたで必ず帰属している事物の根底が、統一性の要請と同様に、断続性の要請にかかわっているということを示そうとしないのだろうか」[29]。自然じたいによる、自然じたいの分開、分節、分裂であり、それは、人間による介入以前にすでに駆動しているのではあるまいか。いわば自然＝機械の思考であり、さらには自然＝機械の根底に横たわる「死の本能」でもあるだろう（思考と死）。

だが一方で、デリダによるドゥルーズの人間中心主義という指摘が無視しえないのはなぜかといえば、カントの超越論的主体をめぐる議論をもちいて、ドゥルーズがしばしば思考の発生を語るからであり、そのために、ドゥルーズの思考論が、主体という場における主体による思考という伝統的な議論との混同を招来しやすいからである。とはいえ、ドゥルーズの議論が重きを置くのは人間主義や主体主義ではない。バディウのドゥルーズ読解はこの点で正しい[30]。カント的な用語法で、「私」（思考）と「自我」（存在）とが語られるとき問われているのは、人間的な超越論的主体から出発して、そうした人間主体に走る亀裂（思考する「私」と、思考される「自我」の亀裂）だけに焦点を当てることではなく、人間主体の内側に収容しきれない存在と思考、闇と光の亀裂の圏域を炙り出すことにあるはずだ。それは主体／客体の区分にも先立つものであろう。つまりドゥルーズのいう思考は、主体‐自我というより、潜在的な暗き質料‐力能の境位から出発する個体化の過程にかかわる《自然＝機械》じたいの駆動であり、そして、この根源的な思考＝出来事はあらゆる分開作用じたいの分開、差異化じたいの差異化、出来事の世界全体の出来にかかわっている（「骰子一擲を発する世界‐《思考》[31]」、出来事としての思考[32]）。

思考されざるものであるにもかかわらず、思考されねばならないもの、そして、思考にしか思考することができないが、対象化して思考することなど決して叶わぬもの――これこそ、ドゥルーズのいう「思考」の窮極的な原因‐対象にほかならず、彼はそれを思考の「超越的行使」の対象と呼ぶ。それは、思考が、思考の誕生じたいを思考すること、別言するなら、思考なるものの発生を思考みずから生きなおすことにほかならない。「超越的ということが意味するのは、能力が世界の外の対象に向かうということなどではまったくなく、反対に、世界のなかでもっぱらこの能力にのみかかわり、この能力を世界に誕生させるものを、その能力自身が把握するということなのである[33]」。それは、思考の崩壊から思考の再生誕へ向かう過程を生きなおす思考という意味で、思考の死、思考の未成立を、思考自身が生きるということであり——どのように再生誕するのかという問いと踵を接しながら（もちろん再生誕することが保証されているわけでもないなかで）——、不可能な経験としての死ぬことを思考そのものとすることなのだ。それは、思考の死と再誕生を、思考みずからが演じてみせることである。差異をしるしづける意味＝出来事の世界じたいが差異化されてくる経験を、そのたびごとに反復すること。自己の本源と、本源からの自己の発生とを、媒介なしに循環的に経巡るというこの不可能な経験は、死と生のもたらす切断に類するような飛躍、跳躍として経験されるだろう。キルケゴールの言うように、跳躍の予兆なきダンスのステップをぴたりと決め、その静止そのもののなかでよろめくように（『おそれとおののき』）[34]。かくしてドゥルーズには、色濃く死の問題がつきまとい、個体としてのありようが崩れ落ち、未成立のままになり、前個体的なゾーンへと落下しながら、その落下の只中でなおもぎりぎり立ちすくむような実存のありかたがつきまとうことになる。かくして思考の死と言語の死をエッジで踊るのであり、思考と言語の中心崩壊のなかへと落ち込むのである。ドゥルーズは『差異と反復』において、シェリングをパラフレーズしながら、暗闇／稲妻、無底／思考、欲動／分開、未規定な存在／規定作用の分裂、この根源的な差異化と分節について、つぎのように書いている。

「けれども、遙かに深くそして威嚇的であるのは、質料を崩潰させ、肉付けされた形状を壊す、抽象線と無底という対である。純粋な規定作用としての、抽象線としての思考が、未規定なものであるこの無底に立ち向かうのでなければならない。この未規定なもの、この無底はまた、思考に固有の動物性、つまり思考の生殖性でもある。〔……〕時間の空虚な形式こそが、思考のなかに、思考がそれから出発して思考するようになる当の《差異》を、未規定なものと規定作用との差異として導入し、構成するのである。まさにこの差異こそが、おのれ自身の両側に、抽象線によってひび割れた《私》と、その《私》が観照する無底に由来する受動的な自我を割り振るのだ。まさにこの差異こそが、思考のなかに思考することを産出するのである。なぜなら、思考は差異によってしか思考しないからであり、根底が崩落する点をめぐってしか思考しないからである」[35]。

この根源的な抽象線が引き起こす分離作用、時間形式の威力がもたらす亀裂。「無底」＝「未規定なもの」と思考の「抽象線」＝「規定作用」との《差異》。すなわち暗闇／光、存在／思考、ピュシス／ノモス、強度／理念の分裂。それが、「思考のなかに思考することを産出する」最も根源的な思考であり、思考を「生殖」することである。ドゥルーズはここで、思考できないという事態こそが、思考に値する思考であるとしながら、思考がその崩壊をくぐり抜けつつ、おのれの誕生に賭ける原初的な光景を、すなわち思考の死と生が入り混じり交錯する臨界の光景を、上演（ないし再演）してみせる。シェリングとともに参照軸となっているのは、言うまでもなくアルトーである。ドゥルーズにとって、他の誰でもなくアルトーこそ、思考の問題を最もラディカルに思考した者であり、彼に対するそうした評価は『差異と反復』から『批評と臨床』まで、決して揺るがなかった。「悟性自身の基盤はそれゆえ狂気である」と述べたシェリングと同様に[36]、思考の真理を狂気のうちに見出したフーコーと同様に、ドゥルーズもまた、思考の崩壊のなかに思考の真理を見出した。「はじめに分裂症ありき」[37]。どのようなかたちであれ、根源的な思考が現出するとき、新たに思考の誕生を再演し、「マイム」しているのでなければならない[38]。思考するとはきわめて稀な事態であり、滅多に発動しない。しかもそれは、思考が他処に行くこと、他処から来ること、底無しの錯乱と踵を接するものであることを意味してもいるだろう。ある意味で、あらゆる出来事は、この根源的な出来事、出来事の世界じたいを切り分け差異化する出来事を反復しているが、しかし、そうした差異そのものは忘却されてもいる。この原初的な場面は、時系列上には決して登場することなく、時系列を裁断するようにして、どの時点に対しても垂直的に介入する、思考の再誕生の場面にほかならない。そしてこの分割により、一方の暗闇＝欲動＝無底＝質料と、他方の光＝思考＝分開＝抽象線とのあいだには、文字どおり亀裂が走り、弁別作用じたいが弁別され、それらは亀裂によって結びつくことになる。つまり、根源的な不一致による関係がそこに生じるのだ。根源的な亀裂は、欲動と思考、深層＝物体と表層＝意味を、発散する不調和なものとして同時発生させるのであり、もはや一方を他方に還元することは決してできない。

　この不調和から生じるのが、欲動が、おのれのうちから発生した思考を貪欲に咥え込み嚥下してしまう危険であり、意味以下の低次の混沌へと思考がふたたび落下し、暗黒が凱歌をあげる臨界状態である。こうしたシェリング的な混沌たる物体＝無底と出来事＝意味との不調和を徹底的に推し進め、そこに精緻な区別をもたらしたのが『意味の論理学』にほかならない。そこでは「表層ほど脆弱なものはない」と言われる。[39] 深層の物体の混沌から表層の意味が出来事として閃き、深層＝物体からおのれを差異化し弁別するのだが、混沌を打ち消すことはできず、たえず背後に狂気の影、いや狂気とさえ言えない彼岸の影が貼り付くのだ。出来事＝意味の表層は、それに咥え込まれ、いつふたたび混沌に沈み込んでもおかしくない（「下意味」）。かくなる表層崩壊においてはもはや、通常の意味での言語活動は可能ではない。とはいえドゥルーズの叙述によれば、アルトーが生きたのは、たんなる死ではない。というのも、もし純然たる死となれば、もはや何も語れないはずである。帰還者アルトーが遂行したのは、日常的な言語活動の崩壊と純然たる死とのあいだで、新たな言語、他様なる言語、強度的な言語を誕生させることであった。[40] つまり、アルトーの表現を借りていうなら、言語の「自殺」である。この言語体験は、『意味の論理学』において、キャロル的な出来事の倒錯的な論理とはまったく異なる極を形成することとなる（『意味の論理学』「第一三セリー　分裂症者と少女」）。というのも、アルトーは、まさしく思考が崩壊する暗闇のなかから、ふたたび表層に浮上することなしに、言語を創出するとされるからだ。すなわち、表層と深層のあいだに、表層の言語とは別の言語的な境位を創出すること。「表層の切れ目」と対置される「深層の分裂」と、それにもとづく「語－息、語－叫びの創設[41]」がある。

ここまでの議論をいったん整理しておこう。『人間的自由の本質』においては、神の実存に先行する暗黒の暗き底に、原初的分裂＝差異が起こり、「光」が誕生する。そして、そのことによって闇と光というふたつの原理に分かれる。繰り返しになるがこの際、無底の暗黒と、光の誕生以後の暗闇は別の価値を帯びる。第一の暗黒は何ものによっても相対化されていない絶対的な闇であり、第二の暗闇はあくまで光との対比のなかにある相対的な闇である。さて、闇からの光の分裂によって、ふたつの根源的な原理同士の争いが設定される。シェリングにとって、このふたつの能力、ふたつの原理が、汎神論的な神を構成するものであり、換言するなら、このふたつの原理の相剋は神的原理同士の争いをなしていた。原初的な暗黒＝欲動の混沌は、神以前の神ならざるものであり、そこにやってくる稲妻＝思考はいわば神ならざるものが、神へと生成する過程を開始させるものである。だが、この思考の稲妻の到来だけでは神は誕生することがない。シェリングにとっては闇と光、欲動と思考、意志と悟性というふたつの原理を調和的に結合させる「愛」によって、はじめて神が誕生する。そしてこの誕生にともない、諸力の渦をうちに折り畳む「種子」――ドゥルーズ的にいうなら「卵」――が分化する過程が開始され、形態を持つ個物たちからなる世界が創出されるのである。つまり、根源的な分裂こそが、個体発生の条件を整備するのだ。

こうした議論は、哲学の伝統的な形式を踏襲したものだとも言えよう。すなわち、存在と思考、身体と精神というふたつの分断された領域を設定したうえで、その両者をいかにして調和させ、結合させるのか、という議論である。伝統的には、両者を調停する役割を担うのがまさしく「神」であった（あるいは、その代わりとなる予定調和や合目的性）。だが、とりわけ一八世紀末以降、「神の死」が少しずつ滲み出て、広がるようになってからというもの、連綿と問われてきたのは、こうした調和機能そのものが衰弱し、ついには失われた世界において、いかにして分裂したもの同士の「対話」を行うかということであった。ヘーゲルの弁証法もまたそうした営みのひとつだろう。[42] シェリングにおいて特徴的なのは、そもそも分裂しているのが、神を構成する原理そのものであり、その調停のために神に依拠することが、端緒から原理的に不可能だという点にある。語られているのは、神の構成に先行する審級である。それゆえシェリング的論理のなかから決して排除できないのが、ふたつの神的原理の不調和の可能性、すなわち愛の破綻をとおした神の解体としての「悪」であった。それは、思考がもたらす統一化作用（欲動同士がぶつかりあって、破壊しあわないようにするとともに、個体が内側から崩壊してゆかないようにする「絆」）を裏切って、様々な欲動が衝突しあいながら、個体化の力能が発動することである。それにより、統一性をうちに宿す種子から出発して個体化されるはずの世界のなかで、たえず「絆」を断ち切る分裂の萌芽が持ち込まれることになる。シェリングにおいてこの分裂は、「病」の譬喩で語られる。[43]たとえば、身体全体の秩序を等閑視して、ある特定の部位が自己を発現させたり、その機能を停止させたり、あるいは特定の部位のみが畸形的に成長したり、その成長を停止したりすることで、身体全体の秩序が攪乱され、極端な場合には死に到るというような事例である。生が有機体の分節にかかわらず発動し、それを破壊的に超過するかたちで稼働するのである。シェリングにおいて、これは一種の「全体」批判をなしている。すなわち、個（「器官」）は全体（「有機体」）に還元されてしまうことはなく、また、根拠律に還元されてしまうこともない持ち分、すなわち「自由」を有するということである。スピノザ的語彙で言うなら、シェリングが擁護しようとしていたのは、実体に還元されない個々の様態の本質の肯定である。[44]それゆえ「悪」は、実在性の欠如というしかたで消極的に定義されることはない。シェリングにおいて「悪の根底」は、暗き底の意志であり、もっと言うなら「自然の含む最高の積極的なるもの」なのである。[45]それゆえ「病」は、有機体から区別される身体の「自由を顕わに証明している[46]」ことになる。暗黒から割って出る差異の閃きという根源的なものは、調和ではなく、むしろ悪において現出する。たとえそれが既存の秩序や調和に走る亀裂だとしても。これはつまり統一した全体性をなしているように見える有機体、組織、世界、自然が、その内側からいつでも異なる分節を行い、おのれ自身のアナーキーな無底性をあらわに露呈するということであり、それまで穏便さが蔓延していた圏域に、ふいに亀裂が走るということであり、有機的全体から割って出る身体＝団体が形成されうるということである。「病」とは闇と光、存在と思考、産出力能と分節力能というふたつの原理が、分裂と不調和をはらみつつ、しかしともに作動するというありようを示す一種の関係概念であり、不調和においてなお、たがいに衝突しあう原理が機能する様子を描出している。これに対し、愛や善は調和的な関係概念である。そしてもっと言うなら、この不調和と調和のあいだで、不調和が起こるのである。病と愛のあいだ、悪魔と神のあいだで、双方がたがいにねじれ絡み合う。シェリングの述べるように、「神的な諸力が、あまねく出現する魔神的な諸力に対抗し、鎮和せしめる統一が、諸力の分割に対抗して働く」[47]。闇と光、欲動と思考の二原理の調和を、根本的に決してつくりだすことができないのに加え、調和と不調和のあいだの調和も決してつくりだすことができない。『意味の論理学』が語るのは、まさしくそうした事態なのである。

ところで不調和という関係概念を言い換えるなら、つまり《自然》は、衝突しあう調和なき諸欲動をうちに宿しつつ生成するということであり、それはもとを辿れば、暗黒を構成する質料－力能の混沌じたいに内在する差異＝分裂に加え、暗闇／光、存在／思考とのあいだの原理上の不調和に端を発する。いずれの場合も、質料－力能（物質性）じたいを、統一性のもとに包摂できないという点では共通している。ライプニッツとちがって、ここには神の諸能力のあいだに調和的な関係は存在しない。実存の力能と思考の力能とのあいだには亀裂が走っているのであり、それを調停してくれるものは、原理的にいってももはや何も存在せず、また存在しえない。穏便な並行論はもう成立しない。そして諸能力の順序もライプニッツとはちがって、力能（暗き底）が第一に、知性（光の分開）が第二に来るのであり、第一の力能の水準には、いかなる意味での道徳的制約もない。少なくとも『人間的自由の本質』において、それに先行する原理が一切存在しないからだ。思考以前に、道徳以前に、意志以前に無原理的に発動している質料‐力能が、こうして取り出されることになろう。

では、ドゥルーズの体系は、どうなっているのだろうか。「世界の開始であるこれらの火の命令、これらの問い」[48]を審問し、「起源」を「差異」[49]に見出すドゥルーズの議論もまた、シェリングのように個体化による世界の発生の条件を問うものだが、ドゥルーズのいうカオスモスは、不共可能なものたちの共存を、したがって最高強度の不調和の遍在を、世界展開の根本原理とする体系である。彼がしばしば「畸形＝怪物」にふれるのも、そのためだろう。ただし彼は、道徳性を喚起する「悪」よりむしろ、もっとシンプルに、「分裂」、「分断」、「発散」といった用語を好むだろう。あるいは、ドゥルーズはときに「悪魔（デーモン）」「悪魔的（デモニアック）」という語を用いるのだから、シェリングの言葉を借りて、「汎神論（パンテイスム）」ならぬ「パンデモニスム」[50]と呼んでもよいかもしれない。すなわち、このひとつの世界のなかには、「ひとつ」であることのなかに根本的な亀裂を走らせる要因が、いたるところに設置されているということである。世界の半身は無底であり、輪郭をもつ形態や組織のかたわらで、それはつねに息をひそめている。それゆえこのひとつの世界は、偶然的にではなく本質的に分裂的で畸形的なのであり、おそらく彼にとって、分裂の充満と共可能性に背く同盟のほうが、物質のアナーキーな振舞いとそこにきざす思考の眼のほうが、宇宙的な生の健康を示している。分裂や不調和はもはや規範に対する例外としてはあらわれない。別のしかたで言うなら、亀裂の線、水漏れの線、「逃走線は第一」のものであり、有機体や有機的秩序はあとからやって来る——「生物学的」な意味においても、「集団的かつ政治的」な意味においても。[51]ドゥルーズにとって、（集団、団体も含む）身体の産出、諸個体の分化があるとするなら、それは、分裂や亀裂や水漏れを必然的にはらみ、有機的で調和的な全体化を破る畸形性を展開させうるかたちでしかなされないだろう。個体化のプロセスは、個体化されたものの統一性や、分化した種を越境する要素を、個体のなかに置き入れることなしには決して作動しない。知性の世界、思考の世界、出来事の世界は、ライプニッツとは別の意味で、分裂－共存の理念によって駆動しているのだ。

シェリングにおける暗闇＝欲動／光＝言葉のあいだの根源的分裂、つまり、光＝言葉の誕生に先行する「／」の稲妻の効果を高く評価し、これを、ラカンの現実界／象徴界の分裂（そして象徴界の包皮を食い破って侵入する現実界）と並行的に論じるジジェクが、ドゥルーズの著作のなかでもとりわけ『意味の論理学』を特権視するのは、この著作においてこそ、渦巻く事物の深層と、裁断する意味＝出来事の表層との分裂が、最も際立って見られるからだろう。[52]『意味の論理学』において、「言語活動の出来」と呼ばれるもの、すなわち個々のパロールではなく、言語活動という領野そのもの、「表層」そのものを可能にする出来事は、あらゆる出来事のなかの出来事、あらゆる分離のなかの分離、あらゆる切断のなかの切断とされる。おそらくドゥルーズにおいて、複数形の「あらゆる」出来事と、そうした出来事の世界そのものを可能にする出来事――この出来事は一回限りで終わるのではなく、言語の使用をとおしてたえず反復され、たえずかたちを変える――とのあいだには、たとえそれらが交錯しあうとしても、精妙な区別がなされているのだ。彼は、次のように述べている。「人称も、現在も、声の多様性も持たない、未規定の不定形という形態において、《動詞＝言葉》は言語活動の一義性なのである。たとえば、詩的創作（ポエジー）そのもののように。言語活動においてあらゆる出来事をたったひとつの出来事のうちで表現する不定法の動詞は、言語活動の出来（l'événement du langage）を表現する。この言語活動じたいがまさしく唯一的な出来事であり、それが言語活動を可能にするものといまや一体化するのである[53]」。

ここで問題になっているのはドゥルーズが、「静的発生」との対比で、「動的発生[54]」と呼ぶものである。すなわち、表層的な意味＝出来事の世界を所与として想定したうえで、そこから事物ないしは命題のなかでの現働化を考える「静的発生」ではなく、物体／言語活動を区別する「／」そのものが閃くことで、物体世界とは区別される言語活動と意味の世界を分離し、開設することである。換言するなら、動的発生とは、物体からの表層それじたいの発生を問うことであり、「イデアの起源[55]」を、すなわち、思考の起源にある《差異》を問うことであり、暗黒からの出来事そのものの出来を問うことである。「イデア」は、与えられてあるのではない。そうではなく、イデアの前に差異、分裂があるのであり、「イデア」そのものが発生の対象として考えられているのである。出来事は、生成変化という分裂によって不共可能的な世界へと発散してゆくものであったが、ここで問われているのは、当の出来事じたいの出来である。「言語活動を可能にするもの」と、それによって可能になった「言語活動」が混ざりあうのはなぜかといえば、無底／思考を分割する「／」と、それによって切り分けられる「思考」においてはたらいているのは、いずれも分離、分開、分節、すなわち差異であると考えられているからだろう。すなわち、言葉そのものを物体から切り分ける差異化と、そうして出現した言葉において駆動する差異化は、水準こそちがうにしても、差異にほかならないということだ[56]。「境界‐線」とは「唯一の同じ非物体的な力能」であり、「言語活動に複数の次元があろうとも、言語活動そのものにはひとつの力能しかない」とドゥルーズは言う。[57] そうだとするなら、個々の言語活動がそれぞれ、言語活動全体を可能にする作用を、言語活動の再誕生を、つまり出来事の世界の再誕生を、部分的に反復していることになるだろう。

だが、ここから言語活動の創設をめぐるパラドクスが浮かびあがってくる。すなわち、言葉＝分節作用が可能になる前に、言葉＝分節作用が行使されねばならないのである——まさしく、言葉＝分節作用を可能にするために。「言語活動の出来」をもたらすこの言葉＝分節作用が、先の引用にあるように「言語活動においてあらゆる出来事をたったひとつの出来事のうちで表現する」ことになるとして、しかしそれは同時に、不可能な言葉でもあるはずなのだ。こうした言葉は、言葉の可能性が与えられる以前に行使される言葉という意味で、決して可能性の領域には位置づけることができない絶対的な先行性を帯びている。ドゥルーズの言語論の大きな課題のひとつは、この不可能な言葉を、言語の歴史的な起源として措定することではなく、いまここにおける言葉の根源の問題としてとらえることにあるように思われる。すなわち、たとえ吃っていたとしても、よろめくものだったとしても、いまだ分節言語として成立していない声だったとしても、先行する可能性を与えられていない言葉をいまここで反復し再演することであり、先行する分節のないところに分節をもたらす萌芽となる差異を開きなおすことである。それこそが、「マイナー文学」の課題であった。『カフカ』におけるきわめて重要な主題は、表現の先行性であった。[58] 理性的に分節された声など存在しないと見なされた場所で、不在とされた声、判明でないとされてきた声を切り出し、その声を、いまはまだ離散してかたちをなしてしない者たちにかかわる言葉とすること、すなわち「不在の人民」の創出にかかわる言葉とすることである。分散した人々を、集団として個体化しはじめるような光＝差異を導入することと言ってもよい。「ひとつの叫び声は、その叫びの相手となり、証人となる集団と無関係だとしたら、いったい何であろう」[59]。「ドイツ語は逃走線にそって走りはじめる。絶食によって満たされる。プラハのドイツ語から、それが隠そうとしているあらゆる低開発の部分がもぎとられ、このドイツ語は叫びをあげるが、その叫びはじつに簡潔で厳密である。そこから犬の吠え声、猿の咳、コガネムシの羽音が抽出される。叫びの構文法（サンタクス）が生まれ、この枯渇したドイツ語の硬直した構文法と結合される。〔……〕ゆるやかに、徐々に、言語を砂漠へと連れ出すこと。叫ぶために構文法をもちいること、叫びに構文法を与えること」[60]。「低開発」は不均等発展をめぐる用語であることに注意しておこう。表現の先行性とは、その存在やその表現の条件が欠けているマイノリティの人々、そうした条件をつねに毀損され棄却されている人々が、社会のなかでおのれの存在を切り出し、自己構成しはじめることに先立って発せられる叫びにも似た言葉、というより叫びそのものだろう。その叫びに「構文法（サンタクス）」を与えねばならないというのである。当然ながら、既成の構文法に叫びを嵌め込むのではなく、叫びにふさわしい亀裂の走る構文法ということになるだろう。それは、以前と同じようには、事態を知覚できなくするような、出来事としての言葉でもあるにちがいない。そのような政治的な声は、ドゥルーズにおいて、言語の発生論と結びつけられている。言語の死、言語が殺されてきた場をくぐり抜けながら、マイノリティの言葉を新たに獲得するようなそうした言語使用は、まさに言語の政治においてこそ尖鋭なかたちであらわれる。ドゥルーズにとって芸術は、そうしたマイナー言語の創出に貢献するものである。それゆえこうした基準に照らすなら、『批評と臨床』の厳格な診断にあるように、巷間で「文学」と呼ばれるほとんどの作品は、彼にとって文学ではないのである。[61]

ここでひとまずドゥルーズにおける出来事＝意味をめぐる議論を整理しておこう。ドゥルーズの思想には、出来事をめぐる三つの相が存在しているように思われる。

第一に、出来事の世界じたいを設営する出来事「／」であり、それは、物質の世界から、言語活動の世界を切り分けることによって、非物体的で理念的な出来事の領野を開く。これをドゥルーズは、「線」と呼ぶ（「境界－線」、「抽象線」など）。

第二に、こうして開かれる非物体的な領域のなかに現出する個々の出来事がある。そのなかでもとりわけ、「ルビコン河を渡る」と「ルビコン河を渡らない」をひとつの出来事ととらえ、その両方の系列に一挙に発散、分岐しながら（「生成変化」）、しかし、固有の意味ではそのいずれでもない不定法の動詞の相で表現される出来事がある（出来事A）。ドゥルーズはこれを、「点」と呼ぶ（ないしは、「対象＝x」や、「パラドクサルな要素」や、「脱中心化された点」など）。こうした出来事同士は、おのれの自己同一性を解体しながら相互に「交流」し、たがいをたがいの分身と化しながら、たえず変身している（バフォメットの原理）。この出来事「／」と、出来事Aこそ、ドゥルーズが「出来事のあの沈黙し闇に包まれた持ち分」という表現で指し示そうとしているものだろう。

第三に、この不定法の動詞（出来事A）が、人称、時制、態などに応じて活用するようにして、各系列の具体的な枠組、具体的な状況や場に組み込まれ、変容していった出来事Bの相である。この出来事Bの相において、「ルビコン河を渡る」はそれだけでひとつの出来事となるが、「反－実現」と呼ばれるプロセスを経て、それはふたたび出来事Aの多方向性の同時共存へと差し戻され、歴史の別の場、不共可能的な別の系列との共存を回復するだろう。ドゥルーズは、抽象線が切り出す非物体的な世界のなかで、諸々の出来事Aから生成変化によって分岐する無数の出来事Bたちがたがいに交流し犇めく場を「表層＝表面」と呼ぶ。

　したがってこの三つの相すべてをあわせた出来事のシステムは、ドゥルーズが述べているように、線、点、面を含むことになるだろう。「かくして言語活動の組織化全体は、形而上学的ないし超越論的な表層、非物体的な抽象線、脱中心化された点という三つの形象を呈示することになる」[62]。付記しておくなら、ドゥルーズの「線」、「点」、「面」の用語区分はしばしば混濁し入り混じる。したがって重要なのは、語彙そのものに拘泥することなく、三つの相を論理的に腑分けすることである。ただし、このように語彙が混濁するということにもおそらく理由があって、それはなぜかといえば、結局のところこうした区分は、ひとつの出来事が示す三つの相にほかならず、出来事を数的に区別される三つの存在者に分かつものではないからである。つまり同じひとつの出来事は、同時にこの三つの相へと分岐し、そのすべてを同時に駆け抜けてゆくのであり、それゆえ、どの出来事Bも、出来事の世界を創設する「／」を反復しながら、同時に、出来事Aを反復しているのであり、また、どの出来事Aも、唯一の出来事「／」も、出来事Bにおいて反復されるのである。

## 第二節　愛の病――ドゥルーズ的な神の発生と崩壊

シェリング的図式において光そのものを出来させる根源的な《分裂》、《差異》は、思考＝言語活動に先行する無底の質料の混沌のなかから生じるとされる。このことが意味しているのは、観念論に対して実在論を優先させ、存在から議論を始めるということであり、出発点は非物体的な精神、思考ではなく、あくまで存在にあるということである。相争うふたつの神的原理のうち、真に根底にあるのは、悟性に先立つ質料の産出力能であり、意識なき欲動（ドゥルーズが「死の本能」と呼ぶもの）であって、その欲動の世界に、稲妻（「／」）が閃き、暗闇／光の分割が生じる。つまり暗き底の欲動は、おのれ自身を引き裂くものとして、稲妻をみずから産出するのであり、しかもこの稲妻は暗闇から生まれた結果＝効果であるにもかかわらず、原因たる暗闇に決して還元されない。ひとたび生まれた光は自律的なものとして、暗闇に対峙し、神的原理同士の争いを起こすのだ。光に闇を還元できないのと同様に、闇に光を還元することもできない。かくして、はじめに渦巻く底無しの混沌が設定されるのだが、[1] しかしそれが分裂してふたつの原理となるなら、そのあいだの齟齬は根本的なものとなり、ふたつの原理をへだてる深淵は底無しであり、根本的に調和させることができない。『人間的自由の本質』の名高い文言によるなら、「我々が現在眺めているごとき世界のうちでは、すべては規則、秩序、形式なのであるが、しかもなお根底にはいつも無規則なるものが存していて、あたかもいつか再び突発してきうるかのごとくであり、どこを見ても秩序や形式が根源的のものであるとは見えず、元初に無規則であったものが秩序をつけられたのであるかのごとく思われる。これが万物において実在性の不可解なる基底をなすものであり、決して割り切れぬ剰余であり、最大の努力を以ってしても分解して悟性とすることができずして永遠に根底に残るものである。この悟性なきものから、本来の意味で悟性は産まれたのである。この先行する暗黒なしには諸々の被造物の実在性も存しない」。[2]

シェリングによるなら、あらゆる所与の存在者の基底には、決して悟性（知性）では把握しきれない、引き裂かれ分裂する欲動の無秩序があり、それゆえ自我や社会や世界における安定的な一切の「規則、秩序、形式」は、あくまで二次的なものにとどまる。どのような秩序であれ、あらかじめ与えられているものなどなく（「どこを見ても秩序や形式が根源的のものであるとは見え」ない）、あらゆる秩序はその根底において亀裂の走る分裂的なものだったのであり、すべての秩序は、この無底性との関係に置かれるなら、ラディカルな変形（形相横断）へと、また脱形相化へと開かれうる。どのような秩序が与えられるにせよ、この「決して割り切れぬ剰余」を消去しきることはできない。これこそシェリングが、産出するアナーキーな欲動を、「先行する暗黒」として第一原理に据えたことの意味であり、シェリングが非合理的なものを優位に置くと言われるゆえんである。では、ドゥルーズ自身はどのように論議を進めるのか。その点を見るために、シェリングの暗闇／光の分割を、ドゥルーズの語彙に翻訳しつつ、もう一度、『差異と反復』と『意味の論理学』におけるドゥルーズの体系を振り返っておくことにしよう[3]。

暗闇＝無底は、『差異と反復』において「強度」と呼ばれるもの、すなわち、個体として展開される以前に、分化のエネルギーをうちに折り畳んで保持している質料＝物質（「卵」の細胞質）に対応するだろう。シェリングは「種子」を例として引いていたが、ドゥルーズが頻繁にもちいる例は、個体へと分化する前の「卵」である。彼はそれを、一種の宇宙卵と見立てているわけだが、いずれにせよ両者とも、形態が未分化のもの、個体以前のものから出発する分化と個体化を思考しており、また特権的な事例が生物学的なものになるという点も同様である。そしてドゥルーズが、いまだ分化を開始していない潜在的なもの、個体としての形態が襞としてうちに折り畳まれたものを、「内包的(implicite)」と呼ぶのに対し、すでに個体として分化した現働的なもの、襞を外に向けて折り広げ、形態として展開したものを、「外延的(explicite)」と呼ぶのも、シェリングの語彙と共通する。[4]『意味の論理学』では、荒れ騒ぐ諸身体＝物体が、相互浸透し混淆する状態として位置づけられ、「火山」、「深層」、「騒々しい身体の奥底」などと呼ばれる。いずれにせよ強度は、産出された個体(二次的自然)ではなく、個体を産出する生殖的なポテンシャルとしての能産的な自然の物質性を指しており、本源的で一次的な《自然＝機械》である。[5]

これに対して稲妻、光、抽象線としての思考は、すでに述べたように非物体的な出来事と生成変化の体系、発散する不共可能的な諸方向が共存するイデア的な表層に対応する。これについて、ドゥルーズは、「卵」のなかの遺伝子、すなわち遺伝情報を担う核酸の例を挙げる(「闇夜に等しい稲妻、塩基に等しい酸(核酸)」)。[6]一方の強度は感性の対象であり、他方の理念は思考の対象であって、そして、このふたつ、すなわち個体化してゆく強度的質料と、分化を方向づける理念とが結合することになる。「細胞核と遺伝子が指し示すのは、差異化＝微分化した質料、すなわち、現働化されるべき前個体的領野を構成する差異的＝微分的関係のみである。しかし、それらの現働化は、勾配と個体化の場とを伴う細胞質によってはじめて決定されるのだ」[7]。細胞核の遺伝情報と細胞質の強度的な物質、あるいは微分的関係という理念と個体未満の素材との結合によって、個体化－現働化のシステムが準備され、肉体を具えた個体と具体化された思考が誕生する——これが、ドゥルーズのシステム論の基本的骨格であり、それはいわば、存在発生へと向かう超越論的な生殖論と呼びうるものを形成している。

| 暗闇－欲動 | 光－思考 |
|---|---|
| 無底－深層 | 抽象線－表層 |
| 感性 | 思考 |
| 強度－質料－物体－力能 | 出来事－理念－非物体 |
| 身体の混沌 | 理念のカオスモス |

こうした点を踏まえたうえで、暗闇－深層／光－表層とのあいだの分裂の発生（「／」）、すなわち、イデアの誕生、非物体的な出来事の世界の発生が、ドゥルーズにおいてどのように叙述されるのかを手短に辿り直してみよう。ドゥルーズは、シェリングと同様、実在論の先行性にもとづいて、存在から、すなわち、無底、物体、強度、感性から議論をはじめる。観念論、つまり理念（イデア）の世界、出来事の世界は、物体の世界たる深層－無底から発してくるとされるのであり――「すべてがそこに由来する絶対的起源（深層）」[8]――、こうして『意味の論理学』では、物体が「原因」の秩序を構成するのに対し、非物体的な出来事は「結果＝効果」の秩序をなすと言われる。非物体的な表層のイデア＝出来事は産出されるのである[9]。それが意味するのはつまり、イデア＝出来事が時系列の外にある永遠的なもの（「永遠真理」）とさえ言われながら、しかし、特殊なある紐帯によって物体＝身体の秩序とつながっているということである。そしてこのマテリアルな水準とのつながりが、イデア界そのものを書き換える動きを顕出させることになるだろう。すなわち、イデアを考える際にも、物質的なものから開始するという唯物論の基本原則が作動しているのである。また『差異と反復』においても、能力論的な語彙をもちいながら、感性－強度の先行性という同様の順序が表明される。「まさに、思考されるべきものへと導く道のうえでは、すべてが感性から出発する。**強度的なものから思考へと向かいながら、つねにひとつの強度によって、思考が我々に到来するのである。起源としての**

感性の特権〔……〕」[10]。

　かくして根源的な《思考》は、存在、ないしは強度、無底の側からやって来るわけだが、そこで鍵となるのは、強度的な物質から誕生する出来事‐思考は、決して物質の秩序には還元できないという点にある。非物体的なものは、理念として物体の世界から独立した実在性を保有するようになることで、物体ならぬものとして、物体の表面上にいわば影のように折り重ねられる。つまり、根源的な《差異》の稲妻——「思考がそれから出発して思考するようになる当の《差異》」——によって、物体とは本性を異にする非物体的な出来事の世界が、物体の世界から区別され、あくまで物体の世界に還元しえぬものとして出てくるのである。そして、その還元しえぬ非物体的な出来事の世界が、今度は表面的‐表層的なしかたで、物体同士の分開や分節の原理としてかかわってゆく。この稲妻‐思考と、それによって発生する光‐知性（悟性）とのあいだには、暗黒と暗闇のちがいに相当する位相のちがいがあるだろう（スピノザ的にいうなら能産的自然と所産的自然のちがい）。『意味の論理学』の用語で言うなら、稲妻‐思考は、第一次秩序（物体の混沌）から第二次組織（表層の発生）への移行にかかわり、光‐知性は、第二次組織（発生した表層）と第三次配列（指示、表出、意義などへと分化し、分節言語として組織されるもの）の双方にかかわるものである。光が暗闇／光のペアのなかにその片割れとして位置づけられるのに対し、稲妻（分節作用そのもの）は、このペアを発生させながらも、みずからは厚みのない不可視の線だからだ。

　先ほど出来事の三つの相を区分けしたが、出来事の世界は、物体が渦巻く強度的な深層と、出来事が現働化され具体化された存在者とに挟まれているので、その点を補うと、ドゥルーズの体系は以下の要素から成り立っていることになるだろう。1．強度＝深層の混沌、2．出来事「／」、3．出来事A（分裂－共存）、4．出来事B（多方向＝多意味化）、5．強度と出来事の結合による個体発生の場の形成（個体化－分化）、6．具体的な個体構成プロセス。これらの要素が、複雑に絡み合うのが、『差異と反復』の時期におけるドゥルーズの体系の特徴であり、1が産出力を帯びる物質性（暗黒）、2、3、4が意味＝出来事（稲妻、光）、5がそれらの結合（暗闇－光）によって成立する個体発生システム、そして6がそこから産出されるアクチュアルな実存の構成である。したがって、能力論的に言うなら、ドゥルーズのシステム――とりわけ『差異と反復』のシステム――は、力能（強度）と思考（理念）が、組み合わさることによって成立していることになる。そして「意志」は「力能」と一体化し、「力能の意志（volonté de puissance）」となるだろう。すなわち、質料と理念を、概念（カテゴリー）の媒介なしに結合させることがドゥルーズの体系の特徴をなしているのである。[11]

ところで、ここでシェリングの原理を思い起こすなら、シェリングにおいては、ふたつの原理同士の調和的な結合が「愛」であり、それにより神の構成が完成される。つまり、スピノザの神即自然が、産出力能と思考力能というふたつの力能によって構成されるのと同様に、シェリングの神は、実在的な欲動（産出力）と観念的な思考（分開力）というふたつの原理の結合によって構成される。ドゥルーズは、『差異と反復』と同年に発表された『スピノザと表現の問題』において、スピノザとシェリングを照らし合わせながら、次のように述べている。「神、すなわち、絶対的な無限者は、ふたつの同等な力能、すなわち実存し活動する力能と、思考し認識する力能とを有している。ベルクソン的な語彙を援用してもよいなら、絶対者はふたつの「側面」、ふたつの半身を持っているのだ。絶対者がこのようにふたつの力能を有するならば、それは自己において、そして自己によってであり、これらふたつの力能を根源的な統一のうちに包含することによってである。〔……〕ふたつの力能はそれゆえ、相対的なものを一切持たない。これらは、絶対者のふたつの半身であり、絶対者のふたつの次元であり、絶対者のふたつの力能である。シェリングが、神の力能としての実在的なものと観念的なものとを包括する$A^3$という記号によって、神を表象しながら絶対者の理論を展開するとき、彼はスピノザ主義者なのである」[12]。

これに対し、おそらくスピノザ主義的でないシェリングも存在する[13]。それは神的なふたつの原理の並行が崩れ、不調和に陥る「悪」を彼が語るときである。神の構成に先行する暗闇の無底は、それだけでは神ならぬものであり、神の構成以後においても神のうちなる他者でありつづける。シェリング自身が、「神のうちにおいて神自身ではないもの」、「神自身に属しながらしかも神と異なるごとき或る自然」と呼ぶものだが、それはいわば神的な無意識であり、神の統一に対する脅威でありつづけるにちがいない[14]。諸力を裁断し、腑分けし、関係を調整し、個体を統一化する思考の原理を裏切るかたちで、荒れ騒ぐ原初の欲動が活動しはじめ、スピノザ的な神の「根源的な統一」、そして並行論を乱すかたちで、神的な無意識の欲動が発動する契機である。実存し活動する力能と、思考し認識する力能とのあいだの不調和による関係であり、並行論の乱流化である。それがもたらす帰結こそ、「病」の発生にほかならないが、ただし、神的な病、すなわち《自然》を構成する原理そのものにおける不調和である。かくして、汎神論的な能産的自然＝神をつくりあげていた闇と光が不調和に分裂することで、産出される世界じたいに、原理レベルで不調和が生ずることになるだろう。このとき分かたれるのは、存在と思考というふたつの能力が調和的に並行する体系（スピノザ）と、これらが不調和になり、自己崩壊をはらむ《自然＝機械》が前景化する体系（シェリング）である。後者は通常であればスピノザの神には生じない事態であり、スピノザの《神》＝《実体》の概念はまさにこの分裂を妨げ、そこに統一をもたらす役割を果たしている。[15] それに対してシェリングは、神の構成を問うことによって、神のうちにいまだ神とはならぬものの残存を見出すのであり、その痕跡は、神が構成されてからも抹消されぬまま残存しつづける。

　では、ドゥルーズの体系は、どうなっているか。『差異と反復』や『意味の論理学』におけるドゥルーズの哲学体系は、強度（存在）と出来事（思考）というふたつの原理を結合させるという意味で、大枠からするならスピノザやシェリングにおける「神」の構成と、同じ構造を持っている。とくに『差異と反復』の第四章（理念－思考）と第五章（強度－存在）は、この構成そのものによって、存在と思考とを結合するシステムの構築をとおした、スピノザ的な神の構成に当てられていると言ってよいだろう（属性による構成ではなく、力能による構成）。つまり『差異と反復』は、汎神論的な神をきわめて体系的につくりあげてゆくのだ。そしてこの汎神論は、自我、世界、神という伝統的な形而上学の三対でいうなら、自我でも神でもなく、世界＝自然を中心にした体系であろう。その関連で、自我と神も再定義され、溶解した自我や、悪魔などと言われるようになる。『差異と反復』の汎神論は、第一義的には神＝自然を構成し、かつ、その神＝自然が個々の存在者を産出することで成立する超越論的発生論である。

　ドゥルーズの汎神論的体系において、「愛」や「悪」はどうなっているか。いくつかの側面が考えられるが、少なくとも『差異と反復』における体系について端的に言うなら、その体系は「愛」に満ちている。というのも、実質的に、強度‐存在の秩序と、理念‐思考の秩序は、たがいに区別されるものの、そのあいだに齟齬や相剋がないために、このふたつの秩序、このふたつの神的原理は、争うことなく調和的に並行するからである。つまり、ドゥルーズは先に定義したような意味での「神」を構成するのである。ただし、ドゥルーズがシェリングとちがうのは、シェリングとは裏腹に、ドゥルーズの体系においては、「愛」によっても「病」になる点である。それはおそらく、無底＝欲動（強度）ではなく、思考（理念）をめぐるちがいに起因する。シェリングのいう悟性の光は、諸力の混沌を分解し解きほぐすことで、たがいに調和的に機能しうるよう諸力をまとめあげ、それらに統一性をもたらす（ないし、当初より備わっていた統一性を取り出す）という、統一化原理の役割を担っている。ドゥルーズの思考＝理念もまた、「諸々の答えが結果的に解の諸事例になるように、探求や問いかけを方向づけ包摂するようなシステムとしての統一的な場の構成[16]」という、統制的理念のような方向づけをある程度担いうるものだが（遺伝子による胚の分化の方向づけ）、しかし同時に、生成変化するドゥルーズ的な出来事の世界は、その方向づけをとおして、共存しえぬものの共存をも方向づけるという機能を担っている。こう言ってよければ、ドゥルーズにおいては統制的な理念そのものが、「統一」から「分裂」ないし「分裂‐共存」へと方向転換しているのである。思考の理念はもはや「統一」ではないし、そうではありえない。この性質のちがいがあるがゆえに、理念と強度は、相互に調和する「愛」に満ちていたとしても——つまり調和的な並行論が成り立っていたとしても——、結果的に「病む」ことが、すなわちディオニュソスのように切り裂かれることが可能である。原理レベルでの愛、帰結レベルでの病。なぜなら、シェリングにおいて統一をもたらしていた思考そのものが、ドゥルーズにおいては統一ばかりでなく、積極的に分裂をあと押しするものとなるからだ。そしてそれこそ、ドゥルーズにおける生の肯定となる（愛による分裂）。こうしてドゥルーズにおいては、神＝自然によって、神＝自然において、分裂が全般化する。ドゥルーズ的な世界、すなわち自然＝神は、ランシエールの言うようにそれじたい分裂させるものである。[17]《一者》とは分裂の別名でしかなく、分裂こそが《一者》の名であるとするなら、「神的なものとはつまり、もっぱら離接のエネルギーの性格」[18]なのであり、「神はもはやいかなる同一性も保証しえない」はずだ。[19]

しかし、なぜ強度と理念、存在と思考のあいだに齟齬がないのか。それは、無底＝強度という起源によって誕生する思考＝理念が、無底の強度そのものに並行するものだからだ。換言するならつまり、ドゥルーズは、個体をつくりだす無限の力に並行しうる、非物体的な思考＝理念の世界をつくることを目論むからである。彼の理念論の特徴とは、無底じたいを理念によって、物体的なもの（存在）を非物体的なもの（思考）によって、深層を表層によって二重化し、裏打ちすることなのである。それゆえ、可能なあらゆる個体化の過程に思考＝出来事が随伴しうるようになるという企図のために、ドゥルーズは、ひとつの出来事があらゆる不共可能的な事態へと発散する際の、そのすべての方向を同時に肯定する生成変化の概念を創出したとも言えるだろう。すなわち、混沌たる無底を、非物体的な出来事の世界たる表層に浮上させることである。それは、物体的な無底＝混沌そのものではなく、物体的な無底＝混沌を理念化し、理念（イデア）じたいをカオスモスに変えること、あるいは、理念（イデア）の世界じたいを、混沌とした底無しの渦巻にすることである。とりわけ『差異と反復』（そして『意味の論理学』の半身）におけるドゥルーズの企図は、無底的な物質の混沌に世界を呑み込ませることでもなければ、無底そのものに活動させることでもない。そうではなく混沌の非物体的な幻影、シミュラクルに語らせることであり、無底＝混沌を理念のカオスモスとして、非物体的な幻影に上演させることなのだ。換言するならこれは、存在のカオスモスと思考のカオスモスの並行論なのだが、この双方がカオスモスであることによって、両者のあいだには逆説的にも、調和的な並行論、齟齬なき同型性が成立する。それによってスピノザ的な自然＝神が構成される。物体の混沌について十全に認識する観念の混沌であり、完全なる混沌の科学である。ある観点からするなら、純然たる混沌すらも認識しきる高次の学、高次の思考と言ってもよいかもしれない。そして、存在の一義性たる永遠回帰は、個体化する強度と理念の世界の双方について等しく語られる。[20] 物体の世界と非物体的な世界のいずれも等しく分裂的であるということによって、逆説的に、ふたつの世界のあいだの分裂は掻き消され、そのあいだの不調和や齟齬が見えなくなるのである。

実在的なカオスモスと並走する理念的なカオスモスをつくりだすことで、物質的な深層の混沌（未規定なもの）を、表層に浮上させるという構図――『人間的自由の本質』で言うなら「物質（闇い原理）であることをやめない」ままに、「光との同一性にまで高揚された物質」[21]――を証示する諸事例を、ドゥルーズのテクストに見出すことは決して困難ではない。『差異と反復』では次の如くである。「根底は、根底であるがままに表層に出てくる、とでも言えそうである」[22]。「いまや表層にあるものとしてのそうした根底」[23]。『意味の論理学』では以下のように言われる。「いまやすべてが表層に再上昇する。それがストア派の操作の成果である。限界なきものが再上昇する。狂気‐生成変化、無限界‐生成変化は、もはや唸りをあげる根底ではなく、事物の表層に上昇して動じないものになる」[24]。「哲学が《無-底》をして語らせ、《無-底》の憤怒、無形態、逆上について神秘的言葉を見出したのは、いつも異常な時期であった。ベーメ、シェリング、ショーペンハウアーの時期である。〔……〕しかし、無形態の底や未分化な深淵をしてその陶酔や怒りの声で語らせても構わないとするなら、超越論哲学と形而上学が押しつける二者択一から出ることもできなくなる。すなわち、人格と個体の外だと何も見分けがつかないだろう……というわけだ。それゆえ、ショーペンハウアーとワグナーから解放されたニーチェが、非人称的で前-個体的な特異性の世界を探検するとき、すなわち、いまや彼がディオニュソス的世界と呼び、拘束されていない自由なエネルギーである力能の意志の世界と呼ぶものを探検するとき、ニーチェの発見は別のところにあるのだ。〔……〕意味を産出するディオニュソス的機械、無-意味と意味とはもはや単純に対立せず、新たな言説においてそれらが相互的に共-現前するディオニュソス的機械[25]」。

こうした点を踏まえたうえで、ここでさらに問いたいのは、深層と表層、物体的なものと非物体的なもの、強度=質料と思考=出来事のあいだの並行関係は、どれほど、両者の根源的な差異、分断を、正面から受け止めているのか、この物体的な混沌と理念的なカオスモスとの並行関係はどこまで維持しうるのかという点である。存在と思考はかくも合致しうるのだろうか。換言するなら、愛による神ではなく、病によって神に走る亀裂であり、それに起因する神の溶解の問題である。物体的な無底（存在）と非物体的な出来事（思考）は、根底的な差異によって引き離されることで、本性の差異によって分離されるようになる。しかしこの分離にもかかわらず、思考が、存在を正確に裏打ちし、二重化しうるのはなぜなのか。「闇に等しい稲妻」とはいかなるものか、そして、「根底は、根底であるがままに表層に出てくる」ことはあるのか、「すべてが表層に再上昇」しうるのか。分岐する個体化の混沌全体を、理念的に思考しうる思考のカオスモスはあるのか。深層と表層、闇と光とは同一の秩序を持つのか。むしろこれらのあいだには、分裂をつうじた結合ではなく、分裂をつうじた分裂があるのではないのか。根源的な差異が意味しているのは、たとえ差異をつうじてであれ、これらのあいだには収束は存在しない、ということではないのか。このふたつは、たがいに別々の形式をまとって、齟齬しつづけるのではないか。身体と思考のあいだに穿たれる深淵を乗り越えることはできるのか。存在と思考との関係というきわめて古典的な形而上学的問題が、こうして回帰してくることになるだろう。スピノザの体系と、シェリングの一方の半身は、深淵に架橋するというものであり（愛の体系）、シェリングの他方の半身は、深淵に架かった橋が崩落するというものである（病の体系）。

## 第三節　『差異と反復』とその後

周知の如く、『差異と反復』は、スピノザについて多くを語らない。同年に『スピノザと表現の問題』を刊行していることを考えると、やや奇異に思われるほど分量的には少ない。だが、著作の構成に目をこらすと、先ほど述べたようにとりわけ第四章の理念論と第五章の強度論によって、スピノザ的な神の構成を辿り直し、スピノザにおける実在的なものと観念的なもの、実存する力能と思考する力能を結合させるドゥルーズの姿が浮かびあがってくるように思われる。すなわち直接的な言及ではなく、『差異と反復』という書物の構成じたいによって、スピノザ的な神の構成が行われているのではないか、ということである。ところで、スピノザにおいて、この結合を担うのが、たったひとつしかないとされる《実体》である。《実体》は、ふたつの力能（実存力能と思考力能）を、おのれの本質とするものであり、ふたつの力能の綜合そのものである。つまり、先ほどの引用にあった「根底が、根底であるがままに表層に出てくる」とは、より広範な言い方をするなら、実在的なものと観念的なものとの関係の問題であり、「実存する力能」（強度－深層）と「思考する力能」（非物体的な出来事－表層）という「力能」のあいだの並行論の問題である。

スピノザにおいて、「思考」による「存在」の十全な認識、完全な並行関係を可能にしているのは（『エチカ』第二部、定理七、系――「神の思考する力能は神の活動する現実的力能に等しい」）、このふたつをとりまとめる単一実体の概念である。ドゥルーズの言うように、並行論的な世界観によるなら、思考の世界と活動の世界のあいだには、それらに共通する「唯一にして同一の秩序」があり、それゆえふたつの世界には「照応」が存在する。「思考のなかと延長のなかには唯一にして同一の秩序があり、身体と精神の唯一にして同一の秩序がある」[1]。そして、それはなぜかといえば、「同一の事物、同一の変容が、思考属性においては精神という様態で産出され、延長属性においては身体という様態で産出される」からにほかならず、どの属性で起こることも同じ秩序を持つからである。[2]思考や延長などの属性同士の差異は、《実体》がそのもとであらわれる「形式」の差異にすぎず、《実体》の統一性そのものに分裂を刻み込むものではない。それゆえ、各属性においてあらわれる諸様態は、たとえ属性がちがっていても、各属性のなかでそれぞれ同一の秩序を有することになる。スピノザ的な神においては、そもそも、思考と存在は同じ実体からなっているのであり、そのあいだに齟齬が生じる余地が根本的に設定されていない。スピノザにおける「悪」は、たがいにうまく適合しあえない様態同士の関係（悪しき出会い）に起因する不和であって、シェリングのように実体を構成する力能の水準における不和ではない。つまりスピノザ的な実体の機能は、存在と思考とがずれてゆくのを封じる役目を果たすこと、思考が存在に合致しないという齟齬の可能性を神的な水準で窮極的に封印すること、存在の展開過程を完璧に裏打ちする思考の可能性を保証することにある。ドゥルーズによるなら、スピノザの「神はおのれを認識する（*seipsum intelligit*）のと同じしかたで、活動し、産出する。神はおのれを必然的に認識しながら、必然的に活動する」。「知性が実体を展開〔説明〕するのではなく、実体の展開こそが、この展開を認識する知性へと必然的に送りかえされる。神は自己を展開し表現するのと同じしかたで、自己を必然的に認識するのだ」[3]。シェリングが問うのは、こうした神の構成過程そのものである。そうした問いかけそのものが、神の実存に先行する審級を問うこととなり、同時に、神の統一性に対する疑義を提出することともなったのである。神そのものが、構成の主体になりきることができず、自己構成において自己の意のままにならぬ剰余を抱える。

スピノザ的な神が有する存在者を産出する無限の力能は、同時に、おのれの無限性じたいの思考（観念）をも産出する。そしてこのとき、産出された思考（観念）はひとつの様態であるにもかかわらず、実体とその諸属性すべてを「表象＝再現前」するという「特権」[4]を享受することになる（そして思考を産出する力能じたいを思考によって表象するという反省作用によって、思考は、思考自身の誕生という、思考にとって最も思考しえぬものを思考するようになり、さらには、思考する思考と、思考される思考のあいだの打ち消しがたい距離が生ずるだろう。この思考の亀裂をめぐる問いについては次章で論じる）。実存する力能と思考する力能とのあいだでの「力能の平等」（認識論的並行論）とは、もっぱら「思考」のみにかかわる力能が、それにもかかわらず、あらゆる属性のあらゆる個体を産出する実存力能と対等であるという、特権的な地位を享受することである。端的に言うなら、思考は、あらゆる属性内で起こるあらゆることを思考しうるということである。これをドゥルーズの語彙に直すなら、出来事＝意味の世界、ないしは理念の世界の特権であり、構造主義的な語彙に直すなら、象徴界の特権となるだろう。「根底は、根底であるがままに表層に出てくる」、そして「すべてが表層に再上昇する」ことは、こうした象徴界の特権性、すなわち、出来事の世界＝象徴界に、無底の混沌を含めたあらゆる事象を登記しうるのでなければならないという要請を指している。そして『意味の論理学』に比べるなら、『差異と反復』においては、この象徴界そのものに裂け目が走る差し迫った脅威の場面、象徴界という世界がまるごと危機に瀕する危機＝臨界の場面は、比重が置かれていない。また理念、象徴界、出来事の世界そのものの発生の問題についても同様である。[5]

現実存在が無数に発生し、成長し、成熟し、腐敗し、滅亡する産出と生成の全過程に十全なしかたで随伴する観念を形成すること、自然が自己展開し分化しその分化がくずおれる過程じたいに内在する分節＝観念を産出すること、存在者の個体性を形成する流動的過程そのものに、非物体的な観念を十全に密着させること、存在と観念を同一秩序にもとづいて同時発生させること――これが唯一の《実体》にもとづく並行論のプロジェクトである。そして窮極的には、思考するのはこの実体＝自然であり、現実存在するのはこの実体＝自然であるがゆえに、思考と存在の一致可能性は、単一実体の水準で保証される。さらに、実体によるこうした思考に、人間による思考が到達しうるか否かという点も問われうるだろう。永遠の認識にどうやって人間が達しうるかという有名な問題である。やや戯画的に単純化して言うなら、スピノザの体系においては、人間はその身体も精神も、実体が変状した様態にほかならず、実体＝自然が人間のうちで考え、実体＝自然が人間において活動するのだから、人間の思考は、少なくとも原理上この思考に一致しうるとされる。[6]それは窮極的には、《自然》全体に、ぴたりと随伴するとされる認識であり、能産的／所産的自然の運動そのものである思考である。

　これはいわば超合理主義な思考のモデルともなりうるだろう。すでに発生し終えた個体（産物）についての観念ではなく、産物をまさに生み出しつつある発生の過程と、その過程の内部に生じる勾配や動きや傾向を逐一把握する観念を究明しようとするこうした思潮はおそらく、「存在発生」を直接的な対象とするような科学において、発生過程それじたいとその産物を充全に制御しようとする営みを支える形而上学となるはずだ。すなわち、発生の過程全体についての完全な認識に人間が到達すること、さらにはその認識によって発生過程を制御すること。こうした発生過程についての真に十全な認識は、それがもし存在するなら、可能な剰余を一切残すことなしに、すべての個体をその生成過程とともにまるごと、思考の世界に組み込むことになるだろう。卵以前からはじめて、個体を経由して墓場まで、そして墓場以降まで、である。それは今日であれば、旧来の「神」に準ずる位置を占めることを欲するもの、いわば「準超越者」たらんとするものであって、人間の生活圏内においてあたかも旧来の超越者のように機能しうる存在と化し、発生過程を観察ないし監視し、制御し、操作する情報機械を導く理念となるだろうし、「管理社会」の理念ともなりうるだろう。[7]たとえその認識が決して実際は完全なものにならないにしても、しかし個体の発生を一定程度管理し、制御するのに充分でさえあれば、認識の不完全さは機能上の問題にならない。認識されぬ残余の存在は、切り捨てても動作上は差し支えないノイズになるだろう。

　ドゥルーズが初期から発生の問題に着目することで見据えていたのは、こうした存在発生をめぐる形而上学的な基礎であるように思われる。ところで、彼の『差異と反復』の企図の半身では、個体化する強度と、それを理念の世界たる表層に浮上させる出来事とを組み合わせることによって、存在する力能と思考する力能との調和を確立することを暗黙裡に目指しているように見える。『差異と反復』第四章、第五章において、「個体化－差異化－分化」のシステムが語られるとき、彼は、これらのあいだのギャップ、溝についてほとんど語らず、したがって、このシステムを構成する要素同士の齟齬について、ほとんどまったく語ることがない。つまり、ドゥルーズの語る「個体化－差異化－分化」のシステムは基本的に、定型的なものや非定型的なものなどあらゆる個体を、理念に沿って産出するシステムではないかということである。たとえば、強度－存在（胚の物質－細胞質）と理念－思考（遺伝子－細胞核）が組み合わさって個体化がなされる場合において、『差異と反復』は、胚が理念による決定に従わずに分化し成長してゆく事例にはほとんどふれることがない[8]ため、強度と理念とのあいだのずれについて、彼がどのように考えているか、それがありうると考えているのか、必ずしも判明ではない。また、『アンチ・オイディプス』のように、微分可能でないものについて明確に語ることもない。[9] たとえば、『差異と反復』には次のようにある。「遺伝子の表現する微分的要素が、有機体を大域的なしかたで特徴づけるとともに、相互規定と完足的な規定という二重のプロセスのなかで特別な点の役割を演じる」[10]。「我々は、卵に内包される強度の差異はまず、現働化されるべき潜在的な質料としての微分的関係を表現すると考える。こうした個体化の強度的な領野は、おのれの表現する関係が、時空的ダイナミズムのなかで具体化され（ドラマ化）、この関係に対応する種のなかで具体化され（種への分化）、この関係の際立つ点に対応する有機体の諸部分のなかで具体化されるよう決定する（有機体への分化）[11]」。「強度は、微分的関係以外には何も表現せず、前提もしない[12]」。こうした叙述によるなら、強度と理念、実在的なものと観念的なもののギャップは、かぎりなく消滅するように見える。上記の引用を簡略かつ省略的に直せば、理念＝遺伝子（「微分的関係」）を表現する強度的な領野（卵の細胞質）が、理念＝遺伝子に対応する種と個体へと分化してゆくとも読みうるからだ。つまりここで問題にされていないのは、理念と強度が齟齬を起こすことで、分化を方向づけようとする理念に対して強度が必ずしも従わないという事態、思考の方向づけから存在が逸脱するという事態、理念の指導に還元されぬ生の振舞いが引き起こされるという事態、構造が孔としても予定していない事象の発生という事態などである。こうした議論は、『差異と反復』が同型のモデルで思考していた、言語（構造主義言語学）、心的事象（精神分析）、社会（マルクス主義）、歴史（ペギー）の理解にも及ぶだろう。存在と思考のあいだに齟齬がないとするなら、仮にある社会形成体が別の形成体に移行するにしても、その移行が構造のなかにあらかじめ組み込まれているかのような事態になるはずだ[13]。こうした理念と強度の穏便な調和を、のちのドゥルーズは首肯するだろうか。この論点は、ドゥルーズが構造主義から離脱してゆく際の変更点ともなるように思われる。

『千のプラトー』の語彙をもちいるなら、『差異と反復』で描かれる事態は、それぞれ独立に規定され、一致することもないふたつの「形式」が、構造同型的に一致するという事態に相当するだろう。

このモデルは、『千のプラトー』では斥けられ、このふたつの形式から、同型性を差し引き、異なる秩序を持ったふたつの形式が出会うことに、ドゥルーズ＝ガタリは関心を集中させていく。また、蜂と蘭のあいだで行われる交流や、ウイルスによる種同士を横断する水平的な交流を、「n個の性」として前景化させてゆくことで、遺伝的な系列が攪乱される場面を特権的に取りあげることになる。そして『差異と反復』以降のドゥルーズは、『アンチ・オイディプス』でも、『フランシス・ベーコン感覚の論理学』でも、それ以前と変わらず「卵」について言及するが、しかし、その焦点は基本的に「強度」の挙動に集中していく。つまり強度と理念が分離され、強度を語る際には理念には実質的にほぼ言及されなくなり、そして『フランシス・ベーコン』第七章ではバロウズをモデルに、理念によって方向づけられることのない前個体的な強度のアナーキーな産出力が強調され、器官が身体の有機性を破壊しながら駆け巡るとされるのである（眼がふいに腹にあらわれる）。また『シネマ』や「六八年五月」論において出来事が語られる際には、強度との並行論にはふれずに、因果秩序を断ち切る出来事の闖入が語られることになるだろう——もはや表層ではなく、暗黒と稲妻との関係だけが問題であるかのように。

これに対して、『差異と反復』における理念論の定式化と、強度論の定式化は、それぞれ相似たしかたで行われる。[14] かくして強度の理論と出来事の理論は、もちろん幾多のちがいを含みながらではあるものの、叙述の水準においても一定程度同型的に並走していると言ってよく、しかも「系列」といった用語は、どちらにももちいられるものだ（それゆえに読み手の側に混同が生じやすくなる）。それればかりではない。ドゥルーズによれば、ライプニッツにおいてモナドが世界を「表現」するように、強度は潜在的な理念を表現するというのである。ドゥルーズにおいて一方の「世界」とは潜在的な理念を指すが、他方の「強度」は、まだかたちを持つ個体として展開されていない胚としての身体性である。強度と理念とが「表現」の論理で結ばれるなら、これは、たんに強度と潜在性をめぐるドゥルーズの定式化が類似しているというだけにはとどまらない。というのも、ライプニッツ的な表現関係を設定するのであれば、強度はまさにおのれが表現する宇宙全体、カオスモス全体を、自己の述語＝出来事として包摂するからであり、このとき、強度と理念を切り離すことはもはやできず、強度の内的な述語＝出来事は、理念の世界全体だということになるからだ。次の引用では、たんに「表現」と述べるばかりでなく、「明晰に表現する」のような、ライプニッツ的な言い回しがもちいられている。「その結果、各強度はそれぞれ、諸《理念》からなる変化する全体、微分的関係の可変的な総体を表現しつづけることになる。しかし、強度が明晰に表現するのは、それら関係のいくつかだけであり、それら関係の変異のいくつかの度合だけである」[15]。遺伝子で言い換えるなら、曖昧にあらゆる種の遺伝子－理念を表現し、とりわけ特定の種の遺伝子－理念を明晰に表現する胚となるだろう。

『差異と反復』における、強度の総体と出来事の総体とのあいだの調和的な関係を考える際に、こうした言い回しは重要な意義を帯びるはずである。ライプニッツの理論においては、1. 各モナドが世界全体を表現する、2. 表現される世界は同じものであり、各モナドによって異なるのは表現のしかたである（世界のどの部分が明晰に表現され、どの部分が曖昧に表現されるかがモナドによって異なる）、そして、3. 世界はモナドによって表現されることで現実存在となる。それと同様に、ここでも1. 各強度があらゆる理念の総体――「諸《理念》からなる変化する全体、微分的関係の可変的な総体」――

を表現する、2. それぞれの強度によって明晰に表現する領域が異なる、3. 理念の一定の領域は、強度によって表現されることで現実存在を獲得する。そしてこのとき、強度＝混沌と、理念＝カオスモスとのあいだには、モナドとそれが表現する世界あいだの関係に相当する紐帯が成立する。たしかに闇／光、存在／思考、強度／出来事を、それぞれ切り離された別々の領域として眺めるなら、これら領域はそれぞれ混沌なのだが、しかし、それらの相互関係のレベルに視線を移動させるなら、ふたつの領域は調和するのだ。混沌をカオスモスによって裏打ちし、カオスモスを混沌で表現すること。無底と思考、強度と理念のあいだには、こうして理念的な循環関係が出来あがる。

思考と存在のこうした並行関係を完全なものとして保証したいのであれば、すなわち、無底が無底であるがままに完璧に表層に浮上するとともに、この表層が今度は無底によって十全に表現されるということを理論として主張したいのであれば、ドゥルーズは、彼が斥けたはずの「同一性」や「調和」を、実体のレベルで復活させねばならない。実体の水準、すなわち、思考と存在を分離させつつ結合させる《差異》の水準において、彼は、同一性と収束を復活させねばならないのだ。それゆえバディウのように、ドゥルーズには、差異と同一性をめぐる根本的な両義性があると指摘する議論があらわれもする。つまり、存在／思考を分離する《差異》が、存在／思考のあいだに「収束」をもたらす原理になる瞬間があるという指摘である。[16]

『差異と反復』の刊行に先立つ一九六七年の「ドラマ化の方法」と題された講演において、ドイツ観念論の専門家フィロネンコと、ドゥルーズとのあいだで交わされた質疑応答もおそらく、同様の両義性をめぐってなされたものであろう。ドゥルーズのシステム論が、ヘーゲル、マイモン、フィヒテ、シェリング、ショーペンハウアー、ニーチェといった、カント以後のドイツ語圏の思想家たちの系譜に連なることを指摘しつつ、フィロネンコは、発生の水準における超越論的仮象の可能性——すなわち、実在的な思考の越権的な行使の可能性——を問う。その問いかけへの応答としてドゥルーズは、構成されたものの水準においてのみ幻想は生起しうると述べることで、存在発生の水準、存在の構成作用の水準における思考の越権的行使の可能性を除外する（「なぜなら我々には、表象以下のものにまで侵入し、時空的ダイナミズムの根にまで到達し、時空的ダイナミズムのなかで現働化する理念にまで到達する手段があるように思えるからです。理念的な要素と出来事、関係と特異性は、完璧に規定可能なのです」[17]）。ドゥルーズは、思考の越権的な使用と仮象の発生可能性を除去し、経験の発生を取り仕切る条件とその力動的な駆動を規定可能だと見なしている（もちろんこれは、合理化できない存在の神秘といった言説が生まれる余地を、可能なかぎり潰していこうという思想の方向性を示すものでもあるだろう）。またドゥルーズは、ライプニッツの表現を借りて、理念的なもの、微分的なものの規定を、「曖昧かつ判明」と呼んでいる。すなわち、現働化され分化された個体を持たず、個体としては闇に包まれてはっきりしないないという意味で「曖昧」である一方、前個体的な微分的差異が配備されているので「判明」であるということである。だが、ライプニッツは明晰／曖昧、判明／混雑を分けたあとでさらに、十全／不十全、直観的／記号的の区別を行っている[18]。もしライプニッツの分類法にしたがうなら、「曖昧かつ判明」でありながら、「不十全」であるという場合もありうるだろう。だが、ドゥルーズは慎重にその点を回避するのである。

ただし、周知のようにドゥルーズは『差異と反復』の末尾で、スピノザの「実体」概念に対して、そして実体‐様態の関係に対して、有名な批判を加えている。「一義的なものが純粋肯定の対象となるために、スピノザ哲学にただひとつ欠けていたのは、実体に諸様態のまわりを回らせること、すなわち一義性を永遠回帰における反復として実現すること、これであった」[19]。しかし、彼が『差異と反復』のとりわけ後半でシステム論を構築しながら行っていることは、存在する力能と思考する力能、強度と理念の調和的な関係によるスピノザ的な神＝自然の構成であって（分裂による分裂同士の調和）、強度＝無底と理念＝思考との齟齬による神＝自然の内的不調和（分裂による分裂同士の分裂）でもなければ、思考によって分節されない残余の生の動きでもない。ドゥルーズが、諸能力の不調和的な関係の思想家であるにもかかわらず、である。『差異と反復』におけるスピノザ的な実体への批判――様態＝存在者が実体＝存在のまわりを回るのでなく、実体＝存在が様態＝存在者のまわりを回らなければならない――は、ドゥルーズが『差異と反復』のシステム論にこだわっている段階では、いまだ曖昧で、実行されないままにとどまっているように思われる。なぜなら、思考と存在のあいだの齟齬が発生しないよう、あらかじめ喰い止められているからであり、それは実体の存在を暗に前提しているのと同じことだからである。それに対して、『プルーストとシーニュ』第二版（一九七〇年）や『アンチ・オイディプス』（一九七二年）における「あとから来る全体」、「あとから来る統一」という言い方を借りるなら、「あとから来る実体」を、それも実体というよりは関係として、齟齬として到来するものを措定することが必要ではないだろうか。つまり、存在の展開と思考の展開に対してあとから加わる関係であり、質料的な身体と理念的な出来事が同一秩序で進行することなしに、いわば自然＝機械自身がみずからを読み違え誤読すること、しかし依然としてその不調においても動きつづけることである。実体の水準において、自然が自己自身を破断するようなカタストロフィ、反自然的な同盟と分裂を構想しなければならないのではないだろうか。どれほど微小な偏差であれ、「神すらも予言でき」ず、神でさえ思考できない存在の展開という、思考されえぬものを立てなければならないのではないだろうか[20]（事後的に、思考に取り込まれることになるとしても）。

スピノザの実体の代わりにドゥルーズが提起する「永遠回帰」は、たしかに存在と思考、強度と潜在性の循環関係を断とうとする試みであるが、いくらか両義性を留めたままである。だが一方で、ドゥルーズが、「永遠回帰」の概念によって、一種の循環関係を断とうとしているのもたしかである。『差異と反復』において問われるのは、過去と現在のあいだの、潜在的なものと現働的なもののあいだの循環関係を断ち切ることである。つまり、潜在的な過去から現働的な現在が現出し、その現働的な現在が潜在的な過去へとふたたび沈み込むという循環、それによって潜在的な過去が現働的な現在から特徴を借り受けてしまい（過去が、かつて現働化されたものの記憶へと矮小化される）、さらに、現働的なものが、かつて現在であったものの常同的反復へと還元されてしまうという循環を、「第三の時間」と彼が呼ぶものによって切断しようとしているのだ[21]。加えて彼が語っているのは、潜在的なものと現働的なものとの関係ばかりではない。というのも、ドゥルーズにとっての永遠回帰は、潜在的な「過去」＝「根拠」じたいの「根拠＝底」を打ち抜く行為、すなわち、「根拠」を「無底」に向けて、「脱根拠化」する営みを含んでいると述べているからだ[22]。そしてそれこそが、時間の形式がつくりだす根源的な《差異》であり、「死の本能」であり、「強制的な運動」だという。

もしこれが真に窮極的な差異だとするなら、永遠回帰が意味するのは、潜在的なものと現働的なものの循環を崩壊させるばかりでなく、実在的なものと観念的なものの循環、闇と光、強度と理念の循環を崩壊させつつ、それらの関係をふたたび構築することだろう。不調和が実在から起こるとするなら、たとえば、個体化を担う混沌とした強度の質料性によって、理念的な出来事の世界の底を抜くということ、強度的なものが理念の世界に闖入し、それと衝突し、象徴的な意味の表層に浮上せぬものの存在を証言すること、すなわち、表層の裂け目を顕現させることだろう。あるいは、不調和が出来事‐理念から起こるとするなら、実在からまったく遊離した表層的な思考、現在の事物のなかにはまったく予兆を見出せず、具体化も決してされてこなかった意味が、しかし、情況のなかにふいにあらわれ、事態の切り分けを突如として行い、新たに状況を書き換え刷新することを、肯定することになるはずだ。あるいは、実在的なものと観念的なものの領域が、相互的な不調和によるのではなく、それぞれ内側から中心崩壊してゆくということでもあるだろう。すなわち身体が、他の外部の身体との突如の衝突によって破壊されるばかりでなく、内側から崩れてゆくこと、あるいは、思考が、内側から中枢崩壊し、考えられなくなることであり、しかし、そこからのみ思考が発生するような場、そこから発生したもののみが思考と呼ばれるような零度の場となることである。こうしたすべては、まさしく『意味の論理学』や『資本主義と分裂症』の問題であった。ドゥルーズが好んで引用したように、「もちろん、人生全体が崩壊の過程である」と、フィッツジェラルドは書き[23]、また、「器官なき身体」は「死のモデル」でもあり、「強度零」でもあると、『アンチ・オイディプス』は言う[24]。

こうした点を踏まえて『差異と反復』の個体化システムを読み直すとき、並行論的調和が崩れる余地があるのは、ドゥルーズが「畸形＝怪物」について語る箇所かもしれない。先に引用した、「暗闇全体に適合する十全な区別としての抽象線のみが、つまり怪物が持続する」という文言を、並行論にもとづいて解するなら、理念上は、全生物のあらゆる遺伝子を、《自然》という強度的な胚（暗闇全体）において同時に一息に実現させようとする、という事態になるにちがいない。[25] だが事実上は、あらゆる方向の系統発生－個体発生に向かおうとする緊張に、現実の個体が耐えきれず、ひとつの個体としての形態をなさないか、あるいは、様々な種や様々な部位が混淆した個体や、ある部位が過剰に成長し、ある部位の発達が著しく早い段階で停止した個体が発生するだろう。[26] まさしくこの事実問題の水準において、いかなる遺伝＝いかなる裂け目にもとづき、いかなる個体が具体的に発生するかを、全生物の遺伝子の集合たる理念は言うことができなくなるのではないか。それは事実問題において、あらゆる理念の総体を表現するという権利上の全体性が消え、むしろ分化の針路をめぐる予測不可能性が顕著になってくるからである。事実として全体は所与のものとならない。これは強度－存在と理念－思考が結合する世界＝卵のシステムじたいに、結合と亀裂が事実問題（matters of fact）[27] として生起するということである。シェリングが語っていたところの、決して「分解して悟性とすることができずして永遠に根底に残る」「実在性の不可解なる基底」が、ひとたび分化した知性の世界のなかにふたたび侵入することである。怪物において存在と思考、身体と遺伝は、事実上、完全に調和的に組み合わさることはもはやない。「怪物」とは、体系の存立を支える接合点を解体する事実問題なのであり、この怪物の現前を前にして、個体化のシステムを改めて外へと向けて開く試みなのである。生の根幹には怪物性がある。思考の世界に取り込みきれないものを証言すること。さらにいえば、神の知性の領域にさえ取り込みきれない他者＝無意識を顕現させること、神の誕生と死亡を賭した遊戯をたえず再開しつづけること。スピノザの神であれ、シェリングの神であれ、ドゥルーズの神であれ、汎神論的な神が構成の対象となるのであれば、愛＝調和によって力能と思考の調和のとれた神が誕生するか、それとも、悪＝不調和によって神の四肢がばらばらになるか、その臨界点の分水嶺で文字どおり神的な賭けがなされねばならない。あるいは「神的な創造の道を逆行する＝逆撫でること」[28]。

『差異と反復』第三章――後年のドゥルーズが同書のなかで最も気に入っていると述べていた章――において、思考の怪物アルトーを経由しつつドゥルーズが紡ぎだす、思考しえぬものをめぐる思考論の核心にはおそらく、いかなる思考にも、神的な思考にも思考しえないことがある、というテーゼが横たわっている。当初より問われていたのは、人間的思考にとって思考しえぬものではない。それが無数にあることは分かりきっているからだ。そうではなく、そもそも思考というものがあるなら、仮に無限な思考を想定したとしても、思考されえないものを本質的に抱えているのではないか、という点である。思考を物体的な欲動の世界から切り分ける出来事によって、思考の世界そのものが出来するのだとするならば、思考に絶対的に先行するこの出来事じたいを、どのような思考であれ十全に思考することはできないだろう。理念的な思考の世界にはそれ固有の思考しえぬものによって、その起源から封鎖しきれぬ孔があいているのだ。あるいはブランショ＝フーコーの系譜にある《外》と言ってもよい。それは既存の知の形式や、権力形態の外にあって、「動揺や、攪乱や、再編成や、突然変異」と一体化する「骰子一擲」である[29]。これは、それをとおして思考の世界の誕生を新たに反復する孔である。

『差異と反復』に比べるなら、『意味の論理学』における、強度と潜在性の関係をめぐる事情はより鮮明である。というのも、『意味の論理学』の一方の半身においては、存在／思考という分離されたふたつの発散する系列が並行的に収束して、神を構成する場面が描かれるが、同時に、他方の半身においては、それとはまったく別の場面、すなわち、たがいに分離した存在と思考、物体と出来事が不和を引き起こし、物体の世界が、出来事の世界を喰い破り、破壊する根源的な不和の場面が描かれるからだ。[30] すなわち、暗黒からの光の分離と、闇／光というペアの設定を行う運動を一方の半身としながら、逆に、このペアの設定じたいを突き崩し、光（思考）を闇（欲動）へと差し戻す運動という他方の半身が、『意味の論理学』では最高度の緊張状態のなかで併存しているのである。『意味の論理学』の一方の半身において、出来事の世界の破壊は描かれない。そこで描かれるのは、出来事の世界そのものの存立にはふれることなしに、出来事の世界の内部で、個々の出来事が裂開し分岐していくことにほかならず、つまり、出来事の世界は異物から守られているのである。それに対して、『意味の論理学』の他方の半身は、分離によって並行的に分岐したふたつの系列が、調和的に関係しない状況、つまり、分裂したふたつの系列が引き起こす根源的な抗争状態をテクスト上で演出する。このふたつの系列は、もはや分裂をとおして収束することさえない。ドゥルーズは『意味の論理学』でつぎのように語っている。

「表層ほど脆弱なものはない。第二次組織は、ジャバーウォックとは別の力能を有する怪物によって、すなわち、底無しの無形態の無‐意味によって、脅かされているのではないだろうか。それは、先に見たような、意味に内在するふたつの姿形の無‐意味とはまったく異なるものだ。当初は、脅威は知覚不可能である。ところが、数歩進むだけで、ひび割れが広がっているのに気づく。表層の組織全体がすでに消失してしまい、恐ろしい第一次秩序へと崩れ落ちてしまったと気づくのだ。無‐意味がもはや意味を与えることなく、それは一切を食べてしまった。〔……〕文学的探求の先端におり、言語と語の創意の最高段階にいると信じられていた。ところが、すでに、痙攣的な生の争論のなかに、身体にかかわる病理的な創造の夜に入り込んでいるのだ。〔……〕無‐意味は、シニフィアンの側でも、シニフィエの側でも、すべての意味を吸い込んで呑み込む。アルトーが語るところでは、無‐意味である《存在》には歯がある。我々が第二次と呼んだ表層組織のなかでは、物理的な物体と音響的な語は、非物体的な境界によって切り離され、分節される。〔……〕反対に、分裂症の第一次秩序のなかにある二元性は、物体の能動と受動の二元性でしかない。そして、言語は同時に能動と受動のいずれでもあることで、大きく口を開けた深層のなかへと全面的に吸い込まれてしまう。もはや命題が物体へ落下するのを妨げるものは何もなく、命題の音響的な要素と、身体の嗅覚的、味覚的、消化的な情動とが混じり合うのを妨げるものも何もない。もはや意味がないだけでなく、文法や統辞論もないし、窮極的には、分節された音節要素、文字要素、音韻要素もない[31]。「非身体的な裂け目は、物体の最たる深層で実現され、深層の分裂（*Spaltung*）と混じり合い、そして思考は、思考の無能力の地点のなかで、侵蝕の線において崩壊する」[32]。

　ここに読むべきは、人間的な分裂症というより、宇宙的で神的な分裂症の症例、アントナン・アルトーである。この一節を、先に『意味の論理学』から引用した一節（「いまやすべてが表層に再上昇する。〔……〕狂気‐生成変化、無限界‐生成変化は、もはや唸りをあげる根底であるのではなく、事物の表面に上昇して動じないものになる」）と並べてみるなら、ふたつの言説のあいだのちがいは明らかだろう。深層が表層へと浮上するとする一節においては語られることのない、物体／非物体的なものとのあいだの緊張関係が、アルトーを喚起する一節において完璧に覚醒されているからだ。意味の世界、出来事の理念的世界は、もはや安泰ではいられない。深層を浮上させる場としての表層じたいが崩壊の危機にあるのである。それは、「永遠真理」にかかわる世界でありながら、同時に、荒れ騒ぐ物体的な生の次元と踵を接することによって、つねに崩落の危機に満ちた動乱する世界なのであり、そこでいまや賭けられているのは、この表層の世界そのものの《生》と《死》である。

それゆえ端的に次のように言うことができるだろう。ドゥルーズには、いわば神を構築する体系と、神を構築しない体系とが併存している。つまり、身体＝強度＝無底と出来事＝思考＝言葉が調和する「愛」の体系と、これらをへだてる絶対的深淵の不調和による「悪」の体系とが、『意味の論理学』という一冊の書物のなかで裁断されており、このふたつの体系じたいのあいだで争いが生じているのである。そして、後者の体系のほうでは、《差異》によって分裂したふたつの神的原理が相争うことで、荒れ騒ぐ物体の衝動が、イデアの世界に嚙みつき、それを物体へと引きずりおろす。ここにこそイデアの存在を所与の前提とする「静的発生」に対抗するようにして、「動的発生」がイデアの起源を問題にすることの重要性があるにちがいない。ここでは、無底と思考、物体と出来事のあいだで、出来事の世界そのものの生と死を賭けた闘争が行われているのである。これは別の角度から言うなら、無限知性の総体じたいを、あらゆる側面から無底に向けて根底的につくりかえ再誕生させることが賭けられているということだ。すでに引用した暗き底と関係する神的知性というドゥルーズの言葉はここでも意義を帯びるだろう。それは、「愛」に満ちた調和が閉鎖させる体系を、「悪」に満ちた不調和によって再度無底に向けて、つまり、出来事の総体じたいにとっての他者に向けて、出来事じたいの出来に向けて開き直すことである。これは、永遠回帰が、理念‐思考の世界にのみかかわるのでもなく、また無底的な強度‐存在にのみかかわるわけでもなく、理念と強度の差異じたいにかかわることであり、この関係じたいのあいだに走る底無しの深淵を顕在化させ、齟齬を活性化させることなのである。それゆえここでは、出来事と強度、理念と物質、言葉と物、理性と感性のあいだで、たがいに顔を背け合う背反関係、二重の背き合いを強調することが重要になるだろう。[33] すなわち二方向の運動と二重の裏切り、二重の分断であって、その分断とともに双方に変化が引き起こされるのである。こうした強度と出来事の齟齬、感性と理性の不和、表現と表現されるものの分裂に着目することで浮び上ってくるのは、理念のなかに含まれていない（不）可能事が沸騰する臨界点である。

# 第六章　（不）可能性の世界

## 第一節　並行論と裂け目

先に論じた『差異と反復』における理念－思考（第四章）と、強度－存在（第五章）の並行論は、いわばきわめて単純な図式にもとづくものであった。『差異と反復』において並行論は、そもそも主題的に論じられるものではない。だがそれに対して、『差異と反復』と同年に発表された『スピノザと表現の問題』における並行論は遙かに複雑である。並行論をめぐる問題は、その後、『スピノザ　実践の哲学』（初版一九七〇年）や『襞　ライプニッツとバロック』（一九八八年）でも取りあげなおされるが、そこでの議論よりも、『スピノザと表現の問題』のほうが精緻である。それゆえ以下では、『スピノザと表現の問題』において定式化されたスピノザの並行論の問題を見てゆくことにしたい。それは、スピノザにおける「思考の特権」の再検討をとおして、一種の思考の裂け目を示すものでもあるだろう。

まず、並行論が論じられる第七章「ふたつの力能と神の観念」における議論の骨格を確認しておこう。ドゥルーズは、冒頭で並行論をふたつに区分けする。それは微細で緻密な区別だが、きわめて重要な区別である。すなわち、観念とその対象とのあいだの認識論的並行論——対象が実存するなら必ずその観念がある——と、属性が異なる様態同士のあいだの存在論的並行論——ある属性の様態があるなら、他の属性にも対応する様態がある、なぜなら唯一の実体は様々な属性においておのれを表現するから——である。[1] 一見すると相似たものと思われるこのふたつの並行論の区別に、ドゥルーズはきわめて大きな重要性を見出す。一方の「認識論的並行論」は、思考と実存の平等の問題、すなわち一方の思考し認識する力能と、他方の実存し活動する力能とのあいだの、力能同士の平等の問題へと敷衍されてゆく（以下、それぞれ思考力能と実存力能と表記する）。他方の「存在論的並行論」は、思考属性と延長属性とのあいだの、あるいは、その他のあらゆる属性同士のあいだの、属性同士の平等の問題へと移行する。つまりここでのドゥルーズの議論のポイントは、スピノザの並行論を、たんに属性同士の並行論の問題として扱うのではなく、並行論をめぐる議論を力能と属性へと二層化したうえで、それらを交叉させるという点にある。そして、並行論をめぐる議論の論理的な土台となるのは、『スピノザと表現の問題』という書物全体を構造化している「属性」ではなく、[2]「力能」のほうなのである。「さて、この力能同士の平等という原理は、精緻な検討に値するものである。なぜなら、我々はそれを、もっぱら属性のみにかかわる別の平等原理と混同してしまう危険があるからである。しかし、力能と属性の区別は、スピノザ主義において本質的な重要性を有している」。[3]

力能と属性の区別とは、力能と属性の結合をひとまず分離すること、つまり権利上、実存力能を延長属性やその他の属性からいったん分離するとともに、思考力能を思考属性からいったん分離するということを意味する。このことがどういう帰結をもたらすのか。問題の与件を順々に確認してゆこう。

まず力能は実存力能と思考力能のふたつしかないのに対し、属性は延長と思考ばかりでなく無数に存在する。そしてこの無数に存在する属性が、無限の神を構成するとされるのである。属性がふたつに限定されているのは、人間の有限性による制限にすぎないのに対し、力能がふたつであることは、人間的な制約によるものではない。人間にではなく、《神＝自然》には、ふたつの力能しかないとされるのである（ふたつの力能、無数の属性）。そのうえでドゥルーズが問うのは、このふたつの力能のあいだの体制の差異である。あらかじめ述べておくなら、ドゥルーズの議論は、まず属性と力能のあいだを本性の差異によって区別したあとで（属性の平等の層と、力能の平等の層への二層化）、その次に、ふたつの平等な力能——実存力能と思考力能——のあいだの差異を取り出し、そのうえで最後に、この力能同士の差異をさらに属性へと向けて折り返し、属性の層のうちに、属性同士の差異とは別の差異を持ち込むものである。

ところで、「属性」とは、「力能」（産出力）が、行使される際の「形式」であり、「条件」であるとされる。力能はこの形式と連関し、この形式のもとで現勢化される。たとえば実存力能は、延長という形式のもとで実現されるなら延長物を産出し、思考という形式のもとで実現されるなら観念を産出する。すなわち力能という質料は、その駆動のために、属性によって形式化されることを条件としていることになろう。力能そのものは決してそのままではあらわれず、必ず特定の属性＝形式のもとで駆動するのであり、それじたい無限のものである属性それぞれのうちで、無限の力能が、あらゆる形象、あらゆる形態、あらゆる運動、あらゆる速度を産出するのである。そしてそれぞれの属性＝形式のもとで産出されたもの、たとえば延長物と観念は、属性＝形式によってたがいに絶対的に分断されたものとなり、ふたつの属性＝形式のあいだには、それをまたぐいかなる因果関係も成立しない。思考属性に属する観念によって、延長属性に属する身体を動かすことは決してできないし、逆も然りである。延長属性と思考属性はそれぞれ、いわば実存の領土を形成するのであり、この領土は相互に交わることがない。

ふたつの力能の区別が重大な意義を帯びるのはまさしく、こうした与件においてのことだ。一方の無限の実存力能は、無数の属性（形式）すべてにおいて姿をあらわすものであるとされる。すなわち、延長属性、思考属性、そしてその他の未知の無数にある諸属性のなかで、それらの属性によって形式化されながら個々の実存の産出を行う。だが同時にドゥルーズが強調するのは、無数の属性へと向けて発散する実存力能はしかし、いかなる属性によっても「消尽される」（汲み尽される）ことがないという点である。それは、力能と属性を峻別することの帰結でもあるだろう。つまり、力能は属性によって条件づけられ、形式化されながらでなければ発動しないが、しかし、力能そのものはあくまで属性とは区別される持ち分を保ちつづけるのである。彼はこう述べている。「思考と延長を合わせたとしても、絶対的な実存する力能を消尽することも、満たすことも十分にできはしない」。「実存は、我々の認識している諸属性によって消尽されることはない」。「事実とは」、いかなる属性であれ、この絶対的な実存する力能を消尽することはない、ということである。すなわち、延長することも、思考することもなしに、何かが実存し活動しうるのだ」[4]。本書の言い方に添ってパラフレーズするなら、絶対的な無限の実存力能は出来事Aのように振舞うものであり（仮に「力能A」と呼んでおこう）、相互にまったく無関係で一切交わることのない諸系列＝諸属性へと分化し、分裂しながら、そのいずれにも固有のものではなく、またそのいずれによっても消尽されることなく、どの属性からも逃れる持ち分を有する、ということになるだろう。また、それぞれの属性によって形式化されるかぎりでの力能、それぞれの属性との関連で発動し、おのれの力を現勢化する力能は、本書の言い方では出来事Bにあたる（仮に「力能B」としておこう）。力能Aは、いかなる属性にも固有のしかた、排他的なしかたで帰属するものではない。実存力能は、属性という固有の領土を持つことなく、属性間を出入りする遊牧的なものだ。こうして力能が属性から分離されることによって、少なくとも権利上は、形式化されることのない即自的で純粋な力能が取り出されるのである。スピノザ主義においてはありえない言い方をあえてするなら、属性不在の、脱属性化＝脱形式化された実存力能（puissance）が、潜勢態（en puissance）において抽出されるとでも言えようか。すなわち、「延長することも、思考することもな」く、またいかなる属性によっても形式化されることなく、「実存し活動しうる」何か、である。[5] ただし、その潜勢態のうちには、無数の属性すべてへと向けて分化し、あらゆる実存を産出する力能が、同時的に渦巻いていることになるだろう。それは、いまだ属性のもとで現働化されていないが、しかし潜勢態にある無限の産出力能として実在している（力能の実在論）。『千のプラトー』の用語で言い換えるなら、一方には、形式による力能の「地層化」があるのに対し（形式化された質料たる「実質」）、他方には、形式化作用から逃走する力能の「脱地層化」があるということになるだろう（形式化されない「質料」）。そして『千のプラトー』や『フーコー』においては、形式化されない質料と機能を有する脱地層化した「ダイアグラム」や「《外》」が、形式化されずに「実存し活動する」何かとして、属性＝形式間のへだたりを「横断」する相において重要な役割を演ずることとなる。これは、スピノザとドゥルーズとの大きな差異のひとつとなるだろうが、その萌芽は『スピノザと表現の問題』に見られるように思われる[6]（スピノザとドゥルーズの差異については、第Ⅲ部で再度検討する）。

ところで、『スピノザと表現の問題』において、属性から分離された力能は、属性と無縁のままにとどまるわけではなく、つねにすでに無数の属性へと発散し、属性との関連に置かれる。属性同士の平等が介入してくるのは、この点においてである。「そして以下のように、属性同士の平等という原理を理解せねばならない。すなわち、あらゆる属性は、これら属性が条件づける実存し活動する力能に対して平等なのだ」[7]。ドゥルーズは、ふたつの力能のうち、思考力能ではなく、無数の属性＝形式へと分散してゆく実存力能との関連においてのみ、属性同士がたがいに平等であると述べている。すなわち、属性同士の平等は、ふたつの力能の区別によって、その条件が整備されるものとして描かれているのである。属性同士の平等は、力能の区別をしたうえで、その一方の実存力能が無数の属性へと散らばり、それらのあいだで平等に分有され、配備され、駆動することに存している。ある属性（延長）において渦巻が産出されるなら、平等なしかたで、他の属性（思考）においても渦巻の観念が産出されるというように、である。実存力能は、延長属性においても、思考属性においても平等に産出を行う。では、思考力能において事態はどうなるのか。端的に言うなら、属性同士の不平等、すなわち思考属性の特権が現出するとドゥルーズは言う。すなわち、力能同士の差異から出発することで、属性同士の関係をめぐる別の差異——属性同士の平等／不平等——が導き出されるのである。では、この属性同士の不平等の機序はいかなるものか。

実存力能とはちがって思考力能は、あらゆる属性へと向けて分散することはなく、もっぱら思考属性のみによって形式化される。思考力能は、いわば思考属性に固有のものとなるのだ。「それゆえ思考属性だけで、実存する力能と平等な思考する力能を条件づけるには十分である。それに対して、実存する力能は、あらゆる属性（思考も含む）によって条件づけられている」[8]。だが、思考力能と思考属性とのこうした密着にもかかわらず、ドゥルーズによるなら思考力能は、権利上、思考属性から区別されねばならない。そしてそれに加えて、思考属性のうちに、思考力能と実存力能というふたつの力能が流れ込むこととなり――というのも、実存力能は思考属性においてもその力能を現勢化させるのだから――、それによって思考というひとつの属性のうちに、力能同士の分断が持ち込まれることになろう。それに対して、他の属性には実存力能しか流入しないのだから、ひとつの属性内での力能の分離という問いは生じない。それは思考にのみかかわる問題となるのである。

　だが、この点を見る前に、確認しておかねばならない点がひとつある。それは先の引用にもある力能同士の平等であり、「認識論的並行論」である。力能同士の平等の原理によるなら、実存するあらゆるものには、並行して、その観念が存在することになる。そうだとするなら、思考属性のうちには、実存力能によって産出されるあらゆる様態、すなわち、あらゆる属性のあらゆる存在者に照応する観念があることになるだろう。延長属性以外の属性の様態も、思考属性のなかに観念として包含されるはずだ。実存力能が無数の属性へと向けて分裂してゆくとするなら、思考というひとつの属性のうちには、そうした無数の方向への分裂すべてが取り込まれることになるのであり、分裂したものが分裂したままにひとつの思考属性という場のなかに収められるのである。思考力能が産出するのは、属性＝形式によってたがいに引き離され、分裂した観念群にほかならない。仮に、可能世界論の語彙で言い換えてみるとするなら、実存力能が、無数のたがいに交わらない可能世界（属性）へと向けて発散するのに対して、思考力能はこれら発散する無数の可能世界を、ひとつの世界（思考属性）のうちへと取りまとめるのであり、こうして単一世界（ひとつの属性＝思考）のうちに、無数の並行世界（無数の属性）が収められることになるのである。様々なちがいがあるとはいえ、ドゥルーズが『襞　ライプニッツとバロック』（一九八八年）において「ネオ・バロック」と呼ぶ構造が、『スピノザと表現の問題』（一九六八年）においてすでにあらわれているようなのだ。スピノザとライプニッツが、ドゥルーズにおける論述の構造をとおして奇妙なしかたで癒合するのである。実存力能が無数の属性へと発散するとともに、発散した諸属性は、ひとつの属性のうちへと、その離散状態のままに収められるのである。思考属性はこうして、無数の属性の分裂をうちに宿したかたちで存在することになる。ここでもまた、無数の方向への発散と、単一の方向への収束、分裂と共存というふたつの運動が、ただし実体を経由するのとは別のしかたで、属性をとおして反復されるのだ。

　かくなる事態は、思考属性以外の属性には起こらない。もっぱら思考属性のみが、発散するあらゆる属性に帰属するあらゆる様態を、おのれのうちに取り込むという「特権」を享受するのである。[9]そしてそれはまさに、無限の思考力能との関連にもとづいている。つまり、実存力能という基盤のうえでは属性同士が平等であったのに対し、思考力能という基盤のうえでは属性同士の不平等が発生する。これこそまさに、スピノザの並行論が二層に分かたれたことのもたらす効果である。もし並行論にひとつの層しかないとするなら、属性同士は平等であり、かつ同時に、不平等であるという即自的な矛盾が生まれることになるだろう。しかし並行論が二層化されるなら、基盤的な層にあたる力能同士の切断によって、属性同士の関係をめぐる体制の差異が持ち込まれる。そして一方の体制が、実存力能との関連におけるあらゆる属性の平等（実存力能の諸属性への発散）となり、他方の体制が、思考力能との関連における属性同士の不平等と思考属性の特権（分裂した諸属性とその包摂）となるのである。つまり、力能同士の差異が、属性同士の関係の差異へと持ち込まれることになるのだ。「力能同士の平等こそが、思考属性に特殊な能力を賦与する。これは属性同士の平等という領域とは別の領域においてのことである。思考属性が思考する力能に対して有する関係は、あらゆる属性（思考も含む）が実存し活動する力能に対して有する関係に等しい[10]」。

　力能同士の差異という階層を噛ませることによって、属性をめぐる直接的な矛盾が回避される。そしてそれによって思考属性の特権が生まれるのだが、しかし同時にそれは、思考属性のうちに奇妙な事態、一種のパラドクスといってよい亀裂を持ち込むことにもなる。それは以下のようなものである。まず思考属性のなかで産出されるのは、観念という「様態」であり、観念同士の差異は、あくまで様態上の差異である。だが、存在論的並行論によるなら、実体の変状は、属性のみによって区別される無数の様態を産出するはずであり、しかも思考の特権によって、それらすべての観念が、それぞれ別の観念として思考属性のうちに組み込まれることになる。そうだとするなら、それらの観念＝様態同士のあいだの差異は、様態上の差異でありながら、しかし属性同士の差異に等しいもの、あるいは、そうした属性同士の差異を様態に翻訳したものになるはずである。いわば属性同士の差異に等しい様態同士の差異が生まれるのだ。ところで、同一属性の様態は、たがいに作用しあうと言われており（観念は観念に作用しうる）、観念＝様態同士の分離は絶対的なものではない。だが属性同士の差異とは、形式的＝形相的な区別にもとづく、まったき無関係性であり、たがいに一切相互干渉を持たないとされる。つまり、思考というひとつの属性じたいのうちに、属性同士の分断、まったき無関係性への分裂が持ち込まれるのであり、それによって思考属性というひとつの領域の内部が、たがいにまったく無関係な領域へと、しかも無数に引き裂かれることになるのである（属性は無数にあるがゆえに）。しかしそれらは相変わらず観念でありつづけるかぎりで、関係をもちうるのでなければならないが、その関係は無関係に等しいものになるはずである。こうした属性＝形式同士の分離を体現する観念同士の差異は、思考のなかに奇妙な亀裂を持ち込むことになるだろう。「それゆえ、これらの観念のあいだには、属性じたいのあいだの区別、ないしは、異なる諸属性の様態のあいだの区別と同じだけの区別があることになるだろう。それらの観念は「いかなるつながり（コネクション）」も持たない。〔……〕したがって、思考のなかには、ひとつの同じ属性に帰属しながら、様態的に区別されるのではなく、形式的ないしは実在的に区別される様態があることになろう」[11]。あたかも並行論は、延長属性から分離される思考属性のなかで安定した一枚岩の領域を保証するよりむしろ、属性間のつながりの不在に相当する真空地帯を、思考のなかにつくりだすかのようなのだ。思考じたいの内部に走るこの亀裂、この差異を、思考がどうして思考できようか。しかし観念であるかぎり、どうして思考せずにいられるだろうか。属性のみを異にする様態同士の差異そのものが、思考によって把握できる差異だとするなら、それらのあいだには思考上の「つながり」が生まれることだろう。だが、定義によるなら、そうしたものは存在しない、というより「つながり」が生まれるようであれば、それは属性間の差異ではない。とはいえ観念である以上、絶対的な無関係でもありえず、関係と無関係は双方の限界において踵を接し、無関係の関係、あるいは、関係の無関係のようになるにちがいない。のちに『千のプラトー』や『フーコー』で素描されることになるような、知のふたつの「形式」――可視性の形式（見える物事）と言表可能性の形式（語りうる物事）――の間隙に走る、限界‐思考の萌芽がここですでに惹起されているのである。

また、思考属性のなかには属性同士の分断ばかりでなく、力能同士の分断も持ち込まれることになるだろう。というのも、思考属性のなかでは、実存力能と思考力能の双方がいずれも活動するからだ。思考は、実存力能によって観念の実存が産出されなければ、潜勢態にとどまるであろうとドゥルーズは指摘する。それゆえ神の思考力能と、実存する様態としての神の無限知性を、神自身の内部で区別する必要が出てくるのである。[12] また、この力能間の差異は、「観念」と「観念の観念」とのあいだの差異としてあらわれると彼は言う。というのも、思考力能と実存力能の差異は、観念とその対象との差異に相当するとされるからであり、[13] むろんそれは無限の反射＝反省をつづけることになる（観念の観念の観念の……）。そうなると先ほどまで「観念」であったものが、次の観念の「対象」となるわけであり、実存力能との関連のもとにあったものが、思考力能との関連のもとへと移行することになるだろう。つまり観念の反射＝反省行為は、たんに観念の無限連鎖を生み出すばかりでなく、実存と思考、活動と反省の転倒を、反射＝反省の過程のたびに無限に反復するということである。あくまで思考属性のなかでのこととはいえ、力能のねじれがたえず起こるのである。実存について思考すること、その思考行為じたいが活動であること、この思考活動じたいが別の思考の対象となること……という連鎖が無限につづき、観念、観念の観念、観念の観念の観念……と無際限につづいてゆくこと。こうして力能の二重性によって、活動ないし行為としての思考と、そうした活動ないし行為についての反省としての思考という、ふたつの層が区別されることになる。もちろんこうした反省としての思考じたいが、つねに活動、行為、介入でもあって、思考によるこうした活動、行為、介入のありかたについての反省がさらに形成されるだろう。ゲルーによるなら、「認識することと活動することとの区別は、こうした二重の側面に準拠するかぎりにおいて、日常的な慣習へのたんなる譲歩ではない。この区別は、《思考》に固有の様態に特有の本性に根をもっており、妥当性のあるものとしてあらわれる」[14]。実体によって時間を消去しなければ、「観念」（行為）と「観念の観念」（行為についての反省）、活動とその認識とが完全に一致することはなく、思考のうちに、思考自身に対するずれが生ずるだろう。意識は思考のなしていることを知らない[15]。反省的な自己意識がなくとも思考は行われる。行為することと、行為についての知の分離――知らなくとも行為はできる――である。したがって、「実体」＝「神」によってそのずれを塞ぐのでなければ、存在と思考とのあいだで、実存し活動する力能と思考し認識する力能とのあいだで、思考は自己自身に対する読み違えやずれを産出しつづけるだろう。それは言語行為論とも近接するような、思考そのものがもつ行為性、活動性、介入性をめぐるたえざる問いともなろう。

さらに、思考の特権（ないし思考のパラドクス）は、属性間の分断、力能間の分断とは別の第三の側面を有している。すなわち、思考は、（延長属性などの）諸属性を表象する様態を含んでいるのである[16]。これは同時に、思考じたいが、思考属性そのものを表象する観念＝様態を含まなければならないという事態を引き起こす。つまり、自己言及性が発生するのである。たとえば、言語全体なるものについて語る具体的な言葉を想起してみよう。その場合、その限られた言葉によって、言語全体について遺漏なく十全なしかたで語ることは困難をきわめる。言語について語っている当の言葉についていかに語るかという点に加え（語るという行為とそれについての反省のずれのたえざる生起）、ブランショも指摘するように、言語が閉じざる全体である場合、語ろうとしても、避けがたく穴ができてしまうからだ。[17]同じような事態が、属性（全体）と様態（具体的な個）をめぐっても発生するであろう。思考属性の表現する思考の世界全体——しかもそれは、他のあらゆる属性のもとにあるあらゆる様態の観念を権利上含む——を、その一様態にすぎない観念が、いかにして十全に表象するのだろうか。さらには思考する力能そのもの、観念を産出する力能全体を、どうすれば産出された一観念が表象できるだろうか。これは思考が、思考の誕生じたいを思考するという『差異と反復』や『意味の論理学』で論じられたアルトー的なパラドクスと同型の構造を形成するだろう。

先ほど見たように、ドゥルーズは力能と属性を分離するのだが、そのことが意味するのは、実存を産出する力能と思考を産出する力能がいずれも、思考属性（思考という形式）の外にあるものとして措定されるということである。思考を生み出す力じたいが、思考されうることの全域（属性）からはみ出してしまっているのである。いわば、思考外の思考というわけだ。ドゥルーズは、先に引用した箇所でこう述べていた。「延長することも、思考することもなしに、何かが実存し活動しうる」。繰り返すが、正則的なスピノザ主義からするとかなり異様な事態である。というのも、延長や思考といった属性の外で、属性同士の狭間で、何かが活動すると主張されているように解釈しうるからだ（延長属性や思考属性とは別の属性のなかで活動する、とも読みうるのは承知のうえで）。これを認めるなら、属性＝

形式を中心にした、『スピノザと表現の問題』におけるドゥルーズの体系化の根幹に穴があくようなものだろう。属性によっては体系化しえないものがあるということを意味するからだ。そして実存力能について語るこの一節とともに、思考力能についての問いも浮上する。思考属性のみで、思考力能を消尽することができるのだろうか。思考属性の外で、思考の条件の外で「何か」が思考し、活動することはあるのだろうか。これはつまり、思考属性の外に実在して思考を生み出す力(思考外的なもの)と、思考属性のうちで表象されるかぎりでの思考の力(思考内的なもの)とのあいだの溝を指し示している。これは、先に述べた分開的な稲妻-思考と、それによって開かれる表層で活動する光-知性の差異と相同的なものである。さらにそこに実存力能と思考力能、行為することと反省することという、ふたつの契機のあいだの差異がつけ加わることになろう。[18]思考だけにかぎっても、思考を産出する実在的な力能と、産出される諸観念からなる知性とのあいだの齟齬が生まれるのであり、思考は、自身の世界に取り込むことのできないものと根源的な関係を持たざるをえない。『スピノザと表現の問題』は、『差異と反復』や『意味の論理学』のように明確に定式化していないが、しかし思考のなかの思考されざるものという、ドゥルーズにとってきわめて重要な問題系にすでに踏み込んでいる。ドゥルーズは、スピノザ論においてこの亀裂を埋めるために議論をつくすが――彼は「並行論の偽の矛盾[19]」と呼ぶ――、しかしドゥルーズにとってこの問題が消滅したとはおそらく言えないはずだ。というのも先に見たようにこの問題じたいが、その後のドゥルーズの軌跡を方向づけているようにも思えるからだ。『千のプラトー』や『フーコー』において彼は、思考の裂け目を全面化する体系を構築しようと試みるのであり、さらに『批評と臨床』では「隔たり、中断」において輝く光をスピノザに見るのである。[20]

## 第二節　可能／不可能の消滅

ドゥルーズの思考体系においては、たとえそれが語られていないときでさえ、発散する無数の不共可能的な諸系列が、たがいのへだたりによって横断的に交流しあうという状況が想定されている。[1] ライプニッツによるピラミッドの形象はその範例のひとつとなっているが、とはいえ、ライプニッツにおいては、可能世界を集めた全体が、もはや変更しえないものとして、一度ですべてが与えられたものとして想定されており、それにもとづいて神は、あらゆる世界の経路を、一切時間をかけることなく見とおす。たとえドゥルーズが可能世界論に変更を加えて、ひとつの出来事が、その本性によって、複数の諸可能世界にまたがるようにその性質を変形したとしても、この点には変わりがないだろう。神の知性、すなわち無限の知性が、分裂的なものとなり、分裂じたいを内部から観測するように、与えられたすべての可能性の組み合わせを思考する主体になりさえすればよいからだ。しかし可能的なものじたいの発生は、まったく異なる議論であり、それはむしろ、スピノザ的な論理を結合することで、よりよく思考されるように思われる。というのも、可能性という範疇じたいを潰してしまうスピノザ的な神＝自然において、実存力能は、いかなる先行的な可能性もなしに、――しかも、『スピノザと表現の問題』の一節によるなら、属性にさえ論理的に先行して――、無目的に様態の産出を行うのであり、したがってこの力能（原因）は、あらゆる知性（結果）に絶対的に先立って活動するからだ。そこには、可能性／不可能性の計算が絶対的に存在しえない。可能性という意味からするなら、知性なき絶対的な暗黒と閃光しかない。『エチカ』を注釈するゲルーは、思考（産出する原因）と知性（産出される様態）――神の無限知性も含む――とのちがいを明確にしながら、次のように述べている。「つまり無限知性は属性ではなく、原因としての神の効果ないし様態なのである。そしてこの場合、原因としての神は諸観念を産出する《思考》なのだが、しかし《思考》は一切知性を持たない。なぜなら実体として「即自的に、その真理において考察される」とき、《思考》には様態がなく、つまり観念がないのであり、したがって何も認識しないからだ。〔……〕それゆえ通約不可能性は、神的知性と我々の知性のあいだではなく、神とその知性とのあいだにあるのだ」[2]。

そしてこのことは、以下の問いをより明確に提起する。そもそも、両立不可能な諸世界が分岐する際の起点となるべき出来事が、先立つ知性なしにたえず産出されつつあるものだとするなら、どうだろうか。世界の発散の起点となる出来事そのものが、あらゆる可能性に先行する暗黒から閃く稲妻のように、知性に先立つ領域から生起し、しかもたとえ神の無限知性であったとしても、事後的にそれに対処するしかないとしたらどうだろうか。外的な事物からの作用を受けず、それゆえ決して物質的に滅ぶことも新しくなることもない非物体的なものが、知性には予見不可能なしかたで新たに産出され、変形されるとしたらどうか。ピラミッド外、時系列外から出発して永遠的なものは、可能性／不可能性の分化に絶対的に先行するかたちであらわれる。だとするなら、非物体的なものはいわば、堅固なものではなく、「脆弱」な永遠なのではないか[3]。そして、諸世界の狭間に位置する出来事じたいが、このように先行する根拠も理由もない強度的な質料‐力能によって産出されるものだとするなら、可能的な出来事の総体はどのような性質を持つだろうか。もはや、一度限りですべての可能性のもとになる素材が与えられ、閉域のなかでその素材の組み換えだけが起こる、というようなことには決してならないはずだ。そこでは、新たな素材が与えられるたびごとに、不共可能的な諸世界同士のシミュレーションをやり直さなければならない。こうして、ピラミッド——すべての可能事の組み合わせを計算しつくしたと称するシミュレーション空間——に、すなわち可能な諸世界の総体じたいに亀裂が走り、それを再度全面的に組み替えるという、理路が浮上してくることになる。そのとき、ピラミッドの様々な組み換え方じたいを、メタ的な水準で計算するシミュレーションが喚起されるかもしれない。だが、ここで問われているのはまさに、そうしたすべての可能な計算の彼方を思考することなのである。こうした組み替えを行う水準において問われているのは、あらゆる水準のあらゆる可能的なものに対して先行し、可能なものの可能性そのものを産出する場であり、可能事の総体の発生そのものを問うリアルな審級である。これは、あらゆる可能性に先行するリアルな潜在的なもの、可能性じたいの根源的な可能化にかかわる強度的な力能である。怪物性を基盤とする《生》の力能であろう。可能性に対して先行する潜在的なものをめぐる議論をとおすことで、可能性をめぐる議論は、可能性じたいの可能性へと二重化されることになる。そうして排除された不可能性じたいが可能化し、可能性じたいが不可能化するような、可能性そのものの根源的偶然性の次元である強度の循環へと向けて開かれてゆくことになるだろう。ドゥルーズにおける「強度（intensité）」とは、このような偶然性の次元に固有の、いまだ展開されていない準安定的で、先の見えない緊張（tension）を指しているのではないだろうか。

加えてここでは、ベルクソンによる有名な「可能性」批判を想起しておこう。彼によれば可能性とは、実際の事件が生じたあとで、その予見しえなさを事後的に回収するためにつくりだされる、錯時的（アナクロニック）な概念にほかならない。つまり、起こった現実に先立ってその可能性があったという議論は事後的に構成されるものであり（「もともとあった」という様相は事後的に捏造される）、しかもこの事後的な構成そのものは見えなくなる（捏造の痕跡の抹消）。可能性は、過去の経験の複製とその歪曲としてつくりだされるものであり、しかも、あたかも複製ではないかのように生み出される複製なのである。それゆえベルクソンが批判するのは、「可能事は自分の出番を待つ幽霊のようにずっとそこに存在していた」という考え方であり、さらには、この幽霊に「血か生命をよく分からない方法で注入して現実になった」とする考え方である。[4] それは、鏡に映った像に堅固さを足して物質化しさえすれば、現実の人間になる、と言うようなものだ。問題を立てる順序が逆なのであり、可能性は必然的に「偽の問題」である。[5] ベルクソンの言によるなら、「人間の像を描きあげるためには、まず人間がいなければならず、それに加えて鏡も必要」であり、鏡の世界の成立はいつも遅れてやって来るからである。[6] ベルクソンが問題にしているのは、「可能性」というものが、持続する実在から作成される際の過程である。つまり、可能性が物質的に現実化される過程ではなく、可能性じたいの可能化の過程のことである。彼にとって可能性は、準備されてすでにそこに出来あがっているものではなく、生産されるものである。可能性を可能化する過程がなければ、可能性は可能性としてさえ存在しない。それゆえ、可能な出来事の可能な組み合わせの総体は、これを最後にというしかたで閉鎖されることはない。持続のなかで、可能的なものが可能的になるのを待たねばならないのである。つまり、「何かが可能である」という可能性の範疇そのものを、当の可能性の成立に先立つかたちで考えねばならない。

何を可能性とするか、何を可能性として思考するか、あるいは思考しうるか、それを先取り的にシミュレーションする能力じたいが、先駆的に与えられておらず、実在から生成されるほかない以上（身体＝物体を基盤として持たない思考は存在せず、演算機械も身体を持たなければ考えることができない）、シミュレーションされたものだけでは、そのシミュレーションそのものを生み出す実在の過程を把握することができない。それは本質的に実在には届かない。そして物質的条件が変更されることによって差し替えられるのは、同一地盤上での思考内容ではなく、地盤そのものなのだ。ベルクソン的観点によるなら、どのような個体であれ、《自然＝機械》でさえ、それに何ができるか、それがどのような関係を他の要素と結ぶか、その関係からどのような能力を発現させるか、あらかじめ知ることはできないだろう。また、《自然＝機械》が何をなしうるかについて、運命があらかじめ決定されているわけではなく、したがって固有性もなく、ただその関係の偶然性のなかで、アクチュアルな「なしうること」がアレンジされるのである。その「なしうること」が既存の個体の許容しうる閾を超えるとき、その個体の組成が変更されるだろう。マルクス主義風に言うなら、生産関係（産出関係）と生産力（産出力）の齟齬であり、それによって引き起こされる生産関係の変貌である。力能、なしうること、なされる行為とは、物体や肉体のうちにあらかじめ秘められた内的な可能性がおのずと展開されたものではない。力能はあらかじめ自己のうちにあるものではなく、むしろ、つくられるものである。所与の情況の構造そのものに裂け目を入れる力能もまたつくられるのであり、それまでは、現勢態未満の潜在性、ないしは発動のきっかけを与えられない準安定状態にとどまったままである。可能性も能力もポテンシャルも、アプリオリに与えられるものではない。

ベルクソンにおいて重要なのは、可能性を可能にする実在の持続そのものは、可能性の次元には属さず、可能性では決して測ることができないという点である。というのも実在する持続は、可能性（それに不可能性）を産出することで、可能／不可能の割り振りそのものを産出する次元だからであり、いかなる可能性も、持続の運動を先取りすることが原理的にできないからだ。潜在的な持続という曖昧な実在が何をなしうるかについて、あらかじめ可能であるとも、不可能であるとも言うことはできない。発生論的審級は可能性の次元には属さない。潜在的なものに対して、その可能性／不可能性を見極めるような、超越的な高みの位置に立つことはできない。まさしくこの超越的な観点じたいが、実在のなかでつくりだされる産物の一部である以上、実在の全体を見渡すことなどできないのである。このように潜在的なものを追求していくなら、一次的自然において、窮極的には、可能／不可能という枠組じたいが消滅することになるだろう。したがって可能世界も消滅するほかないだろう。またここでは同時に、伝統的な意味における偶然／必然も消失するにちがいない。その定義じたいが、「偶然＝他のしかたでもありえた」（可能）や、「必然＝他のしかたではありえなかった」（不可能）というかたちで、可能／不可能に依存しているからである。したがって、推移する実在それじたいは、もはや可能でも不可能でも、偶然でも必然でもなく、両者が分岐する手前にあるはずだ。ある意味で、窮極的な可能性＝不可能性であり、窮極的な偶然性＝必然性である、この持続する実在を何と呼ぶべきかといえば、周知のようにドゥルーズは、それを「潜在的なもの」と呼んだ。潜在的なものは、何ものであれ、その先を越すことができない極限であり、すべてを形成途上のもの、なされつつあるものに変えてしまうものである。「主観的なもの、すなわち持続とは、潜在的なものである。より精確にいうなら、それは現働化されるものとしての潜在的なものであり、まさに現働化されつつあるものであり、おのれ自身の現働化の運動と切り離すことができないものである」[7]。

ベルクソンの立てた順序を尊重するなら、まず実在する持続があり、それが進展するにしたがって、ある特定の事象が可能性ないし不可能性として鏡の世界のなかで作成され、可能性の世界に吸入されうるようになるのであり、同時に、ある事象は可能性の領野から除外されるということになるだろう（可能性の作成過程じたいの有限性ゆえに）。だが実在の持続は、どれほどわずかであれ、可能性／不可能性の配分の先を行く潜在的で不気味な持ち分を有している。この潜在的な持ち分は、それぞれの情況において運動するものであり、そしてそれが、「主体的なもの」の尖端となるのである。この主体的なものは、可能／不可能によってあらかじめ切り分けられた身体とは別の様式の身体と、可能／不可能を合理的に配分する知性とは別の様式の思考を、それぞれの情況において構成するはずである。セルジュ・マルジェルは、『自然の論理』において、可能性の可能化／不可能化、不可能性の可能化／不可能化を行う審級を、「未来」に仮託しながら、「未来とは可能事の偶然性の必然性にほかならないだろう」[8]と述べる。こうした言明が《自然＝機械》全体の水準、すなわち、不共可能的な諸世界を発生させる水準において理解されるならば、《自然＝機械》の必然性とは、《自然＝機械》の偶然性の必然性のことであり、《自然＝機械》の未来のことなのである。この未来は、現在や過去の事象からの類推をまったく許さない部分を持つ。したがって、過去や現在のイメージを投影したものは、未来と呼ばれるものではない。人間が通常「未来」と呼んでいるものは、それじたい表象＝再現である過去の表象＝再現にすぎない。ドゥルーズが『差異と反復』の第三の時間で断ち切っていたのは、こうした投影である。それゆえ、そうした未来は、いかなるかたちにおいても、まったく存在しないと言ってもよい。それが到来するかどうか誰も知らないのはもちろん、知らないということさえ知らない(抽象的で空虚な思弁を除いて)。こうした意味からするなら、未来はないと述べることこそが正しいことになろう。未来は暗闇であり、そこに光は射さない。未来には希望もなければ、絶望もない。《自然》の未来をあらかじめ定めてしまうような、高次の視点は存在しない。ゲルーの表現を借りるなら、未来の思考は一切知性を持たない。

おそらく、潜在的なものをめぐるこうしたベルクソン主義を念頭に置いてのことだろう、ドゥルーズはライプニッツの神でさえ、その外に立つことのない持続、ないしは「推移」を、『襞』において強調している。つまり彼は、ライプニッツの神が、世界をあらかじめ知ることに異議を申し立て、神もまた、世界の「先を越す」ことはないと主張するのである。『襞』は、可能世界論とも関連する別の側面から、ライプニッツの読み替えを提案しており、これは『差異と反復』や『意味の論理学』のライプニッツ読解には見られないものだ。[9] ドゥルーズによるなら神の知性も、力能も、自然の推移(ホワイトヘッド)、持続(ベルクソン)にほかならず、神はこの推移の過程に内在的に一致し、随伴するだけだと言うのである。彼は次のように述べている。「読解するとは、先行する状態の観念から、後続する状態の観念を結論することではなく、後続する状態そのものが、先行する状態から「自然の力によって」出てくる際の努力や傾向を把握することなのである。神的な読解とは、モナドのなかを神が真に推移してゆくことなのだ(ホワイトヘッドが、場所のなかでの「《自然》の推移(パサージュ)」について語るのに少し似ている)。もっと言うなら、それぞれのモナドは神の推移にほかならない——モナドはそれぞれひとつの視点を持っているが、この視点は、モナドを経由し、モナドと一致する神の読解や視野の「帰結」なのだ。〔……〕予知能力によって神があらかじめそこを経由していると述べてみたところで、まったく意味がない。なぜなら永遠は、先を越すのでもなければ、後退するのでもなく、むしろ、時間の順序のなかで継起するあらゆる推移と一致すると同時に、世界を構成するあらゆる生きいきとした現在と一致することから成っているからだ[10]」。

もはや持続し推移する「現在」しかないとき、神の永遠知性は決して世界の先を越さず、また、モナドの先を越すこともない。こうしてドゥルーズは、ライプニッツの「神」を、《自然》の《持続》ないし《推移》のほうへ移行させる——ベルクソンに加え、スピノザ、ホワイトヘッドのほうへ。神的な知性もまた、潜在的なものへと折り畳まれ、そうして能産的な《自然》の推移へと巻き込まれ、その進展過程と一致させられる。知性は、世界の推移の過程をどこか上位の立ち位置から見渡す超越的なポジションを放棄させられて、あらゆる可能的な未来を消尽した果てでの、実在の運動へと巻き込まれてゆく。かくして、神の有する知性は、実在の生成につき随うもの——先行することも、あとからついていくこともなく——となることで、もはやあらかじめつくられた安定的な知のなかに安住しなくなるだろう。永遠的な知そのものが、世界の骰子を振り直すものと化すのである。ここでは現実的なものばかりでなく、可能的なものじたいを可能化する、それじたいは可能性の範疇にはない《自然》の推移そのものが問われている。知性の領域そのものが推移し生成するものであること、ここにこそ、『襞』におけるモナドの「自由」が賭けられているのだ（先行的な神の知を、神の掟を裏切ること）。

ドゥルーズは『意味の論理学』に収められたクロソウスキー論においても、可能的なものの総体が決して与えられていないということを、カントにおける「神」の定義を辿り直しつつ、別の角度から述べている。カントは『純粋理性批判』において、神を、選言‐離接の機能を担うものとして規定する。つまり、神は、可能なあらゆる述語をまず見渡したあとで、各個物に割り振られる述語を、この総体のなかから排他的な選言命題によって抽出するというのである。こうしたカント的な問題設定を、ライプニッツ的な問題設定に接続してみよう。すなわち世界の述語は、あらゆる出来事のなかからどの出来事を特定の世界に割り振るかという、配分の営みによって規定されるのである（出来事の配分を差配する原理としての共可能性／不共可能性）。神は可能事の全体を思考し、様々な可能事の分布を決定することによって、個体のありようを決定することになるだろう。

『意味の論理学』における「神」概念への操作のひとつは、この出来事の分配法そのものを変形することを目論むものだ。すでに見たように、ひとつの個体は、その個体から排除された不共可能的な出来事‐述語をも、おのれのうちに折り畳むのであり、こうして、神による整合的な配分行為を裏切るというのである（ネオ・バロック主義）。しかしドゥルーズの遂行する操作はそれだけではない。彼は同時に、可能な述語の総体、可能なあらゆる出来事の総体が存在するという仮説じたいを斥ける。出来事の総体はもはや所与となることはない。全体は決して与えられない。これが、諸々の変容じたいの変容を謳うバフォメットの原理と結合されるという点が、クロソウスキー論の重要性をなしている。ドゥルーズは次のように述べている。「実際、神はあらゆる可能性の総体として、「根源的」な素材や実在性の全体を構成するかぎりでの総体として定義される。各事物の実在性は、全体から「派生する」。各事物の実在性は、事実、この全体を限定することによるのだ。〔……〕つまり、可能的なものの総体は根源的な素材であって、そこから、選言によって、各事物の概念の排他的で完足的な規定が派生してくるのである。そして、神には、選言三段論法の運営を根拠づけること以外の意味はない。〔……〕クロソウスキーのテーゼは、それが含意する新たなる理性批判によって、このときひとつのまったき意味を手に入れることになる。選言三段論法の主人は、神ではなく、反対にアンチキリストなのだ。なぜならアンチ神は、各事物があらゆる可能な述語を経由（パサージュ）してゆくよう決定するからである。存在たちの《存在》としての神は、「あらゆる変容の王子」、あらゆる変容の変容であるバフォメットに置き換えられる。もはや根源的な実在性は存在しない」[11]。

『襞』と同様、「推移＝経由（passage）」という語がもちいられる、この引用の末尾でドゥルーズが述べる、「もはや根源的な実在性は存在しない」という事態は、「あらゆる可能性の総体」は存在しないということであろう。というのも、「神はあらゆる可能性の総体として、「根源的」な素材や実在性の全体を構成するかぎりでの総体として定義される」からだ。ピラミッドを構成する可能事の総体は存在しない、少なくとも、起源において総数を決定された根源的な実在性の全体は存在しない。それは閉じていないし、固定されてもいない、それは消滅も生成も、変形も形態喪失も許容する（「あらゆる変容の変容」）。これは、諸世界の結合が無限に開かれているという集合論的な思考法――これは静的発生にあたるだろう――とは異なる、別の開かれを構成する。というのも、「根源的な実在性は存在しない」ということで言われているのは、（弱い解釈によるなら）ピラミッドが、ある一定の状況において、無限個の出来事を含んでいると仮にしても、しかし、その当の出来事そのものが先取り不可能な持続のうちにあること、無限個の出来事のなかには含まれていない出来事が発生しうること、さらには、可能な出来事のなかに含まれていない不可能な出来事の到来も不可能であるわけではなく、それが絶対的に妨げられているわけではないということである。（強い解釈によるなら）可能性なるもの一切がその範疇とともにまるごと潰れてしまい、もはや何の可能性もなく、また可能性との対比で規定される不可能性もない。可能性を産出する審級そのものには、可能性も不可能性も、未来の観念も過去の観念もなく、ただ潜勢と現勢が入り乱れ最小回路で結ばれる質料－産出力の《今》しかない。そして、有機性から解き放たれたこの質料－産出力（身体）は何をなしうるか、まだ誰も知らない。「想像力は死んだ想像せよ」（ベケット）[12]。可能性と希望と絶望の同時的な消滅。知覚、情動、行動の可能性の絶滅。あらゆる形態が崩れ落ちる領域。知覚しうる／されうるものの消滅。光が生まれる前の、闇と光が対比される前の、未来なき時間を生きること。それを生の技法とすること。

　ドゥルーズが探るのは、可能性という範疇とその彼岸をめぐる思考である。無限知性のなかにすら含まれていない「神ですら予見できない」出来事、いかなる意味においてもその可能性すら可能でない出来事である。それは、様々な相貌をドゥルーズ自身のうちにも生じさせるだろう。第一に、諸世界を横断しピラミッドに穴をあけ新たな可能的なものの注入によってピラミッドを攪拌する選言綜合。第二に、ピラミッドの《外》の暗き底を喚起しそれが走らせる蜂起の線をピラミッド内から経験するもの。第三に、この暗黒の《外》に棲みつき知覚しえぬ／されえぬものへと生成変化するもの、すなわち、厳格に質料－力能しか持たぬ器官なき身体の産出。これは、消尽したものの三つの形態である。いずれにせよ問われているのは、有限な知性が指定した可能性ばかりでなく、神が指定し、つくりだし、条件づけ、方向づけ、法則を課した可能性の先をも越すような運動を構成すること、神を裏切りかつ神に裏切られる実存に生成すること、神の裁きに先立つ実存様式をつくることだと言ってもよい。可能性／不可能性を消去したその果てで構成される実存の芸術は、苛酷な消尽に、強度零に行き着くものかもしれない。範例となるのはベケット、アルトー、バートルビーといった、それぞれに異なる特異な形象であろう。

　こうした「可能的なもの」をめぐる議論は、ドゥルーズの政治論でも反復される。ドゥルーズ＝ガタリによるなら、敷石を引き裂く「六八年五月」とはまさに「出来事」であり、「可能性の領野」を開くことにほかならないからだ。彼らは、こう述べている。「一七八九年の《革命》、《コミューン》、一九一七年の《革命》といった歴史的現象には、いつも出来事の持ち分があり、それは社会的決定論や因果系列には還元しえない。歴史家はそうした側面を好まず、事後的に因果性を復元してしまう。だが出来事そのものは、因果から離脱ないし断絶している。それは法からの分岐、逸脱であり、諸々の可能事の新たな領野を開く不安定な状態なのである。〔……〕《六八年五月》とはむしろ、純粋な出来事の秩序に属するものであり、正常（ノーマル）ないし規範的（ノルマティヴ）な因果一切から自由である。その歴史は「不安定性と増幅された揺らぎの継起」である。六八年には数多の騒擾、身振り、言葉、愚かさ、幻想があったが、重要なのはそのことではない。重要なのは、それが幻視の現象であったということだ。あたかも社会がおのれのうちに耐えがたいものを突如として目撃したかのように、また、同様に別のものの可能性をも目撃したかのように。それは、「可能的なものを、でないと窒息してしまう」というかたちをまとって出現した集団現象なのである。可能事はあらかじめ存在しているわけではない、それは出来事によって創造されるのだ。これは生の問いである。出来事が新たな実存を創造するのであり、出来事が新たな主体性を産出するのである（身体、時間、セクシュアリティ、環境、文化、労働などとの新たな関係……）」[13]。可能性／不可能性の割り振りに先立ちながら、新たな実存を産出する出来事の到来。本章の最後では、この問題がドゥルーズの政治論のなかにどのように位置づけられるかを、見てゆくことにしよう。

## 第三節　六八年以後——サルトル／フーコー／ドゥルーズ

フランソワ・ズーラビシヴィリは、「ドゥルーズと可能的なもの（政治における非主意主義について）」において、「ドゥルーズの政治思想にはベルクソン的な着想」と呼びうるものがあり、それは、「現実化される可能事と、創造される可能事とのあいだの身分上の差異」を打ち立てるものであると述べる[1]。そしてこの可能事をめぐるふたつの体制の差異が、政治において、既成価値と妥協する主意主義と、過去とラディカルに断絶する非主意主義との差異と重ね合わされるのである。こうしてズーラビシヴィリは、意志にもとづく政治的行動の価値を切り下げる一方で、出来事の到来に対して行動でもって反応することなく、生じている事態をただ「見る」ことを積極的に肯定するドゥルーズ像を描き出すことになる。ズーラビシヴィリが、『ドゥルーズ　ひとつの出来事の哲学』における読解の精緻さで知られる存在だけに、この論文は広く知られるものとなった。実際、ドゥルーズにおける「行動」への忌避は、たとえば『シネマ』で繰り返される「行動‐イマージュ」への価値切り下げにも見られるものであり——ただし、そこには慎重な留保が必要である——、「意志的なもの」への批判も、『プルーストとシーニュ』をはじめとして、ドゥルーズ読者には馴染み深いものだ。そうした意味では、ズーラビシヴィリは間違っていないようにも見える、そして、そうであるがゆえに、大きな問題を提起してもいるのである。一方で、ドゥルーズは革命を留保なしに肯定する。だが、行動なき革命、ただ見ている革命とはいったい何か。古典的革命であろうと、未来の革命であろうと、行動なき革命など存在するのか。あるとするなら、それはいったいどのようなものか。また出来事の到来とは根本的に受動の対象であり、意志にもとづく行動は、そこにかかわらないのだろうか。主体は、出来事をいわば事故のようなものとして、引き受けるだけなのだろうか。そのとき、出来事を享ける人間は、行動することができずにそれを見つめるだけなのか。創造される可能事は、人間の外でのみ到来するのだろうか。人間の消滅とともに、人間的な意志の消滅とともに、可能事は到来するのだろうか。また逆に、「意志」を、「行動」を切り捨てることはできるのだろうか。以下ではこうした問いを考察するために、ドゥルーズとの対比ではさほど論じられることのない、主体的な行為と決断を強調した哲学者を検討してみたい。すなわち、「アンガージュマン」で知られるサルトルである。

まずサルトルに対するドゥルーズのかかわりを概観しておこう。サルトルがノーベル文学賞の受賞を拒否した一九六四年に、ドゥルーズは「「彼は私の師だった」」というサルトル支持のテクストを執筆する。[2] 一九六九年の『意味の論理学』では、『自我の超越』を高く評価し、そこで提案された超越論的な場という概念をさらに引き延ばそうとする一方、補遺「ミシェル・トゥルニエと他者なき世界」(初出一九六七年)では、サルトルの「他者」概念に対して批判的に応接する。一九七二年の『アンチ・オイディプス』においては、サルトルの政治理論にふれながら、短いながらもきわめて重要なテクストを書き、一九七七年の『ディアローグ』では、ドイツ占領から解放されたフランスには、「幸運にもサルトルがいた、彼は我々の《外》だった、本当に裏庭に吹き抜ける空気の流れだったのだ」と、戦中世代として最大級の讃辞を送る。[3] 一九七〇年代のサルトルは、構造主義陣営による批判を六〇年代に受けたのち、六八年五月とそれ以後の政治情況のなかで、マオイストとの共闘を開始し、『人民の大義』紙の編集長になるなどを経て、いわば政治的に「復権」し、公的舞台に返り咲いた時期であった。[4] だが、それればかりではない。ドゥルーズはその死の直前、『マルクスの偉大さ』という書物を最後の著作として準備していると述べた有名なインタビューのなかで、サルトル体験について語っている。遺書の如きものとして受け取られることがドゥルーズ自身にも分かっていたはずの同インタビューのなかで、「サルトルは私にとってすべてでした」とまでドゥルーズは言うのである。[5] これは、戦中から終戦後にかけての時期への郷愁に満ちた個人的回顧ではなく、アクチュアルな「今」において、マルクスばかりでなく、サルトルをも復権させるべきであるという意志だとも見なしうるだろう。彼はこう述べている。「私はサルトルに魅了されていました。そして私にしてみれば、決して失われることのないサルトルの新しさ、永遠の新しさが存在するのです。／ちょうどベルクソンのようなものです。永遠の新しさをそのうちに見出すことなしに、偉大な作家を読むことなどできません。そして今日、サルトルやベルクソンが時代遅れの作家として扱われているのは、彼らが当時持っていた新しさを再発見できていないからなのです」。[6] こうした別格とも言える称揚の文脈を踏まえたうえで、以下ではとりわけ『存在と無』における「可能事」をめぐる議論、それに『弁証法的理性批判』における集列／集団をめぐる議論、さらには、マオイストに随伴する情況下での発話を検討することにしたい。

まず『存在と無』のサルトルにとって、ライプニッツはいかなる思想家であったか。彼にとってライプニッツとは、「本質が実存に先立つ」タイプの典型的な思想家であった。主語アダムへと内属する述語は、神が選んだ実存の本質であり、アダムという実存が行動によって獲得したものではない。ライプニッツにおいては、ある一人の人間の本質が、その具体的な実存に先立って決定されるからだ。逆にサルトルの周知の問題は、本質に対して実存を先立たせること、本質そのものを実存のあとに到来させることであり、本質をあらかじめ区切られた閉域の外に投企することであった。それゆえサルトルは言う。「可能事は、それがアダムの新たな投企によって新たな諸可能性へ向かって、可能事として実存されるのでないかぎり、他のものでありうるというたんなる無形の可能性でしかない。それゆえ、ライプニッツにおける可能事は、永遠に抽象的な可能事のままである。それに対して、我々にとって可能事は、自己を可能化しながらでしかあらわれない。すなわち、アダムに対して、彼がそれであるところのものを告知しにやって来るときはじめて、可能事はあらわれるのである。〔……〕我々にとっては、〔ライプニッツとは〕逆に、解釈の順序は、厳密に時間論的(クロノロジック)なものである。それは決して時間を、純粋に論理的な連鎖（理由）や、論理-時間論的な連鎖（原因、決定論）に還元しようとするものではない。その順序は、未来から出発して解釈されるのである」。「それゆえ、アダムに彼の人格を告げ知らせるのは、未来であって過去ではない」[7]。

サルトルはここで、抽象的な可能事と、実存される可能事との区別、いわば、もっぱら論理的な可能事と、現実存在へともたらされる現勢態の可能事との区別を行いながら、この後者の可能事は行動をとおして創造され可能化されねばならないと述べている。これはつまり、可能性の次元そのものに、可能化を行う時間を導入しなければならない、ということを意味する。[8] 無時間的なしかたで永遠に与えられた可能性は存在しない、可能性は生滅するということであり、可能性は行動によって創出されなければならないということだ。ところで、先に引用したように、六八年五月という出来事のなかに、ドゥルーズ＝ガタリは、新たな「可能事の領野」の開かれを見ていた――出来事とは「諸々の可能事の新たな領野を開く不安定な状態なのである」。サルトルもまた、六八年以後のテクストにおいて、マイノリティの闘争、植民地での闘争といった具体的闘争は、不可能とされていたことを一気に可能化し、「諸々の可能事の領野が一気に拡大する」と述べていた。[9] そしてドゥルーズ＝ガタリにとっても、サルトルにとっても、そうした行為は、社会秩序内に見出される「理由」や「原因」に還元されるものではなく、むしろ因果連鎖を断ち切るようなものだろう。そしてこうした活動のなかで形成される力能／行為をとおして、新たな知覚が開かれ、新たな主体性、あるいは「身体、時間、セクシュアリティ、環境、文化、労働などとの新たな関係……」がつくりだされると言うのである。サルトルとドゥルーズ＝ガタリのあいだにはおそらく、言葉上の一致を超えたものが存在している。[10]

ところで、この新たな可能事の領野が開かれる時間は、論理的な連鎖の秩序ではなく、実存によって生きられる時間、実存が自己から外に出て、無を存在へともたらし、存在を無化しもする時間である。実存による決断、投企、行為、それが可能性を存在させる。実存の行為こそが、可能事の産出にかかわるのである。そしてこのときサルトル的実存は、「投企」、「選択」、「決断」というかたちで、未来を、決して全面的にではなく、いくらか先取りしてもいる（決して現前することなく、決して現在には属することのない徴候、兆し、先触れ）。というのも、サルトル的実存はある方向に向けておのれを投企するからだ。自覚的であろうと無意志的であろうと、その場での当面の微分的な方向決定を行うためには、たとえ断片的なものであれ、情況に張り巡らされた無数の力線を把握せねばならず、行動の理念を少なくとも部分的に有していなければならない。サルトルはもちろん、ドゥルーズ＝ガタリが「マイノリティ」を、「動物」を強調するのも、やはり人民という理念においてのことだろう。たとえのちに裏切られることになったとしても、全面的な自己決定は不可能だとしても、である。

こうした先触れの把握は、選択や決断のうちに過去を持ち込む危険をも同時に抱えることになる。すなわち、決断にもとづく行動を可能にしつつ、しかし、行動をあらかじめ定められた目的論的な範疇にとどめてしまいかねない、という構造的問題である。さらには、行動が可能になる以前に、行動が可能であると知る以前に、行動する、ないし行動せざるをえなくなるのはどういう状況においてなのかという別の問題をも惹起するはずだ。問われているのは、可能性の構築をめぐる時間構造、徴候をとおした未来の認識をめぐる時間構造――それらは非意志的なものを含まざるをえない――と、意志にもとづく行動、選択、決断がいかにかかわるかという点である。たとえば、サルトルは「革命」をめぐって次のように述べている。「先ほど我々が立てた原則、すなわち、労働者の苦しみに動因としての価値を与えるのは、ひとつの革命を可能なものとしてとらえることであるという原則を思い起こしておくなら、状況を変えるという我々の可能性へ向かって、状況から逃走することによって、我々はその状況を動機や動因の複合体へと組織するのだと、結論しなければならない」[11]。

サルトルは、「労働者の苦しみ」という状況を、行動の「動因」や「動機」に変えるものは何かと問う。また、労働者本人による状況の知覚や、非当事者による知覚を、いかにして当の状況の変容へ向けた行動へとつなげるのか。そして「労働者の苦しみに動因としての価値を与えるのは、ひとつの革命を可能なものとしてとらえることである」という定式を発するのだが、「革命」が「可能なもの」となるのは、可能事の構成をめぐるサルトルの主張によるなら、未来において、具体的に外化された行為として、革命が「存在される」ことのなかにあるはずである。そうだとするなら、「革命が可能である」ということを、現在において知的に、情動的に、行動的に直観することは、未来の不確定で部分的な、いまだに現実化されていない先触れにふれることであろう。それは、意志的な持ち分ばかりでなく、同時に、無意志的な持ち分を含まざるをえない。なぜなら未来に向けて行動するとき、人々はおのれが何をしているか、何を意志しているかを正確には知らないからだ。だが労働者はこのとき、おのれの行為とともに実現されるだろう未来の革命のヴィジョンをいくらか幻視し、それを現在のうちに繰り込んでいることにもなるはずである。ただし、真の意味での「出来事」とは、こうした未来のヴィジョンのさらに外から到来するものでもあるだろう。到来する未来は、それゆえ、先取りされる未来の兆しのさらなる《外》を構成することになる。だが、この強い意味での未来、端的な《無》は、方向づけを可能にする未来ではない。サルトルがここで語るのは、したがって弱い意味での未来、しかし現在の状態の延長線上にはない未来の徴候であろう。すなわち、苦痛のなかで行動とともに把握されるのは、革命の暗き先触れ、いまだ実現されてはいない徴候であり、しかもそこにみずからが参加しているような革命の徴候である。サルトルが、繰り返し「我々」という語をもちいることで、語る者自身と読者を、語られている過程のなかに巻き込んでいることに注意しておこう。そしてこの先取りされた未来の革命の可能性に向かって状況を変更すべく「逃走」すること[12]、ドゥルーズ風に言うなら「逃走線」を引くこと、すなわち、状況からの離脱と解体を現在進行形で構成することによって、同時に、労働者の苦しみを生み出す状況を、革命への動機をはらむ状況に書き換えるとサルトルは言うのである。「逃走」は、サルトルにあっても、ドゥルーズにあっても、たんに個人的な逃避ではなく、状況そのものを破裂させること、システムのなかに現に抜け道をつくることであり、そのことによる、状況からの脱出にほかならない。状況から脱出するのではなく、状況そのものを破裂させ漏洩させること、そのことをとおして呼吸口をつくりだし、状況から脱け出すこと。ドゥルーズが言うように、「逃走することとは行動を諦めることではない、逃走ほど行動的なものはない。それは想像的なものの反対である。それはまた逃走させることでもある。必ずしも他の人々を逃がすことではなく、何かを逃走させることであり、配管を破裂させるように、ひとつのシステムを逃走させることである。ジョージ・ジャクソンは自身が収監されていた監獄について次のように書いている。
「俺は脱走〔逃走〕するかもしれない、だが脱走の間中ずっと、武器を探し求める[13]」。

このことを時間論的に言うなら、未来（革命の可能性）のいくばくかの先取りとともに、アクチュアルな現在のいまここにおいて逃走線を引く行為を起こし、それによって、それまでの過去の状況の意味を、革命に向かう動機として書き換え、そしてその動機を新たな行為へと繰り込んでゆくという過程が生ずる、ということになる[14]。いまだはっきりとした可能性にすらなっていない未来の兆しをいくらか先取りしながら、同時に、先取りされるこの未来のさらに《外》において、未来をまったき無として、いまここに端的に存在しない到来として保持してもいるという構造こそが、革命へと方向づけられつつ、偶然性を決して除外することのない主体的行動を条件づけている。つまり、意志的なものと無意志的なものの中間的な圏域に陣取るのである。こうした立場からするなら、政治における主意主義か、非主意主義かという純然たる二者択一は、さして重要であるとは思われないはずだ。持続する意志（の表象）を有することが、意志によるとはかぎらず、そのなかにはいたるところに無意志が混ざっており、意志のどこを切っても無意志が見出されるだろう。また逆に構築主義的に言うなら、無意志のどこを切っても意志が見出されるにちがいない。ドゥルーズにおいて無意志を強調しすぎることも、意志を強調しすぎることにも警戒すべきであるように思われる。[15]いずれにせよ、サルトルにあっては、選別の試煉を経て方向づけがなされつつ、しかし開かれてもいる行為から、過去の、状況の意味を書き換える効果が生ずるのだ。サルトルはこうも述べている。「労働者が自己の苦しみを、耐えがたい苦しみとして立てることができ、その結果、その苦しみを自己の革命的行動の動因たらしめることができるのは、自己自身からの純粋な離脱によってであり、世界からの純粋な離脱によってである。したがって、このことは、意識にとって、次のような不断の可能性があるということである。すなわち、意識は自己自身の過去との断絶を行い、自己自身の過去からおのれを引き離し、そうすることによって、ひとつの非存在の光で自己自身の過去を考察することができ、また自己自身の過去が持たない意味を投企することから出発して、この過去に、この過去の持つ意義を賦与することができるという可能性がそれである[16]」。

　この苦しみへの価値評価の変化、すなわち、たんなる「ある苦しみ」であった過去が、突如として「耐えがたい苦しみ」、文字どおり読むなら、耐えることがもはやできず、その苦しみを産出する構造に抵抗せずにいることができないような、そんな苦しみとして知覚されるという、知覚の水準における価値転換——これは、ドゥルーズが異なる事例をもちいながら、『シネマ2』において描いていたものであった。すなわち、監獄情報グループの機関紙の名から採った、「耐えがたいもの」ないしは「寛容しがたいもの」(*l'intolérable*) としての状況の知覚という問題系である。「どちらの方向に行っても袋小路に突きあたる被植民者にとって、こうした条件のもとで生きることの不可能性[17]」。さらには、この条件下で生きることの不可能性と、その条件のもとで生きるよう強いられているという事実のあいだの両立不可能性もある。「耐えがたいもの」を目撃して、それにすぐさま反応することができないという『シネマ2』で繰り返される情景は、所与の社会構造のなかで正則的に営まれる日常的な行動の停止ばかりでなく、当の社会全体の機能停止を前にしたものであり——第二次世界大戦の惨禍が喚起されている——、同時に、おそらくそこから、抵抗「行動」の主体や動因を立ちあげてゆく「行為」の時間を指している。一九八三年一月一八日の映画論講義でドゥルーズは、すでに形成済みの主体による「行動(action)」と、主体が欠落するなかで行われる「行為(acte)」を区別しているが、「行動」と「行為」を分かつ分水嶺は、既存の行動主体、すでに前提され認知されている主体に依拠する実践であるか(「行動」)、あるいは、既存の行動主体に依拠しない実践、端的に名指しうる主体が存在しない実践か、あるいは、その行為とともに主体そのものが形成されてゆく実践であるか(「行為」)、という点にあるだろう。「なぜならそれは形態なき世界であり、根底の世界、ないしは無底の世界だからなのです。その世界には行動はないが、しかし行為のようなものはある。すなわち形態なき行為であり、形成済みの主体に関連づけられることのない行為なのです[18]」。シェリング的な語彙とともに、ここで主張されているのはおそらく、無底で無形態の世界、主体がいまだ個体化された形態をもたず、それゆえ散らばった断片しかない暗き世界のなかに、いまはまだ欠けている主体、欠けている革命主体を描き出す線が引かれることで、行為する人民としておのれを創出する行為である。無底とは、革命主体未満の欠けている人民の場でもあるのだ。問われているのは、それまで行動の主体が認められていなかった場所、そうした主体が存在しないとされてきた場所において、行動様式においても、思考様式においても、集団化の様式においても新しい主体を創出することである。それは、集団の新たな実存様式を発明しつつなされる、新たな主体化の営みであろう。この「行為」は、(広義の)行動、すなわち実践を欠いているわけではない。「行為」と「行動」は互いを排除しあうようなものではないからだ。何らかの組織や党のような安定した形態を持つ主体とは別のしかたで、政治主体を新たに創出する射程を帯びた営みが行為と呼ばれるということであり、実践とともに主体を発明する営みということである。また、そうして人民が形成されるにしても、つねに「行為」的な次元をかたわらに保持しつづけるような、そうした開かれた政治主体のありようこそが眼目なのだ。すべてが無底ではないが、無底はいたるところにある。

一方でサルトル自身もまた、人民は存在しないと述べていたことを想起しておこう。「集列」からの「集団」の形成を問題にする彼にとって、人民の存在は決して自明のものではない。そして、この人民を立ちあげる行為とともに、状況をめぐる知覚の変様――「工場」から「工場＝徒刑場」へ――もまた生み出されるというのである。知覚や思考は、行動とともに変容し創出されるというのが、サルトルの変わらぬ主張であった。すなわち、孤立し、無力化することでしかもちえない知覚や思考がある一方で、対抗的に行動する人民、実践のなかでおのれを形成する人民でなければもちえない知覚や思考がある。思考、行為、実存をつなぐサルトルは、ある環境のなかでの行為と行動をとおした知覚形成という、知覚の政治的生態学とでも呼ぶべきものを提唱するのである。サルトルは、次のように述べる。「すなわちそれは彼ら〔労働者たち〕の条件の拒否ということです。抑圧され搾取され、徒刑場における如く背後から監督者と職制に監視されて働く彼らは、徹底的（ラディカル）にこの状況に反逆することではじめて、この状況を自覚しうるようになるのです。ですが大衆が分子化され、各人が自分は一人ぼっちだと感じて無力さから半ば諦めてしまっているときには、この思考は彼らの頭にはっきりあらわれることがありません。それは、人々をばらばらに分断し、またその分断を正当化するブルジョワ・イデオロギーによって覆い隠されてしまうのです。ところが六八年には、情況の変化によって、労働者たちのうちに日付を持った具体的な拒否が生まれ、孤独は集団に席を譲りましたが、その集団の態度は搾取の徹底した拒否を表現するものでした。人種差別、女性嫌悪、農民への不信は、行動の当初から姿を消しました。それを指摘され告発されたからではありません。そういったものは分離主義的思想の諸相であって、彼らはもうそれを必要としなくなったからです。〔……〕逆に人民の文化と正義を選択することは、四六時中行動すると決意することです。なぜなら、フランスにおける**人民は分子化されているために、もはや存在していないか、あるいはまだ存在していない**からです[19]」。

こうした労働条件の拒否、（あるいは、『千のプラトー』で引用されるトロンティにしたがうなら）「労働の拒否」、「労働に対する闘争」は、おのれ自身が、「資本」の価値増殖に寄与する「労働力」たることを拒否すべく、労働者階級が自己の能動的破壊を遂行するという意味で、「受動性の超克」を意味するものであり、[20]『ニーチェと哲学』の用語で言うなら、能動的なニヒリズムに当たるにちがいない。むろんそれは、活動の全般的喪失を意味するものではない。それゆえ、六八年五月以後の著作である『千のプラトー』では、「労働」モデルとの対比で、「自由活動」モデルが提示され、そしてそれが、労働の拒否に連なるものとしてばかりでなく、資本に抗する身体と時空間の構成という問題へと接続されてゆくのである。[21]

ところで、サルトルのこうした思考は、時間構造と関連しながら、やや角度を異にする別のテーゼをも提起している。すなわち実存が具体的な状況によって、さらにはおのれ自身の過去や社会の与件によって、決定されているにしても、実存は、まずその自己自身からおのれを切断しうるというテーゼである。これは「新しさ」の概念、すなわちおのれを生み出す条件には還元しえないものを規定するテーゼである。「自己自身」と「世界」からの「純粋な離脱」、そして「自己自身の過去との断絶」が指し示しているのは、おのれを産出する社会や歴史のなかにありながら、実存は、当の社会や歴史からおのれを切断しうるということだろう。情況に内在しながら、それを切断しつつ情況そのものに介入すること。サルトルは、「構造」と「実存」とのあいだの裂け目を考えている。彼の「実存主義」はしばしば、個人主義的な行動を称揚するものとして受け取られてきた。だがサルトルが問題にしていたのは、むしろ、構造と実存（集団でもありうる）のあいだの相克であり、まず構造によって規定されつつ、しかし、規定されきることのない実存の持ち分であり、単独性であるように思われる。すなわち、「実存」が外から到来するものによって受動的に規定され、「構造」によって他律的におのれの運命を決定される一方で、しかし、そこから実存をいかに引き剝がすかということを、あくまで社会的次元で探究するということである。「構造」を決して無視するのではなく――「社会野には作者なき行為や、構築者なき構築物が満ちている」[22]――、「他者」による「実存」の簒奪、さらには実存からの世界の簒奪を、まずは冷徹に見つめることが彼の問題だった。分離した個人主体からはじめるブルジョワ個人主義の観念論とちがって、現代の「乗り越え不可能な地平」としてのマルクス主義の原則にしたがうなら、はじめにあるのは、社会‐歴史的な構造である。この構造のなかで主体が産出されてくるが、しかし主体そのものは構造とは本性を異にするものである。それぞれの主体を、いかなる構造（家族構造、社会構造、経済構造……）にもまるごと回収することはできず、実存はおのおのが単独者としての側面を有する。別言するなら、構造や他者を強調するヘーゲル＝マルクス主義と、特異性を強調する実存主義との衝突と併存が、サルトルにおいて強烈なしかたで出現しているということだ。実存への移行を自由の問題として問うシェリングにおいて、人間的自由の樹立のために、神と自然からの切断という、二重の切断を経なければならなかったように、サルトルにおいては、その両者に加えて、社会と歴史からの切断が、社会と歴史のなかで行われなければならなかった[23]。シェリングにおいては、実在的なものと観念的なものの分裂と綜合をめぐって問いが立てられていたが、サルトルの場合は、神的構造、自然、歴史‐社会的構造といった「構造」と「主体」とのあいだの分裂と綜合が問われている。すなわち、主体は、その主体が何者であるかを規定する構造から超過する残余の部分を有するという意味において、実‐存（exi-stence）である。そして、各自はこの実存をこそ引き受けるのである。

　資本家はもちろん、ただ「苦しむ」労働者も、構造にとって「幸福」な「調和」のなかに収まる主体でありうる。というのも、構造にとって、その苦しみは、すでに構造のなかに織り込み済みの苦痛、構造の再生産のために耐えるべきものとして設定された苦痛として処理されるだろうからである。この意味で、「調和」とは暴力の隠蔽であり、また、暴力の隠蔽という暴力である。この調和が消滅するのは、サルトルによるなら「苦しみ」が、「耐えがたい苦しみ」へと変貌するとき、すなわち文字どおり、その苦しみに耐えることができない、それ以上苦しみを受けるなら自己が変容してしまうときであり、さらには、従属主体たる自己と従属させる世界から実際に逃走するときである。社会や歴史の構造と、それを生きている、ないしは生きさせられている実存との共存そのものが耐えがたいと感じられるときであり、おのれを規定している構造から実存がおのれを切断しようと行動するときであり、実存がおのれ自身からおのれ自身を切り離すという契機を実現するときである（資本主義構造のなかで人的資本＝労働力たる自己を拒絶すること、既存の性別構造のなかでおのれの性から逃走すること）。この構造／実存の不調和は、異なるふたつの方向性を持つだろう。すなわち一方には、ブルジョワ社会の構造そのものが、集団を解体し各人を孤立させるばかりでなく、一人ひとりの人生の空間や時間を細分化し引き裂きにやってくることで、社会的に周縁化され、排除され、さらには社会的に殺害されたものとして、各人が包摂される、ないしは、棄却されるという傾向がある（経済搾取、人種差別、植民地主義、性差別、言語差別……）。他方には、ある社会に抵抗せずにいることができない実存が味わう、生の耐えがたさそのものが、社会構造を変革しようとする動因になる傾向がある。サルトルにおいては、労働闘争、植民地闘争、そして文学という闘争もまた、後者の傾向へと接続される。ドゥルーズによる「「彼は私の師だった」」には、『文学とは何か』からの次のような一節がある。ドゥルーズよりも少し長めに引用しておこう。「それゆえ具体的な文学とは、所与からの離脱能力としての《否定性》と、未来の秩序の素描としての《投企》との綜合だろう。それは《祝祭》、つまりそこに映るすべてのものを焼き尽くす炎の鏡であり、また、無私無欲の高潔さ、すなわち自由な発明、贈与であるだろう。だが文学が、相互補完的な自由のこのふたつの側面を結合させうるには、すべてを語る自由を作家に与えるだけでは十分ではない！　すべてを変える自由を持つ公衆のために作家は書くべきなのだ。このことが意味するのはつまり、階級の廃止に加えて、あらゆる独裁制の廃止、幹部のたえざる刷新、秩序が固まろうとするやいなや行われる秩序の連続的な転覆である。一言でいうなら、文学とは本質的に、永続革命のさなかにある社会の主観性＝主体性なのである」[24]。かくして政治の路線、後年のサルトルが「今日におけるアナーキー」とも呼ぶ権力なき社会の方向が示されるとともに[25]、文学の位置も定められることになる。いかなる作品形式が、こうした主観性＝主体性を表現するかをめぐって、サルトルとドゥルーズのあいだにはへだたりがあるにせよ、しかしサルトルのこの言葉は、反表象＝代表を基本線とするドゥルーズの文学論と軌を一にする路線となるにちがいない。

『フーコー』を執筆する一九八六年のドゥルーズが、ルカーチ、フランクフルト学派、イタリア・マルクス主義（オペライズモ）という系譜のなかに、サルトルを置きながら見ていたのも、まさに国家や党への中央集権批判を踏まえたうえで、闘争の新たな形態と、闘争の新たな主体を産出したということであった[26]。それは横断的闘争であり、横断的主体であったと彼は言う。こうしたサルトルを含む文脈のなかにフーコーが位置づけられるのだが、そうした文脈のなかに、おそらくドゥルーズ自身もおのれを位置づけることになるだろう。そのことは、「ノマド的思考」や、フーコーとの対談「知識人と権力」などを参照すれば明らかであり、のちの『シネマ』においてもその点に変更は見られない。六八年以降の共闘を踏まえながら、サルトルをフーコーの文脈のなかに位置づけるドゥルーズは、サルトルをマルクス主義の刷新として、さらには、実存主義そのもののたえざる刷新として見ていたように思われる。一九八六年一月二八日の講義で、ドゥルーズは次のように述べている。「マルクス主義のうちで産出され、実存主義のなかで産出される、あらゆる微視的な揺動があります。そしてフーコーの思想は、マルクス主義の刷新や再解釈として、実存主義の発展として生じたすべてのことから独立しているわけではなく、それらと不可分なのです。たとえフーコー自身の文脈が、マルクス主義や実存主義の文脈とは相当に異なるものだとしてもです。それゆえ理論的構造を考えるなら、フーコーはマルクス主義からきわめて遠く、実存主義からもきわめて遠いと言いうるでしょう。ですが、微視的な構造を考えると、すなわちその当時マルクス主義を内側から刷新し、実存主義を発展させたあの揺動すべてを考えると、フーコーはこの揺動のなかに棹差していると言えるのです[27]」。

上記のように検討してみるなら、ドゥルーズの政治論における立場は、サルトルの立場と完全に一致するわけではもちろんないが、たがいに一定程度親和的であることはおそらく間違いないだろう。要約するならまず、「可能的なものの可能化」、「可能的なものの創造」の主題がある。そして「切断」の主題、すなわち過去の、状況の、社会の、歴史の、因果の切断がある。「耐えがたいもの」「許容しがたいもの」―「寛容しがたいもの」の主題があり、意味論的な転換――日常的に見慣れたことが耐えがたいものと化すこと――がある。逃走線があり、革命の肯定がある。欠けている人民論があり、新たな個人的／集団的な実存の創造がある。さらに加えるなら、『アンチ・オイディプス』においてドゥルーズ＝ガタリは、『弁証法的理性批判』における「集列（セリー）」、「集団（グループ）」、「組織」（ないし「制度」）という三つの区分を引き継いでいる。まず「集列」とは、とりわけ資本主義の機構のなかで、個々人がばらばらのまま存在するように強いられた結果として生み出されるものであり、「階級」はこの原子化された人々の寄せ集めとしての「集列」にあたる。それは、社会構造のなかで他者によって課される自分のものではない目標を内面化し、欲望を他者＝構造に奪取された状態であり、また、その状態を惰性的に生きる人々を指す。労働者が、おのれの目的ではなく、企業による目的を内面化しながら労働し評価されるように、である。それは、サルトルにとって、人々が同盟を組み共闘することを阻む分断の思考、差別の思考を産出する体制である（人種差別、女性差別、職業差別などは、人々の分断を強化するブルジョワ的構造のなかで生ずる思考とされる）[28]。第二に、「集団」とは、所与の社会のなかでの共同の行為や共通の目的という、実践をとおして集列のなかに連帯が生み出されたものである。サルトルが特権化するのは、抵抗や革命の実践のなかで生み出される闘争の集団であり、その統一性は実践的行動のなかに見出される（たとえば、有名なバスティーユを奪取しようとする人民の事例）[29]。人々が相互に切り離された集列性の状態から脱け出さなければ、闘争のようなものは存在しない。また逆に言うなら、共闘行動のなかでは、サルトルによれば、（やや楽観的すぎるとはいえ）差別の乗り越えをうながす機運が多少なりとも生じることになるという。『弁証法的理性批判』を注釈するウィルフリッド・デサンは、同書について手際よく次のようにまとめている。「労働者は孤立しているがゆえに搾取される。労働者はあたかも永久にこの《他者》の世界に閉じ込められており、逃走してほんとうに自分自身になることもできないかのようだ。サルトルが救援の手をさしのべるのはまさにこの点で、彼はおよそ階級闘争なるものは、もし「集列体を解消する恒久的可能性が存在」していなければ、絶対に不可能であろうと言う。したがって階級は、たんに現在の状態――人間を捕えて彼を現状に放置する実践的‐惰性態、人間の運命――であるだけでなく、同時に可能的な状態――現在の条件を超え出て集団を形成する潜勢力、人間による自己の運命の否定――でもある。集団そのものは、階級との関連でいえば、この可能的な状態であり、そこへいつか労働者階級が向かうことのできる状態である。〔……〕階級は、社会的不安定のとき、闘争やストライキのとき、あたかもひとつの集団であるかのように、現実に実践的全体化として存在する」[30]。サルトルにあっては、闘争の主体はあらかじめ与えられておらず、たえず実践によって、階級のなかから創出されねばならない。問われているのは、「……ではない」者たちというしかたで、否定的に定義されるばかりではなく、行為のなかで積極的におのれを構成する集団である。それは集列性において、いまだ形成されていない潜在的なものとして、「現在の条件」から逃走しそれを切断する人民として、その先触れ的な姿をあらわすだろう。最後に「組織」とは、集列から生み出された集団がいっそうの硬化によって凝結を果たしたものを指す。たとえば、労働者階級（集列）のなかで形成される集団として出現しながら、指導的なエリートとして硬化することで、当の階級そのものから離反するような党組織がこうしたものにあたるだろう。組織は、おのれの基盤である集列を裏切るというのである。

ドゥルーズ＝ガタリの読者であれば、サルトルの名が言及されていないところでも、この三対が部分的にではあれ、彼らの言説と共鳴していることが見て取れるだろう。たとえば、器官なき身体、ダイアグラム、生成変化をめぐる議論、地層化／脱地層化をめぐる議論は、こうした議論の近傍にあるように思われる（直接的な影響の有無としてではなく）。ただし、彼らの出発点となる所与の状況は、「集列」ではなく、「組織」であり、「有機体」であって、その過程は集列から組織へと向かうのではなく、組織から集列へと向かう。また、その主体は労働者や被植民者に加え、[31] 女性、外国人、マイノリティ、ノマドであることが、サルトルと同等か、それ以上に強調されることになるだろう。ただし、フーコーとの対談において、「あらゆる部分的な革命的防衛や攻撃は、こうして労働闘争に合流する」と述べていることも、ただちに付記しておかねばならない。[32] というのも、各々の行使の現場へと断片化される権力作用を統合し、全体化するのは資本だとされるからである。

　ドゥルーズ＝ガタリが「器官なき身体」をめぐって配置するのは、硬化した「地層」としての「有機体」、「意味形成」、「主体性」であり（「組織」）、地層の「脱地層化」によって革命機械を形成し、たがいに異質な主体集団を結びつけ同盟させる「生成変化」と「ダイアグラム」であり（「集団」）、さらには性急で粗暴な脱地層化によって解体され空疎化した身体であり（「集列」）、その解体された組織の末端細胞にまで忍び込むミクロで過剰な組織化と《同》の増殖、すなわち「癌性」の器官なき身体である（ばらばらに切断された諸個人の集まりたる「集列」に忍び込む、より強固な「組織」＝ファシズム）。『千のプラトー』ではしたがって、「器官なき身体」と「生成変化－ダイアグラム」によって、サルトルのいう「組織」と「集列性」に対抗する二重の戦線が配備されることになるだろう。ドゥルーズ＝ガタリの器官なき身体論、生成変化論については、第Ⅲ部でより仔細に検討することにして、ここでは『アンチ・オイディプス』においてサルトルに直接的言及している箇所を確認しておくことにしよう。

　ドゥルーズ＝ガタリは、『弁証法的理性批判』に準拠しながら、「服従集団」と区別される「主体－

集団」を前面に押し出す。[33] 一方の「服従集団」とは党や国家といった「組織」のもとで、おのれの利害や目的を代表される「集列」のことを指す。[34] それは、資本という他者と、党や国家という他者によって、二重に規定される者たちの謂いである。それゆえ、自覚の対象としての「階級利害」なるものは、こうした「モル的」な二重構造の次元にとどまる「前意識」的なものにすぎないとされることになる。彼らによるなら、ロシア革命モデルにおける「レーニン主義的切断」は、資本主義の社会主義内への浸透も、国家主義の強化も妨げない。階級利害を主張する集団は、社会構造そのものの設定する因果と利害の秩序に嵌ったままだというのである。加えて、ドゥルーズ＝ガタリが階級の「利害」の水準を斥けるのは、明らかに利害では説明のできない事象、すなわち、ある階級がおのれの利害に反する要求、少なくとも利害に沿わない要求を行うことがあるからである。ドゥルーズ＝ガタリが政治哲学の根本問題と見なしたのはまさに、人々が自分自身の利益に反して抑圧的な体制を、ファシズムを欲望することであった。また逆に、六八年五月に活動した学生たちなど、ブルジョワジーがおのれの階級を裏切ることも同様に、利害の問題だけでは説明できないだろう。そうだとするなら、利害の水準とは別に、人々の欲望を編成する審級（「欲望のアレンジメント」）を設定しなければならないことになる。利害に背く欲望の発生機序を説明するには、合理的に説明しうる利害の水準だけでは不十分なのである。[35] つまり、利害に反する行為ばかりでなく、利害計算の外でなされる行為、さらには社会的なエコノミーの計算そのものの外にある行為が、当の社会にとって「犯罪」的なものと見なされるものも含めて思考されねばならない。

「服従集団」と対蹠的に規定される「主体‐集団」とは、一方の資本と、他方の国家（ないし党）とが結合する二重構造のなかでの行動をとおして、別の経済体系をともなう新たな「国家」の創出を目指す集団ではなく、こうした二重構造そのものの切断や解体をもたらそうとする「集団」であるとされる。対比を列挙しておくなら、「主体‐集団」は、「利害」に対する「欲望」であり、「前意識」に対する「無意識」であり、「モル」に対する「分子」であり、「資本の身体」に対する「器官なき身体」であり、機械の従者に対する機械を吹き飛ばす者であり、「プロレタリアート」に対する「スキゾ」であり、そうしたスキゾによる実践の総体である。線引きは、「階級」と「階級外」の者たちのあいだに引かれるのだ。だが同時に、ドゥルーズ＝ガタリが、「階級」やその「利害」という「前意識」の問題圏を、全面的に切り捨てたり、斥けたりしているわけではない点には注意すべきだろう。[36]あくまで階級利害とその自覚的意識化をめぐる古典的マルクス主義の問いを踏まえつつ、しかし、革命の伝統のなかでは、当の階級が国家装置を復興してしまうがゆえに、また資本主義の市場のなかにとどまりつづけるがゆえに、それだけでは国家‐資本主義的秩序の再現という罠に嵌ってしまうというのである。『アンチ・オイディプス』における狙いとはおそらく、階級とその利害をめぐる伝統的な革命のプログラムに対して――利害と目的論のなかにあるプログラムに対して――、階級形成以前の水準と階級の外の水準、利害に先立っていたり利害の外にある水準を、革命主体の形成をめぐる問いのなかに持ち込むことで、利害をめぐる争いに束縛された主体に対する一種の脱構築を行うのである。しかも、それが革命戦略論的な射程をもってなされるのだ。[37]ドゥルーズ＝ガタリは、次のように書いている。「革命の帰趨が、搾取され支配される大衆の利害にのみ結びついているということは、あまりに自明のことである」。この時点では、彼らが決して階級や利害をめぐる問題を捨てていないことが分かるだろう。しかし、そのあとにこうつづく。「だが、問題はこの結びつきの性格にある」、と。すなわち「革命の帰趨」と、「搾取され支配される大衆の利害」とがいかなるしかたで結びつくか、ということであり、ここからこの結びつきをめぐる議論の再構築がはじまる。「この大衆やこの脆弱な環は、おのおのの場所で、新しい社会体を推進する原因と目標の秩序のなかで行動するのか、それとも逆に予期せぬ突然の闖入の場と行為者となるのか。この欲望の闖入は、原因と目標を断ち切り、社会体をその別の面へと転覆させるのだ。服従集団において、欲望はいまだに原因や目標の秩序によって定義されている。そしてこの欲望が、主権的な形成体のもとで大集合を規定する巨視的な関係のシステムを織りあげるのだ。これとは逆に、主体集団の唯一の原因とは、因果関係の断絶であり、革命的な逃走線なのだ」[38]。ドゥルーズ＝ガタリは、階級闘争の歴史を踏まえたうえで、それでもなお、階級外の者たち、労働そのものを拒否する者たち、マイノリティたち——しばしば経済的階級でもあるマイノリティたち——による闘争の実践と、そのなかでの新たな主体の形成に、資本主義と国家の廃棄へと向かう力を見出そうとする。彼らは、仮に社会主義を注入されているものであっても、主権国家の形成という目標によって規定されるような運動を斥ける。というのも社会主義では、国家とも、そして資本主義とも、権力への欲望とも訣別できないと彼らは見切っているからである。それゆえドゥルーズ＝ガタリが呼び求めているのは、状況の権力布置の変更のあとで、それにもかかわらず旧来の社会形成体を秘かに復活させ、呼び寄せてしまう集団的実践ではなく——意匠を変えただけの別の権力形成体を生み出す実践ではなく——、いかなるかたちであれ、あらゆる権力形成体、主権形成体を廃棄するような集団的実践であり、アナーキー社会のヴィジョンであり、永続革命のいまここでの分有である。

　こうした論点が別の観点から、きわめて具体的な活動のレベルで問われたのが、司法／正義の区別をめぐる議論であった。発火点となったのはフーコーであり、そこにサルトル、ドゥルーズがそれぞれかかわってゆくことになるだろう。まずはサルトルがフーコーを要約している箇所を引用しておこう。「《正義（Justice）》の概念は、その起源において、国家ではなく人民に由来するものです。〔……〕私はここで――ほんの参考までに――経営者や幹部社員の監禁のみを挙げておくことにしましょう。これはブルジョワジーが、耐えがたい犯罪だと判断する（juger）ものですが、その政治的かつ社会的な重要さの他に、じつは根本的な動機を持っています。すなわち道徳的憤激と正義の欲求です。言い換えれば、正義の根拠とは人民なのです。このことから、被抑圧者と被搾取者の全体が、ある種の状況のなかで、自己の解放つまりは抑圧と搾取の終結を要求しうるのだという点を理解する必要があります。ＧＩＰ〔監獄情報グループ〕に参加しているフーコーは、人民の正義（justice populaire）は、いかなる絶対的原理に拠るものでもないと述べています。つまり人民の正義が損害を受ければ、それがみずから仕返し〔反撃〕をするというのです。〔……〕これについて、まさに「国家に属する」司法（justice）は知るところがなく、また知るはずもないのです。なぜならそれはまさに、この搾取を永続化するためにつくられているのですから[39]」。

　サルトルが参照するフーコーのテクスト「人民の正義（justice populaire）について――マオイストたちとの討論[40]」（『レ・タン・モデルヌ』誌、一九七二年六月号掲載）が述べているのは、このうえなく明快な左翼主義の倫理と政治である。第一に、「人民裁判（justice populaire）」なるものが、文化革命へのフランス的幻想とともに論じられていた時期に、一方の「司法」、「裁判」と、他方の「正義」とを峻別し、前者を「国家装置」、後者を「人民」に属するものとすること。第二に、「国家装置」に属する「司法」や「裁判」から、そして他のあらゆる「国家装置」から、「正義」を剝奪し、さらには「人民」の大義をも剝奪すること。逆に「人民」を、脱国家化した行動集団として位置づけること。第三に、国家とその法からみずからを切り離した人民が、国制の法の外で行う資本家の「監禁」、経済団体事務所の「占拠」[41]といった行為に、人民の「正義」を見出すこと（ブルジョワ的な価値判断＝裁きと訣別すること）。最後に、「人民の正義（justice）」が、「人民裁判」というかたちで、裁判、法廷、司法の形式を帯びることは、たんに国家装置への回帰にすぎないがゆえに、たとえそれを実行するのが人民であったとしても、それに対して理論的にも、実践的にも反対すること。「人民裁判について」におけるフーコーの討論相手であり、のちにサルトルの秘書となるベニー・レヴィ（討論当時はマオイスト）は、討論をつうじて国家装置の導入を要求し、プロレタリアート独裁を主張するが、フーコーはこれをことごとく掣肘し斥けてゆくのである。

フーコーの提起する問題を、ドゥルーズ＝ガタリ的な語彙で表現するなら、司法という水準において国家装置に抗する、戦争機械の問題であるということになろう。『千のプラトー』の戦争機械論の言葉を挙げておくなら、国家主権のふたつの極——王と法律家、専制君主と立法者——に決して還元されない、戦争の神インドラは、「節度（尺度）」に抗して狂乱（*furor*）を、重厚さに抗して迅速さを、公に抗して秘密を、主権に抗して力能を、装置に抗して機械を優先させる。彼が証言するのは、他なる正義であり、ときには理解しがたい残酷さであり、またときには知られざる憐憫」であって、つまりは「他なる正義、他なる運動、他なる時空間」である。[42] 主権も国家装置も経由しない人民の「他なる正義」、「他なる運動」、他なる身体、他なる実存様式とともに構成される、国家主権の彼方の「時空間」が、ここでは提起されている。主権的な国家装置に対抗する戦争機械の力能である。第一二プラトーの叙述のなかでは、原子のクリナメンが喚起され、そしてそれが「渦巻の形成」へと連なってゆく。[43] この渦巻モデルが、「生成変化のモデル」だと言われるのである。戦争機械論におけるドゥルーズ＝ガタリのこうした言辞は、国家装置に抗しながら、国家装置の外に犇めく人民の活動家集団を形容するものとして、プロテストする群衆の動きとして、修辞的にでなく、文字どおりに理解されうるものだ。戦争機械論は、六八年以降の具体的な情況のもとで書かれたテクストなのだということを、あらためて確認しておこう。一方、六八年五月以後のサルトルは、「主権集団」という言葉によって、次のような集団を指していた。すなわち、各人が「すべての他者とともに」構成する、「代表者などいささかも必要としない」闘う集団であり、それは「直接民主制、体制に対抗して闘う人民の民主制、人間を物に変える集列化に抵抗する具体的人間の民主制」である。彼は「もしそれに戻りたければ、どうしてそこからはじめないのか」と述べる。つまり社会全体での実現以前に、いまここで、そうした他者たちからなる、超越者なき闘う集団としてすみやかに自己構成すべしというのである。[44]

フーコーはといえば、その明朗さが鋭利な刃と化すような言葉で、次のように述べる。「革命的装置が断じて承服してはならないふたつの形態がある。官僚制と司法装置だ。官僚制が存在すべきでないのとまったく同様に、裁判所も存在すべきでない。裁判所とは、すなわち正義の官僚制にほかならない」[45]。そしてフーコーは、一四世紀以来の大暴動、フランス革命、パリ・コミューンといった歴史的な諸出来事は、反権力、反税制の闘争であるばかりでなく、反司法、反監獄の闘争でもあったと位置づける。二〇世紀においてはとりわけ、「この歴史のなかで、レジスタンス、アルジェリア戦争、六八年五月が決定的な挿話であった。それらは、闘争のなかへの地下潜行、武装、街頭行動の再出現となったのだ[46]」。フーコーがここに挙げている行動は、不動産や動産の取り壊し、略奪、占拠といった実践も含む、「前司法的な正義」が、「人民の正義」のなかに保存されたものだという。それが歴史の舞台のなかで実際にどのような形態をまとうかは、個々の情況によってたえず変わってゆくだろう。それに対して国家装置に属し、「社会戦争、税の徴収、軍事力の集中[47]」を背景として成立した「司法システム」の特徴とは、1．中立的な第三者が存在しうるという前提を有すること（判事）、2．万人に適用可能な普遍的で絶対的な観念、価値、規則が存在しうるという前提を有すること、そしてその絶対的規則を、対立する当事者双方の主張に等しく適用し、両者を裁きうる＝判断しうるとすること、3．裁きは実行されねばならないとすること、それゆえ下された裁きを遂行する物理的な執行権力を有する、あるいはそれを要請すること[48]。こうした概念を具体化するものとして、法廷の空間が物理的に分配され、長机が置かれ、判事と訴訟人が分かたれ、判事の権威づけが空間的に遂行されることになるだろう。こうした点を踏まえながらフーコーは、「裁判所という組織、少なくともその西欧的な組織は、人民の正義という実践とは無縁たらざるをえない」と結論づけるのである[49]。

ドゥルーズが、フーコーにおける人民／国家、正義／司法の区別にはじめてふれるのは、フーコーとの対談「知識人と権力」（一九七二年）である[50]。そののち『カフカ』（一九七五年）において、「超越的な法」との対比で、「内在的な正義」の問題が集中的に論じられることになる（とりわけ、第五章「内在性と欲望」)。加えて、フーコーの提出した問題系に対して反応したとおぼしきテクストが、およそ二〇年後に刊行された『批評と臨床』(一九九三年)所収の「裁きと訣別するため」である。題名に見られる「裁き(jugement)」の一語は、アルトー『神の裁きと訣別するため(*Pour en finir avec le jugement de Dieu*)』や、カント『判断力批判(*Critique du jugement*)』は言うまでもなく、さらには、「裁判と訣別するため」という意味において、テクスト上で言及されることのないフーコーの議論を踏まえたものであろう。「あらゆる裁き＝裁判(jugement)と対立する正義(justice)がある」[51]と語るこのドゥルーズのテクストにおいて、司法は身体の組織化にかかわるものとされる。その一方で、「器官なき身体」(機関なき組織)はまさに、反司法的な身体として論じられるのだ。「裁き(裁判)の身体とその組織化、その諸切片(部局同士の隣接性)、その分化(門番、弁護士、裁判官)、その階層秩序(裁判官や役人の階級)がある」。「つまり、裁き(裁判)は、様々な身体の真の組織化を前提しており、かくなる組織化によって活動するということだ。諸器官＝機関とは裁く者と裁かれる者である。そして神の裁きとはまさに無限に組織化する権力のことだ。〔……〕これとはまったく異なるのが、肉体的システムの身体である。この身体は「有機的組織」でないだけに、また、それをとおして人が裁き、裁かれるあの諸器官＝機関の組織化を奪われているだけに、裁きを免れるのだ。〔……〕器官なき身体とは情動的で、強度的で、アナーキズム的な身体である」[52]。

このテクストには、いささかも譬喩的なところはない。ドゥルーズのいう「裁き」とは人間同士の関係や、人々の活動や、人々が占める時空間を組織化してゆく運動のことであり、そうした組織化された生存様式を、逸脱を罰することによって内面化させようとする装置であり、条里化の装置である

（職域、権能を区切り、各自の持ち場を固定する装置）。「裁きと訣別するため」は、フーコーの司法システム批判を引き継ぎつつ、前司法的かつ反司法的な身体＝集団を形成するための一種の綱領となるものであろう。[53] それは、反司法的であることに加えて、反国家装置的な身体となるという意味において、人民の「アナーキズム的な身体」、つねに複数形の他者たち、マイノリティたちとともに、つねに複数形の自由と平等を追究する身体＝集団となるだろう。この身体＝集団は、その実存の技法をとおして、来たるべき人民に向けて張り出してゆくという意味で、強度的な集団となるにちがいない。

スピノザの四人の弟子とされるニーチェ、ロレンス、カフカ、アルトーを論ずる「裁きと訣別するため」は、「判断力」をめぐる認識論的な問題や価値評価の問題、さらには、生と思考のかかわりをめぐるテクストであると同時に、具体的な文脈に位置づけうる運動論でもある。同テクスト冒頭で語られる「残酷性のシステム」は、ニーチェ＝アルトーとの関連で『アンチ・オイディプス』でも論じられるが、残酷性は「我々の文化に抗する闘争[54]」という次元を必然的に含むものであり、それが「器官なき身体」の獲得と結びつけられるのだ。[55] 残酷性のシステムは、法＝言語によって課される無限の「罪責」と「贖罪」の象徴的なシステムと対蹠的に描き出されることになる。残酷／裁きのあいだで対比されるのは、肉体／言語、罪を刻み込まれる身体＝外面／心＝内面、罪－贖罪の有限／無限といった点である。言語にもとづく法の体系は、身体刑を軽微にするという意味で、たしかに外観上の穏やかさをまとうが、しかし償いえない罪と、終わりなき断罪を課し、それを徹底的に内面化させるという意味で、酷薄さを帯びている点をドゥルーズは強調してゆく。それに対して、彼は残酷性のシステムを称揚するのだが、しかし、熱狂からへだたってもいるドゥルーズは、残酷性とその暴力に対する態度の錯綜と、無数の留保をはっきりと示してもいる。一言でいうなら、彼は血と直接性が得意ではないのである。

ドゥルーズは、覚醒せるディオニュソス的人民が、稲妻の「閃光」のように行う「夜」の地下活動、運動を肯定する。[56]「情動」はまさにそうした活動の決定にかかわって、諸勢力同士が衝突する審級、そこから「決断」が由来するとされる審級である。ここでは「情動」のニーチェ的な含意をふたたび想起しておこう。加えて『ザッヘル＝マゾッホ紹介』にあっても、「残酷」と並んで「冷淡さ」という情動的次元が喚起されていたことを思い起こしておこう。このディオニュソスの「正義」は、実存を「運命」へと囲い込む体系――社会的な規定で言うなら、労働者、外国人、劣等人種、マイノリティ……としての運命――に対抗する「生成変化」を、「闘争」として遂行するだろう。その一方で、残酷性のシステムは、罪責＝贖罪の無限性を「ブロック」[57]するものとして提示される。またそれに加えて、「闘争」は、「〜に対抗する闘争（combat contre）」であるばかりでなく、闘争者自身（個人ないし集団）においてせめぎあう「あいだの闘争（combat entre）」でもあると言われる。前者の闘争は、「城に対抗し、裁き＝裁判に対抗し、父に対抗し、婚約者に対抗する闘争」であり、さらには「「未来の悪魔的な力能」に対抗して闘争すること」である。『カフカ』によるなら、「悪魔的な力能」とはドイツのファシズム、ソ連のスターリニズム、アメリカの資本主義を指す。[58]こうした勢力への対抗運動の重要性を認める一方で、しかし「裁きと訣別するため」においては、闘争者自身の「あいだで」なされる闘争もまた本質的なものだとされる。[59]ドゥルーズは、国家の外で、国家に抗して闘争する者に内在しうる「裁き」への欲望、権力や支配への欲望にも眼差しを向けるのだ。それは、人民の側に位置すると称する活動家のうちに宿りうる権力への欲望、国家装置への欲望、官僚主義やファシズムへの欲望を批判する、一種の「倫理」となるだろう。すなわち、法の外で活動する者について言われる戦争機械のまったき倫理（エチカ）。フーコーが、『アンチ・オイディプス』英語訳の有名な序文で述べた「ずいぶん長い時間を経てフランスで書かれたはじめての倫理（エチカ）の書」という言葉が、『批評と臨床』にも反響している。フーコーはこう述べていた。「自分が革命の闘士だと信じているときでさえ（とりわけそのときに）、ファシストにならないためには、どうすればよいのか。我々の言説と行為から、我々の心情と快楽から、どうやってファシズムを一掃すべきか。我々の行動にこびりついたファシズムをいかにして除去するのか」[60]。つまり、狭義の司法システムを廃棄したとしても、またその他の諸々の国家装置や規律装置——学校、職場、工場、軍隊など——が廃棄されたとしても、それだけでは、広義の「裁き」と訣別するには十分ではない。ドゥルーズ＝ガタリは、この問いを正面から引き受ける。戦争機械は、まさに戦争への意志と化し、支配への欲望と化し、文字どおり今日のポスト・ファシズム体制へと変貌するとしているからだ。つまり、いまや国家装置の外でも進行するファシズム的戦争機械の問題である。

　このファシズムをめぐる問いに、資本をめぐる問いを追加することで、ドゥルーズが対峙していた問題が設定されることになる。「政治」をめぐるドゥルーズ＝ガタリの書物のなかには、反ファシズムと、反資本主義を絶対的に保証してくれるような解はおそらくない。ドゥルーズ＝ガタリにとっては、たえず新たな変数が導入される政治において、絶対的な解を保証するような超越的な基準そのものが排除されているのが、まさに内在野にほかならないからであり、しかもそこが資本の活動する場であるからだ。内在的であるというだけで、倫理的に「正しい」という保証が得られるわけではない、超越を排除した内在であることをもって、端的に「良い」ことであるかのように論ずることはできない。ある時点において反資本主義で、反ファシズムであった行為が、別のアレンジメントのなかに組み込まれるとき、その意味をいつしか変質させてしまうこともあるだろう。フーコーが、身体刑を廃止し、「生きること」を重視する今日の政治のなかに、ファシズムを見ていたのは周知のとおりである。資本やファシズムによる可能性の領野の書き換えもあるのだ。それゆえドゥルーズは、まさしくフーコーについて論ずるなかで、反国家的、ないし国家外的、あるいは脱国家的な運動において、「規律」的なダイアグラムや、「ファシズム」的なダイアグラム、生政治‐管理社会的なポスト・ファシズム的なダイアグラムが発生しうることを指摘したのである。[61] 内在やダイアグラムは国家装置の外にあって、資本主義とファシズムという「悪魔的な力能」を可能にする現代世界の論理ともなるのだ。

だが、同時にドゥルーズが希求していたのは、このダイアグラムそのものを、超越的な価値基準を導入することなしに変形することであり、内在的にファシズムや資本主義と闘争しうるものに変えることである。ダイアグラムとは、権力との局所的な闘争を、全体化や均質化を経ることなしに、相互につなぎ合わせ、中継する横断線のことである。「横断的」という語について、その発案者であるガタリが「純粋な垂直性とたんなる水平性の次元というふたつの袋小路を乗り越えようとするひとつの次元」と述べていることを想起しておこう。[62] こうしてつながれたそれぞれの闘争は、それぞれに生成変化しながら、活動をアクチュアルにするようなしかたでの接続を目指すものである。それに対して資本主義とは、学校、職場、軍隊、監獄といった諸装置を連動させ、資本の自己増殖という目的に向けて全体化してゆく別種のダイアグラムであり、おのれを環境のなかに溶け込ませ、自身の姿をカムフラージュする巨大な権力機械である。しかしドゥルーズ＝ガタリにとっては、そうした資本主義＝全体化に対する決定的な断絶をはらむ六八年五月こそが、資本主義＝全体化に対抗し、局所的な場や問題をめぐる闘いを、そして「身体、時間、セクシュアリティ、環境、文化、労働などとの新たな関係」を、相互に連結してゆく出来事そのものだった。新たな問題の切り出し、新たな集団の創出、新たな連帯の誕生、全体化の排斥。つまり、六八年五月とは彼らにとって、個々の闘争の現場をつなぐ革命のダイアグラムだったのである。そしてドゥルーズはそのことを、フーコーをめぐって語っていたのだった。『監視と処罰』書評の初出版（一九七五年）においてドゥルーズは、六八年の残響を書籍版『フーコー』より色濃く留めつつ――書籍版においても「何をなすべきか」という問いを喚起している[63]――、次のように書き留めている。「ダイアグラムとは学知ではない、それはつねに政治の問題なのだ」。「フーコーのあらゆる言表は、ダイアグラムの変貌を惹起し、新たな質料と新たな機能を引き起こそうとする実践とその様々な場に関連づけられる。〔……〕こうした闘争の表現形態を見出すこと、そのアレンジメントに参加すること、断片同士を組み合わせながら革命的なダイアグラムを構築すること。このダイアグラムから、新たな行動することと新たな語ること（un nouveau faire et un nouveau dire）が、同時に生まれ出るのだ[64]」。この書評で語られていることは、『監視と処罰』末尾で、「戦闘の轟きを聞かなければならない[65]」とふいに表明するフーコーにかかわるばかりでなく、ドゥルーズ自身の理論的指針にもかかわるにちがいない。この革命のダイアグラムと権力のダイアグラムについて、そして戦争機械の政治の倫理（エチカ）について、より詳細に追跡してゆかねばならない。『千のプラト―』において、それはノマドや生成変化をとおして問われる問題ともなるだろう。

# 第Ⅲ部

# ノマドの政治

# 第七章　ノマドのテリトリー

## 第一節　記号、領土、リトルネロ

「記号」の観点から『失われた時を求めて』を読解した『プルーストとシーニュ』において、記号系の分断は諸世界を分断する。記号、すなわち合図、シグナル、指標、標識、符牒、刻印、しるしづけ、暗号のあり方の差異が、慣習や約束事の異なる諸世界を分岐させるのだ。記号を「世界の素材」として織りあげられる諸世界は、たがいにまったくすれ違ったり、ときに交叉したりといった挙動を繰り返す。そして各世界に棲息する人間や事物もまた、他処の世界にまぎれ込み、迷い込むのであり、あるいは語り手のように、様々な世界を斜めに横断しながら棲息する。それゆえ、たとえ一人の同じ人間であっても、記号の領域や用法、記号読解の習得度合が変われば、別々の世界に棲むことになるだろう。個体は、たがいにへだたる複数の記号系に同時にまたがっており、それにより同時に複数の世界に棲息し、諸世界間での断絶的変化と世界内での連続的変化を複雑に絡ませ、嵌入させつつ、それぞれの場で異なる別々の相貌を示す。ドゥルーズが『失われた時を求めて』において区別しているのは社交界、恋愛、記憶、芸術の四つの世界だが、さらに外交、戦争、医学などの領域を挙げながら、ドゥルーズは『プルーストとシーニュ』冒頭部でこう述べている。「『失われた時を求めて』は、様々な記号からなるたがいに異なる諸世界の探索としてあらわれる。こうした諸世界は、様々な円環として組織され、いくつかの点において交叉する。なぜなら、これら記号はそれぞれ特殊なものであり、特定の世界の素材となるからである。そのことはすでに脇役の人物たちに見て取れる。ノルポワと外交の暗号、サン＝ルーと戦略の符牒、コタールと医学の徴候。一人の人間はあるひとつの領域の記号の解読には長けていても、まったく別の場合には愚か者でありつづけることがありうる。たとえば、すぐれた臨床医コタールがそうであるように。さらには、共通領域においてさえ諸世界はたがいにへだてられる。ヴェルデュランの示す符牒はゲルマント家では通じず、逆にスワンのスタイルやシャルリュスの象形文字はヴェルデュラン家では通用しない。諸世界すべての統一性は、それら諸世界が、人物、対象、物質から発せられる記号の体系をなしているという点にある。〔……〕しかし、世界の複数性とはつまり、これらの記号が同じ種類のものではなく、同じあらわれ方をせず、同じしかたで解読されるようにもならず、意味とも同一の関係を結ばないということなのだ」[1]。

　記号の様々な世界のなかでも、とりわけ社交界はその空虚さゆえに、他に類を見ない装飾や指標や合図や符牒やシグナルに溢れた世界、人間が行動し思考する代わりに記号が行動し考えるだけに、より純粋に記号のみで構成された世界としてあらわれる。だからこそ社交界においては、記号の微小な差異、細かな趣味のちがいをめぐる政治や駆引きも顕著になされるという。ドゥルーズによるなら、プルーストの描く社交界において考えるのは、もはや人間ではなく記号なのだ。『失われた時を求めて』の第一の世界は、社交界の世界である。かくも凝縮された空間のなかで、これほどの速度で、これほど多くの記号を放ち結集させる環境は他に存在しない。〔……〕社交界の記号は、行動や思考に置き換わったものとしてあらわれる。それは行動と思考の代わりとなるのである」[2]。服装、化粧、声の調子、笑い、叫喚、目配せ、音楽、香水、装飾品、金銀の細工、帽子、スパンコール、羽根飾り、骨、皺、部分対象化した身体器官……。ドゥルーズは、社交界に魅惑されているようですらあって、『千のプラトー』では社交界が、群れ、徒党、さらには戦争機械と結びつけられるに到り、国家装置との対比で描き出されることになるだろうし、戦士や武器を飾る宝石の数々を描くことにもなるだろう。宝石とは電撃であり、情動だというのだ[3]。一方、『プルーストとシーニュ』で叙述される社交界という記号‐世界においては、もはや人間主体が記号をもちいるのではなく、自律的に閃き運動する記号が描く軌跡によって人間主体のほうが構築されてゆくのであり、主体とは諸記号の振舞いそのものである。そして一人の人間は、身体が外部に向けて晒されているという事実によって、その身体が記号を受容しつつ同時に記号を発してもいるという事実によって、意図的であるか否かにかかわらず、他者に対してシグナルをすでに発している。それゆえこの人間は、おのれの意志にかかわらず、他の個体にとっての記号、符牒、標識の集合としてつねにすでに運用されており、また、すでに記号と標識によって環世界の装飾の一翼を担っている。作者が統御権を喪失した作品の自律的な運動と同様に、記号はそれじたいで「自動運動」[4]を行い、その他の記号と反響をはじめる。こうした無数の記号の自動生成と組織化をとおして、ひとつの個体、ひとつの主体は形成されるのだ。

同様のことは、『千のプラトー』における動物のリトルネロについても言える。リトルネロ論においてまず確認しうるのは、記号、指標、色彩、歌、音、身振り、仕種、香り、味覚など、記号の百花繚乱的な氾濫である。ドゥルーズ＝ガタリの示す鳥たちは慎ましさを保ちつつも、絢爛たる実存であり、彼らが鳥を特権的な動物としたのは、声と身振りと姿と態度と色彩が放つ記号のまばゆさのためであるかのようだ。歌の舞台、裏返された葉、ダンス、嘴の動作、のばした首、色彩の顕示、羽根の身づくろい、お辞儀、模倣の歌、固有のトーン、歌の転調などのすべてが結合されて、スキノピーティス（「舞台製作者（*Scenopoïetes*）」の意）のスタイルを組みあげるアレンジメントとして描き出されている。ここでは背後に隠されているものではなく、表面上に浮上している記号、すなわち見えるもの、聞こえるもの、嗅がれうるもの、ふれうるものへと、知覚を傾注することが重視されている。「スキノピーティスは、蔓や小枝といった歌うための棒（シンギング・スティック）にとまって歌う。この棒は、あらかじめ準備された舞台（ディスプレイ・グラウンド）の真上にあるのだが、この舞台は、切り取られ、裏返されることで地面と対照をなす木の葉によって標示されている。スキノピーティスは、歌うのと同時に、嘴の下に生えた羽毛の黄色いつけ根の部分を開いて露出させることで、聴覚的になると同時に視覚的になるのだ。スキノピーティスの歌は複雑で変化に富んだモチーフを形成するが、このモチーフはスキノピーティスに固有の音と、歌の合間にスキノピーティスが模倣してみせる他の鳥の音によって織りなされている。こうして種固有の音、別の種の音、木の葉の色合い、喉の色が「共存立する」凝集体が形成されるのである。これこそ、スキノピーティスの機械状言表、またはスキノピーティスの言表行為のアレンジメントである」[5]。

　ドゥルーズ＝ガタリの「記号論（sémiotique）」における前提とは、「言語学」を中心とした記号の考え方（「記号学（sémiologie）」）を特権化することなしに、身振り、音、匂い、色彩といった非言語的な身体‐記号のフィジカルな世界を、言語的な記号の象徴世界と同程度の重要度で扱うという点にある（人間的言語の特権性の廃棄）[6]。貫徹されているのは、言語学や象徴的な記号にいかなる特権も与えないこと、そして、記号に身体的で感覚的な側面を取り戻させることである[7]。スキノピーティスの発する記号は、何かを「意味」することがないだけに、記号的によりいっそう豊かな身体性に満ち溢れており、スキノピーティスの記号を知覚することは、この身体的で、物質的な弁別作用に眼を向けることに等しい。そしてそこにあらわれてくるのは、たがいに異質な記号（歌、色彩、身振り、蔓、葉）と、その交叉、交錯、折り重なりである。異質なものがたがいに異質なままにまとめられ、融合することなしに機能し効果をもちはじめるという事態、不調和なものが不調和なままに音楽として響きはじめる状態のことを、ドゥルーズ＝ガタリは「共存立性（consistance）」と呼ぶが（「共存立性の問題、すなわち異質な要素が「ともに‐成り立つこと」の問題」[8]）、非整合的で不調和なものこそ共‐存立するこの百花繚乱の諸記号をとおして現出するのは、まさに騒音と摩擦音に満ちた世界なのである。彼らによるなら、「素材をますます豊かにする要素とは、異質なものを一緒に成り立たせながらも、たがいの異質性を失わせることのないもののことなのである」[9]。すなわち、「異質な様々な秩序、様々な種、様々な質を結びつける真の機械状オペラの構成」[10]。これは、もちろん、美術史における「アッサンブラージュ」のような概念とも響きあうものであり、それは時間‐綜合的キュビズムのような形態をまとうこともあるだろう[11]。ドゥルーズの語る「共存立性」の問題は、統合原理の失調とともに世界の調和が崩れ、断片化しつつあるなかで、断片同士の不調和な共鳴が有する可能性を探求しはじめた、一九世紀以後の思想や芸術の大きな流れのなかに位置づけることができる[12]。不整合的な共存立性とは、世界において不協和音が全般化する時代の芸術作品であり、分裂の響きの実験的探求を示すものなのである。

ところで、「リトルネロ」論における記号の議論の特徴は、それが、テリトリー造形的な性格を帯びると、繰り返し述べられている点にある。『アベセデール』でも、テリトリーをつくる動物に興味があると表明されているが、加えて『千のプラトー』のリトルネロ論では、鳥の歌が有するテリトリー造形力が呈示され、「固有性」が強調される。「リトルネロの役割は頻繁に強調されてきた。リトルネロとはテリトリー的なものであり、テリトリーのアレンジメントなのだ。たとえば鳥の歌。歌を唄う鳥はかくして自分のテリトリーをしるしづけるのである[13]」。また別の箇所には次のようにある。「要因T、つまりテリトリー化の要因は、別のところに求めなければならない。リズムやメロディが表現的なものに生成すること、すなわち固有の質の創発（色彩、匂い、音、シルエット……）にこそ、まさに求められるべきなのだ。／この生成、創発を、《芸術》と名づけることはできるだろうか。テリトリーとは、芸術の効果にちがいない。芸術家とは、境界標を建て、指標をつくる最初の人間なのだろう……。〔……〕固有性とは、まず芸術的なものなのだ[14]」。

ここで問題になっているのは、「私有物＝所有」としての「固有性」ばかりでなく、すぐあとの箇所で言われるように「固有名」でもあるだろう。ドゥルーズ＝ガタリにとっての固有名とは、諸々の特異性が共存立することで成立する、「此性」ないし「このもの性」を帯びたひとまとまりの多様体のことであって、それが一撃でまるごと把握されるのだ[15]。ここでの要点は、諸特異性からなる多様体の作成には芸術がかかわっている、ないしは、芸術——実存の芸術・技法を含む——こそが多様体を特異なものに変えるという点にある。「もし《ダニ》、《狼》、《馬》などが真の固有名であるとするなら」[16]、そして、芸術がこれら動物の生存様式にかかわり、テリトリーにかかわるとするなら、つまり動物的な芸術も、人間的な芸術も、多様体の特異化にかかわる営みだということであり、さらには、「固有の質」によって、おのれの棲息する時空間に刻印（マーキング）をほどこしてゆく過程の一貫だということである。その時空間が独占的な専有物になるかどうかというより、その手前で当の空間を周囲の環境のなかから切り出すことである。芸術とともに諸特異性の多様体がつくりだされ、また逆に、実存の特異性は一種の芸術となる。[17]

そして、ドゥルーズ＝ガタリにおいて顕著なのは、こうした特異性－記号や、刻印（マーキング）を行う標識を、それが属する主体から分離しておく姿勢である。たとえば鳥の歌は、声を発する「鳥」という存在から分離して、それじたいで独自に環境を鋭く貫き、漂い、浮遊し、響き渡るものとして構想されており、そのことによって他の動物のテリトリーを横切ってゆく。しかもスキノピーティスは、他の種の鳥の鳴き声と鳴き方のスタイル、さらには他の動物の声色を剽窃し、他者の歌に憑依して、自分の歌のうちに取り込むため、いわば種横断的に自由間接的な歌をつくりだす。マーシャルの言うように、「ほぼすべての旅行者や収集家は、スキノピーティスの非常に通りのよい声を強調する。〔……〕全部で少なくとも他の二六種類の鳥の声に加え、捕食者によってとらえられ危機に陥った蛙や蟬の声も模倣すると記録にはある。他の鳥たちの声色は見事にディスプレイ・ソングのなかに織り込まれていて、観察者が当該地域の他の種の声に完全に慣れ親しむまでは、どの声が「借りもの」で、どの声が鳥自身の変化に富むレパートリーなのか、はっきり分からない[18]」。これは、ドゥルーズ＝ガタリが、鳥を好んだ理由のひとつでもあるだろう。歌声は、環境じたいを構成する要素であって、それは環境じたいの内側から際立つものとしておのれを切り出し、周囲からみずからを差異化する要素である。そして舞台のうえで歌う鳥ばかりでなく、その周囲の森という空間じたいが、そうした歌声を無数に織り込み、それによって偏移を与えられてたわみ、ざわめきで満たされ、特異な時空間を自己組織的につくりあげてゆくのである。ドゥルーズ＝ガタリの関心は、特権的な中心なき場において、諸々の刻印や標識が、多様体をなしながら、ある領域をしるしづけ、周囲の世界とのかかわりをみずからアレンジしていくテリトリー造形行為として成立してゆくということ、その不思議さへと向けられている。どの個体にも絶対的に安定した持ち分のないシステムのなかで、個体の持ち分が創発してくることの不思議さである。ベルクソン『物質と記憶』における中心なきイマージュの宇宙と、任意の中心に沿って整序される世界とのあいだの、飛躍を含んだ往還と少し重なるところがあるかもしれない。ドゥルーズ＝ガタリにとって芸術はまさしく、ある個体にとって固有のものが前提とされない場、前個体的な時空間から出発して、特異な個体を形成する特異化のプロセスなのである。単独性の刻印を帯びた何ものかになる過程と言ってもよい。そして周囲に響き渡り、テリトリーを誇示する歌、身振り、ダンスなどによる表現の実践こそが、環境のなかで発生してくる個体の特異性を造形する行為遂行（パフォーマティヴ）となるのであって、それとともに個体に固有の質がつくりだされてくる。テリトリーは抽象観念であるより先に、表現的な構成行為であり、表徴を実際に産出する行為なのである。こうした表現じたいがテリトリーをしるしづけ（たとえば枝の下に落ちている葉をひっくり返して明るい色の面を表にすること、「舞台」のうえで歌うこと、喉の部分の黄色い羽毛を露出させ森のなかでおのれの姿を際立たせること）、同時に、こうしたしるしづけそのものがテリトリーの時空間へと繰り込まれそれを構成していくことになり

（葉と歌声と色彩のある風景の成立）、しかも、そのテリトリーじたいが、他の動物のテリトリーと絡み合い、他処へと横断しながら別のスケールの単位――たとえば森――を構成しているのである。ドゥルーズにおいてはつねにそうであるように、ここでは前個体的なものないし個体未満のものと、特異な多様体（スキノピーティス）への個体化と、個体横断的なもの／横断的個体（trans-individuel）とが絡み合いながら進行している。[19] 環境内に存在しつつ、環境そのものでもあること。プルーストのフレーズに託しつつ、ドゥルーズ＝ガタリは次のように書いている。「登場する人物にモチーフが結びつけられるかわりに、一回ごとのモチーフの登場がそれじたいでリズム的人物を構築し、「各々が一箇の存在であるようなかくも多くの音楽によって、実際に満たされる音楽の充溢」のなかにあるのだ」。[20] すなわち人物がモチーフとは別のものとして存在しているのではなく、人物の外部にあって独自に反響し運動する自律的なモチーフやリズムのほうが登場人物となり、「一箇の存在」となりながら、他のモチーフやリズムと関係を織りなし、ひとつの楽曲となって環境を充満させるのであり――個体、人、鳥とはそうしたモチーフを縒り合わせた多次元多様体である――、登場人物が今度はその音楽のひとつのパートとなって、他のパートと反響しあう。そしてこうした個人未満のモチーフたちの反響そのものが、音楽となるのである。また、個体の形象をめぐる描写にかんして、絵画論『フランシス・ベーコン』において顕著になるように、視覚の特権性が解除されているという点も指摘しておく必要があるだろう（視覚的でない絵画）。個体とテリトリーの実存様式じたいが、音や香りのように漂うものになるのだ。

このように解された人物は、デカルト的な主体というよりむしろ、強弱や質感を持つ様々な表徴や符牒や刻印の、反復や共鳴やリズムを多次元的に編成した「コンポジション」であり、それじたい音楽的に構成される個体でありながら、同時に、その個体はさらに環境の音楽のなかにひたされているというしかたで存在している。ただし、ドゥルーズ＝ガタリにおける音楽の譬喩について、『千のプラトー』で言及される作曲家や演奏家、たとえばメシアン、シュトックハウゼン、ヴァレーズ、ベリオ、ブーレーズ、ケージ、グールド、デイヴィッド・チューダー等を想起せねばなるまい。あるいは、ヴァントゥイユの金切り声をあげる機械状の響き。決して有機的に調和する協和音的な環境＝自然ではなく、むしろ有機性の幻想を与えない無機質な不調和が緻密に切り結ぶ機械状の自然、自然＝機械が喚起されているという点に注意しておく必要があるだろう。そうした点を踏まえたうえで、一回ごとのモチーフそのもの（音、色、身振り、香り……）、それらが組み合わさった多次元多様体そのものが、人物であるとするなら、そこに別の音をつけ足すことは可能だが、しかしそうすれば別の音楽、別の鳥、別の人物になるだろう。反対に、ある音を抜き取ることによって新たな姿が浮彫りになることもあるだろう。問われているのは、そのたびごとに特異でありつつ可変的な個体、決して閉じ切ることなく、縁がほつれた集合態であり、流動のなかで唯一性を帯びるような個体だろう。そのたえず逃げ去るあり方こそが、人間を特徴づけ特異化する後ろ姿となるということを示したのは、まさにプルーストのアルベルチーヌであった。[21]

ドゥルーズ＝ガタリは、多次元多様体としての個体を構成する要素、足したり引かれたりしうる要素を、「特徴＝描線（trait）」（動詞は traire）と呼ぶが、それは語源的に言うなら、その線を描くことで、その場からまったく新たな相貌を「抽出」し、「引き出す」ような、特徴抽出作用のことをも指すだろう。つまり何もしなければ眠ったままにとどまる特徴を、まどろみから引き出して顕在化させる線であり、さらにはその特徴そのものをつくりだす線である。英語でいうならそれは、「ドローイング（drawing）」であろう。[22] また音楽、彫刻、絵画、写真ばかりでなく、言葉にしても同様である。ある要素を付加するなり、抜き取るなりすることで、ある質的な変化を引き起こすような操作は、言語の／言語からの「ドローイング」であり、創造的な抽出であり、新たな言語活動の発見であり、言語になしうることの検知、捕獲であり、定着である。つまり異種混淆的な諸要素からなる多様体に付加されたり、そこから減算されたりする特徴は、それが置かれたり抜き取られたりする場を変えつつ、空間や素材のポテンシャルを抽き出す（あるいは場合によっては壊す）のであり、しかもそうしながら、その特徴じたい、自身が引き起こす時空間の変動のなかにみずから身を置き、そこに身をひたし、自分が変化させた周囲の環境と結合し、それによって涵養されるのである。分割可能だが、分割されれば性質を変える多様体、あるいは、要素を追加しうるが、そうすれば響きを変えてしまう繊細なかたまり、「《分割体（Dividuel）》」について、ドゥルーズはしばしば語っていた。彼の思考の通奏低音となっているのは、固有名のテリトリー、すなわち諸特異性の多様体が有するこうした脆く壊れやすい性格であり、彼にあっては、たえず外へとほどけてゆく糸や、一瞬入って消えただけで全体の印象を変えてしまう音が、テリトリーを織りなしている。個体化にかかわる要素じたいを繊細なものにすることで、出来あがる個体じたいも繊細なものになり、手を加えれば輪郭がほつれてゆく。人類学者ティム・インゴルドは、ドゥルーズの名を挙げつつ、そうした個体のありようを次のように描き出す。「もちろん、蜘蛛の場合にそうであるように、有機体の生は一般的に、ひとつではなく多くの線に沿って拡張されており、中心部で一緒に結びついているものの、辺縁においては数えきれないほどの「ほつれた端」をたなびかせている。〔……〕有機体はもはや、場所から場所へとそれじたいで前進しうる球体のような自己充足した対象ではなく、成長の線からなるたえず細分化してゆく網目としていまやあらわれるのだ。これこそ、根茎（リゾーム）との比較で有名なドゥルーズの此性である。ただし、私自身としては菌糸体のイメージのほうを好んでいる。実際、菌学者アラン・レイナーが示唆しているように、菌糸体が、生きている有機体のプロトタイプとなる範例になるなら、生物学全体が別のものになるだろう。というのも、そうするなら、生命が固定された形態の絶対的限界のうちに収まっているという前提をもとに、生物学を構築しえなくなるからだ。我々はむしろ、生命プロセスの流動的な性格から出発する生物学を手にするだろう。この生命プロセスにおいて境界が維持されるのは、境界を横断する素材（マテリアル）のたえざる流れのおかげでしかないのである」[23]。

単一世界の崩壊、諸世界への分岐と横断、ほつれた個体、という事態は、「視点」の問題を巻き込みつつ、ドゥルーズの記号論において広く確認することができる。というのも、記号が存在するためには、世界全体をもれなく見渡す視点と訣別し、いくつかの関与的な記号のみが実働的になる世界をつくりだす必要があるからだ。ドゥルーズはプルーストばかりでなく、マゾッホとサドにかんしても、徴候にもとづいて、二人の作家の記号系を分離し、マゾッホの世界とサドの世界はそれぞれ独自のものであると主張していた[24]。また、ドゥルーズが印象深い注釈を残したことで知られる動物行動学者ユクスキュルはまさに、ときに一切の交流がなく、ときにたがいに交流しあい共鳴しあういくつもの環世界へと世界を徹底的に分断するかたちで、自説を展開した一種の記号論者でもある。周知のようにユクスキュルは、動物の「知覚」と「行動」にかかわる記号、標識を探求するなかで、限定された数の記号と標識から成り立つ「環世界」を、動物ごとに細分化してゆく。たとえばダニと、ハエと、クラゲと、人間とが構成するのは、それぞれまったく別々の環世界であり、どれかひとつを特権化することはできず、そのうちのひとつの環世界を基準モデルとして採用しながら、他の環世界を裁定することに根拠などない。ユクスキュルは、記号と標識の概念を導入することによって、「世界はひとつしかなく、そこにあらゆる生物がつめこまれている、という信念」ないしは「幻想[25]」を断ち切り、それぞれの個体システムが、独自の環世界を構築しつつそこで生きるというモデルを立ちあげる。単一の「環境」などなく、動物ごとに異なる複数的な環世界しかないという事態の確認は、多中心的な諸世界――個体ごとに存在する環世界の複数性に加え、ひとつの環世界に他の環世界が部分的に採取され織り込まれる――を主張するユクスキュルのコペルニクス的転回である。

ユクスキュルにとって、環世界とはアプリオリに存在するものではなく、具体的な個体の生存とともに構築されるものである。環世界は、個体の実存以前には存在しないのであり、環世界はつねに、個体の実存に巻き込まれたかたちでしか存在しない。個体は、受信する記号から出発しつつ、自分にとっての外界を、テリトリーをみずから構成し、それに知覚や行動のための標識をつけるのだ。逆にいえば、個体から独立した即自的な外的世界は存在せず、外的世界があらわれるときはつねに環世界として、個体の身体的実存との関係であらわれる。そしてその個体が死ねば、その環世界もまた消滅するだろう。デリダの表現を借りるなら、ひとつの個体が死ぬことはいつでも、他のものでは代替しえないひとつの世界の終焉となる。環世界の形成とは、他者を巻き込む自己組織化過程をつうじて、ひとつの世界を形成することにほかならない。レヴィ・R・ブライアントは、『オブジェクトのデモクラシー』において、単一の「環境」を否定し、多数のシステムを主張しながらこう述べている。「世界のなかに現実存在している環境「そのもの」など存在しない。換言するなら、システムが「適応」せねばならないような、あらかじめ確立されあらかじめ与えられている環境など存在しないということだ。むしろ、世界のなかに存在している様々な実体と同じだけ多くの環境があるのであって、こうしたシステムすべてが、ひとつの環境のなかに含まれていると主張するのは不可能である。〔……〕システムと環境との区別は、それゆえ、逆説的で自己言及的である。システムと環境との区別が、システムによって「つくられる」区別であるかぎり、この区別もまた自己言及的であり、システムじたいに属する区別である」[26]。外部へとつねに晒され、記号受容に向けて開かれている不透明な厚みをもつ身体とともに、そうした身体の実存に巻き込まれるかたちで、はじめて環世界は現出し、しかも個体ごとに異なる諸世界を包括して統合するような単一世界など存在しない。そして、身体のほうはといえば、その環世界をおのれの存在にとって不可欠な場としつつ、その環世界の片隅に場を占めながら、環世界をうちに折り畳みそれによって満たされつつ生きている[27]。個体の身体と環世界の身体は、相互に嵌入しつつ、相手の存在を部分的に織り込むようにして、交叉的に存在している――メロディと対位法として構成される自然＝機械。そしておそらく、ドゥルーズはユクスキュル以上に、環世界同士のかかわりや相互嵌入を強調するだろう。「ユクスキュルは、環世界を、各動物を包み込む石鹸の泡になぞらえている。この泡のなかである事物が有意味になる一方、泡の外では端的に事物は明白でなくなる。〔……〕しかし、ドゥルーズ＝ガタリが「環境（milieu）の概念は統一的でない」

と主張するとき、彼らとともに、自己を閉鎖する環境は粉砕され、断片化される。動物の生活をとり巻くたったひとつの泡のかわりに、環境はたがいのうちに移行しあい、他の環境を横断するのである[28]」。

## 第二節　存在論的ノマドロジー

個々のテリトリーの形成、各テリトリー同士の距離による交流、環境内における横断性、個体のほつれといった問題は、ドゥルーズ＝ガタリにおけるノマドロジーの問題でもある。ノマドとテリトリーの結びつきはそれらが対蹠的であり、もっと言うなら衝突しあうように見えるがゆえに、ともすれば意外に思われるかもしれない。だが、この結びつきは、一見した以上に緊密なものだ。ドゥルーズの著作のトルコ語訳者は、ドゥルーズの言葉を次のように伝えている。「トルコ＝モンゴルにおけるノマドの状況を私に喚起したのは、ドゥルーズである。〔……〕テリトリーはむしろ、一人の人間や人間集団が、自分の場を切り開いてそこに居座り、テントを張るような場所と関連する。このテントのなかで、ノマドはある決まった期間のあいだ生きるのである。〔……〕ノマドのテントが設営される場所というのが、このときジルが私にくれた説明なのだが、このとき彼は椅子に座り、私は彼の横で地べたに座っていた。そして彼はこう言った。「あなたが座っているその場所、そこがあなたのテリトリーだ」、と[1]」。ここで示唆されているように、テリトリーとノマドは、少なくとも『アンチ・オイディプス』や『千のプラトー』においては、決して対立するものではなく、テクスト上で遥かに繊細な関係を紡ぐものである。あとでより仔細に見るように、固有性ないしは独占的所有について批判しながら、しかし同時に占拠すること、テントを張ることという問いが浮上してくるのだ。すなわち記号系において、象徴界‐専制君主とは別のしかたでということが問われているのと同様に、テリトリー論とノマド論の双方において、資本主義的‐国家装置的な独占所有とは別のしかたで占拠し、保有し、享楽することが問題になっているのだ。それはまるでノマドとテリトリーが、もちろん同一化することなく、しかし双方が所有でも無所有でもない、中間領域において相互に漸近してゆくかのような事態である。

簡単な確認をしておこう。テリトリー論は、ある土地、ある場、ある領域における個体の棲息様式、つまり、自分がそのうちに一定の場を占める領域をどのように切り出し、どのように把握し活用するか、そこでどのように存在するか、いかにその領域とかかわるかという、生態学的な問題を指し示している。それが、自己固有の土地を区切り固有のものとして排他的に所有するという、限定された狭い意味で理解されるなら、それはまさに、土地や時空間の組織化のあり方、個体自身の存在のあり方、個体と土地の関係のあり方などにかかわる、集団的な生存様式となろう（先に見た裁きのシステムとはまさにそうしたものの一種である）。その一方でノマド論はこれらの論点について、閉鎖した固有領域を切り分け、それを領有するのとは異なる別の生存様式を呈示する。それは、個体がおのれに固有の領域をつくることなしに土地や時空間とかかわるしかたのことであろう。そして、そのことによって、土地への定住とその独占所有に疑問符がつきつけられる場面を注視しながら、所有という外観が発生する際の条件を明らかにし、それを根底から批判的に検討するひとつの視座として機能する。つまりそれは排他的な領土所有（代表的な例のひとつが境界（ボーダー）の管理である）とは別のしかたで大地に棲みつくことを思考しながら、逆向きの光によって、独占的所有の条件を批判的に照らし出し、所有とは異なるあり方を積極的に呈示してみせるのだ。

それゆえ、ドゥルーズにおけるノマディスムとは、ある領土から別の領土への遍歴ではない。つまり、ある私有地＝固有性から別の私有地＝固有性へと移動することではない。むしろそれが意味するのは、一切の領域の私有＝固有性それじたいの廃棄であり、所有の対象となるとされる領域の同一性の停止であり、さらには、そうした領域に棲息する主体自身の同一性の宙吊り――それは『千のプラトー』においては顔貌の解体へと連なる――といった事態である。一言でいうなら、ノマド的思考は、排他的で自己同一的な固有性という「形式」全般を一撃で括弧に入れてしまうのである。ある領土から別の領土へと移るだけで、行く先々の領土の固有性が温存されたままであるなら、理論的な地盤はまったく揺るがぬまま、放置されているに等しい。したがって、ある領域から別の領域へと「渡り歩くこと」（たとえばある仕事から別の仕事へ、あるアイデンティティから別のアイデンティティへ）は、じつのところ、ノマドとはほとんど関係がない。こうした渡り歩きは、点＝アイデンティティに従属した行路であり[2]、様々な土地へと重たい自我と同一性形式が移動してゆくだけだろう[3]。問題はたんに場所や職業を移りゆくのとは別のところ、すなわち、固有性という形式そのものを揺さぶり、宙吊りにすることにある。ところで、形式を相手にするからには、固有のものとして我有化される対象が、土地であれ、事物であれ、芸術作品であれ、個体概念であれ、性であれ、社会的役割であれ、自己同一性であれ、対象の中身はある意味では問題ではないということだ。それは、どのような対象であれ、「固有性＝所有」という構図じたいを、すべてまとめて標的にするのであり、テリトリー＝領土論の射程はきわめて広大なものとなる。

ところで、ドゥルーズ思想において「領土」や「ノマド」の主題が広く認知されるようになったのは、『アンチ・オイディプス』、『カフカ』、『千のプラトー』といったガタリとの共同作業に起因している。この一連の共作において、「領土（テリトリー）」、「脱領土化（テリトリー解体）」、「再領土化（テリトリー再形成）」のような特異な用語が分析道具としてもちいられ、そののち、様々な人々が文脈を越えて引喩し、様々な領域へと飛び立っていったからである。だが研究者にはよく知られているように、ドゥルーズが「ノマド」と「領土」という対比の定式化を行ったのは、ガタリとの共同作業以前に遡る。ガタリと出会う前年、一九六八年の『差異と反復』のなかでドゥルーズは、「固有性＝私有地」、「領土」との対比を鮮明にしながら、ノマディスムについて次のように書いている。『アンチ・オイディプス』や『千のプラトー』とはちがって、『差異と反復』において、「領土」と「ノマド」は、鋭利に対立する語彙である。長くなるが引用を見ておこう。

「なるほど、一義的な存在においてもなお、個体化のファクターとその意味にかかわる位階序列と配分がたしかに存在している。しかし、配分にも、そして階層にさえも、たがいに和解する可能性のないまったく異なるふたつの意味があるのだ。ロゴスやノモスといった表現についても、それらが配分の問題に送りかえされるかぎり、同様のことが言える。まず我々は、配分されるものの分割を含意する配分を区別しなければならない。〔……〕判断力の特質としての常識や良識はそれゆえ、最も広く共有されていると称する分配原理として表象される。こういったタイプの配分は、固定的で比例的な規定によって行われるわけだが、こうした決定を、表象のなかで限定される「固有性＝私有地」や領土と同一視することができる。土地の問いが、分け前を区分する能力としての判断力の組織化において、大きな重要性を持つということは十分ありうることだ（「一方の分け前は、他方の分け前は」）。神々においてでさえ、それぞれの神は自分の領域、自分の範疇、自分の属性を持っており、そしてすべての神が、死すべき者たちに対して、運命に合致する限界と持ち分〔宿命〕を配分するのである。まったく異なるのが、ノマド的と呼ばねばならない配分、ノマド的なノモスであり、それには固有性＝私有地も、囲いも限度もない。そこにはもはや、配分されるものの分割はなく、むしろ、限界なき開かれた空間、少なくとも明確な限界のない開かれた空間のうちにみずからを配分する者たちの分配があるのだ。一切が誰にも帰属せず、所属もしない」[4]。

　ドゥルーズのいう「土地の問い」の第一のタイプは、土地、領域、場の分割をめぐる思考であり、生存圏の分割をめぐる思考である。それは、他者との共有なき排他的な独占領域の裁断、囲いで覆われた私有地を定めるべく境界画定をすることである。固有性＝私有地や領土と「同一視」しうるものとして、ここで指示されているのは、神や人物や事物などに固定的に割り振られる社会的な属性、述語、活動領域、能力や、種としての性質であり、遅かれ早かれいずれ滅ぶ植物、動物、鉱物の運命でもある。それは、まるで柵のうちに囲い込まれているかのように、自己に対して本来的に賦与された固有性をまっとうしながら、その外に出ることなく死ぬ存在者を端的に示している。固有性の思考は、まさしく本質的かつ本質主義的なしかたで、ある個体の命運を決する「裁き」のシステムであり、ある個体に生ずる一切が、私有地の限界のうちに含まれているのである――ちょうど窓も扉もない閉鎖されたモナドのうちに、その過去、現在、未来の述語すべてがすでに含まれているように。ライプニッツのいう「主語への述語の内属」は、主体の持ち分＝運命を、その「内的な固有性＝所有物」[5]として決することであろう。

ところで『差異と反復』のノマド論は、社会形成体——国家に抗する未開社会や遊牧社会——の問題というより、遥かに存在論に近接したものとなる。つまり、ここでドゥルーズがノマディスムを喚起しながら表明しているのは、こうした領域画定的な思考法を存在論的に解体する作業であり、あらかじめ本質主義的なしかたで切り分けられた「固有性」、「領域」、「範疇」、「属性」、「限界」、「持ち分」、「運命」などには、決して還元されることのない存在論の様式の開拓である。それは、生に対して、超越的なしかたで外側から限界を課すことのない生存様式の創出を意味する。なぜなら、生の外でつくられた固有性が運命のように生に課されるというより、まさに生こそが、そうした特性や形質をある時間だけ持続する「固有名」＝「多様体」として、無目的に発生させつくりだすからだ。「生は絶対に正当化不可能であり、そのことは生が正当化される必要がないだけにいっそう確実である」[6]。ドゥルーズは、生きることよりも上位に立ついかなる超越的な基準も認めずむしろ、そうした基準を測るのは生のほうであるという姿勢を示す。先行する原理や上位の原理を一切持たない無原理（アナーキー）的な生こそが価値評価を行うものであって、生より高次の価値から、生に対して評価や判断を下す行為はすべて越権的であると言ってもよい。ドゥルーズは、産出されたものである価値や、裁きの基準となる法や規則が、産出する力能である生に対して、論点先取的なしかたで覆いかぶさってくるという転倒を斥ける。土地＝本質を分割してカテゴリーの升目（社会的、性的、人種的、政治的、宗教的な属性）をつくり、その升目の一つひとつに個体を割り振る定住的な思考法においては、各個体に割り振られる分け前が、当の個体から独立に外から決せられるが、そうした様式とはちがって、ノマド的思考においては、カテゴリーの升目に分かたれることのない、グラデーション状の《存在》の領野のうえに、運命を画定されない特異性や強度が分布し、どのような存在者であれ――鳥であれ、ダニであれ、蛇であれ、排泄物であれ、神であれ、現人神であれ――、《存在する》ということの意味にはちがいなどないということが肯定される。いわゆる「存在の類比」が存在者のあいだに、垂直状に位階序列化されたカテゴリーをつくり、階層の異なるカテゴリーのそれぞれに、異なる意味の《存在＝本質》を割り振るのに対し、一義的な《存在》では、平面上に散らばった様々な存在者に対して等しく同じ意味で「存在する」ということが言われるのだ。ノマディスムとは、存在の類比のヒエラルキーに抗する、存在の一義性のアナーキーである。[7]「それは流動的で、盗みをはたらき、空を飛ぶ特異性であって、その特異性が一方から他方へと移行し、不法侵入を行い、戴冠せるアナーキーを形成し、ノマド的な空間に棲みつくのです。境界や囲いにしたがって定住的な個体に固定した空間を配分することと、囲いも固有性＝所有地もない開かれた空間のなかに特異性を配分することのあいだには、大きなちがいがあるのです[8]」。

定住的なカテゴリーをもちいる思考法の観点から、ノマド的な《存在》の振舞いを眺めてみるなら、カテゴリーを本質的に持たない内在性においては、固有性の囲い込みを超えて、植物から蜥蜴へ、蜥蜴から風へ、風から岩へ、岩から雨へ、水から藻へといった具合に、同じひとつの《存在》が他の領域へと不法侵入を行い、生成変化していくように映ずるにちがいない。そうして、安定していたかに見えたカテゴリーそのもの、枡目そのものを、《存在》みずからが歪めてゆくように見えるはずである。スピノザ的な語彙で、超越と内在のちがいを言い換えるならば、《神＝自然》の実存力能と思考力能が、碁盤目状に分けられた種や類といったカテゴリー、性差のカテゴリーにあらかじめ割りあてられた範囲のなかで活動し、既存のカテゴリーの割り振りにしたがう身体と観念を生み出すのか、それとも類や種や性の境界を顧慮せず、むしろ類や種や性そのものに亀裂を走らせ、それをつくりかえながら、身体と思考がグラデーション空間のなかを這いずりまわり、無目的的に区画を侵犯するかたちで生成変化していくか、という力能の使用法をめぐる体制の根本的な相違である。《存在》の意味をひとつにするということは、種や類として、あるいは性差として、絶対的に区分けされた諸領域間の垣根を、《自然＝機械》の《存在》がみずから撤廃し、廃棄するということである。たとえば音楽作品という個体は、「音楽作品」というカテゴリーに属するのであって「風」というカテゴリーに属するのではない、ということが、本質的かつ絶対的な意味では言えなくなるということだ。というのも、《自然＝機械》は、その力能の状態によって、音楽作品に変状することも、風に変状することもできるからであり、《自然＝機械》は領域も個体も横断しながら、さまざまな身体を吹きぬけてゆく。[9]《自然＝機械》がこのように、そもそも個体横断的／横断的個体であり、身体横断的／横断的身体であり、種横断的／横断的種であるということが、ドゥルーズ＝ガタリの生成変化論の基礎にある。生成変化論は、一義性の存在論を前提にしているのである。生成変化とは、能産的な《自然＝機械》のアナーキーな生の力や変身力が、カテゴリーの境界なき一義性の平面上で、実存じたいに宿る具体的な生の技法として発動することである。ゲルーの指摘するように、個物たる様態のうちにある実存し活動する力は、《自然》の「力、力能ないしは生そのもの」[10]なのだ（内在、あるいは産出の一義性）。たとえば音楽作品は、《自然＝機械》と別のものではなく、それが変容する過程のひとつの相にほかならない――それも音楽作品という枠内で変化するというだけでなく、音楽という枠そのものを逸脱し、異化するかたちで変身する過程のなかにあるということだ。ドゥルーズにおける《存在》とは《生成変化》であり、セクシュアリティにひきつけて言うなら、存在論的に《クィア》であって、実存者がトランスするのを鼓舞するのである。

存在論的セクシュアリティについての覚書――現代哲学の体系を区分するにあたり、存在論の水準にセクシュアリティを導入し、「諸々の存在論を性化する」のが、メディ・ベラ・カセムである[11]。彼はその際に、それぞれの哲学者たちにおける《存在》と《出来事》の概念の性格に着目して、男性的存在論と女性的存在論を区分けした。「男性的存在論」とは、《存在》が固定性、不動性、頑強性として規定される一方で、《出来事》による変動の速度や強度が、その固定的な《存在》を強力かつ迅速に切断するものとして規定される体系のことである。換言するならつまり、存在／出来事、不動／切断の対比を強く押し出す体系のことだと言えるだろう。逆に、「女性的存在論」は、そもそも《存在》そのものが《生成変化》や《出来事》としてあり、きわめて流動的な「暗き底」とされている体系である。すなわち、男性的なものの側では存在が遅く出来事が速い一方で、女性的なものの側では存在が速く出来事が遅いということになる。カセムの区分によるなら、存在／出来事の区分を最も強固に進める「男性的」な哲学者がアラン・バディウであり、反対に最も「女性的」な哲学者（クィアな哲学者）がカトリーヌ・マラブーということになり、このふたりを両極として、女性的極から男性的極に向かって、マラブー＝ドゥルーズ＝ハイデガー＝バディウという系列がつくられることになる。男性的なものの側は存在が数学的精神に近いのに対し、女性的なものの存在は自然、欲望、リビドーに近いとされる。もちろん、こうした整然とした区分けそのものが、きわめて男性的ではないかという疑念、そして男／女といった呼称とその二元論の問題と、それがステレオタイプの再生産に寄与してはいないかという疑念がすぐさま提起されよう。また、「男性的なもの」は父権的権力へと連なりうるように、「女性的なもの」は母権的権力へと連なりうるのではないか、という問いも立てうるだろう。そうした点を踏まえながら、しかしそれでもなお存在論にセクシュアリティを導入するという試みそのものが、一定の有効性を持つということもまた事実であるように思われる。

　ドゥルーズ＝ガタリの生成変化論、さらには彼らのスピノザ論は、この区分けによるなら、幾何学精神を有するスピノザを、明白に女性的なものとして読んでいることになるだろう。というのも、《自然＝機械》とは、カテゴリーの分断そのものを無化する、形相横断と脱形相化の力そのものにほかならないからだ。それは、変異する力能としての《存在》であるとともに、《存在》を変異させる力能でもあるだろう。また言語をめぐる問いにおいても、ドゥルーズ＝ガタリの著作において、シニフィアン的＝専制君主的な記号系や、チョムスキー言語学の堅牢性に対して、言語(ラング)じたいの連続変化を強調する語用論とマイナー文学が強調されるのも、この変身の線のなかに位置づけることができよう。それに対して、『意味の論理学』に典型的に見られる出来事＝生成変化論（ライプニッツ＝シェリング的論理）は、ドゥルーズ＝ガタリにおける生成変化論（スピノザ的論理）とは異なるものである。カセムの図式にしたがうのであれば、『意味の論理学』は、「出来事」による強い切断を強調するかぎりにおいて「男性的」でありながら、同時に、シェリング的な暗き物質の混沌を肯定し、出来事の世界をカオスモス化しようとするかぎりにおいて「女性的」であるという、両性具有的な存在論ということになろう（この「男性的」なもの／「女性的」なものの区分と混淆は、なぜジジェクが『意味の論理学』を評価し、『アンチ・オイディプス』を斥けるかを考える際にも有効だろう）。

とはいえ、事態はそれほど単純ではない。流動的な欲望や生成変化を語るドゥルーズ＝ガタリの著作において、革命の切断が語られるときには、強い出来事的な分断が再出現するからであり、しかしこの革命情況のなかで、集団同士の渦巻状の連帯－同盟（ただし、一体化はなしに）が語られるとき、それはふたたび連続変化の問題圏に戻りつつ、切断を内包してもいるからだ。それゆえドゥルーズの存在論も、ドゥルーズ＝ガタリの存在論も、「シェリングの大地の根底、ニーチェの永遠的生成変化、ベルクソンにおける生の無限の流動、ドゥルーズにおける潜在的なカオスの速度」[12]という系譜に位置づけられるかぎりにおいて、「女性的」なものというより、クィアなものを基本線としつつ、その一方で、「存在／出来事の区別を維持し、それを完全に解消するわけではない」[13]かぎりにおいて、女性的なもののなかに男性的なものをとどめているということになるだろう。著作に応じて問題や情況が変わるとともに、重心の位置がずれるのである。いずれにせよ両極の混淆、往復がやむことはおそらくない。

さて、ドゥルーズにおいて、性質の異なる思考法が区分けされ、それらが衝突状態に置かれる場合、このふたつの思考法同士の関係は一方から他方への「介入」の意味をまとう。ドゥルーズが言うように、「ノマド的配分が、表象の定住的構造のなかに忍び込ませる攪乱的なトラブル」[14]があるのだ。かくしてノマド的な存在のアナーキズムは、『差異と反復』で批判的に考察されるような、カテゴリーの分割をもとにしたアリストテレス的な存在論に対する介入を告げるものとなるだろう。つまり、ドゥルーズは、存在論をとおして、反アリストテレス的かつクィアな政治を行うのだ。この観点からすると、アリストテレス主義的な存在の分割に抵抗する、感性的存在の別の体制を思考することを、「政治」の根幹に据える現代の政治・美学の哲学者ランシエールと、ドゥルーズのノマド的思考とのあいだに一定の共振現象を見ることができるだろう。美学のうちに政治「体制」を読み取るランシエールは、おそらくドゥルーズからも学びつつ、それを独自のしかたで展開した[15]。ランシエールの方法とは、社会的な地位や教育に応じた知的能力や発言権の「不平等」な分布が、社会的なカテゴリーを前提に是認され、相互に壁をつくり、その壁が社会を条里化する本質的な区分けの論理の一部になっているまさにその現場を摑まえること、そしてその場のなかに「平等」の原則を手にして「不法侵入」してゆくことにある。平等によって波風を立てることこそが、平等による闖入にほかならない[16]。平等の政治は、既存の位階序列のなかへの侵犯として実行されねばならず、それは穏やかな水平性であるのではなく、水平性になること、水平性へと向けて垂直性の落差を斜方に解消することにある。社会秩序が垂直的に固定されているところで、それを水平にならそうとすることは、斜め方向への攪乱を、揺動を巻き起こさずにはいない。こうした平等の抗争的な側面を強調することこそ、ランシエールの思想の特徴であり、平等は、各自の持ち分を定住的かつ排他的に規定する社会の論理へと介入する闘争としてあらわれるのだ[17]。このとき平等の力は、たとえば職業、身分、性別などのカテゴリーによってあらかじめ個々人の持ち分の割り振りが決定された秩序の欺瞞——構造化された本源的な権利剝奪と階層秩序化の暴力——を告発する身振りと切り離せない。ここでの平等の公理とは、何らかの政治体制や統治制度の原則のことではなく、むしろ私的（プライヴェート）＝剝奪的な所有権や領有権を主張するあらゆる領土化に対して介入する行動の原理にほかならない。

では、個々人の持ち分を画定する「定住」的構造に「攪乱的なトラブル」を持ち込むというドゥルーズのノマド論は何を目論むのか。ドゥルーズは、存在の意味の原初的な不平等性が設定されている存在論の場に、それと「和解する可能性のない」まったく別の存在論をたずさえて、根源的な平等を主張しにゆく。存在の意味はカテゴリーや属性にもとづいて変わることはない、あらゆる存在者にとって存在は同じ意味しか持たない、存在の一義性の前にすべては平等である、そしてこの平等は差異をもつものについてのみ言われる。存在者はたがいに異なっており、このちがいを生み出すものも異なっている。各存在者はたがいに関係しながらも特異なものとしてあり、何らかの媒介をとおして存在者同士を置き換えることはできない。存在の一義性は、存在者同士の等価交換も、見せかけの等価交換も一切否定するだろう。そのための媒介をすべて解体するからだ。そして類や種を横断する変身、（過去の）自己自身に対する強い意味での差異化や切断を肯定するだろう。このようなしかたで存在論を定式化するという彼の行為そのものが、思考の論理における一種の政治性をしるしづけることになる。『差異と反復』において、政治の現実的情況について語るのではなく、哲学者として存在論を語ることによって、彼は哲学的介入を行うのである。[18]

## 第三節　ノマドの領土原理——占拠、共棲、維持

ところで、先ほど引用した『差異と反復』のフレーズのなかには、注目すべき慎重な留保が存在している。引用末尾をふたたび見ておこう。「まったく異なるのが、ノマド的と呼ばねばならない配分、ノマド的なノモスであり、それには固有性＝私有地も、囲いも限度もない。そこにはもはや配分されるものの分割はなく、むしろ、限界なき開かれた空間、少なくとも明確な限界のない開かれた空間のうちにみずからを配分する者たちの分配があるのだ。一切が誰にも帰属せず、所属もしない」。

この「少なくとも」はいったい何を示しているのか。なぜドゥルーズはきっぱりと言い切らず、一種の言い澱みを、割り切れなさを残したのか。この「少なくとも」が置かれているのはなぜなのか。まず確認しておけば、ドゥルーズにおいてこうした留保は決して珍しいものではない。彼は頻繁に、みずから行ったばかりの裁断をわずかにずらしながら、微調整を繰り返し、議論の細かな軌道修正をつづけてゆく。ドゥルーズのテクストを、簡略化され単純化された図式にもとづいて読まないためには（映画論の時期にみずから述べていたように、ドゥルーズは分類を愛好する）[1]、一見すると明確に主張されているように見える区分けの影に潜み、流麗な議論の進行を妨げるようなためらいや言い澱み、言い換えの一つひとつを前にして、立ち止まってみなければならない。

有名な一例を挙げるなら、たとえば「器官なき身体」について、ドゥルーズ＝ガタリは、厳密にいえば、「器官がない」わけではないと注意喚起する。つまり、それは「器官なき身体」という名が想起させうるような、器官を一切持たず、いかなる器官をも具備していない身体ではなく、むしろ、器

官なき身体には器官がないわけではない。より精確に言うなら「器官なき身体」とは、器官が有機的に組織化されないような身体のことであり、つまり、各部分が全体との関連でのみ意味を獲得するのではない身体、超越的な価値基準を持たない身体だというのである。ところで、大文字のCorpsは「身体」ばかりでなく、「政体」、「組織」、「団体」、「集団」、「集合体」なども意味するために、Corps sans Organesは「器官なき身体」であり、かつまた、「機関なき政体」、「機関なき組織」でもある。したがって、ドゥルーズ＝ガタリが『千のプラトー』第六プラトー冒頭で述べるように、器官なき身体は、個人の身体にかかわるばかりでなく、ただちに政治的、社会的な射程を有する政治的身体論となるだろうし、むしろそうした集団、団体、徒党、群れとしての実存様式のほうが主要な主題であると言ったほうがよい。スタンジェールが述べるように、「器官なき身体がつくりだされるなら、社会化され運河のように流れを決められた有機体を受け容れず、諸器官や諸能力の「良き使用法」を規定する目的と手段にもとづく静的な組織化を受け容れない可能性が激化するのだ[2]」。かくして「器官なき身体＝機関なき政体」は、西洋の伝統的な政治的身体論が提起してきた「政体＝有機体」のアナロジー、すなわち国－体を解体するものとして登場するのである[3]。その効力が象徴的な中枢たる「頭部」に及ぶなら、国体はアセファルとなる。

　全体が諸々の器官＝機関に分けられ、その各々に機能や権限といった持ち分が割り振られて固定されるとともに、諸器官＝機関が相互に結合されてひとつの全体として組織化され、全体との関連で各部分が意味を受け取るのが「有機的組織」と呼ばれるものである。それに対して「器官なき身体＝機関なき政体」では、無数の分子が割り振られた役割の境界線を超えて、器官＝機関の形態の分化と役割の分業をまたいで、システムのなかの任意の場所に出現し、種を超えて他の種として発展しうる。ドゥルーズ＝ガタリは、「ふいに任意の地点に出現する可能性」のことを、「速度」をもつ「渦巻」と呼び、そうした出現が可能となる場を「平滑空間」と呼ぶが、こうした発想が、社会集団の形成方法の根本的な変更を含意しているのは明らかだろう。[4] レヴィ・R・ブライアントのまとめによるなら、有機的組織化が堅固になされた社会においては、「ある要素が、システムのなかの特定の場所に出現する蓋然性がきわめて低」く、階級、性、人種、国籍、職域などにもとづいて割り振られた「場所」のなかで活動することが多い。すなわちそうした場所を再生産する装置が、強固にはたらいているということである（「ネゲントロピー」）。それに対して器官なき身体タイプの社会においては、その構成要素が「等しい蓋然性でシステムのなかのどこにでもあらわれる」[5]。すなわち「場所」の分断をまたいで、そうした分断にかかわらずに、人々が結びつき、各々の場所で集団形成を行いはじめ、かつての器官＝機関とは似ても似つかない運営方法で自己組織化をはじめるだろう（「エントロピー」）。ブライアントによるなら、「解放の政治闘争とはまず、ネゲントロピー的なメカニズムを除去するべく闘うことで、社会機械のなかにエントロピーを注入する試みなのだ。ネゲントロピー的なメカニズムこそ、生、アソシエーション、関係、情動の別の諸形態を妨げているものなのである」[6]。

　こうした社会的、政治的な意味において器官なき身体＝機関なき政体は、有機的な組織形態を持たないと言われることになる。ドゥルーズ＝ガタリの言葉を見てみよう。「我々は少しずつ、CsOは決して器官の反対物ではないことに気づきはじめている。敵は器官ではない。有機体こそが敵なのだ。CsOは器官に対立するのではなく、有機体と呼ばれる器官の組織化に対立するのだ。アルトーはたしかに器官に抗して闘う。しかし彼が同時に怒りを向け、憎しみを向けたのは、有機体に対してである——身体は身体である。それはたんなる身体である。それに器官は必要ない。身体は有機体ではない。有機体は身体の敵だ」[7]。ここで問われているのは、様々な器官＝機関からなる全体の組織化形態のことであり、換言するなら、個々人の身体を社会秩序のなかに組み込みながら、個人の身体に規範や掟を刻印し、裁きを内面化させ、全体の手足＝構成員となるような「解剖学的」な身体としてつくりあげ、社会的な意味の枠内に回収できるような存在に仕立てあげ、生や身体をおのれがなしうることから切り離し、一種の無能性を作成し、そうして社会が個々の身体を収奪することである。「私は身体を盗まれた……」とアルトーは言う。それは秩序への服従者としての臣民主体を生み出すこと、そして臣民主体を手足＝構成員とする有機的な社会組織をつくること、さらには神的審級による「おまえは何者か」のあらかじめの決定によって全体のなかでの場所を外から指令することである。「身体」は厚みをもち必然的に他者へと晒されているがゆえに、それをとおして他者からはたらきかけられ、規範を刻み込まれ、意味を書き込まれ、物理的に接触され、眼差しを向けられる場になる。身体とはエコノミー、政治、道徳、規範、性といった様々な力が交錯し衝突する「情動」の場であって、「器官なき身体」論はそうした諸力を射程におさめつつ、集団と個人をつなぎあわせながら、集団的な「身体＝政体」における個々の身体の収奪を厳しく問いなおすのである。

　こうした点を踏まえたうえで、ドゥルーズ＝ガタリが「器官なき身体」をめぐって導入している揺れ動きを見てみよう。器官なき身体とは、あらゆる器官＝機関に抗して闘い、一切の器官＝機関を完全に廃棄することなのだろうか。それとも、器官＝機関を全体に奉仕させるような有機的組織化に抗して闘いつつ、器官＝機関を固定的でないものとして保持するのだろうか。ドゥルーズ＝ガタリは、ラディカルな総破壊を主張する第一テーゼを否認しつつ（「我々は少しずつ、CsOは決して器官の反対物ではないことに気づきはじめている」）、より陰翳のある第二テーゼを呈示する。しかし、彼らが第一テーゼへと否応なく傾斜する場面を描いているのも同時に事実である。というのも、その極限形態のひとつである「死」や「自殺」を、ドゥルーズ＝ガタリは繰り返し喚起し、注意をうながしているからだ。ラディカルな表現と、留保された表現のあいだで往還がなされるのである。先に見たサルトルの集列、集団、組織の区分で言うなら、ドゥルーズ＝ガタリは組織を解体しつつ、系列をなす分子と、集団とのあいだでの往還に着目するといってもよいだろう。ほつれをたえず抱える集団は、いまだ集団をなさず、人民となっていない持ち分をつねにかたわらに持っているからだ。

これと同様のことが、ノマド的な配分についても言える。「限界なき開かれた空間」には、まったく限界がないのか、それとも明確な限界がないのか。ラディカルな無限定性や無境界性と、限定や境界の確定不能性とが、「少なくとも」をめぐって揺れ動いている。そして、「少なくとも」のあとにつづく一文「一切が誰にも帰属せず、所属もしない」は、この揺らぎが生み出すニュアンスを引き受けたものとならざるをえない。すなわち、無条件的にあらゆる境界線が消滅しているがゆえに「一切が誰にも帰属せず、所属もしない」のか。それとも明確な境界線がたえず横すべりし、固定化がたえず回避されるがゆえに「一切が誰にも帰属せず、所属もしない」のか。この差異は、実践的な路線としてもまったく異なる道筋を示すことになるだろう。所有＝私有地とノマド＝アナーキーとの二元論的な切断に対して、このような横すべりを差し挟むことで視野に浮上してくるのは、不精確で変動的ながらも、一種の「保有＝憑依」(possession) が生じるのではないかということ、換言するなら、まったく限界がないのでもなく、同時に、排他的な限界を帯びるのでもないような持ち分、こう言ってよければ、対象への／からのノマド的な保有＝憑依が生起するのではないか、ということだろう。すなわち、独占所有することなしに、暫定的に他者を宿し、他者に宿られる陣地を張り、他者に憑依されつつ、他者とともに生成し、かつ、全面的に他者と一体化しないことである。こうしてドゥルーズ＝ガタリのテクストから浮かんでくるのは、一部分を全面的かつ排他的に所有するのではなく、しかしすべて剝奪されるのでも、何も保有しないのでもなく、無限定にすべてを保有するのでも放棄するのでもないような、そのような別の保有＝憑依のあり方である。換言するなら、他者への開かれが、剝奪の正当化に寄与せぬように所有物の全面剝奪に抵抗しつつ、排他的所有の回復にも抵抗するという、二重の抵抗運動を思考することだ。[8] 固有性への固執の喪失をとおして何かを得ること、何かの獲得や何かの憑依をとおして何かの所有を喪失すること、他者に憑依されることで自分の身体の所有を失いつつ何かを獲得すること、他者からの憑依に抵抗する身体の他なる持ち分を発見すること……。ノマドの問いは、こうした諸々の存在様式をめぐる思考を喚起するだろう。実存であるかぎり、身体であるかぎり、外の「力」によって「すでに保有＝憑依されているのではないような対象（現象）など存在しない」とドゥルーズはかつて述べていた。[9]

『差異と反復』におけるドゥルーズの記述は、一見するとたしかに、領土性＝私有地か、あるいは領土性の廃棄＝ノマディスムか、という二者択一を迫っているように思える。けれども、「少なくとも」とともに表明されるようなニュアンスによるなら、少なくとも三つの形式を考えねばならず、そのうちのひとつである排他的な領土形成はたしかに斥けられるのだが、一方で残りのふたつ——一切の領土廃棄か、ノマド的な保有＝憑依か——については、そのあいだでの揺れ動きを確認しうるだろう。ドゥルーズにおいて肝心なのは、排他的な領土＝私有地に向かうことなしに、一切の領土性の廃棄を垣間見つつ、そこでいかにノマド的な領土性を考えるか、そしてその賭金とは何かを精緻に見極めることにあるのではないだろうか。そうでなければ、排他性を拒んだドゥルーズ自身の思考じたいのうちに、「固有性」と「固有性の廃棄」という排他的な二項対立を読み込んでしまう可能性があるうえに[10]、さらには、あらゆる所有物、あらゆる土地、身体のあらゆる持ち分を剝奪するような体制に、死の文化に何らかの口実を提供してしまうという別の危険もあるだろう。

　さらに別のテクストを召喚することにしよう。たとえば、ドゥルーズ＝ガタリは『アンチ・オイディプス』においても、ノマドの概念に留保を加えているが、彼らによるなら、「純粋なノマドは存在しない」のである。「偉大なノマドの狩人は流れを追いかけ、それぞれの場で流れを汲み尽すと、流れと一緒に移動する。〔……〕しかし、純粋なノマドは存在しない。いつも、すでに野営地が存在し、そこでは、わずかでも備蓄すること、また登録し分配すること、結婚し食いつなぐことが問題なのである」[11]。こうしたかりそめの住居の例が見出されるのは、『アンチ・オイディプス』ばかりではない。存在論の体制としてのノマディスムをより強く打ち出す『差異と反復』でも、ノマド的空間に張られるテント、ないしは可動的な時空間が張るテントの記述が見られるし（「空間と時間の複合体は、たしかにどこにでも運搬可能であるが、しかし、しばらくのあいだ身を置く場所に、自分自身の風景を押しつけ、テントを張るという条件を有する」[12]）、『千のプラトー』では「占拠」こそがノマドの「本質」だと述べる。「ノマドの基本的規定とは実際のところ、平滑空間を占拠し維持することにある。この側面によって、ノマドはノマドとして規定されるのだ（本質）[13]」。加えて、『千のプラトー』では「ノマド」の「領土原理」という、『差異と反復』では撞着語法とされるであろう一語を発しつつ次のように述べる。「ノマドは平滑空間のなかにみずからを配分し、その空間を占拠し、その空間に棲みつき、その空間を維持する。そしてこれこそノマドの領土原理なのだ。したがって、ノマドを運動によって定義するのは誤りである。ノマドとはむしろ動かない者である、と示唆したトインビーはまったくもって正しい[14]」。

占拠すること、棲みつくこと、維持すること——こうした記述にしたがうなら、もはやノマドの本質は移動すること、ある領域から別の領域へとたえまなく移りゆくことではない、というのは明らかである。第II部末尾で見たように、ドゥルーズ＝ガタリのこうした記述は、六八年五月以降に実践された具体的な活動の数々を念頭に置いていることも、あわせて想起しておこう。ノマドの問題は他者への開かれから動かないこと、外の風が吹き抜ける裏庭をつくること、ノマドが占拠を行う場を風景として可視化すること、明確な境界線を引かない空間がひとたび作成され獲得されたならその場で開かれを維持すること、その絶対的な所有権を主張しないこと、序列を排すること、各自の単独性を置換したり融合したりしないこと、個別特殊なものにこだわること、などの実践的なプロトコルにある。ノマドの実践的な倫理と政治は、そこに棲みつくことで周囲に自由な空間をつくり、その空間を維持することであって、その空間の形成の試みから逃避したり、自由から逃避したりすることではない。ノマドは自由を前にして逃走するのではなく、その場にとどまることによって、カテゴリーやヒエラルキーや排他性から逃走し、「自由の新たな空間」を構築すべく活動するのである。ノマドは、自由に固執するという意味で頑固でさえあるのだが、まさしくそれがノマドの領土原理なのだ。

しかし、だとするならなぜ、すべての領土の廃棄と、ノマド的な領土形成とのあいだでの揺れが起こりうるのだろうか。一方には、境界画定されない開かれた限界なき空間があり、他方には、その空間に一時的に場所を占めるテントによって限定づけられた場が設定されているするなら、なぜどちらか片方では不十分なのだろうか。その理由を考えるには、おそらく『差異と反復』の存在論的なノマドロジーにまで遡行する必要がある。開かれた限界なき空間、分割されることのない大地とは、ドゥルーズにとって、《存在》そのものである。つまり種や類のちがいにかかわらず、有限者と無限者のちがいにかかわらず、同じ意味で言われる《存在》である。この《存在》の空間においては、種や類や性や属性などの区分にもとづいて、各々の実存にそれぞれ異なる存在の意味を割り振ってゆく定住的な境界画定が廃棄され、「存在する」ということが同じ意味で言われる。いわゆる「分割されることなき一義的な《存在》」[15]である。そうだとするなら、純粋なノマドでありうるのは、スピノザ的な生の産出力、すなわち、種や個体をたがいにへだてる境界線とは無縁に、あらかじめ割り振られた可能性とも無縁に、可能／不可能の彼岸で、新たな個体や種を産出しつつ、無数の存在者へと無数に変状する力のみであろう。すなわち《存在》の無限空間を満たす無限力能である。ドゥルーズにとって、《自然＝機械》こそが完璧なアナーキストにしてノマドなのであり、一義性の存在論とは、存在論＝アナーキズム＝ノマディスムというテーゼの創設にほかならない（スピノザ＝ヘリオガバルス＝アナーキスト）[16]。

それに対して個々の存在者、すなわち有限な様態は、《存在》全体に広がることが定義上できず、開かれたグラデーション《空間》のなかで、限定された一部の場を占め、ある度合を有するにとどまる。個々の様態は、そのときどきにおいて、《自然＝機械》の力能の特異な度合をまとうのであり、特異性は、その特異性ゆえに、他のものになり代わることはできない。すなわち各個体は、《存在》のアナーキーを、おのれの特異性によって限定されたしかたで部分的に表現するのである。かくして内在性のアナーキズムは、具体的な存在者という有限性の制約を課された様態をとおしてのみ、表現されることになる。有限な存在者は、無限の生成能力、変身能力、活動能力、受容能力を持つわけではない。また反対に、おのれの保有物を完全に喪失することも実存しているかぎりはできない。有限者は、無限に同化できず、かつ、完全な無所有を固有性とすることもできない。ベケットが言うように「私の無能さにも限界がある」[17]のである。剝奪にも限界があるのだ。あらゆる可能性が途絶する場で肯定される「貧しさ、単純さ」[18]に見られるもの、それは、各存在者がまさに「その」存在者として特異性を有して存在している、ということの裏面でもある。身体は変化の素材ともなるが、しかし個体化した身体は無限定な変化へと物質的に抵抗を行いもするのだ。この抵抗そのものが、生の屈折をつくりだすとともに、それぞれの個体の差異をつくりだしてゆくだろう。ベルクソンのマテリアリズムがあるとするなら、それは生と物質の弁証法によるものだ。

ドゥルーズ＝ガタリが語っていた「純粋なノマド」であれば、その存在者は、有限者としての個体性の輪郭すべてを喪失し、《自然＝機械》の力能と一体化することになるだろう。「純粋なノマドは存在しない」とするなら、それは各存在者が、暫定的な野営地を《存在》の空間のなかに有するということであり、各々が特異な存在者として実存しているということ、各々のこのもの性ないし此性を抹消しきることはできないということを、意味しているはずである。こうして開かれた境界なき《存在》の空間と、そこでの有限な実存者の陣取り、有限者の破壊や自己破壊、この有限者による境界なき空間の表現――こうした往復と循環の運動のなかに、ドゥルーズのノマド論は据えつけられることになる。それこそがおそらく、ドゥルーズのテクストじたいが示している揺れなのだ。

ドゥルーズのスピノザ解釈によるなら、《自然》の「属性」とは、《自然》＝《実体》の力能がおのれを表現する際の「形式」である。そして実体が、たとえば「延長」という形式のもとでおのれを変状させるとき、あらゆる延長する存在者（様態）はその属性のもとにあることになる。同一属性の個々の様態はおのれの本質の差異を、延長という同一形式内での強度の度合（グラドゥス gradus）の差異として表現する。ドゥルーズのあげる「白」の例で言うなら、白という形式の同一性（属性）、それぞれの具体的な白の度合の差異（様態）というのが、ドゥルーズによる様態の「本質」の読解である（様態の本質としての強度）。[19] かくしてそれぞれの属性内部では、その属性のもとにある存在者すべてに向けて開かれたグラデーション空間、種や類や性の区分けのない諸々の度合とその変化からなる空間がつくられる。なぜなら「延長」という属性に、種や類や性の区別は関与しないからである。属性はそうした様態上の差異に対して無関心である。ただし、このグラデーション空間には連続的な変化があるばかりでなく、特異点の周囲で、量的な連続的変化が断絶をはらむ質的変化へと移行するとドゥルーズは考える。特異点とは、まさしくこうした質的変化、質的飛躍を構成するものであって――連続的変化の途中で液体がふいに沸騰しはじめる点や凍結しはじめる点など――、それは連続的に見える領域に、強力な非連続性を導入するのである。[20] そしてこの特異点が、個体同士をへだてる差異ともなれば、ひとつの個体を自己自身からへだて、以前／以後を切断することにもなるだろう（たとえば何らかの出来事が特異点となって、それを契機に一人の人間が別人になること、ひとつの社会が別のものになること）。ドゥルーズが構想するこうした強度の度合の連続的変化は、断絶と飛躍に満ちた領域なのである。[21] 有限な各存在者はこのグラデーション空間のなかに、それぞれ異なる特異な強度の度合でもって位置を占めるのであり、同じ度合の存在者がふたつ以上存在することはない。度合とは、各様態が有する実存する力、活動し変身し新たなものをつくりだす力の度合であり、具体的な「なしうること」、「できること」である。この「なしうること」は、行為する身体の創出と相関している。スピノザにおいて実存することとは静的な状態ではなく、活動することであり、他者から様々なしかたではたらきかけられ、はたらきかけることであり、触発によって満たされることであり、時間持続のなかでおのれの力能の変容を経験することである。ひとつの個体は、おのれの身体を構成する諸関係と諸部分に応じて、あるいはおのれを誰と、何と接続するかに応じて、このグラデーションのなかの複数の場、複数の度合に同時に陣取るだろう。たとえばスキノピーティスは森に棲む鳥であると同時に、より小さな生物の住処となる。個体とは複数の生存様式や複数の生存空間を同時並行的に交叉させるものであり、生存様式の異なるレイヤーごとに、それぞれ異なる度合の「なしうること」、「できること」を持つからだ。ところで有限な存在者は、異なる場に同時に陣取ることができても、属性のグラデーション全体に一致することはできない。先に見たように「属性」の空間全体に一致しうるのは、純粋なノマドたる《自然＝機械》の力のみであり、各存在者はこの《自然＝機械》のアナーキーでノマドな力すべてではなく、その特異な一部を分有して実存することになる。

無限者（実体＝存在）と有限者（様態＝存在者）は、それぞれ別々の本質を持っており、無限者と有限者を混同することはできない。周知のようにこれは、あらゆる存在者を、《自然》が変容したものだと考えるスピノザ主義において重要な論点をなしている。というのも、各存在者、各個体は、《自然》が変状したものにほかならないと述べることは、各存在者を大いなる《自然》へと回収し、そこに還元してしまうと解釈されてしまいうるからである。そうした批判がスピノザにつきまとってきた。しかし、実体と様態、《存在》と存在者は、それぞれ本質を異にしている。すなわち、《自然》の属性＝形式の無限空間と、無限力能のグラデーション全体が実体の本質であるとするなら、個々の存在者である様態の本質とは、この無限力能が展開するグラデーションの特異な度合のひとつであるというわけだ。この論法はたしかに、神＝自然の無限性を、個々の存在者の有限性と混同するのを禁じ、神＝自然の無限性を擁護するものと考えうる。だがそれは同時に、個々の有限な存在者の単独性を、神＝自然への還元から保護するという意味を有してもいる。つまり無限者の擁護という体裁のもとでの、個々の個体の特異性の擁護である。ドゥルーズが指摘しているように、様態の本質としての特異な度合の力能は、《自然》の本質である無限力能を「全体」とする、その「部分」として存在している。しかし、ドゥルーズが『スピノザと表現の問題』において、様態の本質と実体の本質との区別をとおして主張しているのはまさに、《自然》全体と自然の一部分は本性を異にしていること、部分の本質を全体の本質へと還元することはできないという点である。つまり全体に身を置く観点（ないしは全体そのものである観点）と、特異な部分に身を置く観点とはたがいに本性を異にするのである。ドゥルーズは次のように述べる。「ある意味、こうしたテクストは、被造物に固有の力能をすべて抹消してしまう傾向があると思われるかもしれない。しかしそんなことはまったくない。〔……〕スピノザは『エチカ』のなかで、人間の力能とは「神の無限力能の一部分」であると言う。しかし、この部分は還元不可能なものであり、他のあらゆる度合から区別される、独創的な力能の度合であるということが明らかになるのだ。〔……〕スピノザにおける分有はつねに、力能の分有として思考されるだろう。しかし力能の分有が、諸々の本質同士の区別を消去することは決してない。スピノザが、様態の本質と実体の本質を混同することなど決してない。私の力能が神の力能の一部分であるときでさえ、私の力能は私に固有の力能のままであり、神の力能は神に固有の力能のままなのである」[22]。ここで指摘されているように、実体の本質と様態の本質ばかりでなく、ある様態の本質を、他の様態の本質に還元することもできないとするなら、《自然》とその様態の様々な度合からなるグラデーション空間のなかには、隣接する度合同士のあいだにも、決して還元できない懸隔があり、多数多様な度合のあいだのへだたりが無数に張り巡らされていることになろう。特異点の分布するグラデーション空間のなかで、本質同士は必ずしもなだらかに隣り合うわけではなく、其処此処にへだたりが穿たれている。だからこそ逆に、ドゥルーズ＝ガタリにおいて新たな「ネイバーフッド（近傍）」を構築することが、懸隔のある者たちをともに巻き込みながら行われる生成変化の過程で重要になるのだ[23]。

《自然＝機械》が有する力能は、あらゆる固有性、あらゆるカテゴリー画定、あらゆる領域分割を斥けながら、新たな生存＝実存様式を、生き方を編みだしてゆくだろう。個が実存し、生き、活動することは、種や類や性やジェンダーの存在に対して先行する。繰り返すが、《自然》が、種や類や性などの目的地をもって活動することはないからだ。種や類やカテゴリーがあるとするなら、それもまた構築されたものでなければならない。だが、もし種や類やカテゴリーが不変の目的だとするなら、それらは構築される前から構築されていたことになってしまうだろう。《自然》の活動から遊離して措定されるかくなる前提の超越性を斥けるのが内在の哲学であり、ドゥルーズはそれを「障壁や囲いを超えて飛躍し、固有性＝私有地を攪乱する」ものとして読んでゆく。[24] しかしそのことは、個々の実存が一切の持ち分を喪失して、たがいに無差異となり、その個々の単独性がすべて《自然》に還るということを意味しない。というのも、「この」個体や「あの」個体はそれぞれ、《自然》全体とも、他の個体とも異なる特異な度合の力能を本質として持つからであり、その度合が各個体を「その」個体として分化させ特異化する。そしてその特異化は、実存の芸術がつくりだされるのと、喉元の黄色い羽毛をさらけだして他者の歌を森に響かせるのと同時であり、それはさらに森という個体の製作に参加するのとも同時である。ある有限者が実存するとき、こうした特異な度合、制約されたテリトリーを持たないことができず、したがって、純粋なノマドではないという不純性は各個体の単独性を保証してもいるのである。したがってドゥルーズのノマド論は、存在（無限な属性と力能）と存在者（有限な様態）のあいだで、純粋性と不純性を往復しつつ考えられねばなるまい。すなわち純粋なノマドロジー＝存在論と、分割されない《存在》の空間上での生態学（エトロジー）＝実存論とのあいだで。

　スピノザ主義の立場からするなら、個々の存在者の実存は自己原因的、自己完結的であることはできず、誕生においても、生存の個々の契機においても、病においても、他者と関係しており、窮極的にはたえず《自然》に関係している。あらゆる個体は、生成変化の時間のなかで《自然》じたいがみずからを変状したものであり、自然の運動が生み出しつつある産物にほかならない。各存在者の単独性じたいが、他者とのかかわり、自然（技術と自然、社会と自然を区別しない意味での）とのかかわりを否応なく折り込んでおり、そうした折り込みを有するということが、身体として実存するということにほかならない。ドゥルーズ＝ガタリが「純粋なノマドは存在しない」と述べたあとで、「食いつなぐこと」、食と栄養の問いを出していたのは決して偶然ではないはずだ。『スピノザ　実践の哲学』における「悪」をめぐる問いもまた、身体の外の事物の摂取、とりわけ毒をめぐる物体＝身体同士の関係の問い、さらには、自己自身を攻撃し破壊する身体の問い（自己免疫性疾患）であったことを想起しておこう。[25]まさしく食べることは、身体のありようの問いと、生存の問いと、他者との関係の問いが、体内化の問題をともないつつ、剝き出しになって現出する場だからである。この点からすると、「食べない」姿勢を徹底化させるカフカの断食芸人は、自己の生存の条件となる他者との関係を絶つという意味で、根源的に孤独なのだ。彼は、たんに人間のあいだで孤独なばかりでなく、食物という《自然》から突き放されて孤独であり、そしてそれを生存の芸術にまで引きあげる。断食芸人にとって「食べないこと」という芸術は、彼の意志によって選ぶことのできる事柄ではなく、彼は《自然》における独身者なのである。

# 第八章　力能の生態学

## 第一節　スピノザの実存主義

「スピノザは頻繁に本質について語りますが、しかし彼にとって本質は、決して人間の本質といったものではない。本質はいつでも特異な規定なのです。この人やあの人の本質があるのであって、人間の本質があるのではありません。彼自身が言うところによれば、人間の本質といったタイプの一般的な本質や抽象的な本質は、混乱した観念にほかなりません。結局のところ『エチカ』には一般概念など存在しないのです。存在するのは、あなたであり、この人であり、あの人です。存在するのは諸々の特異性〔単独性〕なのです。本質という語があるかもしれませんが、本質という語はすっかり意味を変えるでしょう。〔……〕彼が本質について語るとき、彼の関心は本質にはありません。彼が関心を抱いているのは実存と実存者なのです。換言するなら、存在するものが存在と関係しうるのは、実存の水準においてのみであって本質の水準ではない、ということになります。存在するものが存在と関係しうるのは、実存の水準においてのみであって本質の水準ではないという命題を、実存主義と呼ぶことにするなら、スピノザにはすでに実存主義がある。〔……〕彼が関心を持っているのは、単独性における実存者なのです」[1]。

　スピノザにおける単独的で特異な実存者の重要性を語るこの引用は、ドゥルーズの一九八〇年一二月九日の講義からのものである。彼は同年に行われたスピノザ講義のなかでも、さらには一九八一年に増補された『スピノザ　実践の哲学』裏表紙においても――署名こそないものの、おそらくドゥルーズ自身が書いたと思われる――、『エチカ』における唯一の「存在」の探求が、なぜ「存在論」と呼ばれるのではなく、「倫理」という名をまとったのかという問いを発する。「存在論と倫理のあいだの関係」をめぐって、「純粋存在論」であるものが、なぜ「エチカ」と呼ばれるのか。[2]ドゥルーズは、この存在論と倫理のあいだの関係を、実体と様態、存在と実存のあいだの関係としてとらえる。すなわち、一義的な《存在》を定立するのが純粋存在論であるとするなら、この存在論をもとにして、特異な「存在者」、単独的な「実存者」を思考するのが「エチカ」ではないか、今日の呼び名でいうなら「生態学」ではないか、と言うのである。スピノザによるなら、存在者とは、「存在」ではなく、実体＝自然のある「存在様式」ないし「存在のしかた」であって、無数の存在様式が、たがいに絡み合い、複雑に編み込まれ、無数の層をつくり、無数のしかたでほつれ、無限に錯綜しているのがこの世界である。そして、「倫理」＝「生態学」とは、個々の特異な存在様式を《自然》という開かれた一義性の空間とのかかわりにおいて探求するものだ。これは、先ほど「ノマドの領土原理」との関連で見た、存在論（無限のアナーキー）と生態学（無限のアナーキーを分かち持つ有限な占拠者）との区別に対応するものである。

　こうした生態学は、個体同士の関係や環境との関係のありように応じて創発する力能、すなわち実存し活動し新たなものを産出する力や、思考し認識する力についての問いを含んでおり、それらのある特定の度合が、「この人」や「このもの」の具体的な本質をなしている。いかなる行為をなしうるか、何を思考しうるか、何を言語化し発話しうるか。ドゥルーズの言うように、個体の本質とは、抽象的なものではなく、身体のありようと照応する具体的な「なしうること」、すなわち「力能」と「行為」の問題として、実存の芸術、生存の技法としてあらわれる。それは、抽象的な「人間」なるものの抽象的な「本質」というようなものではなく、むしろ、ある身体が何との関連で、いつ、どこで、どういう状況で、どのような社会関係のなかで、どのように、どれくらいの速さで、どれくらいの時間をかけて、何を、どれくらいできるのか、何を現勢化し、何を実働化し、劇化しうるのかという、個別化された情況下で具体的に形成され、獲得され、実行される力能と行為である。この個々の「なしうること」を、《自然》全体の「力能」の特異な一部分として位置づけ、身体（物体、団体）の組成に応じてそうした力能を持つとするのが、ドゥルーズによるなら、スピノザにおける個体の本質の定義である。水は水という物体の組成に応じて、水素は水素という物体の組成に応じて、「なしうること」があるというわけであり、水をどのような他の物体との関係に組み込むかに応じて、さらに別の「なしうること」が創発してくるというわけである。一種のアフォーダンスの理論と言ってもよい。

すでに述べたように、個体は自分を構成する諸部分、たとえば手と足と舌において、それぞれ別々の力能を持ちうる。また、それぞれの部分がその個体に属しながら同時に別のより大きな個体、大きな組織、大きな集団のうちに組み込まれるなら、おのれのうちで各部分がそれぞれ分散的、離散的に作動することもありうるはずだ。肉体であれ、機械であれ、あらゆる個体は、おのれがまとうもの、利用するもの、接続するものと組み合わさり、結合し、刺し貫かれ、混ざり合いながら、おのれの力能と行為を構成してゆく。ところでその個体が、たとえ「人間」だったとしても、「機械」だったとしても、「なしうること」がいつでも保証されているわけではなく、なしうる行為を減衰させる「悲しみ」によって触発されることによって、「なしえなくなる」という事態がいつでも起こりうる。《自然=機械》の力能の実在論をめぐっては、「なしうること」、「できること」じたいが新たにつくりだされたり解体されたりする過程に加えて、新たに創出された行為がたえず情況へと繰り込まれてゆく過程がともなうのである。[3] そして、そのときどきにこうして構成される力能こそが——なしうることが質的に変化する特異点の近傍までは連続的に変化する——、各存在者のそのときどきの存在様式の本質をなす。たとえば紙を切る力、肉を食べる力、草を食べる力、肌があるやわらかさでいる力、深い皺として褶曲しようとする力、保温する力、凍結させる力、あるいは、「しない能力」、絶食する力、飲まない力——「ラクダは長いあいだ水を飲まないことができる」[4]——を発現させるような「身体」を、具体的な環境において実践的にいかにつくりあげ、アレンジし、発現させるか。それがドゥルーズの生態学の問題であり、ドゥルーズ=ガタリが、「身体の機械状アレンジメント」と呼んだものである。具体的な時間持続のなかで素材を一定の関係で結合し分離させることで、「身体がなしうること」、すなわち、身体のマテリアルな実存、その力能と行為を、想像的な可能性によって期待を肥大化させることも卑下することもなしにつくりだすこと。実存することがすなわち活動し行為することであるようなスピノザ的な身体はどんなときであれ、他者との無数の関係のなかで成立している。身体の構成において問われているのは、すでに可能なものとして想定されている何かを現実化させることではない。また「なしうること」（力能）にかんして、論理的な可能性が問われているわけでもない。問題なのは、先行する前提や先例にかかわらず、むしろそれに先んじるかたちで、現勢態の「なしうること」、「できること」を組みあげることであり、当の力能そのものを身体の水準で実在的に構成することである。

こうした身体の構成のあり方によって、同じ種の個体でもそれぞれちがう能力を形成することになり、そのなしうることの差異によって個体は相互に区別され、実存様式が変容する。実存のグラデーションの特異な度合とその変化を、種や類、性や属性といった枠組から切り離して注視する必要があるだろう。ドゥルーズ＝ガタリは、種同士のちがいのうちに、むしろ種同士の差異を乗り越える《存在》の平面上の「なしうること」の度合のちがいしか見ない。そして逆に同じ種の個体であっても、種差以上の差異が見出されることになるのである。彼らにとっては「競走馬と農耕馬のちがいは、農耕馬と牛のちがいより大きい」[5]。つまり人間、馬、ダニ、蜥蜴、ナナフシ、蜂、蘭、泥炭、花崗岩などの「存在」のあいだに、グラデーション的ちがい、存在するかぎりで有している活動し行為し新たなものをつくりだす力の度合の差しか見ないのである。「力能の意志が意味するのは、事物や存在や動物を、本質によってではなく、それらが持つ現実の力能に応じて定義するということです。ここでも問われるのは、「身体は何をなしうるのか」なのです」[6]。《存在》には一つの意味しかないとするなら、個々の存在者はそれぞれ独自の存在のしかた、様式ないしは様態によってのみ区別されることになる。存在の「マニエリスム」である。彼らにとって形態は、「なしうること」と比べるなら二次的でしかなく、それゆえ形態を似せることや、かたちだけ似ている器官を持つことはさほど問題にならない。美術史家のゴンブリッチは、「棒馬　あるいは芸術形式の根源についての考察」（一九五一年）のなかで、なぜ馬の形態に類似しておらず、また馬の一般観念を表現しているわけでもない「棒」が、子供の遊戯において「馬」になりうるか、という問いを提起した。そして彼は、「棒」の「馬」への生成変化を、この棒によって子供が「なしうること」（ゴンブリッチのいう「機能」）によって定義するのであり――子供と棒の組み合わせ、それとともに生ずる「乗用できる」という機能＝力能の発生――、このことによって生成変化を、類似や類比からも、類や種からも解放する。「我々は普通には閉じて閉鎖されていると見なされている境界を越えることもできよう」。なぜなら、「棒」という「代替物」は人間にも動物にも共通な生物的機能に深く立ち入っている」からである。[7] ドゥルーズ＝ガタリは、ゴンブリッチが先駆的に示したこうした観点を拡張してゆく。とはいえそれは、ある「種」から別の「種」への、ある「性」から別の「性」への移行がつねに容易である、という意味ではまったくない。そこには遊びの、動作の、行動の発明が必要なのだ。その際には身体同士の「結合」ばかりでなく「分離」や「切断」を言う必要のある場合もあるだろう、あるものを混ぜ合わせてしまうと成立しなくなる遊びもあるからだ。異質なもの同士を何でも結びつけるということを、ドゥルーズが主張しているわけではない。

　さらに付言しておくなら、ドゥルーズは、実存の「なしうること」が単純に大きくなり、拡張される場合を想定しているわけではないはずだ。ドゥルーズは、超越者に依拠したり、他人の不安や恐怖を利用したりしながら、おのれの力能（権能）を広げてゆく者に対して、たえず呵責なき批判を行う。

あらゆる専制的な権力者に対する、倫理の観点からの批判である。ドゥルーズにとって力による支配や権力の奪取とは、最低の度合の実存力能と思考力能なのだ。また逆に、なしうることが小さくなり、その動き、動作がより精緻になること、あるいは病むことにおいてしか可能でない小さな生があらわれ新たな生存様式が出来あがること、そしてそのなかで「至福」と等しくなることがあると彼は言う。ドゥルーズが生前最後に発表した「内在――ひとつの生……」はまさに、そうした生をディケンズ『我らが共通の友』に見出すものであった。好感を抱くものなど誰一人としていないある悪漢が生死の縁をさまよいながら運び込まれてくるのだが、「この男の生と死の狭間にあるのは、死と戯れるあるひとつの生の瞬間にほかならない。個人の生に、非人称的でありながら特異な生が取って替わった。この生は、内的かつ外的な人生の偶発事から、つまり到来するものの主観性と客観性から解放された純粋な出来事を抽き出すのである。誰もが憐れみをよせ、一種の至福に達する「端的な人間」[8]。こうした例からも分かるように、ドゥルーズは、「なしうること」、「力能」の増加をめぐるスピノザ主義的議論を、たんに「できることが増える、できることが大きくなる」から切り離してゆく。「なしうること」の増大を素朴に肯定するなら、帝国主義的に拡大し肥大した権力や、資本の拡大した権力による、さらなる権力拡大の言説と混ざり合うことになるだろうし、資本のもとでの能力開発、自己啓発、自己管理の言説とも見分けがつかなくなるだろう。アントレプレナーシップやマネージメントの思想は、ポスト・ファシズムの現象形態のひとつである。それに対して、ドゥルーズにおける「なしうること」（力能）の議論は、彼の挙げる例を見るかぎり、脆弱な生のなかでなしうることを際立たせるものとなるだろう。なしうることの増大は、既存の社会組織の勢力圏拡大というよりむしろ、どれほど小さなものであれ、新たな実存様式の創出という観点に近接する。この点は、マゾヒズムとの関連でまたあとで見ることにしよう。

ブローデル風に言うなら、身体の組成や力能には、長期的に時間をかけて形成されてゆく／失われてゆくものと、短期的に形成されやすい／失われやすいものとの広大な幅がおそらくあって、その形成／喪失プロセスにはじつに多様なリズムがある（すぐに何でも変えられるというのは幻想である）。ひとつの個体は複数のリズムにまたがることも可能であり、「私」を越えるようなより大きい持続や、より小さい持続の様々なリズムのなかで同時に「私」は呼吸している。また、何を、あるいは、どこからどこまでをひとつの個体とするかによって、浮かびあがってくるものは大きく変わるだろう。宇宙史のなかでつくられる惑星、科学史のリズムのなかで発明される技術、社会経済史のなかでつくりだされる組織、個人史のなかで習得される能力は、それぞれまったく異なる形成／喪失のリズムを持ち、そしてそれら多様なリズム同士が関係しあい、絡み合ってゆく。さらには特定の社会において、どのような要素や技術や能力や性格類型が優勢となるかを規定し、それに価値を与え、あと押しする社会的な審級としての「機械」があり、さらにはある機械から別の機械への移行の問題がある。こうした一連の問題はまさに、「アレンジメント（agencement）」概念にかかわってくるものだ。「技術的要素に対して優位にあるのは機械である。機械といっても、それじたい諸要素の集合である技術機械ではなく、社会的機械ないし集団的機械、つまり機械状アレンジメントであって、こうしたアレンジメントが、ある時期に何を技術的要素とするか、いかに使用するか、その外延や内包をどうするかを決めるのである」[9]。アレンジメントとは、いまだどのような形態や機能や属性を帯びるかわからない要素＝

分子を集めた「ファジー集合」のなかで、そうした要素同士の関係を導き、その方向づけや意味づけを行う様々な「傾向」、「プロセス」、「線」が絡み合い、具体的な行為者＝エージェント（agent）と、その活動＝行為する（agir）力能とを編みあげてゆく過程のことを指す。ある類型の行為者が優位になったり、時代を象徴するような存在になったりするよう決定するのは、アレンジメントの類型によるものだ。たとえば、人間‐鐙‐馬という行為者‐活動力能を生み出すアレンジメントの類型が、旧来の歩兵的な武器である斧を失権させ、槍という武器を呼び寄せることもあるであろう。[10] アレンジメントがつくりだす行為者の身体と力能の性質は様々であって、反動的なものも含まれる。そのことは「ナチズムはいかなるファジー集合のなかに出現したのか」をドゥルーズが問題にし、ナチズムの発生機序を問うていることからも明らかである。ナチズムという行為者を生み出すような経済、社会組織、言語のアレンジメントとはいかなるものか。そしてナチズムへの抵抗のアレンジメントはいかなるものか。ドゥルーズはナチズムの母胎となる「この集合のなかに別の諸過程が含まれているとき、それと闘うことができる」とする。[11]

社会の水準でいうなら、アレンジメントを構成する「傾向」や「線」は、中心化、全体化、固定化、切片化、分散化、流動化、領土化、地層化、社会的役割の配分、再生産、アイデンティティの同定、二元論による主体の割り振り、秩序のひび割れ、彷徨、亀裂、氾濫、脱領土化、器官なき身体化、そして回収など様々である。[12] ある時期に、ある地域、あるゾーンにおいて、どのような社会形態が優勢になるのかを決める因子となるのも、アレンジメント＝機械である。この意味では不均等発展論のように、中心と周辺を振り分けるものも、一種のアレンジメントとして解されるはずだ。《自然＝機械》は、自然史的にも社会史的にも技術史的にも、大変動や分裂や結合を含む大いなる喧噪に満ちているが、こうした喧噪は、具体的なアレンジメントによってはじめて現実化されるのである。[13]

長短様々のリズムを持つ行為者の身体と活動力能の構成と解体は、『差異と反復』や『哲学とは何か』に倣って、行為者（社会も含む）が身につける諸々の「習慣」のリズムだと言うこともできるかもしれない。「ハビトゥス（habitus）」は、「持つこと（habere）」から派生した語であり、それはいわば、ある存在様式を獲得することである。変動しにくい個体の持ち分としての習慣――「本能」的な行為、たとえば根が水を吸いあげる、陽を受け光合成するというような、それを忘却してしまえば死に到るようなもの――から、学習される習慣――たとえば言語や楽器演奏――、さらには生涯で一度きりしか発現しない習慣に到るまで、様々な習慣があるだろう。そうだとするなら「生得性」も、構成されたものと考えられることになるにちがいない。[14]「種の本質」や「社会の本質」と見なされうるような能力を押し流してゆくような構成と解体から、その後の生涯全体にかかわるような変更に到るまで、変異のスペクトルは様々であり、その組み合わせも多彩である。さらには、アレンジメントの変更によって、ある行為者がおのれの個体性を維持したままでいられる場合と、当の行為者が別の実存様式へと移行することを余儀なくされる場合とが分かれるはずだ。ここには、『シネマ1』で導入されている「行動」と「行為」のあいだの区別に等しい論理がある。[15]というのも、先に見たようにドゥルーズによるなら「行動」とはすでに形成されている主体に関連づけられるのに対して――そして、その行動によって主体じたいに大きな変化をもたらさないのに対して――、「行為」はそうした主体がない状態で、あるいはそうした主体の新たな形成そのものと同時的になされる行為だからである。

すなわち、その行為を行うことが、同時にその主体を構成する行為ともなるような、そんな「行為」の「静的な暴力」においては、行為者と活動力能の構成は同時に、新たな主体の誕生をもたらさずにはいない。このとき、行為者の身体と力能の構成は、同時に、当の行為者の生成変化としても思考されるはずだ。すなわち、当の行為者そのものに振るわれる静的な暴力（本性を変形する力）と、それがもたらす振動や衝撃として、個人的／集団的な生のハビトゥスの変形や消滅として、である。そうすることで、ドゥルーズ＝ガタリにおけるスピノザの「個体」をめぐる議論は、一気に動態化することになる。

他者との関係のなかで実存様式を獲得すること、ハビトゥスとその形成、力能とその構成などの主題が絡み合う思考法は、スピノザ論にも見られる。各々の存在者はゲルーの言うように、実体のように自己原因ではないために、偶然にさらされながらある特異な生を「持ち」、実存を「享楽」する。[16] ドゥルーズはこうした実存様式の形成という問いを、「保有＝憑依（possession）」や「持つこと」といった用語で指し示すのだ。つまり、ノマドロジーにおいて開かれた空間に一時的にテントを張り、ある一定の場を占めることが記述されたのと同型の構造でもって、ドゥルーズは《存在》の開かれた空間と、そのなかでの力能を保有すること、ないしは、力能に憑依されること、という問いを立てるのである。こうして「なしうること」と「持つこと」、「力能」と「保有」が緊密に結びつけられる。[17] 彼は様々な箇所で、「力能の保有＝憑依（possession de la puissance）」について語っているが、一九八〇年一二月九日の講義と『スピノザと表現の問題』から、それぞれ範例的な文を抜き出してみよう。「力能は、その定義上、私が意志するものではなく、私が持つ（獲得する）ものです。私は特定の力能を持つ、あれかこれかの力能を持つ。それこそが、諸存在の量的な階梯のなかに私を位置づけるのです。そして力能の意志（volonté de puissance）にかんして、力能を意志の対象に変えてしまうのは誤読であり、正反対もいいところです。力能こそが意志の主体であって、つまり私が持つ力能に応じて、私はあれやこれを意志するのです[18]」。

「窮極的には、自由で、強く、理性的な人間は、活動する力能の保有＝憑依によって、おのれのうちに十全な観念と能動的な感情＝触発とが現前していることによって、充全に定義されるだろう[19]」。

「『エチカ』は感情、行動、意図を判断するが、それは超越的価値との関係においてではなく、感情、行動、意図じたいが前提し、内包する生存様式との関係において判断するのだ。弱く、奴隷的で、無能であるという条件においてしか実行できず、語ることさえできない事柄、信じ感覚し考えることさえできない事柄が存在している。他方で、自由で、強いという条件においてしか、実行し感じることができない事柄も存在する。内在的な実存様式の展開法が、超越的な価値への依拠に取って替わるのだ。いずれにせよ、問題は以下のようになる。たとえば、こうした感情は、我々の活動する力能を増大させるのかどうか。それはこの力能の形相的な保有＝憑依を獲得する助けになるのか。／なしうることの果てまで行くことこそ、まさしく倫理的な務めなのだ[20]」。

ここにはドゥルーズのスピノザ読解を特徴づける、道徳批判や低劣さの批判、強さと弱さの区別、感情や行為の価値評価、自由意志の否定とそのうえでの自由の探求などの、強烈なニーチェ主義的な調子がある。ドゥルーズは、スピノザに見られる「ニーチェとの類似は根本的であると言ったとして、それがテクストに無理強いすることになろうとは思いません」と述べていた[21]。こうした道徳批判的な論点をひとまず指摘しておいたうえで、いま問題にしたいのは、「保有＝憑依」がどういった事態を差し出しているのか、すなわち「諸存在の量的な階梯」というノマド的な《存在》の空間内のグラデーションのなかで、ある特異な度合を持つということが何を含意しているのか、という点である。

ここで対照のために、ヒュームにおける「持つこと」、「所有」についての議論を想起しておくことにしよう。ドゥルーズによれば、ヒュームにとって「所有」は「本質的に政治的な現象」であるとともに、「政治の本質的現象」にほかならない。[22] それは所有者と所有物との、所有する者と所有されるものとのあいだの、相互に外在的な「関係」によって規定されるものであり、それゆえ両者のあいだには非必然的で偶然的な関係しかないとされる。そして外在的な関係によって構成されるすべての存在者にとって、その所有物は、定義上、固有なものとはなりえない。つまり、所有者と所有物のあいだにはまず断絶があり、そのうえで偶々関係するにすぎないのだ。[23] それゆえドゥルーズが主張したように、所有者と所有物を内的につなげる「本質存在」＝「である」（関係の内部性）を、偶然的な「所有」＝「持つ」（関係の外在性）に変えるということが大きな転換を意味しうる。[24] こうしたヒュームとの共通性の一方で、スピノザ論のドゥルーズは、持つことの対象である具体的な「なしうること」、つまり、存在し活動するある特異な力能の度合こそが、個体の「本質」をなすという。換言するなら、「その」なしうること、「その」力能があるがゆえに——そしてそうした力能を構成する他者との関係があるがゆえに——、「その」個体は他の個体から区別される単独者になるということである。形態や種によって個体を定義しないドゥルーズにとって、他者との関係のなかで創発するそれぞれの個体の「なしうること」の特異性こそが、個体化原理、個体化のファクターなのであり、ある個体を個別化し、他から分化させる差異なのである。そうだとするなら、仮に一方の「個体」を「保有者」とし、他方の「本質」を「保有されるもの」とすると、保有者と保有物のあいだにある関係は外在的なものではない。なぜなら、保有されるもの（力能）によって保有者がつくられるからであり、ある個体は自分が獲得するものによってはじめて、その自己になりうるからである。個体によって保有されるものが、個体の本質そのものを構築する――この議論において、保有者と保有されるもの、獲得者と獲得されるものを切り離すということが意味するのは、文字どおり、保有者は本質を変形させ、別のものになるということである。そしてその別のものには、別の本質が対応するのだが、それほどに保有者と保有されるものは密着している。だが、それは保有であるかぎりにおいて分離可能でもある。そして保有されていたものを喪失し、保有者と保有されるものとが分離し、分断されるなら、当の個体の本性が、「形相」が変わるのである。いわば、顔にあまりに密着しているために、それを引き剝がすなら、顔もろとも引きちぎれてしまう仮面のようなものだ。ヒューム論と分かたれるスピノザ論の特徴は、所有されるものが、所有者の実存の心臓部へと打ち込まれているという点であり、だからこそ所有者と所有物を切り離すことは、所有者を元々の状態に留めてはおかないような、強烈な生成変化を引き起こすことになるのである。スピノザが、『エチカ』第四部定理三九の有名な一節で述べるように、「人間身体がその本性とまったく異なる他の本性に変化しうることが不可能でないと私は信ずるのである。なぜなら、人間身体は死骸に変化する場合に限って死んだのだと認めなければならぬいかなる理由も存しないからである。かえって経験そのものは反対のことを教えるように見える。というのは、人間がほとんど同一人物であると言えぬほどの大きな変化を受けることがしばしば起こるからである」。それは、「人間身体が異なった形相を取るようにさせる」触発作用であり、「悪」であり、「破壊」である。[25]ズーラビシヴィリの言うように、「スピノザ哲学は実践的な配慮の中心に、形相=形態の保存を据えている。だが他のどんな哲学であれ、これほど切断を気にかけるものもない。スピノザ哲学は個体には新たな生を、集団には新たな制度を提案するのである。この哲学は変形〔形相横断〕の問題、すなわち、その実在性、その幻想、それに付される限界の問題にたえず逢着しつづけるのだ」。[26]こうした形相変換、さらには形相破壊にも及ぶ変身論をスピノザの実存主義の核に据えるのだとするなら、スピノザ論でドゥルーズの語る「形相的な保有=憑依（possession formelle）」に加えて、いわば、脱形相化作用をもたらす脱保有=憑依や、形相横断的な生成変化もあることになるだろう。子供が大人になること、大人が子供になること、自分がかつてそうであった過去の記憶すべてを喪失すること、あるいはプルースト的な仮装パーティ。これはつまり自己保存を超過し、そこから溢れだすような身体と行為を獲得する、ないしは、それに憑依されるということであり、先行的な前提を踏み越えて、力能がおのれのなしうる範囲の限界を超えて力を発揮し、既存の自己と内的な緊張関係を抱えるような状況に到ること、それによってついに個体がおのれの本質を変形するに到ることである。ズーラビシヴィリが、スピノザを注釈しつつ述べるように、「まさしく質料そのものや力能が、諸形相をとおしてたえず循環し交換しあっているのであり、その際にはたとえ些細なものであれ、解体と再構成をたえずはらんでいるのだ」。[27]

ドゥルーズのスピノザ論においても、ある個体とそれが保有する／それに憑依する本質とのあいだの切断がないわけではない。むしろドゥルーズが読み解くスピノザ哲学の含意とは、保有物が離反するなら保有者自身が根底から変形されるということであり、こうした脱本性化と、本性の形相横断を肯定する点にあるのである[28]。すなわちおのれの本性、おのれの種、おのれの本質、おのれの性とジェンダーを裏切る生成変化が生起するということだ。たとえば「性」をめぐる生成変化についてドゥルーズは、「異性装者（トランスヴェスタイト）」が「ホルモン」の摂取などを介して身体変形を行う例を挙げている[29]。「異性装者」は、「我々が馴染みすぎている現実を括弧に入れ」、「強度の閾を超える」。異性装者は、自分に外から割り振られたもの、あるいは自分を「盗む」ものを解体し、新たな身体、新たな行為、新たな言葉をつくりあげるのである。こうした生成変化はドゥルーズにとって、他様なる本質＝別のなしうることへと連れ去る「情動」の問題を形成する（情動＝生成変化）[30]。彼は存在の一義性と、個体化の問題を結びつけて、次のように述べている。「我々が、一義的存在は本質的かつ無媒介的に、個体化のファクターと結びつくと言うとき、個体化のファクターを、経験のなかで構成される個体として理解しているわけではない。そうではなく、個体化のプロセスと同時的な超越論的原理として、可塑的でアナーキーでノマド的な原理として、個体のうちで作用するものとして理解しているのであり、それは、個体を解体し破壊しもすれば、個体を一時的に構築しもするのだ[31]」。

　ドゥルーズはスピノザ読解において、明白に「コナトゥス＝自己保存」よりむしろ「アフェクト＝生成変化」に加担している。もっと言うなら、ドゥルーズは「コナトゥス」に対しては批判的であり、スピノザの体系のなかでその重要性を切り下げるべき概念と見なしている。一九八〇年一二月一六日の講義においてドゥルーズは、コナトゥスの概念は好きではないと明言する。「だから、私はコナトゥスの努力が好きではない。それがスピノザの思想を真の意味で翻訳しているようには思えないのです。なぜなら、彼が存在に固執する努力と呼んでいるのは何かといえば、私のうちに努力が存在しているかぎり、各瞬間に私が私の力能を実現しているという事実のことだからです。実際はそんなものは努力ではないと思うのです〔……〕。力能はつねに現働態にあり、つねに実現されている。そういうことにしましょう。しかし、何が力能を実現しているのか。情動です。情動こそが力能の実現なのです」[32]。自己保存は、保存された自己の拡大と結合するとき、同質的なものの増殖の意志へと変換されてしまいうるからだろうか。また、力をめぐるスピノザの議論は、かなり素朴な権力言説としても読まれうるという点にも注意が必要だろう。たとえば『政治論』末尾（第一一章第四節）における女性の位置や、『神学政治論』で例示される、強い者が弱い者を食べるのは自然なことであるというような事例である（ブリューゲルの版画にあるように、小さな魚を貪る大きな魚の腹を裂くことができるにしても）。『ニーチェと哲学』によるなら、スピノザは、「力能をたんなる力と混同してしまい、そのうえ力を反動的なしかたで理解したのだ（コナトゥスと保存を参照）[33]」ということになろう。後年の著作におけるスピノザ礼讃からは見えにくくなっているものの、ドゥルーズがスピノザのなかにニーチェを過剰注入し、「自己保存」を、「変身」へと書き換えようとするのは、こうしたスピノザを読み換えるためでもあるはずだ。少なくとも、コナトゥスはドゥルーズにとって高次の力能の表現ではない。

ドゥルーズは自己保存の価値を切り下げてゆく一方で、生成変化＝情動をヒュブリス、すなわち度を越すことへと、迅速さへと嚮導する。それを激化させてゆくなら、アルトーの示したような転覆の詩学へと到るにちがいない[34]。アルトーにあっては、詩学（生成変化）はアナーキーであるか、あるいは、詩学（生成変化）が存在しないかのいずれかである。「ある事物の用途とか自然の形態の意味や利用は、すべて約束事〔慣習〕の問題にすぎないということを認めなければならない。／自然は一本の木に木の形態〔形相〕を与えたが、そのとき自然は木に動物や丘の形態〔形相〕を与えてもよかった。そうすれば動物や丘の前で我々は木だと考えて、それで辻褄は合ったはずである。〔……〕このことから分かるのは、詩が、事物と事物との関係、形態と意味との関係すべてを問題にしなおす点において、アナーキーだということである。また詩の出現が、我々を混沌に接近させる秩序攪乱の結果であるという点において、詩はアナーキーなのである」[35]。そして脱形相化が、ある形相を破壊して別の形相へと移行してゆくことではなく、同一性を有する形相すべての消尽へと到りつくとき、問題は「器官なき身体」へと移ってゆくことになるだろう。すなわち、輪郭をもった有限な個体がそれを生きるなら、必ずや引き裂かれてしまうような暗き《自然＝機械》の身体であり、しかし有限な個体がそれから切り離されることも決してなく、むしろその力能を一定の度合のもとでつねにすでに分有しているような、絶対的な脱形相を生きる理念的な身体である。これはとりわけ、『千のプラトー』や『シネマ1』における脱地層化した限界‐身体を構成するだろう。「知覚されえぬものへの生成変化」とは、まさに身体の絶対的な脱地層化であり、器官なき身体ないしは内在平面、荒れ狂う諸分子が衝突しあい変動する宇宙へと生成することである[36]。それは、主客の区別も消え、あらゆる形成された個体が消滅し、知覚も行動も絶滅して消尽する暗黒の理念的平面であり、そこに棲息しうる者がいるとすれば、絶対的怪物だけだろう。

ところで、「保有されるもの」＝「本質」＝「なしうること」をめぐっては、ドゥルーズの議論のなかでも、「所有の反転」の現象が発生するのが確認できる。すなわち、持つものが持たれるものになり、持たれるものが持つものになるという現象である。力能（「なしうること」）を有しているはずの私は、「この」私であることの根拠を力能自身に負っており、保有されるもののほうこそが「私」を個体化する理由を有している。保有されるものによって保有者が保有される。あるいは保有する保有物を、保有される保有者が保有する。このねじれを表現するのに、ドゥルーズが使用する「保有＝憑依（possession）」という語はたいへん都合がよい。[37] 動詞の « posséder » という語は、「保有する」、「持つ」、「ものにする」に加えて、何かに「精通する」、「熟知する」、「身につける」、そしてそうした所有や熟知とも関連して「統御する」、「支配する」を意味する。しかしこの主人はつねに主体とはかぎらず、むしろ主体性の及ばぬもの、たとえば感情が「支配する」、その「虜になる」、さらには精霊や悪魔などが「取りつく」、「憑依する」ことへと転換し、逆に主体が制御を取り戻す場合は「抑制する」を意味することになる。バンヴェニストによるなら語源的に、« posséder » や « possession » は、力や能力があること、力や支配権を及ぼすこと、対象を思いのままにする力を持つこと、所有すること、主人であることなどと結びつくという。[38] バンヴェニストが「所有」を、「歓待」の項で論じているのは意義深い。« possession » は、「力」に接近した語彙であり、「なしうること」の範囲や、権能の及ぶ領域（たとえば「家」）を示すというのだ。ドゥルーズが「力能（puissance, potentia）」をめぐって、スピノザ論において「保有（possession）」という語を繰り返しもちいる理由のひとつは、「力」や「力能」の問題系とのかくなる類縁性によるものだろう。[39] そのことに加えて、« possession » は、その語義のなかで、所有の反転過程をみずから演じてみせる。つまり主体と客体、主人と客人が入れ替わり、主人は自己統御能力を失って他者に取り憑かれ、憑依されるとともに、他者からの影響を抑制し、ふたたび自己を取り戻そうと試みるが、完全にその影響を排除しきれず、ふたたび他者に取り憑かれ、ついにいつまで経っても、どこまで行っても完全な自己制御や自己所有、あるいは完全な主権性に辿りつくことがないという情景を、この語は身ひとつで演じてみせるのである。デリダが『他者の単一言語使用、あるいは起源の補綴』で書くように、「保有＝憑依（possession）」は、主客の揺らぎ、保有すること／されること、憑依すること／されることのあいだの往復をとおして、「所有」概念なるもの、絶対的に固有なもの、絶対的に自己へと帰属するものへの根本的疑義を提出するのである。[40]

ドゥルーズもまた、所有の反転について、のちの『襞　ライプニッツとバロック』の第三部「身体を持つこと」において論じており、保有するもの／保有されるものの逆転、転倒をめぐって、権力関係を絡めて論ずる観点を提起している。「所属と保有は支配に送りかえされる」と、ドゥルーズは書く。[41]『襞』においては、保有するものが魂で、保有されるものが身体であるという、西洋伝統の魂優位の序列が問題化され、ドゥルーズはライプニッツのなかから、むしろ無数の身体の群れのほうが魂を獲得する契機、無数の身体の群れが統制的な魂を凌駕する瞬間を引き出してくる。これが政治的なアレゴリーとなりうることは言うまでもないだろう。身体の強烈な存在、それが『襞』という著作を、ドゥルーズのそれまでのライプニッツ読解から区別する新たな特徴である。『襞』が示すのは、上位の魂が保有し制御しているはずの身体の群れが、その主人たる魂に対して暗き底から叛乱を引き起こす情景であり、またこうした叛乱する身体の群れに属する魂たちもまた、上位の魂に対して蜂起する情景である。魂が明晰に表現するのは、おのれの身体とかかわる部分だけであると述べられていたことを想起しておくなら、[42]曖昧模糊とした暗き底にかかわるということは、当の身体じたいにおいて他者にかかわるということだ。それはたんに、他の個体の身体にかかわるというばかりでなく、個体にとっての他者たる前個体的な場——そこから個体が産出されてくる場でありながらそこではまだ個体が形成されていない場、個体未満のものや個体以上のもので満ちる場——にかかわるということでもあるだろう。現在の私の身体の構成にかかわっているのとは異なる別の系統、別の人種、別の性（明晰に表現されない部分）が、私の身体において表現され、私の身体を変形していくということであり、私の身体を構成する強度が、即自的に私をハイブリッドな存在に変えていくということである。私の有機的な身体全体に対して、この身体を構成する要素たる心臓、肝臓、膝、眼、髪、爪、手、性器といった物質的な群れと、魂が不服従をはじめるのだ。所有の反転をめぐる議論とはすなわち、支配的な魂＝統合原理が確立され、そうした統一を体現する身体＝組織——細胞の、人間の、社会の、企業の、国家の、共同体の身体＝組織——が創設されるところには、いつでもそれを下から脅かす《外》の群れの力能が存在するということであり、こうした抵抗し蜂起する身体と魂の群れの存在を除去することは決してできないということだ。統一されているかに見えた身体のなかに、統一も統御もされぬ、御しがたき無数の身体と魂の群れが現出する。さらには大域的に統べるモナドによる方向づけとは別のかたちで、身体の一部を団結させるモナドが侵入してくるとき、内部に叛乱分子や逸脱者や裏切り者が形成されることにもなろう。身体と魂というふたつの階、ふたつの水準で、不服従が行われるのである。

統一され、安定的な所有を維持されているように見える身体は、細部を拡大してみれば、統一化に各所で抵抗する流動体にほかならない。身体を所有しようとする者の前で、この流動する身体が服従しない群れと化すのである。その身体とともにある魂についても同様である。魂は、自分を統合し服従させようとする物質的装置や制度に抗う契機を含み持つ。反体制的、反秩序的に読み換えられたライプニッツが『襞』にはおり、同書全体を政治論として読むことができるであろう。同書第一部は物質から始まり、運動の自然発生性（自発性）を論じ、第二部で出来事を経由して、第三部で身体と魂の不服従へ向かい、新たな芸術で締めくくられる。『襞』はこの点においても、『差異と反復』や『意味の論理学』におけるライプニッツ像とは、まったく別種の姿を示しているはずだ。ライプニッツは、事物じたいが独自の視点から世界を知覚していると主張する表現主義的「アニミズム」の思想家であるとともに、魂の有する統合原理に反抗する身体の群れ（野性の微小動物、異分子）を顕現させる「マテリアリズム」の思想家とされるのである。[43] それは心身合一をとおして、心身の不和、魂と身体の断絶をあらわにする思想家でもあるだろう。ドゥルーズは次のように書いている。「まさにここで、所属の理論において、半‐異分子が、すなわち、具体的な存在としての我がうちなる動物があらわになる。〔……〕心身合一とともに、私の所属のうちに出没し、所属を転覆させる異分子とは動物であり、何よりもまず、私の身体の流動的な諸部分と不可分の微小動物たちである。それらはかつてそうだったように、ふたたび私にとって異邦のものとなるのだ」[44]。さらにドゥルーズは、支配することも支配されることもない魂の存在、すなわち、何も所有せず、何かによって所有されることもないものが存在すると示唆する。[45] これは所有の転覆よりもいっそう秘かな存在、そもそも所有や保有、支配や帰属といった関係一切から逃走する野生の存在であるだろう。

所有の転覆や無化を論ずるライプニッツ論に加えて、スピノザにおいては、自由意志の存在を否定する彼の思想（『エチカ』第一部、定理三二、三三）が、同時に、所有主体の絶対性を解体する射程を有するという点を見ておく必要もあるだろう。西洋の個人主義的伝統において所有者は、所有物をおのれの意のままに自由に使用する者、処理ないし処分する者、そうした権利を有する者として定義づけられてきたからである。自由意志を否定された主体が、何かを有するとは、いったいどういう事態なのだろうか。その主体は果たして、対象をおのれの意のままに自由に使用し、処理しうるだろうか。もし保有主体が、保有される力能の及ぶ範囲においてのみ、何かをなしうるのであるなら、保有者とはむしろ《自然＝機械》の力能に取り憑かれた存在ではないか。スピノザにおいて、真に主権的な主体たりうるのが《自然＝機械》だけであり、保有者たる個体は《自然＝機械》の変状したものであるとするのなら、《自然＝機械》の力に抵抗することなく、最も円滑に憑依された者が、《自然＝機械》の力を巧みに活用するという意味で、最も力能を有するものとなるのではないか。たとえば、次にあるようにである。「いずれにせよ重要なのは木に随うことであり、物質〔質料〕に形態〔形相〕を押しつける代わりに、様々な操作と物質性を連結しながら、木そのものに随うことである――法に服従する物質よりむしろ、ノモスを保有する物質性〔ノモスに憑依する物質性〕へと人は向かう。物質に固有性を押しつけうる形相よりむしろ、様々な情動を構成する表現の物質的特徴へと人は向かうのだ」[46]。「固有性」を斥けつつ、物質に憑依するノマド的な強度に、弾性や抵抗の度合の変化に、むしろ主体があわせること、それに随うこと。あるいは言語でいえば、その物質的な次元を、音韻構造や統辞構造、説話の掟に従属させることなく活用すること、言葉の物質的な肌理、反響、引力と斥力、強度じたいを、言葉の力能、言葉のなしうることとして発揮させること。言葉同士の遠くから近くからの出会いによって、新たな表現しうることをその場ごとにつくりだすこと。微細なちがいであれ、新たな言葉使用法を、言葉を取り囲む情況の只中で編みだすこと。叫びのサンタクス。脱形相的な変化をこうむる者は、果たして同じ言語を使用しつづけるだろうか。身体を同じように使用しつづけるだろうか。それは、アルトーやベケットの問題であり、また、『千のプラトー』におけるマゾヒストの身体、薬物使用者の身体の問題であろう。第六プラトーの題名が示すように、それは、「いかにして器官なき身体を獲得するか」という身体作成とその力能変形の問いへと向けられてゆく。それは、力能の保有＝憑依が、脱形相化の過程において、力能の享楽——苦痛を除去することのない享楽——へと移ってゆく契機でもあるだろう。

ところで、ここでいったん戻って、先ほどのドゥルーズの講義からの引用について指摘を付け加えておきたい。そこで彼が述べていたのはまさに、「私」の主体的な「意志」から離れて、「私」が持つのが、力能であるという議論であった。以下にふたたび引用しておく。「力能は、その定義上、私が意志するものではなく、私が持つものです。あれかこれかの力能を私は持っており、それこそが、諸存在の量的な階梯のなかに私を位置づけるのです。力能を意志の対象に変えてしまうのは誤読であり、正反対もいいところです。私が持つ力能に応じて、私はあれやこれを意志するのですから」。つまりドゥルーズによるなら、「力能を持つこと」は、自由意志に絶対的に先行するということである。そうだとするなら、この「持つこと」が、所有されるもの＝力能に対する、私の意志の専制的権力を意味することはない。力能を、所有物のように私の意のままに自由に使用したり、所有物のように自由に処分したりすることはできない。というのも、「私」が何かを意志しうるためには、「私」はそう

「しうる」だけの力を現に保有していなければならないからだ。それゆえ、私の「意志」によってのみ、何かを「なしうる」力を獲得するという仮説は、袋小路に行き着いてしまういわば主意主義の隘路である。なぜなら、力を「私の」意志のみによって所持するためには、そのように意志できるだけの力をすでに保有しているのでなければならず、また、それを実際に手に入れることができるだけの力を形成しているのでなければならないが、そうした形成じたいも、私の意志で行われるほかないとしたら、「私」が何かを意志できるようになる以前に、「私」が何かを意志できるのでなければならない、という循環に嵌り込んでしまうからだ。それゆえ結局のところ、「私の意志」を力能の基礎に据えることはできず、「私」は、「私の意志」によらないもの、「私ならざるもの」を、どこかで基盤とせざるをえない。「私」が何かを意志できるようになる以前に、私ならざる何か得体の知れぬものが、「私の」力能と行為と将来的に形容されることになるある力能と行為を、先駆的につくっているのでなければならない。かくして「私の意志」は、「私の力能と行為」に対してつねに遅れたものとしてしかあらわれえない。そしてそうだとするなら、意識的で意志的な「私」が、「なしうること」、「できること」(力能と行為)を保有するに到るためには、私自身の意志や意識の先を越さねばならず、こう言ってよければ、「私」が「私」の先を越さねばならない。「私」が持続する意志を持つことは、「私」だけでも説明できなければ、生まれ育った環境や社会構造だけでも説明できない。それゆえ、私が何かをできるようになった瞬間は、あとから振り返ってみても、いつも私にとって謎に包まれているのだ。なぜそれができるようになったか、私には分からない。なぜ私はものを書けるのか(本当に書けているとして)、なぜ私は言葉を喋ることができるのか(本当に喋れているとして)、なぜ私は歩くことができるのか（本当に歩けているとして）、なぜ私は抵抗をつづけられるのか（本当に抵抗できているとして）。これは、何かをつくりだす瞬間、何かを創造する瞬間の不思議さにも似ている。というのも、なぜ私にそれをつくることができたのか、いくら思い出そうとしても、決して完全なかたちで思い出すことができないからだ。はじまりそのもののはじまりはいつも暗がりに包まれている。おそらく、「私」の範疇を超えた場所で、何かが出会い、結びつく動き、蠢き、閃きが生じているがゆえに、そうした出来事は、「私」という個人の記憶の領域に入らないのだろう。しかし、ついに何かができるようになった、ついに何かをつくることができたという過去、決して完全に思い出すことができないそうした過去からの残響が、現在の「私」にまで届き、「私の身体」は、決して「なぜそうなったか」を再確認することができない過去を、みずからの身体じたいに刻み込んで生きているのだ。つまり意識や意志よりも先に、意識や意志が形成される手前で、あるいは、記憶能力の彼岸ですでに身体や思考が活動しているのでなければならず、それらがすでに外部の何かと出会っているのでなければならない。意志や意識では遅すぎるのである。意識や意志は、物質性が先に動きを開始し、実存を構成し、その「なしうること」を発動させているという事実との時間差を決して超えることができない。意識は、待ち合わせ時刻をあらかじめ設定できない出会いの時にいつも遅刻するほかないのだ。ドゥルーズは、こうした遅れの問題を様々なかたちで論じている。たとえば、『批評と臨床』のT・E・ロレンス論にはこうある。「身体は一匹の動物である。身体はおのれが行うことをまったく身体だけで行うのだ。ロレンスはスピノザの定式をわがものとしている。身体が何をなしうるか、我々は知らない！ あまつさえ拷問の最中に、勃起したりするのである。〔……〕ましてや通常の状態にあるとき、身体は精神が動きだす前に作用し、反作用しつづけている」[47]。「私」はいつも遅れざるをえない。そのことが、「私」の構成そのもののうちに、否みがたく刻み込まれている。我々は身体が何をなしうるか知らないのである。また、「私の」という所有形容詞で示されるような所有の意識についても同様である。「私の身体」という所有の意識が存在するためには、「私の」というオーナーシップの感覚が、その時点ではまだ人称性を帯びていないある身体の表象に随伴し、それと結合しうるのでなければならない。この感覚が発生することも、それが身体表象と結合することも自明のことではない。「私の」という表象を生み出すことじたいが、私ならざる過程に頼らなければ決して生じることはなく、この私ならざる過程は、「私の」所有権の及ぶ範囲の外にあるほかない。すでに見た「保有＝憑依（possession）」という言い回しが的確に示しているように、「私」はまず主客が定かでない他者との関係のなかでしか、実存を獲得しえないのであり、しかも、「私」の意識を超えたところにある身体や無意識の物質性の次元を介してしか、「私」は自分の力能の保有＝憑依に達することがない。「生成変化とは捕獲であり、保有＝憑依である」[48]とするなら、生成変化する「私」は、根本的に、憑依される「私」でもあることで、所有者／被所有者、能動／受動、自発性／受身性、保有／憑依がたえず入れ替わる、あいだの不分明な中間地帯に位置づけられる。そこでは意識による全面的な自己保有が破棄されるとともに、私に憑依する「この」ないし「これらの」他者との関係が、あらゆる他者からの憑依を制限し、それに抵抗する。

　自発的な意志を有する主体が力能を所有するという考え方とは別のしかたで問題を立てるのであれば、「私」が、もはや確実に「私」と言うことのできない水準において、保有する／される、憑依する／されるの境界が、両側からせめぎあい、不分明になってゆく地点に導かれることになるだろう。「私」の主体性も、主体的な能力や形態や機能も、そして「人間」という種や類も越えたところで、所有形容詞のつかない、いまだ誰のものでもない非人称の身体同士が出会い、新たな身体、新たな力能がつくられ、形相を超えて変換を遂げる。それゆえ人間はおのれの身体を、「悪魔」や「動物の精霊」（動物精気）に連れ去られるようにして、人間ならぬもの、たとえば動物に、植物に生成変化するともドゥルーズ＝ガタリは言う。彼らは「動物への生成変化」と「保有＝憑依」を結びつけながら、こう書いている。「なぜなら、動物への生成変化が対象とするのは、《動物精気（動物の精霊）》、すなわちジャガーの精霊、鳥の精霊、山猫の精霊、巨嘴鳥の精霊だからであり、これら精霊は、身体に内側から憑依し、身体に顔を与える代わりに、体腔に忍び込み、容積を満たすからである。憑依の事例が表現しているのは、様々な《声》と身体との直接的関係であって、顔との関係ではない。シャーマンや戦士や狩人の脆く一時的な権力の組織化は、身体性、動物性、植物性を経由してゆくだけになおさら精神的＝精霊的なものとなる」[49]。ある意味で、こうした動物への生成変化の主題が、先に見た『襞』におけるライプニッツ読解に憑依したとも言えるだろう。ドゥルーズが講義で述べているように、「動物精気＝動物の精霊（esprits animaux）」、あるいは「精神＝精霊（esprit）」とは、「魂」というより、所有形容詞がつく以前の身体、個体に所有されるようになる前の身体、さらには個体化される前の身体を駆け巡る「物質的微粒子」のことであり[50]、それが脳、神経、筋肉に作用し、身体の構成を変えるというのだ。動物たちの舞踏会。『フランシス・ベーコン　感覚の論理学』によるなら、動物精気＝動物の精霊――「豚の精霊、水牛の精霊、《犬》の精霊、蝙蝠の精霊」――が取り憑くのは、歪められたあの「顔貌なき頭部」なのである。[51]

## 第二節 「歓び」をめぐって（あるいは、倒錯的スピノザ主義）

自由意志の論理が陥る隘路を斥けるドゥルーズが差し出すのが、力の憑依とそれによる生成変化や、偶然的な遭遇という経験であり、人間主体に先立つところで調律される身体や行為能力のアレンジメントが、「私」に取り憑き、「私」において発動することであり——他者が私において考えるとランボーの言うように——、これがスピノザ論とプルースト論に共通のモチーフをなす。スピノザ論は「力能（puissance）」、プルースト論は「能力（faculté）」という相違があるとはいえ、これらがある種の「能力論」になっているのは決して偶然ではないだろう。[1] というのも、ドゥルーズが一貫して主張しているのは、（「私」中心的な観点からするなら）「私」を自分の外へと連れ出す「暴力」との遭遇が、あらゆる能力のはじまりにあるはずだということであり、さらには、意志や意識の先を越す遭遇にうながされ強いられることで、身体のありようばかりでなく、思考も言語もつくりだされるということである。そして、既存の主体のうちに所与の諸能力があるのではなく、特異な身体、活動力能、行為の構成そのものが、主体構成の条件とならねばならない。特権的な中心のない宇宙の観点からするなら、ノマド的で個体横断的な場において主体が形成されるのであり、能動的な力は他者たちとの遭遇とともに獲得される。[2] レヴィ・R・ブライアントが述べているように、「我々は、諸能力が心的なものだと言うことはできず、その代わりに、ベルクソン的な傾向に近いしかたで、諸能力を存在論的に把握しなければならない。諸能力とは、存在内部の諸傾向であって、主体ではない。それゆえ、ドゥルーズが諸能力を喚起するとき、彼は大きな誤解を招いている。諸傾向や諸能力は主体にとっての条件であって、逆ではないのだ」[3]。ここで諸能力と言われているのは、感性、想像力、記憶、思考、言語などのことだが、ドゥルーズにとってこうした諸能力は、個体としての「私」のなかにも、種としての「人間」のなかにも、一般的な固有性としてあらかじめ含まれてはおらず、それらはいずれも個体横断的な場、個体成立以前の場における遭遇の運動において個々につくられるものである。それゆえ、人間が有するとされる身体や思考や記憶や想像力や感覚などの諸能力、その個々の度合（「この」記憶、「この」想像……）は、本質的に人間の意識によらぬもの、意識や個体を横断するリズムのなかに定位されるのであり――非人称の何かが私において思考する――、それらの諸能力は偶然的な他者との出会いによって発動する。想起し考えるという能力は、何らかの対象との偶然の遭遇をとおしてはじめて、たんなる論理的な可能性ではなく、いまここでの行為となるのだ。

そして先に見たように、ドゥルーズは「行為〔現勢態〕と力能〔潜勢態〕との内在的同一性」[4]を主張しており、彼にとって「あらゆる力能〔潜勢態〕は行為であり、能動的であり、現勢態である」[5]。現勢態は、それを可能にしている潜勢態よりも大きくも小さくもないのと同様に、ある現勢態を可能にしている潜勢態は、その行為より大きくも小さくもない。力能を有することと、力能が自己を展開する身体と情動を持つこととは、ひとつの同じことである。つまり、ある見る能力を持つなら、その能力を展開する身体的なアレンジメントがあり、またある想起能力を持つなら、そうした想起を実現する身体的なアレンジメントがある。曖昧に思い出すなら、「その」曖昧さの度合で思い出す能力を持つのであり、ぼんやりとした光が見えるようなしかたで触発されるなら、「その」ぼんやりとした具合で見る能力を持つのである。[6] あらゆる個体は、おのれの力能によってなしうることを実行する。逆に言えば、力能は発動されずにいることができない。そしてこれがスピノザからドゥルーズを分かつ点なのだが、ドゥルーズにとって、自由な個体は、この発動させずにいることができないおのれの力能すべてをもちいて、みずからのあり方を根本的に変えようとする。というより、ドゥルーズはそうした行為のみを出来事として真に肯定する。決して外からの触発を無化できないという意味で、様態は受動的な部分を必ず抱え、外から強いられるという側面をつねに持つ。様態は必然的に外へと開かれ、自閉することも、完全な自己決定に到ることもない。だが、こうした意味で外部から強制的に変形させられるというばかりではなく、個体はおのれの有する能動的な力能の能動的な行使によっても、自己を脱形相化させることを、ドゥルーズはニーチェやアルトーの導入によって肯定するのである。様態の生成変化はしたがって、受動と能動の両側面を抱えることになるだろう。ドゥルーズは、受動的な契機をしばしば強調するが――たとえばスピノザ論における「触発される能力」――、同時に、能動的な力能を、すなわち能動化と能動的な生成変化の側面を見落としてはならない。他者への開かれと受動的な遭遇からの能動化はまさに、憑依的な受動性、他者への開かれをも伴いつつ、「力能の形相的な保有＝憑依」を取り巻いているにちがいない。[7]

発動させずにいることができない力能、つねに現勢態の行為へと反転する潜勢態という能力論の原則は、「実際に実行されるよりも、すばらしい能力が本当はあるのに……」といった考えを斥ける。こうした可能性をめぐる言説は、それを遂行する身体なしに、「なしうること」を抽象的に先取りする。能力論の原則は、可能性への甘い夢をすべて拒否する冷厳な特徴を持っているのである。しかし、バリバールが指摘するスピノザの政治論の両義性と同様のものがここにはあるように思われる。すなわちスピノザにおいては、社会を転覆させようとするあらゆる革命の試みが原則的に断罪される一方、しかし、成就した革命については留保なしに肯定されるというのだ。「革命は、定義そのものからして、非合法かつ非正統である（それを企てることじたいが犯罪である〔……〕）……ただし、革命が成就しない限りにおいて！　いったん革命が発生し、新たな権力が樹立されるようになるや、先行するものに劣らず確固たる――あるいは同じく異論の余地がある――法権利が制定されることになるわけである」[8]。これと同様のことが、おそらく力能についても言えるだろう。あるひとつの身体（物体、社会体）が、異質なもの、他者と遭遇しながら、みずから能動化もすることで、自己ならざる力能を生成し、おのれの実存のあり方を根底から変え、思考も感性も嗜好も変え、根本的に別人となるような断絶を経て、もはや後戻りしえないしかたで新たな力能を保有する／新たな力能に憑依されることは、先に見たようにスピノザにおいても肯定されるだろう。「保有＝憑依」は、新たな本質を発現させるような変身を、カテゴリーの境界画定の絶対性を無効化する存在の一義性の平面上で行うことを肯定するのである（原因ないし力能の一義性）。

「何であるか」というアイデンティティを固定的に規定するカテゴリーを廃棄する、存在の一義性をめぐる議論が、反アリストテレス主義的なこうした生成変化を基礎づけているという点を明確にしつつ、ドゥルーズは講義で次のように述べている。「いわゆる博物学をとりあげるなら、その基礎はまたもアリストテレスにあります。博物学は、動物が何であるかによって、動物を定義する。〔……〕その根本的な野心において問われているのは、動物とは何かということです。脊椎動物とは何か、魚とは何か、等々。アリストテレスの博物学は、こうした本質の探究に満ちています。〔……〕そこに別の人たちがやって来て、まったく異なるやり方で事態を進める姿を想像してみてほしいのです。その人たちは植物や動物が何をなしうるかに関心を抱く。動物の能力の目録のようなものをつくるのです。この動物は飛ぶことができる、と。彼らは本質には関心を抱きません。この動物は飛ぶことができる。別の動物がいると、何を栄養としているのだろうか。草だ。草を食べることは、その動物の力の、力能の一部をなしている。また別の動物は草を食べるのではなく、肉を食べる。肉を食べることは食物の体制です。それが実存様式の問題だということが分かるでしょう。事物になしうることが、実存様式を定義するのです。わずかのことしかできない事物もあります。生命のない事物も同様です、それは何をなしうるのか、ダイヤモンドは何をなしうるのか、金は何をなしうるのか。どういった試煉をくぐり抜けうるのか。何に耐えられるのか。何をするのか。〔……〕事物はそれがなしうることによって定義される、そのことが実験を開くのです。〔……〕それこそ事物のまったき探求であり、本質とは何の関係もありません。こうした見方はたいへん興味深いものです。事物を、動物を、人々をこのように能力の詰まった小包のようなものと見なすのです[9]」。

おそらく、ドゥルーズがスピノザ主義のある部分と袂を分かち、ニーチェ的なモチーフへと移行する論点が最も如実にあらわれるのが、この「実験」をめぐる点であろう。ドゥルーズの眼差しは一貫して、自己自身と不和を起こし、おのれ自身の「なしうること」の限界、あるいは、「なしうる（とされている）こと」の限界を超出する途上にある個体に向けられる。ドゥルーズにおける身体は、つねにエッジに佇んでいる。ただし注意しなければならないのは、ドゥルーズがもちいる「個体」という言葉で、輪郭がはっきりと固定された個体を想起してはならないという点であろう。それはある季節、ある一日、ある生、ある気候、ある香り、ある夕方の五時であったり、ある都市、ある砂漠、ある大陸、ある海洋、ある無人島であったり、あるいはある鼠の群れであったり、ある徒党であったり、ある不在の（とされる）人民であったりする。[10] そして力能のある度合が、個体の本質だとするなら、その本質そのものであり、本質そのものが自己の限界を超えて、まだ存在しない他様なる個体へと向けて生成変化してゆくのであり、本質そのものが自己に対する差異を含み、自己自身と両立不可能になり、自己とのあいだに隙間を発生させ、自己分裂してゆくのだ（生成変化の本質／本質の生成変化）。それゆえ窮極的には、《自然＝機械》の自己分裂を、《自然＝機械》じたいに内在しつつ、《自然＝機械》になしうることを先取りせずに、思考しなければならないだろう。

ドゥルーズは、身体が触発された「状態」としての「変状（affection）」と、ひとつの状態から別の状態への「移行」としての「情動（affect）」とを区別しているが、[11] この変状と情動、静態と動態の区別は、力能のある一状態と、ある度合の力能から特異点を超えた別の度合の力能への移行との区別に相当する。「情動」はドゥルーズにとって第一義的には、身体が触発され変化することであり、それにともなって、様態＝存在者の本質である力能が変化することを指しており、その変化じたいの知覚として感情がある（歓びや悲しみ）。ドゥルーズは講義のなかでスピノザに憑依されるようにして、自分の「口をとおして」スピノザにこう語らせている。「彼〔スピノザ〕が、私の口をとおしてしゃべっています。彼はみなさんにこう語りかけるのです――最初の命題では、あたかも力能が固定した量であるかのようにせざるをえなかった。しかし実際には、すでにそのことによって、力能は非常に奇妙な量となります。つまり、力能は量同士の関係としてしか存在しない。力能それじたいは量ではなく、ある量から別の量への移行なのです。文字どおり語りましょう。ここで私は語を創出しなければならない。というのもそうすることが必要だからです。それは推移的な量であり、移動する量なのです。〔……〕私の力能は必然的に実現されていなければなりませんが、しかし、必然的に実現されるとき、私の力能はある一方向か、別の方向に向けて実現されるしかない。移動である以上、より大きな力能への移動か、より小さな力能への移動か、というしかたになるのです。〔……〕それゆえ、存在様式であることは、まさしく、移動であることなのです。〔……〕力能は決して絶対的な量ではなく、微分的＝示差的な関係なのです」[12]。

力能／行為の実現は、必ずや力能／行為の移行をともなう。形成の只中にある身体は、そのほつれかたじたいを変えてゆく。この重要な指摘にはさらに、閾の問題をつけ加えることができるだろう。すなわち個体の形相のうちに収まる正則的な移行なのか、それとも特異点を超え、相対的ないし絶対的に形相を変える移行なのか、という点である。個体＝多様体とその閾は、『千のプラトー』の中心的問題のひとつであった。だが、同時にここでドゥルーズがもちいる語彙に注意せねばならない。彼は活動力能の変化を、「より大きな力能への移動か、より小さな力能への移動か」という、「増大」（歓び）ないし「減少」（悲しみ）の問題で語ろうとする。これはこの講義ばかりでなく、彼のスピノザ論全般に見られる特徴である。しかしどうしてあらゆる推移が、増減でなければならないのか[13]。スピノザ自身は次のように述べている。「人間身体はその活動力能を増大しあるいは減少するような多くのしかたで触発されることができるし、またその活動力能を増大も減少もしないようなしかたで触発されることもできる」[14]。たとえば素朴な例を考えてみよう。「歌う」から「踊る」への、「立つ」から「倒れる」への、「横たわる」から「座る」への移行は、「増減」をともなうだろうか。増減を語りうるためには、これらふたつの力能／行為を比較し、それが「増減」であると言いうるための、両者共通の尺度がなければならない。しかし、そのようなものは果たして存在するのか。立つことと同じ尺度では測れない倒れかたというものがあるのではないか。こうした場合、他様なる力への移行を、増減にもとづく関係として意味づける必然性は見出せないうえ、ドゥルーズのように増大／減少と呼んでしまうことで、多種多様な力能／行為すべてを、等質的な階梯のなかに嵌め込んでいるかのような語弊が生じうる。そうだとするならむしろ、存在の平面上で、力能の「増減」にかかわらず、質的な断絶を生じさせるような斜め方向の触発が生起する、という事態を認めるべきではないだろうか。増減をひとつの軸とするなら、これは、そうした軸から外れる力能や行為の変化が、ときに定められた水路から逸脱するように生じるということであって、このほうが「平面」という譬喩にはふさわしい。増減とは別の軸への移動、軸同士の狭間への移動、あるいは軸が不在の場への移動——すなわち、存在論的な平面上の倒錯。だが、『千のプラトー』を詳細に読むなら、ドゥルーズ＝ガタリは、「増減」という表現が引き起こしうる誤解を、むしろ認識していたように思われる。というのも、そこで彼らが「力能の増大」という明確にスピノザを意識した言葉をもちいるのは、たとえば第六プラトーにおけるマゾヒストが「馬になる」という、動物への生成変化をめぐってのことだからであり[15]、そうすることによって、おそらく「力能の増大」という表現の意味を書き換えようとしているからだ。その点を明らかにするべく、倒錯的なスピノザ主義とでも呼べる、第六プラトーでの議論をまずは整理しておくことにしよう。

« Comment se faire un Corps sans Organes »、すなわち「いかにして器官なき身体を獲得するか」、あるいは「いかにして器官なき身体をおのれ自身につくりだすか」と題された第六プラトーにおいては、いかにしてマゾヒストの身体に、器官なき身体をくぐり抜けさせるか、という実践的な問題が繰り返し浮上してくる。ここでは分裂症者以上にマゾヒストの身体が特権化されている。『ザッヘル＝マゾッホ紹介』（一九六七年）では、身体への打擲とともに発生するマゾヒストの空想や想像力の問題が提起されていた。すなわち、マゾヒズムの営みによって、現実の妥当性を宙吊りにし、入念に仕上げられた空想世界を、現実の斜め横に並び立たせるというのである。[16]『千のプラトー』（一九八〇年）では、『ザッヘル＝マゾッホ紹介』よりも「身体」への傾斜が遙かに強く、身体に対して行使される操作が、きわめて詳細な「プログラム」の引用というかたちで示される。おそらくドゥルーズの全著作にあらわれる身体操作の描写のなかで、最も残酷な部類に属するのが、この第六プラトーのそれであり、その比類なき具体性が一度ならず喚起されることによって、同プラトーはドゥルーズの著作全体のなかでもひときわ異彩を放っている。たとえば、マゾヒストは介助者によって、「眼、肛門、尿道、胸、鼻」といった身体の開口部すべてを針で縫合され、「尻に挿入され、口を塞がれる」というかたちで、身体の穴すべてを塞がれ、「諸器官の行使を停止するために宙吊りにされる」[17]。マゾヒストがここで行っているのは、身体の特異な使用法によって器官の目的を停止させながら、その使用法を逸脱させ、倒錯させることである。『ザッヘル＝マゾッホ紹介』の言い方を借りるなら、快を禁じ追放しようとする法＝掟の原理に対して過剰に忠実になりながら、身体の使用法を倒錯させる「ユーモア」

の技法がここでは駆使されている。[18] ただし、『マゾッホ紹介』とはちがって、『千のプラトー』ではあらゆる快が斥けられることになるだろう。すなわち「見るための目、呼吸するための肺、飲み込むための口、語るための舌」[19]、さらには匂いを嗅ぐための鼻、排泄するための尿道といった、器官とその目的との結合をほどくべく、マゾヒストは繊細に全身の穴を縫合し、緊縛、宙吊り、鞭打ちといった技法を活用するのである——決して快のためにではなく、おのれ自身において器官なき身体を、器官組織を宙吊りにした身体を字義どおりつくりだすために。身体の意味とは身体の用法だとするなら（ドゥルーズにおけるヴィトゲンシュタイン主義）、マゾヒストは、おのれの器官の正則的な用法を破壊する身体使用法によって、地層化された有機的組織から、脱地層化された器官なき身体のほうへと、少しずつしかし確実に踏み込んでゆく。

ここでの身体の意味＝用法の問題とは、地層化／脱地層化をめぐるものだ。こうして『千のプラトー』全体を駆け巡る二極、すなわち、脱地層化‐器官なき身体の極と、地層化‐有機体の極が、ふたつの傾向として分化する。すなわち一方の器官なき身体、欲望＝力能の内在野、共存立平面という脱地層化の極と、他方の分節‐有機体、解釈‐意味形成、服従‐主体化という地層化の極である。そして内在平面からの離反が、欠如（否定性）、快楽（外的規則）、理想（超越性という幻想）の導入をきっかけに行われるということ、逆に、内在的な器官なき身体は、こうした外的な審級に一切準拠することなく、それらすべてを除去することで構築されるということが強調される。「ＣｓＯとは、すべてを除去したときに残存しているもののことだ。そして除去されるのはまさに幻想であり、諸々の意味形成と主体化の総体なのである」[20]。そして否定的、外的、超越的な準拠に依存することがなく、有機的組織化、意味の病、主体化＝臣民化を撤去した「内在野」を構成することこそが、「欲望に内在する歓び」[21]だと言われるのである。こうして「快楽（plaisir）」を斥けつつ、スピノザにおいて活動力能の増大そのものを指す「歓び（joie）」が肯定される。ただし歓びは、他の身体との偶然的な出会い（たとえば、マゾヒストとその協力者とのあいだの相性のよい出会い）がもたらす力能の増大、共通概念の形成による歓びというよりむしろ、超越的な準拠を排除することによって、欲望＝力能が他ならぬおのれの産出するものによって内在的に満たされることの歓びだろう。たとえば《神》＝原因の産出したものが、《神》自身から切り離され、おのれの外で効果をもたらす超越的な原因とはちがって（超越神と創造された世界とのあいだの断絶）、内在因とはむしろ《自然》の産出したものが、《自然》のうちに繰り込まれその一部となり、それを満たしてゆくようなものを指す。それと同じように、協力者の助けを得ながらマゾヒストの生み出した苦痛（触発、変化）は、意味に吸収されることも、有機的組織の目的にしたがうこともなく、マゾヒスト自身の身体のアレンジメントのうちへと繰り込まれ、マゾヒストはそれによって満たされるであろう。[22]すなわち、この次元での「歓び」は、内在平面を構築することの歓びなのである。スピノザにおける能動性とは、おのれ自身の本質のみを原因として、ある事象を産出することであり、そのような力能の保有＝憑依こそが歓びとなるからだ。ドゥルーズ＝ガタリによるなら内在平面において、質料‐力能は自身の産出したものによってのみ満たされるがゆえに、マゾヒズムはある見地からすれば、スピノザ主義から逸れていないとも言えるのかもしれない。だがどれほど接近させようとしても、スピノザとの明白な相違を隠しおおせるものではない。

　あらためて指摘するまでもなく、器官の目的を宙吊りにすべく身体を縫いつけ、打擲することは、スピノザにおいては、個体の力能の減少の側に置かれかねない。しかも、『千のプラトー』の描くマゾヒズムにおいて欲望＝力能が産出するのは、身体を貫く苦痛の波動だけであり、おのれを満たすのは苦痛だけである。マゾヒズム的な苦痛の「快楽」を徹底的に斥けながら、この苦痛の「歓び」を語る『千のプラトー』には、どこか倒錯した雰囲気がすでに充満しはじめている。快楽はないが歓びはあり、その歓びは苦痛を必須の条件とする。瞼を、肛門を、尿道を針と糸で縫うこと、それによる苦痛が、器官なき身体を駆け巡る強度の歓び、「目的」という超越者を排除する身体をつくりだしてゆく歓びを生み出すのであり、その苦痛の歓びをマゾヒストは享楽し、いわばその苦痛の波動そのものになるのである。一九七四年に『ミニュイ』誌に掲載された「いかにして器官なき身体を獲得するか」初出版では、「いかなる意味で、実験はつねに「苦痛」をつくりだすのか」という問いが発せられる。そして苦痛とは「内在の「責め苦」であり、あらゆる超越を解体すること、零度へと、内在で満たされる嵌入へと到達すること」であると言うのだ[23]。内在と苦痛、そして責め苦、歓び、至福。ドゥルーズはしばしば明るく快活な歓びを言祝ぐ哲学者として（戯画的に）紹介されるが、こうしたマゾヒズムもまた、苦痛＝強度を肯定する歓びの哲学の相貌なのだ。

　ところで、マゾヒストにとって本質的だとされる「馬になること＝馬への生成変化」が喚起されるのは、まさしくこうした文脈のなかでのことである[24]。先に見たように『千のプラトー』の生成変化論は、理論的に言うなら、種や類といった超越的な準拠や枠組のない存在の一義性の空間を、すなわち器官なき身体と内在平面を背景としている。実践的に言うなら、遊戯や闘争をともなう身体の用法の発明（生成変化）によって、器官なき身体そのものが様態として現に構築されねばならない。『千のプラトー』においては、マゾヒズムの「プログラム」の引用によって、「馬になる」ための一連の儀式めいた身体使用法が紹介されたあとで、「本能的な力を破壊し、それを伝達された力に置き換えること」という「調教の公理」が示される。[25] 同プログラムと公理の出典であるロジェ・デュプイの手になる「マゾヒズム論」（一九二九年）では、「調教の公理」のすぐあとに、次のような言葉が見られる。「そんなことが可能だなんて！　本性に暴力を振るうこと！　本性を変容させること！　そんなことが可能なら我々は救われる[26]」。生成変化をめぐる問題はこうして明確化する。生得的な本性から離脱すること、そして後天的に形成され伝達される力をそれに置き換えること。デュプイのマゾヒズム論によるなら、調教こそが「私の知るかぎり、意志を除去し、性格にはたらきかける唯一の手段[27]」なのである。

ドゥルーズ＝ガタリは、「生成変化」論を一方向的なもの、すなわち、人間から馬へと生成変化するだけのものとは考えていない。人間が馬へと生成変化するのなら、馬がおのれとは別のものへと生成変化することと結合されねばならないというのだ。かくして、決して交わることのない二重の生成変化――というのも、人間が馬になるとするなら、馬は別のものへと逃走しているのだから――が、いわば背中合わせに結合され、密かな共謀関係に入るのである。ドゥルーズ＝ガタリにおいて、単数形の生成変化は定義上存在せず、必ずふたつ以上の生成変化が結合される。生成変化はつねに複数の身体の結合物、すなわち「ブロック」をなすのだ。この場合でいうなら、馬は「調教」によって、生得的な本性から、後天的に人間によって形成され伝達される能力へと移行することで、馬具を装着し人間が乗るような馬へと変身を遂げる（「馬の系列」）。そしてマゾヒストは、この調教された馬から伝達されるアレンジメント（馬具、鞭、一連の動作、人‐馬の機能連関）を、おのれの生得的な性質と結合し、本人の意志のみでは実現できないようなしかたで、マゾヒスト自身の生得的な属性を宙吊りにし、その本性、そのアイデンティティを変容させてしまう（「マゾヒストの系列」）。すなわち、人間が馬に振るう第一の暴力があり、そして、馬に振るわれた暴力を人間に伝染させ、人間そのものの性格を変更する第二の暴力がある。第一の暴力が、動物を人間的制度に組み込むための調教だとするなら、第二の暴力はそうした人間的制度から人間自身が逃走するための調教であって、しかもそのために人間的制度がもちいる暴力を、異なるアレンジメントのなかで転用するのである。そして、「一方の系列が他方の系列のうちで爆発すること」によって、ふたつの生成変化が結合し、ふたつの暴力が回路をなすこと、これこそが、「力能の増大ないしは強度の回路[28]」と言われるのである。これは、内在平面の構築による歓びとはまた異なる歓びであろう。

　スピノザとの関連で注目すべきは、回路を結ぶ相手、より大きな力能を形成するための伴侶をめぐる相違である。『スピノザと表現の問題』では共通の本性、ないし共通の構成を持つもの同士の出会いを、「歓び」を生む出会いとして位置づけていた。それこそが「共通概念」の形成であり、すなわち共通の要素、共通の立場、共通の大義を有する者たちの共同体である。周知の如くスピノザは、人間のパートナーとしては、人間こそが（とりわけ成人（マジョリティ）のおそらく男性こそが）、最もふさわしいと考えていた[29]。だが、『千のプラトー』のマゾヒズム論では、本性も、属性も、種や類も、アイデンティティも一切共有しない他者とのあいだに回路を生じさせることが、「歓び」として語られている。これは、あらかじめ共通のものが与えられていない者同士のあいだでの、暫時的かもしれない「同盟のブロック」の形成過程である。すなわち、馬と人間の共通概念、奇妙な共謀、異貌の結社。シベルタン＝ブランが説得的に論じたように、「生成変化」論は、自己同一性（アイデンティティ）の外でなされる「同盟」形成をめぐる議論なのだ。[30] すでに音楽にかんして指摘したのと同様に、ここでも調和的な響鳴を想起しないことが肝要であろう。生成変化論とは、不協和音化した共通概念であり、共通性の倒錯なのである。

　ドゥルーズ＝ガタリが『千のプラトー』第一〇プラトー冒頭で、ダニエル・マン監督『ウィラード』を喚起しながら行っているように、人間＝成人と、鼠の群れとのあいだで、非共通性から形成される特異な同盟と、それによる力能の変動を、スピノザが具体的な事例として語ることはないだろう。ドゥルーズ＝ガタリは、こうした事態を指し示すために、《participation(s) contre nature》という表現をもちいているが、この表現は既訳における「自然に反しての融即」という訳語――種や界を超えて、血統をまたいで、生殖とは無縁のところで、生物がたとえばウイルスの感染によって変異することを思わせる[31]――に加えて、さらに別のしかたで訳すことができるだろう。たとえば「本性に反する参加」と訳せば、おのれ自身の生得的な階級、人種、性にもとづいて割り振られた役割とは異なるような集団的行動へと参加することを、より強く含意するようになるはずだ。第一の《自然》ばかりでなく、第二の自然としての社会や文化と、それが振り分ける「分け前、持ち分（part）」への抵抗として、別のしかたでの行動にみずから身を連ねることである。また、プラトン主義的な文脈を重視して「本性に反する分有」と訳すなら、人間のものではないイデア＝本質、たとえば鼠のイデア、鯨のイデア、分子のイデアを人間が分かち持つ（あるいはそうしたイデアに取り憑かれる）という事態、あるいは新たな身体の構成によって男性のものではない「本質」を男性が持つ、女性のものではない「本質」を女性が持つという事態を指し示すことになるだろう。

ドゥルーズ＝ガタリは、こうした融即＝参加＝分有が、他者との結びつき、他者との空間の交叉のなかで起こり、自己も他者もそれぞれ別々に、別方向に、別のものへと変化するという場面を想定している。たえず二方向以上に向かってなされる多重の闘争＝逃走運動を、各運動ぞれぞれの特殊性を廃棄せずに結合するという方法に忠実でありつづけるかぎり、この同盟は、特定の属性やアイデンティティのうえに自閉することはないはずだ。なぜなら、おのれのうちにたえず異邦のものたち、他者たちの集団との「共生」を織り込み、それにうながされるようにして、自己のありようを変えてゆくことになるからだ。ドゥルーズ＝ガタリは、同盟や連帯という具体的な場面において、決して全体化が発生しないようにすべく――裁きと訣別するため、超越と訣別するため――、二重の生成変化、二重の逃走を構想しているように思われる。同盟相手の闘争＝逃走に触発されつつなされるみずからの闘争＝逃走はしかし、当の相手に同一化するのではなく、おのれの持ち場での独自の闘争＝逃走として企てられるのであり、そのかぎりにおいて、他者との共生に開かれた闘争＝逃走がたえず再開される。すなわち、生成変化とは、おのおのの闘争＝逃走の尖端が、たがいを触発しあい、既存の地層化システムから脱け出す地下の結社――必ずしも、当事者同士が自分たちのつながりに気付いている必要はない――を構成するかぎりにおいて、そうした闘争＝逃走と同時的に生ずるのである。組織化から身体を逃がし、おのれを縛りつける意味の体制を解体し、臣民＝主体として各人を形成しようとするシステムに水漏れを引き起こすこと。こうした生成変化の戦略によってドゥルーズ＝ガタリは、アイデンティティ・ポリティクスとは一線を画する立ち位置を占めることになり、また社会的な承認を要求する運動からも区別されることになるだろう。彼らのもちいる用語、たとえば「知覚されえぬものになること」じたいが、そうした承認欲求を拒むものである。この同盟の形成過程では、この同盟にかかわるもの双方のアイデンティティが変形されるだろう。この観点からすると生成変化とは、「コレクティフ」、「階級」（結集の呼びかけ以前に存在しているかどうか定かでない階級[32]）、「人民」（欠けているとされる不在の人民）の形成をめぐるものであり、つまりは、欠けている革命主体の内在的構成をめぐる議論なのだ。主体を構成する行為そのものが、この主体の行為そのものにもなるような回路を生み出すこと。生成変化論とは革命論にして、革命主体論である。ドゥルーズ＝ガタリにおける革命主体は倒錯的ないしスキゾ的であり、あるいは、両者いずれでもあり、ユーモアに満ち、笑いを知る存在である。また同時に、苦痛と歓びを知る存在でもあろう。よく言われるように、革命家はユーモリストでなければならない。

　ドゥルーズ＝ガタリにおける生成変化はそれゆえ、自閉的な個体が孤独に行うナルシシズムに満ちた変身ではなく、集団的、社会的、政治的な次元を帯びる実践としてしかありえない。彼らは言う。「魔術の政治があるように、動物への生成変化の政治が一貫してある。この政治が練りあげられるのは、家族、宗教、国家とは異なるアレンジメントのなかでのことだ。そうしたアレンジメントが表現するのはむしろ、マイノリティ集団、抑圧された集団、禁止された集団、叛乱する集団であり、一般に承認された制度の辺境（ボーダー）にたえずあり、はみ出しものであるだけになおさら深い秘密に包まれる集団であって、一言でいうなら変則的な集団なのだ」[33]。ここでは「身体（corps）」という語の有する広がりばかりでなく、人口＝住民（population）、人民の棲息（peuplement）、コレクティフ（collectif）といった次元が、生成変化において、器官なき身体＝機関なき政体において、たえず喚起されているという事実を思い起こす必要があるだろう。それは集団のありようをつくりかえる社会的な動き、回転（volution）のただなかへと身を投じることでもあるにちがいない（in-volution）[34]。「私」のなかに生成変化があるのではなく、つねに集団的なものである生成変化の渦巻のなかに「私」があるのだ（「私」のイメージや「私」という尺度を、器官なき身体＝機関なき政体へと投影するのではなく）。このことは生成変化をめぐる議論が、ナチス・ドイツ占領下のパリにおける非ユダヤ人のユダヤ人への生成変化や、パレスチナを念頭に置いた非アラブ人のアラブ人への生成変化といった、歴史的な情況と結びつけられるとき、すぐさま明白になるだろう。すなわち、「人間＝マジョリティ」によって「動物化される人々＝マイノリティ」を前にして（第一の暴力）、この「動物」性を伝達された「人間＝マジョリティ」が、みずからの意志で、しかし、ほとんどおのれの意志を超えたかたちでマイノリティへの生成変化、マイノリティとの同盟に参加し、生得的なおのれのマジョリティとしてのアイデンティティを捨てる運動に入ってゆく（第二の暴力）。「本性に反する参加」である。そのときユダヤ人やパレスチナ人が支配的人間＝マジョリティによって押しつけられた地位やアイデンティティから脱出しようとする運動に、マジョリティが参加することにもなるだろう。（T・E・ロレンス、ジャン・ジュネ[35]、J＝L・ゴダール[36]）。そうするときジョゼフ・ロージー監督『クラン氏』（日本語題『パリの灯は遠く』）のように、非ユダヤ人のマジョリティ自身が、ユダヤ人の群れとして動物化され、強制収容所に非人間として送られることにもなりえようし、あるいは、ある意味では遠くから、ある意味では近くから、反ユダヤ主義に抵抗する爆弾闘争に影のように参加するということにもなるだろう。[37] また支配秩序によって動物化された人間たちは、生成変化のなかで動物状態から出てゆき、別のものになろうとする。動物化を行う「支配的体制の社会秩序」の暴力に抵抗する闘争である。「思想家は《インディアン》に生成変化し、《インディアン》に生成変化してやむことがないのだが、それはおそらく、《インディアン》としての《インディアン》自身が他のものに生成変化し、死の苦悶から身を引き剝がすこと「に直面して」である」[38]。

この意味で生成変化は、支配秩序の有機的組織化にあらがう運動の生成と展開とかかわるのである。生成変化は、動物や非人間（とされたもの）、あるいは、そもそも何らかの権利や力能を有する者として社会的に存在したことも、認知されたこともない人々が、おのれの実存を剝奪するものに抗して闘い、みずからのことをみずから語る言葉を奪取し、叫びの文法を新たに創出し、言葉を発しうる環境を言葉の周囲に生み出すことをとおして、剝奪的な社会秩序を痙攣させ消尽させること、少なくともそうした方向へ向けて行為することを含んでいる。裁きとの訣別をめぐって言われていたように、このとき標的はあくまで支配を前提とするあらゆる社会秩序でありながら、同時に、抵抗者自身の参加する社会集団へのたえざる自己吟味をともなうだろう。生成変化論は、ある集団がセクト化することへの批判としても構想されているからだ。だからこそ、ドゥルーズ＝ガタリは、生成変化が「同盟」の実践であると述べるとともに、集団のなかで周縁的な存在に着目し、その集団に背を向ける行為――二重の裏切り、二重の背き合い――をも含み持つ点を強調するのだ。同盟、闘争、逃走、裏切り、そしてふたたび……。ドゥルーズ＝ガタリによるなら、生成変化する集団はこれらの局面を経巡る。

あるいはバリバールの言うように、生成変化とは「脱同一化」の過程でもあるのだ。「他なるものへの生成変化――たんに異なるものではなく、自己とは他なるものへと生成すること。〔……〕まさしくマイノリティ性への生成変化が可能にするのは、固定した同一性という形態のもとでの自己同一化と自己承認に対して、根本的な脱‐同一化が優位に立つようにすることなのだ。固定した同一性もまた、つねに、規範的なモデルなのである」。「マイノリティ性への生成変化が表現しているのは、「自己」の形成や同一化といった活動ではなく、おそらく「能動的‐受動的」と呼ばねばならない脱同一化の運動である。「自己」の固定性と統一性を解体しながら、それは、自己がたんに立場を変えるばかりでなく、「欲望」の個体横断的な空間のなかで、おのれの立場を他者と交換することを可能にするのである[39]」。

　ドゥルーズ＝ガタリにおいてはこうして、人間と鼠の結社‐同盟、群れの辺境に位置するアウトサイダー、人間の動物への生成変化、動物の他なるものへの生成変化、能動／受動の交錯――『カフカ』によるなら「生成変化とは捕獲であり、保有＝憑依である」――、人間と動物とが交わる個体横断的な場の創設、「非並行的かつ非対称的な進化において諸強度の連続体を産出すること[40]」が喚起されることになる。ドゥルーズ＝ガタリにおける生成変化は、少なくともふたつ以上の変化する集団‐群れに関わり、「非並行的かつ非対称的」で、すれちがいや齟齬やへだたりを含み、たがいの同化を拒み、また、同盟のために超越者や超越的基準を導入することを忌避する。すなわち一方では、ナチス・ドイツ占領下のユダヤ人やイスラエル占領下のパレスチナ人といった「マイノリティ」は、たんに「非人間」への生成変化を押しつけられるばかりでなく、この「非人間」から逃走し、他者によって課されたアイデンティティを脱同一化し、意味づけを解体する生成変化の運動のなかに入ってゆく。そして支配的な社会秩序によって人民が不在とされるなかで、あるいはある一民族が身体的に殺戮され、その殺戮の痕跡さえも抹消されるなかで、おのれの存在を自明のものとすることができない人民が、おのれを抵抗主体として新たに立ちあげる運動に入ってゆく。そうした過酷な情況下においては、「まったく「普通の」人民に生成すること」、あるいはそうなることを要求することが、抵抗行為ともなるであろう。[41] つまりマイノリティからなる新たな集団とその能動的な行為の構成があり、支配秩序によって固定された地位から逃走する過程があり、抵抗する身体を獲得し、支配を拒絶する集団へとみずから生成変化する過程がある。他方で支配的人間＝マジョリティは、自分たちをマジョリティたらしめている社会による他者の非人間化を前にして、アイデンティティや、生まれや、人種や、民族や、性や、動物と植物と人間の境界といった様々な障壁を超えて、生得的なおのれのアイデンティティを放棄して《外》と関係し、おのれの階級や出自や性を裏切りながら、マイノリティ性との同盟へと踏み出してゆく。[42] 人間(マジョリティ)であることの恥辱。迫害され、排除され、抹殺され、消去されるマイノリティと、生得的な絆に由来しない同盟を結ぶマイノリティ性への生成変化。[43] それはマジョリティのマイノリティへの生成変化＝同盟であり、マイノリティ自身の他のマイノリティへの生成変化＝同盟である。生成変化はこの二重の側面のそれぞれにおいて、障壁をまたぎ越してアイデンティティを変容させる実存様式を構築すること、そしてそこであらかじめの共同性なしに、あるいは特異な共通概念——あとから発見される共通性、それをつくりだしてゆくことによって双方が変身してゆくような共通性——とともに、「同盟」を生み出し、思考し活動する「集団」ないし「コレクティフ」をつくりだすことと深く結びついている[44]。『シネマ2』は、こうした新たな集団の発生と変化という問題を扱った著作であり、問いは人民と映画作家の関係へと広がっている。「人民が欠けているというこの確認は、政治映画を放棄することなどではなく、逆に、第三世界やマイノリティにおける今後の政治映画の新たな基礎なのである。芸術、とりわけ映画芸術は、この課題に取り組まねばならない。すなわち、すでにそこに存在すると見なされる人民に訴えかけるのではなく、人民の創出に貢献することである。支配者、植民者が、「ここに人民などいたためしがない」と声高に宣言するとき、欠けている人民が生成変化するのであり、スラム街と収容所において、あるいはゲットーにおいて、闘争の新たな条件のなかで、その人民が創出されるのである。必然的に政治的なものである芸術は、こうした闘争の新たな条件に貢献せねばならない[45]」。

また、『哲学とは何か』も同様であろう。「ひとが生成変化するのは、動物もまた別のものへと生成変化するためなのである。一匹の鼠の断末魔、あるいは一頭の子牛の屠殺が、思考のなかに現前しつづけるのは、憐憫の情からではない。それらは、人間と動物のあいだの交換ゾーンとして現前するのであり、そのゾーンにおいてこそ、一方の何かが相手のなかへと移行するのである。〔……〕生成変化はつねに二重であり、この二重の生成変化こそが、来たるべき人民と新たな大地を構成するのである[46]」。この引用の冒頭の一文——「ひとが生成変化するのは、動物もまた別のものへと生成変化するため（pour）なのである」——は、« pour »を「〜の前で、に直面して（devant）」の意味で取るべきであるという直前の指示にしたがうなら、「ひとが生成変化するのは、動物もまた別のものへと生成変化することに直面してなのである」となるだろう。すなわち動物が別のものへと生成変化するということをまず前にして、「ひとが生成変化する」のであり、生成変化の起点そのものが、虐げられている者が別のものへと逃走する運動の側にあることになる。

生成変化とは、まったく方向性の異なるふたつ以上の生成変化が生起し、相互に結合し、響鳴しあうこと、そしてそれによって、第三の生成変化とも呼ぶべき情況がつくりだされ、力関係の再配分が行われることであり、組織化、意味、臣民＝主体をめぐる解体の運動が超ることである。すなわち支配的人間＝マジョリティが「動物」に振るう第一の暴力、そして、「動物」に振るわれた暴力が人間＝マジョリティに取り憑き、人間＝マジョリティそのものの本性を変更する第二の暴力、さらには、逃走＝闘争する「動物」が抵抗主体として自己形成し、万人のマイノリティへの生成変化に向かう第三の暴力。生成変化とは、ある情況下における運動主体の形成をめぐる運動であり、またその主体集団による運動そのものである。フランシス・ベーコン論で、ドゥルーズは次のように述べている。「一八世紀末、小説家モーリッツは「奇妙な感情」に取りつかれた人物を描いた。それは極端な孤絶の、無意味の感情で、ほとんど虚無に等しい感情だった。「殺され〔絶滅させられ（exterminés）〕、ずたずたにされる」四人の男の処刑を彼が目撃したときの責め苦の恐ろしさ。手すりに、あるいは「車輪に投げ捨てられた」人間の残骸。奇しくも我々は巻き添えになっている。我々はみなこの投げ捨てられた肉片である、見ている者もすでに見世物の一部であり、「這い回る肉の塊」であるという確信。こうして動物そのものが人間の一部であり、我々は犯罪者ないし畜生であるという生きいきとした観念がやって来る。そして瀕死の動物へのあの愛着〔……〕。これは人間と獣のあいだの調停でも、類似でもなく、両者の根本的な同一性であり、あらゆる感傷的な同一化よりも深い識別不可能性の帯域なのだ。苦しむ人間とは獣であり、苦しむ獣とは人間である。これが生成変化の現実性なのだ。芸術、政治、宗教、あるいは何においてであれ革命的な人間が、この極限の瞬間を感じたことがない、などということがあろうか。この極限の瞬間において、革命的な人間は獣以外の何ものでもない。そして革命的な人間は瀕死の子牛の責任を負うのではなく、瀕死の子牛を前にして責任を負うものとなるのである」[47]。

## 第三節　スピノザ／ドゥルーズの差異

器官なき身体と生成変化、革命主体と革命運動のための「《場》、《力能》、《コレクティフ》」[1]。こうしたすべてが、『千のプラトー』では、『エチカ』を介して、「器官なき身体」と「生成変化」とを結びつける倒錯したスピノザ主義として提示される。『千のプラトー』におけるおおよその傾向を確認しておくなら、第六プラトーの「器官なき身体」論は、スピノザ論の用語で言うなら、《実体》をめぐる議論にひとまず比重が置かれ、属性、力能による実体の構成と、そこからの様態の産出への道筋が辿られる。それに対して第一〇プラトーの「生成変化」論では、様態すなわち個体をめぐる議論に比重が置かれ、個体の定義として「諸部分」、「関係」、「力能」が提示される。これは『スピノザと表現の問題』や『スピノザ　実践の哲学』における「個体」の定義と同じ三対である。すなわち、運動と静止の「関係」と、その関係を実装化する「外延的な諸部分」（「経度」）が一方にあり、この関係に対応する「力能」という「強度的な度合」と、その力能の変化としての「情動」が他方にある（「緯度」[2]）。「経度」があるひとつの個体の組成構造とその変化であり、「緯度」がその組成構造のもとで創発する力能／行為とその変化である。

このように第六、第一〇プラトーが大別されるとはいっても、この双方のプラトーは、他のプラトーの主題も交えつつ相互に参照しあう。こうした点を踏まえたうえで、ここでふたたび注目したいのはドゥルーズ＝ガタリが、スピノザ主義をいかにずらし換骨奪胎するか、という点である。そのために、第六プラトーの「器官なき身体」論を、より仔細に見てゆくことにしよう。[3]

a．スピノザの「属性」にあたるとされるのが、たとえば、マゾヒストの身体や、麻薬中毒者の身体といった身体の「類型」である。ドゥルーズ＝ガタリは、この属性のことを、「器官なき身体」とも呼ぶ。これが、生成変化のための「場」ないし「空間（スパティウム）」を構成している。ドゥルーズは、『スピノザと表現の問題』では「属性」と「形式」を等号で結んでいたが、ここでは属性を「類型」と呼ぶことで、「形式」という語を慎重に回避している。というのも、『千のプラトー』の眼目は、「器官なき身体」を形式化されぬものとして把握することにあるからだ。

b．実存し行為する無限力能は、「強度零」ないし「産出母胎」、「産出原理」、あるいは「欲望」と呼ばれ、他のあらゆる力能の度合が、この零度の強度に関連づけられる。[4]『アンチ・オイディプス』においても次のように言われる。「それぞれの強度の特性とは、おのれ自身のうちで強度零を備給することである。強度は零を起点としながら、無限の度合のなかで増加したり減少したりするものとしてある瞬間に産出される」。[5]『スピノザと表現の問題』におけるライプニッツ論でも「零」が喚起されていたことを思い起こしておこう。

c．「様態」は、上記の属性のもとで、力能＝欲望から産出される「強度」であり、マゾヒストの場合は、苦痛の波動、その移動や勾配、その閾であるとされる。マゾヒズムという属性、すなわち身体使用法の類型が、経験を産出する力能の枠組となって苦痛が産出されるというわけである。モデルとなっているのは、スピノザにおける個体の本質としての個々の力能の度合（「強度量」）に加えて、生物学から着想を得た胚である。すなわち、外延的な器官としていまだ展開されていないが、胚の内部で差異化されている物質の群れからなる特異な空間性を有する「胚」と、そのなかでの物質の移動である。この循環する物質が、強度的な循環する器官を形成すると彼らは言う。[6]『差異と反復』とはちがって理念への言及はなされず、あくまで強度のみが語られる。

d. そして最後に、マゾヒストの身体、麻薬中毒者の身体、ヒポコンデリーの身体などの「あらゆる器官なき身体の総体」として、「実体」ないしは「共存立平面」が語られる（単数形で「器官なき身体」と呼ばれることもある）。これはスピノザ的に言うなら、たがいに並行して関係しあわない無数の属性の総体から構成される単一「実体」を指す。ただし、ドゥルーズ＝ガタリがすぐさま示す留保によるなら、「共存立平面はたんにあらゆるCsOから構成されるものではない。共存立平面が拒絶するCsOもあるのだ。共存立平面は、おのれを描き出す抽象機械とともに選別を行うのである」[7]。それゆえ共存立平面とは、必ずしもあらゆるものを受け容れる《自然》を構成することではなく、そこで何らかの選別の問題、ときには「神の裁き」との訣別が賭けられる場を構成するにちがいない。ニーチェ論において、「永遠回帰」が選別を行う審級であったのと同様に[8]——異なるもの、他なるものだけが回帰し、偶然と差異化の試煉に耐えられぬものは振り落とされると言われる——、ここでは「共存立平面」が「選別」を担う。そしてこの選別には、「生成変化」もかかわることになるだろう。すなわち新たな身体の構成、変身、同盟、結社を生きるもの、さらには裏切りと逃走にふさわしいものだけが残存するのである。

さて、こうして確認することで、ドゥルーズ自身のスピノザ論と、ドゥルーズ＝ガタリによるその倒錯的変形体である器官なき身体論との差異を測量することができるようになるだろう[9]。

1．ドゥルーズ＝ガタリは、「マゾヒストの身体」と「麻薬摂取者の身体」のあいだに、スピノザの「属性」に等しい断絶——無関係に等しい断絶——を認める。だが、スピノザは「マゾヒストの身体」と「麻薬摂取者の身体」とのあいだに、「属性」のちがいを認めることはないだろう。スピノザにとってはいずれも延長属性に該当するからであり、それらは延長属性内の様態にまつわる差異のはずである。だが、ドゥルーズ＝ガタリは、こうした身体使用法の類型同士のあいだに強い懸隔を設えるのである。それは『スピノザと表現の問題』の語彙によるなら、様態同士のあいだにある属性的差異と言うことになるだろう。ちょうど『ザッヘル＝マゾッホ紹介』において、マゾヒズムとサディズムのあいだに深い形式的差異を穿っていたように、マゾヒストと麻薬接種者はきわめて強いしかたで区別されるのである。こうした操作によって、身体使用法や実存様式をめぐる鋭利な裁断が持ち込まれることになる。つまり牛と馬の差異以上のちがいを、同じ種のなかにつくりだすことである。ここでのドゥルーズ＝ガタリは、延長という属性そのものよりも、個々の身体を取り巻くものとの関係のなかで、当の身体がどのようなありかたをし、それによって身体がいかなるものとして構成されるのかに関心を持っている。

2．スピノザにおいて人間にまつわる属性は、延長と思考という「ふたつ」しかないのに対し、ドゥルーズ＝ガタリにおいては、人間にまつわる属性が無数に増殖する。「マゾヒスト」、「麻薬摂取者」……というリストは際限なく増殖可能である。付言しておくなら、『アンチ・オイディプス』においても、「部分対象」を「属性」と解釈しているため、[10]『千のプラトー』と同様、属性の増殖が生ずるはずである（ただし『アンチ・オイディプス』と『千のプラトー』では、スピノザ主義を逸脱させる方法が微妙に異なる）。

3．属性を永遠的なものとするスピノザとはちがって、属性を新たに産出しつくりだすことが可能となる。マゾヒストの身体、麻薬摂取者の身体という身体使用法上の類型は、社会的、歴史的、地理的な特定の技術的環境で発明されたものである。つまり属性はアレンジメントの対象となる。その際には「身体の機械状アレンジメント」（存在）と「言表行為の集団的アレンジメント」（思考）が関与するだろう。いかなる身体のありようが、当の時代、当の社会において優勢になるか、異和をもたらすものになるかは、そうした社会的なアレンジメントのなかで決定される。社会的、歴史的、地理的に、経験の生産様式が規定されるのである。

4．スピノザにおいては、属性が不在の状態で、あるいは、属性同士の狭間で、《自然》の力能が力を発揮することは想定されていない。《自然》は属性形式のなかでのみ活動する。ただし、すでに『スピノザと表現の問題』において、属性＝形式の外で「何かが実存し活動しうる」と言われているのは先に見た通りである。[11]『千のプラトー』ではこの「何か」がいわば全面化し、属性＝形式の外で活動し実存を構成するものが肯定される。形式化されず属性の範疇に入らない質料（物質、素材）と、分化（ないし分業化）しておらず組織化されていない機能ないし力能である。それが「質料（マチエール）－形相（フォルム）」

に対して「素材(マテリオ)－力(フォルス)」と呼ばれるものであり、「物質性」ないし「物体性」である。あるいは、器官なき身体のなかで渦を巻きながら循環する質料－力能と言ってもよいだろう。形相は出来合いのものとして外からやって来るのではなく、質料じたい、物質じたい、素材じたいに、みずからを形態化する力が宿っているというわけである。ちょうど、シェリングの質料におのれを分開する力が宿っているとされていたように。こうして、属性が不在となるなかで、属性によって構成される《神＝実体》が解体されるとともに、属性なき力能の駆動が肯定される。あるいは、それは属性同士の分化に先立って活動する暗き混沌たる物質であり、あるいは、新たな「属性」(身体類型)を創設し分節するような力であり、あるいは、属性＝形式同士を属性＝形式の外で連結させる力であろう。属性同士のあいだで活動するものは、「ダイアグラム」と呼ばれる。『フーコー』においても、語りうることと見えることというふたつの形式(属性にあたる)が区別されたうえで、その狭間で横断的に機能するものが、ダイアグラム(権力、力関係、そしてその《外》)だと言われていた。そして、形式の外にあるこのダイアグラムじたいが変化し、別の類型へと移行するとされるのである。たとえば、規律権力のダイアグラム――非行行為をめぐる言説形式と、身体を収監する監獄形式とをつなげる――から、生権力のダイアグラムへという推移がそれである。ドゥルーズ＝ガタリの目論見とは、このダイアグラムを、零度の《外》との関係のなかで、革命や抵抗のダイアグラムへと書き換えることにあるだろう。[12]すでに引用したドゥルーズによる『監視と処罰』の書評にあるように「断片同士を組み合わせながら革命的なダイアグラムを構築すること」、すなわち新たな言表と新たな身体、新たな語ることと新たな行為とを連結し、逃走を社会野に張り巡らせ、革命の平面(プラン)とダイアグラムを作成し、権力の計画(プラン)とプログラムをたえず麻痺させつづけることである。まさに革命のダイアグラムと生成変化の構成それじたいが、裁きと訣別した集団そのものとなるように。

5. スピノザの自己保存重視に対して、ドゥルーズ＝ガタリは変化を重視する（ドゥルーズによるコナトゥス批判）。実存じたいの心臓部に、外への開かれと生成変化が植えつけられるのである。他者から触発されて身体が変容するのと、活動する力が構成され実装化されるのは同時である。この変化が突き詰められたものが生成変化となる。子供への生成変化、狼への生成変化、馬への生成変化、鼠への生成変化、あるいは他様なる性への生成変化、より政治的な例でいうなら、非ユダヤ人のユダヤ人への生成変化、パレスチナ人の「インディアン」とは別のものへの生成変化といった、アイデンティティをほつれさせる生成変化と、萌芽状態にあるという意味でいまはまだ不在の新たな運動主体の構成が強調される。その生成変化には、種、類、性、人種、国籍といった諸々の形式の境界線がない。というよりそうした境界線をなくしてゆく運動（脱形相化）をつくることじたいが、器官なき身体を様態として作成することであり、生成変化をつくりだすことである。なお生成変化は本質的形相の変形や解体を含意するため、形相を触発することなく、何らかの同一性（アイデンティティ）の枠内にとどまる変身行為は生成変化には含まれない。

6. スピノザとちがって、ドゥルーズ＝ガタリは「死」を、頻繁にとは言わないまでも相応の頻度で論ずる。その際に自滅的な死、自殺の問いが、ドゥルーズ＝ガタリにおいて強烈に浮上してくることになる。[13] その一方で彼らが向かうのは、殺したまま生かしておく体制、管理しながら生かしておく体制、真綿でくるむように絞め殺す体制のなかで、個人としてのいわゆる「死」（大きな死）を回避しながら、切断をとおして生の経路を確保すること（小さな死）である。器官なき身体とは、『アンチ・オイディプス』によるなら、「死の経験」、すなわち切断をくぐり抜けることであり、それは悦ばしくほがらかなものとなることもあれば、危険な綱渡りとなることもあるだろう。「死」とは「到来することをやめず、たえず到来しつづけるものだ――他なる性への生成変化、神への生成変化、人種への生成変化などにおいて。そしてそのさなかで器官なき身体のうえに強度の地帯を形成する。あらゆる強度は、固有の生のうちに死の経験を持ち込み、これを内包する」[14]。「我々が器官にしがみついているなら〔……〕、我々が有機体のなかに、あるいは、様々な流れを堰きとめ、この世界に我々を縛りつける地層のなかに閉じこもったままでいるなら、《戴冠せるアナーキー》の世界に辿りつくことは難しい」[15]。器官なき身体は、脱有機体化、脱意味づけ、脱服従主体化、脱形相化を遂行する。それは個体化された有機的組織を押し流す運動としてあらわれ、新たな集団の様式としてあらわれる。ドゥルーズは、スピノザの「最単純身体」には、「数も、形相＝形態も、形象もない。それは無限に微小な身体であり、つねに無限個が組み合わさっている。形相＝形態を持つのは合成された身体だけである」と述べる[16]。つまり無数に蝟集する最単純身体の群れを、胚に相当する潜在的な身体、新たな身体を構成する基体と見なすのである。ドゥルーズの解釈によるなら、最単純身体は個体化された身体を無限に細分化していったものではなく、発生にかかわる前個体的なものとなる。それはラディカルな組み換え――必ずしも「良い」ものとはかぎらない――に向けて開かれた身体である。

7．あらゆる属性の総体でありながら、単一者にとどまる「実体」は可能であるというのが、スピノザ主義の基軸となる重要な論点である。だが、ドゥルーズ＝ガタリは、こうした論理的な規定のなかに、道徳と権力の問題、神学と政治の問題を踏まえた「選別」を導入し、「共存立平面」は、あらゆる器官なき身体をたんに集めたものではない、とする。こうして、存在論的な水準に、それに先立つものとして「政治」が導入されることになる。彼らにおいては、「存在以前に政治がある」[17]。

8．ドゥルーズ＝ガタリにおいてあらゆる器官なき身体からなる共存立平面（スピノザでいう実体）は、「ひとつ」だけしか存在しないようには思われない。この平面を描き、選別に参加する抽象機械は複数あると繰り返し言われる[18]。また、共存立平面から様々なしかたで除外された無数の器官なき身体は、もしそれらが絶滅させられるのでなければ、共存立平面とは別の次元に位置づけられることになるだろう。これは、ライプニッツ論、ニーチェ論、クロソウスキー論などとも共通する、あらゆる偶然の総体や、あらゆる可能世界の総体や、あらゆる可能事の総体は存在するのかという、先にすでに論じた問題のヴァリアントをなす。

9．「様態」が、第六プラトーにおいては、前個体的な強度とその波動（苦痛）として叙述されているが、スピノザ論でいうなら、これは様態の「本質」の水準にあたるものであり（各個体が有する力能の特異な度合が「強度量」と呼ばれる）、様態の「実存」そのものではない[19]。「実存」は一定の組成構造で組み合わされる外延的な部分によって実現されるからだ。したがって、第六プラトーでは、様態の定義についての差し替えがなされていると見るべきだろう。それに対して第一〇プラトーでは、外延的な部分（経度）も、強度的な部分（緯度）とあわせて、様態＝個体の定義に含まれている。

上記のような操作を大別するなら、「属性」そのものの性格をめぐって（何を属性と見なすか、属性は作成可能か、どこに属性間の差異に等しい深淵を見るか）——脱属性的な「力能」とその作用をめぐって

（ダイアグラム、脱地層化の運動）――「自己保存」をめぐって（コナトゥスを批判し、変身を促す根本的な衝動を肯定することに加え、《自然＝機械》そのものの脱形相化＝脱属性化と、形式化されないダイアグラムじたいの変化）――「実体」の成立と組成をめぐって（実体からの属性の減算、脱地層化のアナーキーな契機）――「様態」の本性をめぐって（前個体的な強度の波動としての様態の運動）、ということになるだろう。こうした点に加えて、すでに見た内在を構築する苦痛と歓びの連関をめぐるちがいや、共通性というより横断性をもとにした同盟とそれを契機とする個体変形の歓びをめぐるちがいがある。ドゥルーズ＝ガタリにとってはおそらく、こうした逸脱こそが、スピノザを現代に甦らせるために必要とされたにちがいない。しかし、それは同時に、スピノザ主義のいくつかの前提をめぐる、スピノザとの決定的な差異でもあるように思われる。

そしてこの差異において一番決定的なのは、自己保存／生成変化をめぐる点にあると言ってよいだろう。この点は、『ニーチェと哲学』や『差異と反復』から一貫している。ドゥルーズにとって「問題なのは、絶対的なしかたで考察された力能の度合ではない。そうではなく、ひとつの存在が、たとえその力能の度合がどうあれ、おのれのなしうることの果てまで行くことによって「跳躍する」、すなわちおのれの限界を超える場合があるのかどうかを知ることだけが問題となるのだ[20]」。こうして、ドゥルーズにおいて力能論は、たえず生成変化論へと接続されることになるだろう。そして新たな力能＝本質、すなわち個体の「なしうること」の形相横断的な構成（情動）は、その力能を実際に発現させるような、みずからの自然本性から斜めに逸脱してゆく身体とその使用法の発明、特異な行為の構成と並行する。それは、共通の本性を持たない他者との遭遇、ともにあることが不可能とされてきたような他者との共存と、それによって引き起こされる変化をともなうだろう。「最も普遍的でない」共通性を見出すことで、飛躍するのである。[21] そして彼らは、「素材をますます豊かにする要素とは、異質なものを一緒に成り立たせながらも、たがいの異質性を失わせることのないもののことなのである」という共存立性の原理にもとづいて、こうした情況を現につくりだすことを指針として打ち出す。生成変化は後戻りすることのできない閾をまたぐこと、別の存在へと変身すること、別種の人間や動物や植物や無機物を巻き込みながら生きることを含意するだろう。そしてドゥルーズ＝ガタリのいう「アレンジメント」は、おのれの帰属先から離反してゆく新たな「行為者」と「活動力能」を産出する運動体であり、そこには他者との同盟の実践によって、集団＝群れの組成のありようを変えることも含まれるだろう。これらは、ひとつの個体が同時に示す複数の相貌である。それゆえ活動し、産出し、実存する「力能の保有＝憑依」――たとえば、マゾヒストの力能の保有＝憑依――は、この新たな力能をアレンジする過程のことであり、かつ同時に、その力能／行為を実践する新たな身体を、その身振りを、実存の尖端で生み出す行為なのである。

# 第九章　器官なき政治

## 第一節　ポスト・ファシズム／器官なき身体

ドゥルーズにとってスピノザは、ニーチェと並ぶ「批判」の思想家である。彼はスピノザのうちに、ニーチェへと連なる価値評価の問いを見出すことで、道徳批判が権力批判ともなり、権力批判が道徳批判ともなるような視座を形成する。すなわち、「悲しみ」の体制に対する批判、不安や恐怖に依拠しておのれの権力を確立しようとする政治に対する批判であり、それは神学政治論的批判や歴史批判とも結びつく。こうした批判の諸類型はドゥルーズ、そしてドゥルーズ＝ガタリにおいて、身体、物体、生体、有機体、団体、社会体、政治体といった「身体」とその様式、その使用法、さらにはその変形に際して、方向決定にかかわる重要な役割を担う。これらの批判は、社会体のなかではたらく様々な傾向や路線を見分け、診断するためのものともなるのである。ドゥルーズ＝ガタリの分析は革命ばかりでなく、反動革命にも向けられる。たとえばファシズムのような政治体制はいかにして可能になるのか、それはいかにアレンジされるのか。そうした体制が生産ないし再生産されるとき、ミクロな社会構造やマクロな政治機械はどのような形態をとるのか。そしてそうした反動化に対抗し、別の社会のありかた、別の国際主義のありかたを構成する行為や傾向を生み出すにはどうすればよいか。それこそまさに、「器官なき身体」と「共存立平面」をめぐる議論の核心にある問いである。第六プラトーの「器官なき身体」論初出版（一九七四年）は、『千のプラトー』に収められた版と対照すると、追記、削除、再編成といった異動がテクスト全篇にわたって認められるものだが、その初出版のなかで次のように言われている。「さて、共存立平面とその選別能力、革命機械と選別されたCsOの総体という、ある意味で最重要のこの問題は、ひとまず脇においておくことにしよう[1]」。こうした問題、解決されることなく存続しつづけるであろう問題をめぐる与件を、本章全体をとおして振り返ってみることにしたい。

ドゥルーズ＝ガタリは、器官なき身体＝CsOを三つに区分けする。第一に「共存立平面のうえにある充実したCsO」、第二に「あまりに粗暴な脱地層化のせいで、地層の廃墟のうえにある空虚なCsO」、そして第三に「増殖するものと化した地層のなかで癌化するCsO」である[2]。すなわち、まず器官なき身体じたいの形質をめぐる差異（充実／空虚／癌）、そして器官なき身体の場をめぐる差異（共存立平面／粗暴な脱地層化の廃墟／地層の内部）による二重の分類である。そして、ヴァレリーの有名な身体論の題名をパラフレーズしながら、「いかにして三つの《身体》を区別するか」という「三つの身体の問題」が立てられる[3]。「いかにして器官なき身体を獲得するか」という問いにつづく、この三つの身体の区別は、たんに思弁的な区別ではなく、実践に介入する区別である。同プラトーによれば、「共存立平面」の選別をクリアするのは第一の身体だけであり、第二、第三の身体は除外される。ただし、『千のプラトー』の叙述を見るなら、第二の廃墟と化す空虚な身体――アルコール中毒者の身体、麻薬を過剰摂取して廃人になった身体、フィッツジェラルド的な裂け目の走る身体（「人生とはもちろん崩壊の過程である」）、実験において慎重さを欠いた身体――に対しては、一種の共感とも呼べる親近性を発露させる。というのも、粗暴でない脱地層化については肯定されるからであり、第一と第二の身体の分水嶺は、脱地層化それじたいにあるのではなく、脱地層化のしかたにあるからだ。すなわち、ガラスを叩き割るように諸器官＝機械を粗暴なしかたで破壊して除去し、空虚な身体をつくりだすのではなく、壁をやすりで削って穴をあけるように、諸器官＝機関の垣根や組織化を慎重に削り落としてゆき、諸器官＝機関をほどき、新たな個体形成へと向かう強度――集団の新たなあり方を産出するための素材――へと変えること（「欲望の連結、流れの接合、強度の連続体」）[4]。廃墟となった有機体に誘惑されるありようは、ドゥルーズ自身がアルコール中毒寸前であったと伝えられる『意味の論理学』の時期からおそらく変わっていない。そのうえでドゥルーズ＝ガタリは、激しいものとなりうる実験や行動のなかで、落とし穴に入り込み、何も出来なくならないようにするための用心深さ、慎みを語るのだ。いわば裁きと訣別する闘争のさなかでのエチカであって、それは自己保身の処世術を諭すものではない。身体にとって壊滅的なものでもありうる薬物使用、死に漸近しうるマゾヒズムの営み、様々な運動や実践の只中におけるマナーを語っているのであって、そうした行為すべてを手前で諌める人生訓的な慎重さを語っているのではない[5]。そうした戒めは、「革命の未来」を語ることで、「あらゆる水準における、各々の場での、人々の革命家への生成変化の問いを妨害する」ものとさして変わらないだろう[6]。

一方、彼らが最も深刻な敵と見なしているのは、第三の身体、すなわち癌化する身体であり、それは、第一の身体である「共存立平面のおそるべき戯画（カリカチュア）」であるとも言われている。[7] 第六プラトー初出版は一九七四年に刊行されたものだが、この問題は翌七五年に刊行された『カフカ』にも共有されている。また逆に、第六プラトー初出版には、八〇年版からは削除された「マイナー文学」論がある（「アメリカ軍との独自の闘争を行わないアルトーなどなく、官僚制装置と独自の闘争を行わないカフカなどない。抑圧されたマイノリティと接続されないマゾッホなどない」[8]）。癌をめぐってもちいられる「増殖」という語は、『カフカ』第六章の題名「系列の増殖」でもちいられており、そこではアメリカの資本主義、スターリニズムの官僚制、ドイツのファシズムという三つの形態が取りあげられる。すなわちカフカにおいては、「資本主義の欲望、ファシズムの欲望、官僚制の欲望、さらにはタナトスといったすべてが勢揃いして扉を叩いている」というのである。[9] 器官なき身体をつくりだすこと、すなわち既存の組織（たとえば党や組合）を解体し、孤立した分子にしたうえで、別の単位へと組み換えなおすことは、ミクロな反動性をとめどなく増殖させる体制を生み出してしまいうる。それこそまさにファシズムの行ったことである（国家による組合の再組織化など）。このとき「選別」を行うのはファシズム国家であろう。国家装置の外で活動すると称する革命組織においても同種のことが起こりうる。裁きの外、法の外、司法の外に立つと称する人々のなかにも、支配欲や、暴力と破壊の快楽が容易に忍び込み、個人的な復讐心や怨恨が混ざり込む、そしてそれとともに「革命への生成変化」は変質してゆく。オッカンガムが「革命（révolution）」から接頭辞《 ré 》を取り、《 volution 》としたのは、「革命」がときとして「反動的（réactionnaire）」になるからであった。[10] ドゥルーズが「裁きと訣別するため」に語ったのは具体的な状況下での革命の倫理であって、それはつねに複数形のマイノリティ同士の同盟であり、おのれの出自への裏切りであり、アイデンティティへの固執からの離反であり、相互の特異性を引き立たせるような共存立形態である。支配欲や復讐欲の混じった行為、マジョリティの強者として自己を確立させようとする行為は、もはやドゥルーズ＝ガタリにとって革命ではないだろう。多数他様であるマイノリティを押しつぶすような行為もまた、もはや生成変化ではない。それは「裁き」と訣別した生ではない。それゆえ、裁きを秘かに内面化する勢力をたえず批判し、自己批判しなければならないだろう。運動の只中での裁きとの訣別とは、その効果がたえず運動じたいのなかに繰り込まれ、その一部をなし、それによって運動が満たされてゆく内在的行為である。

　ドゥルーズ＝ガタリは、ミクロな反動細胞の増殖を妨げるために、「労働者階級、雇用、組合組織、社会制度」、「若者、老人、女性」などにかかわる諸権利という「公理」をめぐる闘争が「決定的」であるという。すなわち「女性の参政権、中絶、雇用の平等のための闘争。様々な地域における自立のための闘争。第三世界の闘争。東側世界や西側世界の諸地域における抑圧された大衆や少数民族の闘争」である。[11]器官なき身体をめぐって見たように、「組織」もたんなる「敵」へと還元することは決してできない。[12]器官なき身体の形成を起点とする「資本主義の欲望、ファシズムの欲望、官僚制の欲望」の発生をめぐる論点は、第六プラトー初出版においても顕著にあらわれている。たとえば次のような一文が示すとおりである。「このように地層が、かくも重たいものとなって、ふたたび降りかかってくるのは、我々が慎重な注意を払わずにそうした地層を吹き飛ばすことで、地層に帰属するそれ固有の癌性のファシズム的なCsOを、（我々のやり方に見合ったかたちで）鎖から解き放ってしまったからである。そのCsOは、正体不明のままに当該の地層を蝕み増殖する。我々はたとえ自分自身のうちであるにせよ、ファシストの犬を鎖から解き放ってしまった。我々は地層そのものを癌化させる堆積速度の止め具を外し、その組織（tissu）の癌性の力能を解放したのだ」[13]。

器官なき身体と、資本主義、ファシズムとは隣接しているのである。それは、「我々」の時代の病であり、内在性が生み出す病でもある。『アンチ・オイディプス』においても、「資本」が、器官なき身体とされ、内在性の体系、すなわち「ブルジョワ内在野」[14]と名指されていたことが想起されるだろう。資本の支配権の拡張のなかで、超越的な外部からの抑制――たとえば宗教的、社会慣習的な抑制――が効かなくなった社会や国家において、資本主義が「危機」に陥るとき、それでもなお価値増殖を追い求める資本が、権力や暴力を著しく増殖させ、人種主義を悪化させてゆく。ケインズ主義や社会民主主義との類似がときに指摘されるような、経済思想としてのファシズムである[15]。人間的な、あまりに人間的な顔をしたファシズム。さらに、『カフカ』では現代の官僚制の特徴が挙げられる。たとえば官僚の二重化（ふたり連れのそっくりな官僚）、担当部署の横すべりと素早い増殖、部署＝空間同士のつながりの不明確さと組織性の欠如、それぞれの人間の身分の不確実さと誰が判事であるかの不明性、皇帝の命令の非一貫性（伝わるころにはすでに変わっている伝令）などであるが、それはハンナ・アーレント『全体主義の起原3　全体主義』の叙述と重なりあうものだ。ドゥルーズ＝ガタリが、一九七五年刊行の『カフカ』を執筆していた時期に、すでにアーレントを読んでいたかは確定しがたいが（フランス語訳は一九七二年刊行）、『全体主義の起原』は、一九八〇年の第九プラトー「ミクロ政治学と切片性」末尾の注で言及されており、少なくとも『千のプラトー』執筆期に、一定の関心をもってアーレントに取り組んだのはたしかである。『千のプラトー』でドゥルーズ＝ガタリが参照をうながす頁の周囲で、アーレントの挙げる「全体支配」の特徴は、たとえば以下のようなものである。[16]全体支配においては一切の法が見せかけのものと化し「法」と「道徳」の駆動が一致すること。国家と党が二重権威化することで、あらゆる役職や任務がたえず二重化され増殖してゆくこと。権力の「単なる表構え（ファサード）と真の権力」とが分離すること。命令が曖昧化されて、命令者の意志を受け手が斟酌し忖度しなければならないこと。各人の身分が不定で不明であり、誰が実質的な権力を握っているか不透明性であること。「指導部が真の権力中枢を絶えず移動し」ていること。統治組織が驚くべき「無構造性」を示すこと。それゆえ「何ぴとも〔支配的グループに属する者すらも〕隠れた真の権力のヒエラルヒーのなかで自分がどのような地位を占めているかを確認し得ない」、そして「東部地域では誰が何を命令すべきなのか、もう誰にも全然分からなかった[17]」という事態、まさしくカフカ的と形容したくなる事態すら訪れるとアーレントは言う。ファシズムにおいて重要なのは、「ますます速度をはやめながら一定の方向に動いていく運動」だけであり、「運動の実践上の目標は、可能なかぎり多くの人々を運動のなかに引き入れ、組織し、高揚させることである。しかし運動が終息する地点となるべき政治的目標となると、そのようなものはまったく存在しない[18]」。たえざる記号の解釈と責任主体の不在、恣意的な権力行使、有機的連関を喪失した中心の定かならぬ組織、向かうべき目標をもたずに運動の高揚を追い求めること。ファシズムをめぐるアーレントのこうした規定に、第九プラトーでは、ヴィリリオのいう「自殺国家」という形容が接続され、「政治的目標」を欠いた「運動」は、たとえ国家の保存という目的を突き抜けたとしても、死滅に向かって止まることなく突き進んでゆくとされる。[19]すなわちおのれの有する力能を、外的な制約や目的を解除した「なしうること」の果てまで行使し、国家という殻を突き破って自己を拡張させ、ついには自死に到るまで惨禍を国内外に広げる。ドゥルーズ＝ガタリは、ナチズムを国家的な現象ではなく、国家を食い破る自殺的な総力戦を行う戦争機械としてとらえており、そこに全体主義とファシズムのちがいを見るのである（これを混同していたという点で、彼らはアーレントから距離を取る）。国家組織を突き破るファシズムの器官なき身体の加速的な増殖という表現は、こうした政治体の文脈のなかでもちいられている。

ドゥルーズ＝ガタリの定義によるならこの癌性の器官なき身体は、「地層のなか」で発生するとされる。つまり、社会を覆う地層——有機的組織、意味形成と行動の解釈、服従主体の形成——の随所に、恐怖や不安や死の「細胞」や「分子」が飛び散るとき、組合のような中間組織が解体され、ばらばらに分断された者たちの孤立状態が利用されるとともに、階級の分断がいっそう進む。そして、そうした孤立し疎外した自己に意味をあたえてくれるナショナリズム、ルサンチマンや劣等感を慰撫してくれる排外的で煽情的な言葉、資本‐国家の統制下におかれる労働者の組織や動員、市中に拡がるパラノイア的な監視や管理の眼差し、解釈の増殖、生活の不安や疎外の恐怖など、様々な要素が力を発揮し、服従主体をつくりだすアレンジメントが進行してゆく。こうした装置は、社会のある領域から別の領域へと次々に拡張され、ついには社会全体を覆うものとなってゆく。ミクロな権力機構の広がり——「家族、学校、工場、都市などのＣｓＯ」——が、マクロな権力機構と手を組むのである。意識的にであれ、無意識的にであれ。[20] 念のため注記しておくが、ミクロな権力を強調するドゥルーズ＝ガタリは、資本の権力じたいや、それと結合する国家権力が発揮するマクロな全体化作用を否定しているわけではない。「家族、学校、工場、都市」といった、それぞれ異なる場、それぞれ異なる形式、それぞれ異なる様式をつなぎながら、それらすべてに顔を出す脱領土化した「監獄」＝「ダイアグラム」は、（本書でいう出来事Aのような）現実の監獄から離脱し浮遊する「監獄」となり、学校や工場といった異なる場において現実化され、それぞれの場を異なるかたちでの監獄に変えるものだが、こうしたダイアグラムはまさに、資本の要請と結びつきながら、全体化の役割を担うとされるのだ。一九七二年の「知識人と権力」では、ミクロな諸装置を全体化するのはまさに、資本主義権力であるとされていたことも想起しておこう。[21] ミクロな次元とマクロな次元の接続こそ、まさにダイアグラム概念を導入する動機のひとつであり、そしてこの両者の接続と共鳴と増幅によって、ファシズムの抑圧する力が、おそるべき水準に達するのである。くわえて体制の権力（なしうること）に対する想像上での誇大評価もまた、行動を思いとどまらせる抑圧として作用するという意味で、ファシズムには幻想が欠かせない。ファシズムにおいては、全体支配的な官僚制が確立されるばかりでなく、「資本」、「国家」、「軍隊」といった器官なき身体が肥大化し、家族、学校、職場、地域コミュニティ、幻想、想像力といった、具体的な領域にきめ細かに侵入してゆくことになるだろう。[22] ミクロ政治的な次元における増殖が、マクロ政治的な次元にも作用し、両者が共振をはじめ、たがいを強化しはじめる。第六プラトー初出版で取りあげられる事例は、一方では資本の器官なき身体であり、他方では資本、国家、軍隊などが交叉する複合的な器官なき身体のありようであって、とりわけ一九七三年九月のチリの軍事クーデタと、ナチズムの事例が重要である。

資本の事例——「資本主義のCsOがある。すなわち発芽する癌性の貨幣、貨幣を産む貨幣、インフレーションという主体化の拡張的な線とともにある《資本》そのものがある。資本主義はおのれの

「健康」、おのれの「有機的組織」を維持するために、《資本》を制御し、方向づけ、地層化された状態に保っておかねばならない」[23]。

「資本」そのものが主体として自己増殖するという『資本論』の定義によるなら、資本はそれじたいが「癌」であると、ドゥルーズ＝ガタリは言うのであり、その純化形態がインフレーションであろう。そして資本は、社会環境を資本の価値増殖にとって有利な状態につくりかえながら、社会全体をつくりかえ、現実的に包摂してゆくことになる。そして同時に、寄生すべき対象を維持しておくために、社会組織を維持するということにもなるはずである。この議論は、資本主義は社会を分裂させ、差異をいたるところに生産しながら、利殖という目的のためにこの分裂や差異を、適度なところで途中停止させておくという、『アンチ・オイディプス』の理路にも沿うものであろう。吸血鬼＝資本は、吸血鬼＝資本をあちこちで増殖させながら、人間を、「有機的組織」を生かしておかなければならない。第六プラトー初出版では言及がないが、『資本主義と分裂症』では、サミール・アミンに依拠しつつ、資本の過程が「周辺」に広がってゆき、中心と周辺で異なる振舞いをするという点が指摘されていた。すなわち、不平等を前提としながら、中心と周辺の差異化が行われ、その不均衡が経済体制にも、政治体制にも及んでゆく。それがまさに以下のチリの事例だろう。

交叉し共振する器官なき身体の事例（チリ、ナチズム）――「軍隊のＣｓＯが国家を奪取し、おのれの腫瘍のなかにすべてを吸収し、各工場、各学校、各家のいたるところで、おのれの癌細胞を増殖させる。チリ――我々は世界中で最も民主的な軍隊を持っている、軍隊には人民の声を聴く耳があり、憲法を見守る眼があるとチリ人たちは言う。ところがいまや、インフレーション－資本のＣｓＯが鎖から解き放たれてかくなる猛威を振るい、社会主義政権を打倒することが課題となる。軍隊はその耳と眼を失い、いまや政権を破壊するCsOを解き放ち、国家を奪取し、ひどい恐怖のもとで「有機的で健康な」資本主義を立て直すのである。複雑な同盟と敵対——たとえば、ナチズム。単純にナチズムと資本主義との一般的関係を評定するのではなく、むしろ、ナチによる権力奪取以前の時点での、ナチズムのCsOと、鎖から解き放たれたドイツ資本主義のCsOとを評定すること。いかにしてナチのCsOがドイツの資本に「有機的組織」をつくりなおしてやったか、いかにしてナチズムが党のCsOと区別される軍隊のCsOを解き放ちながら、みずからを組織化していくかなど。家族、学校、工場、都市などのCsOがあるのだが、それらは相互的な関係のなかで稼働し、一方を他方に組み込みながら、異様な同盟‐敵対を駆動させるのである[24]」。

『千のプラトー』でのチリは、アナルコ・キャピタリズムの全体主義国家、すなわち資本主義と独裁の結合の例として提示され、他方の福祉国家とあわせて、資本主義の二極とされるものだ。すなわち人権や市民権や社会的権利の保証を行う公理を減らす傾向にあるアナルコ・キャピタリズムと、そうした公理を増やす傾向にある福祉国家であり、いずれも資本の価値増殖のために状況に合わせて、この二極のあいだを適宜行き来すると言われる[25]。一九七四年に刊行された第六プラトー初出版では、七三年九月一一日のチリのクーデタというきわめて時事的な事例が、『千のプラトー』とは若干異なる文脈で論じられている。資本主義と独裁との結びつきを指摘しつつ（自由主義陣営の主張の陥穽）、資本の力能によって背中を押される軍隊が、国家を乗っ取り、軍隊の方式を社会全般へと拡散させ、よりミクロな家族、学校、工場といった場へと侵入してゆくというのである。つまり監獄‐資本というより、軍隊‐資本の複合体が「ダイアグラム」となって、社会を包摂し、国政の調整に関与しはじめるということだ。そしてそこには、「「有機的で健康な」資本主義」の「立て直し」も関係してくるだろう。軍隊‐資本の主導性をも視野に入れたここでの議論は、一九七四年時点ではまだ完成していなかった、第一二プラトーにおける「戦争機械」論の方向性を素描している。[26]

第一二プラトーでの議論によるなら、国家と戦争機械は、（スピノザの属性のように）相互に独立した形式をなしており、それらが関係するときは、たがいに外在的なもの同士として関係する。[27] つまり、ドゥルーズ＝ガタリは、「国家」と結びつけられたかたちでしか表象されない「戦争機械」（軍隊）や「戦争」概念を批判することで、「国家」と「戦争」を分離するのである。戦争は必ずしも国家が行うものではない、戦争機械は必ずしも国家に領有されるものではない、と。ところで、「国家」と「戦争機械」とのあいだの関係は、序列を含んだものであり、一方が他方の上位に来るとされる。これは『カントの批判哲学』における諸能力の序列と同型の議論であって、どの能力が主導権を握り、いかなるしかたで他の能力をおのれにしたがわせるかに応じて、異なるシステムがつくりだされるのである。第一二プラトーでいうなら、「国家」が「戦争機械」を領有し、国家の目的にしたがわせるとき、戦争機械は国家の「軍隊」へとその姿を変え、組織化を特徴とするようになる。つまり国家の法、政治、目的に、一定程度（完全にではない）、従属するようになるというのである。だが、転回点が資本主義の発展とともに訪れる。つまり資本主義が発展し、戦争機械が国境を超える資本と結びつくようになるとき、国家の設定する目的を超えるかたちで戦争機械が駆動をはじめ、戦争機械が世界的組織と化す。資本は破壊を、破壊のための道具を生産することで利潤を生み出すのであり、資本の価値増殖を実現するためには、どこかで破壊の生産を継続的に行いつづけなければならない。このとき地球は破壊を生産する工場になる。そしてその当然の帰結として、資本＝戦争機械と国家の関係は逆転し、資本＝戦争機械のほうが国家を領有するようになるのである。こうした事態は、チリにおいて起こった資本主義の原理にもとづく軍事クーデタと、その後の軍事独裁政権を思わせるものかもしれない（資本＝軍隊による反動革命と国家の領有）。だが、米国と資本によるチリの軍事クーデタは、第一二プラトーで描かれている戦争機械と国家の関係の反転とは、やや力点を異にする。というのも『千のプラトー』における戦争機械の優位は、一国にとどまるものではなく世界全体に拡張されるのであり、「軍隊」的な組織と活動は、社会野全域に浸透し、時期も緊急時ばかりでなく平時にまで拡張されるからだ。その理路は次のようなものである。

「軍隊」とは、国家が戦争機械を領有したとき生じる組織形態であるが、すでにそうした軍隊が存在する情況のなかで、戦争機械が国家の上位に来るとき、仮にそれが軍隊という外観をまとうことがあるにせよ、戦争機械そのものは、国家よりも遙かに広範な次元で実現されるようになるという。それゆえ、『千のプラトー』の第九プラトーや第一二プラトーでは、一国にとどまる軍事独裁とは異なる方向へと、議論が拡張されてゆく。資本主義と結合する戦争機械が国家によって領有されなくなるとき、「軍隊」という形態も、また軍隊による「戦争」という形態もなくなって、軍隊的なもの、戦争的なものが、境界を破っていたるところに漂いだし瀰漫することになる。その転換期にあるのが、人口全体と経済全体がまるごと戦争に組み込まれ、それらが戦争の標的となる二〇世紀前半の総力戦であり、戦場と銃後、戦闘員と非戦闘員、軍事資本と非軍事資本、武装と非武装、戦闘と経済の区別が失われ、都市や街や村が戦場となる。[28] こうして総力戦体制が、「労働」形態への総動員体制をともないつつ、世界化してゆくことになるだろう。「労働」をめぐる議論においては、『千のプラトー』で実際に言及されている以上に、エルンスト・ユンガーがおそらく参照されている。[29] ユンガーは「労働者の時代」には、「労働として理解されないものが全く存在しえないこと」、すなわち「労働」とは「拳や思考や心臓の律動であり、昼夜の生活であり、学問、愛、芸術、信仰、礼拝、戦争」であり、「原子の振動であり、星辰と太陽系を動かす力」である。したがって「労働者の形態の全地球的な支配が貫徹され、「市民的憲法に取って代わるものは労働計画である」という。[30] ドゥルーズ＝ガタリ風の言い方をするなら、「労働」の領域はなしくずし的に拡大され（脱領土化）、境界を超えてあらゆる方面へと流れだし、その先々で出会うものを労働形態に組み込みなおす（再領土化）。彼らの考える「戦争機械」においても、「資本」と「労働」と連動しつつ同種のことが起こる。いまや「戦争機械」は、いわゆる「戦争」や「戦闘」という行為に限定されるものでも、「戦場」という空間や、「戦時」という期間に限定されるものでもなくなり、かたちを変えながら様々な領域に浸透してゆく。「戦争機械」は軍隊や軍事産業ばかりでなく、一見したところ戦闘のない平時の社会空間全域に、工場、職場、教育、家庭、科学、想像力といった諸領域の「心臓の律動」に浸透してゆく。戦争＝経済への動員体制が国際分業のなかで国境を越え、惑星規模になり、国家も、都市も、農村もそうした動員の部分的な担い手となる。その包摂の強度は情勢によって変化するだろうが、資本‐戦争機械が器官なき身体と化し、あらゆる境界線をなぎ倒して拡大し、侵食しはじめる。経済が別の手段による戦争の継続となり（経済戦争）、不安定を強いられた労働者がその犠牲となり、静かに虐殺されもする。かくして実現される資本－戦争機械の結合に国家が服属する世界システムこそ、ドゥルーズ＝ガタリが「ポスト・ファシズム」と呼ぶものである。

ここで着目しなければならないのは、資本の性質であろう。ドゥルーズ＝ガタリによる『資本論』読解の核のひとつは、資本の内在的限界をめぐる議論にある。つまり、資本は外側からそれを抑制する限界を持たず、立ちはだかる障害をなぎ倒してでもおのれのなしうることをすべて行い、その成果をおのれ＝資本のうちに繰り込んでいく。資本はおのれ自身の原因にして結果としてあらわれる。《自然》の産出する産物が《自然》に繰り込まれ、《自然》を満たしてゆくように、《資本》が産出するものは、《資本》じたいのうちに繰り込まれ自己増殖するのである。資本はおのれのなしうることの限界にぶつかりながらも、経済的ないし経済外的な強制によって限界を乗り越え、たえざる拡張を行う。すなわち地理的にはいっそう遠くまで侵食し、身近なところでは個々人の生のいっそう微細な領域まで浸透してゆき、その身体や欲望や感情や時間を栄養にして成長する。「労働者」もエネルギーも資源も情報も動員するこうした資本の運動と結合する戦争機械もまた、おのれ自身のターゲットを束縛する外的な限界を除去し、その範囲は資本と戦争機械の及ぶかぎり、無際限に広げられてゆくだろう。「戦争機械」を論ずる『戦争と資本』のアリエズとラッツァラートの表現によるなら、このとき「戦争の領域の平和への拡張」が行われる。[31] あるいは一九四五年のユンガーの言を借りるなら、「戦争の規則と法律が平和の中に流れ込」み、「平和の中で永続化」するのである（ユンガーはそうなってはならないと語っていたのだが）。ユンガーは第二次世界大戦を「世界内戦」と見なしたが、この内戦が規模を拡大して継続されているかのようだ。[32] 資本主義と結合して国家を領有する戦争機械は、自国の安全保障と敵国の無力化という目標ではなく、資本主義の「世界市場」に見合ったかたちで「世界秩序」そのものを目標に据え、戦闘をともなうローカルな戦争の数々を引き起こす一方、戦時を踏み越えて平時にまで、静かで冷たい戦争を拡張する。ヴィリリオの言葉によるなら、この変質した新しい戦争は、たえざる「不安保障（insécurité）」[33]の体制を敷き、いわゆる「戦闘」や「戦場」ではなく、「平和」や「平時」を攻撃の直接的な標的に据える。「核抑止力」を背景とした国際的な恐怖政治（テロル）、すなわち不安と恐怖を利用した世界規模の政治の標的になるのは、日常生活の全域である。このとき国境を超える軍隊の治安維持活動と、警察行為とが判別しがたくなり（逆に一国内の警察が旧来の軍隊の任務を担うこともあろう）、また、それと並行する必然的帰結として、特定の国や組織の兵士という枠組を超えて、あらゆる人間、あらゆる住民を潜在的な敵に変える「任意の敵」の概念がつくりだされる。[34]それは、「平和」のなかに生きる者すべてを潜在的な敵、潜在的な脅威と見なすであろう。[35]同時に、警察行動の運用に際しては、とくに特定のアイデンティティ（人種、宗教、思想、文化……）を有する者を、特権的な恐怖（テロル）の対象として名指すであろう。こうした過程がすべてあわさった結果として、クラウゼヴィッツの定式「戦争とは別の手段による政治の継続である」が反転され、政治が別の手段による戦争の継続となる。二〇世紀前半の総力戦体制を踏襲しながら、このとき経済も、社会環境も、強度を様々に異にする戦争の継続となるというのである。[36]単一の世界市場と連動する世界規模のこうした資本－戦争機械のなかで、国家は資本の価値増殖を実現し、保証するための機能を果たすだろう。市場の論理の流れに乗れない者、その論理にそぐわない者は、顧みられることなく廃棄され捨てられる。オジルヴィのいう「廃棄可能な人間」ないしは「ゴミ－住民」[37]であり、すなわち「棄民」である。

そしてこの地位じたいが、住民（とりわけブルジョワジーと中産階級）のなかに不安の種をまき散らし、「大衆（へ）の不安」（バリバール）をつくりだす。いたるところに様々なＣｓＯがあり、それが全方位で絡み合い、あちこちで増殖する。

ところで先に述べたように、「戦争機械」をめぐるドゥルーズ＝ガタリの議論の特徴は、「戦争機械」を「国家」から切り離すと同時に、「戦争機械」を「戦闘」から切り離すところにある。戦争は必ずしも国家主体が行うものでもなければ、必ずしも戦闘がともなうわけでもない。そこから彼らはあらゆる帰結を引き出してみせる。つまり「戦争機械」をいわゆる「戦争」から切り離し、「戦争」から「戦闘」を引き剝がして、別の方向へ逸脱させる道を探ることもできるはずだというわけだ。戦争機械を「国家」と「資本」から切断し、軍隊からの脱走をうながし、破壊を生産する経済を罷免するべく、介入しなければならない。この意味で、戦争や戦闘に反対する戦争機械もありうるのである。ドゥルーズにとって「哲学」とはまさしく、戦争を肥大化させていく機構――国家、資本、世論、マスメディア、宗教……――に対して、「戦闘なき戦争」を、「ゲリラ戦」として行うものだった。[38] そこで問われるのは、「戦争機械」をいったい「誰」が領有しているのかという系譜学的な問いである。すなわち、戦争機械を領有するのは国家なのか、資本なのか。それともノマドなのか、未開社会の人々なのか、都市住民なのか。あるいは芸術家なのか、科学者なのか。そしてその領有形態によって戦争機械がいかなる変貌を遂げるのか。いつ、いかなる場所で、どのような形態のもとで戦争機械は実現されるのか。戦争機械の社会への浸潤の度合と規模はいかなるものでどこまで及ぶのか。大規模な戦闘をともなう戦争なのか、低強度の紛争なのか、不安定な労働者への搾取なのか、それとも抵抗運動なのか、都市や密林や砂漠のゲリラなのか、広場を占拠する者たちなのか、壁のうえの絵画やグラフィティなのか、小説や詩なのか、それとも映画なのか。あるいはきわめて多岐にわたる軍事産業なのか、それとも学校、職場、工場の空間配備や組織化の様式なのか。そのスローガン＝指令語はいかなるものか。自殺的なものか、団結を呼びかけるものか、抗戦を呼びかけるものか、非暴力闘争を訴えるものか、あるいはあらゆる戦争の廃絶を訴えるものか。また、領有された戦争機械の意志はいかなるものか。それは支配への意志なのか、生への意志なのか。また戦争機械をめぐる利害はいかなるものか。それが出現する空間はいかなるものか、空間は条里化されているか、連絡を断たれ断片化されているか、ゲリラ的な闘いが各地で引き継がれ大局的な連帯へと発展するか、等々。ここでもまた様々なCsOが絡み合っており、ドゥルーズ＝ガタリは少なくとも「器官なき身体」論においては、抵抗運動の方向性を、一意的に示しているわけではない。左翼の戦術が右翼に転用されることも当然あるだろう。広告会社がレーニン『何をなすべきか』に学ぶことも可能である。ガタリの言うように、「長い冬のあとに新たな秋が、いやそれどころかもっと厳しい冬がやって来ないともかぎらない[39]」。器官なき身体論では、生成変化論以上に、議論の指針を情況に委ねているようにも見える。少なくとも言えるのは、彼らは、情況を駆け巡る諸傾向を腑分けする際に重要となる、様々な類型の区別を重視していたということだろう。生の建て直しのために、いったいどのような力と連帯し、いかなる同盟を形成すべきか、それがいかなる「生成変化」をつくりだすのか[40]。

『千のプラトー』においてドゥルーズ＝ガタリが診断する今日の情況、すなわち批判の出発点とすべき「支配的現実としての《歴史》[41]」とは、世界を覆う資本主義下でのポスト・ファシズム体制であり、そのもとへの国家の現実的包摂である。ドゥルーズ＝ガタリにとっての理論的な問題とは、こうしたポスト・ファシズム体制にすでに辿りついてしまっているという事態を受けて、ポスト・ファシズム体制を可能にした様々な勢力、傾向、線の絡み合いを分析する道具をつくりだすこと、さらにはこの体制に対抗し抵抗する運動に言説でもって参加することである。「地層化された神の裁きの世界、すなわち組織化され、文明化された世界に対する批判をつねに維持しておくこと。さらには、いまなお地層から発せられ、いまなおこの裁きの一部をなす癌性の身体、すなわち増殖する組織（ファシズム、スターリン主義、アメリカ）に対する批判をつねに維持しておくこと」[42]。かくなる言明において前提となっているのは、神の裁きとの訣別は、そしてそれをめぐるドゥルーズ＝ガタリの言説もまた、つねに情況下で思考されねばならないという点である。彼らが述べるように、「歴史の一区画に棹差すことのないCsOの製作などない」[43]。一次的《自然＝機械》が入れる裂け目もまた、つねに二次的《自然＝社会機械》との関連で思考されねばならない。

ドゥルーズ＝ガタリが「器官なき身体」論においてアルトーに言及するのはまさに、「国家」、「軍隊」、「資本」が結合し、生と性の領域を侵食するポスト・ファシズム的な権力を形成するさまを、アルトーが第二次世界大戦直後の段階で幻視していたからにほかならない。それはドゥルーズ＝ガタリが執筆する一九七四年の情況下において、アメリカの資本主義が支援するチリの新自由主義的な軍事クーデタを二重化しながら、その射程をさらに押し広げてゆくものでもあるだろう。「器官なき身体」論初出版において彼らは、『神の裁きと訣別するため』について次のように述べる。「アルトーが、あちこちで増殖する癌性のCsOたる米軍からはじめるのは、偶然でもなければ、肩慣らしでもない。

このCsOは生産を横領し、「あらゆる卑劣な人工的代用物」で生産に蓋をして封鎖する。兵士たちを生産する精子貯蔵（バンク）として、子供たちから採取し瓶に集めた精液で愛をふさぎ蝕む。自然のなかに汚染と破壊の未曾有の機械状アレンジメントを解き放ち、人間はもはや「遙か後方にいる」にすぎない。そしてこうしたすべてが行われるのは、新たなる癌性の衝迫によってさらに推し進められた資本主義の新たな限界を、そのたびごとに樹立するためなのだ」[44]。アルトーが鋭く見抜いていたように、今日の権力機構は、「国家」を経由するばかりでなく、「資本主義」と「戦争機械」をつうじた生の全領域のコントロールというかたちで、きめ細かで配慮の行き届いた柔軟な統制を行っており、そこには生や性をめぐる技術が欠かせない。そしてミクロ権力は、地球規模の射程を持つ資本と戦争と連結される。ミクロな諸装置は、資本と戦争によって全体化されているのである。

## 第二節　情報権力／特異性の共同体

こうした情況を深化させ、さらに拡張するのが「情報権力」であり、それを語るのが、一九九〇年に発表された有名な「追伸――管理社会について」である[1]。ドゥルーズによるなら、今日では刑務所において行動の監視と管理がなされているのと同様のレベルで、労働の場における、あるいは労働から離れた日常の場における行動が監視され管理されている。ただしそれは、移動の自由を強制的に剝奪することによってではなく、開かれた空間を、電子機器をたずさえて移動させ、伝達させ、コミュニケーションさせることによってであり、そこで人々は語ることを強制されるのだ。口で語らなくとも、身体で語らざるをえないこと[2]。閉じ込められていないことによって幽閉されること。コミュニケーションの増殖によって絡めとられ閉塞してゆくこと。現代の加速化した資本主義に生きる人間たちは、ひっきりなしに更新されるコミュニケーションと情報という交換貨幣を獲得し更新しつづけるために、余暇の時間どころか、その生活の時間すべてを、人生すべてを、あるいは、個人の人生すべてを足し合わせた以上のものを捧げることを求められる。クリスティアン・マラッツィが言うように、ポストフォーディズムの世界においては、「商品の供給に需要を従わせ」るのではなく、「需要に応えること」、つまり「市場を工場のなかに引き入れ、「市場と共に呼吸する」こと」、それにより、市場の動きを個々人の生のなかに組み込ませ、「労働者の生の全体を働かせることを目論んでい」る。こうして「感情、情緒、普段の暮らし、いわば〈言語共同体〉の全生活が労働に振り向けられ」、さらには、交友関係を含めコミュニケーション活動全般が剰余価値の生産のために資本に包摂される。[3] 情報技術の発展は、巨大な市場の動きをたえずチェックすることを可能にすると同時に、その動向を、個々人の活動のなかへとたえずオーバーロードしつづける（増殖した情報の過剰摂取（オーバードーズ））。そしてその背景には、飛躍的な情報技術の発展とともに誕生した、ポストフォーディズムと金融資本主義に固有の言語、通貨、記号の体制が存在しているとマラッツィは言う。「生産という分野にコミュニケーションが、したがって言語が介入しはじめたことは、時代の転機のまぎれもない端緒なのであり、好むと好まざるとにかかわらず、それは今という時代を特徴づけている[4]」。そして、時代の上空には無人機（ドローン）が飛び交い、地球の裏側の人間を殺戮している。

ガタリが一九九二年に、ドゥルーズが一九九五年に亡くなって以降、こうした状況はさらに深化したが、それでもドゥルーズ＝ガタリは一九八〇年時点で、今日に起こりうる事態をかなり精確に見通していたと言ってよいだろう。彼らによるなら、「人間と機械」の関係が、サイバネティクスと情報科学によって変化し、人間はたんに「機械に属する「入口〔入力〕」や「出口〔出力〕」、フィードバックや循環」となるため、人間と機械のあいだには「使用や活動」ではなく、「情報の変換と交換しかなく、その一方が機械であり、他方が人間であるにすぎない」[5]。そのことにより、「人間と機械」の関係は根本的な変質を遂げる。いまや一人の人間主体＝労働者と、その外部にあって労働者が操作する機械とのアレンジメントではなく、複数形の「人間たち－機械たち」の同時的なアレンジメントへと変貌し、たえざるインプットとアウトプットによって形成される情報のフローがいわば主体となる。そしてそのなかで人間と機械は、情報の中継器として可逆的になり置き換え可能になる。人間＝可変資本だけが剰余価値をつくるのではなく、機械＝不変資本も剰余価値を生み出す「機械状の剰余価値」の時代である[6]。また、かつて動力機械の時代には、機械と人間はたがいの「外」に置かれ、人間は機械の「使用者」として機械に奉仕していた。このように人間の身体の外に置かれ、一定程度自律的に作動する機械に対して人間が奉仕し、それに服従する主体をつくる過程を、ドゥルーズ＝ガタリは、「服従化（assujettissement）」と呼ぶ。それは、機械を中心とした体制に従うかぎりにおいて、各自の主体性を尊重する体制でもあるはずである。というのも、服従するもしないもあなたの自由（ただし従わなかった場合は懲罰を行う）、という形態をとりうるからである。だが、情報機械の時代になるや、人間と機械のあいだの可逆的で双方向的なフィードバックの連続によって、人間は機械じたいに組み込まれ、機械の部品の一部になるとともに、自身の身体や行動の情報が抜き盗られることで、みずから情報のフローの一部となる。現代の人間は機械同士のネットワークを作動させる部品そのものであり、みずから情報のインプットとアウトプットを行うチップの役割を果たし、また、コンピュータと同じようにみずからの性能（力能）をアップデートするよう求められる。このように機械のうちへと人間存在全体を組み込む過程を、彼らは「隷属化（asservissement）」と呼んで、「服従化」から区別した。そのなかで「もはや労働を経ることさえない強度的余剰労働の方向と、不安定（プレカリア）で一時的なものとなった外延的労働の方向」が発生してくる。[7]「労働」概念じたいが大きく変動し、旧来の意味での「労働」の外での労働が発生するとともに（賃労働制は反転し、労働をする側がお金を支払うようになる）、他方では、旧来の「労働」がいちじるしく不安定化する（アントレプレナーシップ、プレカリアート）。フィードバックの繰り返しを強要するこうしたシステムじたいがいまやひとつの個体なのであり、そのなかで情報へと還元される「人間」はもはや人形（ひとがた）をしていない。『千のプラトー』でも言われるように、人間形態主義（アンスロポモルフィズム）は放棄されたのである。そしてそのなかで、システムに従属し服従する各自の臣民＝主体化もまた行われる。情報化時代の権力過程における、「現代的な権力の行使は、規範化、調整、モデル化、情報の過程を含んでおり、それが言語、知覚、欲望、運動などを標的とし、ミクロのアレンジメントを通過してゆく」。そして「この集合は、極限まで推し進められた服従化と隷属化を同時に含むものであり、両者はふたつの共時的部分としてたがいに強化しあい補給しあうのをやめない」[8]。すなわち通信技術を活用して、生活の細部にいたるまで、細かな基準、たえざる微調整と微修正、たえまない情報のやり取りが浸透し、それが何を見、何を聞き、何を語り、何を欲し、どう動き、どう情報を収集し、どれくらいの速さでいつ反応を返すかといったことにまで介入し、情報のフローのなかでのマナーとでも呼ぶべきものを細かに規定してくる。そこでは指令が増殖し、適切な情報処理か否かをチェックする検問と相互監視が増殖する。ある意味で、人間はもはや「服従」する必要すらない。服従を決意するような「主体性」は、増加し加速する無数の指令の言葉の群れのなかでは、その場所を見出すことができない。ただ環境に張り巡らされた指令にしたがって動いていれば本人の意識にかかわらずフローのなかに組み込まれる。規律を訓練して身につける時間も与えられない。人間たち-機械たちからなる群れが情報処理過程のなかで、統計的に均質に処理され、調節され、制御される。かくして人間も機械も能力も生産も流通も消費も、統計的に使用しうる数えられる数字へと還元され、数字上の存在として管理され、制御されることになるだろう。[9] 旧来のコミュニティ内で流通していた価値評価体制はいったん解体され（脱コード化）、それを数値化可能な「より普遍的」な価値評価体制へと再度組み込むような再コード化がなされ、この再コード化が過剰なコード化へと引き継がれる。ここで進行しているのは、コミュニケーションと情報という一般的等価形態のもとでの、脱コード化と過剰なコード化の相補的な増殖であり、新たな物象化の過程である。

　第六プラトーにおける器官なき身体の癌化、そして三つの身体をいかにして区別するかという問題が、こうした複雑に絡み合う問題系を背景としているとするなら、そこで提起されている問題は、きわめて甚大なものとならざるをえない。ひとまず前提として確認しなければならないのは、資本-軍隊-国家-情報権力が絡み合う身体、ファシズム的、ないしポスト・ファシズム的な政治機械の形成もまた、ドゥルーズ=ガタリの個体論の射程に含まれるという点である。なぜなら《自然=機械》は、反動だからといって、反動革命だからといって、その実現を妨げることはないからである。反動的体制も、反動革命も、それを実現する諸力のアレンジメントにもとづくものだ。ドゥルーズ=ガタリにとっての問題は、ファシズムのような体制がどうして可能になったのか、それを実現したアレンジメントはいかなるものか、そしてファシズムが過去のものではなく現在進行形のものだとするなら、作用しているのはいかなるアレンジメントなのかである。だからこそ、器官なき身体＝機関なき政体の使用法、力関係の分布、身体の組織化や権力の地層化を識別するという問題が課せられてくることになる。ドゥルーズ＝ガタリの提示する分析は、大きな路線を描きつつも、慎重な作業の積み重ねでもある。しかもポスト・ファシズムをめぐる与件は、それへの批判をいちじるしく複雑なもの、多面的なものにもするだろう。というのも、正しさが保証されている批判の実践などないからであり、批判が転じて加担にもなりうるだろうからだ。また彼らが示した手順だけで、癌化した全世界的なCsOに対抗できるかも定かではない。

　ドゥルーズ＝ガタリが行うのは、道徳－神学－政治的な権力への批判である。ドゥルーズは『スピノザ　実践の哲学』において、次のように書いている。「スピノザはその全著作をつうじて、たえず三種類の人物を告発しつづける。すなわち、悲しみの受動的感情(パッション)にとらえられた人間、この悲しみの受動的感情を利用し、それを自己の権力基盤として必要とする人間、そして最後に、人間の条件や人間の受苦(パッション)全般に悲しむ人間〔……〕。奴隷、暴君、聖職者……道徳精神の三位一体。エピクロス、ルクレティウス以来、これほど見事に奴隷と暴君とのあいだの深い暗黙の絆を示した者はいなかった。「君主制の最大の秘密、最も深い関心事は、人々を欺き、恐怖心に宗教の美名を着せて人々を操る手綱とすることである。そのせいで人々は、*まるでそれが救いであるかのように、おのれの隷属を求めて闘うことになるのだ*」。〔……〕暴君は成功のために魂の悲しみを必要としており、悲しみにとらえられた魂たちは安心を獲得し、輪を広げるために暴君を必要とする。いずれにしても、この両者を結びつけているのは生に対する憎悪、生に対する怨恨(ルサンチマン)なのである。『エチカ』は怨恨の人間の肖像を描き出しているが、この人にとってはどんな幸福も侮辱であるように思えてしまい、惨めさや無力感をおのれの唯一の情念(パッション)＝情熱としてしまうのだ[10]」。

ここで批判されているのは、道徳（奴隷－悲しみ）、政治（暴君－恐怖）、神学（聖職者－宗教）の三位一体であり、これらの絡み合う道徳－神学－政治的な権力体制である。奴隷と暴君の共犯関係はコジェーヴ＝ヘーゲルの「歴史」の弁証法も踏まえたものだろうが、そうだとするなら、暴君（主人）も奴隷にすぎず、奴隷たちの集団こそが主人でもある、とおそらく『ニーチェと哲学』のドゥルーズなら言うだろう。だからこそ、主人になりたがる奴隷でもなければ、奴隷を軽蔑しつつ奴隷に支えられる主人でもない人間類型を探求することは、ドゥルーズにとって最低限の指針であったはずだ。たとえば、『千のプラトー』の前年に発表された『重合』に収められた「マイナス宣言」によるなら、「実際、境界線は、《歴史》と反歴史主義、すなわち具体的に言うなら「歴史が考慮しない人々」とのあいだに引かれる。〔……〕労働するくらいなら死んだほうがましだという人々を、どうして貧民と呼ぶことができようか。主人と奴隷のゲームに参加しない人々を、どうして奴隷と呼ぶことができようか[11]」。ドゥルーズは個体を考察する際に、「身体」の「なしうること」（力能／行為）をめぐる議論を展開するが、それは、生成変化をめぐって積極的に肯定されるだけでなく、批判的な意義をも担っている。というのも、ドゥルーズによるなら、精神の奴隷にしかなしえない行為、奴隷でなければわざわざそんなことをしようと考えさえしない行為というものがあるからだ（低俗さ[12]）。権力や既成価値を愛することができる、あるいはそれしか愛せないというのは、まさに奴隷にふさわしい行為にほかならず、政治家、司祭、裁判官と通底する行為である。また、一般的等価形態のもとで価値の同語反復的な増殖を愛する資本家も同様だろう。資本にはファシストを含めた権力者を愛する理由があり、そうした行為に呼応する身体（集団）の組織化を行う理由がある。それに対して労働の拒否は、資本によって課される経済的価値体系じたいからの身体的な逃走として構成されるだろう。罷業は労働条件の向上のためばかりでなく、労働そのものの拒否として行われる（フェミニストによる労働の拒否）。またドゥルーズ＝ガタリにおける「労働」概念はユンガーとも関わっており、その文脈を取るなら労働の拒否は総動員の拒否でもあろう。

生に対する憎しみ、肉体に対する憎悪、煽られる不安、怯えに起因する自己防衛の欲望、怨恨に満ちた感情、復讐の精神、惨めさの愛好、道徳的で超越的な価値への好み、そしてそれらを統治技術として利用する者たち……。[13] 人間が自由に発言し、行動し、笑い、批判することへの憎しみは、ひいては、生を抑制し、管理し、操作するための体制を準備する欲望＝下部構造の一部となるだろう。その実装化のためには、意識的には自覚されない情動も含めて制御するような技術、無意識の情動の水準に作用する技術が駆使されねばならない。シモンドンの「個体横断的なもの」と交叉させながらスピノザを読解するジェイソン・リードが述べるように、どのような政治体制であれ、マクロ政治学的な効果を発揮する「情動、習慣、欲望」や、「観念、身体」を、ミクロ政治学な水準において組織化し、物質的にアレンジする必要がある。「恐怖」と「不安」をもとに統治する政治体制にはそれにふさわしい情動、感覚、観念、身体の反動的アレンジメントがあり、また近代国家には「人種、国民、階級」（バリバール）、あるいは「性、人種、階級」（エルサ・ドルラン）をめぐるアレンジメントが配備されている。それらのアレンジメントは、意識的な個別化された知覚表象や感情表象――それらが集まることで、個々人の自己表象が形成される――を生み出す、それじたいは前個体的な水準（個人未満でも個人以上でもありうる水準）において、情動、感覚、習慣、言語、観念、欲望、身体を組織化することによって、個人化＝個体化を条件づけるのである。つまり「政治」は、前個体的で無意識的な水準で演じられる。個々人の存在以前に、自覚される感情や知覚以前に、政治があるのである。それゆえリードは言う。「様々な政治体制とは、たんに個人間の関係なのではなく、個人化＝個体化の体制なのである。圧政は無知と恐怖の、迷信の産出と不可分である。ちょうど民主制が、合理性の産出と不可分であるように[14]」。

　彼によれば「社会」や、それが産出する「人種」や「国民」といったカテゴリーは、個人が形成されたあとで、その個人がなかば恣意的に所属を選択しうるものではなく、その手前で、個人の形成そのものにかかわる因子である。したがって個人が別のものに変化するのでなければ、「人種」や「国民」を、その人から引き剝がすことはできないという場合もあろう。そうした集団的なカテゴリーは、たんに個人の表層－皮膚の水準にあるとも言えようが、しかし、それを剝がせば、皮膚そのものが剝がされるかのように感じる者もいるほどに、肉の水準にまで食い込んでいる。個人の個体化は、集団の個体化と連関しているのである。ドゥルーズの叙述する圧政とそのもとでの恐怖、さらには統治される人々の共謀もそれと同じ構造のものであろう。先の引用によるなら、「暴君は成功のために魂の悲しみを必要としており、悲しみにとらえられた魂たちは安心を獲得し、輪を広げるために暴君を必要とする」。なぜなら、統治される人々はまさに、集団としてなしうる行為（公の場で雑音を、声を、言葉を発すること、歩くこと、腕を組むこと、立つこと、座ること、投げること、集まること、連帯すること、脱走すること、匿うこと……）から切り離された、ばらばらの存在として個体化されるからであり――行為から切り離された人々は、行為のなかでのみ形成される思想からも切り離されやすい――、さらには、各人が抑制の「輪を広げる」という相互監視体制こそが、分断を広める圧政のアレンジメントそのものだからである。人々からなしうる行為を剝奪してゆくこと。ドゥルーズにおける「欲望」や「情動」は、内面の感情をめぐる問題ではなく、行為や集団の社会的な編成のありようをめぐる問題である。それゆえ「悲しみ」という情動、すなわち身体の力能の変化という問題はつねに、社会体の下部構造と組み合わせて考察されねばならない。すなわち、きわめて具体的な諸装置の水準で、身体、機械、言語、法、制度が、幾重にも重層化しながら、階層化され、複雑に組み合わされて、組織されるそのしかたとともに、である。「裁き」が導入されるのも、「裁き」から解放されるのも、歴史的な具体的な場なのだ。力能はつねに、様々な水準、様々なスケール、様々な複雑性を有する無数の身体同士の関係とともに構成される。こうした分析を経ることで、日常的な眼差しでは「悲しみ」があるとは見なされていないところに、力能や行為を減衰させる悲しみの諸装置が装塡されていることも浮彫りになるだろう。

　悲しみや歓びといった感情（ないしは、倫理にもとづく実存主義）はともすれば、個人水準の問題と解釈されることもあるかもしれない。だが、ドゥルーズにおいて、それは個人と社会、個人と集団の実存の双方に同時にかかわる横断的な次元、すなわちアレンジメントにかかわるものである。感情はたんに個人の水準だけにとどまる問題ではなく、個人と集団を横断する政治的、言語的、身体的なアレンジメントの問題である。『アンチ・オイディプス』では、未開社会がニーチェを踏まえて「残酷」、専制社会が上記のスピノザを踏まえて「恐怖」、そしてそのあとに資本主義社会が「シニシズム」と「敬虔さ」を基盤とする社会として形容されていた。すなわち、「情動」の問題が、そこでは社会体制と関連づけられているのである。とりわけ資本主義について言うなら、剰余労働を強奪する資本に対するシニシズムと諦念[15]、あらゆる富の源たる神＝資本への崇拝としての敬虔さであり、国家へのアルカイックな崇拝（さらには、ナショナリズムへの回帰）としての敬虔さである。[16]こうした情動を産出する権力の緻密な分析は、社会を批判的に分析し分解する知と、積極的に結合されることになるだろう。

二巻本の『資本主義と分裂症』のいずれにおいても、主要な参照軸となるのがマルクスであり、とりわけ『資本論』第一巻の本源的蓄積をめぐる議論である。すなわち資本主義への移行を可能にする一連の暴力をめぐる議論であり、いわば資本主義が個体化される前に行使されるという意味において前個体的な暴力、それによって資本主義の構成へと向かう暴力である。ドゥルーズ＝ガタリが、前個体的なものは、個体とつねに同時的であると述べていることを踏まえるなら、本源的蓄積の暴力は、資本主義が存在するかぎり、とりわけそれが限界を押し広げ拡張をする局面においては必ず随伴すると言ってよいだろう。[17]本源的蓄積の暴力は資本主義がすでに訣別したものではなく、資本主義に随伴するその潜在的な半身なのである。本源的蓄積の暴力は、すでに存在しているものから搾取するばかりでなく、社会構造そのものを変革し、搾取構造そのものを経済的、法的、制度的につくりだすことで、それ以後、搾取される対象が自然に産出され、搾取そのものが自然に行われるようなメカニズムをつくりだす。搾取が、あたかも「自然法則」にもとづくかのような自然な日常の風景と化し、搾取の姿が見えなくなるのである。というのも個体化された主体や対象に、あらためて搾取の暴力を振るわずとも、その個体化の時点で搾取がすでに完了しているようにすることも可能になるからだ。[18] 搾取対象はあらかじめ搾取されており、しかも追加の搾取さえも搾取と認識されない自然な行為に見えることすらあるだろう。あまりにありふれていて恒常的であるがゆえに、その異常性が見えないという異常さ。過剰な状態が、普通の労働に見えてしまうのである。[19] このとき正常な経済の運営と、搾取や収奪とは客観的にもはや区別がつかない。あらゆる労働そのものが過剰労働となり、あらゆる経済行為そのものが前提じたいに組み込まれた搾取・収奪構造の実現として個体化されるのである。こうして搾取じたいは、いわば前個体的な構造の水準へと撤退し、個体の水準からその姿を隠しながら、しかし個体化をたえず条件づける前提となる。それゆえドゥルーズ＝ガタリは、次のように書くことになるだろう。「ここから国家暴力のきわめて特殊な性格が由来する。この暴力を指し示すのは困難である。なぜならそれはどんなときも、既成のものとしてその姿をあらわすからだ。たとえ、暴力は生産様式に関連すると述べたとしても十分ではない。マルクスはこの点を資本主義について指摘していた。すなわち、必然的に国家を経由する暴力、資本主義的生産様式に先行する暴力がある。それは、「本源的蓄積」を構成し、資本主義的生産様式そのものを可能にする暴力である。いったん資本主義的生産様式に入り込んでしまえば、誰が盗人で誰が盗まれているのか、さらにはどこに暴力があるのかさえ言うことが困難になる。労働者は客観的に全裸で生まれ、資本家は客観的に「着衣」の、独立した所有者として生まれるからだ。労働者と資本家をかくの如く形成したものは我々から逃れてゆく。

なぜなら、それは他の生産様式のなかで駆動しているからだ。これこそ、毎日繰り返されているにもかかわらず、すでに既成のものとして定立される暴力なのだ[20]」。

こうした構造的暴力、自然で抵抗のない暴力の現象形態は様々あるだろう。たとえば、かつてはあったかもしれないが、もういまは振るわれていない暴力という過去形の外観を身にまといながら、しかし、様々な場において、それぞれの場そのものと一体化するかたちで、現在進行形で駆動しつづけている暴力、というのがそれである。マルクスが「いわゆる本源的蓄積」の章冒頭で「原罪」と呼び、「過去の小話として物語られる」とする数々の「暴力」――悲しみの装置――は、多岐にわたる[21]。容易に識別されるいわゆる「暴力」が、個体化されたものの水準でこれ見よがしに振るわれる暴力だとするなら、構造的暴力は、ときにそうした見える暴力を激化させもするだろう。だが、ときにそうした見える暴力を、文明的な外観とともに完全に回避することもあるだろう。その場合、構造的暴力は、現行の暴力としてはあまりに自然なためにもはや見えなくなり、見えないということすら見えなくなるだろう[22]。だからこそ、つねに過去形で語られることによって、おのれを不可視化する現在の地層を掘り起こす、考古学的な眼差しが必要とされるのである。あるいは、端的に「歴史」と言ってもよい。そうした歴史の眼差しは、地層の奥にしまい込まれた「過去」のものであるがゆえに、「現在」もなおはたらきつづけている強い力の痕跡を、何ら暴力の徴候を示さない穏やかな外観のなかに見出すのである。それは、露骨に示されていながら見え（てい）ない、世界における耐えがたいもの＝寛容しがたきものにかかわる眼差しであろう[23]。

ここではスピノザ＝ニーチェばかりでなく、スピノザ＝マルクスの結合がひとつの方向性を示すはずである。資本主義‐戦争機械‐国家‐情報権力の複合体を、世界システムの具体的なアレンジメントとして分析するために、ドゥルーズ＝ガタリはスピノザ主義的なCsO論とマルクス主義との同盟を、理論的にも、実践的にも要請している。[24] ドゥルーズ＝ガタリの議論は、『資本主義と分裂症』において、まさしくこの両者の議論に軸足を置いている（スピノザに対するのと同様に、マルクスやマルクス主義にもかなり大幅な変更を加えながら）。そしてその際には、悲しみやニヒリズムと訣別するエチカのために、欲望‐産出力能に加え、情動もまた、下部構造に加える必要があるだろう。個体の水準ばかりでなく、前個体的な水準のアレンジメントにおける価値転換が必要なのだ。

また彼らは、経済的水準をめぐる労働者の闘争ばかりでなく、とりわけ『カフカ』以降、生成変化を「マイノリティ」の問い――とりわけ子供、女性、「劣等人種」、「雑種」、スラム街やゲットーの住民、居住地から追放された人々――や、世界規模の不平等の分布とあわせて考えることを要請している（マイノリティの他なるものへの生成変化／マジョリティのマイノリティ的なものへの生成変化）。すなわち、アナーキスト、マルクス主義者、マイノリティの、近くから／遠くからの同盟による「革命機械」である。だがそれは、この三者が調和的に一体化するという意味では決してなく、それぞれ非対称的に他者への生成変化を遂げながら、具体的な課題において連帯し、多方面から集団的に運動し闘争するということであろう。ドゥルーズ＝ガタリのいうダイアグラムとは、闘争する者たちがたがいに分断され、周縁化し、内向きの実践に終始しないよう、諸部門をつなぎ、たがいに異質な複数の他者同士の共存立性を生み出す行為や行動の総体である。[25] すでに述べたように、だからこそドゥルーズ＝ガタリは、集団のなかで辺縁にあるものを、生成変化論＝同盟論において強調するのだろう。一方が他方から逃走し、他方も一方から逃走するような二重の逃走とともにある、二重の同盟、二重の生成変化。それは、他者へと完全に組み込まれることへの拒絶であり、同盟や結社のなかに逃走路を開いておくことである。この闘争集団は、おのれの外にある恐怖、悲しみ、シニシズム、敬虔さと闘うばかりでなく、当の集団じたいのうちにきざしうる恐怖、悲しみ、シニシズム、敬虔さとも闘うことになるにちがいない。[26]それこそまさに、ドゥルーズが討論会「ニーチェは、今日?」で発表した「ノマド的思考」において表明したことであった。「周知のように、今日の革命の問題とは、党や国家装置という専制的で官僚的な組織にふたたび陥ることなしに、限定闘争を行う単位を見つけることにあります。すなわち、国家装置を再興しないような戦争機械、内部で専制的統一性を再興しないような《外》と関係するノマド的な単位のことです[27]」。この「ノマド的な単位」としての闘争のユニットは、ドゥルーズがクロソウスキーの講演を受けて、「特異性たちの共同体」と呼んだものに呼応してもいるだろう。この共同体は、「正則性たちの共同体」としての社会ではなくまたデータの正則性にもとづく統計的な社会でもなく、「窮極的には永遠回帰を基準とする特異性同士のつながりであり、同一性(アイデンティティ)の喪失を含みながら、いかなる個人主義にも導くことなく、むしろ逆に結社、集団を形成する[28]」。おそらくこうした特異性の共同体とは、同じ方向に向かうわけではない闘争活動のなかで無数の生成変化が同盟し、他者に開かれながら、かつまた、政治性を決して喪失しない単位を生み出し、「共存立平面」を描くという、「革命機械」の問題であろう。こうしたノマド的な単位について、あるいは端的に「ノマド」について、ドゥルーズ=ガタリの叙述を追いかけてゆかねばならない。

## 第三節　我々の時代のノマドとは誰か

ドゥルーズ＝ガタリのノマド論は、近年、いくつかの批判にさらされてきた。その代表格といってよいのが、ジジェク『身体なき器官　ドゥルーズと諸帰結』における批判である。[1] 彼によるなら、ドゥルーズ＝ガタリのノマドロジーは、流動を肯定し、脱領土化した流れにつきしたがいながら移動し、アイデンティティを固定させず、異なるものに生成し、流れのなかで生じる微分的差異から剰余価値を抽き出すという点において完全に「親資本主義」的であり、この意味でドゥルーズ＝ガタリは、「デジタル資本主義のイデオローグ」として、「サイバー・スペース」、「サイボーグ／アンドロイド」など、インターネット空間や人体における資本主義の繁栄を讃美するという。[2] ジジェクが「ドゥルーズの作品にあって最悪のもの」と断ずる『アンチ・オイディプス』に見られるような記述、すなわち、資本主義の有する内的傾向——脱コード化と脱領土化——を突き詰めてゆけば、資本主義を内側から自壊させられるという加速主義的な記述は、おそらくジジェクの眼には、その最たるものと映るにちがいない。ジジェクにとって『アンチ・オイディプス』において最も奇妙に見えるはずの点は、たとえば「資本家とスキゾのあいだには、脱コード化のレベルで根本的な親和性があり、公理系のレベルで根本的な敵対性がある」[3] とドゥルーズ＝ガタリが述べているにもかかわらず、資本主義と親和している脱コード化によって、彼らが資本主義と対峙しようとしている点だろう。ジジェクにとっては、それでは資本主義と対抗することにはまったくならない。いわばジジェクは、器官なき身体の区別の問題を、資本をめぐって再演しているのだ。

ところでジジェクは、ドゥルーズの著作群のなかにふたつの極をつくり、その一方の極を称揚し、他方の極を貶めるという戦略をとる。その二極とは以下のものである。

肯定される側面――物質的なプロセスの効果として生じながら、この物質的プロセスには決して還元しえない、非物体的で不毛な意味がもたらす強い切断があること。すなわち、物体的で現働的なものと非物体的で潜在的なものとのあいだ、欲動と思考とのあいだには、越えられない懸隔、深淵があること。このギャップ――ヘーゲル＝ラカン的なギャップ、あるいはシェリング的なギャップ――の存在ゆえに、ジジェクは、『意味の論理学』のドゥルーズを高く評価する。

貶められる側面――潜在的なものからの、あらゆる現働的なものの発生。すなわち、物体的で現働的なものが、潜在的なものに還元可能であり、これらのあいだにギャップがないこと。こうしたギャップの不在ゆえに、ジジェクは、潜在的なものの存在論のドゥルーズを貶める。なぜなら、端的にいえば、潜在性と現働性、物自体と現象、実体と様態、イデアと物体的なもののあいだにギャップがなければ、有限な現働的様態は、もっぱら潜在性＝実体＝イデアの秩序にしたがうばかりで、「自由」の余地も、「政治」の余地も生じないからである。このとき「あるべきこと」なき「あること」しか残らないだろう。[4] 世界はすべて《自然》のなすがままにある、というわけである。ジジェクは、こうした傾向を、『アンチ・オイディプス』に見出す。

ジジェクが誇張的に浮彫りにするのは、こうしたふたつの思考様式のあいだに存在するある種の断絶、いわばヘーゲル＝ラカンとスピノザとのあいだの断絶である。[5] すなわち、断絶を伴う思考法と、断絶なき思考法とのあいだに存在する断絶のことだが、ジジェクはこの断絶こそが、ドゥルーズの思想における最大のアポリアを構成していると主張する。ジジェクは、このうちの一方である意味の論理に肩入れし、他方を文字どおり罵倒し却下するという戦略をとっているが、しかし彼の言うことを文字どおり受け取るなら、おそらく理解するのが本当に困難なのは、このふたつの傾向がドゥルーズにおいていかに共存しているのか、という点にあるだろう。というのも、一方に肩入れするかぎりで、ある意味、ひとつの整合的なシステム（うちに亀裂を抱えたシステム）が出来あがり、ふたつの傾向をめぐるアポリアが消失するからである。しかし、ドゥルーズのうちにあるふたつの思考の方向性のちがいが、彼の思想のなかの大きな問題を構成しているのは間違いがなく、その点でジジェクの指摘は重要である（ドゥルーズ＝ガタリのスピノザ主義にかんする単純化と誤解ではないかという嫌疑を残しつつ）。

ただし、ジジェクが大きな構造を指摘しているその反面として、彼の対比のしかたが、相当に大雑把なのも事実である。たとえばジジェクは、一方の讃えるべき極を『意味の論理学』に割り振り（ラカンがドゥルーズの「エレガンス」を讃えた著作である）[6]、他方の貶すべき極を『アンチ・オイディプス』に割り振るのだが（ガタリとの共同作業の価値を切り下げるという、バディウのドゥルーズ論を踏まえている）、そもそもドゥルーズが潜在的なものの存在論をまず展開したのは、ガタリと出会う前の『差異と反復』のことであり、ドゥルーズがガタリとの出会いのうちに袋小路からの安易な逃げ道を探したという心理的な邪推は、ジジェクの誇張的な手すさびが生んだ不正確な指摘にすぎない[7]。そのうえ、『差異と反復』において、「潜在的なもの」が「現働的なもの」を完全に規定するのか、という問いが存在する。アルトーや怪物をどう考えるかと言ってもよい。これはつまり、存在者の発生を規定する領野じたいが一枚岩の論理によって決定されるわけではないということであり、むしろ、発生過程じたいが重層的に決定され、偶然的な漂流を含むものだということを意味しているだろう。ドゥルーズにおける存在発生は、潜在的な理念から現働的な肉体への単線的な経路を辿るわけではない。

またジジェクは、「「抵抗するマルチチュード」や「ノマド的な主体性」、あるいは精神分析の「反エディプス的」な批判」[8]といった、いわゆるドゥルーズ=ガタリの著作から採られたものにすぎないとしている。そもそも「マルチチュード」はドゥルーズ=ガタリというよりハート=ネグリの概念であるのは措くとして、「ノマド」についても、ドゥルーズのテクストの出版年を確認してみればすぐに明らかになることだが、その議論は、『差異と反復』（一九六八年）に見られるばかりか、ジジェクが讃える『意味の論理学』（一九六九年）にも典型的に見られるものである。しかも、ジジェクが貶めるノマド的な主体性の論理は、『意味の論理学』において、ジジェクの讃える不毛な意味-出来事の論理として描出されているのだ（ライプニッツやクロソウスキーを論じる箇所において）。ジジェクはノマドを貶めたいのか、それとも讃えたいのか、じつのところこれではよく分からない。彼はこうした批判にあっても、あるべきところになく、本来あるべきでないところにあるテクストという、ラカン主義に忠実なのだろうか。ドゥルーズのテクストに沿ってみるなら、ジジェクは解きがたいものとして自分で定立した矛盾のなかに、みずから嵌まってしまっているようでもある。そのうえ、『意味の論理学』と『アンチ・オイディプス』は、ほとんどまったく同じ三段階の論理構造を採用している。すなわち、ひとつの系列の措定、不共可能的な系列同士の齟齬をとおした共鳴、不共可能的な複数の系列を横断してゆく主体、という三段階であり、『アンチ・オイディプス』では、これが「生産」、「登記」、「消費」という三段階と対応する。ふたつの書物の関係は入り組んでおり、この関係を解きほぐす作業は一筋縄ではいかない。

このように見ると、ジジェクが強調したドゥルーズの二元論は重要であるものの――この点は留保なしに重要である――、しかし、その整然とした二元論によって、『意味の論理学』と『アンチ・オイディプス』の双方にまたがるノマドの問題を裁断できるかどうかかは疑わしい。ジジェクから離れるなら、これは「ドゥルーズ」と「ドゥルーズ＝ガタリ」をどこまで整然と切り分けられるか、という問題につながってゆくだろう。ドゥルーズ＝ガタリの思考法は、ジジェクが思い描くほど直截なものではない。ジジェクによる批判は、ドゥルーズ＝ガタリというより、ジジェクが自分で拵えた想像上のドゥルーズ＝ガタリ主義に向かっているにすぎない。そして批判者のほうこそ、批判対象であるドゥルーズ＝ガタリ主義を喧伝する旗振り役となっているのである。しかも、そうした悪役的なドゥルーズの半身を喧伝してまわることによってジジェクは、ドゥルーズのもう片方の半身を讃美し、讃美されたドゥルーズを、自分の信奉するヘーゲル＝ラカン主義へと引き寄せることで、おのれの議論をみずから正当化するのである。こうなってくると、ジジェクの分かりやすさは、ジジェクの論じ方が抱える難点へと変わってゆく。彼は、ドゥルーズに内在する大きなふたつの構造を鮮明にとらえるという洞察を示しながら、しかし、その明確な裁断が課する盲目性に嵌ってゆくのである。

テクスト上でのドゥルーズ＝ガタリのノマドの記述は、実際、非常に厄介である。そもそもジジェクが理解するような意味での「ノマド」を、ドゥルーズ＝ガタリが単純に肯定していると、果たして言えるのだろうか。たしかに一見すると、ジジェクが指摘しているような、脱領土化と脱コード化の「資本主義的」なドゥルーズ＝ガタリの姿が見られるのかもしれない（資本主義と結託する「ポスト・モダン」の陥穽という人口に膾炙したイメージ）。[9] しかしすでに見たように、ドゥルーズ＝ガタリは「野営」し、「占拠」し、「維持」することがノマドの「本質」だと述べており、さらにこうも書いている。「彼ら（＝ノマド）は動かない。動かないことによって、移住しないことによって、ひとつの平滑空間を維持し、そこから立ち退くのを拒絶することによって、彼らはノマドとなる」[10]。同様に、ドゥルーズ＝ガタリが、ノマド的な実践の例として挙げているのは何かといえば、それは、「「街路を占拠する」という蜂起や革命のテーマ」、「不服従行為、蜂起、ゲリラ」などである。[11] これは、資本、情報、商品、エネルギー資源、言葉……の流れとともに移動してゆく、いわゆる「ノマド」的なあり方からはほど遠い存在様式であろう。想像上のドゥルーズ＝ガタリではなく、彼らが実際にテクストに書いているのは、そうした流れや交通を、むしろ停滞させ停止させる行為なのである。流れ（フロー）に対する抵抗の拠点をつくること。それゆえノマドは、流れにしたがってみずからのありようを転々と変えてゆくようなものではない。[12] すなわち、流動化をうながす資本主義社会の公理に完全に合致して、流動してゆく存在のことではない。というのも、ドゥルーズ＝ガタリは、ある通行路に野営したあとで、そこを移動せよとは言わないからだ。ノマドとはたとえば建物にとどまるバートルビーである。街路を占拠し断固として動かないこと、棲みついた空き家から立ち退かないこと、移動を拒否すること、移住しないこと、立ち去らないこと、撤退を拒否すること、市民的不服従を貫くこと、抵抗すること、こうした行為の力によってノマドは生まれる。意志的か無意志的かにかかわらず、こうした行為をみずから引き受けることで、ノマドになるように背中を押される。個体の本質とは力能や行為であるとするなら、占拠し、立ち去らず、動かないでいる力能、マジョリティ社会の指令に服従しない身体をつくりだすことによって、ひとはノマドになる。資本主義下のもと環境じたいが全般的に流動化している世界において立ち退かない力、流れを詰まらせパイプを破裂させる行為を発明することによってノマドになる。動かなさの独創的な発明。このような一見すると逆説的な事態、しかしドゥルーズが情況のなかで同時代的に言及を繰り返したパレスチナを見るなら、明朗に理解できる事態が、ドゥルーズ＝ガタリのテクストにおいて主張されている。そして、この逆説を凝縮したのが、「その場での旅」という定式であろう。「その場での運動」という表現によって自己自身への生成変化を指したキルケゴール——飛躍を行い変身しながらその変身を自己自身という場において現実化すること（必然性と可能性の綜合[13]）——から引き継がれたとおぼしき彼らの定式をパラフレーズするなら、闘争の場から動くな、そして、そこで動け、そこで生成変化せよ、ということになろう。動く／動かないということは力関係の組み換えが行われ、新たな行為者、新たな身体、新たな言葉が要請される具体的な歴史的な場において、すなわち「闘争のなかで、いまここに存在する現実的なもの[14]」との関連において決せられるほかない。

一義的な《存在》の無限空間のなかで、具体的な存在者の実存はその空間の一領域に棲まう。先に見たように、《存在》の無限の空間のなかで、具体的な存在者の実存が、必然的に一種の限界を設けるのである。それこそ、開かれた土地に張られる野営地というかたちで言われていたことであり、しかも、《存在》の無限性（無境界性のアナーキー）が表現されるのは、具体的な有限者（野営地）をとおしてのみなのだ。流動する環境の只中で、ある限定された野営地にとどまって動かないこと、移動するのを拒むこと、その場にとどまる運動を行うことが、逆説的に、各自の持ち分を固定的に割り振ることのない空間を開くこと、「誰」という身分を特定することなしに歓待する場を維持することにつながりうる。交通の要所に陣取り、資本の流れを阻害する小さな野営地の特殊性にこだわることが、生の意味の平等を実効的につくりだす空間をつくり、特権的な支配者や統治者のない社会をつくる他の実践と結合されなければならないというのである。その際に、悲しみや権力やシニシズムや敬虔さへの批判が持ち出されるのは、言うまでもない。かくしてノマドをめぐるドゥルーズ＝ガタリの議論は、開かれと閉鎖、無限と有限、運動と不動とのあいだに生まれる、ねじれた輪をとおして構築されることになる。つまり有限な闘争の只中で、有限性と無限性のギャップをとおして、無限性のヴィジョンのなかに迷い込むのである。ドゥルーズ＝ガタリが好んだ水漏れ（fuite 逃走）の譬喩で言うなら、ノマドの問いはまず、ひび割れをつうじて水道管の外の空間に出ることではない、水道管の細く狭い空間に固執すること、水道管のうちにとどまって水の流れを詰まらせることであり、この詰まらせることそのものが、流れを整序するシステム全体のひび割れと漏水の原因となるようにすることである。あくまで「支配的現実としての《歴史》」から出発せねばならない。

空間のなかを流動的に動いていく移動的な存在としてのノマドのイメージを切断すること、すなわち、みずからのテクストが喚起し散布するイメージを、そのテクストじたいによって祓い除けること——ドゥルーズ＝ガタリが繰り返し試みたのは、このことにほかならない。なぜなら、たんに空間のなかを流動し、差異を産出しつづけることは《資本》の力能であって、資本主義的社会形成体から別の社会形成体への形態の移行をつくりださないからだ。つまり同じ形式のもとで、ただその内容物が入れ替わるだけであり、外観が変わったとしても資本主義的生産様式も、商品形態も、資本の運動のしかたもまったく同じままである。資本は、日々入れ替わる多種多様な商品のきらびやかな外観を生み出しながら、たえざる「《同》の増殖」を行っている。貨幣と商品というふたつの形態は、現代の信仰対象でありフェティッシュであり阿片であろう。そして、ドゥルーズ＝ガタリにおける流動をめぐる両義性を正確に把握したのは、ドゥルーズの批判者のなかでもジジェクではなく、ランシエールの慧眼である。彼は、ドゥルーズのノマド的な思考を流動から切り離し、流れを停止させる「壁」のイメージと結び合わせるのだ。「あたかもドゥルーズは、「ノマド的な」思考をそれとあまりにも容易に同一視される万物流転説から、たえず切り離さなければならなかったかのようである。なぜなら万物流転説は、静寂主義でもあり、無関心主義でもあるからだ。このことを、文学はその作品のうちで示しているし、さらには今日の世界をつくっている臆見（ドクサ）が、日々その戯画的な例証を提供している。何者も妨げてはならない動きによって、すべてがいつでもどこでも動いている、という主張のうえに支配的な言説が秩序を確立するそのときに、ドゥルーズはこの臆見を逆しまに受け取る。彼は我々を、自由な石からなるこの奇妙な壁の前に立ち止まらせるのだ[15]」。

　巨大化する資本の運動と連動する今日の「流動性」や「自由」のけたたましい喧伝は、あらゆる事象のデータ化、遠隔高速通信、記録媒体、インターフェイスの結合からなる情報技術や、個人認証技術や、金融資本主義や、警察権力の拡大と結びついている。こうした情況下にある者たちにとって、「流動性」や「自由」は「耐え忍ぶ」もの以外の何ものでもないだろう[16]。「自由」は有無を言わせぬしかたで上空から爆弾のように降り注ぐのである。そしてドゥルーズ＝ガタリが分析したのは、「何者も妨げてはならない動きによって、すべてがいつでもどこでも動いている」という「支配的な言説」

を支えているゲームの規則なのだ。たとえば『アンチ・オイディプス』で論じられる資本主義社会の描写は、以下のようなものである。1．いわゆる「本源的蓄積」（土地改革による農民の追い出し、土地や資源の収奪、植民地化、浮浪罪の制定など）の暴力を駆動させ、経済外的な強制をもちいながら、おのれの労働力を売る以外に生計を立てる術のない「自由」な労働者をつくりだすこと。安価な労働力となる余剰人口をたえず生み出しつづけること。2．それぞれの地域や共同体、あるいは同職組合のような組織に特有の価値基準である「コード」をなぎ倒すこと（コードがもたらすのは、諸々の価値体系相互の異質性であり、さらにはそれらの相互的な牽制である）。3．諸々の価値基準そのものをひとつに統合する経済的価値基準のシステム（「公理系」）を設けること。剰余価値の生産という支配的な公理にもとづいて社会をつくりかえてゆくこと（実現される社会形態は様々でありうる）。4．血縁というコードにもとづくカースト制が廃棄される一方で、経済的不平等にもとづく階級が導入されること。万人に適用可能な家族主義が強化され、父、母、子のあいだにジェンダー差も織り込んだ階級制が導入されること（父＝資本、母＝大地、子＝労働者）。5．資本の価値増殖過程にコードによる外的制約が課されないこと、資本はおのれのなしうることすべてを実行し、突き当たった内在的限界をたえず乗り越えること。6．流れのなかで生じる差異から剰余価値を抜き取ること。領域離脱、コード逸脱、脱線などが、剰余価値の生産そのものと一体化し全般化すること。7．技術機械の隆盛にともない、「機械の剰余価値」が生まれること、人間から一切の人間性を剝奪すること。8．世界化した資本が支配的となるとき国家は消滅するのではなく、資本の価値増殖のための条件を整備するという機能に奉仕すること（国家の変質）。国家が法を活用しながら人口、資材、エネルギー、貨幣などの流れを管理し、労働条件や金融取引の条件などを調節すること。反‐生産機構（軍事という破壊活動、および警察という治安活動）が経済に組み込まれ、軍産国家複合体が生まれ、戦争が資本主義化されること。9．中心と周辺の不均等発展にもとづいて、とりわけ周辺（「第三世界」）において苛酷な収奪を行うこと、また中心においてもスラム街、ゲットーといったかたちで周辺をつくり、そこで苛酷な収奪を行うこと（「南北問題」を「北」に持ち込むこと）。10．こうしたすべてを通じて労働力＝可変資本の流れ（Dy）と資本＝不変資本の流れ（Dx）をたえず結びつけること（Dy/Dx）、などである。[17]

　ドゥルーズ＝ガタリが希求するのは、資本に逆らわず、その流れに乗る存在ではないし、抽象化、流動化、微分的差異、剰余価値の抜き取りなどからなるこれらの公理に合致する労働者となることではない。それゆえ『身体なき器官』で、ジジェクが指呼している現代の問題は正しい。「ジジェクが今日の批判理論と社会哲学にとって最も難しい問題だとして名指した問題を、ドゥルーズ＝ガタリは正確に認識している。すなわち、内在的に自己‐革命する秩序のなかで、革命的な思考と政治をいかに実践すべきか。すでに自己‐脱領土化している体制を、理論と実践をとおしていかに脱領土化すべきか」[18]。変化しないことによって自己同一性を保っていたかつての社会形態とちがって、マルクス＝エンゲルスが指摘したように、たえざる自己変革をつづけることと、つねに変化しつづけることによって自己同一性を保つ社会形態である資本主義を、どのように根本から変えることができるのか。この観点からすればジジェクがドゥルーズの「最悪の作品」と呼ぶ『アンチ・オイディプス』の歴史図式は、ジジェクと同種の「問題」に立っている。というのも『アンチ・オイディプス』では、未開社会、専制君主国家、資本主義社会の三つの社会形成体のあとに、資本主義が有する内的傾向を突き詰めた分裂的傾向を対置し、それが、徹底的な流動化を生み出す資本主義さえも決して譲ることのできない諸公理そのものを流動化させ、資本主義を内側から破裂させることを目指すと主張するからである。すなわち、ノマドや分裂者は、資本主義的な流動性じたいを流動化させ、脱領土化じたいを脱領土化させる、というパラドクサルで困難な問題を担う存在なのである。

念のためつけ加えておくと、資本主義の流動性への抵抗のために、国家の制御機能の回復に頼るという選択肢はドゥルーズ＝ガタリにはない。彼らは現存の民主主義国家や社民主義国家を斥けるのである。「民主主義と共存する強大な警察と軍隊をおいて、他の何が、貧困を、そしてスラム街の脱領土化－再領土化を維持し管理することができようか。貧困がその領土つまりゲットーから出てくるとき、いかなる社会民主主義が、発砲する命令を下さなかったであろうか」[19]。ドゥルーズ＝ガタリが問うているのは、たんに資本主義の脱領土化と脱コード化を加速させることではなく、質を異にする脱領土化、すなわち資本主義が決して譲ることのできない領域において、たとえ些細な事柄であれ、脱領土化を行うことである。利殖、搾取、経済権力の不平等な国際的分布に対する抵抗に加え、さらには、「貧困がその領土つまりゲットーから出てくる」という意味での「脱領土化」である。

ジジェクにとってのノマド的な主体性は、自己－脱領土化する資本の流れに乗って、アイデンティティを次々に切り替えてゆく存在として規定される。それゆえ、ジジェクによるドゥルーズ＝ガタリへの批判の妥当性は、ジジェクにとってのノマドが、ドゥルーズ＝ガタリにとってのノマドと同じものなのか、という点にかかってくる。しかし資本主義下において、いったいノマドとは誰なのか。この点をドゥルーズ＝ガタリのテクストに沿って考えることが、ノマドを性急に批判する前に必要なのである。ドゥルーズはかつて、問題をこのように指摘していた――「問題は、我々の社会に可能なノマドとはいかなるものか、必要とあらば不動のままその場にとどまるノマドとはいかなるものか、ということなのです」[20]。現代のノマドは誰なのか。これがいまや重要な問題として浮上する。

ドゥルーズは講義のなかで、砂漠などに居住する遊牧民とは別に、資本‐国民‐国家を基盤とする近代社会のノマドが、いったいいつあらわれたのか、という問いを提出しながら、その出現は一九世紀に遡ると述べる。「一九世紀以来、経済学にとっての本質的問題のひとつは、働き手の相対的な流動性、資本の流動性と相関する労働力の流動性でした。資本の流動性を超過するか、あるいは別の方向へと向かうかするような働き手の流動性が存在するにはどうすればよいのか。これが、これこそがノマドを生み出したのでしょう」[21]。そしてノマドを、一九世紀のパリにあらわれたプロレタリアートと同一視するのである。この意味で、たしかにノマドは資本主義と深いつながりを持つだろう。さらにドゥルーズ＝ガタリは、『千のプラトー』において次のように述べている。「国家の「変形」という観念は西洋的観念であるように思われる。もう一方の観念、すなわち国家の「破壊」という観念は、ずっと東洋的なもので、ノマド的な戦争機械の諸条件に関係するものである。これらふたつの観念を革命の継起的二局面として呈示してみせたところで、両者は異なりすぎていて和解などできはしない。このふたつの観念は、一九世紀の社会主義とアナーキズムという二潮流の対立を集約して示しているのである。西洋のプロレタリアートじたい、ふたつの観点から考察することができる――権力を奪取し国家装置を変形しなければならないとするなら、労働力の観点である。しかし、国家の破壊を欲する、ないし欲しようとするなら、ノマド化の力という観点となる。マルクスでさえも、プロレタリアを疎外されたもの（労働）としてだけでなく、脱領土化されたものとして定義している。この後者の観点からすれば、プロレタリアはいわば西洋世界におけるノマドの後継者であるように思われる。そして多くのアナーキストが東洋に由来するノマド的テーマを援用しているばかりでなく、一九世紀のブルジョワジーは好んでプロレタリアとノマドを同一視し、パリをノマドに取り憑かれた都市と見なしているのである」[22]。

簡潔に文脈を補足しておこう。「ノマドに取り憑かれた」一九世紀のパリという記述は、ルイ・シュヴァリエ『労働階級と危険な階級　19世紀前半のパリ』に由来するものであり、シュヴァリエは、勃興する資本主義に呼び寄せられるようにしてパリに流入してきた者たち、決まった住所を持たずに都市を彷徨し、統治や管理の手から漏れ出す者たちが、「未開人」、「野蛮人」、「ノマド」などと呼ばれたという事実を紹介する。シュヴァリエが述べるところによれば、「我々がすでに計測した強力な人口流入が王政復古期後半に始まったとき、新参者は、一般に、現在であれば人種的あるいは民族的と形容される差異を想起させる語によって表現されている。その語じたいは、かつて、都市にとって外在的で、異質で、都市にとって危険な前述の集団を指すのにもちいられていた。かつてない貧民で、野蛮人で、未開人で、流浪民（ノマド）であるこれらの新参者は、この共同体の慣習や法に無縁であった」。「労働階級と危険な階級のこうした区別がなおのこと困難なのは、これらの中間的な、あるいはそのように見なされているいくつかの集団が、遠く離れた仕事場や郊外の作業場ではなく、パリの中心で働き、生活しているからである。これらの集団は、街路や広場を彼らの仕事やぼろ着や叫び声で埋めつくし、都市の真っ只中で、流浪民（ノマド）の生活の直接的、具体的、日常的な経験をすべての人々に与えていたのである」。[23]

こうした「流浪民（ノマド）」は、社会的‐政治的共同体から排除されている者たち、社会の周縁の労働者たち、その日暮らしの偶然にさらされた生活を営むことを余儀なくされた者たち、定住することなくつねに移動し、子供の浮浪も含む大都市の流動的な者たち、貧困、不衛生、病気、伝染病、暴力、犯罪などのなかで生きる者たち、動物的で禽獣的生活を送る者たち、戸籍に無関心で身元不明の得体の知れぬ放浪的な者たち、といったしかたで表象される人々であり、その仕事といえば都市の屑拾いをするような人物像である。文学においてバルザック、ユゴー、ボードレール、リルケ、ベンヤミンなどの眼差しが向けられてきた人物たちだ。つまり資本によって「流動的」な余剰人口として構造的に生み出され、その社会のなかに繰り込まれながら、当の社会からその辺境へと追いやられ排除された人々であり、労働力という領域からも零れた人々である。先ほどのシュヴァリエの指摘によるなら、一九世紀における「プロレタリアート」は、経済的な性格ばかりでなく、「人種的」で「民族的」な意味合いをまとわせられながら、未開で野蛮な生存様式、すなわちノマドの生態を体現する者と見なされた。[24]階級として組織されないプロレタリアートは、経済的にばかりでなく、人種的ないし民族的にも表象されていたということである。こうした人々は、社会の良俗にとっての危機と見なされたばかりでなく、国家の存立それじたいにとっても危機と見なされた。こうした「野蛮人」や「ノマド」について、のちにパリ・コミューンの際のフランス大統領となるルイ・アドルフ・ティエールは、一八五〇年五月の演説において、「これまでのすべての共和国を破滅させたのは、この卑しい烏合の衆（マルチチュード）であって、民衆ではない。我々が排除したいのは、この烏合の衆であって、民衆ではない。この混乱した烏合の衆、浮浪者からなるこの烏合の衆は、住所も家族も不詳であり、あまりにも動き回るので彼らを摑まえることができない」[25]と述べ、パリの都市改造を計画したオスマンは、フランスの「一体性への愛」を吐露しつつ、パリに溢れるどこから来たとも知れぬよそ者たち、職が見つかればどこか他の街に去ってゆくであろう者たちは、「流浪民の群れ（tourbe de nomades）」にほかならぬ、と断罪するのである。ここで用いられている「群れ（tourbe）」という語には「泥炭」という意味もあり、それはたんに「群れ」というばかりでなく、「下層民の集団」のことを指す。パリの都市改造に着手したオスマンは、「流浪民の群れ」という呼称をもちいたことによって、人々に非難されたことを、『回想録』のなかで誇らしげに語っている。[26]またアンリ・ルクチュリエは、一八四八年に刊行された小論『共和国と両立不可能なパリ』のなかで、麗しきパリという幻想の仮面を剝がしながら、セーヌ河がごみ溜めのような腐敗の臭気に満ちみちたドブ河であり、街はスペイン、中東、アメリカ、アジアなどからやって来た様々な移民が織りなす統一性のないモザイク都市となり、混血者がいたるところにおり、誰とも知れぬ匿名の人々が群れ出でて、犯罪の巣窟のようになり、発展した産業が繁栄を謳歌する詐欺師たちの共謀を生み、不平等と特権が幅をきかせ、物乞いと貧民が女や子供も含め街に溢れる……、といったイメージを矢継ぎ早に繰り出しながら、パリの描写を次のように締めくくる。「パリは難民収容所なのだ。その家々はテントであり、その住民はノマドである」[27]。

ルクチュリエがこのように書きつけた一八四八年は言うまでもなく二月革命の年であり、その二月にロンドンで印刷されたのが、マルクス＝エンゲルスの『共産党宣言』である。周知のようにそこでは、革命主体としてのプロレタリアが称揚されており、ドゥルーズ＝ガタリが、「プロレタリア」＝

「ノマドの後継者」説を唱えるとき、マルクス主義におけるプロレタリアの定式化が念頭にあったのは間違いないだろう。ただし、運動の形態の観点からすれば、彼らの立ち位置は旧来のマルクス主義の真逆だとすら言ってよい。この点は、ドゥルーズ＝ガタリとは異なる語彙――「下層民」(plèbe/plébéiens) ――をもちいながら、同様の問題を論じるフーコーの論述と照らしあわせてみるとき、さらにはっきりするだろう。フーコーは、中世以来、下層民には過酷な労働か、それとも、収監かという劣悪な条件が課されたと指摘する。そうした状況のなかで、権力はとりわけ、「下層民のなかで最も可動性にすぐれ、最も激しやすく、「暴力的」な分子、つまり、直接武装行動に出る準備が最も整った連中[28]」を標的に据えたというのである。こうした形容そのものが、「危険」であるというイメージを貼りつける表象の政治であることは言うまでもない。ところで、過酷な「プロレタリア化」の過程のなかで、下層民じたいのうちに、労働者化された下層民と労働者化されない下層民、すなわち労働者階級と危険な暴力階級との分断が持ち込まれることになり、さらにはプロレタリア自身が、階級外の下層民の抑圧に加担しさえするという事態が生まれる。典型的な分断統治である。労働者として組織されず、プロレタリア化されないこの下層民が、シュヴァリエを参照するドゥルーズ＝ガタリのノマドの位置取りだろう。彼らは労働者階級として組織されずに、そこから切断される階級外の人々が、別のしかたで集団を形成し主体化する方途を探るのである。ファシズムが国家・企業・資本による労働者の管理と制御という形態をとるなら、この主体化は抵抗体の形成となろう。国家装置を経由することも、裁きのシステムを経由することもない集団のありようを探るフーコーも、この点での基本線は同じであろう。フーコーは、プロレタリア化されない階級外の人々の姿を、「見事な合議、完全な連絡網」をもって役割を交換しあい、身分を偽り、行方をくらませながら、抵抗運動を遂行する人民として見事に描き出す。「借金で首が回らなくなって土地を捨てた農夫、納税をすっぽかしてきた農民、盗みのかどで土地を追われた労働者、町のどぶ掃除に従事することを拒んだ浮浪者や物乞い、畑荒らしで暮らしを立てている者たち、街道のこそ泥や追いはぎ、あるいは、武装集団をなして税務署や、国の役所に襲撃をかける者たち、要するに、都市や地方の暴動に武器や鉄砲を持って加わる連中、こうした人々のあいだには、見事な合議、完全な連絡網のようなものが存在し、そのなかで個々人がそのつど役割を取っ替え引っ替えしていた。こうした「危険な」連中こそ、別の場所に（監獄に、総合病院に、ガレー船に、植民地に）隔離しておかねばならなかった。人民の抵抗運動の際、彼らに斬り込み隊の役目を果たさせないようにするためである[29]」。

フーコーがここで描き出す階級／階級外というふたつの極、そして先ほどの『千のプラトー』からの引用で言及されたプロレタリアのふたつの極は、大きく言えば、旧来のマルクス主義が呈示する労働者階級による社会主義国家の提案――最終的に国家は消滅するだろうと述べていたとしても――と、そもそも国家という形態を経由しないような、アナーキズム的運動の提案のあいだに横たわる溝を示すものである（マルクス／バクーニン）[30]。さらに、資本主義に労働力商品として組み込まれる者たちと、そうした地位を拒絶する者たちとの相違でもあるだろう。この溝は、『アンチ・オイディプス』第四章末尾においても、一方の前意識＝階級利害＝因果の秩序と、他方の無意識＝欲望＝因果の切断という図式で再演され、ドゥルーズ＝ガタリは後者のほうに軸足を置く[31]。時代背景に鑑みるなら、この区分、とくに前者には共産党の位置の問題が色濃く映し出されてもいるであろう。一方でプロレタリアは権力の独裁を目指すが、ノマドは運動そのものを脱中央集権化しつつ、無支配の原理に則るアウトノミアを目指す。一方は生産手段の共同所有と組織化された力を求めるが、他方は各人、各団体による生産手段の倒錯的な利用と知の専門化からの解放を求める。一方で労働者階級は、国籍、性別、年齢などにおいて「マジョリティ」となりうるものであり、他方でノマドは性的、人種的、国籍的な「マイノリティ」に軸足を置く(「人民はマイノリティの状態でしか存在しない。だからこそ、人民は欠けているのだ」)[32]。一方は最終的な自己消滅を目指しつつ当面の権力確立を目指すが、他方はいまここで資本主義的でも国家的でもない身体＝団体の構成にただちに入ってゆく[33]。ノマドは、「器官なき身体＝機関なき政体」と同様に、「器官＝機関」やその「組織」のありようを問うものである。すでに見た引用をふたたび確認しておこう。「周知のように、今日の革命の問題とは、党や国家装置という専制的で官僚的な組織にふたたび陥ることなしに、限定闘争を行う単位を見つけることにあります。すなわち、国家装置を再興したりしないような戦争機械、内部で専制的統一性を再興したりしないような《外》と関係するノマド的な単位のことです」。

かくしてドゥルーズ＝ガタリは、「階級意識」を表象＝代理すると称する「国家」や「党」のような単位による運動から距離を取る。周知のようにドゥルーズは、いかなる形態であれ党派的なものを忌避する思想家であり、最晩年のインタビューにおいても、共産党に入党したことは一度もないと強調していた[34]。それゆえドゥルーズ＝ガタリがシュヴァリエを援用しつつ、都市に取り憑いたノマドを喚起したのは、たしかにプロレタリア＝ノマドという同一性を主張するためなのだが、しかし同時にノマド的な運動を党中心的に組織化されたプロレタリアから決定的に切り離し、より端的なしかたで、

「人民」を見出すためでもあったにちがいない。ティエールやオスマンなど批判者たちが「ノマド」という言葉をもちいて語っていたことの意味を反転させるなら――「ネグロ」といった語と同じように、「ノマド」もまた侮蔑語を反転させた言葉なのであり、いまやほとんど忘却されているこの反転の事実をあらためて認識しなおさねばならない――、ノマドとは権力とその知にとって摑みどころがなく、得体の知れぬほど組織が把握できず、正体や身分を変えながら、しかし国家と資本に抗する危険な存在として現出するような、未組織状態のままに行為を行う人々であろう。『シネマ２』では、階級外の人々からなる「暴力階級」とも呼ばれる。[35]この危険な階級は、労働者階級としても、いかなる階級としても表象されない人民の地下の部分をなすであろう。国籍、人種、年齢、性別などの理由で、社会からも、旧来の労働運動からも排除されうるマイノリティたち。しかしドゥルーズ＝ガタリはマイノリティたちのうちに、人々を分断し引き裂く様々な格子（条里）の外で相互に結びつく力を見出そうとする。分断の線をまたいで、誰もが、どんな場にも、どんな立場にもあらわれ、他者と関係を構築しうる状態（「渦巻」）を、実効的なものとする場＝「平滑空間」をつくりだす者たちとして、である。ドゥルーズ＝ガタリは言う。「今や平滑空間は都市から出る。平滑空間はもはや単に世界的組織の空間にとどまることなく、平滑なものと多孔的なものを組み合わせ、都市に対して反撃する空間となるのだ。遊牧民（ノマド）と穴居民の住む動いてやまない巨大なスラム街は、一時的な仮初めのものとなり、金属と布地の残り屑、パッチワークとなり、もはや貨幣、労働、住居の条里化とさえ関係ないものとなる。都市の分泌する爆発的な悲惨〔……〕。凝縮された力、反撃の潜勢力だろうか」[36]。

　この組織化されない階級外の者たちが資本主義の街＝都市との抗争関係に身を置きつつ、おのれのゲットー＝領土から出て、マジョリティの基準に批判的に対峙するかぎり、それは組織化されないプロレタリアたちの生成変化となるだろう。あるいは、組織化されたプロレタリアのかたわらを徘徊し、プロレタリアよりもさらに社会の辺境に位置する、ノマド的なものの亡霊とでも言えばよいだろうか。ノマド的なものは、組織化されない持ち分としてプロレタリアにたえず取り憑くのである。労働運動に加えて、ジェンダー、人種、国籍、年齢といった領域における複数形のマイノリティ性の問題が交叉し結合されていくなかで、ノマドを引き継いだプロレタリアを、ふたたびノマドが引き継ぎなおすとでもいった往還が生じているのである。プロレタリアとノマドからなる生成変化のブロックだろうか。すでにその存在が前提され、中央組織にその意志決定が集約されている集団が行使する力と、まだ存在していない人民、組織化の遙か手前でいまだに潜勢状態にとどまりながら、しかし行動へと弾ける前の緊張を高めてゆく人民を形成する力――『シネマ1』が「静的な暴力」、すなわち「行動（アクション）に移る前の、行為＝現勢態（アクト）の暴力」と呼ぶもの――を区別せねばならない。[37]

　おそらくこれこそ一九世紀前半のプロレタリアに言及する理由のひとつだろうが、ノマドに呼びかけるとき、ドゥルーズ＝ガタリは、生成状態にある新たな階級――階級外の者たちの階級――に訴えかけているように思われる。そして、そうであるがゆえに、いまだかたちのはっきりと見えないプロレタリアの到来を呼びかけるマルクス＝エンゲルスの身振り、一八四八年の時点においてこの名のもとに労働者を呼び求め、プロレタリアをプロレタリアとして存在させる命名行為を、ドゥルーズ＝ガタリは別のしかたで反復しているとも言えるのだ。「プロレタリア階級という概念そのものが次の問いに服することになる。プロレタリアートは、ある特定の瞬間に、集団としてすでに存在しているのだろうか（あるいはそれはまだ存在しているのだろうか）。マルクス主義者たちが予言的なしかたでこの概念をもちいるのが目撃される。たとえば彼らが、「萌芽状態のプロレタリアート」について語るときがそれである」。「集団としてのプロレタリアートの条件が与えられるより前に、言表行為のアレンジメントとしてのプロレタリア階級を、大衆から解き放ったのはすでに非身体的な変形であった。階級の新たな類型を「発明」する、マルクス主義第一インターナショナルの天才的な一撃――万国のプロレタリアートよ、団結せよ！[38]」。

そもそもマルクスがプロレタリアートと呼んでいたのは、いかなる社会的な階級でもない階級であって、社会的身分も、特別な権利も、固有性も持たぬ人々、あらゆる内的な特性を失った人々、集団を集団としてまとめる共通性質のない人々、「人間の完全な喪失」を生きる人間たち、一切の形容を取り除かれた端的な人間たちのことであった（『ヘーゲル法哲学批判序説』[39]）。マルクスにとってのプロレタリアートとは、まさに資本主義社会がみずから生み出した産物でありながら、この社会がまともに直面し考慮するなら、自己崩壊をはじめてしまうものとして規定されていた（『共産党宣言』[40]）。プロレタリアート（ルンペンプロレタリアート[41]）とは資本主義の臨界そのものなのだ。それゆえ、こうした臨界としてのプロレタリアートは、瓦解の芽をみずからのうちに抱え、内的な亀裂によって綻びてゆく資本主義に対して、その真理を突きつける形象となるのである。マルクスが到来を遂行するよう呼びかけたのは、資本主義を駆動原理とする社会が頓挫する臨界としての、身分も権利も特性も所有物もないこうしたプロレタリアートが、社会の只中に踊り出ることにほかならない。

また、ノマドばかりではない。『千のプラトー』においてドゥルーズ＝ガタリは「マイノリティ」

のうちにも「プロレタリアート」とのつながりを見出してゆく。この意味で、「プロレタリアート」は、ノマドとマイノリティをつなぐ仲介者ともなるだろう。彼らは次のように述べている。「マイノリティの、特殊性の力能は、その普遍的形象ないし普遍的意識をプロレタリアのうちに見出す。だが労働者階級が、既定の地位や、さらには理論上奪取される国家によって定義されるかぎり、この階級はたんに「資本」として、資本の一部（可変資本）としてあらわれるほかなく、資本の平面＝計画から脱出することはない。せいぜい、この平面＝計画が官僚制的なものとなるのが関の山だ。逆に資本の平面＝計画から脱出することによって、脱出しつづけることによって、大衆はたえず革命的なものへと生成変化しつづけ、数えられる集合の支配的均衡を破壊するのである。〔……〕マイノリティが、文化的にも、政治的にも、経済的にも長続きする国家を構成しないのは、国家‐形式も、資本の公理系も、それに対応する文化も、マイノリティには適合しないからだ。資本主義が必要に応じて、まさしくマイノリティを粉砕するために、長続きしない国家を維持し組織するのがしばしば見られた。つまり、マイノリティの問題とはむしろ資本主義を打倒し、社会主義を再定義し、世界的な戦争機械へと他の手段で反撃しうる戦争機械を構成することなのだ[42]」。かくして革命主義の伝統と接合されたマイノリティは、経済的階級としても位置づけられることで、さらに重層的に決定されることになるだろう。とりわけ資本の計画＝平面との関係で、どのように女性や外国籍の人々、人種的、宗教的、言語的、文化的なマイノリティたちが位置づけられるのか、そうしたなかで人びとがたがいに同盟＝生成変化するかが重要になるはずである。ドゥルーズ＝ガタリにとっての問題は、ノマドをめぐる場合も、マイノリティをめぐる場合も、プロレタリアート、階級闘争、その歴史――階級闘争としての歴史――を、単純に斥けることではない。彼らは、「戴冠せるアナーキー」の名において、「アナーキズム」の名において、「マルクス主義」と「対立」しているわけではない。「普遍的意識」としての「プロレタリアート」につづけて、国家権力の奪取という路線を念頭に置きつつ表明されているのは、こうした手段によっては、資本に組み込まれることになってしまうのではないか、という疑念である。マルクス主義に対して外側からアナーキズムを対峙させるのではなく、あくまでマルクス主義の内側に内在する批判として問われている争点は、資本からの逃走のありようである。ドゥルーズ＝ガタリは、資本主義国家と社会主義国家のあいだの強い分断を信じてはおらず、これらの国家形態のちがいは、世界市場に参加するふたつの手段にすぎないと見ている。そしてこの世界市場こそが、資本主義の普遍性を規定しているとするのだ[43]。したがって社会主義国家の樹立が仮に新たに実現したところで、資本からの逃走とはなりえず、たんに官僚制と計画経済のもとでの資本の平面＝計画への参加という帰結しかもたらさないことになろう。それに対してここで主張されているのは、労働者階級は、可変資本としての位置づけそのものから逃走しなければならないという点である。参照されているのはオペライズモ、とりわけトロンティであり、裏面にはユンガーがいる[44]。同様にプロレタリアートは、資本からの、世界市場からの逃走という意味において、社会主義国家からも脱け出さねばならないということになるだろう。いずれにせよここで問われているのは、プロレタリアートの形象を斥けることではなく、プロレタリアートの批判的な継承である。その意味において、プロレタリアートのノマドへの生成変化、マイノリティ性への生成変化を語りうるにちがいない。その背景に横たわるのは、現代の悲劇的な「オデュッセイア」である[45]。

上記のような文脈を念頭に置いて次の一文を読むとき、ドゥルーズ＝ガタリが、どこに闘争の主体を見ていたかが、徐々にはっきりしてくるだろう。「なぜなら、芸術や哲学が呼び求める人種は、純粋だとみずから主張するような人種ではなく、虐げられた、雑種の、劣等の、アナーキーで、ノマドで、どうしようもなくマイナーな人種だからである」[46]。すなわち、彼らはアナーキスト、ノマド、マイノリティ、プロレタリアートの決して自明のものではない同盟、あらかじめ脱同一化が含まれた同盟を呼び求めるのである。この修飾辞の連鎖は、たんなる偶然的な装飾物ではなく、彼らの思想において精確な位置づけを持つように思われる。プロレタリアートとマルクス主義の文脈は、放浪するノマドやマイノリティのなかに、経済的水準での規定と闘争という要素を持ち込み、様々な闘争のなかに経済の問題を織り込んでゆくだろう。また、アナーキストは闘争集団を、器官なき身体（諸器官＝諸機関の固定的な組織化を行わない身体＝団体）へと導き、国家や資本を含むあらゆる権力勾配の破壊を指向し、社会的因果の切断を行う介入へと向かわせるだろう。マイノリティは、国民、血統、人種、ジェンダー、セクシュアリティといった変数を、たえず闘争に、さらには経済闘争に持ち込むことになるだろう。すでに見たように六八年五月以後のサルトルも、抵抗する集団行動が可能にする非中央集権的な同盟、マイノリティとプロレタリアートが「人民の大義」の名において参加する闘争の生成変化＝同盟は、経済的、人種的、ジェンダー的なマイノリティ性の要素を凝集させ、不可分にすると主張していた[47]。それが行動においても、思想においても、革命機械を形成するのである。こうした生成変化＝同盟の実践には、共存立するための平面の成立が賭けられている。ドゥルーズ＝ガタリは、マルクス主義的な資本の分析と経済批判、アナーキズムの権力－組織論的批判、マイノリティの言語使用とアイデンティティ批判とを対話させながら、生成変化＝同盟論に持ち込むのであり、それを六八年五月以後に可能な政治形態と見なしたのである。

ドゥルーズ＝ガタリは、社会の論理がもたらす因果を切断するこうした生成変化、すなわち中心を持たない新たな身体＝群れをつくりだし、独自の力能、独自の行為、運動を発生させたければ、社会集団においてボーダーに立つもの、集団の辺縁にいるざらつくもの、集団からはみ出しそうなもの、尖ったもの、「変則的なもの（anomal）」、すなわち脱領土化の尖端と関係しなければならないと指摘している。すなわち、労働者階級において階級化されない危険分子に注目したように、である。彼らはこう述べている。「多様体があるところならどこでも、例外的な個体もまた見つかるだろう。そして、動物への生成変化のために同盟を結ぶべき相手はそうした例外的な個体にほかならないのだ[48]」。ボーダーにいる名もなき特異なもの、その存在者を前にするなら、社会制度じたいの性質を根本的に変えざるをえないような者、そのような意味で、きわめて批評的＝臨界的な存在は、「誰」なのか。その存在者は「どこ」にいるのか。その存在者をどうすれば活発なものにできるのか、どうすれば可視化されるのか、あるいは、社会から絶対的に断絶しているがゆえに、どうしても可視化されえぬものなのか、どうあっても知覚されえぬものなのか。ドゥルーズは、この問いに正面から向き合ってゆく。

また、『シネマ1』以後から晩年にかけて、革命のモデルとして、アメリカ革命という軸がはっきりつけ加えられることになる（その萌芽はすでに『千のプラトー』にも見られる）。すなわち、万国のプロレタリアートに加え、万国の移民、万国のマイノリティである[49]（プロレタリアートとマイノリティの再分節／再接合）。そして『批評と臨床』ではバートルビー論にあるように、極限に到るまで特性を喪失し、たがいに共通項を持たない者たちが、特性を持たない者同士で結びつくこと、そして、そのときに発生する集団の運動が肯定される。ドゥルーズにとってのメルヴィルは、父権的な国家の瓦解する臨界点を指し示しつつ、その崩壊地点において、人々の新たな関係を創出するアナーキストやノマドのつながりに加え、さらには移民、マイノリティを浮彫りにする作家として立ちあらわれる。ドゥルーズがとりわけメルヴィル論で夢想しているのは、特性のない人間たちからなる社会＝結社であり、特異性のみからなる共同体である。ここでは、『ザッヘル＝マゾッホ紹介』で明示されていた、マゾヒズムの試煉を経たうえでの、「新しい人間の再生誕」という主題——「「性愛もなく、財産もなく、祖国もなく、口論もせず、労働もせず、みずからの意志で死を選びながら人類の観念を体現する」、十字架にかけられた《人間》」[50]——に加え、『千のプラトー』におけるマゾヒズムをとおした器官なき新たな身体（機関なき政体）の構成という主題が取りあげなおされている。また、先に見た流浪民（ノマド）の社会的‐経済的な定義によるなら、バートルビーはまさにノマド＝プロレタリアートの典型的な形象とも見なしうるだろう。ドゥルーズによるなら、「バートルビーは、身元保証もなく、保有物もなく、固有性＝財産もなく、身分もなく、特性もない人間である」[51]。「人間を父の機能から解き放つこと、新しい人間、すなわち特性のない人間を誕生させること、独創人と人類を結集し、新たな普遍性として、**兄弟たちの社会を構成すること**」[52]。「ジェファーソン、ソロー、メルヴィルから発想を授かった**アナーキストの諸個人からなる共同体**。これこそ『モービー・ディック』が宣言していることなのだ（第二六章）。**人間が人間の兄弟となり**、「信頼」に値するようになるのは、**その人間がある国家に属してい**

るからでも、地主だったり、株主だったりするからでもなく、ただ端的な人間としてのことである。それは、人間がみずからの「暴力」、「愚かさ」、「卑劣さ」を生み出す性格を喪失し、あらゆる特性を不安や憐憫を引き起こす恥辱の沁みと見なすような、「民主的な尊厳」の特徴のもとでしか、人間がもはや自己意識を持たないときのことだ。アメリカとは特性なき人間のポテンシャルであり、独創的な《人間》のポテンシャルなのだ[53]」。

ここでいう「人間」は身分もなく、固有性もなく、カテゴリーをなしておらず、いまだ数に入れられるようなかたちになっておらず、統計的に処理されるようになっておらず、社会秩序や公益や慣習や規範によって計測しうるものにも、再認／承認しうるものにもまだなっていない。文字どおり「端的な人間」である。どのような名称で括ればよいかすら分からない測り知れぬ変則的な人間たちが、具体的な空間に姿をあらわし、集団を形成し、一定の場を占め、固定した機関や役割分担のない状態を示すこと。草創期の生成途上の集団にはいつでも見られる組織化されない持ち分、決して他者にも、そしておのれ自身にも把握できぬあやふやで曖昧な暗き部分をかたわらに維持しつづけること。そして、たがいに共通性のない人間同士、集団同士がアイデンティティによることなく結びつき、棲息可能な空間を自分たちで編み出し、その空間とともに生み出されてくる無支配という原理に応じて闘争し、みずから生のありようを変えつつ生きること。ドゥルーズが「人民」と呼ぶのは、生成変化をとおして結合するこうした端的な人間たちのことであり、欠けている人民とは、帰属すべき属性に寄らずに端的に存在する者たちの集まりである。重要なのは、ノマド的な開かれの亀裂を社会のなかにつくりつつ、そのことをとおして、ノマドになるようはたらきかけられることである[54]。自由のために組織される集団が、すでにそれじたいで自由の組織になり、無支配の実現のために形成される集団が、それじたいですでに無支配の形成となること。アナーキーで、ノマドで、マイナーな者たちを前にして、いまここでおのれもまた生成変化すること。ドゥルーズは、ある意味からするときわめて抽象的だが、同時にきわめて具体的でもある道筋を描き出している。

ドゥルーズ＝ガタリの眼差しはいつでも、すでに数に入れられ、社会的に承認されている立ち位置のあいだに開かれる、隙間のポジションへと滑りこんでゆく。名辞と名辞のあいだ、数と数のあいだ、0と1のあいだ、概念と概念のあいだ、身分と身分のあいだ、規範と規範のあいだ、女性と男性のあいだにある、語りがたきもの、数えられぬもの、情報化しえぬもの、概念化しえぬもの、身分に括れぬもの、規範化されぬもの、中性的なもの……。こうしたあいだの狭間世界のなかにこそ、そうした隙間の区間にいる存在たちのなかにこそ、ドゥルーズ＝ガタリは、真に多様で他様な特異なものたちを、それも濃密かつ無数に見出すのだ。というのもマイノリティこそ、人民こそ、多数他様だからである。「人民が不在である」ことの理由のひとつは、単数形の人民など存在せず、つねに多数他様な複数形の人民しかいないからでもあるはずだ。[55] スタンダードなもの、メジャーなもの、容易に操作や管理が可能なもの、言葉や数値などで置き換えられるようなものをどれほどたくさん集めたところで、その多様性は、たったひとつの隙間に詰まっている無数の特異なもの、マイナーなものの濃度には決して及ばない。程度の低い規範や情報があるというより、規範化や情報化じたいが特異性を最低度合にまで落下させる操作であり、そうして存在物の濃密度を消去されたもののみを対象として取り扱う行為なのだ。これに対し、整理された尺度によっては、数えることも測ることもできない特異なものたち、置き換えられることも代理されることもないものたち、隙間や亀裂やボーダーに陣取るものたち、ざらつくものたち、繊細なものたち。それこそ、ドゥルーズ＝ガタリがアナーキスト、ノマド、マイノリティのあいだでのすれ違いつつ、共謀する生成変化をたえず見出しつづける場所にほかならない。

ドゥルーズは、人間が非人間的なものと化す人間の条件の果てのところでさえも、非人格的で非個人的になるまで解体されるその奥底でさえも、もはやそれ以上落下しようがない零度の地点でさえも、生を構成する力、もはや肯定以外に何もなすことがない力を見つけ出し、今度はその力に直面して、人間たちを何か別のものに、あるいは端的な人間たらしめることを目論む——そこにとどまるためというより、そこから、新たにはじめなければならない地点を創設するかのように。つまり、いったん「人間」から降りた／降りさせられた人間以前の存在、人間未満の存在が、外部からの強制力とは別のところですでにはじめている行為の再編成を浮かびあがらせることである。問題は、非人間化された者たちをそのまま放置する、ということではない。抑圧者たちによる非人間としての取り扱いや動物的な取り扱いが、「よい」などと彼は言っているのではむろんない。ドゥルーズの議論は、政治哲学においても、存在論においても、そうした非人間化の過程をつくりだす「人間」と、この「人間」が／をつくりだす表象、観念、組織、道徳とを批判し、その解体へ向かう。その一方で、「人間」から降りた／降りさせられた人々が、みずから活動する力能を高め、新たな集団を人間ならざるものも含めて構成し、その集団とともにふたたび生きなおすという方向性を示す。過去との切断と、生存のしかたの再構成というふたつの側面が、『ザッヘル＝マゾッホ紹介』における「再生誕」や、『シネマ』や『哲学とは何か』における「再‐連鎖」として語られるのである。あるいは、落下の果てで、決して屈することのない人間像として。規範的な像たる「人間」から自発的に降りる、ないしは強制的に降りさせられた存在への眼差しに貫かれたノマドロジーは、「プロレタリア」＝「ノマド」説についてすでに見たように、ただノマド性を単純かつ無邪気に言祝ぐものでは毛頭ない。それは、苦痛と苦悶をともないながら、死と生が表裏一体となって陽炎のようにゆらめく、「あまりに耐えがたい」臨界地点においてはじめて起ちあがる、というより起ちあがらざるをえない抵抗運動である。[56] 彼の陽気さも、軽さも、快楽を厳格に断つ決して楽しくない臨界地点において演じられるものであり、他のどこにもユーモアはない。ドゥルーズが挙げた無数の事例――この意味で、彼の哲学にとっては文学の存在が決定的であり本質的である[57]――を見れば、彼はむしろ小さな死や、病の哲学者である。だがその小さな死や病をめぐる考察はつねに、生きることの、健康の観点から行われる。病であれ、傷であれ、生を断罪するものと見なすのではなく――たとえば、罪責性のしるしとして、病や傷を引き受けるのではなく――、あくまで生の観点から、強度零から、病や傷を思考する。生から出発する眼差しを決して譲ることなく、そこに固執しつづけること。これこそが、健康の謂いであり、軽薄さとはまったく異なる軽さである。それは病を、ルサンチマンに陥ることなく生きる観点であり、「死が死に対抗する」ようになる観点である。[58]『フランシス・ベーコン　感覚の論理学』が語るのはまさに、そうした別種の健康を生きる《形象（フィギュール）》であろう。「死が判断されるのは、生の観点からであって、我々が喜々として言祝ぐ逆の観点からではない。ベーコンはベケットと同様に、きわめて強度的な生の名において、より強度的な生のために語ることのできる作家たちの一人である。彼は死を「信奉する」画家ではない。具象的な悲惨主義はそっくりそのまま、いやましに強くなってゆく生の《形象》のためにあるのだ。ベーコンに対して、ベケットやカフカに対するのと同様に、次のオマージュを捧げねばなるまい。彼らは不屈の《形象》を打ち立てたのであり、この《形象》は、その執拗さによって、その現前によって、不屈のものとなるのだ。たとえ彼らが、恐ろしいもの、身体切除、補綴、墜落、失調を「表象する」ときでさえ、そうなのである。彼らは生に、極度に直接的な笑いの新たな力を授けたのだ[59]」。

# 結論

病、死、狂気、裂け目、破綻、分裂について語りつづけたドゥルーズには、規範的な意味での「人間」から離脱した「端的な人間」について言われる一種のヒューマニズムがある。とりわけ、一九六七年の『ザッヘル＝マゾッホ紹介』や、晩年の『批評と臨床』のバートルビー論に顕著だが、いわば非人間的で乾いたヒューマニズム、「人間の死」以後のヒューマニズムとでも呼ぶべきものが、彼の議論の一部分を方向づけている。それは歴史的形成物としての「人間」が不在のヒューマニズムでもあり、無人島、無人砂漠におけるヒューマニズムの廃墟でもある。この点はむろん、有名な「動物」論にも反響しているにちがいない。すなわち社会機械のなかで、文字どおり「動物化」されるマイノリティをめぐる言説であり、しかし、そうした「動物」が政治主体として舞台に昇ってくるのと同時に、抑圧的な社会機械に属すると見なされるマジョリティの側が、「動物」と同盟することで、みずから動物へと生成変化することである。資本主義も国家も完全に廃絶された砂漠の世界を、死せる想像力で想像するべく試みなければならない。

こうした生成変化論とも通底するものとして、ドゥルーズには、初期の無人島論以来、新たな人間の再生誕という主題が存在している。生成変化論においては、とりわけマイノリティも、マジョリティも、それぞれ異なるしかたでおのれのアイデンティティを引き裂かれ、再生誕することになるだろう。それは、絶対的な「はじまり」というより、「再開」すなわち「ふたたびはじめること」であり、生誕の反復であり、つねに反復としてしか存在しない生誕である。それが指し示すのは、再生誕のあとにも、「人間」という形態を取るかどうか定かではない、実存の根底的な再変成の過程であろう。生成変化を論ずる『千のプラトー』において、人間形態への批判が幾度も繰り返されていたことを想起しておこう。また、マゾッホ論では、「性愛もなく、財産〔固有性〕もなく、祖国もなく、口論もせず、労働もせず、十字架にかけられた《人間》[1]」という、マゾッホの書簡の言葉が引用されていたが、それは所有する個人、資本主義下での労働者、国家に帰属する主体、性愛をとおした再生産を行う者、討論するコミュニケーション主体といった、近代の規範的な人間像を廃棄した新たなる形象を端的に示すものだろう。それは、国籍やジェンダーや私有財産＝固有性などを有することなく世界に棲む一粒の人間、怨恨も悲しみも恐怖もない新たな実存者を再誕生させる過程を示唆する。あらゆる前提、あらゆる可能性――希望も絶望も――が消尽した暗き底における端的な生。存在の一義性における動物への生成変化と同じ意味での、他者への生成変化がそこでは問われており、それはいわゆる一人前の人間＝大人＝男性（Homme）になることとはまったく別の人間性の発現である。ライプニッツ論においても問われていたのもまた、両立しない諸世界に向けて内側から引き裂かれる人間のアイデンティティであり、さらには諸世界の狭間での生存であった。

同様の方向性にあるのがおそらく、有機的な生を突き破って解体したあとに露呈される、非有機的な＝無機質な生という問題であろう。マゾッホ論においても、「超人称的＝超人格的な操作」をともなう「非人称的＝非人格的な要素」こそが、「自我」にかかわると言われていたが、[2]ドゥルーズは、「人間」の誕生の条件を、人間よりも小さい水準や大きい水準にある、非人間的な条件に見出すのである。この姿勢じたいはドゥルーズに特有のものでも、構造主義以後に特有のものでもない。たとえばマルクス主義の言説は、（人間よりも大きな）社会構造による人間の産出を考察し、とりわけ資本主義という非人間的な社会機械、あるいは人間を非人間化し、動物化し、物象化し、資本化する社会機械の分析を主眼に据えるものでもあった。マルクス主義は、資本主義における「主体」はあくまで《資本》であり、《資本》に人間性は宿らない。資本主義を乗り越えたその先に、あらゆる人間の人間性が回復され、自由と平等が達成される社会、一種の「最善世界」のユートピアを夢見たとも言えるだろう。[3]それに対して、ニーチェ＝フーコー以後の磁場のなかにあって、ドゥルーズの「人間」をめぐる見通しは遙かに暗い。ドゥルーズにおいては、非人間的な抑圧を行う「人間」と闘いそれからの解放を目指しながら、それと同時に、もはや「人間」という形態に回帰することのない、人間とは別の生のありようを探るのである。ドゥルーズは「非人間的なもの」と「人間」の双方に対する二重の戦線を張るのだとも言えるだろう。おそらくこのいずれでもない場こそが、砂漠のヒューマニズムの場なのだ。ドゥルーズの著作中、特性なき「端的な人間」のヒューマニズムに最もこだわる一篇が、晩年の『批評と臨床』だが、そこでも「人間」批判――「男性」批判でもある――がなされている。「世界とは諸徴候の総体であり、その病は人間と一体化している。〔……〕いたるところで生が人間によって人間のうちに、器官とジャンルによって器官とジャンルのうちに幽閉されているとき、いかなる健康であれば、生を解放するに足るのだろうか」。[4]ドゥルーズは、人間の人間化、すなわち生を

「人間」という形態へと社会的に封じ込めることを繰り返し批判してきた。このような封じ込めを行う人間的な道徳、経済、宗教、知といったものの歴史にとらえられたままだとするなら、ポスト・ヒューマンをはじめとした議論もまた、様々に意匠を変えながら人間的なるものを温存しつづけるであろう。諸々の機械の設計にかかわる水準においてこそ、そうした人間性の残滓がより強力に復活することさえある。

「人間」形態への大いなる幽閉、抑圧、禁圧は同時に、想定される人間形態から零れ落ちる無数の者たち、社会防衛のために実際に収監された無数の者たちを生み出してきた。すなわち浮浪者であり、植民地出身者であり、難民であり、非就労者であり、不安定な労働者であり、路上生活者であり、路上占拠者であり、プロレタリアートであり、下層民であり、活動家であり、性的なマイノリティであり、精神病の罹患者であり……といった人々である。さらには流謫の途上で斃れた者、海へと沈んでいった者がどれほどいることだろう。重要なのは、カテゴリー化される人々ではなく、特異な生の軌跡を描く多数他様な具体的な実存である。動物への、非人間的なものへの生成変化＝同盟は、こうした社会の排除組織の解体を目論むものであり、それはひるがえって、人間を動物化する機構とともに、人間を人間化する機構をも解体することを目指すものとなるだろう。「人間」と「非人間性」はいわば相補的であり、同じカードの表と裏をなすからである。[5] 動物への生成変化はむろん、人間‐社会が周縁に追いやる「動物的なるもの」へと同化することではなく、そうした社会が設定する「人間的なるもの」からも、「動物的なるもの」からも、「非人間的なるもの」からも、等しく外に出ることを意味するにちがいない。人間的なるものと相補的な動物的なるものには、生成変化はかかわらない。その動物性は、人間による構築物にすぎない。逆に問われているのは、そうした動物性、非人間性からの逃走である。

ドゥルーズが、いくらかニーチェ的な、陽気な調子を響かせつつ行おうとしているのは、社会的に想定される標準的で規範的な人間形態から漏れ出て零れ落ちる生存のありようを描き出すことである。彼はそうした存在じたいが、おのれの持つ力能と行為によって、眼前の人間化工場と非人間化機械への抵抗を行う実践と理論のありようをこそ、社会野の主体として位置づけるのである。社会から漏れ出すということのほうがドゥルーズにとっては最初にあるのであり、社会とはそれを二次的に抑止しようとするにすぎない（逃走、蜂起、不服従の新たな形態が発明されるたびに、それに対する対抗装置を社会は整備し穴を塞いでゆく）。個として存在しているということは、その存在の事実だけでほかの何ものかへの還元にすでに抵抗しているということである。逃走線が先にあるというドゥルーズのテーゼの意味はそこにある。それは、「権力の影響圏の外でなされる「主体化の諸様式」を発見すること」[6]なのだ。たとえ、いまはまだ主体のかたちをしていなくとも、永遠に躓きながらであっても、自己形成を行う潜在的で萌芽的な主体化の只中にあるものとして、である。奇蹟を待望するのではなく、壁にやすりをかけるように。それは人間性や人類史に走るひび割れ、亀裂としての健康であり、道徳的で規範的な「人間」から漏れ出す生存、「人間」や「国民」や「性別」から離脱する生存であろう。「ひとつの社会、ひとつの社会野は矛盾を抱えてなどいない、そうではなく第一にあるのは、社会野が逃走している〔漏れ出ている〕こと、まずいたるところで逃走していること、諸々の逃走線が第一にあることだ（たとえ「第一」が時系列的な意味でないとしても）。社会野の外にあるどころか、社会野の外に出ていくどころか、諸々の逃走線は社会野のリゾームないし地図作製をなすのだ」[7]。

ドゥルーズが構想するのは、(フーコー的な意味での)「権力」に服従することでもなければ、権力に対する自覚的な抵抗のみを行うことでもない。というのも、いくら重要なものであれ、そこでの自覚的な抵抗は、権力に対する抵抗というしかたで、あくまで二次的に規定されるにとどまるからだ。その場合、抵抗は権力よりもあとにやって来ることになり、ある行為が抵抗であるためには権力が必要であることになる。その一方で生きることは、生権力に還元できないのはもちろん、権力への自覚的な抵抗だけにも還元できない。ドゥルーズが「逃走線」ということで見据えているのは、権力の存在を批判的に踏まえつつ、持続的な意志をもって権力に対する抵抗を遂行しつつ、同時に、存在するということそのもののうちに、他の何ものにも制限できない静謐な自由の持ち分を見出すことではないか。怒りと自由の静謐な響き。ドゥルーズは生きることを阻害する人間社会のなかでの、権力への抵抗と、生の自由と、それらの双方向的な繰り込みを、具体的な歴史のなかでの生成変化の要素として考えており、それが逃走線や戦争機械――軍隊と戦争と戦闘に抗して、愚かさと低劣さに抗して闘う集団――として構想されている。端的な人間として存在するのは、幾つもの減算によって消極的かつ激烈に条件づけられるあるひとつの簡素な生であろう。それは少なくとも一者、国家装置、資本主義、ネーションを減算し、権力と支配への欲望を削り落とし、裁きの装置や怨恨の感情と訣別する生であろう。ただし戦争機械の政治のエチカは、歴史的な具体的情況をノマド的に占拠し、地に足をつけ、地下を穿孔するのでなければならない。大地=土地を穿孔するノマド的な戦争機械のダイアグラムは、「リゾーム」(根茎)と呼ばれる。

「思考のイマージュ」ないし「イマージュなき思考」という彼の表現に倣うなら、ドゥルーズが刷新しようとしていたのは「生のイマージュ」ないし「イマージュなき生」である。それは、生が成り立つと想定される地盤そのものの変更であり、かつまた、地盤なき無底の生が、おのれ自身の本性から逸脱する裂け目を走らせる行為を浮かびあがらせることでもある。たしかに、ドゥルーズにおいても「具象的な悲惨主義」がある。彼自身、『意味の論理学』でそのことに言及してもいる。なぜ出来事はかくも悲惨な例ばかりなのか、と。[8] また、『千のプラトー』の何気ない一文においても、陽気な楽観主義を排する認識が示される。「したがって、ノマドを運動によって定義するのは誤りである。ノマドとはむしろ動かない者であると示唆したトインビーは、まったくもって正しい。移民が荒廃したり不毛になったりした環境から離れてゆくのに対して、ノマドとは立ち去らない者、立ち去ることを欲しない者であり、森が縮小し草原や**砂漠が広が**る場所である平滑空間にしがみつき、この難問に対する応答として遊牧生活（ノマディズム）を発明する者な**の**だ[9]」。

トインビーを参照しつつ、「ノマドは動かない者である」という重要なテーゼを主張するこの引用では、それに加えてさらに、砂漠＝荒地＝無人地帯をめぐる言葉、つまりニーチェ『ツァラトゥストラ』第四部「砂漠の娘たちのもとで」から引かれた「砂漠が広がる」という言葉が見出される。この言葉を注釈したのが、ドゥルーズが「思考を強いるもの」、「思考するよう強制する力」をめぐってたびたび舞い戻ることで知られるハイデガー『思惟とは何の謂いか』であり、『千のプラトー』もハイデガーを意識の片隅にとどめているにちがいない。『思惟とは何の謂いか』は、第二次世界大戦以後の一九五一年から五二年にかけての講義であり、ハイデガーは、そのことを踏まえつつ「砂漠が広がる」の注釈を行う。つまり、人間が全地球規模の影響を及ぼすような力を獲得しているにもかかわらず、人間の本質は怨恨(ルサンチマン)に満ちた旧来のままであり、しかもあまりに短絡的で、あまりにも狭量な視野でもって、ものごとに対処し決断している。その状況のなかで、砂漠が成長し広がっているのである。ハイデガーは、つぎのように述べている。「砂漠化は破壊以上のものである。砂漠化は殲滅よりもいっそう不気味である。破壊は単に、これまでに生育し建設されたものを除去するにすぎない。しかし砂漠化は将来の生育を阻止し、いかなる建設をも妨げる。砂漠化は単なる殲滅よりもいっそう不気味である」[10]。すでにあるものを破壊しつくすというだけではなく、今後の生育を積極的に妨げ妨害する情況こそが「砂漠化」であるとするなら、それは、未来をあらかじめ収奪してしまうような技術にこそふさわしい。それは可能性の芽そのものをすべて、一気に不可能化してしまう。どれほど苛酷な殲滅を経験したとしても、そこでこれから何かを生育し、活動を営むことができるのなら、それは砂漠化ではない。そこには、将来的な生育や建築の余地がまだ残されている。一方、ハイデガーのように「殲滅」を「砂漠化」から区別するなら、つまり砂漠化するためには、既存の建物や環境を壊す必要はなく、あらゆる外観がまったくもとの状態をとどめていてもよいということだ。外観を破壊する必要なしに、ただ何も成長しない不毛で荒廃した環境ができるなら、たとえ破壊や殲滅がなされなくとも、砂漠が、荒地が、無人地帯が広がるのである。建物も人間もそのまま暮らしており、外観上は一切何も変わっていないにもかかわらずすべてが変わり、何も変わっていないだけにその変化がいっそうおそろしく際立つ、そんな出来事が降りかかるところには、砂漠が成長し荒廃が広がる。無人都市、荒廃した村。砂漠化がもたらす荒廃は、目に見えず、音も立てず、匂いすらしないこともあるかもしれない。そういった外観上の変化は何も生じなくとも、ただたんに「将来の生育」だけがあらかじめ奪われるなら、それは外観上の変化がないだけに、よりおそるべきものとなって残酷に刻み込まれる。そのとき、かたちをそのままにとどめたまま、一切の未来をあらかじめ失ってしまい、死がそこに封じ込められるのである。一度も所有したことのない未来をあらかじめ失い、その喪失の証書のみを先に受けとってしまったかのように。[11]

ではドゥルーズ＝ガタリにとって、そのような情況下における今日のノマドとはいかなるものか。これは、たんに概念を例示、例証するということではなく、ノマドロジーをめぐる思考の諸前提をめぐる問題となる。ドゥルーズ＝ガタリのノマドロジーは全篇にわたり、全地球規模で影響を与える軍事活動が可能になった時代、核戦争と放射能の危機が現実化し全面化した時代を背景にしている。『千のプラトー』において、とりわけヴィリリオに依拠しながらなされる現代のノマドロジーと平滑空間の描写は基本的にすべて、そうした条件を前提になされているのである。すなわち、「砂漠ないしは海と見なされる地球全体」であり、「総力戦や地球規模の過剰軍備の世界的な組織化（現存艦隊から核戦略まで）」である。[12] こうした地球規模の砂漠化が進む時代に進行しているのは、平和を目的として任意の敵めがけて行われる恒久的な戦争であり、特定の敵を持つことなしに潜在的にあらゆる人間を対象にしながらすべての人間の活動をあらかじめ「抑止」する地球規模に拡大した警察行為であり、他者への不信にもとづく予防原理によって、何も事件や出来事が起こっていないときにこそ、何も起こらないように強迫的に出来事の芽が摘みとられる、という事態である。[13] このときいったん括弧に入れるべきなのは、ノマドという概念はドゥルーズ＝ガタリにおいて無条件に肯定されるものだとする通念である。ドゥルーズ＝ガタリはむしろ、こうした通念をあらかじめ回避するかのように、次のように述べていた。「まさにこうした新たな遊牧性（ノマディズム）は、世界規模の戦争機械をともなう。この世界規模の戦争機械の組織は国家装置を溢れだし、エネルギー複合体、軍産複合体、多国籍複合体に向かう。こうした事実が示しているのは、平滑空間と外部性形式は必ずしも革命的使命を帯びるわけではなく、逆にどういった相互作用に取り込まれるかや、どういった具体的条件のもとで実行され成立するかに応じて、極端に意味を変えてしまうということである」[14]。

『千のプラトー』ばかりではない。第二次世界大戦のうちに映画史を戦前／戦後に分かつ分岐点を見て取る『シネマ』を読む際にも、執筆時の時代状況を念頭に置いておくべきだろう。ドゥルーズは、「外の思考」をともなう「思考の変動」が生じた社会的環境について、映画論講義のなかで、「絶滅収容所」と「原子爆弾」に言及しつつ、次のように述べている。「冒頭から語ってきたように、戦争は、こうした思考の変動の根本的な要因となりました。それは、たんなる戦争としてではなく、その二重の形態のもとで、その二重の恐怖という形態のもとでのことです。すなわち絶滅収容所、原子爆弾……。絶滅収容所、原子爆弾は、何を、何を生み出すのか、何を規定するのか。……それが規定するのは、死をくぐり抜けた人々です」[15]。とりわけレネの作品をめぐって語られるここでの「死」は、これから到来する何かなのではない。複合過去形（英語の現在完了形と同じ形態）が示しているように、この「人々」に死はすでに来てしまったのであり、しかも、すでに到来してしまった自分の死を、この現在時において肉体に包み込み刻み込んでいる。すでに到来した死を受肉する者としてここにいる。そして死者自身が死者として舞い戻り、その身をもって、決しておのれの死そのものに追いつけぬまま、到達できぬまま語るのである。過去のものになりきらない過去の死を肉体のうちに包み込み現前させる存在として[16]。そしてこの者は死をうちに包みこみながら、死ぬこともできない。それゆえに苦悩と絶望が深まりもするのである（キルケゴール、デュラス）。

ドゥルーズは、同じ講義のなかで「ゾンビ」的な生／死の様式を喚起しているが、それは、「自分が死んでいると思っている、そして、死にながら生きつづけていると思っている」者であり[17]、生きているのでもなく死んでもいない存在、生きながら生きておらず、死んでいながら死んでいないということを、沈黙しこわばる顔や身体によって示す存在であり、いわば死がすでに腑に落ちてしまった生ける死者である。このようにすでに起こってしまった死から舞い戻る者は、すでにやって来た死と、これから外で待ち受ける死とのあいだに身を持しながら、無限遠点で死にふれる手前で宙吊りにされ、その経験を限界において言語化しようとしては戸惑い逡巡する。ドゥルーズ＝ガタリによるなら、死者たちのもとから舞い戻って来た者、亡霊的なものこそまさに、カオスと闘いながら、カオスにふれ、思考にたずさわる者たちであった。「哲学者、科学者、芸術家は、死者たちの国から舞い戻って来たかのようだ[18]」。しかし哲学者、科学者、芸術家はいかなるしかたで、限界に赴くのか。眼を真っ赤にはらしながらであれ、そこから無事に生還することはできるのか。思考しうるものの最果てに出現する思考しえぬ限界、しかし、それにうながされてはじめて思考することが生起するような限界を考える思考を、ドゥルーズは「外の思考」と呼んでいた。それは、人間に耐えられるものなのか。こうした死をめぐる問いは、自分の死を語る不可能なフィクションとして、「外の思考」の批評家ブランショにおける主題のひとつとなっていた。死をすでに経験し、死から舞い戻りつつ、しかしその死が肉体のうちへと舞い降りた者、生者たちの世界にありながら依然として死につづけている者、しかし、死につづけることによって死の世界としての文学空間にとどまりつづける誰かが、おそらくそこで問われている。[19]また『哲学とは何か』でドゥルーズ＝ガタリが「友愛」の主題をめぐって引き合いにだすディオニス・マスコロの著作は、ロベール・アンテルムの一九四五年六月二一日付けのマスコロ宛ての手紙をめぐる省察であり、この手紙はマスコロがそれを受け取ってから四〇年近く経ってから、忘却の淵から掬いあげられたものだ。ドゥルーズ＝ガタリはアンテルムの名前を伏せているが、思考の条件と言われる「友愛」は、レジスタンス活動のために強制収容所に入れられ「この地上の人間」とは言えぬ変わり果てた姿になったアンテルム（のちに『人類』を執筆する）と、彼の救出に向かい保護しともに時を過ごすマスコロとのあいだの友情、友愛、連帯――そのなかにある同一化しえなさや背き合い、無限の苦悶、そして計り知れぬ献身と辛抱強さをめぐるものだ。[20]マスコロにとって非人間主義の主張は、「人間」であることから眼を逸らすことではなく、それに対峙することである。非人間的なものは、人間に内在するからであり、「人間」をうちから引きちぎりながら人間のうちに繰り込まれ潜みつづけるものだからである。[21]

戦争、虐殺、収容所、原子爆弾、その死者、帰還者、生存者、実存者……。戦後の思想が置かれるこうした歴史的な文脈を念頭に置いたうえで、「砂漠が広がる」をめぐる先ほどの『千のプラトー』の言葉をもう一度見てみよう。「難問」と訳した « défi » という語は、「挑戦」、「挑発」や、克服すべき「困難」といった意味に加えて、« défi atomique » という成句によって「核の脅威」を意味する。[22]この箇所だけ訳し直して、ふたたび引用しておく。「移民が荒廃したり不毛になったりした環境から離れてゆくのに対して、ノマドとは立ち去らない者、立ち去ることを欲しない者であり、森が縮小し草原や砂漠が成長する場所である平滑空間にしがみつき、この脅威に対する応答として遊牧生活を発明する者なのだ」。荒廃し、そこに何も生育しない不毛な廃墟が広がる土地に、砂漠としての地球にとどまり、砂漠化という難問＝脅威に対して挑戦すること、砂漠が広がる土地で棲息する手段を見つけだしノマドになること、それは決して容易な解答も、手段も見つからない抵抗運動の過程であろう。

　それゆえこう言うべきだろう――ノマディスムとは応答であるとともに、ひとつの問いである、しかもそれは困難な問いなのだ、と。自分の所有物、自分の故郷を喪失し、病をうちに抱き、人間社会との絆を断たれた砂漠のなかで、虚無に陥るのを拒み、砂漠の砂のうえに、燃やされた灰のうえに、生の線を引き、言葉を書くこと――それが疾風に吹き飛ばされ消滅するような脆弱なものであれ、生への移行を何回でも成し遂げること。ノマディスムのうちにドゥルーズ特有の陽気さ、軽さをめぐるユーモアが見られるとするなら、それはおそらく、世界規模のものとなった遊牧的体制によって課せられる砂漠化した地球において、そこを住めない場所に変えるエコノミーのもとにおいて、その場所から立ち去ることを要求する体制において、流浪民であることを強要する体制において、こうした体制やエコノミーと共謀する国家のもとにおいて、それらに呑み込まれることのない、わずかばかりのずれと軽さをいかに産出するかという問題に呼応している。ドゥルーズ＝ガタリは、遊牧は難問＝脅威に対する「応答」だと言うが、その応答は、いやましに成長する砂漠に対して決定的な解決をもたらすものとはなっていない。それゆえこう言ったほうがむしろよい。ノマディスムとは、砂漠化した場にとどまり棲息する者たちが、いまここの身体と行為によって、問いを未来に向けて投射しつづける行為なのだ、と。しかし、依然として問いが残存する。「我々の社会に可能なノマドとはいかなるものか、必要とあらば不動のままその場にとどまるノマドとはいかなるものか」。すでに轟きはじめている存在者たちのざわめきを聞き届けなければならない。

# 注

## 序

1 « Lettre à un critique sévère » (1973), in PP, 14.（一七頁）。「まず、哲学史の合理主義的伝統に反する作家が好きだった（ルクレティウス、ヒューム、スピノザ、ニーチェのあいだには、私にとって秘かなつながりがある。それは否定的なものへの批判、歓びの文化＝育成、内面性への憎悪、力と関係の外部性、権力への告発……などによって構成されるつながりだ）」。

2 MP, 460, 464-469.（下巻・五二、五八―六六頁）。

3 イゴール・クルトリカは、ドゥルーズ＝ガタリの「エクリチュールの独創的な実践」は、「新たな政治哲学」のためにあると指摘している。Cf. Igor Krtolica, *Gilles Deleuze*, PUF, 2015, pp. 65-66.

4 QPh, 16.（二三頁）。

5 « Les intellectuels et le pouvoir » (1972), in ID, 291.（下巻・一三三頁）。

6 NPh, 120-121.（二一二―二一三頁）。

7 LS, 322.（下巻・一七八頁）。「「哲学が何の役に立つのか」と尋ねる者に対しては、こう答えるべきである。自由な人間のイマージュを立ちあげること、おのれの権力を安定させるために神話と魂の混乱（トラブル）を必要とする一切の力を告発すること、この程度のことにでも関心を抱いている者が他にいるのか、と」。Cf. SPP, 39-40.（四九―五〇頁）、« Sur Nietzsche et l'image de la pensée » (1968), in ID, 191-192.（上巻・二九一頁）。

8 « Sur la philosophie » (1988), in PP, 185.（二七三頁）。「スピノザ＝ニーチェの偉大なる同一性」。

9 « La Vie comme œuvre d'art » (1986), in PP, 138.（二〇三―二〇四頁）。

10 François Zourabichvili, *Deleuze. Une Philosophie de l'événement*, PUF, 1994.（フランソワ・ズーラビクヴィリ『ドゥルーズ・ひとつの出来事の哲学』小沢秋広訳、河出書房新社、一九九七年）。ズーラビシヴィリの他のドゥルーズ論として、*Le Vocabulaire de Deleuze*, Ellipses, 2003 ; *La Littéralité et autres essais sur l'art*, PUF, 2011.

11 Alain Badiou, *Deleuze : « La clameur de l'Être »*, Hachette, 1997.（アラン・バディウ『ドゥルーズ　存在の喧騒』鈴木創士訳、河出書房新社、一九九八年）。

12 Arnaud Bouaniche, *Gilles Deleuze : Une Introduction*, Pocket, 2007.

13 Dork Zabunyan, *Gilles Deleuze : Voir, parler, penser au risque du cinéma*, Presses Sorbonne Nouvelle, 2006.

14 Annes Sauvagnargues, *Deleuze et l'art*, PUF, 2005 ; *Deleuze : L'Empirisme transcendantal*, PUF, 2009.

15 Pierre Montebello, *Deleuze*, Vrin, 2008.（ピエール・モンテベロ『ドゥルーズ　思考のパッション』大山載吉・原一樹訳、河出書房新社、二〇一八年）。

16 David Lapoujade, *Deleuze, les mouvements aberrants*, Minuit, 2014.（ダヴィッド・ラプジャード『ドゥルーズ　常軌を逸脱する運動』堀千晶訳、河出書房新社、二〇一五年）。

17 江川隆男『存在と差異　ドゥルーズの超越論的経験論』知泉書館、二〇〇三年。『死の哲学』河出書房新社、二〇〇五年。『アンチ・モラリア　〈器官なき身体〉の哲学』河出書房新社、二〇一四年。江川は、スピノザとアルトーとともに、ドゥルーズ＝ガタリの思考の原理にまで遡行し、その書き換えを呼びかける一連の強力な著作を刊行しつづけている。

18 小泉義之『生殖の哲学』河出書房新社、二〇〇三年。『ドゥルーズと狂気』河出書房新社、二〇一四年。

19 Manuel De Landa, *A Thousand Years of Nonlinear History*, Zone Books, 1997 ; *Intensive Science and Virtual Philosophy*, Continuum, 2002 ; *A New Philosophy of Society : Assemblage Theory and Social Complexity*, Continuum, 2006 ; *Deleuze : History and Science*, Atropos, 2010 ; *Philosophy and Simulation : The Emergence of Synthetic Reason*, Continuum, 2011.

20 Slavoj Žižek, *Organs without Bodies : Deleuze and Consequences*, Routledge, 2004.（スラヴォイ・ジジェク『身体なき器官』長原豊訳、河出書房新社、二〇〇四年）。

21 Peter Hallward, *Out of This World : Deleuze and the Philosohy of Creation*, Verso, 2006.（ピーター・ホルワード『ドゥ

ルーズと創造の哲学　この世界を抜け出て』松本潤一郎訳、青土社、二〇一〇年)。

22 Quentin Meillassoux, *Après la finitude : Essai sur la nécessité de la contingence*, Seuil, éd. revue 2013.（カンタン・メイヤスー『有限性の後で　偶然性の必然性についての試論』千葉雅也・大橋完太郎・星野太訳、人文書院、二〇一六年)。『亡霊のジレンマ　思弁的唯物論の展開』岡嶋隆佑・熊谷謙介・黒木萬代・神保夏子訳、青土社、二〇一八年。

23 Levi R. Bryant, *Difference and Givenness: Deleuze's Transcendental Empiricism and the Ontology of Immanence*, Northwestern University Press, 2008 ; *Democracy of Objects*, Open Humanities Press, 2011 ; *Onto-Cartography : An Ontology of Machines and Media*, Edinburgh University Press, 2014.

24 千葉雅也『動きすぎてはいけない　ジル・ドゥルーズと生成変化の哲学』河出書房新社、二〇一三年。

25 Guillaume Sibertin-Blanc, *Deleuze et l'anti-Œdipe : La Production du désir*, PUF, 2010 ; *Politique et État chez Deleuze et Guattari : Essai sur le matérialisme historico-machinique*, PUF, 2013.（ギヨーム・シベルタン＝ブラン『ドゥルーズ＝ガタリにおける政治と国家　国家・戦争・資本主義』上尾真道・堀千晶訳、書肆心水、二〇一八年)。

26 Nicholas Thoburn, *Deleuze, Marx and Politics*, Routledge, 2003.

27 佐藤嘉幸・廣瀬純『三つの革命　ドゥルーズ＝ガタリの政治哲学』講談社選書メチエ、二〇一七年。

28 Étienne Balibar, *Violence et civilité*, Galilée, 2010.

29 Jason Read, *The Politics of Transindividuality*, Haymarket Books, 2016.

30 具体的にはヒューム、ルソー、ベルクソン、ライプニッツ、カントをめぐる以下の五つの講義である。« Deleuze. Hume. »（『書簡とその他のテクスト』所収の« Cours sur Hume (1957-1958) »は、同書に注記がないものの、後年――時期は不明――に手直しされたと思しき版であり、元のタイプ原稿との若干の異同が確認される)。« Cours de M. Deleuze – Sorbonne 1959-1960. Rousseau »（「ルソー講義　1959-1960　ソルボンヌ」國分功一郎・長門裕介・西川耕平訳、『基礎づけるとは何か』所収、ちくま学芸文庫、二〇一八年)。« Cours de Mr Deleuze – Bergson. *L'Évolution créatrice* chapitre III » (mars-mai 1960) (« Cours sur le Chapitre III de *L'Évolution créatrice* de Bergson », in *Annales bergsoniennes II : Bergson, Deleuze, la phénoménologie*, PUF, 2004). « Cours de Mr Deleuze. Commentaire des

Opuscules de Leibniz : "Meditationes de cognitione, veritate et ideis" » (cours non daté). « Cours de M$^{r}$ Deleuze sur l'analytique des concepts dans la *Critique de la raison pure* de Kant » (cours non daté).

31　ドゥルーズの講義は、以下のインターネットサイトで閲覧可能である（http://www2.univ-paris8.fr/deleuze/）。膨大な量のドゥルーズ講義を参照する際には、Frédéric Astier, *Les Cours enregistrés de Gilles Deleuze 1979-1987*, Sils Maria, 2006 が最良の案内図となるだろう。近年、浩瀚な Marc Haas, *Le Cours de Gilles Deleuze, 1979-1987*, 5 volumes, Eidos, 2017 が刊行されたが、情報の羅列を超えるものではない。ドゥルーズの講義にかんするより緻密で網羅的な研究が待たれる。また、網羅的ではないが、ドゥルーズと親交があったエルドンのリシャール・ピナスが運営する WebDeleuze（https://www.webdeleuze.com/）にも、講義が掲載されている。

## 第I部

### 第一章第一節　生成変化の真理

1　IT, 187-188.（一九九―二〇〇頁）。

2　NPh, 117.（二〇六頁）。

3　ドゥルーズにおける哲学と芸術のかかわりについて、Cf. François Zourabichvili, « Kant avec Masoch », in *Multitudes*, 2006/2 N° 25, pp. 93-97.（フランソワ・ズーラビシヴィリ「カントとマゾッホ」小谷弥生訳、『ドゥルーズ　没後20年　新たなる転回』所収、河出書房新社、二〇一五年、六九―七三頁）。「日常的なもの」への批判について、David Lapoujade, *Deleuze, les mouvements aberrants*, *op. cit.*, pp. 13-14.（ラプジャード『ドゥルーズ　常軌を逸脱する運動』前掲書、一三―一四頁）。

4　運動‐イマージュ／時間‐イマージュの概念的な区分が、戦前／戦後という歴史的な区分とどうして合致するのか（あるいは、より一般的にいうなら、両者がいかに接合するのか）という周知の問題は、ひとまずここでは措く。この問題を指摘した有名な論文として、以下のランシエールを参照のこと。Jacques Rancière, « D'une image à l'autre ? Deleuze et les âges du cinéma », in *La Fable cinématographique*, Seuil, 2001.（ランシエール「あるイメージから別のイメージへ？　ドゥルーズと映画の諸時代」三輪誠一郎訳、『Vol』vol.2所収、以文社、二〇〇七年）。

5 『襞』においては、「バロック的な物語」との関連で、ジュネットへの言及がなされている。Gérard Genette, « D'un récit baroque » in *Figures II*, Seuil, 1969.（ジェラール・ジュネット「あるバロック的物語について」、『フィギュールII』所収、花輪光訳、書肆風の薔薇、一九八九年）。Cf. PLB, 82, n. 3.（一〇七頁、注三）。

6 IT, 170.（一八一頁）。

7 Cours du 8 novembre 1983. « Alors, si j'essayais de donner... »「さて、今年度にやろうと思っていることに、便宜上、題名をつけることにすると、それは正確に、だいたいのところ正確に言うなら、こういったものになるでしょう。つまり、「時間と真理――偽造者」です」。

8 Cours du 8 novembre 1983. « cette forme du vrai défini par... »

9 プラトン『ティマイオス』種山恭子訳、『プラトン全集12』所収、岩波書店、一九七五年、37e-38a. 同様に、アリストテレス『自然学』内山勝利訳、『アリストテレス全集4』岩波書店、二〇一七年、221a-b.

10 ライプニッツ『弁神論』佐々木能章訳、『ライプニッツ著作集6』所収、工作舎、一九九〇年、第一部、第四〇節に加え、「神の大義」佐々木能章訳、『ライプニッツ著作集7』所収、工作舎、一九九一年、第一七節参照。

11 Cours du 7 février 1984. « Voilà exactement ce que dit Platon... »『ティマイオス』について、Cf. NPh, 33.（七〇―七一頁）。『ニーチェと哲学』では、「大地＝生成変化」について言われる「天空＝存在」という対比がなされ、《存在》が天空に位置づけられている。NPh, 29-30.（六四―六七頁）。

12 LS, 297.（下巻・一四一頁）。

13 MP, 447.（下巻・三二―三三頁）。

14 Cours du 20 décembre 1983. « vous savez ce que Platon appelle... » 以下参照。

15 DR, 242-243.（下巻・五九―六〇頁）。

16 Cf. Émile Bréhier, *La Théorie des incorporels dans l'ancien stoïcisme*, Vrin, 1962 (1908), pp. 20-22.（エミール・ブレイエ『初期ストア哲学における非物体的なものの理論』江川隆男訳、月曜社、二〇〇六年、三八―四二頁）。

17 Cours du 29 novembre 1983. « Si bien que la crise du concept de vérité... »

## 第一章第二節　過去／未来の脱臼

1 IT, 170.（一八一―一八二頁）。Cf. Pierre-Maxime Schuhl, *Le Dominateur et les possibles*, PUF, 1960, pp. 23-24, 37-39, 70-73, 79-81. ドゥルーズが参考文献として指示するシュールの著作は、偶然的な未来をめぐる議論を概括したものだが、p. 3 に「ジル・ドゥルーズ氏とレーモン・ヴェール氏は、ゲラ刷の校正を補佐してくれた。心から感謝したい」とある。同書が刊行されたのは、一九五三年のヒューム論と一九六二年のニーチェ論の刊行のあいだの、いわゆる空白期である。

2 アリストテレス『命題論』早瀬篤訳、『アリストテレス全集1』所収、岩波書店、二〇一三年、19a.

3 アリストテレス『命題論』前掲書、18b.

4 Cours du 29 novembre 1983. « Pourquoi des ennuis arrivent... »

5 Cours du 29 novembre 1983. « A quel prix je viens de sauver... »

6 Jules Vuillemin, *Nécessité ou contingence : L'Aporie de Diodore et les systèmes philosophiques*, Minuit, 1984, p. 19.

7 Cf. Serge Margel, *Destin et liberté : La Métaphysique du mal*, Galilée, 2002, pp. 38-39.

8 キケロ『宿命について』水野有庸訳、『世界の名著13』所収、中央公論社、一九六八年、第七節。Cf. Émile Bréhier, *Chrysippe et l'ancien stoïcisme*, Éditions des archives contemporaines, 2005 (1910), p. 189.

9 IT, 170.（一八一頁）。

10 初期ストア派の哲学者クレアンテスへのドゥルーズの共感は、クレアンテスが過去の必然性を否定するところに由来する。Cours du 29 novembre 1983. « Non plus Chrysippe mais Cléanthe... » 以下参照。同様に、Cours du 29 novembre 1983. « Je me sens très attiré par Cléanthe... »

11 QPh, 107.（一九三頁）。Cf. F, 127.（二二六頁）。

12 ジョルジョ・アガンベン『スタンツェ　西洋文化における言葉とイメージ』岡田温司訳、ちくま学芸文庫、二〇〇八年、三一五頁。キルケゴールについて、cf. DR, 126-127.（上巻・二五九―二六一頁）。

13 IT, 135-137, 172-174.（一四二―一四五、一八三―一八五頁）。

14 IT, 136.（一四三―一四四頁）。Cf. Cours du 22 novembre 1983.

15 IT, 179.（一九一頁）。

16 Henri Bergson, *L'Évolution créatrice* (1907), in *Œuvres*, édition du Centenaire, PUF, 1959, p. 675.（アンリ・ベルクソン『創造的進化』合田正人・松井久訳、ちくま学芸文庫、二〇一〇年、二七〇頁）。

17 B, 115.（一二四頁）。Cf. B, 109.（一一八頁）。

18 Cours du 10 mars 1987. « toute conjonction est nouvelle... » 以下参照。同日の講義にはイザベル・スタンジェールが参加している。

19 DR, 111.（上巻・二二八頁）。

20 計画とその実現のあいだにある計算不可能なものをめぐって、Cf. Bernard Ogilvie, « L'inévaluable », in *Le Travail à mort au temps du capitalisme absolu*, Arachnéen, 2017, pp. 134 sq.

21 Cf. CC, 83-84.（一三六―一三七頁）。

22 IT, 332.（三五〇頁）。パリ・コミューンについて、ナショナリズムの役割を切り下げ、国際的な行為者たちの犇めきを取りあげたものとして、cf. Kristin Ross, *Communal Luxury : The Political Imaginary of the Paris Commune*, Verso, 2016.

23 哲学史について、PP, 14-15.（一六―一八頁）。パレスチナの歴史について、DRF, 184, 221-222.（上巻・二八四頁、下巻・六四頁）。

1 LS, 15.（上巻・二四頁）。Cf. LS, 198.（上巻・二九四頁）。「ストア派の思想の最も野心的な点のひとつは、因果関係の切断である」。

2 キケロ『宿命について』前掲書、第一八節。また同書、第九節を参照。「たまたま先行しているだけの原因と、必然的にある結果をもたらす効力を自らのなかに含み込んでいるような原因との間には、違いがあるということなのだ」。Cf. Bréhier, *Chrysippe et l'ancien stoïcisme, op. cit.*, pp. 192-193.

3 Bréhier, *Chrysippe et l'ancien stoïcisme, op. cit.*, pp. 186-187.

4 Bréhier, *Chrysippe et l'ancien stoïcisme, op. cit.*, p. 183, n. 2.

5 アリストテレス『命題論』前掲書、19a.

6 キケロ『宿命について』前掲書、第一三節。Cf. LS, 15, n. 3, et 200.（上巻・二八頁、三三頁注三、二九七頁）。

7 キケロ『宿命について』前掲書、第一五節参照。「例えば、「私がマルスの野に下りていく」ということは、なぜ私がボールで遊ぶかということの原因ではないし、アレクサンドロスを産んだからといってヘカベーはトロイアの破滅の原因ではないし、クリュタイメーストラーを子にもうけたからといってテュンダレオースはアガメムノーンの破滅の原因ではない。そんなものを原因と見なすなら、旅人が立派な身なりをしているということが、強盗がその人を襲うことの原因であることになってしまうだろう」。

8 LS, 198.（上巻・二九四―二九五頁）。同様に、Cf. LS, 15, 312.（上巻・二四―二五頁、下巻・一六四―一六五頁）。

9 Bréhier, *La Théorie des incorporels dans l'ancien stoïcisme, op. cit.*, pp. 6-7.（ブレイエ『初期ストア哲学における非物体的なものの理論』前掲書、一六―一八頁）。

10 Bréhier, *La Théorie des incorporels dans l'ancien stoïcisme, op. cit.*, p. 34.（ブレイエ『初期ストア哲学における非物体的なものの理論』前掲書、六〇頁）。

11 付記しておくなら、『アンチ・オイディプス』における生産の秩序、すなわち、生産によって生み出される産物そのものが、別の生産のなかにただちに組み込まれるとする議論は、『意味の論理学』における原因の論理を踏襲したものである。それは、『アンチ・オイディプス』で言われているように（あるいは、ヘーゲルも『哲学史講義』で述べているように）、スピノザ的な実体の原理である。

12 Bréhier, *La Théorie des incorporels dans l'ancien stoïcisme, op. cit.*, p. 26.（ブレイエ『初期ストア哲学における非物体的なものの理論』前掲書、四七―四八頁）。

13 Bréhier, *La Théorie des incorporels dans l'ancien stoïcisme, op. cit.*, p. 23.（ブレイエ『初期ストア哲学における非物体的なものの理論』前掲書、四二頁）。「命題は、いかなる内属の主体もなしに、事実を表現する」。これは、ライプニッツにおける主体概念との強い対比をなす。

14 ES, 3-4.（七―九頁）。

15 ヒュームとカントの対比をめぐって、Cf. ES, 123-126.（一七四―一七八頁）。

16 カント批判として、ヒューム論に加えて、『ニーチェと哲学』を参照のこと。NPh, 104.（一八四―一八五頁）。「また実際には、カントは内在的批判という彼の企てを実現していない。超越論哲学が発見する条件は、なおも条件づけられるものの外部にとどまりつづけているのだ。超越論哲学は条件づけの原理であるが、内的な発生の原理ではない。我々が問うのは理性そのものの発生であり、また悟性とその諸カテゴリーの発生である。悟性と理性の諸力はいかなるものであるか。理性のなかに身を隠し、そこでおのれを表現する意志とはいかなるものであるか」。同様に、Cf. pp. 102-103.（一八〇―一八三頁）。ドゥルーズによる一九六〇年前後のカント講義は、『純粋理性批判』において換骨奪胎しうる点を探るかのように、カテゴリーや、三つの綜合、統覚をめぐって展開されている。Cf. « Cours de M' Deleuze sur l'analytique des concepts dans la *Critique de la raison pure* de Kant », pp. 3-4, 9, 16-21. このカント講義末尾には、「カントは意味の論理学をつくりだした（Kant a fait une logique du sens）」との文言も見られる（下線強調原文）。

17 Bréhier, *La Théorie des incorporels dans l'ancien stoïcisme, op. cit.*, p. 13.（ブレイエ『初期ストア哲学における非物体的なものの理論』前掲書、二七―二八頁）。

18 LS, 200.（上巻・二九七―二九八頁）。『襞』においてもストア派からライプニッツへとダイレクトに連なる系譜が強調されている。PLB, pp. 71-72.（九二頁）。「述語が動詞であるということ、そして動詞が繋辞と属詞に還元できないということ、これこそがライプニッツの出来事概念の基礎である。出来事が概念の状態にまで高められるに値すると、初めて判断されたのはストア派によってであり、彼らは出来事を、属性にも性質にもすることなく、命題の主語の非物体的な述語としたのだ（「木は緑である」ではなく、「木が緑になる……」）。こうして彼らは、命題は物について、ひとつの「存在様式」を言表し、アリストテレス的な本質－偶有性という二者択一におさまらないひとつの「相」を言表していると結論したのである。動詞「である」に代えて「生起する」をおき、本質に代えて様式をおいたのだ」。

### 第二章第一節　ライプニッツの舞台装置——神の能力論と出来事の場

1　ライプニッツからの引用に際しては、以下の日本語訳に依り、「前掲書」という表記は省略する。また文脈に合わせて訳文を変更した箇所があることをお断りしておく。『形而上学叙説』清水富雄・飯塚勝久訳（『ライプニッツ』所収、中公クラシックス、二〇〇五年）。『ライプニッツ－アルノー往復書簡』橋本由美子監訳、秋保亘・大矢宗太朗訳（『形而上学序説　ライプニッツ－アルノー往復書簡』所収、平凡社ライブラリー、二〇一三年）。『人間知性新論』谷川多佳子・福島清紀・岡部英男訳（『ライプニッツ著作集4・5』工作舎、一九九三―一九九五年）。『弁神論』佐々木能章訳（『ライプニッツ著作集6・7』所収、工作舎、一九九〇―一九九一年）。『ライプニッツとクラークとの往復書簡』米山優・佐々木能章訳（『ライプニッツ著作集9』所収、工作舎、一九八九年）。『モナドロジー』清水富雄・竹田篤司訳（『ライプニッツ』中公クラシックス所収、前掲書）。「二四の命題」酒井潔訳（『ライプニッツ著作集8』所収、工作舎、一九九〇年）。「事物の根本的起原」清水富雄訳（『ライプニッツ』中公クラシックス所収、前掲書）。「神の大義」佐々木能章訳（『ライプニッツ著作集7』所収、前掲書）。「必然性と偶然性——コストへの手紙」清水富雄訳（『ライプニッツ』中公クラシックス所収、前掲書）。ライプニッツの原文は、『意味の論理学』でもちいられるポール・ジャネ版（*Œuvres philosophiques de Leibniz*, avec une introduction et des notes par Paul Janet, 2 vols, Ladrange, 1866）に加え、『襞　ライプニッツとバロック』で主にもちいられるゲルハルト版『ライプニッツ哲学著作集』（*Die philosophischen Schriften von Gottfried Wilhelm Leibniz*, herausgegeben von C. I. Gerhardt, 7 Bd., 1875-1890）を参照した。

2　SPE, 22.（一七頁）。

3　PCK, 15-17.（二五―二八頁）。Cf. « Cours de Mr Deleuze sur l'analytique des concepts dans la *Critique de la raison pure* de Kant », p. 24. カント論に加えて、『ニーチェと哲学』第三章第九節を参照。同様に、『千のプラトー』においてドゥルーズ＝ガタリが、戦争機械と国家装置の関係を考察する際にも、この両者を区別したうえで、どちらが他方を領有し、優位に立つかにもとづいて、異なる事態が析出されていた。そもそも外在的であるにもかかわらず、国家装置が戦争機械を領有する場合、戦争は国家の戦争となり、反対に、戦争機械が国家装置を領有する場合、ポスト・ファシズム的な体制が生まれる、という具合にである。この方法は、戦争機械と国家装置以外にも、『千のプラトー』の様々な箇所でもちいられている。この論点については、第Ⅲ部でふたたび立ち戻ることにしたい。

4　ライプニッツ『弁神論』第一部、第七節。『モナドロジー』第四八、五五節。ライプニッツにおける神の本質の三つの項について、Cf. Gaston Grua, *Jurisprudence universelle et théodicée selon Leibniz*, PUF, 1953, pp. 119-131, 251-260. グリュアはこの伝統的な区分をもちいて様々な哲学者における神概念を比較している。グリュアの研究は、存在の一義性の系譜のなかにライプニッツを位置づけている点でも貴重である。「彼〔ライプニッツ〕はスアレスよりも、さらにはスコトゥスよりも遠くまで、普遍存在の一義性を推し進めているのであって、類比が一義性を弱めにやって来ることは滅多にない。なぜなら彼は有限者と無限者との対照を、度合の差異へと還元しようとするからである。したがって彼はスアレスよりも厳格なしかたで、神さえも、正義という共通概念に服させうるのである」(p. 20)。存在の一義性と類比について、Cf. *Ibid.*, pp. 31-55.

5　ただしライプニッツは、神の力能に直接よらない説明も同じく用いている。それによれば、可能的なものはそれじたいで、おのれを現実化する傾向を持つ。ライプニッツ「二四の命題」第五―一一節、「事物の根本的起原」二〇五―二〇九頁参照。

6　ライプニッツにおいて必然的な真理は、神の自由意志には決してよらないものである。というのも、「本質は、意志を考察するよりも前に、神の知性のうちにある」からである（『ライプニッツ－アルノー往復書簡』一八一頁）。「必然的真理というものは矛盾の原理および本質そのものの可能性あるいは不可能性にもとづくのであって、そのかぎりでは神または被造物の自由意思となんのかかわりも持たない」（『形而上学序説』第一三節）。必然的真理ばかりでなく、偶然的真理の可能性もまた、知性の永遠性に宿るものである。また、ライプニッツによるピエール・ベールへの反駁のひとつは、神はおのれの望みどおりに、自然法則を変えることができない、という点にかかっている（『弁神論』第三部、第三二七、三四〇節）。

7　SPE, 176.（一九七頁）。

8　伝統的な神における知性、意志、力能という三項と、スピノザにおける神の規定について、cf. Martial Gueroult, *Spinoza I : Dieu*, Aubier-Montaigne, 1968, pp. 378, 382-386.

9　ライプニッツ『弁神論』第一部、第二〇節。「神の大義」第七節。

10　ライプニッツ『弁神論』第一部、第四〇節、「神の大義」第一四―一七節。ライプニッツにおける三種類の知の区分、および中間の知について、Cf. Grua, *Jurisprudence universelle et théodicée selon Leibniz*, *op. cit.*, pp. 292-293. Margel, *Destin et liberté*, *op. cit.*, pp. 48-49.

11　ライプニッツ『モナドロジー』第三三節、『ライプニッツ―アルノー往復書簡』一六二―一六四、一八〇、二〇四―二〇五頁を参照。

12　Deleuze, « Commentaire des opuscules de Leibniz. "Meditationes de cognitione, veritate et ideis" », p. 27. 加えて、神の実存が「形而上学的ないし絶対的必然性」と呼ばれ、神による世界の選択が「道徳的な必然性」と呼ばれる。

13　『ライプニッツ―アルノー往復書簡』一六二頁。ライプニッツ『弁神論』第一部、第三七節。

14　『ライプニッツ―アルノー往復書簡』一一五頁。

15　LS, 69.（上巻・一〇六頁）。Cf. pp. 157, 158.（上巻・二三三、二三四頁）。「深層と高みに対する二重の闘争を行う表層のヘラクレス」。「前ソクラテス的な者とプラトンに対抗するストア派の大発見は、高みと深層から独立し、高みと深層に対抗する、表層の自律である。すなわち、深層の物体にも高みのイデアにも還元不可能な、非物体的な出来事、意味や効果の発見である」。

16　MP, 507-508.（下巻・一二一―一二二頁）。同様に、MP, 454-455（下巻・四三―四四頁）を参照のこと。「フッサールは、漠然とした、つまり放浪的あるいは遊牧的な形態的本質を対象とする原幾何学について語っている。この本質は、感覚的事物と区別されるだけでなく、理想的な本質、つまり王道的ないし帝国的本質からも区別されるような本質である。〔……〕つまり、感覚的事物のように不正確ではなく、また理想的本質のように正確でもないが、非正確でしかも厳密（「偶然ではなく本質的に非正確」）な科学であると言えよう。円は理想的で有機的な固定した本質であるが、丸とは円や丸いもの（花瓶、車輪、太陽）から同時に区別される漠然とした流動的本質である」。同様に、Cf. Jacques Derrida, « Introduction », in Edmund Husserl, *L'Origine de la géométrie*, traduction et introduction par Jacques Derrida, PUF, 2e éd. revue, 1974, pp. 131-133.（ジャック・デリダ「『幾何学の起源』序説」、エドムント・フッサール『幾何学の起源』所収、田島節夫・矢島忠夫・鈴木修一訳、青土社、一九八八年、一九九—二〇一頁）。

17 MP, 506.（下巻・一一九頁）。

18 « Note pour l'édition italienne de *Logique du sens* » (1976), in DRF, 60.（上巻・八八—八九頁）。

19 PLB, 20-21, 23, 34.（二七—二九、三一、四四頁）。「屈折」について、cf. Cours du 28 octobre et du 4 novembre 1986.

20 PLB, 27, 38.（三六、四九頁）。講義において、「オブジェクティル（objectile）」は、「投射物（projectile）」と対比される。Cf. Cours du 4 novembre 1986. « L'objet chez Leibniz est... »

21 LS, 68-69.（上巻・一〇六頁）。「出来事は永遠真理を有している。出来事の時間は、出来事を実現して現実存在させる現在では決してなく、むしろ限界なきアイオーンであり、出来事がそこで存続し、存立する《不定法》である」。

### 第二章第二節　知性の眩暈、可能事の消尽

1 ライプニッツ「必然性と偶然性——コストへの手紙」二一八、二二二—二二三頁。

2 Deleuze, « Commentaire des opuscules de Leibniz. "Meditationes de cognitione, veritate et ideis" », p. 25. ドゥルーズが留保するのは数学の法則のみである。

3 ライプニッツのいう「形而上学的な悪」の可能性、すなわち、神の知性のうちに存在する永遠的な悪は、道徳から

自律する知性にその起源を持っている。そして、道徳的な意志は最善世界において悪を結果的に追認し、力能がそれを地上に誕生させるのである（そうでなければ、神はこの世に存在する悪を知的に理解できないことになる）。

4　ライプニッツ『弁神論』第一部、第二〇節。

5　『ライプニッツ－アルノー往復書簡』一一五—一一六頁。

6　『ライプニッツ－アルノー往復書簡』一六八—一六九頁。同じく『弁神論』第一部、第九節を参照。

7　Cours du 22 avril 1980. « la proposition «Adam a péché» doit être... » 同様に、ライプニッツ『モナドロジー』第三六節を参照。「十分な理由（充足理由）は、偶然的真理ないし事実の真理のなかにも必ず見出される。すなわち、被造物の世界に広がる事物のつながりのなかにも、必ず見出される。自然の事物の多様さは膨大なものであり、物体の分割は無限になされるために、個々の理由への分解は、際限なき細部にまでおよぶだろう。過去・現在の形や運動が無限にあって、それが現在私がものを書くことの動力因に入りこんでいる。また私の魂の微小な傾向や態勢が無限にあって、それが目的因に入りこんでいるのだ」。

8　ただし、ここでは無数の諸可能世界すべてを語る視点が神的なものにほかならない、という点には注意しておかねばならない。ライプニッツの可能世界論が、神の無限知性にもとづいて構想された全体化するシミュレーションであり、この全体化する視点の位置の超越性そのものが、世界を知性のなかへと幽閉することを可能にする。もはや諸世界全体を外部から俯瞰するような視点を持たないとき、ライプニッツの体系はどのようなものになるだろうか。世界同士のあいだの窮極的な境界線を設定することができなくなるとするなら、どういった事態が生起するだろうか。

9　「水中バレエ」の譬喩について、Cours du 4 novembre 1986. « ballet nautique ». Cf. Cours du 12 mai 1987. « Si Dieu est une monade... »

10　PLB, 56.（七二—七三頁、強調原文）。

11　PLB, 115.（一四九頁）。Cf. PLB, 114-118, 124.（一四九—一五四、一六〇—一六一頁）。潜在性、微小知覚、眩暈について、ライプニッツ『形而上学序説』第八、一三節、『モナドロジー』第二〇—二五節を参照。

12　PLB, 118.（一五四頁）。

13　Bertrand Russell, *A Critical Exposition of the Philosophy of Leibniz*, Spokesman, 2008 (1900, 1937), pp. 9-10.「現実存在は、様々な述語のなかで唯一、現実存在する主体〔主語〕の概念のなかに含まれていない。したがって、神の現実存在の場合を除いて、現実存在にかんする命題は綜合的であり、もし仮に、現に現実存在している主体が現実存在していなくとも、いかなる矛盾もないだろう。必然的命題そのものは分析的であり、綜合命題はつねに偶然的なのである」。同様に『弁神論』第一部、第七節を参照のこと。フランス哲学において、現実存在の問題が、理性の外部と結びつくという点について、Cf. Vincent Descombes, *Le Même et l'autre : Quatre-cinq ans de philosophie française (1933-1978)*, Minuit, 1979, pp. 32-33.（ヴァンサン・デコンブ『知の最前線』高橋允昭訳、TBSブリタニカ、一九八三年、二八頁）。デコンブは、この問題のカント的な側面を指摘しているが、同様の問題は、ライプニッツにもヒュームにも見出される。ドゥルーズは、『差異と反復』において、「概念的差異」としてこの点を批判的に展開していた。

14　Deleuze, « Commentaire des opuscules de Leibniz. “Meditationes de cognitione, veritate et ideis” », p. 25.「スピノザも同様に本質に実在性を認めるのだが、スピノザにおいて実在的であることが意味するのは、本質が論理的な可能性であることではなく、自然的〔物理的〕存在であることなのである」。

15　『シネマ』において、ライプニッツの円錐曲線が、ベルクソンの円錐という比喩形象を揺さぶる斜線を引いているとする読解について、福尾匠『眼がスクリーンになるとき　ゼロから読むドゥルーズ『シネマ』』フィルムアート社、二〇一八年、一八四―一八五頁参照。

16　多次元多様体とその切断面について、B, 95, n. 1.（原注一二九）。MP, 307-308.（一八七―一八九頁）。

17　ライプニッツ「事物の根本的起原」二〇六―二〇七頁。「そしてここでは、時間、場所、一言で言えば世界の受容力あるいは包含力が、費用とか地面だと考えられうるなら、その地面にできるだけ都合よく建築がなされ、しかも形の多様さが建築の便利さとか、部屋の数や優美さなどに応ずるというわけである。またこれは、ある法則に従って、テーブルのあらゆる場所をみたすことになっている、一種の遊戯にもたとえられる。〔……〕時間、場所（すなわち現実存在の可能性の秩序）の包含力に応じて、できるかぎり多くのものが現実存在することになる。それはちょうど、定められた領域のなかに、できるかぎりたくさん収まるように、タイルを並べるようなものである」。

18 ライプニッツ『弁神論』第一部、第二〇節。

19 Cours du 27 janvier 1987. « une immense pyramide, qui a bien un sommet... »「広大なピラミッドには、ひとつの頂点がありますが、終わりはありません。〔……〕このことが意味するのは、無限個の可能世界のなかには、たしかに最善世界は存在しても、最悪世界は存在しないということなのです。下方へは無限に行くことができますが、上方へは無理なのです。最大はあっても、最小はありません」。このすぐあとでドゥルーズが指摘するように、ライプニッツにおいて、最大と最小は、同じ類型のものではない。それはある意味、実定性と否定性の差であり、最悪世界——実在性が最低の度合の世界——を認めることは、否定性の存在を認めることにつながりかねない。これは、ライプニッツにおいては窮極の悪であり、たとえ可能世界としてであれ、悪しか存在しないような世界である。

20 EPU, 57.（七頁）。

21 PLB, 82.（一〇七頁）。

22 SPE, 306.（三五〇頁）。

23 F, 93-96.（一六〇—一六六頁）。Cf. Maurice Blanchot, *L'Entretien infini*, Gallimard, 1969, pp. 57-69.（モーリス・ブランショ『終わりなき対話Ⅰ　複数性の言葉（エクリチュールの言葉）』湯浅博雄・上田和彦・郷原佳以訳、筑摩書房、二〇一六年、一一五—一三三頁）。

24 「不充足理由律」とは、ドゥルーズの引用するムージルの言葉である。CC, 105, n. 14.（一八八頁、注一四）。ローベルト・ムジール『特性のない男1』高橋義孝・圓子修平訳、新潮社、一九六四年、一四一—一四四頁参照。不充足理由律とライプニッツ、新カント派、実存主義との関連について、cf. Olivier Feron, « La modernité entre la théodicée et le principe de raison insuffisante », in Juan Antonio Nicolás (Hg.), *Leibniz und die Entstehung der Modernität*, *Studia Leibnitiana*, Bd. 37, Franz Steiner Verlag, 2010, pp. 130-133.

1　IT, 109.（一一二頁）。「時間はこうした分裂からなっている。そして、水晶のなかに人が見るのは、まさしくこうした分裂であり、時間なのである。クリスタル－イマージュが時間なのではなく、水晶（クリスタル）のなかに時間が見えるのだ」。

2　Cours du 29 novembre 1983. « le palais du père, de Jupiter... »

3　IT, 171, n. 5.（第六章、注五）。ドゥルーズが論じているのは、ライプニッツ『弁神論』第三部、第四一四－四一六節である。

4　可能世界間を放浪する「曖昧な人物」について、Cf. LS, 139.（上巻・二〇六頁）。

5　NPh, 117.（二〇六頁）。Cf. p. 211.（三五六頁）。「世界は真なるものでも、現実的なものでもなく、生きているものである。そして、生ける世界とは、力能の意志であり、多様な力能のもとで実現される虚偽の意志である」（強調原文）。

6　Cf. Levi R. Bryant, *Difference and Givenness : Deleuze's Transcendental Empiricism and the Ontology of Immanence*, Northwestern University Press, 2008, p. 189.

7　ドゥルーズは原稿を準備せずに講義を行っており、そこで使用される言い回しが、その場かぎりのものであるという可能性をたえず考慮しておく必要がある。だが同時に、刊行された著作において、省略されたかたちであれ、同種の表現がもちいられている場合は、講義で使用される言い回しに注目することは、十分に正当化しうることであるように思われる。ドゥルーズの講義は即興的でありながら、きわめて周到に準備されたものであった。口頭での言い回しが著作とほとんど同じであることもしばしばあり、彼の文章のリズムの一部は、音響的な感覚によって支えられているとも言えるだろう。

8　Cours du 29 novembre 1983. « Comment vous expliquez-vous... »

9　DR, 4-5.（上巻・一八－一九頁）。「実在する過去の哲学書が、あたかも想像上の贋物の書物であるかのように語ることに成功せねばならないだろう。周知のように、ボルヘスは、想像上の書物を報告することにかんして卓越した腕を振るう。しかし、彼がさらに遠くまでゆくのは、たとえば『ドン・キホーテ』のような実在する書物があたかも、想像上の作者ピエール・メナールによって複製された想像上の書物であるかのように見なしておいたうえで、今度はこの想像上の作者を実在の人物だと見なすようなときである。このとき、最も正確で厳密な反復が、その相関項として、最大限の差異を持つのである（「セルヴァンテスのテクストとメナールのテクストは言葉のうえでは同一であるが、しかし後者のほうが、ほとんど無限に豊かである……」）。〔……〕。それゆえ、哲学史の諸報告は、分身的存在を持つのであり、そして、古いテクストと現在のテクストの相互間における純粋な反復を、理想的な分身として持つのである。それゆえ我々は、こうした分身的存在にアプローチするために、ときには歴史的な注解を、我々のテクストじたいに組み込まなければならなかった」。

10　Cours du 20 mai 1980. « Kant est le premier à nous dire... »

11　B, 77-80.（八五―八八頁）。同様に、ジャン・ヴァール経由で、ドゥルーズが早くから読んでいたと推察されるホワイトヘッドの名前を挙げることもできるだろう。A・N・ホワイトヘッド「同時性の問題」、『ホワイドヘッド著作集第4巻　自然という概念』所収、藤川吉美訳、松籟社、一九八二年参照。加えてハイデガー『現象学の根本問題』木田元監訳、平田裕之・迫田健一訳、作品社、二〇一〇年、三九〇頁参照。「どうして様々な存在者や様々な運動体が時間のうちにあることができるのか。しかも、どうして、様々であるのに、同じ時間のうちにあることができるのか。換言すれば、同時性はいかにして可能なのか。周知のように、同時性についての問い、もっと正確に言うなら、同時に起こる出来事の間主観的な確認の可能性についての問いは、相対性理論の根本問題の一つです」。

12　Cours du 29 novembre 1983. « Dans toutes les fictions... » Cf. Jorge Luis Borges, *Fictions*, traduit de l'espagnol par P. Verdevoye, Ibarra et Roger Caillois, Gallimard, coll. « folio », 1983, p. 100.（ボルヘス「八岐の園」、『伝奇集』所収、鼓直訳、岩波文庫、一九九三年、一三二―一三三頁）。

13　Cours du 20 mai 1980. « l'espace, c'est l'ordre des... » また『ライプニッツとクラークとの往復書簡』、「五．ライプニッツの第三の手紙」第四節、二八五頁、「ライプニッツの第五の手紙・第四返書」第四六―四七節、三五一―三五五頁を参照。

14　ライプニッツ『弁神論』第一部、第八節。付記しておくなら、ドゥルーズは『スピノザと表現の問題』においても、ライプニッツが祓い除けた「危険」にふれている。それは、汎神論という危険であった。これに対し、スピノザは汎神論ないしは内在という危険に賭けたと評価される。SPE, 307-309.（三五一―三五四頁）を参照。

15 IT, 170-171.（一八二頁）。

16 IT, 133.（一四〇頁）。

### 第二章第四節　自我論への変奏

1 LS, 205.（上巻・三〇五頁）。Cf. LS, 203-204.（上巻・三〇二頁）。「三種類の綜合が区別される。結合の綜合（もし……ならばそのときは）は、ひとつの系列の構築にかかわる。連接の綜合（かつ）は、収束する複数の系列を構築する手法である。離接の綜合（あるいは）は、発散する複数の系列を割り振る」。付記しておくなら、『アンチ・オイディプス』では、同じ術語を引き継ぎながら、「自我」と「世界」が入れ替わり、「自我」には「連接（conjonction）」が、「世界」には「結合（connexion）」が対応するようになる。「離接」が「神」に対応する点には変更がない。

2 LS, 204.（上巻・三〇三頁）。

3 『ライプニッツ－アルノー往復書簡』一一五頁。同様に、『形而上学序説』第八節参照。

4 こうした点にかんしては、アプリオリな綜合命題の可能性を探ったカントが、「実在の総体（*Omnitudo realitatis*）」、つまり可能的なあらゆる述語の総体という理念を仮定したあと、そのなかの述語を限定し絞り込むことによって、個物の述語の完全な規定を得ることができるという純粋理性の理想を論じたときにも、同じことが言えるだろう。悟性が決して辿りつくことのできないこの理念的な規定において、一定の述語は主語から超越論的に排除されるのである。カント『純粋理性批判』熊野純彦訳、作品社、二〇一二年、B600-607. ドゥルーズによるカントの選言命題への批判について、Cf. LS, 343-344.（下巻・二一二―二一四頁）。

5 『ライプニッツ－アルノー往復書簡』一六九―一七〇頁。

6 『ライプニッツ－アルノー往復書簡』一六六頁。

7 『ライプニッツ－アルノー往復書簡』一六八頁参照。

8 Christiane Frémont, *L'Être et la relation*, Vrin, $2^e$ éd. revue et augmentée, 1999, p. 54.

9 PLB, 188.（二三七頁）。

10 PLB, 174.（二二〇―二二一頁）。

11 二重の裏切りをめぐって、MP, 154-155.（上巻・二五五―二五六頁）。

12 LS, 338-342.（下巻・二〇六―二一〇頁）。

13 『ライプニッツ―アルノー往復書簡』一六〇頁。

14 PLB, 84.（一一〇頁）。

15 CC, 105.（一七一―一七二頁、一八八頁注一四）。

16 LS, 134-135.（上巻・二〇〇―二〇一頁）。

17 « Sur Nietzsche et l'image de la pensée » (1968), in ID, 195.（上巻・二九六頁）。

18 Cours du 20 mai 1980. « De l'autre côté, Kant surgit... »

19 Cf. ES, 109.（一五三―一五四頁）。ドゥルーズは最初期から、関係の外在性をめぐって、Jean Wahl, *Les philosophies pluralistes d'Angleterre et d'Amérique*, F. Alcan, 1920 を参照している。

20 LS, 139.（上巻・二〇七頁）。

21 « L'Immanence : Une Vie... » (1995), in DRF, 359.（下巻・二九五頁）。

22 LS, 204.（上巻・三〇三頁）。「概念の同一性のために、一定数の述語が事物から排除される代わりに、それぞれの「事物」は無数の述語へと開かれ、それを経由してゆく。そして同時に、事物はおのれの中心を、すなわち概念や自我としてのおのれの同一性を喪失するのだ。述語の排除に、出来事の交流が取って替わる」。Cf. p. 344.（下巻・二一三―二一四頁）。

23 LS, 200-201.（上巻・二九八頁）。Cf. Sean Bowden, *The Priority of Events : Deleuze's* Logic of Sense, Edinburgh University Press, 2011.

24 F, 125.（二二二頁）。「外に宙吊りにされたまま、関係のなかに入ることも、統合されるがままになることもない野生の特異性（des *singularités sauvages*）……」。

25 PLB, 189.（二三七頁）。

26 LS, 139.（上巻・二〇七頁）。

27 LS, 135.（上巻・二〇二頁）。

28 Marguerite Duras, *La Maladie de la mort*, Minuit, 1982, p. 52.（マルグリット・デュラス『死の病い・アガタ』小林康夫・吉田加南子訳、朝日出版社、一九八四年、四五頁）。

29 PLB, 111.（一四三頁）。

30 PLB, 111-112.（一四三―一四四頁）。

31 EPU, 67-69.（一五―一七頁）。Cf. ACE, 27-29.（上巻・四七―五〇頁）。

## 第三章第一節　世界の論理

1 PLB, 188.（二三七頁）。

2 Alain Badiou, *L'Être et l'événement*, Seuil, 1988, pp. 302-309.（アラン・バディウ『存在と出来事』藤本一勇訳、藤原書店、二〇一九年、三四八―三五七頁）。バディウの議論を起点としてなされる、「思考可能なもの」の閉鎖の不可能性、《全体》の不可能性をめぐる議論について、Cf. Quentin Meillassoux, *Après la finitude : Essai sur la nécessité de la contingence*, Seuil, éd. revue 2013 (1e éd. 2006), pp. 153-159.（カンタン・メイヤスー『有限性の後で　偶然性の必然性についての試論』千葉雅也・大橋完太郎・星野太訳、人文書院、二〇一六年、一七一―一七八頁）。ドゥルーズ＝ガタリによるバディウ『存在と出来事』の簡潔なレヴューは、QPh, 143-144.（二五五―二五八頁）に読むことができる。

3 バディウによるライプニッツ読解、とりわけ「《世界》のプログラム」としての「神」と、いかなるプログラム＝言語であれ分離し分節することのできぬ「識別不可能なもの」（分身）について、Cf. Badiou, *L'Être et l'événement*, *op. cit.*, pp. 349-357.（バディウ『存在と出来事』前掲書、三九九―四〇九頁）。

4 PLB, 43.（五五頁）。

5　「自由な石」、旅人たちによって、漂流によってもたらされる石は、晩年のドゥルーズがもちいた譬喩である。Cf. CC, 76, 87, 110.（一二四、一四一―一四二、一八〇頁）。

6　LS, 203.（上巻・三〇二頁）。

7　IT, 172.（一八三頁）。

8　IT, 172.（一八三―一八四頁）。

9　NPh, 29-32.（六四―七〇頁）。DR, 255-258, 361-364.（下巻・八三―九〇、二九五―三〇一頁）。LS, 74-82.（上巻・一一三―一二五頁）。

10　Deleuze, « Commentaire des opuscules de Leibniz. "Meditationes de cognitione, veritate et ideis" », p. 24.「仮説的に必然的なものとは、もはや後続するものに対する先行するものや、その逆ではなく、世界のあらゆる部分やあらゆる状態である。いまや仮説とは世界全体なのだ。この世界の必然性は道徳的と言われる」（強調原文）。

11　LS, 75.（上巻・一一四―一一五頁）。

12　LS, 75-76.（上巻・一一五、一一七頁）。

13　« La Conception de la différence chez Bergson » (1956), ID, 49.（上巻・七〇頁）。

14　LS, 80.（上巻・一二二頁）。

15　近年、メイヤスーが行った議論は、ドゥルーズのニーチェ論と（少なくとも部分的に）相同のものである。メイヤスーによって「偶然」概念に導入される区別――法則そのものにかかわる「偶然（contingence）」と、確率論的な「運＝偶然（hasard）」――と、それに対応する潜在性（virtualité）／潜勢力（potentialité）の区別は、ドゥルーズにおいて、神的な賭け／人間的な賭け、まったき偶然／確率論的な偶然というかたちを取っていたものを、展開させたものである（直接的な影響関係という意味ではなく、論理的な構造という意味において）。そこに、ライプニッツ、ヒューム、ベルクソンのエレメントが入っているという事実も、両者に共通している点であろう。メイヤスー『亡霊のジレンマ　思弁的唯物論の展開』岡嶋隆佑・熊谷謙介・黒木萬代・神保夏子訳、青土社、二〇一八年、四七―四九、五二、五六―五八、六一―六二頁参照。同様に、Cf. Meillassoux, *Après la finitude, op. cit.*, ch. 4, « Le problème de Hume ».（メイヤスー『有限性の後で』前掲書、第四章「ヒュームの問題」)。

16　LS, 76.（上巻・一一七頁）。

17　DR, 256.（下巻・八五頁）。

18　NPh, 34, 30.（七二、六六―六七頁）。

19　NPh, 50.（九七―九八頁）。

20　SPP, 134.（二〇三頁）。「神が、その知性において可能的なものを理解し、その意志によって可能的なものを実現することはない」。

21　Samuel Beckett, *Malone meurt*, Minuit, 2004 (1e éd. 1951), p. 102.（サミュエル・ベケット『マロウン死す』宇野邦一訳、河出書房新社、二〇一九年、一〇五頁）。

22　MP, 424.（中巻・三八七―三八八頁）。

23　『ニーチェ全集　第九巻（第Ⅱ期）』三島憲一訳、白水社、一九八四年、1885年秋―1886年春 1［61］、三七―三八頁を参照のこと。ニーチェと情動について、Cf. Patrick Wotling, *La Pensée du sous-sol : Statut et structure de la psychologie dans la philosophie de Nietzsche*, Allia, 2007, pp. 28, 41-46, 54-55, 57-58, 63.

24　NPh, 45.（八九―九〇頁）。

25　NPh, 70.（一二九頁）。同様に、Cf. SPP, p. 100.（一九六頁）。

26　SPP, 134.（二〇四頁）。「あらゆる力能〔潜勢態〕は行為であり、能動的であり、現勢態である。力能〔潜勢態〕と行為〔現勢態〕の同一性は、次のように説明される。あらゆる力能は、触発される能力と不可分である、そしてこの触発される能力は、どんなときであれ必然的に、それを具現化する諸々の触発によって満たされている」。

27　NPh, 140-142.（二四三―二四六頁）。

28　NPh, 71.（一三一頁）。

29　F, 49.（八二頁）。

30　PLB, 103.（一三四頁）。「カオスは現実存在しない、それは抽象にすぎない。なぜならカオスは、そこから何か（無ではなくむしろ何か）を出現させる篩と切り離せないからである」。「篩」ないし「フィルター」をめぐって、Michel Serres, *Le Système de Leibniz et ses modèles mathématiques*, PUF, 4e éd. 2001 (1968), pp. 122-123.「それゆえ、本源的な暗闇に対して設置される一連のフィルターの目的は、原初の混淆を解体し、「解きほぐす」ことにある」。

31 NPh, 119.（二〇九頁）。

32 NPh, 51-52.（九八－一〇〇頁）。

33 NPh, 64-65.（一二〇頁）。

34 NPh, 193.（三二五頁）。

35 『ニーチェ全集 第九巻（第Ⅱ期）』前掲書、1885年秋－1886年秋 2 [179]、二〇六頁。

### 第三章第二節 信仰と知

1 Michel Serres, *Genèse*, Grasset, 1982, p. 180.（ミシェル・セール『生成』及川馥訳、法政大学出版局、一九八三年、一八一－一八二頁）。セールにおいて、「乱流」とは、一と多、秩序と無秩序、統一と混沌とを綜合する宇宙の「根底」である。Cf. *Ibid.*, pp. 177-179.（同書、一七八－一八〇頁）。

2 PLB, 103.（一三四頁）。

3 Cf. IM, 50-51.（六〇－六一頁）。

4 Cours du 6 novembre 1984. ドゥルーズの「信」論について、cf. Dork Zabunyan, *Gilles Deleuze. Voir, parler, penser au risque du cinema, op. cit.*, pp. 183-193. Igor Krtolica, « Deleuze entre Nietzsche et Marx : L'Histoire universelle, le fait moderne et le devenir-révolutionnaire », in *Actuel Marx*, N° 52, 2012, pp. 74-77.

5 IT, 92-95.（九四－九七頁）。

6 『人間知性新論』第二部、第一章、第二節以下。Cf. Grua, *Jurisprudence universelle et théodicée selon Leibniz, op. cit.*, p. 319.「潜勢態〔力能〕から現勢態〔行為〕への驚嘆すべき移行！ まさしく、こうした潜勢態＝力能ないし力は、たんに可能性と呼ばれているときでさえも、すでに現勢態なのだ。少なくとも第一次的な現勢態ないし潜在的な現勢態であって、それが自然学的な力や人間の思考において確認されるのである」。

7　この点に関連して potentia/potestas の区別について、Gueroult, *Spinoza I*, *op. cit.*, pp. 387.「*potestas* をまず定義するのは、事象を産出しうる能力であるのに対して、*potentia*〔力能〕とは現に事象を産出している力のことである。したがって *essentia* と同一的なものとしての *potentia* は、*potestas* の円環のなかにアプリオリに囲い込まれていることすべてを必然的に産出する」。

8　IT, 229.（二四五―二四六頁）。同様に、IT, 224.（二四〇―二四二頁）参照。

9　「信」をめぐる問題について、cf. Serge Margel, *La forces des croyances : Les Religions du Livre et le destin de la modernité*, Hermann, 2009.

10　Jean Wahl, *Études kierkegaardiennes*, Vrin, 1974 (1949), p. 311.

11　Wahl, *Études kierkegaardiennes*, *op. cit.*, p. 312.

12　NPh, 28-29.（六四頁）。

13　IT, 225.（二四二頁）。

14　Antonin Artaud, « Lettre à René Guilly » (le 7 février 1948), in *Œuvres*, édition établie, présentée et annotée par Évelyne Grossman, coll. « Quarto », Gallimard, 2004, p. 1673.（アルトー『神の裁きと訣別するため』宇野邦一・鈴木創士訳、河出文庫、二〇〇六年、九三頁）。「私はまさに言いたいのです／作家の、詩人の／《義務》とは／テクスト、書物、雑誌に卑怯にも閉じこもって、そこから出ようとはしないことではなく、／反対に／外に出て／揺さぶり／公の精神を攻撃することです」。アルトーについて、cf. Serge Margel, *Aliénation. Antonin Artaud. Les généalogies hybrides*, Galilée, 2008.

15　Artaud, *Le Théâtre et son double* (1935), in *Œuvres*, *op. cit.*, p. 518.（アルトー『演劇とその分身』安堂信也訳、白水社、一九九六年、四二頁）。この時期のアルトーにおける「潜在的なもの」の主題にも着目することができる。彼は、「演劇の潜在的リアリティ（*réalité virtuelle* du théâtre）」とも書いている。*Ibid.*, p. 533.（七九頁）。強調はアルトーによる。

16　Artaud, « Le Théâtre et la science » (1947), in *Œuvres, op. cit.*, p. 1544.（アルトー『アルトー後期集成Ⅲ』宇野邦一・鈴木創士監修、鈴木創士・荒井潔・佐々木泰幸訳、河出書房新社、二〇〇七年、四一〇頁）。

17　Artaud, *L'Ombilic des limbes* (1925), in *Œuvres, op. cit.*, p. 111.（アルトー『神経の秤・冥府の臍』粟津則雄・清水徹編訳、現代思潮社、一九七一年、八九頁）。

18　Artaud, *Le Pèse-Nerfs* (1925), in *Œuvres, op. cit.*, p. 161.（アルトー『神経の秤・冥府の臍』前掲書、一一八頁）。

19　Camille Dumoulié, *Nietzsche et Artaud : Pour une éthique de la cruauté*, PUF, 1992, pp. 131-132.

20　QPh, 72.（一三一―一三二頁）。

21　IT, 221.（二三七頁）。

22　Cf. MP, 570.（下巻・二一四頁）。

23　« Causes et raisons des îles désertes » (années 50), in ID, 12-17.（上巻・一四―二二頁）。

24　« Contrôle et devenir » (1990), in PP, 239.（三五四頁）。

## 第三章第三節　ドゥルーズの方法論

1　ドゥルーズのベルクソン主義的方法論を示す範例的な文章を引いておく。« La Conception de la différence chez Bergson » (1956), in ID, 47-49.（上巻・六八―七〇頁）。「混合物とは、どんなものであれ本性において異なるものなど一切ない、という観点から眺められたもののことなのだ。等質的なものとは、定義によって混合物である。なぜなら、単純なものとはいつも本性によって異なる何かだからである。ただ傾向のみが単純で、純粋なのだ。したがって、実在的に異なるものは、産物の彼方にある傾向を見出すことによって、はじめて発見することができるだろう。〔……〕真の差異に到達するには、混合物が分割されるような観点に合流する必要がある。〔……〕直観は、差異ないし分割の方法として、すなわち混合物をふたつの傾向に分割することとして、姿をあらわす」。

2　アルチュセールと行動をともにしていた時代のジャック・ランシエールは、マルクスにおける「批判」の概念を検討した論文のなかで次のように述べている。「つまり矛盾は、主体が自己自身と分裂するということに基礎を持つのである。矛盾が分裂（scission）であること、まさにそれこそが、批判的言説の分節全体を辿るために肝心なことなのである」。Jacques Rancière, « Le Concept de critique et la critique de l'économie politique des « Manuscrits de 1844 » au « Capital » », in Louis Althusser, Etienne Balibar, Roger Establet, Pierre Macherey, Jacques Rancière, *Lire le Capital*, PUF, coll. « Quadrige », 1996 (1e éd. 1965), p. 87.（ジャック・ランシエール「『一八四四年の草稿』から『資本論』までの批判の概念と経済学批判」、今村仁司訳『資本論を読む』上巻所収、ちくま学芸文庫、一九九六年、一五五頁）。

3　Fredric Jameson, *The Political Unconscious : Narrative as a Socially Symbolic Act*, Cornell University Press, 1981, pp. 83-89.（フレドリック・ジェイムソン『政治的無意識　社会的象徴行為としての物語』大橋洋一・木村茂雄・太田耕人訳、平凡社ライブラリー、二〇一〇年、一四二―一五三頁）。

4　« Trois questions sur *Six fois deux* (Godard) » (1976), in PP, 61.（八八頁）。ただし、ゾラ論初出版でルノワールによる『獣人』の演出に言及している。Deleuze, « Introduction », in Émile Zola, *Œuvres complètes*, t. 6, édition établie sous la direction de Henri Mitterand, Cercle du Livre Précieux, 1967, pp. 18-19.

5　財津理「解説にかえて」、ドゥルーズ『差異と反復』下巻・三八六―三八七頁。

6　Jameson, *The Political Unconscious, op. cit.*, p. 41.（ジェイムソン『政治的意無意識』前掲書、六五―六六頁）。

7　MP, 31.（上巻・五一頁）。

8　F, 103, 115.（一七八、二〇一頁）。「外との関係、この絶対的な関係は、ブランショが述べているように、非－関係でもある（《思考》）」。「現在を分身化し、外を二重化し、忘却と一体となる「絶対的な記憶」」。

**第三章第四節　虚偽の真理と真の嘘**

1　Cours du 29 novembre 1983. « Supposons, si les séries divergentes appartiennent...»

2　DR, 362.（下巻・二九八頁）。

3　LS, 257.（下巻・八二―八三頁）。

4　IT, 169.（一八〇頁）。Cf. Miguel de Beistegui, *Truth & Genesis : Philosophy as Differential Ontology*, Indiana University Press, 2004, pp. 204-207.

5　« Doutes sur l'imaginaire » (1986), in PP, 93-94.（一三六―一三七頁）。

6　IT, 237.（三五四頁）。

7　« Les Intercesseurs » (1985), in PP, 182.（二六九頁）。

8　Cours du 4 novembre 1986. « tout n'est pas... »　同様に、『襞』における「無理数」をめぐる議論を参照のこと。

9　Cf. Antoine d'Agata, Chritine Delory-Momberger, *Le Désir du monde. Entretiens*, Téraèdre, 2013, pp. 94-95.「私が唯一望むのは、人間の悲惨さに対する御立派でシニカルな距離が差し出す安逸に身をゆだねないこと、敵に屈服しないことだ。自分自身の生存をもって抵抗の戦略につくりかえること、それが現実に覆いをかける言説を使う奴らの欺瞞から身を守る手段だ」。

10　IM, 160.（二〇一頁）。同様に、cf. QPh, 72.（一二九―一三一頁）。ラッツァラートは、世俗化した「信」を「行動」ないし「行為」と関連づけて論じている。Lazzarato, *Expérimentations politiques*, Amsterdam, 2009, pp. 178-180.

11　Cours du 17 mars 1981. « les genres de connaissances sont plus... »

12　ドゥルーズと不可能性の袋小路について、廣瀬純『絶望論　革命的になることについて』月曜社、二〇一三年参照。

13　K, 29.（二八頁）。

14　IM, 162.（二〇四頁）。

15　Lapoujade, *Deleuze, les mouvements aberrants*, *op. cit.*, pp. 261, 274.（ラプジャード『ドゥルーズ　常軌を逸脱する運動』前掲書、三一二、三三五頁）。

16　QPh, 72.（一三一―一三二頁）。

17　LS, 322.（下巻・一七八頁）。

18　*Rencontres avec Jean-Marie Straub, Danièle Huillet*, édition établie par Jean-Louis Raymond, Beaux-arts de Paris, 2008, p. 17. Cf. Giorgio Passerone, *Un Lézard : Le Cinéma des Straubs*, Septentrion, 2014, p. 9-10.

19 Cours du 16 décembre 1980. « Tout étant effectue son être… », « intuition de l'être égal… », « C'est la pensée anti-hiérarchique absolue… »

20 QPh, 72.（一三〇頁）。

## 第II部

### 第四章第一節　生成変化の時間

1 NPh, 119.（二〇九頁）。ライプニッツ、カント、ヘーゲルらへの批判として、DR, 175-179.（上巻・三五九―三六七頁）、LS, 141.（上巻・二一〇頁）、MP, 464-468.（下巻・五八―六四頁）を参照。

2 IT, 191.（二〇四頁）。« Doutes sur l'imaginaire » (1986), in PP, 94.（一三七頁）。

3 LS, 9-11.（上巻・一五―一六、一八頁）。同様に、ルイス・キャロル『鏡の国のアリス』矢川澄子訳、新潮文庫、一九九四年、八七―九二頁参照。

4 LS, 13.（上巻・二一頁）。

5 LS, 48.（上巻・七三頁）。

6 LS, 46-47.（上巻・六九―七二頁）。

7 LS, 214-216.（下巻・二〇―二二頁）。

8 ドゥルーズ最初期のヒューム論『経験論と主体性』にも、方向なき関係と、方向を与えられた関係をめぐる議論が見出される。ここでドゥルーズは、無方向的な関係はたんなる可能性にすぎず、この可能性を現実化し現実存在にするには、関係に方向を与えねばならないと主張する。方向を与えるのは情念である。このことが示しているのは、主体が現実存在として成立するためには、関係を与える連合原理だけでは不十分であり、情念という別の原理が必要だということである。ES, 137-138.（一九三―一九四頁）。

9 PLB, 183.（二三一頁）。

10　LS, 340.（下巻・二〇八頁）。
11　LS, 320.（下巻・一七五頁）。
12　運動の宙吊り、凍結について、PSM, 28-32, 62-65.（四五―五三、一〇七―一一三頁）、DR, 376.（下巻・三二五―三二六頁）を参照。

## 第四章第二節　出来事の諸相

1　LS, 46.（上巻・七〇頁）。
2　LS, 211.（下巻・一五頁）。
3　LS, 217.（下巻・二四―二五頁）。
4　したがって、認識理由（出来事B）と存在理由（出来事A）では順序が反転するが、ドゥルーズは存在理由のほうに優位を見る。Cf. NPh, 198-202.（三三四―三四一頁）。
5　PLB, 142.（一八一頁）。Cf. LS, 257.（下巻・八一頁）。「実現しえないものと呼ばねばならない、出来事のあの持ち分」。
6　LS, 211.（下巻・一四頁）。
7　クレーの言葉は、J.-F. Lyotard, *Discours, figure*, Klincksieck, 1971, p. 224, n. 32.（リオタール『言説、形象』合田正人監修、三浦直希訳、法政大学出版局、二〇一一年、三三三頁、注三二）に引用されている。同様に、Cf. *Ibid.*, p. 229-238.（『言説、形象』三四一―三五六頁）。ドゥルーズとガタリは、『アンチ・オイディプス』で、リオタールの『言説、形象』についてコメントしながら、「狭間世界」をめぐるクレーの一節を引用している。AŒ, 289-290.（下巻・五七頁）参照。
8　CC, 140.（二三一頁）。
9　MP, 360.（中巻・二七九頁）。
10　PLB, 80, n. 1.（一〇五頁、注一）。「しかし、ライプニッツにおいて不共可能的なものは、どんな矛盾の形式にも還元不可能な根源的関係であるように思われる。それは差異であって否定ではない」。

11 「抽象線」は、『千のプラトー』ばかりでなく、出来事との関係ですでに『意味の論理学』にも見られる用語である。LS, 256.（下巻・八〇頁）。「思考は、脳の裂け目、抽象線としての去勢に再備給する」。Cf. LS, 176.（上巻・二六二頁）。

12 LS, 209-210.（下巻・一二頁）。

13 QPh, 106.（一九〇―一九二頁）。PP, 230-231.（三四一―三四三頁）。

14 CC, 144-145, 156-157.（二三七―二三九、二五四―二五五頁）。

15 PLB, 103, 109-110.（一三〇、一四〇―一四一頁）。Cf. PS, 57-58.（五九―六〇頁）。

16 « À quoi reconnaît-on le structuralisme » (1972), in ID.（下巻・五九頁以下）。同テクストは、冒頭に「我々は一九六七年にいる（*Nous sommes en 1967*）」とイタリック体で記されているように、執筆時期と発表時期にずれがあるとされるテクストである。ただし、執筆時期をめぐるこの注記じたいはおそらく、後年に加筆されたのではないかと思われる（そうでないとするなら、やや不自然である）。

17 « À quoi reconnaît-on le structuralisme », in ID, 258, 262.（下巻・八四、九〇頁）。パラドクサルな審級については、ID, 258-265.（下巻・八四―九三頁）。

18 LS, 55.（上巻・八三―八四頁）。

19 Cf. DR, 7-8, 123-128.（上巻・二一―二二、二五二―二六三頁）。

20 « À quoi reconnaît-on le structuralisme », in ID, 251-252.（下巻・七六―七七頁）。

21 Cf. DR, 191, 274-276.（上巻・三九〇頁、下巻・一二一―一二六頁）。この用語は、ライプニッツの「認識、真理、観念についての省察」（米山優訳、『ライプニッツ著作集8　前期哲学』所収、工作舎、一九九〇年）に由来するものである。ライプニッツ自身による認識の区分とその基準を確認しておこう。認識における曖昧／明晰の基準は、対象を再認し、他のものから識別しうるかどうかという点にある。判明／混雑の基準は、ある事物を他の事物から識別する徴、特徴を枚挙できるか、である。ライプニッツでは、さらにその先に、十全／不十全の区別（事物を構成する全要素について判明な認識を有することができるか――判明さじたいの判明さ、要件の要件）、直観的／記号的の区別（ある概念に含まれる全概念を一挙に思考することができるか）の区別がやってくる。ライプニッツによればこの最後のふたつの水準は人間に到達可能であるかどうか定かではない。ドゥルーズは慎重にも、このふたつの水準を、微分的なものの定義から除外している。ライプニッツにおける認識の区分をめぐって、Cf. Deleuze, « Commentaire des opuscules de Leibniz. "Meditationes de cognitione, veritate et ideis" », p. 4.

22　IT, 64, 65.（六三、六四頁）。「生成変化」と呼ばれはしないものの、アウグスティヌスの時間論についての箇所で、単数と複数をめぐる同じ構造の叙述が見られる。Cf. IT, 132.（一三八—一三九頁）。「いまや、識別される諸現在の明示的な推移にしたがう、継起する未来、現在、過去はもはや存在しない。聖アウグスティヌスの美しい定式によれば、未来の現在、現在の現在、過去の現在が存在するのであり、そのすべては〔単数形の〕出来事のうちに折り込まれ、〔単数形の〕出来事のうちに巻き取られるのであり、それによって諸々の現在が同時的で、説明不可能なものとなる」。

23　IT, 65.（六三—六四頁）。同様の言及は『アンチ・オイディプス』にも見られる。Cf. ACE, 448.（下巻・二九三頁）。「工場とは監獄なのである。工場は監獄に似ているのではなく、監獄そのものなのだ」。工場への告発は、六〇年代の運動の成果であるとともに、ドゥルーズにとってはとりわけ「監獄情報グループ」（GIP）への参加が大きな契機をなしているだろう。Cf. Groupe d'Information sur les Prisons, *Intolérable*, présenté par Philippe Artières, Verticales, 2013.

### 第五章第一節　出来事のなかの出来事——シェリング／ドゥルーズ

1　LS, 52-53.（上巻・七九—八〇頁）。

2　F.-W. Schelling, *Essais*, traduits et préfacés par S. Jankélévitch, Aubier, 1946, pp. 264-265.（シェリング『人間的自由の本質』西谷啓治訳、岩波文庫、改版、一九七五年、九二—九四頁）。ドゥルーズが参照していたことが確認されるシェリングの著作は、仏訳版 F.-W. Schelling, *Essais*, traduits et préfacés par S. Jankélévitch, Aubier, 1946 と、*Les Âges du monde* suivi de *Les Divinités de Samothrace*, trad. S. Jankélévitch, Aubier, 1949 である。前者には、『人間的自由の本質』、『シュトゥットガルト私講義』、『哲学的経験論の叙述』などが収められている。シェリングについて以下の著作を参照のこと。ニコライ・ハルトマン『ドイツ観念論の哲学　第一部フィヒテ、シェリング、ロマン主義』村岡晋一監訳、迫田健一・瀬嶋貞徳・吉田達・平田裕之訳、作品社、二〇〇四年、第三章。村岡晋一『ドイツ観念論　カント・フィヒテ・シェリング・ヘーゲル』講談社選書メチエ、二〇一二年、一二五―一四三頁。高尾由子『シェリングの自由論　存在の論理をめぐって』北樹出版、二〇〇五年、一三三―一六三頁。Jean-François Courtine, *Schelling entre temps et éternité : Histoire et préhistoire de la conscience*, Vrin, 2012, ch. I et II.

3 Schelling, *Essais*, *op. cit.*, pp. 250.（シェリング『人間的自由の本質』前掲書、六八頁）。シェリングを、ショーペンハウアー、ニーチェと照らし合わせて検討したものとして、Cf. Judith Norman, « Schelling and Nietzsche : Willing and Time », in *The New Schelling*, edited by Judith Norman and Listair Welchman, Continuum, 2004.

4 Schelling, *Essais*, *op. cit.*, pp. 237-239.（シェリング『人間的自由の本質』前掲書、四三―四六頁）。

5 DR, 246.（下巻・六七頁）。ドゥルーズは『差異と反復』第一章冒頭でも、闇夜／稲妻、暗闇／光のモデルで、個体化について語っている。デリダ／ドゥルーズ／マルディネ論のなかでシェリングにおける「根底の蜂起（隆起）」を論じたものとして、cf. Jean-Christophe Goddard, *Violence et subjectivité : Derrida, Deleuze, Maldiney*, Vrin, 2008, pp. 141-161. ドゥルーズが参照するアンリ・マルディネにおける「無底」（原子の流動）と、「背景＝地」／「形態＝図」によるシェリング主義について、小倉拓也『カオスに抗する闘い　ドゥルーズ・精神分析・現象学』人文書院、二〇一八年、二七二―二七四頁参照。

6 Schelling, *Essais*, *op. cit.*, pp. 293-294.（シェリング『人間的自由の本質』前掲書、一四五―一四七頁）。ドゥルーズはスピノザ論において、「実存し活動する力能」に対して、「思考する力能」は、第二の「時期」を形成すると述べることで、神的なふたつの力能のあいだに、世界時代的な区別を設けている。Cf. SPE, 105.（一一七頁）。

7 Schelling, *Essais*, *op. cit.*, p. 246.（シェリング『人間的自由の本質』前掲書、五九―六〇頁）。

8 F, 50-51, 90-96.（八四―八七、一五六―一六六頁）。

9 PSM, 27.（四四頁）。

10 PSM, 28.（四四頁）。

11 PSM, 98.（一七三頁）。

12 反復について、PSM, 98-99, 103-105.（一七三―一七五、一八一―一八四頁）。

13 『差異と反復』では、「死の本能」が、《自我》や《私》の死という絶対的な切断とともに、《自我》や《私》のうちにもはや幽閉されることのない特異性を解放するという側面が強調されている。DR, 333.（下巻・二三九―二四〇頁）。

14 『ザッヘル＝マゾッホ紹介』で展開される議論は基本的に、男性の観点から書かれた生まれ直しの議論である点には注意が必要だろう。

15 « Causes et raisons des îles désertes » (des années 50), in ID, 16-17.（上巻・二〇―二二頁）。

16 PSM, 9.（一四頁）。この文言はマゾッホの書簡から取られたものである。

17 LS, 351-353, 364-366.（下巻・二二七―二二九、二四六―二四七頁）。

18 LS, 385.（下巻・二七九頁）。

19 Jacques Derrida, *Séminaire La bête et le souverain I (2001-2002)*, Galilée, 2008, pp. 195-217, 244-248.（ジャック・デリダ『獣と主権者［I］』西山雄二・郷原佳以・亀井大輔・佐藤朋子訳、白水社、二〇一四年、一六九―一九〇、二一六―二二一頁）。とりわけ pp. 209-210.（一八二―一八四頁）を参照のこと。

20 Bernard Stiegler, *États de choc : Bêtise et savoir au XXIe siècle*, Mille et une nuits, 2012, pp.83 sq. ただし、デリダの指摘するように、個々の記述のレベルで該当する箇所があるのは事実である。

21 Cf. Cours du 6 janvier 1981. « pouvoir de discernement des molécules ».

22 LAT, 90.（一二九頁）。

23 DR, 284.（下巻・一四〇―一四一頁）。

24 Schelling, *Essais, op. cit.*, pp. 246, 262.（シェリング『人間的自由の本質』前掲書、六〇、八九頁）。

25 先ほど「世界を信じること」をめぐる言説との関連で見たように、ドゥルーズが形而上学の三対――神、世界、自我――のなかで最も重視するのが、神でも自我でもなく、世界だということをここで想起しておこう。

26 Schelling, *Essais, op. cit.*, pp. 478-479.（シェリング『哲学的経験論の叙述』岩崎武雄訳、『世界の名著続9　フィヒテ　シェリング』所収、中央公論社、一九七四年、五一九―五二〇頁）。「事物自身のうちに存在し働いている客観的な実在性」。カントが「統覚の先験的総合のうちにおいてはじめて生ずるとしたところのものは、すでに客観的に、我々から独立に生じているのである。このような主観的な規定を持った事物こそまさに真の事物なのである」。

27 Schelling, *Essais, op. cit.*, pp. 248-249.（シェリング『人間的自由の本質』前掲書、六四頁）。

28 Schelling, *Essais, op. cit.*, p. 266.（シェリング『人間的自由の本質』前掲書、九六頁）。加えて、*Ibid.*, p. 265.（九四―九五頁参照）。「自然の場合には、元初的な自然根底はおそらく久しい以前に独りで働いていて、みずからのうちに含まれた神的なる諸力を以って自分だけで一つの創造を企て、しかもこの創造はその度ごとに（愛の紐帯が欠けていたから）結局もとの渾沌のうちへ没していた」。

29 Blanchot, *L'Entretien infini, op. cit.*, pp. 10-11.（ブランショ『終わりなき対話Ⅰ　複数性の言葉（エクリチュールの言葉）』前掲書、五〇―五一頁）。

30 Cf. Alain Badiou, *Deleuze. « La clameur de l'Être »*, Hachette, 1997, pp. 119-120.（アラン・バディウ『ドゥルーズ存在の喧騒』鈴木創士訳、河出書房新社、一九九八年、一二五―一二七頁）。

31 PLB, 90.（一一七頁）。

32 Cf. LS, 211.（下巻・一四―一五頁）。

33 DR, 186.（上巻・三八一頁）。

34 キルケゴール『おそれとおののき』、『世界文學大系27　キルケゴール』所収、枡田啓三郎訳、筑摩書房、一九六一年、一五一頁。

35 DR, 353-354.（下巻・二七九―二八一頁）。

36 Schelling, *Essais, op. cit.*, p. 352.（シェリング『シュトゥットガルト私講義』岡村康夫訳、『シェリング著作集４a 自由の哲学』所収、灯影舎、二〇一一年、二四三頁）。

37 LS, 154.（上巻・二二八頁）。

38 LS, 56.（下巻・八一頁）。「幻想は、思考の誕生をマイムすることをやめない」。

39 LS, 101.（上巻・一五二頁）。

40　アルトーと強度的な言語について、宇野邦一『アルトー　思考と身体』白水社、一九九七年、五〇―五六頁。「このような試みはもちろん言語が分節も意味も失ってしまう危険とともにあるが、アルトーの言語行為のすべては、この危険と切り離せない。この危険によってアルトーは別の言語を作りだそうとし、とりわけ演劇を別の言語として試みるだろう。言語を分節する舌も、言語において画定され固定されたあらゆる分節線も、身体のなかに飲み込まれ、身体の深みで作り直されなくてはならない」（五五―五六頁）。

41　LS, 108-112.（上巻・一六二、一六七頁）。

42　ヘーゲルは、分裂を原理としつつ、弁証法的対話をつうじて統一を回復しようとするものの、同時に、分裂がたえまなく、しかもいたるところに回帰する、そして、そうした亀裂を勝者による事後的な観点から統一のなかに回収し、封じ込めようとする思想家であった。こうした諸契機のどこに定位し、何を重視するかによって、ヘーゲルの評価は大きく分かれることになる。

43　Schelling, *Essais, op. cit.*, pp. 235, 254.（シェリング『人間的自由の本質』前掲書、三八、七三―七四頁）。ドゥルーズも病について語っている。たとえば、LS, 131.（下巻・一九六頁）参照。

44　Schelling, *Essais, op. cit.*, pp. 232-233.（シェリング『人間的自由の本質』前掲書、三四―三六頁）。シェリングは、全体から自由になる主体として、「人間」を特権視する。人間と獣の対比について、pp. 259-260.（八五頁参照）。実体／様態の本質の区別について、SPE, 80-81.（八七頁）。

45　Schelling, *Essais, op. cit.*, p. 256.（シェリング『人間的自由の本質』前掲書、七六頁）。

46　Schelling, *Essais, op. cit.*, p. 235.（シェリング『人間的自由の本質』前掲書、三八頁）。

47　Schelling, *Essais, op. cit.*, p. 267.（シェリング『人間的自由の本質』前掲書、九八頁）。

48　DR, 259.（下巻・九一頁）。

49　DR, 164.（上巻・三三六頁）。

50　Schelling, *Essais, op. cit.*, p. 243.（シェリング『人間的自由の本質』前掲書、五四頁）。

51　DRF, 118-119.（上巻・一七九―一八一頁）。Cf. PP, 232-233.（三四四―三四五頁）。

52 Slavoj Žižek, *The Indivisible Remainder : On Schelling and Related Matters*, Verso, 1996, pp. 32-37, 42-49.（スラヴォイ・ジジェク『仮想化しきれない残余』松浦俊輔訳、青土社、一九九七年、六三―七二、七九―九二頁）。

53 LS, 216.（下巻・二二二頁）。

54 LS, 217.（下巻・二二四―二二五頁）。「もはや問われているのは静的発生ではない。静的発生は、前提とされる出来事から、事物の状態における出来事の実現へと向かい、命題における出来事の表現へと向かう。いま問われているのは動的発生であり、それは事物の状態から出来事へ、混淆から純粋な線へ、深層から表層の生産へと直接向かうのである。そして、この動的発生は、他方の静的発生を含むべきではない。〔……〕いかにして話すことが食べることから実際に離脱するのか、あるいは、いかにして表層そのものが生産されるのか、いかにして非物体的な出来事が物体の状態から生まれるのかということは、まったく別の問いなのだ」。

55 DR, 258.（下巻・九〇頁）。

56 シェリングの名が喚起される一九五六年のベルクソン論において、二項を切り分ける差異と、切り分けられた二項の片側に置かれた差異とをつなげる同様の論理がもちいられていたことを想起しておこう。« La Conception de la différence chez Bergson », in ID, 52-53.（上巻・七四―七五頁）。

57 LS, 213.（下巻・一九頁）。

58 内容に対する表現の先行性、表現が「先を越すこと（devancer）」は、『カフカ』の重要な主題である。K, 51-52, 150, 152-153.（五四、一七〇―一七一、一七四頁）。

59 MP, 293.（中巻・一六二頁）。

60 K, 48.（五〇頁）。

61 CC, 17.（二二頁）。

62 LS, 214.（下巻・一九頁、強調原文）。Cf. LS, 281.（下巻・一一七頁）。

1　真に起源的なものは、それじたいとして到達不可能であり、到達可能なのは、あくまで思考が発生したあとで、事後的に「起源」として設定されたものだけである。これはたとえば、「言語」によって「言語以前のもの」に到達することの困難と同じである。「言語以前のもの／言語」と分けられている時点で、この「言語以前のもの」は、言語的な作用である「／」の影響を被ってしまっているからだ。しかし、おそらくシェリングもドゥルーズも、この「／」以前へと遡行することを諦めてはいない。『ザッヘル＝マゾッホ紹介』では、あるいは思弁によって、あるいは神話によって、というふたつの道が示されていた。『差異と反復』では、あるいは微分法（数学）によって、であろう。

2　Schelling, *Essais*, *op. cit.*, p. 247.（シェリング『人間的自由の本質』前掲書、六二頁）。なお、この先行する暗黒＝無秩序という考えを批判したのが、ベルクソンである。『創造的進化』第三章で論じられるように、ベルクソンにとっては、無秩序ではなく、ある秩序から別の秩序への移行があるだけである。すなわちここでいう「暗黒」にも秩序があって、その秩序とは生の秩序である。無秩序に見えるものは、ふたつの秩序（生の秩序と幾何学の秩序）のあいだの推移にすぎない。生の秩序からの物質と知性の発生をめぐる議論も含めて、『創造的進化』には陰画としてであれシェリングの残響が見受けられるだろう。ドゥルーズはベルクソン論のなかでシェリングに言及している。Cf. ID, 49, 72.（上巻・七〇―七一、九九頁）。

3　ここでの議論における『差異と反復』と『意味の論理学』の差異とは、スピノザ的な構図からシェリング的な構図への単純な時系列的進化のようなものではないという点に注意されたい。

4　Schelling, *Essais*, *op. cit.*, p. 232.（シェリング『人間的自由の本質』前掲書、三一頁）。

5　DR, 187-188, 310-318.（上巻・三八四―三八五頁、下巻・一九二―二〇九頁）。LS, 13, 106-107, 183-184.（上巻・二一、一六〇―一六一、二七二―二七三頁）。

6　DR, 352.（下巻・二七八頁）。

7　DR, 323.（下巻・二一九頁）。

8　LS, 255.（下巻・七九頁）を参照。

9　LS, 115-117.（上巻・一七三―一七五頁）。

10 DR, 188.（上巻・三八六頁）。付記しておくなら、『差異と反復』の能力論において、諸能力を並べる順序は、感性－想像力－記憶－思考であり、この順序が書物全体をとおして反復される。

11 Cf. Ray Brassier, *Nihil Unbound : Enlightenment and Extinction*, Palgrave, 2007, pp. 163-164. Lapoujade, *Deleuze, les mouvements aberrants, op. cit.*, pp. 94-99.（ラプジャード『ドゥルーズ　常軌を逸脱する運動』前掲書、一一六―一二一頁）。

12 SPE, 103-104.（一一四―一一五頁）。Cf. Schelling, *Essais, op. cit.*, pp. 309-310.（『シュトゥットガルト私講義』前掲書、一九三―一九五頁）。

13 とはいえ、それが真の意味でスピノザと両立しえないものかは、慎重に検討しなければなるまい。というのも、不調和じたいを（統制なしに）思考することは、十分可能だからである。

14 Schelling, *Essais, op. cit.*, pp. 61, 262.（シェリング『人間的自由の本質』前掲書、六一、八九頁）。無意識への言及は、シェリング『シュトゥットガルト私講義』にも見られる。Schelling, *Essais, op. cit.*, pp. 315, 316-317.（『シュトゥットガルト私講義』前掲書、二〇〇、二〇二―二〇三頁）。「質料とは神の無意識的部分に他ならない」。この質料はまだ形態として展開されておらず、したがって潜在的で、折り畳まれた状態であろう。シェリングの論理は、「神」のうちからの「神自身ではないもの」の排除と、排除されたものの回帰という、決して消去しえない揺らぎをめぐる議論としても読みうるだろう。

15 Cf. Étienne Souriau, *Les Différents modes d'existence*, PUF, 2009, p. 80.

16 DR, 219.（下巻・一三頁）。

17 Jacques Rancière, *La Chair des mots : Politiques de l'écriture*, Galilée, 1998, pp. 200-201.（ジャック・ランシエール『言葉の肉　エクリチュールの政治』芳川泰久監訳、堀千晶・西脇雅彦・福山智訳、せりか書房、二〇一三年、八三―八四頁）。「聾唖で盲目の父が、その息子バートルビーを世界に遣わしたのは、まさに球をはね返してよこす壁のようなものとしてのみであり、バートルビーにたったひとつの文句（フレーズ）を言わせ、それを「受肉」させるためなのだ。つまり、彼は、「よき」父は、分裂症の父は、一切より好みをしない、という文句である。なぜならこの父はたとえ何であれ選択するための器官を持たないからだ。というのも、その器官にしろ、口にしろ、眼にしろ、手にしろ、世界中いたるところのありとあらゆる場所と時間でばらばらにされており、父はこれらの解体以外の何ものでもないからである。〔……〕ドゥルーズがバートルビーに負わせるのはまさに、ディオニュソスの使者であり、キリストないしアンチキリストであるツァラトゥストラに、ニーチェが負わせたものである。ツァラトゥストラはたったひとつの真理を告知する責務を負っている。それは、神が死んだということなどではなく――この知らせは最後の人間の関心しか引かない――、神は狂っているという真理なのだ」。同様に、cf. Pierre Montebello, *Deleuze : La Passion de la pensée*, Vrin, 2008, pp. 194-196.（ピエール・モンテベロ『ドゥルーズ　思考のパッション』大山載吉・原一樹訳、河出書房新社、二〇一八年、二八〇―二八二頁）。

18 ACE, 19.（上巻・三五頁）。

19 LS, 340.（下巻・二〇八頁）。

20 DR, 260-261, 311, 382.（下巻・九四―九五、一九五、三三八頁）。

21 Schelling, *Essais, op. cit.*, p. 252.（シェリング『人間的自由の本質』前掲書、七一頁）。

22 DR, 43-44.（上巻・八八―八九頁）。

23 DR, 352.（下巻・二七八頁）。

24 LS, 17.（上巻・二六―二七頁）。

25 LS, 130-131.（上巻・一九三―一九五頁）。Cf. LS, 166.（上巻・二四六―二四七頁）。

### 第五章第三節　『差異と反復』とその後

1 SPP, 93.（一三四頁）。並行論について、スピノザ『エチカ』畠中尚志訳、岩波文庫、一九七五年、第二部、定理三―七参照。

2 SPP, 94.（一三五頁）。『エチカ』第二部、定理七では力能の並行論と属性の並行論の双方がもちいられている。ここでもそれを踏襲するが、次章でふたつの並行論の区別を明確化する。

3　SPE, 88, 90.（九五、九七頁）。

4　SPP, 95-98.（一三七―一四一頁）。

5　ただしまったく不在なわけではない。というのもおそらくそれこそが、「思考の不可能性」の問題にほかならないからだ。

6　第三種の認識とそこへの過程について、SPE, 278-283.（三一六―三二一頁）。第三種の認識の「三つの所与」とは、自己自身の十全観念、可能なかぎり多くの事物の十全観念、神の十全観念である（すなわち、自我、世界、神の十全観念）。

7　PP, 240 sq.（三五六頁以下）。

8　『差異と反復』第四章には、遺伝子のみによる決定論を斥け、個体群の生息地の異動による生態学的な影響を示唆する箇所がある（卵のダイナミズム－内部環境と、個体群のダイナミズム－外部環境との連関）。だが、こうした個体群をめぐる議論が理念論のなかでどのような位置を占めるのか。おそらく卵と個体群がそれぞれ異なる理念のシステムを形成し、異質な理念同士のかかわりとなると推察されるが、こうした関わりの内実が詳述されるわけではない。加えて異なる理念（卵の理念、生態学の理念）の共存というモデルによる解釈が正しいとしても、理念と強度のあいだのギャップという問題はまだ存続する。また、システムのモデルが「数学的－生物学的」であると言われていることも併記しておこう。Cf. DR, 280, 284.（下巻・一三二―一三三、一四二頁）。前成説と後成説への言及にもかかわらず、彼の立場はなお曖昧であるように思われる。Cf. DR, 321, 324.（下巻・二一五、二二〇頁）、PLB, 14-16.（二〇―二二頁）。

9　AŒ, 274.（下巻・三四頁）。そこで参照されているのは、ジャン＝ジョゼフ・グーの論文である。Jean-Joseph Goux, « Dérivable et indérivable », in *Critique*, janvier 1970. Cf. David Rabouin, « Un calcul différentiel des Idées ? Note sur le rapport de Deleuze aux mathématiques », in *Europe*, avril 2012.

10　ドゥルーズは遺伝子を理念、すなわち微分的関係の表現と見なしている。ただし、「遺伝子は他の遺伝子との関係においてのみ作用する」点に注意が必要である。Cf. DR, 240.（下巻・五四―五五頁）。

11 DR, 323.（下巻・二一八―二一九頁）。

12 DR, 324.（上巻・二二一頁）。

13 Cf. DR, 240-241.（下巻・五五―五七頁）。ID, 268-269.（下巻・九六―九八頁）。Deleuze, « Lettre à Louis Althusser », le 24 février 1968, in Dosse, *Gilles Deleuze et Félix Guattari. Biographie croisée*, Découverte, 2007, p. 273.（フランソワ・ドス『ドゥルーズとガタリ　交差的評伝』杉村昌昭訳、河出書房新社、二〇〇九年、二四五頁）。

14 出来事についてはDR, 138-140.（上巻・二八四―二八八頁）。強度についてはDR, 155-162.（上巻・三一五―三三一頁）。両者の親近性については314-327.（下巻・二〇二―二二八頁）を参照。

15 DR, 325.（下巻・二二二―二二三頁）。

16 Alain Badiou, *Logiques des mondes*, Seuil, 2006, p. 408.「何とか否認しようと、発散する諸系列と不共可能的な諸世界という考え方を支持してはみるものの、しかしドゥルーズは《調和》というライプニッツ的原理を頻繁に採用する。永遠的で唯一の《出来事》は、生の諸要素が収束する焦点となるのだ。発散する諸系列と雑多な諸多様体がそのうちで実現される「カオスモス」の向こう側で、「もはや《出来事》以外には何も存続しない。あらゆる反対物に対する、唯一の《出来事》、端的な出来事は、自分自身との距離をとおしておのれと交流し、あらゆる離接を横断して共鳴する」」。バディウが引用しているのは、LS, 207.（上巻・三〇六頁）の一節である。ここでバディウは、「共鳴（résonance）」をライプニッツ的な「調和」の原理として読み、「永遠的で唯一の《出来事》」をそうした調和をつくりだすものとして読んでいるが、念のため指摘しておくと、ドゥルーズにとっての出来事とは、バディウの解釈とは反対の側面、すなわち、ライプニッツ的な調和に走る亀裂を証言する側面を持っているのもたしかである。それゆえ、ドゥルーズにおける収束／発散、関係／無関係が有する両義性に固執することが必要であろう。バディウのように、その一方の側面だけを取りあげることで、出来事と発散を根本的に分離し、出来事を調和や共鳴の原理とするより、神を構築する体系と神を構築しない体系が踵を接しつつ、両立しているという点のほうこそ、ドゥルーズの特色であるように思われる。というのもまさしく、ドゥルーズにあって、出来事と発散は分離しえない。なぜなら、出来事と発散は唯一にして同じ概念であるからである。また、ドゥルーズにあって、《一者》は分裂を司るもの、分裂化子だからであり、この《一》

は、即自的に分裂して消滅するとも言えそうである。

17 « La Méthode de dramatisation » (1967), in ID, 161.（上巻・二四五頁）。

18 Cf. Deleuze, « Commentaire des opuscules de Leibniz. “Meditationes de cognitione, veritate et ideis” », p. 4.

19 DR, 388.（下巻・三五〇頁）。

20 MP, 306.（中巻・一八五頁）。「ふたつの縁が相互に嵌入するのか、繊維をなすのか、あるいは、ある多様体が他の多様体へと移行するのかどうか、誰にも予言できず、神すらも予言できない」。

21 DR, 118-119, 146-147.（上巻・二四三―二四四、三〇〇―三〇一頁）。

22 DR, 374.（下巻・三二一―三二二頁）。

23 LS, 180.（上巻・二六八頁）、MP, 242.（中巻・七五頁）に引用。

24 AŒ, 393-396.（下巻・二一〇―二一四頁）。

25 怪物＝畸形について、DR, 94, 187, 250.（上巻・一九五、三八三頁、下巻・七四頁）。異なる様々な種の動物を貫いて、コンポジションのプランの統一性があることを主張したジョフロワ・サン＝ティレールが、畸形学を創始したのはこうした文脈においてのことである。Cf. Édmond Perrier, *La Philosophie zoologique avant Darwin*, Félix Alcan, 1886, pp. 98-100. ジョフロワの理論は、『千のプラトー』におけるプラン（共存立平面）、速度といった概念にとって決定的な重要性を持っている。

26 遺伝＝裂け目をとおして破綻する生こそ、『意味の論理学』におけるゾラ論の中心問題であった。同テクストの初出は、『差異と反復』の刊行に先立つ一九六七年である。

27 « matters of fact » は『フランシス・ベーコン　感覚の論理学』の重要な主題である。FB, 45, 47.（九〇―九一、九六―九七頁）。

28 LS, 256.（下巻・八一頁）。

29 F, 93-96.（一六〇―一六六頁）。「外の思考は抵抗の思考となる」と述べたあとで、ドゥルーズは、可能性を消尽させたスピノザにふれている。

30　とりわけアルトーを論ずる『意味の論理学』第一三セリーを参照。

31　LS, 101, 111-112.（上巻・一五二、一六六頁）。

32　LS, 258.（下巻・八四頁）。

33　二重の背き合いについて、MP, 154-155.（上巻・二五五―二五六頁）参照。「神は誰も見てはならない自分の顔を背けるのだが、しかし逆に、主体は神への真の恐怖にとらえられた自分の顔を背ける。たがいに背け合い、たがいに横を向いた顔が、真正面から見られた放射する顔にとって代わる。まさにこうした背き合いにおいて、肯定的な逃走線が描き出される。〔……〕それは、裏切りの体制、普遍的(ユニヴァーサル)な裏切りの体制であって、新しい肯定性を定義する神の怒りのなかで、神が人間を裏切るのと同じように真の人間は神を裏切るのである」。背け合う顔については同様に、IM, 143-144, 148.（一七九―一八〇、一八五―一八六頁）を参照。

**第六章第一節　並行論と裂け目**

1　SPE, 99.（一〇九頁）。本質（属性）と力能（原因）を分離したうえで、本質と力能を再度結合させるマルシアル・ゲルーの『エチカ』読解を参照。Cf. Gueroult, *Spinoza I : Dieu*, Aubier-Montaigne, 1968.

2　『スピノザと表現の問題』におけるドゥルーズの読解は、属性を核とする「表現」のトリアーデ（おのれを表現するもの／表現／表現されるもの）を、実体と様態の水準でそれぞれ配備してゆくことから成り立っている。属性＝形式は、実体そのものの構成にかかわるとともに、実体と様態のあいだをカテゴリーの媒介なしにつなぐ機能を果たす。

3　SPE, 103.（一一四頁）。

4　SPE, 104-105.（一一五―一一六頁）。ゲルーは、本質（属性）と力能（自己原因にして事象の原因）を分離させたうえで、力能を本質に帰属させるため（力能は神の特性ないし性質にすぎない）、ドゥルーズがここで述べているような属性から遊離して活動する力能という問題は、ゲルーにおいては生じない。ゲルーは、スピノザにおける「剝き出しの力能（puissance nue）」を否定する。Gueroult, *Spinoza I*, *op. cit.*, pp. 379, 384.

5　Cf. SPE, 107.（一一八―一一九頁）。

6 江川隆男『アンチ・モラリア〈器官なき身体〉の哲学』（河出書房新社、二〇一四年）は、スピノザ主義の脱地層化を推し進めた著作である。とりわけふたつの並行論については、一一七―一三〇頁を、「属性以前」の《自然》については、一九五―一九八頁を参照。

7 SPE, 105.（一一七頁）。

8 SPE, 106.（一一八頁）。

9 Cf. Gueroult, *Spinoza I, op. cit.*, p. 263. *Spinoza II : L'âme*, Aubier-Montaigne, 1974, pp. 74-78, 83-84.

10 SPE, 107.（一一九頁）。

11 SPE, 110.（一二二頁）。

12 SPE, 109.（一二一頁）。Cf. « Spinoza et la méthode générale de M. Gueroult » (1969), in ID, 214.（下巻・二一頁）。

13 SPE, 111.（一二三頁）。「だが、対象と観念はたんにふたつの属性に関連づけられるばかりでなく、実存し活動する力能と、思考し認識する力能というふたつの力能にも関連づけられる。同様のことが、観念と、観念の観念にも言える。この両者はたしかにひとつの属性に関連づけられるのだが、しかし同時に、ふたつの力能に関連づけられるのだ。なぜなら、思考属性は一方では実存の形式であり、他方では思考する力能の条件だからである」。ドゥルーズが指示しているのは、以下の著作である。Albert Léon, *Les Éléments cartésiens de la doctrine spinoziste sur les rapports de la pensée et de son objet*, Félix Alcan, 1907, pp. 153-154.

14 Martial Gueroult, *Spinoza II, op. cit.*, p. 77. Cf. *Ibid.*, pp. 76, 83-84.

15 SPP, 29.（三四―三五頁）。

16 SPE, 109.（一二〇―一二一頁）。

17 Cf. Blanchot, *L'Entretien infini, op.cit.*, p. 495.（ブランショ『終わりなき対話Ⅲ　書物の不在（中性的なもの、断片的なもの）』湯浅博雄・岩野卓司・郷原佳以・西山達也・安原伸一朗訳、筑摩書房、二〇一七年、一〇四―一〇五頁）。

18 これは、『差異と反復』のカント論における思考する私（思考）と思考される自我（存在）とのあいだの亀裂とも関連する論点となるであろう。思考のなかにおける存在と思考の差異＝亀裂、それが時間と呼ばれる形式となる。

DR, 116-118.（上巻・二三七—二四二頁）。Cf. CC, 42-45.（六八—七二頁）。

19 SPE, 112.（一二四頁）。

20 CC, 187.（三〇九頁）。

## 第六章第二節　可能／不可能の消滅

1 たとえば、『千のプラトー』での自由間接話法をめぐる議論を参照のこと。MP, 107.（上巻・一八一頁）。「私の直接話法もやはり、他の様々な世界、他の様々な惑星からやってきて、私をすみずみまで貫通する自由間接話法である」。

2 Gueroult, *Spinoza I, op. cit.*, p. 279.

3 非物体的なものの脆弱さについて、Évelyne Grossman, « Logiques de l'incorporel chez Deleuze (est-on sûr d'exister ?) », in *Europe*, N° 996, avril 2012, p. 37.

4 Bergson, *La Pensée et le mouvant* (1934), in *Œuvres*, édition du Centenaire, PUF, 1959, p. 1341.（ベルクソン『思考と動き』原章二訳、平凡社ライブラリー、二〇一三年、一五六頁）。

5 B, 3-11.（五—一四頁）。Cf. Bergson, *La Pensée et le mouvant*, in *Œuvres, op. cit.*, pp. 1335-1339.（ベルクソン『思考と動き』前掲書、一四七—一五四頁）。

6 Bergson, *Œuvres, op. cit.*, p. 1341.（ベルクソン『思考と動き』前掲書、一五七頁）。

7 B, 36.（四〇頁）。『差異と反復』における可能的なもの／潜在的なものの区別について、cf. DR, 272-276.（下巻・一一八—一二六頁）。

8 Serge Margel, *Logique de la nature : Le Fantôme, la technique et la mort*, Galilée, 2000, p. 89.

9 ドゥルーズ論の枠内で、ライプニッツ的な神を決定論から救い出そうとする試みとして、Gregg Lambert, *The Non-Philosophy of Gilles Deleuze*, Continuum, 2002, pp. 61-66. ランバートは、『意味の論理学』ではなく、『襞』でのライプニッツ論をもとにしている。

10 PLB, 99.（一二七—一二八頁）。

11 LS, 343-344.（下巻・二一二—二一四頁）。

12 EPU, 71-72, 93-94, 96-97.（一八—一九、三四—三五、三六—三七頁）。「限界概念」としてのイマージュについて、宇野邦一『映像身体論』みすず書房、二〇〇八年、一〇六—一〇七頁。

13 « Mai 68 n'a pas eu lieu » (1984), in DRF, 215-216.（下巻・五一—五二頁）。

## 第六章第三節　六八年以後——サルトル／フーコー／ドゥルーズ

1 François Zourabichvili, « Deleuze et le possible (de l'involontarisme en politique) », in *Gilles Deleuze. Une Vie philosophique*, sous la direction d'Eric Alliez, Institut Synthélabo, 1998, p. 339.（フランソワ・ズーラビクヴィリ「ドゥルーズと可能的なもの」大山載吉訳、『Vol』vol.1 所収、以文社、二〇〇六年、三九頁）。

2 « « Il était mon maître » » (1964), in ID, 109 sq.（上巻・一六一頁以下）。

3 D, 18.（二七頁）。

4 六八年前後のサルトルと左翼運動との関連について、リチャード・ウォーリン『1968　パリに吹いた「東風」　フランス知識人と文化大革命』福岡愛子訳、岩波書店、二〇一四年、第五章「ジャン＝ポール・サルトルが完璧なマオイストだった瞬間」を参照。

5 Deleuze, « Le « Je me souviens » de Gilles Deleuze » (propos recueillis par Didier Eribon), in *Le Nouvel observateur*, nº 1619, du 16 au 22 novembre 1995, p. 50.（ジル・ドゥルーズ「『思い出すこと』」（聞き手＝ディディエ・エリボン）、鈴木秀亘訳、『批評空間』第Ⅱ期第9号、一九九六年四月所収、六頁）。

6 Deleuze, « Le « Je me souviens » de Gilles Deleuze », *art. cit.*, p. 50.（ドゥルーズ「『思い出すこと』」前掲論文、七頁）。

7 Jean-Paul Sartre, *L'Être et le néant*, Gallimard, 1943, pp. 547-548.（ジャン＝ポール・サルトル『存在と無　現象学的存在論の試み』松浪信三郎訳、人文書院、一九六〇年、第三分冊・九二—九三、九一頁）。

8 「可能事」や「可能化」について、ドゥルーズは『批評と臨床』所収のジャリ／ハイデガー論で論じている。Cf. CC, 118-119, 120-121.（一九四—一九五、一九七頁）。

9 Jean-Paul Sartre, *Situations, X*, Gallimard, 1976, p. 13.（ジャン＝ポール・サルトル『シチュアシオンX』鈴木道彦・海老坂武訳、人文書院、一九七七年、一〇頁）。

10 「フーコー・ドゥルーズ・デリダ」の「後に来るサルトル」を論じたものとして、北見秀司「サルトルとマルクス、あるいは、もうひとつの個人主義、もうひとつの自由のあり方　変革主体形成論の試み」、澤田直編『サルトル読本』所収、法政大学出版局、二〇一五年を参照。同論文は、サルトル／ドゥルーズの差異というより、（全面的とは言わないにせよ）共通の磁場を描き出しているように思われる。すなわち、党主導の共産主義ではないマルクスの思想、資本主義における軍隊モデル、新自由主義モデルと福祉国家モデルという二極、服従社会としての資本主義、集列における疎外、抵抗闘争における二重の戦線、「プロレタリアの中にあるプロレタリアにならない部分」の強調、といった論点である。

11 Sartre, *L'Être et le néant*, *op. cit.*, p. 513.（サルトル『存在と無』前掲書、第三分冊・二三―二四頁）。

12 サルトルにおける「逃走（fuite）」について、Cf. Sartre, *Critique de la raison dialectique, t. I. Théorie des ensembles pratiques*, Gallimard, 1960, pp. 401-403.（サルトル『弁証法的理性批判II』平井啓之・森本和夫訳、人文書院、一九六五年、三八―四二頁）。同箇所では、主体－集団への言及も見られる。Cf. *Ibid.*, p. 402.（四〇頁）。

13 D, 47.（六七―六八頁）。「監獄情報グループ」（GIP）の冊子『耐えがたいもの』は、一九七一年に「ジョージ・ジャクソン暗殺」特集号を出している。ジャクソンは、監獄を強制収容所と見なしていた。Cf. Groupe d'Information sur les Prisons, *Intolérable*, présenté par Philippe Artières, Verticales, 2013, pp. 153 sq.

14 逆に言うなら、閉塞状況とは次のようなものにちがいない。未来（革命の不可能性）のいくばくかの先取りとともに、アクチュアルな現在のいまここにおいて逃走線を引く行為を諦め、それによって、それまでの過去の意味を、現在における諦念を正当化する動機として書き換え、そしてその動機を、行動を行わない理由へと繰り込み、逆に行動する者たちを冷笑する。

15 ましてや、ニーチェを「意志の哲学」と呼ぶドゥルーズにおいて、行為や行動の「選別＝選択」の問題を、意志／無意志、主意主義／非主意主義といった用語で論じ切ることはできないだろう。ドゥルーズにおいて、意志は力能の問題であり（力能の意志）、それは力能の観点から解釈される。したがって、意志／無意志よりむしろ、力能の質の問題、すなわち、力能／行為が生を肯定するのか否定するのか、あるいは力ないし勢力が能動的なのか反動的なのか、恐怖や悲しみを利用するのか、内在的か超越的かという区分けが、積極的に呼び込まれるだろう。Cf. NPh, 56-59, 95-97.（一〇七―一一一、一七〇―一七四頁）。

16 Sartre, *L'Être et le néant*, *op. cit.*, p. 511.（サルトル『存在と無』前掲書、第三分冊・二〇頁）。

17 IT, 285-286.（三〇四頁）。

18 Cours du 18 janvier 1983. « c'est un monde sans forme... » Cf. IM, 191.（二四〇頁）。

19 Sartre, *Situations, X*, *op. cit.*, pp. 54-55.（サルトル『シチュアシオンX』前掲書、五〇―五一頁）。

20 Mario Tronti, « Lutte contre le travail » (1965), in *Ouvriers et capital*, traduit par Y. Moulier avec la collaboration de G. Bezza, Christian Bourgois, 1977, pp. 322-323. Cf. MP, 586, n. 60, et 589 n. 61.（下巻・三五九―三六〇、注六〇、六一）。

21 Cf. MP, 494-496, 501-502, 551, 611-613, 622.（下巻・一〇二―一〇五、一一二―一一四、一八八―一八九、二七八―二八一、二九四頁）。

22 Sartre, *Critique de la raison dialectique*, *op. cit.*, p. 102.（サルトル『方法の問題』平井啓之訳、一九六二年、一六七頁）。

23 サルトルとシェリングの連関をめぐって、Manfred Frank, « Schelling and Sartre on Being and Nothingness », in *The New Schelling*, *op. cit.*. サルトルは、こうした切断のあらゆる側面における、人為にこだわるが、この点はドゥルーズとの顕著なちがいであろう。

24 Sartre, *Situations, II. Qu'est-ce que la littérature ?*, Gallimard, 1948, p. 196.（ジャン＝ポール・サルトル『文学とは何か』加藤周一・白井健三郎・海老坂武訳、人文書院、一九九八年、改訳新装版、一五〇―一五一頁）。« « Il a été mon maître » » (1964), in ID, 110.（上巻・一六三頁）に引用（ただし、引用前半部――冒頭から「結合させうるには、」までの箇所――はドゥルーズの引用にはない）。

25 Jean-Paul Sartre, *Situations, X*, *op. cit.*, pp. 155-156.（サルトル『シチュアシオンX』前掲書、一四五頁）。

26 Cf. Cours du 28 janvier 1986.

27 Cours du 28 janvier 1986. « toute une micro-agitation qui se produit... »

28 Jean-Paul Sartre, *Situations, X*, Gallimard, 1976, pp. 54-55, 79.（サルトル『シチュアシオンX』前掲書、五〇―五一、七五―七六頁）。

29 『ディアローグ』におけるバスティーユの奪取への言及は、サルトルの集団形成理論とも通底する。D, 79.（一一一―一一二頁）。

30 Wilfrid Desan, *The Marxism of Jean-Paul Sartre*, Doubleday, 1965, p. 217.（ウィルフリッド・デサン『サルトルのマルクス主義』玉井茂・宮本十蔵訳、筑摩書房、一九六八年、二三四頁）。

31 バリバールが指摘するように、ドゥルーズ＝ガタリが、「プロレタリアートへの生成変化」や、「労働者への生成変化」と口にすることはない。Étienne Balibar, *Violence et civilité*, Galilée, 2010, p. 185.「ドゥルーズ＝ガタリによって選択された事例そのものを、ここでは検討せずにおくことにしよう。そうした事例は本質的にアレゴリー的な価値を有するものであり、美学的で政治的な文脈へと、つねに同時に関連づけられることになる。すなわち、《黒人》、《女性》、《ユダヤ人》である（だが、《労働者》がないことを記しておこう。この形象は、彼らの眼にはどうしようもなく「マジョリティ的」なものに見えるのだ）」。伝統的なマルクス主義の想定する労働者が、国籍、ジェンダー、年齢における「マジョリティ」ではないかとする疑念について、MP, 133.（上巻・二一九―二二〇頁）。

32 « Les Intellectuels et le pouvoir » (1972), in ID, 298.（下巻・一四三頁）。

33 『アンチ・オイディプス』において、『弁証法的理性批判』は、「主体－集団の分析、そして主体－集団と欲望との関係、また因果性との関係」をめぐる理論を提示するものであるとされる。AŒ, 453, n. 66.(下巻・三八九頁、注六六)。

34 AŒ, 305, 452-453.（下巻・八一―八三、二九九―三〇〇頁）。

35 « Les Intellectuels et le pouvoir », in ID, 296-297.（下巻・一四〇―一四一頁）。AŒ, 306.（下巻・八三―八四頁）。

36 佐藤嘉幸・廣瀬純『三つの革命　ドゥルーズ＝ガタリの政治哲学』講談社、二〇一七年、六二―六四、七〇―七五頁参照。同書は、階級闘争を経たうえで、はじめて階級外集団の闘争へと移行するべきだと主張する。

37 ガタリが、「分子革命」を、既存の「社会革命」と対立するものと考えていなかったことを、ここでは想起しておこう。Félix Guattari, *Les Années d'hiver : 1980-1985*, Les Prairies ordinaires, 2009 (1[e] éd. 1986), p. 175.（フェリックス・ガタリ『闘走機械』杉村昌昭監訳、松籟社、一九九六年、一四九頁）。

38 AŒ, 452-454.（下巻・二九九—三〇一頁）。

39 Sartre, *Situations, X, op. cit.*, pp. 50-51.（サルトル『シチュアシオンX』前掲書、四七頁）。

40 Michel Foucault, « Sur la justice populaire. Débat avec les maos » (1972), in *Dits et écrits I, 1954-1975*, Gallimard, coll. « Quarto », 2001.（ミシェル・フーコー「人民裁判について——マオイスト（毛沢東主義者）たちとの討論」菅野賢治訳、『ミシェル・フーコー思考集成Ⅳ』所収、筑摩書房、一九九九年）。監獄情報グループの結成、フーコーとサルトルとの出会いについて、Cf. Didier Eribon, *Michel Foucault*, Flammarion 1991, pp. 253-256.（ディディエ・エリボン『ミシェル・フーコー伝』田村俶訳、新潮社、一九九一年、三二二—三二六頁）、ベニー・レヴィ等との討論、そしてサルトルの立場との親和と乖離をめぐって、pp. 258-265.（三二八—三三七頁）。監獄情報グループに参加していた当事者の語るフーコーについて、Danielle Rancière, « Militer ensemble », in *L'Herne. Foucault*, dirigé par Philippe Artières, Jean-François Bert, Frédéric Gros, Judith Revel, L'Herne, 2011, pp. 53-56.

41 Sartre, *Situations, X, op. cit.*, pp. 69-70.（サルトル『シチュアシオンX』前掲書、六四—六五頁）。サルトルは、ジュネ、レリス、クラヴェル等が参加した占拠に言及している。

42 MP, 435-436, 437.（下巻・一四、一七頁）。

43 MP, 446-448.（下巻・三二—三四頁）。

44 Sartre, *Situations, X, op. cit.*, pp. 81, 87.（サルトル『シチュアシオンX』前掲書、七七、八三—八四頁）。

45 Foucault, « Sur la justice populaire. Débat avec les maos », in *Dits et écrits I, op. cit.*, p. 1229.（フーコー「人民裁判について」前掲論文、三三二頁）。

46 *Ibid.*, p. 1221.（フーコー「人民裁判について」前掲論文、三二一頁）。

47 *Ibid.*, p. 1212.（フーコー「人民裁判について」前掲論文、三〇九頁）。

48 *Ibid.*, p. 1216.（フーコー「人民裁判について」前掲論文、三一五頁）。

49 *Ibid.*, p. 1214.（フーコー「人民裁判について」前掲論文、三一二頁）。

50 Deleuze, « Les Intellectuels et le pouvoir », in ID, 293.（下巻・一三六頁）。

51 CC, 160.（二六三頁）。

52 CC, 164-165, 163-164.（二七〇、二六八―二六九頁）。

53 CC, 159.（二六二頁）。

54 AŒ, 102.（上巻・一六七頁）。アルトーの「残酷演劇を、我々の文化に抗する闘争と切り離すことはできない」。Cf. AŒ, 169-170.（上巻・二七一―二七三頁）。

55 ニーチェとアルトー、ディオニュソスとヘリオガバルスの観点から「残酷性」について、そして「戴冠せるアナーキー」について、描出したものとして、Camille Dumoulié, *Nietzsche et Artaud : Pour une éthique de la cruauté*, *op. cit.*, pp. 34-35, 41-44.

56 CC, 163.（二六七―二六八頁）。

57 CC, 160.（二六三頁）。

58 K, 104-105.（一一六頁）。

59 CC, 165-166.（二七一―二七二頁）。

60 Michel Foucault, « Préface » (1977), in *Dits et écrits II*, *op. cit.*, pp. 134-135.（フーコー「ドゥルーズ＝ガタリ『アンチ・オイディプス』への序文」松浦寿輝訳、『ミシェル・フーコー思考集成VI』所収、筑摩書房、二〇〇〇年、一八〇―一八一頁）。

61 « Désir et plaisir » (1977), in DRF, 120-122.（上巻・一八二―一八四頁）。F, 48.（八〇頁）。

62 Félix Guattari, *Psychanalyse et transversalité : Essais d'analyse institutionnelle*, La Découverte, 2003 (1e éd. 1972), p. 80.（フェリックス・ガタリ『精神分析と横断性』杉村昌昭・毬藻充訳、法政大学出版局、一九九四年、一三二頁）。ガタリは水平性のみを称揚しているわけではなく、それだけでは袋小路にはまりうると指摘している。

63 F, 38.（六二頁）。

64 « Écrivain non : un nouveau cartographe », in *Critique*, décembre 1975, pp. 1223, 1226-1227.

65 Foucault, *Surveiller et punir : Naissance de la prison*, Gallimard, 1975, p. 315.（『監獄の誕生　監視と処罰』田村俶訳、新潮社、一九七七年、三〇八頁）。

## 第Ⅲ部

### 第七章第一節　記号、領土、リトルネロ

1 PS, 11.（七―八頁）。

2 PS, 12.（八―九頁）。

3 社交界について、MP, 443.（下巻・二六―二七頁）、戦士と宝石について 499-500.（下巻・一〇九―一一二頁）を参照のこと。

4 MP, 389-390.（中巻・三三〇頁）。

5 MP, 408.（中巻・三六〇頁）。スキノピーティスについて、cf. A. J. Marshall, *Bower-Birds : Their Displays and Breeding Cycles*, Clarendon Press, 1954, pp. 154-188.

6 すでに『差異と反復』の時点で、ドゥルーズのいう記号を、象徴秩序に還元するのは困難である。彼にとって「記号」は、事物として安定して存在しているものではなく、ある場が度合の水準における内的な不均衡を抱えているがゆえに、その不均衡から発生する稲妻の一閃のごときものである。「我々が「信号（signal）」と呼ぶのは、非対称な複数のエレメントを具え、相互に齟齬する量的な諸次元を有するシステムのことである。我々が「記号（signe）」と呼ぶのは、そのようなシステムのなかで生起するもの、間隙のなかで閃くもの、たとえば齟齬するものたちのあいだに打ち立てられる交流のことである。〔……〕記号は完全に象徴の秩序であるというわけではない。だがそれは、内的な差異を含むことで象徴秩序を準備している（しかし、記号を複製する条件はいまのところまだ外部に置かれている）」。DR, 31.（上巻・六七―六八頁）。ドゥルーズにとって、強度は本質的に暗き底から閃き出ずるものとして記

号を現出させる不均衡なシステムであり、しかもその閃く記号は、人間的な言語をなす象徴の秩序に属すると言い切れるものではない。それは、複製＝再生産される条件が整備されていないものとして、すなわち、反復可能性という記号の条件さえ満たしていないものとして、いわば記号性の限界にある記号として、把握されている。

7　こうした非象徴的な記号じたいが、彼らのテクストにおいて象徴的な記号で表記されているのではないか、という批判がありうる。ある意味で、この批判は至極当然のものなのだが、ただし、それはあらゆる記号系を結局、象徴界へと連れ戻す役回りを演じてしまう。ドゥルーズ＝ガタリの態度は、それに対して、ある意味で「素朴」とも言えるかもしれないが、ただし、この素朴さゆえに語りうることを、彼らは一気に語ってしまう。と同時に、彼らは、象徴的な記号系じたいの内部で、象徴的な記号と非象徴的な記号とを使い分ける。つまり、人間のもちいる言語のなかに、異なる記号の体制による分断を持ち込むのである。そして非象徴的な記号にあたる、蔓、枝、木の葉、色彩、歌、匂いといった要素は、それじたいで、何かを「説明」したり、「象徴」したりするわけではない、質料的＝物質的な記号である。書記言語内での記号の体制の区別——言語的／情動的——について、cf. Fredric Jameson, *The Antinomies of Realism*, Verso, 2013, pp. 31-32, 35-36, 44.

8　MP, 398.（中巻・三四五頁）。

9　MP, 406.（中巻・三五六頁）。

10　MP, 408.（中巻・三五九頁、強調原文）。

11　『千のプラトー』英語訳において、「アレンジメント（agencement）」の訳語に、「アッサンブラージュ（assemblage）」がもちいられているのは、異質なものの共存というニュアンスを引き受けてのことだろう。たとえば、クロード・シモンは、綜合的キュビズムにおける異質な素材のアッサンブラージュを、みずからの執筆法のなかに取り入れながら、共存立性の問いを小説のなかで推し進め、異質な素材による時間綜合的キュビズム小説を結晶化させている。Cf. Claude Simon, « Littérature et mémoire » (1993), in *Quatre conférences*, Minuit, 2012, pp. 112-113. シモンにおけるテクストとイマージュのアサンブラージュの実践として、Claude Simon, *Orion aveugle*, Skira, 1970.（クロード・シモン『盲いたるオリオン』平岡篤頼訳、新潮社、一九七六年）。ドゥルーズ＝ガタリにおけるシモンへの言及として、cf. QPh, 165-166.（二九五頁）。

12 断片化と不調和の問題は、ロマン主義において展開されており（ドイツ・ロマン主義に加え、フランスのユゴーにおける「醜さ」の問い）、もっと言えば、一七世紀の古典主義的調和の行き詰まりを自覚していた一八世紀のいわゆる「啓蒙」の作家たちも（ヴォルテール、ディドロ、ルソー）、一七世紀の古典主義美学によって抑圧された十六世紀の作家たち（ラブレーやモンテーニュなど）を回帰させつつ、すでにその萌芽を育んでいたと言ってよいだろう。こうした考えが広く一般化し、大きく発展しはじめたのは一九世紀以後のことである。ドイツ・ロマン主義における「断片」の問題について、cf. Philippe Lacoue-Labarthe, Jean-Luc Nancy, *L'Absolu littéraire : Théorie de la littérature du romantisme allemand*, Seuil, 1978, pp. 57-80.

13 MP, 383.（中巻・三二〇頁）。

14 MP, 388-389.（中巻・三二八―三二九頁）。

15 MP, 39, 51.（上巻・六五、八八頁）。

16 MP, 323.（中巻・二一五頁）。

17 芸術はテリトリーをつくる動物とともにはじまるとするドゥルーズ＝ガタリが、植物的な芸術を認めていたかという問題は、動物／植物をめぐる「アニマ」の境界をめぐる問題として立てられようが、ここではひとまず措いておく。

18 Marshall, *Bower-Birds*, *op. cit.*, p. 159.

19 これらの用語はシモンドンに由来するものである。Cf. Gilbert Simondon, *L'Individuation à la lumière des notions de forme et d'information*, Millon, 2005, p. 310.（ジルベール・シモンドン『個体化の哲学』藤井千佳世監訳、近藤和敬・中村大介・ローラン・ステリン・橘真一・米田翼訳、法政大学出版局、二〇一八年、五一二―五一三頁）。同様に、Cf. Jason Read, *The Politics of Transindividuality*, Haymarket Books, 2016.

20 MP, 392.（中巻・三三五頁）。

21 『失われた時を求めて』における語り手の「恋愛」は、恋人を「所有」するという欲望へと転化し、そして完全に所有できた暁には、恋愛も消滅する。おそらくアルベルチーヌにとって、恋愛は別の意味を持っていたにちがいない。

だが、語り手にはそれが分からなかったのである。アルベルチーヌの身振りや素振りや言葉といった彼女の「世界の断片」は、語り手によって所有されるままにならず、たとえどれほど近くに引き寄せ幽閉しようとも（幽閉されたときにこそ）、決定的にその手から逃れてゆく。語り手の所有欲の標的となったアルベルチーヌは、どれほど語り手が近くにいようとも、語り手にとっては他の世界との関係、交わることなくすれ違う複数の世界同士の関係にしかならない。このとき語り手にできるのは、恋人の女性を空間的に閉じ込めて自分の力を誇示し、おのれの根本的な無能を慰撫することだけだが、それも失敗して、アルベルチーヌは逃げ出して死に、ふれることさえ永遠に叶わなくなる。しかし、アルベルチーヌの逃避は、実際に部屋から逃げ出す遙か以前からはじまっていた。この挿話においては、幽閉されたまま室内で死んだのではなく、逃げたということも重要である。なぜなら、アルベルチーヌは、もはや動くことのできない死体さえも語り手には譲り渡さず、死体を、そして死後も残存する彼女の記憶やイメージさえも、決して彼の自由にはさせないからだ。こうして、アルベルチーヌの逃走は、その後の語り手の調査によっても決して明示されはしなかったセクシュアリティの秘密もふくめ徹底的なものとなり、語り手の所有欲望の破綻は決定的なものとなる。アルベルチーヌをめぐる挿話はまさに、男性による所有の破綻と、女性による逃走とその死後までつづく抵抗を語るのである。Cf. MP, 332-333.（中巻・二三一―二三二頁）。

22 「ドローイング」を強調する現代の作家として、ハンタイとも交友のあったロニ・ホーンの名を挙げておきたい。ホーンにとって、あらゆる作品、写真も、彫刻も、抽象的な構築もすべては、ある意味で「ドローイング」であると言われる。Cf. Roni Horn, *Desseins/Drawings*, Centre Pompidou, 2003. 写真作品 *YOU ARE THE WEATHER*（Scalo, 1997）では、相似た空間的条件（アイスランドのいろいろな場所にあるプール）で、ほとんど同一の構図をもちいて撮影された同一人物の顔のクロースアップ写真のみが系列的に反復されるが、一連の表情や、肌、皺や、目線や、唇の形状や、空気の流れや、水の襞や、色彩の温感や、光の微細なちがいが、そのちがいの微妙さによって、いっそう際立つようになる。写真と写真のあいだの隙間から、それら一連の写真によってしか表現できないが、しかし、その写真のどれにも還元されない特異な質感の次元が引き出され、そうして発生した質感じたいが、個々の写真をひたし、それを取りまく空気を変えるのである。また *ANOTHER WATER*（Scalo, 2000）では、テムズ河の水面を撮影した一連の写真に、八三〇篇のアフォリズムを対置させることで、写真同士のあいだ、言葉同士のあいだ、写真と言葉のあいだに、テムズ河をめぐって交叉する諸力を立ち昇らせる。

23 Tim Ingold, *Being Alive : Essays on Movement, Knowledge and Description*, Routledge, 2011, p. 85-86. Cf. Keith Ansell-Pearson, *Germinal Life : The difference and repetition of Deleuze*, Routledge, 1999, pp. 166-168 ; Alan D. M. Rayner, *Degrees of Freedom : Living in Dynamic Boundaries*, Imperial College Press, 1997.

24 PSM, 10-11, 112-115.（一五一一八、一九九一二〇三頁)。

25 ユクスキュル、クリサート『生物から見た世界』日高敏隆・羽田節子訳、岩波文庫、二〇〇五年、二九頁。ユクスキュルにおける記号と意味についてはとりわけ、Jakob von Uexküll, *The Theory of Meaning*, in *Semiotica*, volume 42 (1), 1982. を参照。たとえば、蜘蛛の環世界と、獲物－意味との関連、蠅－獲物の知覚イメージと行動イメージを折り込んだ巣網の仕立て屋（テイラー）としての蜘蛛について、pp. 41-43.

26 Levi R. Bryant, *The Democracy of Objects*, Open Humanities Press, 2011, p.146.

27 主体と対象、主体と世界とのあいだの交叉配列関係を論じたメルロ＝ポンティもまた、ユクスキュルの環世界の概念――そして、諸々の環世界がたがいに巻き込みあい、メロディとして展開されること――に着目していた。Cf. Maurice Merleau-Ponty, *La Nature : Notes, Cours du Collège de France*, établi et annoté par Dominique Séglard, Seuil, 1994, pp. 228-234. ハイデガー、メルロ＝ポンティ、ドゥルーズにおけるユクスキュル解釈について、cf. Brett Buchanan, *Onto-Ethologies : The Animal Environments of Uexküll, Heidegger, Merleau-Ponty, and Deleuze*, State University of New York Press, 2008.

28 Buchanan, *Onto-Ethologies, op. cit*, p. 175.

### 第七章第二節　存在論的ノマドロジー

1 Ali Akay, « Gilles Deleuze en Turc », *Multitudes*, N° 29, été 2007, p. 181. Cf. René Lemieux, « Pour une nouvelle critique des traductions, Gilles Deleuze », in *Europe*, N° 996, avril 2012, p. 156.

2　MP, 359-362.（中巻・二七八―二八三頁）。

3　D, 48-49.（六八―七〇頁）。

4　DR, 53-54.（上巻・一〇九―一一一頁）。同様の配分の問題について、Cf. MP, 471-473.（下巻・六九―七二頁）。ドゥルーズ＝ガタリが『アンチ・オイディプス』で行っている歴史的、社会的、人類学的な考察を、『差異と反復』における存在論的なノマドロジーと対比するなら、その類似は明らかである。彼らは、『差異と反復』におけるノマドロジー論と同様に、分割されない土地と、分割された土地を峻別する。ただし『差異と反復』では「領土（テリトリー）」と呼ばれていた「分割された土地」を、『アンチ・オイディプス』では「脱領土化」の結果生ずるものとしているのである。AE, 170-171.（上巻・二七四頁）。「原始機械は人民を細分化するのだが、しかし、それが行われるのは分割しえない土地においてである。そして、各切片が他の切片とのあいだに有する連結的、離接的、連接的な関係は、その分割しえない土地に記入される。〔……〕土地や住居の行政的な組織化によって、分割が土地じたいを対象とするとき、そこに領土性の推進を見ることはできない。そこに見られるのは、むしろまったく反対に、原始共同体に向けられた最初の脱領土化の大きな運動の結果なのである。不動の原動機としての土地の内在的統一性は、まったく別の本性を持つ超越的な統一性に、すなわち《国家》の統一性に席を明け渡す」。

5　PLB, 147-148.（一八八頁）。

6　CC, 32.（四九頁）。こうした態度は、ドゥルーズのニーチェ論の常数である。Cf. N, 19-20.（三六―三八頁）。

7　「ヒエラルキー」と「アナーキー」の対比については、DR, 55, 60, 356.（上巻・一一一―一一三、一二四頁、下巻・三四八頁）、DRF, 244-245.（下巻・九五―九六頁）、Cours du 16 décembre 1980 を参照。

8　« Gilles Deleuze parle de la philosophie » (1969), in ID, 198-199.（上巻・三〇二頁）。

9　生成変化と精霊について、MP, 216.（中巻・三〇頁）。

10　Gueroult, *Spinoza I, op. cit.*, p. 385.

11　Mehdi Belhaj Kacem, *Être et sexuation*, Stock, 2013, pp. 27-34, 96-97, 108-111. ドゥルーズも、『ザッヘル＝マゾッホ紹介』や『意味の論理学』において、思考にセクシュアリティを導入するという計画を抱いていたことを付記しておこう。

12 Kacem, *Être et sexuation*, *op. cit.*, p. 175. このあとに、「マラブーにおける存在そのもののたえざるメタモルフォーズ」という言葉がつづく。

13 Kacem, *Être et sexuation*, *op. cit.*, p. 96.

14 DR, 54-55.（上巻・一一一頁）。

15 ランシエールの政治概念については、Rancière, *La Mésentente : Politique et philosophie*, Galilée, 1995.（ランシエール『不和あるいは了解なき了解　政治の哲学は可能か』松葉祥一・大森秀臣・藤江成夫訳、インスクリプト、二〇〇五年）を参照のこと。文学や美学の政治性を問う際にも、平等を中心に据えるランシエールの立場は一貫している。ドゥルーズ的政治への批判をめぐって、Cf. Rancière, *La Chair des mots*, *op. cit.*, p. 202.（ランシエール『言葉の肉』前掲書、八六頁）。ドゥルーズとランシエールの複雑な関係については、市田良彦『ランシエール　新〈音楽の哲学〉』白水社、二〇〇七年、二八―三四、四二―四七、五三―五四頁参照。

16 Rancière, « Littérature, politique, esthétique. Aux abords de la mésentente démocratique » (2000), in *Et tant pis pour les gens fatigués. Entretiens*, Éditions Amsterdam, 2009, p. 150.

17 ランシエールにおいて重要なのは、何を介入の標的に選ぶかということ、そして、その選択における方向決定の指針である。すべての人がすべてについて語ることができるように見える今日のウェブ上の空間において、あらゆるものを自身のうちに取り込んで行ってしまうかのように見える《資本》を中核原理として組織される社会において、言葉の領域は周到に管理されている。したがって、《資本》にとって禁忌とされる事柄、それに抵抗する事柄に、場を与えるような介入的言説を構築することが必要であろう。

18 ドゥルーズとランシエールとをへだてる大きなちがいは、ランシエールが存在者の水準での平等、人間主体の水準での平等を主張するのに対し、ドゥルーズは人間主体が人間主体になる以前の水準、人間主体としての存在発生の水準での存在の意味の平等を主張する点にある。またドゥルーズの場合、「存在論」という性質上、その平等が人間にかぎらず、存在すると言われるあらゆる個体にかかわるものである。ランシエールには、理論的な非人間主義ではなく、明らかな人間主義（ヒューマニズム）がある。

### 第七章第三節　ノマドの領土原理——占拠、共棲、維持

1 « Le Cerveau, c'est l'écran » (1986), in DRF, 266.（下巻・一三三頁）。

2 Isabelle Stengers, *Penser avec Whitehead : Une libre et sauvage création de concepts*, Seuil, 2002, p. 371.

3 社会を身体に譬える典型的な事例が、たとえばルソーに見られる。Cf. Jean-Jacques Rousseau, « Discours sur l'économie politique », in *Œuvres complètes*, t. III, coll. « Pléiade », 1964, p. 244.（ジャン＝ジャック・ルソー『政治経済論』阪上孝訳、『ルソー全集　第五巻』所収、白水社、一九七九年、六六―六七頁）。政治的身体論について、同様に、古典的研究であるカントロヴィッチ『王の二つの身体』小林公訳、ちくま学芸文庫、上下巻、二〇〇三年。アガンベン『ホモ・サケル　主権権力と剝き出しの生』高桑和巳訳、以文社、二〇〇三年、一三一―一四七頁。Serge Margel, *De l'imposture. Jean-Jacques Rousseau. Mensonge littéraire et fiction politique*, Galilée, 2007, pp. 92-96, 109-112.（『欺瞞について　ジャン＝ジャック・ルソー、文学の嘘と政治の虚構』堀千晶訳、水声社、二〇一二年、一〇八―一一一、一二六―一二九頁）、Margel, *Aliénation. Antonin Artaud. Les généalogies hybrides*, Galilée, 2008, pp. 42-47.

4 MP, 473.（下巻・七二頁）。

5 Levi R. Bryant, *Onto-Cartography*, *op. cit.*, pp. 93-94.

6 Bryant, *Onto-Cartography*, *op. cit.*, p. 105.

7 MP, 196.（上巻・三三五頁）。

8 Cf. Judith Butler, Athena Athanasiou, *Dispossession : The Performative in the Political*, Polity Press, 2013, pp. 5-7.

9 NPh, 7.（二九頁）。

10 ドゥルーズが区別する選言命題の排他的‐否定的使用法と包摂的‐肯定的使用法について、このふたつを二元論的にきっぱりと裁断することじたいが、選言命題の新たな排他的使用法になってしまいうるのではないかという疑念について、Cf. Steven Shaviro, *Without Criteria : Kant, Whitehead, Deleuze, and Aesthetics*, The MIT Press, 2009, pp.

121-122. 同様のことが、ノマドとテリトリーについても言える。

11 ACE, 174.（上巻・二七九頁）。

12 DR, 365.（下巻・三〇三頁）。

13 MP, 510.（下巻・一二六頁）。

14 MP, 472.（下巻・七一頁）。

15 DR, 54.（上巻・一一一頁）。『スピノザと表現の問題』ではとりわけ、実体と諸様態のあいだでの「属性の一義性」（共通の属性＝形式）、「原因の一義性」（共通の力能）、「観念の一義性」（共通観念）という三つの一義性が語られる。SPE, 309.（三五四頁）。

16 MP, 182.（上巻・三二四―三二五頁）。

17 Samuel Beckett, *Malone meurt*, *op. cit.*, p.76.（ベケット『マロウン死す』前掲書、七八頁）。

18 Cf. Blanchot, *L'Entretien infini*, *op. cit.*, p. 194.（ブランショ『終わりなき対話II』前掲書、九八頁）。「文字どおりもはや何もなしえない者が、可能性が終焉するこの限界においてなおも自らを肯定する。すなわち、あるひとつの現前の貧しさ、単純さにおいて。それは、人間の現前の無限性なのだ」。

19 SPE, 179.（二〇〇―二〇一頁）。

20 特異点の概念について、LS, 67.（上巻・一〇四頁）。

21 SPE, 173.（一九四頁）。空間（スパティウム）について、cf. Martial Gueroult, « L'espace, le point et le vide chez Leibniz » (1946), in *Études sur Descartes, Spinoza, Malebranche et Leibniz*, Georg Olms, 1970, pp. 252-259.

22 SPE, 80-81.（八六―八七頁）。

23 「ネイバーフッド（近傍）」について、MP, 337-338, 359-360.（中巻・二四〇―二四一、二七九―二八〇頁）。

24 DR, 54.（上巻・一一一頁）。

25 SPP, 45-50.（五七―六三頁）。

## 第八章第一節　スピノザの実存主義

1　Cours du 9 décembre 1980. « Spinoza parle très souvent de l'essence... » 抽象概念や普遍概念への批判として、PV, 19.（一〇〇頁）。『ペリクレスとヴェルディ　フランソワ・シャトレの哲学』は、上述の問いに加え、潜勢態／現勢態（力能／行為）にかんする緻密な議論、権力と力能の区別、自発的隷従など、スピノザ論と共通する主題を扱っている。

2　Cf. Cours du 9 décembre 1980 に加えて、Cours du 10 février 1981.

3　ドゥルーズ＝ガタリの「機械」概念に、ジョージ・モルナー（George Molnar）の力能（power）の実在論を結合させた読解として、Levi R. Bryant, *Onto-Cartography, op. cit.*, pp. 40-46.

4　Cours du 9 décembre 1980. « Un chameau, ça peut ne pas boire... »

5　MP, 314.（中巻・一九九頁）。

6　Cours du 9 décembre 1980. « Volonté de puissance ça veut... » Cf. SPP, 166-167.（二三九—二四〇頁）。

7　E・H・ゴンブリッチ『棒馬考　イメージの読解』二見史郎・谷川握・横山勝彦訳、勁草書房、一九九四年、一四—一五頁。

8　« L'Immanence : Une Vie... » (1995), in DRF, 361.（下巻・二九八頁）。同テクストについて、ジョルジョ・アガンベン「絶対的内在」、『思考の潜勢力』所収、高桑和巳訳、月曜社、二〇〇九年、四七六—四八〇、四八九—四九四頁参照。

9　MP, 495.（下巻・一〇三頁）。

10　MP, 496-497.（下巻・一〇五—一〇七頁）。

11　Cours du 28 avril 1987. « dans quel ensemble flou le nazisme a-t-il surgi ? »

12　D, 151-159.（二〇九—二二一頁）。MP, 51, 54.（上巻・八八、九四頁）。

13　MP, 91.（上巻・一五七頁）。Cf. Lapoujade, *Deleuze, les mouvements aberrants, op. cit.*, pp. 190-192.（ラプジャード『ドゥルーズ　常軌を逸脱する運動』前掲書、二二九—二三一頁）。

14 生得性について、SPE, 261-262.（二九七—二九八頁）。

15 IM, 191.（二四〇頁）。

16 ゲルーのスピノザ読解における「持つ」ことの主題について、cf. Gueroult, *Spinoza I*, *op. cit.*, p. 381. ゲルーは「生である神」と対比しながら、様態＝個物が生を持つこと、保有＝憑依の持続する限り実存を享楽することについて語っている。

17 二〇世紀フランスにおけるスピノザ・ルネサンスを担った一人であるマトゥロンは、論文「スピノザと所有」のなかで、一七世紀の状況と関連づけながら、所有、権利、能力のかかわりについて、次のように指摘している。「所有がひとつの権利であるという事態は、「権利」という語がこの時代に帯びるようになったばかりの、真新しい主体的な意味においてのことである。権利とは、能力であり、精神的な権能のことである。こうした権利は、現実的な権利であって、すなわちある事物を自由にもちいる能力のことだ。〔……〕しかし、明らかに彼〔＝スピノザ〕と、ホッブスを含むすべての先行者たちとのあいだには、根本的な差異がある。それは、主体的権利全般の構想にかかわる。スピノザにとっての能力は、たんなる「精神的な権能」ではなく、身体的な権能なのである。権利とは、実効的な力能であり、それ以上のものではない」。Alexandre Matheron, « Spinoza et la propriété » (1978), in *Anthropologie et politique au XVIIe siècle (Etudes sur Spinoza)*, Vrin, 1986, pp. 96-97. 同様に、Matheron, *Individu et communauté chez Spinoza*, Minuit, nouvelle éd. 1988 (1e éd. 1969), pp. 338-340 を参照。ドゥルーズ自身、ホッブスとの関連で、権利と能力のかかわりについて論じている（とくに、Cours du 9 décembre 1980）。また同様に、スピノザ『神学・政治論 下巻』畠中尚志訳、岩波文庫、一九四四年、第一六章、一六三—一六四頁、『国家論』畠中尚志訳、岩波文庫、一九七六年、第二章、第二—五節を参照。

18 Cours du 9 décembre 1980. « La puissance ce n'est pas ce que je veux... »

19 SPE, 240.（二七三頁）。

20 SPE, 248.（二八一—二八二頁）。同様に、NPh, 98.（一七五頁）、SPE, 241.（二七三—二七四頁）、SPP, 72, 76, 114-115, 135, 142.（八三—八四、一三〇、一八七、二〇五、二一六頁）を参照。

21 Cours du 9 décembre 1980. « je ne crois pas forcer les textes... » 周知のように、「強いる（forcer）」ことこそ、ドゥルーズにとって思考を起動させる「力（force）」であった。ニーチェ論におけるスピノザへの言及について、cf. NPh, 44, 70, 218.（八八、一二九、三六六、四〇一頁）。

22 ES, 30.（四三頁）。

23 David Hume, *A Treatise of Human Nature*, edited by David Fate Norton, Mary J. Norton, Oxford University Press, 2000, 3. 2. 3.（デイヴィッド・ヒューム『人間本性論　第三巻　道徳について』伊勢俊彦・石川徹・中釜浩一訳、法政大学出版局、二〇一二年、第二部、第三節）。Cf. ES, 30, 35-39.（四三、四九—五六頁）。« Hume » (1972), ID, p. 227.（下巻・四四頁）。« Préface pour l'édition américaine de *Empirisme et subjectivité* » (1991), in DRF, 341.（下巻・二六四頁）。『人間本性論』におけるヒュームの「所有＝固有性」論から導出しうる特性を列挙するなら、以下のようになる。所有は項同士の外在的な関係である。必然的な所有関係は存在せず、あらゆる所有＝固有性は偶然的である。固有性じたいの固有性は存在しない。安定した所有＝固有性は、信仰の対象である。所有の安定的な確立には、所有の偶然性と無根拠性を見ていない（ということを見ていない）必要がある。所有には、部分を全体と取り違えるなど、記号をとおした譬喩的な転移プロセスが関与する（時間的かつ空間的な転移）。安定した所有権の確立プロセスは、安定した主体＝個人の確立プロセスと並行している。所有の体制には、独自の記号の体制と解釈体系を共有する共同体が必要とされる。各記号の体制は、政治的な体制である。記号の体制を共有しない者たちにとって、一方にとっての所有は、他方にとっての所有を意味しない。だからこそ、「《理性》はここで、所有者同士の会話としてその姿をあらわす」のであり、所有権を侵す者が対話者から除外されることになるのである。ES, 30.（四三頁）。

24 Cf. PLB, 147.（一八八頁）。

25 スピノザ『エチカ』前掲書、第四部、定理三九参照。

26 François Zourabichvili, *Le Conservatisme paradoxal de Spinoza : Enfance et royauté*, PUF, 2002, p. 31.

27 François Zourabichvili, *Spinoza. Une Physique de la pensée*, PUF, 2002, p. 98.

28 ドゥルーズ、スピノザ、アルトーにおける本質の変形と死の構成をめぐって、江川隆男『死の哲学』河出書房新社、二〇〇五年参照。

29 異性装者とホルモン摂取について、cf. Cours du 15 février 1972. « Si je reviens au problème... »

30 『哲学とは何か』において、ドゥルーズ＝ガタリは情動と生成変化を結びつけている。Cf. QPh, 160.（二八五頁）。

31 DR, 56.（上巻・一一五頁）。

32 Cours du 16 décembre 1980. « C'est pour ça que... »

33 NPh, 70, n. 1.（四〇一頁、注一八七）。

34 DR, 55.（上巻・一一二頁）。

35 Artaud, *Le Théâtre et son double* (1935), in *Œuvres, op. cit.*, p. 528.（アルトー『演劇とその分身』安堂信也訳、白水社、一九九六年、六六—六七頁）。

36 Cf. MP, 304, 333.（中巻・一八一、二三三頁）、IM, 100.（一二二頁）、CC, 39.（六三頁）。

37 付記しておくなら、『千のプラトー』における「自由間接話法」論とは、一種の憑依論であり、他者の言葉とともにある言語能力の尖端の形成行為である。自由間接話法は、「霊媒」的なもの、幽霊としての外の声がねじれた輪を伝って内側から湧いてくる過程として、様々な声や息のせめぎあいと、記憶喪失の生み出す繊細な風景として記述されている。MP, 107-108.（上巻・一八一頁）。「私の直接話法もやはり、他の世界、他の天体からやってきて、私を貫通する自由間接話法である。〔……〕非身体的変形を把握するまさしく観念的で亡霊的な能力。ひとつの巨大な間接話法の色々な種類にしたがって言語をとらえる適性。息を吹き込み、吹き込まれる能力、ひとつのメロディを、いつも他のメロディに、冗長性にかかわらせて挿入する歌の能力、真の霊媒的な能力。異言、または外言」。

38 Émile Benveniste, *Le Vocabulaire des institutions indo-européennes*, Minuit, 1969, t.1, p. 91.（エミール・バンヴェニスト『インド＝ヨーロッパ諸制度語彙集Ⅰ』前田耕作監訳、蔵持不三也・檜枝陽一郎・鶴岡真弓・渋谷利雄・田口良司・中村忠男訳、言叢社、一九八六年、八四—八五頁）。

39 ドゥルーズの参照するゲリノ訳『エチカ』（*L'Éthique*, trad. Armand Guérinot, Édouard Pelletan, 1930）では、« habere » に、« posséder » という訳語が当てられており、この語がしばしば姿を見せる。

40　Jacques Derrida, *Le Monolinguisme de l'autre, ou la prothèse d'origine*, Galilée, 1996, pp. 35-36, 45-46.（ジャック・デリダ『たった一つの、私のものではない言葉　他者の単一言語使用』守中高明訳、岩波書店、二〇〇一年、三二、四三―四五頁）。

41　PLB, 148.（一八九頁）。同様に、PLB, 144-160.（一八四―二〇四頁）を参照。

42　ライプニッツ『モナドロジー』第六二節。

43　PLB, 163.（二〇八頁）。

44　PLB, 146.（一八六―一八七頁）

45　PLB, 160.（二〇四頁）。

46　MP, 508.（下巻・一二三―一二四頁）。

47　CC, 154-155.（二五二頁）。

48　K, 25.（二三頁）。

49　MP, 216.（中巻・三〇頁）。「悪魔との同盟関係」、悪魔に取り憑かれることについて、MP, 301-304, 309.（中巻・一七六―一八〇、一九〇―一九一頁）を参照。

50　Cours du 2 février 1982. « l'esprit ne désigne pas du tout une âme... »「精神＝精霊が指すのは、ひとつの魂や諸々の魂のことではなく、物質的微粒子のことなのです」。

51　FB, 19-20.（三五―三七頁）。

## 第八章第二節　「歓び」をめぐって（あるいは、倒錯的スピノザ主義）

1　ドゥルーズを能力論の観点から読んだものとして、cf. Levi. R. Bryant, *Difference and Givenness : Deleuze's Transcendental Empiricism and the Ontlogy of Immanence*, Northwestern University Press, 2008. Dork Zabunyan, *Gilles Deleuze. Voir, parler, penser au risque du cinéma, op. cit.*, pp. 18-21, 27-48, 95-105, 293-300. Joe Hughes, *Deleuze's* Difference and Repetition : *A Reader's guide*, Continuum, 2009, pp. 72-78.

2 PS, 32-33, 41, 115-122, 176-178.（三一－三二、四〇－四一、一二五－一三三、一九五－一九八頁）。

3 Levi R. Bryant, *Difference and Givenness, op. cit.*, p. 151. Cf. *Ibid.*, pp. 77, 97.

4 « Les Plages d'immanence » (1985), in DRF, 245.（下巻・九六頁）。

5 SPP, 134.（二〇四頁）。同様に、cf. SPE, 174-181, 209.（一九五－二〇二、二三五－二三七頁）。

6 Cours du 9 décembre 1980. « Un aveugle alors, ce n'est pas... »「盲人はそれゆえ、潜在的な視覚を持つ者ではありません。ここでも潜勢態にあって実現されていないものなど何もなく、すべてはいつも完全に実現されているのです。あるいは、この盲人がまったく視覚を持たず、つまり見る力能を持たないのか。あるいは、この盲人は、たいへん曖昧でぼやけた光の感覚を保っているのか。そうだとするなら、この光の感覚は、盲人の力能そのものを実現している情動なのです」。

7 スピノザ論における受動性からの「能動化＝能動的な生成変化（devenir-actif）」について、SPE, 267.（三〇四頁）。

8 Étienne Balibar, *Spinoza et la politique* (1985), in *Spinoza politique : Le Transindividuel*, PUF, 2018, p. 94.（バリバール『スピノザと政治』水嶋一憲訳、水声社、二〇一一年、七三頁）。

9 Cours du 9 décembre 1980. « Si vous prenez ce qu'on appelle... » 反アリストテレス的な生物学の観点について、cf. SPE, 256-257.（二九二頁）。また、スピノザ『エチカ』第四部、序言を参照。

10 MP, 311.（中巻・一九三頁）。「それゆえ一つひとつの個体が無限の多様体であり、《自然》全体は、無数の多様体からなる、完璧に個体化した一箇の多様体である」。

11 SPP, pp. 68-72.（一八二－一八八頁）。

12 Cours du 9 décembre 1980. « il parle par ma bouche... »

13 千葉雅也『動きすぎてはいけない　ジル・ドゥルーズと生成変化の哲学』前掲書、一九九頁参照。

14 スピノザ『エチカ』前掲書、第三部、要請一（訳語を部分的に変更）。

15 Cf. MP, 193, 196.（上巻・三二〇、三二二頁）。

16 PSM, 28, 30.（四六、四八－四九頁）。

17 MP, 186-187.（上巻・三〇九頁）。全身の穴を縫合するという営みについて、異なる観点からアプローチしたものとして、マリオ・ペルニオーラ『無機的なもののセックス・アピール』岡田温司・鯖江秀樹・蘆田裕史訳、平凡社、二〇一二年、一九九頁以下を参照のこと。ペルニオーラは、無機質なものを称揚する立場から、「器官なき身体」を脱生気論化して論じている（五二―五六頁）。

18 アイロニーと対比されるユーモアについて、cf. PSM, 71-79.（一二三―一三八頁）。

19 MP, 187.（上巻・三〇九頁）。

20 MP, 188.（上巻・三一一頁）。

21 MP, 192.（上巻・三一八頁）。

22 SPE, 156.（一七六頁）。「結果自身が原因から流出する代わりに、原因のうちに「内在する」とき、原因は内在的である。内在因を定義するものは、結果が原因のうちにあり、おそらく他のもののうちにあるように、原因のうちにとどまることである」。

23 Deleuze, Guattari, « 28 NOVEMBRE 1947 – COMMENT SE FAIRE UN CORPS SANS ORGANES ? », in *Minuit*, n° 10, septembre 1974, p. 63. ここでもちいられる « faire mal » という表現は、「痛めつける」や「苦しませる」と同時に、「打ち勝つ」の意味でもあるように思われる。「歓びのドゥルーズ」に対して「暗いドゥルーズ」を対置させる力業的読解を試みたのが、Andrew Culp, *Dark Deleuze*, University of Minnesota Press, 2016.（アンドリュー・カルプ『ダーク・ドゥルーズ』大山載吉訳、河出書房新社、二〇一六年）である。

24 MP, 192-193.（上巻・三一八―三二〇頁）。

25 MP, 193.（上巻・三一九頁）。

26 Roger Dupouy, « Du masochisme », in *Annales médico-psychologiques*, t. II, décembre 1929. (http://psychanalyse-paris.com/985-Du-masochisme-a-type-chevalin.html)（二〇一八年九月一〇日閲覧）。

27 Roger Dupouy, « Du masochisme », *art. cit.*

28 MP, 193.（上巻・三二〇頁）。

29 SPE, 239-240.（二七二―二七三頁）。

30 Cf. Guillaume Sibertin-Blanc, *Politique et État chez Deleuze et Guattari : Essai sur le matérialisme historico-machinique*, PUF, 2013, pp. 224-227.（ギヨーム・シベルタン＝ブラン『ドゥルーズ＝ガタリにおける政治と国家　国家・戦争・資本主義』上尾真道・堀千晶訳、書肆心水、二〇一八年、二七三―二七六頁）。

31 MP, 295-296.（中巻・一六六―一六七頁）。

32 MP, 105.（上巻・一七八頁、三五二頁、注一三）。

33 MP, 302.（中巻・一七八頁）。Cf. MP, 296.（中巻・一六八頁）。

34 « Préface à *L'Après-mai des faunes* » (1974), in ID, 395-400.（下巻・二九九―三〇七頁）。MP, 203, 335.（上巻・三三七頁、中巻・二三五―二三七頁）。Cf. Guy Hocquenghem, *L'Après-mai des faunes*, Grasset, 1974, pp. 19-29.

35 CC, 147, n. 12, et 156-157.（二五五頁、二五六頁、注一二）。

36 MP, 123-135.（上巻・二〇五―二二二頁）。

37 MP, 357.（中巻・二七五―二七六頁）。IM, 192-195.（二四二―二四六頁）。

38 QPh, 105.（一八八―一八九頁）。

39 Étienne Balibar, *Violence et civilité*, Galilée, 2010, pp. 184-185, 190.

40 K, 25.（二三頁）。

41 « Les Indiens de Palestine » (1982), in DRF, 184.（上巻・二八四頁）。

42 « Préface à *L'Après-mai des faunes* », in ID, 396-397.（下巻・三〇一頁）。

43 ユダヤ人のパレスチナ人への過酷な生成変化として、岡真理『ガザに地下鉄が走る日』みすず書房、二〇一八年、一八七―二〇七頁。

44 MP, 199-200, 294.（上巻・三三一頁、中巻・一六三―一六四頁）。

45 IT, 283.（三〇一頁）。

46 QPh, 105.（一八九頁）。

47 FB, 30-31.（四〇—四一頁）。引用文中で言及されているのは、Karl Philipp Moritz, « Anton Reiser », traduction de Henri-Alexis Baatsch, in Jean-Christphe Bailly, *La Légende dispersée : Anthologoie du romantisme allemand*, Christian Bourgois, 1976.

## 第八章第三節　スピノザ／ドゥルーズの差異

1 MP, 189.（上巻・三一三頁）。

2 MP, 314, 318.（中巻・一九八—一九九、二〇七—二〇八頁）。Cf. SPE, 197-198.（二二一—二二二頁）。SPP, 109-111.（一一五—一一八頁）。

3 器官なき身体論とスピノザ論の接続にかんして、cf. MP, 189-192, 195-196.（上巻・三一四—三一九、三二三—三二五頁）。

4 MP, 190.（上巻・三一四頁）。

5 AŒ, 394.（下巻・二一二頁）。零度への「落下」と表現される強度零との関係について、cf. IM, 74.（九〇頁）。同箇所における《自然》への言及は、スピノザを思わせるものである。カントとの関連での「落下」の叙述として、FB, 54-55.（一一〇—一一二頁）。

6 「卵」をめぐって参照されているのは、『差異と反復』の時代から変わらず、ダルク『卵とその組織化のダイナミズム』である。Albert Dalcq, *L'Œuf et son dynamisme organisateur*, Albin Michel, 1941, pp. 95, 194 sq.

7 MP, 204.（上巻・三三八—三三九頁）。共存立平面と選別のかかわりについて、Cf. MP, 10.（上巻・一六—一七頁）。

8 Cf. NPh, 77-80, 217-220.（一四〇—一四五、三六五—三六九頁）、N, 37-41.（六六—七一頁）。

9 本書の関心は、スピノザ／ドゥルーズの直接的差異ではなく、ドゥルーズのより正則的なスピノザ論と、ドゥルーズ＝ガタリの倒錯的なスピノザ論のあいだにあるへだたりである。前者の正則的な読解じたいがすでに、彼の強力な読解力の成果であることは言うまでもない。

10 AŒ, 390, 369, n. 28.（下巻・二〇五—二〇六、三八三—三八四頁、注二八）。

11　SPE, 107.（一一八—一一九頁）。同様に、cf. SPE, 105, 109-113.（一一六—一一七、一二一—一二六頁）。

12　F, 90-93.（一五六—一六二頁）。

13　Cf. MP, 135-136, 139.（二二三—二二四、二二八—二二九頁）。

14　AŒ, 395.（下巻・二一二—二一三頁）。「器官なき身体」と「死のモデル」、ないし「死の分裂症化」について、江川隆男『死の哲学』前掲書、一二七—一四四頁。

15　MP, 196.（上巻・三二五頁）。

16　SPP, 171, n. 4.（二七一頁、注四）。ドゥルーズが、分子や微粒子と述べるとき、それは発生した個体を細かく分割して得られるものを指すのではなく、発生にかかわる「超越論的なもの」として見ることが必要である。書簡での表現によるなら、「分子的なものはミニチュア化されたモル的なものではない」。LAT, 90.（一二九頁）。同様に、cf. SPE, 187, n. 11.（四〇七頁、注一一）。

17　MP, 249.（中巻・八八頁）。

18　MP, 637.（下巻・三一八頁）。

19　SPE, 174-175, 179-180.（一九五—一九六、二〇〇—二〇二頁）。

20　DR, 55.（上巻・一一二頁）。

21　CC, 186-187.（三〇八—三〇九頁）。

### 第九章第一節　ポスト・ファシズム／器官なき身体

1　Deleuze, Guattari, « 28 NOVEMBRE 1947 – COMMENT SE FAIRE UN CORPS SANS ORGANES ? », in *Minuit*, nº 10, septembre 1974, p. 83.

2　MP, 202.（上巻・三三四頁）。

3　MP, 202.（上巻・三三四—三三五頁）。Cf. Paul Valéry, « Problème des trois corps » in *Œuvres complètes*, t. I, coll. « Pléiade », Gallimard, 1957, pp. 926-931.（「三つの身体の問題」、山田広昭編訳『ヴァレリー集成Ⅳ』所収、筑摩書房、

二〇一一年、二七七―二八三頁参照)。

4　MP, 199.（上巻・三三一頁）。

5　« Deux questions sur la drogue » (1978), in DRF, 140-141.（上巻・二一三―二一五頁）。同テクストは、ガタリのたずさわっていたCERFIの雑誌『ルシェルシュ』の麻薬特集号に再録された。Cf. *Recherches. Drogues, passions muettes*, n°39 bis, décembre 1979. Cf. PP, p. 30-33, 37-38.（四二―四六、五三―五四頁）。キルケゴールをパラフレーズした「麻薬の騎士」と、内在平面の構築との関係について、cf. MP, 345-346.（中巻・二五四―二五七頁）。

6　D, 176.（二四五頁）。

7　MP, 201.（上巻・三三四頁）。

8　グレーゴルのCsOに言及する第六プラトー初出版では、アルトー、カフカ、マゾッホという三人への言及がなされることになる。Deleuze, Guattari, « 28 NOVEMBRE 1947 – COMMENT SE FAIRE UN CORPS SANS ORGANES ? », *art. cit.*, p. 83.『カフカ』では、官僚制の叙述との対比で、分節されない声や音が、「強度」として取り出されている。加えて、『批評と臨床』では、第一五章「裁きと訣別するため」で、アルトーとカフカが並べて論じられるとともに、第七章で「マゾッホ再紹介」がなされていたことを想起しておこう。

9　K, 107.（一一九頁）。

10　Hocquenghem, *L'Après-mai des faunes*, *op. cit.*, p. 19.

11　MP, 577, 579, 588.（下巻・二二四―二二五、二二七、二四〇頁）。

12　D, 174.（二四二頁）。MP, 588.（下巻・二四〇―二四一頁）。

13　Deleuze, Guattari, « 28 NOVEMBRE 1947 – COMMENT SE FAIRE UN CORPS SANS ORGANES ? », *art. cit.*, p. 72.

14　AŒ, 302.（下巻・七七頁）。

15　MP, 577-578.（下巻・二二四―二二七頁）。

16　ハンナ・アーレント『全体主義の起原3　全体主義［新版］』大久保和郎・大島かおり訳、みすず書房、二〇一七年、一六〇—一八七頁。『千のプラトー』で言及されている仏語訳版は、以下のものである。Hannah Arendt, *Les Origines du totalitarisme : Le Système totalitaire*, trad. par Jean-Loup Bourget, Robert Davreu et Patrick Lévy, Seuil, 1972. アーレントと戦争機械論との関連について、cf. Sibertin-Blanc, *Politique et État chez Deleuze et Guattari*, *op. cit.*, pp. 134 sq.（シベルタン＝ブラン『ドゥルーズ＝ガタリにおける政治と国家』前掲書、一六三頁以下）。

17 アーレント『全体主義の起原3 全体主義［新版］』前掲書、一六七—一六八、一八二頁。

18 アーレント『全体主義の起原3 全体主義［新版］』前掲書、一六五、四四—四五頁。

19 Paul Virilio, *L'Insécurité du territoire*, Galilée, 2e éd. 1993 (1e éd. 1976), ch. 1, « L'État suicidaire ».

20 MP, 273-275.（中巻・一二八—一三一頁）。

21 « Les Intellectuels et le pouvoir », in ID, 294.（下巻・一三七頁）。

22 Deleuze, Guattari, « 28 NOVEMBRE 1947 – COMMENT SE FAIRE UN CORPS SANS ORGANES ? », *art. cit.*, pp. 70-71. Cf. MP, 201.（上巻・三三四—三三五頁）。

23 Deleuze, Guattari, « 28 NOVEMBRE 1947 – COMMENT SE FAIRE UN CORPS SANS ORGANES ? », *art. cit.*, pp. 70-71.

24 Deleuze, Guattari, « 28 NOVEMBRE 1947 – COMMENT SE FAIRE UN CORPS SANS ORGANES ? », *art. cit.*, p. 72.

25 MP, 578.（下巻・二二五頁）。チリのクーデタについて、ホアン・E・ガルセス『アジェンデと人民連合 チリの経験の再検討』後藤政子訳、時事通信社、一九七九年、第八—一〇章。同様に、ジャック・ウォディス『クーデター 軍隊と政治権力』土生長穂・河合恒生訳、大月書店、一九八一年、第X章参照。『千のプラトー』におけるチリの位置づけについて、cf. Sibertin-Blanc, *Politique et État chez Deleuze et Guattari*, *op. cit.*, p. 178.（シベルタン＝ブラン『ドゥルーズ＝ガタリにおける政治と国家』前掲書、二一五—二一六頁）。

26 『千のプラトー』の執筆順序を、ドゥルーズとガタリのあいだで交わされた書簡にもとづいて確認しておけば、一九七七年頃の時点で、第一二プラトー「戦争機械」論はまだ完成しておらず、第一三プラトー「捕獲装置」論は、まだ執筆計画のなかにすら登場していない。LAT, 53-54.（七六―七七頁）。

27　以下、戦争機械論について、cf. Sibertin-Blanc, *Politique et État chez Deleuze et Guattari*, *op. cit.*, ch. 4.（シベルタン＝ブラン『ドゥルーズ＝ガタリにおける政治と国家』前掲書、第四章）。

28　MP, 524-525.（下巻・一四六―一四七頁）。

29　MP, 501-502 et note 78.（下巻・一一三頁および第一二プラトー注七八）。『ルシェルシュ』誌は、「労働の兵士――戦争・ファシズム・テイラー主義」と題した特集を組み、ユンガー「総動員」のフランス語訳と、同論文をカール・シュミット、ハイデガーらと交叉させながら論ずるジャン＝ピエール・ファイ「全体群島」を掲載している。Cf. *Recherches. Le Soldat du travail. Guerre, fascisme et taylorisme*, n° 32/33, septembre 1978.

30　エルンスト・ユンガー『労働者』川合全弘訳、月曜社、二〇一三年、八四、三八八―三八九頁。

31　Éric Alliez, Maurizio Lazzarato, *Guerres et Capital*, Amsterdam, 2016, p. 325.（エリック・アリエズ、マウリツィオ・ラッツァラート『戦争と資本　統合された世界資本主義とグローバルな内戦』杉村昌昭・信友建志訳、作品社、二〇一九年、三〇九頁）。資本と戦争の関係について、cf. *Ibid.*, pp. 321-326.（三〇四―三一〇頁）。

32　エルンスト・ユンガー「平和　ヨーロッパの青年への言葉、世界の青年への言葉」、川合全弘編訳『ユンガー政治評論』所収、月曜社、二〇一六年、一三〇―一三一、一四五頁。

33　Cf. Paul Virilio, *L'Insécurité du territoire*, *op. cit.*, pp. 98-99, 227-232, 238-239.

34　MP, 525-526.（下巻・一四八―一四九頁）。

35　この意味からすると、「反テロリズム」とは、全住民に対する低強度の戦争を指す政治的隠語であることになるだろう。

36　ドゥルーズ＝ガタリと同時期にクラウゼヴィッツを参照していたフーコーもまた、平時の戦闘なき社会で遂行される、「静かなる」戦争を思考していた。少なくとも一九七〇年代半ば頃までのフーコーにとって、「戦争」とは、社会の内部で駆動している権力そのものである。フーコーによるなら、一見すると「平和」な社会のなかで、戦争はむしろ全面化している。なぜなら、「戦争」とは、「恒常的な社会関係であり、あらゆる権力関係と権力制度の消し去ることのできない基礎」にほかならないからだ。「法は和平ではない。法の下で、戦争は最も正規なものをも含む、あらゆる権力メカニズムの内部でフルに作動しつづけているからである。戦争こそが制度と秩序の原動力なのです。平和は、その最も小さな歯車においてさえ、暗黙のうちに戦争をつづけているのです。言い換えれば、平和の下に戦争を解読すべきなのです」。Michel Foucault, *« Il faut défendre la société » : Cours au Collège de France (1975-1976)*, Seuil/Gallimard, 1997, pp. 16, 42, 43-44.（フーコー『社会は防衛しなければならない　コレージュ・ド・フランス講義1975-1976年度』石田英敬・小野正嗣訳、筑摩書房、二〇〇七年、一八—一九、五一、五三頁）。同様に、かくなる情況下では、まさしく政治は、他の手段によって継続された戦争にならざるをえない。そして、同時にフーコーにとっての真理とは、この戦争における武器として位置づけられることになる。フーコーにおける「権力－戦争」をめぐる概念化について、Alliez, Lazzarato, *Guerres et Capital*, *op. cit.*, pp. 309-314.（アリエズ、ラッツァラート『戦争と資本』前掲書、二九三—二九八頁）。

37 Bertrand Ogilvie, *L'Homme jetable : Essais sur l'exterminisme et la violence extrême*, Amsterdam, 2012, pp. 72-74.

38 PP, 7.（七頁）。

39 Guattari, *Les Années d'hiver*, *op. cit.*, p. 31.（ガタリ『闘走機械』前掲書、一一頁）。

40 CC, 165-166.（二七二頁）。「諸力のかくなる連合すべてが様々な生成変化を構成する。すなわち闘争によってはじめて獲得される動物への生成変化、吸血鬼への生成変化、そしておそらく女性への生成変化もあるのだ」。

41 Deleuze, Guattari, « 28 NOVEMBRE 1947 – COMMENT SE FAIRE UN CORPS SANS ORGANES ? », *art. cit.*, p. 74.

42 Deleuze, Guattari, « 28 NOVEMBRE 1947 – COMMENT SE FAIRE UN CORPS SANS ORGANES ? », *art. cit.*, p. 75.

43 Deleuze, Guattari, « 28 NOVEMBRE 1947 – COMMENT SE FAIRE UN CORPS SANS ORGANES ? », *art. cit.*, p. 83.

44 Deleuze, Guattari, « 28 NOVEMBRE 1947 – COMMENT SE FAIRE UN CORPS SANS ORGANES ? », *art. cit.*, p.

74.

### 第九章第二節　情報権力／特異性の共同体

1 « Post-scriptum : Sur les sociétés de contrôle » (1990), in PP, 240-247.（三五六―三六六頁）。

2 Jean-Claude Milner, *La Politique des choses : Court traité politique I*, Verdier, 2011, p. 25. ミルネールは、社会野全体へと「評価（évaluation）」が拡散するにつれて、一九世紀以来夢見られてきた「事物の政治」、ないしは「事物の統治」（事物による事物の統治、かつ、事物による人間の統治）が、浮上してきたとする。それは、信頼のおけない人間に政治を委ねるよりも、事物に委ねたほうがよいとする統治思想であり、そのもとで人間は、裏切ることのない事物として扱われるだろう。

3 クリスティアン・マラッツィ『資本と言語』柱本元彦訳、水嶋一憲監修、人文書院、二〇一〇年、五二―五三頁。

4 クリスティアン・マラッツィ『現代経済の大転換　コミュニケーションが仕事になるとき』多賀健太郎訳、青土社、二〇〇九年、七頁。同様に、cf. Félix Guattari, *Lignes de fuite : Pour un autre monde de possibles*, Aube, 2011, p. 94.（フェリックス・ガタリ『人はなぜ記号に従属するのか　新たな世界の可能性を求めて』杉村昌昭訳、青土社、二〇一四年、一〇七頁）。「我々は、マルクス主義を標榜する理論家の大半とはちがって、生産諸関係と記号化の諸関係とを切り離すことを拒否する。搾取を行う階級やカーストによる生産手段の管理は、記号化の集団的手段の管理と不可分なのだ。記号化の手段の管理は、おそらくより見えにくいが、同じように根本的なものなのである」。

5 MP, 573.（下巻・二一八頁）。

6 Félix Guattari, *Écrits pour l'Anti-Œdipe*, Lignes&Manifestes, 2004, p. 243.（フェリックス・ガタリ『アンチ・オイディプス草稿』ステファン・ナドー編、國分功一郎・千葉雅也訳、みすず書房、二〇一〇年、二三四頁）。

7 MP, 586.（下巻・二三七頁）。

8 MP, 572.（下巻・二一八頁）。

9 「数えられる数」について、MP, 486.（下巻・八九頁）を参照。「数を番号として、統計の要素として使用することは、国家的な数えられる数に属している」。ただし、人間を数えられる数字としてカウントしているのは、国家ばかりでなく、資本の体制でもある。

10 SPE, 38.（四七―四八頁）。引用文中のスピノザのテクストは、『神学政治論』序文のものである。

11 SUP, 126-127.（一六〇―一六一頁）。

12 SPE, 248.（二八一―二八二頁）。DR, 76-77, 196.（上巻・一五七―一五九、四〇一―四〇二頁）。« La Vie comme œuvre d'art » (1986), in PP, 138.（二〇三―二〇四頁）。

13 SPP, 39.（四九頁）。「悲しみの受動的感情（パッション）の恐るべき連鎖、すなわち、まず悲しみそのもの、次いで憎しみ、反撥、嘲り、恐怖、絶望、良心の呵責、憐れみ、敵意、妬み、自卑、失意、下劣、恥辱、未練、怒り、復讐心、残忍……。スピノザの徹底した分析は、希望のうちにさえ、安堵〔安心感〕のうちにさえ、悲しみの種子が含まれていることをえぐりだしてみせる。悲しみの種子さえあれば、希望や安堵〔安心感〕を、奴隷の感情に変えるには十分なのだ」。同様に、スピノザ『エチカ』第四部、定理四五以下を参照のこと。

14 Jason Read, *The Politics of Transindividuality, op. cit.*, p. 25. 同様に、*Ibid.*, pp. 24, 86, 110-113.

15 レヴィ・R・ブライアントは、資本主義―独裁時代の支配的イデオロギーとしての「シニシズム」をめぐる近年の議論の動向を、次のように要約している (Levi R. Bryant, *The Democracy of Objects, op. cit.*, p. 224)。「『シニカル理性批判』においてペーター・スローターダイクは、シニシズムこそが、新たな形態の支配的イデオロギーになったと論じている。シニシズムが伝統的なイデオロギーと異なるのは、伝統的イデオロギーが世界や社会関係にかんする誤った思い込みであるのに対し、シニシズムは社会関係、権力、搾取などについて正しい認識を持っているにもかかわらず、以前と同じようにこうした抑圧的形態の社会構造に参加しつづける、という点にある。ジジェクが主張するように、「シニカルな主体は、イデオロギー的な仮面と社会の現実とのあいだのへだたりを、はっきり自覚しているのだが、それでもなおこの仮面に固執しつづけるのだ。そうだとするなら、スローターダイクによって提起される定式は、以下のようなものになるだろう。「彼らは自分たちが何をしているかよく分かっている、だがそれでもなお、それをやりつづけているのだ」」。ジジェクにおけるシニシズム批判について、Cf. Adrian Johnston, *Badiou, Žižek,*

*and Political Transformations : The Cadence of Change*, Northwestern University Press, 2009, pp. 91-97.

16　AŒ, 267.（下巻・二五頁）。

17　ドゥルーズ＝ガタリにおける本源的蓄積批判について、cf. Sibertin-Blanc, *Politique et État chez Deleuze et Guattari, op. cit.*, pp. 66-69, 128, 151-153, 162, 211（シベルタン＝ブラン『ドゥルーズ＝ガタリにおける政治と国家』前掲書、八三―八六、一五六、一八五―一八七、一九七、二五七頁）。

18　MP, 557, 559.（下巻・一九六、一九九頁）。「捕獲のメカニズムはすでに、そこで捕獲が実行される集合の構成に参加している」。「捕獲は、おのれが捕獲するものをつくりだすことに貢献する」。

19　MP, 613.（下巻・二八一―二八二頁）。

20　MP, 558.（下巻・一九八頁）。

21　マルクス『資本論　第一巻』向坂逸郎訳、岩波書店、一九六七年、第二四章「いわゆる本源的蓄積」を参照のこと。マルクスが挙げるのは、労働者と生産手段との分離、労働者と生産物との分離、住民からの土地収奪、人々のあいだでの自由と富の不平等な分布（他人のために労働させられ貧しい人々／他人の労働で生活して富裕な人々、他人のために消費させられる貧しい人々／他人が貯蓄した富で自分のために消費する奢侈な人々）、中心と周辺の分化を背景とした植民地からの収奪、飢餓の生産、債務をつうじた金融資本主義の発展と国家制度への侵食、奴隷貿易と人身売買、所与の労働環境の劣悪さ、児童誘拐と児童労働、法や制度の作成ないし不作為による国家の加担、結社の自由の剥奪による抵抗の封じ込め……といったものである。このなかで二一世紀の世界に無縁なものは、何ひとつとして存在しない。

22　構造的暴力が激化してゆくとき、暴力を不可視にしておくことができなくなり、構造的暴力がまさしく暴力の相貌を呈して露出することもあるだろう。

23　IT, 219-221.（二三五―二三七頁）。

24　ドゥルーズにとって「管理社会」論も、「マルクスが知らないこと」について書かれた、「マルクス主義」のテクストである。Cf. Deleuze, « Le « *Je me souviens* » de Gilles Deleuze » (propos recueillis par Didier Eribon), in *Le Nouvel observateur*, n° 1619, du 16 au 22 novembre 1995, p. 51.（ジル・ドゥルーズ「『思い出すこと』」（聞き手＝ディディエ・エリボン）、鈴木秀亘訳、『批評空間』第II期第9号、一九九六年四月所収、一一頁）。

25 Deleuze, Guattari, « 28 NOVEMBRE 1947 – COMMENT SE FAIRE UN CORPS SANS ORGANES ? », *art. cit.*, pp. 75, 82-83.

26 CC, 165-166.（二七二頁）。

27 « Pensée nomade » (1973), in ID, 362.（下巻・二四四頁）。

28 *Nietzsche aujourd'hui ? 1. Intensités*, 10/18, 1973, p. 119-120.（『ニーチェは、今日？』林好雄・本間邦雄・森本和夫訳、ちくま学芸文庫、二〇〇二年、八八頁）。

## 第九章第三節　我々の時代のノマドとは誰か

1 Slavoj Žižek, *Organs without Bodies : Deleuze and Consequences*, Routledge, 2004.（スラヴォイ・ジジェク『身体なき器官』長原豊訳、河出書房新社、二〇〇四年）。同書にかんする批評として、cf. Robert Sinnerbrink, « Nomadology or Ideology ? Zizek's Critique of Deleuze », in *Parrhesia*, N°1, 2006. Daniel W. Smith, « The Inverse Side of the Structure : Žižek on Deleuze on Lacan », in *Essays on Deleuze*, Edinburgh University Press, 2012, pp. 312-324.

2 Žižek, *Organs without Bodies*, *op. cit.*, pp. 183-213.（ジジェク『身体なき器官』前掲書、三四四―三九八頁）。ノマドにかんしてはとりわけ、pp. 192-193.（三六二―三六三頁）を参照のこと。

3 AŒ, 303.（下巻・七九頁）。

4 これは、ジジェクのスピノザ批判の基本モチーフをなしている。Žižek, *Organs without Bodies*, *op. cit.*, pp. 40-44.（ジジェク『身体なき器官』前掲書、八六―九四頁）。

5 おそらく先述したカセムの分類によるなら、『意味の論理学』のほうが出来事の切断力の面でより男性的、『アンチ・オイディプス』のほうが欲望を強調する点でより女性的ということになるだろう。

6 Jacques Lacan, *Le Séminaire livre XVI. D'un Autre à l'autre*, Seuil, 2006, p. 219.

7 Žižek, *Organs without Bodies, op. cit.*, p. 20.（ジジェク『身体なき器官』前掲書、四九―五〇頁）。

8 Žižek, *Organs without Bodies, op. cit.*, p. xi.（ジジェク『身体なき器官』前掲書、一一頁）。

9 そのようなドゥルーズ論も書かれている。Gaspard Koenig, *Leçons sur la philosophie de Gilles Deleuze : Un Système kantien, une politique anarcho-capitaliste*, Ellipses, 2013.

10 MP, 602.（下巻・二六三頁）。

11 MP, 480.（下巻・八一頁）。同様に、cf. MP, 481-482, n. 58.（下巻・三三七頁、注五八）。

12 Žižek, *Organs without Bodies, op. cit.*, pp. 192-193.（ジジェク『身体なき器官』前掲書、三六二頁）。「情報が始終流通し変化している以上、もはや長期的に安定的な階層秩序が存在しなくなり、その代わりに権力関係の永遠に変化しつづけるネットワークが出現することになる。個人は、みずからを不断に再創出し、異なった役割を選択する「ノマド」な「分割体（dividuals）」となる。社会じたいも、もはや階層的な《全体》ではなくなり、様々なネットワークからなる複雑な開かれたネットワークとなるのである」。

13 キルケゴール『死にいたる病』枡田啓三郎訳、『世界の名著40　キルケゴール』中央公論社、一九六六年、四六四―四六五頁。キルケゴールと生成変化について、cf. MP, 342-344.（中巻・二四九―二五三頁）。

14 QPh, 96.（一七三頁）。

15 Jacques Rancière, *La Chair des mots, op. cit.*, pp. 199-200.（ランシエール『言葉の肉』前掲書、八一―八二頁）。

16 テッサ・モーリス－スズキ『自由を耐え忍ぶ』辛島理人訳、岩波書店、二〇〇四年。

17 AŒ, 163, 167, 263-275, 279-280, 294-299, 313-317, 400-401, 425-428, 446-448.（上巻・二六三―二六四、二六九、下巻・二〇―三六、四一―四二、六四―七六、九三―一〇〇、二二一、二五七―二六三、二九〇―二九三頁）。

18 Sinnerbrink, « Nomadology or Ideology? Zizek's Critique of Deleuze », in *Parrhesia*, Nº 1, 2006, p. 68. 同様に、cf. Žižek, *Organs without Bodies, op. cit.*, p. 213.（ジジェク『身体なき器官』前掲書、三九八頁）。「では、その原理がたえざる自己革命にほかならない秩序を革命するには、どうすればよいのか？　おそらくこれこそ、現代の問題そのものなのだ」。

19 QPh, 103.（一八五頁）。ドゥルーズ＝ガタリにとって、「公理」をつけ加えてゆく社民主義的な福祉国家モデルは、資本主義がおのれの限界を拡大させてゆく相に対応する。つまり、それはたんに資本主義のひとつの相であるにすぎない。Cf. ACE, 448.（下巻・二九二―二九三頁）。『千のプラトー』では、この公理の追加モデルが、「公理」を削減してゆく資本制全体主義国家という新自由主義的傾向と相補的なペアとして描かれる。MP, 577-578.（下巻・二二四―二二六頁）。

20 « Pensée nomade » (1973), in ID, 363.（下巻・二四六―二四七頁）。

21 Cours du 14 mai 1973. « Et à partir du 19e siècle... » 同様に、一九世紀という時期に言及する指摘として、ACE, 303.（下巻・七九頁）。「一九世紀の社会主義者たちがつくりだしたプロレタリア像における、プロレタリアと完全なスキゾとのあいだの類似」。

22 MP, 478-479, n. 54.（下巻・三三五―三三六頁、注五四）。

23 Louis Chevalier, *Classes laborieuses et classes dangereuses à Paris pendant la première moitié du XIXe siècle*, LGF, 1978, pp. 596, 609.（ルイ・シュヴァリエ『労働階級と危険な階級　19世紀前半のパリ』喜安朗・木下賢一・相良匡俊訳、みすず書房、一九九三年、三四二、三四九頁）。一九世紀前半のパリの様子については、デヴィッド・ハーヴェイ『パリ　モダニティの首都』大城直樹・遠城明雄訳、青土社、二〇〇六年、七―三〇、八三―一二〇頁参照。

24 Chevalier, *Classes laborieuses et classes dangereuses*, *op. cit.*, p. 601.（シュヴァリエ『労働階級と危険な階級』前掲書、三四四頁）。

25 Chevalier, *Classes laborieuses et classes dangereuses*, *op. cit.*, p. 602.（シュヴァリエ『労働階級と危険な階級』前掲書、三四五頁）に引用。

26 Chevalier, *Classes laborieuses et classes dangereuses*, *op. cit.*, p. 603.（シュヴァリエ『労働階級と危険な階級』前掲書、三四五頁）。Cf. Georges-Eugène Haussmann, *Memoires du baron Haussmann*, 3e éd., Vicor-Havard, 1890, t. II, p. 177.

27 Henri Lecouturier, *Paris incompatible avec la République*, Desloges, 1848, p. 65. 同様に、Chevalier, *Classes laborieuses et classes dangereuses*, *op. cit.*, p. 602.（シュヴァリエ『労働階級と危険な階級』前掲書、三四四―三四五頁）

に引用された以下のルクチュリエの言葉を参照。「パリ社会というものはないし、パリ市民というようなものも存在しない。パリは、流浪民の野営地でしかない」。

28 Foucault, « Sur la justice populaire », in *Dits et écrits I*, *op. cit.*, p. 1219.（「人民裁判について」、『ミシェル・フーコー思考集成IV』前掲書、三一八頁）。

29 Foucault, « Sur la justice populaire », in *Dits et écrits I*, *op. cit.*, p. 1219.（「人民裁判について」、『ミシェル・フーコー思考集成IV』前掲書、三一八―三一九頁）。

30 言うまでもないことだが、社会主義的プロレタリアートとアナーキスト的ノマドはあらゆる点で対立しているわけではない。

31 ACE, 303-306.（下巻・七九―八三頁）。

32 IT, 286.（三〇五頁）。

33 MP, 133, 587-591.（上巻・二一九―二二〇頁、下巻・二三八―二四五頁）。

34 Deleuze, « Le « Je me souviens » de Gilles Deleuze » (propos recueillis par Didier Eribon), in *Le Nouvel observateur*, n° 1619, du 16 au 22 novembre 1995, p. 51.（ジル・ドゥルーズ「『思い出すこと』」（聞き手＝ディディエ・エリボン）、鈴木秀亘訳、『批評空間』第II期第9号、一九九六年四月所収、一一頁）。

35 IT, 338.（三五七頁）。Cf. Cours du 28 mai 1985.

36 MP, 601.（下巻・二六二頁）。

37 IM, 191.（二四〇頁）。ラッツァラートは、「行動」と「行為」の区別を、「その場での跳躍」と結びつけている。Maurizio Lazzarato, *Expérimentations politiques*, Amsterdam, 2009, p. 180.

38 MP, 105, et n. 13.（上巻・一七八、三五二頁、注一三）。Cf. CC, 110.（一七九頁）。

39 マルクス『ユダヤ人問題によせて／ヘーゲル法哲学批判序説』城塚登訳、岩波文庫、一九七四年、九四頁。Cf. CC, 110.（一七九頁）。「一九世紀のプロレタリアの描写は、以下のごとく呈示される――コミュニストの人間の到来ないしは同胞たちの社会、未来のソヴィエト。なぜなら、固有性（＝所有財産）もなく、家族もなく、国家もないプロレタリアは、人間であるという規定しか、すなわち端的な人間であるという規定しか持たないからだ。けれども同時にこれは、別の手段によるアメリカ人の描写でもある。両者の特徴は、しばしば混ざり合い、重なりあうのだ」。

40 マルクス、エンゲルス『共産党宣言』大内兵衛・向坂逸郎訳、岩波文庫、二〇〇七年、六〇―六一頁。

41 Cf. PP, 18.（二三頁）。

42 MP, 589-590.（二四二―二四三頁）。

43 MP, 544.（下巻・一七七頁）。

44 ドゥルーズ＝ガタリとオペライズモについて、Cf. Nicholas Thoburn, *Deleuze, Marx and Politics*, Routledge, 2003, ch. 4, 5.

45 Cf. Antoine d'Agata, Bruno Le Dantec, Rafael Garido, *Odysseia*, André Frère, 2013.

46 QPh, 104-105.（一八八頁）。

47 Jean-Paul Sartre, *Situations X*, Gallimard, 1976, p. 51.（サルトル『シチュアシオンX』鈴木道彦・海老坂武訳、人文書院、一九七七年、四七頁）。

48 MP, 297.（中巻・一七〇頁）。「変則性」についてこのすぐあとで、彼らはこう書いている。MP, 298.（中巻・一七一頁）。「ようするに、あらゆる《動物（Animal）》が《変則者（Anomal）》を持つのだ。すなわち、群れや多様体に組み込まれた動物はすべて、変則者を持つということである。「変則的」は廃語となった形容詞で、その起源は「異常（anormal）」とは大きく異なるということが指摘されている。「異－常」は名詞形を欠いたラテン語起源の形容詞で、規則を持たないもの、あるいは規則に反するものを指す。それに対して「変則性（an-omalie）」のほうは形容詞形を失ったギリシア語起源の名詞で、不均等なもの、ごつごつしたもの、ざらつきを指し示し、脱領土化の先端を指し示す」。

49 QPh, 94-95.（一七〇頁）。CC, 14, 76, 109-110.（一八、一二三―一二四、一七八―一八〇頁）。Cf. IM, 205, 282.（二六〇頁）。

50 PSM, 9.（一四頁）。Cf. PSM, 87.（一五三頁）。

51 CC, 96.（一五七頁）。
52 CC, 108.（一七五頁）。
53 CC, 109.（一七八頁）。
54 MP, 473.（下巻・七三頁）。「ノマドは砂漠をつくりだすのと同様に、砂漠によってつくられる」。
55 Cf. IT, 286.（三〇四―三〇五頁）。
56 QPh, 161.（二八七頁）。「芸術家は、生のなかに、何かあまりにも大きすぎるものを、またあまりにも耐えがたいものを、そして、生を脅かすものと生との密着を見て取る〔……〕」。
57 小泉義之『ドゥルーズと狂気』河出書房新社、二〇一四年、四四―五〇、五三―五四、六〇頁参照。同書は、ドゥルーズの文学論を貫く一本の線を浮き上がらせている。
58 LS, 179.（上巻・二六六頁）。
59 FB, 42.（八七頁）。

## 結論

1 PSM, 87.（一五三頁）。
2 PSM, 108-109.（一九一―一九三頁）。
3 ライプニッツに共感するマルクス＝エンゲルスについて、Jacques D'Hondt, « Le Meilleur des mondes de Marx », in *Leibniz : Le Meilleur des mondes, Studia leibnitiana*, Sonderheft 21, publié par Albert Heinekamp, André Robinet, Franz Steiner, 1992.
4 CC, 14.（一七頁）。
5 ドゥルーズ＝ガタリによる「人権」批判は、この概念の欺瞞性にある。Cf. QPh, 102-103.（一八四―一八六頁）。バーク、ベンサム、コント、マルクスといった右左両翼からの人権批判の歴史について、cf. Justine Lacroix, Jean-Yves Branchère, *Le Procès des droits de l'homme : Généalogie du scepticisme démocratique*, Seuil, 2016. 同書においてドゥルー

ズ＝ガタリは、左翼の人権批判派という文脈で紹介されている（pp. 78-79）。
6 PP, 116.（一七一頁）。
7 « Désir et plaisir » (1977), in DRF, 116.（上巻・一七七頁）。
8 LS, 177.（上巻・二六三頁）。
9 MP, 472.（下巻・七一頁）。「砂漠が広がる」という同じ表現をもちいている箇所として、MP, 188.（上巻・三一二頁）。
10 Martin Heidegger, *Qu'appelle-t-on penser ?*, trad. Aloys Becker et Gérard Granel, PUF, 1973 (1e éd. 1959), p. 36.（ハイデッガー『思惟とは何の謂いか』四日谷敬子、ハルトムート・ブフナー訳、創文社、二〇〇六年、三八頁）。
11 ドゥルーズは、こうした砂漠化の状況の典型的事例を、資本主義と結託した今日の文学に見て取っていた。その第一の要因は、「市場」と手をたずさえていることであり、文学の「ジャーナリズム」化であり、「マーケティング」を重視する商業化された書き手の蔓延という病理である。Cf. « Les Intercesseurs » (1985), in PP, 175-176, 178-179.（二五七―二六〇、二六二―二六四頁）。
12 MP, 481, 482, n. 58.（下巻・八三、三三七頁、注五八）。
13 MP, 583-584.（下巻・二三二―二三四頁）。
14 MP, 481.（下巻・八三頁）。
15 Cours du 20 novembre 1984. « dès le début, j'ai dit que... » 八〇年代後半以降のドゥルーズが、プリーモ・レヴィに言及しているのは周知のとおりである。また『千のプラトー』の記述も、二〇世紀以降の暴力を指しているだろう。Cf. MP, 589.（下巻・二四二頁）。
16 複合過去形の分析について、LS, 180-189.（上巻・二六八―二八二頁）。
17 Cours du 20 novembre 1984. « Ils croient être morts et... » 強制収容所、死から舞い戻ること、ゾンビについて、ドゥルーズはフーコーについての講義でも言及している。Cf. Cours du 15 avril 1986.
18 QPh, 190.（三三九頁）。
19 ブランショはまさにそうしたしかたで、強制収容所から救出され、変わり果てた姿で舞い戻ったロベール・アンテルムが執筆した『人類』について語っている（『終わりなき対話』所収の「破壊しえぬもの　2. 人類」）。Maurice Blanchot, *L'Entretien infini*, Gallimard, 1969, pp. 191-200.（モーリス・ブランショ『終わりなき対話Ⅱ　限界－経験』湯浅博雄・岩野卓司・上田和彦・大森晋輔・西山達也・西山雄二訳、筑摩書房、二〇一七年、九五－一〇六頁）。

20　QPh, 10, 102-103.（一二－一三、一八四頁）。

21　Dionys Mascolo, *Autour d'un effort de mémoire. Sur une lettre de Robert Antelme*, Maurice Nadeau, 1987, pp. 14, 63, 75, 87.

22　ドゥルーズは核、原子爆弾について、『批評と臨床』のウルフソン論でも取りあげている。Cf. CC, 30-31.（四六－四八頁）。

## ドゥルーズの著作

ドゥルーズの著作（ガタリ以外の著者との共著を含む）を、初版の出版年順に表記する。加筆や増補をともなう複数の版がある場合、参照にもちいたのは最新版である。各文献の末尾に本書における略号を記す。

DELEUZE, Gilles. *Empirisme et subjectivité : Essai sur la nature humaine selon Hume*, Paris : PUF, 1953.（『経験論と主体性　ヒュームにおける人間的自然についての試論』木田元・財津理訳、河出書房新社、二〇〇〇年）。[ES]

——. *Nietzsche et la philosophie*, Paris : PUF, 1962.（『ニーチェと哲学』江川隆男訳、河出文庫、二〇〇八年）。[NPh]

—— *La Philosophie critique de Kant*, Paris : PUF, 1963.（『カントの批判哲学』國分功一郎訳、ちくま学芸文庫、二〇〇八年）。[PCK]

——. *Proust et les signes*, Paris : PUF, $1^{e}$ éd. 1964, $2^{e}$ éd. 1970, $3^{e}$ éd. 1976.（『プルーストとシーニュ〈新訳〉』宇野邦一訳、法政大学出版局、二〇二一年）。[PS]

——. *Nietzsche*, Paris : PUF, 1965.（『ニーチェ』湯浅博雄訳、ちくま学芸文庫、一九九八年）。[N]

——. *Le Bergsonisme*, Paris : PUF, 1966.（『ベルクソニズム〈新訳〉』檜垣立哉・小林卓也訳、法政大学出版局、二〇一七年）。[B]

——. *Présentation de Sacher-Masoch : Le Froid et le cruel*, Paris : Minuit, 1967.（『ザッヘル＝マゾッホ紹介　冷淡なものと残酷なもの』堀千晶訳、河出文庫、二〇一八年）。[PSM]

——. *Différence et répétition*, Paris : PUF, 1968.（『差異と反復』財津理訳、河出文庫、上下巻、二〇〇七年）。[DR]

——. *Spinoza et le problème de l'expression*, Paris : Minuit, 1968.（『スピノザと表現の問題』工藤喜作・小柴康子・小谷晴勇訳、法政大学出版局、一九九一年）。[SPE]

——. *Logique du sens*, Paris : Minuit, 1969.（『意味の論理学』小泉義之訳、上下巻、河出文庫、二〇〇七年）。[LS]

——. *Spinoza : Philosophie pratique*, Paris : Minuit, 1e éd. 1970, 2e éd. augmentée 1981.（『スピノザ　実践の哲学』鈴木雅大訳、平凡社ライブラリー、二〇〇二年）。[SPP]

DELEUZE, Gilles, PARNET, Claire. *Dialogues*, Paris : Flammarion, 1e éd. 1977, nouvelle édition 1996.（『ディアローグ　ドゥルーズの思想』江川隆男・増田靖彦訳、河出文庫、二〇一一年）。[D]

BENE, Carmelo, DELEUZE, Gilles. *Superpositions*, Paris : Minuit, 1979.（『重合』江口修訳、法政大学出版局、一九九六年）。[SUP]

DELEUZE, Gilles. *Francis Bacon : Logique de la sensation*, Paris : Différence, 1981.（『フランシス・ベーコン　感覚の論理学』宇野邦一訳、河出書房新社、二〇一六年）。[FB]

——. *Cinéma 1 : L'Image-mouvement*, Paris : Minuit, 1983.（『シネマ1＊運動イメージ』財津理・齋藤範訳、法政大学出版局、二〇〇八年）。[IM]

——. *Cinéma 2 : L'Image-temps*, Paris : Minuit, 1985.（『シネマ2＊時間イメージ』宇野邦一・石原陽一郎・江澤健一郎・大原理志・岡村民夫訳、法政大学出版局、二〇〇六年）。[IT]

——. *Foucault*, Paris : Minuit, 1986.（『フーコー』宇野邦一訳、河出文庫、二〇〇七年）。[F]

——. *Le Pli : Leibniz et le baroque*, Paris : Minuit, 1988.（『襞　ライプニッツとバロック』宇野邦一訳、河出書房新社、一九九八年）。[PLB]

——. *Périclès et Verdi : La Philosophie de François Châtelet*, Paris : Minuit, 1988.（『ペリクレスとヴェルディ　フランソワ・シャトレの哲学』丹生谷貴志訳、『ドゥルーズ・コレクションII　権力／芸術』所収、河出文庫、二〇一五年）。[PV]

——. *Pourparlers*, Paris : Minuit, 1990.（『記号と事件　1972-1990年の対話』宮林寛訳、河出文庫、二〇〇七年）。[PP]

BECKETT, Samuel, DELEUZE, Gilles. *Quad* suivi de *L'Épuisé*, Paris : Minuit, 1992.（『消尽したもの』宇野邦一訳、白水社、一九九四年）。[EPU]

DELEUZE, Gilles. *Critique et clinique*, Paris : Minuit, 1993.（『批評と臨床』守中高明・谷昌親訳、河出文庫、二〇一〇年）。[CC]

——. *L'Île déserte et autres textes : Textes et entretiens 1953-1974*, édition préparée par David Lapoujade, Paris : Minuit, 2002.（『無人島 1953-1968』前田英樹監修、『無人島　1969-1974』小泉義之監修、河出書房新社、二〇〇三年）。[ID]

——. *Deux régimes de fous : Textes et entretiens 1975-1995*, édition préparée par David Lapoujade, Paris : Minuit, 2003.（『狂人の二つの体制　1975-1982』、『狂人の二つの体制　1983-1995』宇野邦一監修、河出書房新社、二〇〇四年）。[DRF]

——. *Lettres et autres textes*, édition préparée par David Lapoujade, Paris : Minuit, 2015.（『ドゥルーズ　書簡とその他のテクスト』宇野邦一・堀千晶訳、河出書房新社、二〇一六年）。[LAT]

**ドゥルーズ＝ガタリの著作**

DELEUZE, Gilles, GUATTARI, Félix. *Capitalisme et schizophrénie : L'Anti-Œdipe*, Paris : Minuit, 1e éd. 1972, éd. augmentée 1973.（『資本主義と分裂症　アンチ・オイディプス』宇野邦一訳、河出文庫、上下巻、二〇〇六年）。[AŒ]

——. *Kafka : Pour une littérature mineure*, Paris : Minuit, 1975.（『カフカ　マイナー文学のために〈新訳〉』宇野邦一訳、法政大学出版局、二〇一七年）。[K]

——. *Capitalisme et schizophrénie 2 : Mille plateaux*, Paris : Minuit, 1980.（『資本主義と分裂症　千のプラトー』宇野邦一・小沢秋広・田中敏彦・豊崎光一・宮林寛・守中高明訳、河出文庫、上中下巻、二〇一〇年）。[MP]

——. *Qu'est-ce que la philosophie ?*, Paris : Minuit, 1991.（『哲学とは何か』財津理訳、河出文庫、二〇一二年）。[QPh]

ドゥルーズ、ドゥルーズ＝ガタリの論文、講演における発言

本文で言及した文献のみを記す。

DELEUZE, Gilles. « Introduction », in Émile Zola, *Œuvres complètes*, t. 6, édition établie sous la direction de Henri

Mitterand, Paris : Cercle du Livre Précieux, 1967.

DELEUZE, Gilles, GUATTARI, Félix. « 28 NOVEMBRE 1947 – COMMENT SE FAIRE UN CORPS SANS ORGANES ? », in *Minuit*, nº 10, septembre 1974.

DELEUZE, Gilles. « Écrivain non : un nouveau cartographe », in *Critique*, décembre 1975.

——. « Le « Je me souviens » de Gilles Deleuze » (propos recueillis par Didier Eribon), in *Le Nouvel observateur*, nº 1619, du 16 au 22 novembre 1995.（ジル・ドゥルーズ「『思い出すこと』」（聞き手＝ディディエ・エリボン）、鈴木秀亘訳、『批評空間』第Ⅱ期第9号、一九九六年四月所収）。

*Nietzsche aujourd'hui ? 1. Intensités*, Paris : 10/18, 1973.（『ニーチェは、今日？』林好雄・本間邦雄・森本和夫訳、ちくま学芸文庫、二〇〇二年）。

### ドゥルーズの講義

« Deleuze. Hume. ».（「ヒューム講義（一九五七―一九五八年）」、『ドゥルーズ　書簡とその他のテクスト』所収、前掲書。ただし、同書に収められているのは、元のタイプ原稿に若干修正が加えられたもの）。

« Cours de M. Deleuze – Sorbonne 1959-1960. Rousseau ».（「ルソー講義　1959-1960　ソルボンヌ」國分功一郎・長門裕介・西川耕平訳、『基礎づけるとは何か』所収、ちくま学芸文庫、二〇一八年）。

« Cours de M^r Deleuze – Bergson. *L'Evolution créatrice* chapitre III » (mars-mai 1960). (« Cours sur le Chapitre III de *L'Évolution créatrice* de Bergson », in *Annales bergsoniennes II : Bergson, Deleuze, la phénoménologie*, Paris : PUF, 2004).

« Cours de M^r Deleuze. Commentaire des Opuscules de Leibniz : "Meditationes de cognitione, veritate et ideis" » (cours non daté).

« Cours de M^r Deleuze sur l'analytique des concepts dans la *Critique de la raison pure* de Kant » (cours non daté).

« Voix de Deleuze »（http://www2.univ-paris8.fr/deleuze/）

« WebDeleuze » (https://www.webdeleuze.com/)

## ガタリの著作

ドゥルーズ以外の著者との共著を含む。

GUATTARI, Félix. *Psychanalyse et transversalité : Essais d'analyse institutionnelle*, Paris : Découverte, 2003 (1^e^ éd. 1972).（フェリックス・ガタリ『精神分析と横断性』杉村昌昭・毬藻充訳、法政大学出版局、一九九四年）。

——. *La Révolution moléculaire*, Fontenay-sous-Bois : Recherches, 1977.（『分子革命　欲望社会のミクロ分析』杉村昌昭訳、法政大学出版局、一九八八年）。

——. *L'Inconscient machinique : Essais de schizo-analyse*, Fontenay-sous-Bois : Recherches, 1979.（『機械状無意識　スキゾ分析』高岡幸一訳、法政大学出版局、一九九〇年）。

GUATTARI, Félix, NEGRI, Toni. *Les Nouveaux espaces de liberté*, Paris : Lignes, 2010. (1^e^ éd. 1985).（フェリックス・ガタリ、アントニオ・ネグリ『自由の新たな空間』杉村昌昭訳、世界書院、二〇〇七年）。

GUATTARI, Félix. *Les Années d'hiver : 1980-1985*, Paris : Les Prairies ordinaires, 2009 (1^e^ éd. 1986).（『闘走機械』杉村昌昭監訳、松籟社、一九九六年）。

——. *Cartographies schizoanalytiques*, Paris : Galilée, 1989.（『分裂分析的地図作成法』宇波彰・吉沢順訳、紀伊国屋書店、一九九八年）。

——. *Chaosmose*, Paris : Galilée, 1992.（『カオスモーズ』宮林寛・小沢秋広訳、河出書房新社、二〇〇四年）。

——. *Écrits pour L'Anti-Œdipe*, Paris : Lignes & Manifestes, 2004.（『アンチ・オイディプス草稿』ステファン・ナドー編、國分功一郎・千葉雅也訳、みすず書房、二〇一〇年）。

——. *Lignes de fuite : Pour un autre monde de possibles*, La Tour d'Aigues : Aube, 2011.（『人はなぜ記号に従属するのか　新たな世界の可能性を求めて』杉村昌昭訳、青土社、二〇一四年）。

——. *Qu'est-ce que l'écosophie?*, Paris : Lignes, 2013.（『エコゾフィーとは何か』杉村昌昭訳、青土社、二〇一五年）。

## ドゥルーズ論／ドゥルーズ＝ガタリ論

ドゥルーズ論／ドゥルーズ＝ガタリ論は、膨大な数に上る。以下では、本書で引用した文献に加え、執筆に際して特に参照した文献のみを記す。

AKAY, Ali. « Gilles Deleuze en Turc », *Multitudes*, N° 29, été 2007.

ALLIEZ, Éric, LAZZARATO, Maurizio. *Guerres et Capital*, Paris : Amsterdam, 2016.（エリック・アリエズ、マウリツィオ・ラッツァラート『戦争と資本　統合された世界資本主義とグローバルな内戦』杉村昌昭・信友建志訳、作品社、二〇一九年）。

ANSELL-PEARSON, Keith. *Germinal Life : The Difference and Repetition of Deleuze*, London ; New York : Routledge, 1999.

ASTIER, Frédéric. *Les Cours enregistrés de Gilles Deleuze 1979-1987*, Mons : Sils Maria, 2006.

BADIOU, Alain. *Deleuze. « La clameur de l'Etre »*, Paris : Hachette, 1997.（アラン・バディウ『ドゥルーズ　存在の喧騒』鈴木創士訳、河出書房新社、一九九八年）。

——. *L'Être et l'événement*, Paris : Seuil, 1988.（アラン・バディウ『存在と出来事』藤本一勇訳、藤原書店、二〇一九年）。

——. *Logiques des mondes*, Paris : Seuil, 2006.

——. « Existe-t-il quelque chose comme une politique deleuzienne ? », in *Cités*, N° 40, 2009.

BOUANICHE, Arnaud. *Gilles Deleuze : Une Introduction*, Paris : Pocket, 2007.

BOWDEN, Sean. *The Priority of Events : Deleuze's* Logic of Sense, Edinburgh : Edinburgh University Press, 2011.

BRYANT, Levi R. *Difference and Givenness : Deleuze's Transcendental Empiricism and the Ontology of Immanence*, Evanston : Northwestern University Press, 2008.

——. *Democracy of Objects*, Ann Arbor : Open Humanities Press, 2011.

——. *Onto-Cartography : An Ontology of Machines and Media*, Edinburgh : Edinburgh University Press, 2014.

BUCHANAN, Brett. *Onto-Ethologies : The Animal Environments of Uexküll, Heidegger, Merleau-Ponty, and Deleuze*, Albany : State University of New York Press, 2008.

CULP, Andrew. *Dark Deleuze*, Minneapolis : University of Minnesota Press, 2016.（アンドリュー・カルプ『ダーク・ドゥルーズ』大山載吉訳、河出書房新社、二〇一六年）。

DE BEISTEGUI, Miguel. *Truth & Genesis : Philosophy as Differential Ontology*, Bloomington : Indiana University Press, 2004.

DE LANDA, Manuel. *A Thousand Years of Nonlinear History*, New York : Zone Books, 1997.

——. *Intensive Science and Virtual Philosophy*, London ; New York : Continuum, 2002.

——. *A New Philosophy of Society : Assemblage Theory and Social Complexity*, London ; New York : Continuum, 2006.

——. *Deleuze : History and Science*, New York : Atropos, 2010.

——. *Philosophy and Simulation : The Emergence of Synthetic Reason*, London ; New York : Continuum, 2011.

DOSSE, François. *Gilles Deleuze et Félix Guattari : Biographie croisée*, Paris : Découverte, 2007.（フランソワ・ドス『ドゥルーズとガタリ　交差的評伝』杉村昌昭訳、河出書房新社、二〇〇九年）。

Duffy, Simon. *The Logic of Expression : Quality, Quantity and Intensity in Spinoza, Hegel and Deleuze*, Aldershot : Ashgate, 2006.

FOUCAULT, Michel. « Theatrum philosophicum » (1970), in *Dits et écrits I, 1954-1975*, Paris : Gallimard, coll. « Quarto », 2001.（ミシェル・フーコー「劇場としての哲学」蓮實重彥訳、『ミシェル・フーコー思考集成III』所収、筑摩書房、一九九九年）。

——. « Préface » (1977), in *Dits et écrits II, 1976-1988*, Paris : Gallimard, coll. « Quarto », 2001.（「ドゥルーズ＝ガタリ『アンチ・オイディプス』への序文」松浦寿輝訳、『ミシェル・フーコー思考集成VI』所収、筑摩書房、二〇〇〇年）。

GARO, Isabelle. *Foucault, Deleuze, Althusser & Marx : La Politique dans la philosophie*, Paris : Demopolis, 2011.

GODDARD, Jean-Christophe. *Violence et subjectivité : Derrida, Deleuze, Maldiney*, Paris : Vrin, 2008.

GROSSMAN, Évelyne. « Logiques de l'incorporel chez Deleuze (est-on sûr d'exister ?) », in *Europe*, N° 996, avril 2012.

HAAS, Marc. *Le Cours de Gilles Deleuze, 1979-1987*, 5 volumes, Eidos, 2017.

HALLWARD, Peter. *Out of This World : Deleuze and the Philosohy of Creation*, London ; New York : Verso, 2006.（ピーター・ホルワード『ドゥルーズと創造の哲学　この世界を抜け出て』松本潤一郎訳、青土社、二〇一〇年）。

HARDT, Michael. *Gilles Deleuze : An Apprenticeship in Philosophy*, Minneapolis : University of Minnesota Press, 1993.（マイケル・ハート『ジル・ドゥルーズの哲学』田代真・井上摂・浅野俊哉・暮沢剛巳訳、法政大学出版局、一九九六年）。

HUGHES, Joe. *Deleuze's* Difference and Repetition *: A Reader's Guide*, London ; New York : Continuum, 2009.

KOENIG, Gaspard. *Leçons sur la philosophie de Gilles Deleuze : Un Système kantien, une politique anarcho-capitaliste*, Paris : Ellipses, 2013.

KRTOLICA, Igor. « Deleuze entre Nietzsche et Marx : L'Histoire universelle, le fait moderne et le devenir-révolutionnaire », in *Actuel Marx*, N° 52, 2012.

——.*Gilles Deleuze*, Paris : PUF, 2015.

LAMBERT, Gregg. *The Non-Philosophy of Gilles Deleuze*, London ; New York : Continuum, 2002.

——. *In Search of a New Image of Thought : Gilles Deleuze and Philosophical Expressionism*, Minneapolis : University of Minnesota Press, 2012.

LAPOUJADE, David. *Deleuze, les mouvements aberrants*, Paris : Minuit, 2014.（ダヴィッド・ラプジャード『ドゥルーズ　常軌を逸脱する運動』堀千晶訳、河出書房新社、二〇一五年）。

LAZZARATO, Maurizio. *Expérimentations politiques*, Paris : Amsterdam, 2009.

LECERCLE, Jean-Jacques. *Deleuze and language*, New York : Palgrave Macmillan, 2002.

——. *Badiou and Deleuze read literature*, Edinburgh : Edinburgh University Press, 2010.

LEMIEUX, René. « Pour une nouvelle critique des traductions, Gilles Deleuze », in *Europe*, N° 996, avril 2012.

MONTEBELLO, Pierre. *Deleuze*, Paris : Vrin, 2008.（ピエール・モンテベロ『ドゥルーズ　思考のパッション』大山載吉・原一樹訳、河出書房新社、二〇一八年）。

RABOUIN, David. « Un calcul différentiel des Idées ? Note sur le rapport de Deleuze aux mathématiques », in *Europe*, avril 2012.

RANCIÈRE, Jacques. *La Chair des mots : Politiques de l'écriture*, Paris : Galilée, 1998.（ジャック・ランシエール『言葉の肉　エクリチュールの政治』芳川泰久監訳、堀千晶・西脇雅彦・福山智訳、せりか書房、二〇一三年）。

——. « Existe-t-il une esthétique deleuzienne ? », in Éric Alliez (dir.), *Gilles Deleuze. Une Vie philosophique*, Le Plessis-Robinson : Les Empêcheurs de Penser en Rond, 1998.

——. « D'une image à l'autre ? Deleuze et les âges du cinéma », in *La Fable cinématographique*, Paris : Seuil, 2001.（ランシエール「あるイメージから別のイメージへ？　ドゥルーズと映画の諸時代」三輪誠一郎訳、『Vol』vol. 2 所収、以文社、二〇〇七年）。

——. « Les Confidences du monument (Deleuze et la résistance de l'Art) », in Bruno Gelas, Hervé Micolet (dir.), *Deleuze et les écrivains : Littérature et philosophie*, Nantes : Cécile Defaut, 2007.

SAUVAGNARGUES, Annes. *Deleuze et l'art*, Paris : PUF, 2005.

— . *Deleuze : l'empirisme transcendantal*, Paris : PUF, 2009.

SHAVIRO, Steven. *Without Criteria : Kant, Whitehead, Deleuze, and Aesthetics*, Cambridge : The MIT Press, 2009.

SIBERTIN-BLANC, Guillaume. *Deleuze et* l'Anti-Œdipe *: La Production du désir*, Paris : PUF, 2010.

——. *Politique et État chez Deleuze et Guattari : Essai sur le matérialisme historico-machinique*, Paris : PUF, 2013.（ギヨーム・シベルタン＝ブラン『ドゥルーズ＝ガタリにおける政治と国家　国家・戦争・資本主義』上尾真道・堀千晶訳、書肆心水、二〇一八年）。

SIMON, Anne. *Trafics de Proust : Merleau-Ponty, Sartre, Deleuze, Barthes*, Paris : Hermann, 2016.

SINNERBRINK, Robert. « Nomadology or Ideology ? Zizek's Critique of Deleuze », in *Parrhesia*, N°1, 2006.

SMITH, Daniel W. *Essays on Deleuze*, Edinburgh : Edinburgh University Press, 2012.

SMITH, Daniel W., SOMERS-HALL, Henry (eds.). *The Cambridge Companion to Deleuze*, New York : Cambridge University Press, 2012.

THOBURN, Nicholas. *Deleuze, Marx and Politics*, London ; New York : Routledge, 2003.

ZABUNYAN, Dork. *Gilles Deleuze. Voir, parler, penser au risque du cinéma*, Paris : Presses Sorbonne Nouvelle, 2006.

ŽIŽEK, Slavoj. *Organs without Bodies : Deleuze and Consequences*, London ; New York : Routledge, 2004.（スラヴォイ・ジジェク『身体なき器官』長原豊訳、河出書房新社、二〇〇四年）。

ZOURABICHVILI, François. *Deleuze. Une Philosophie de l'événement*, Paris : PUF, 1994.（フランソワ・ズーラビクヴィリ『ドゥルーズ・ひとつの出来事の哲学』小沢秋広訳、河出書房新社、一九九七年）。

——. « Deleuze et le possible (de l'involontarisme en politique) », in *Gilles Deleuze. Une Vie philosophique*, sous la direction d'Eric Alliez, Institut Synthélabo, 1998.（フランソワ・ズーラビクヴィリ「ドゥルーズと可能的なもの」大山載吉訳、『Vol』vol. 1 所収、以文社、二〇〇六年）。

——. *Le Vocabulaire de Deleuze*, Paris : Ellipses, 2003.

——. « Kant avec Masoch », in *Multitudes*, 2006/2 N° 25.（フランソワ・ズーラビシヴィリ「カントとマゾッホ」小谷弥生訳、『ドゥルーズ　没後20年　新たなる転回』所収、河出書房新社、二〇一五年）。

——. *La Littéralité et autres essais sur l'art*, Paris : PUF, 2011.

*Deleuze/Guattari, Actuel Marx*, N° 52, 2012.

宇野邦一『ドゥルーズ　流動の哲学』講談社選書メチエ、二〇〇一年。

——『映像身体論』みすず書房、二〇〇八年。

――『ドゥルーズ　群れと結晶』河出書房新社、二〇一二年。

宇野邦一編『ドゥルーズ横断』河出書房新社、一九九四年。

宇野邦一編『ドゥルーズ・知覚・イメージ　映像生態学の生成』せりか書房、二〇一五年。

宇野邦一・芳川泰久・堀千晶編『ドゥルーズ　千の文学』せりか書房、二〇一一年。

江川隆男『存在と差異　ドゥルーズの超越論的経験論』知泉書館、二〇〇三年。

――『死の哲学』河出書房新社、二〇〇五年。

――『超人の倫理　〈哲学すること〉入門』河出書房新社、二〇一三年。

――『アンチ・モラリア　〈器官なき身体〉の哲学』河出書房新社、二〇一四年。

大山載吉『ドゥルーズ　抽象機械　〈非〉性の哲学』河出書房新社、二〇一六年。

小倉拓也『カオスに抗する闘い　ドゥルーズ・精神分析・現象学』人文書院、二〇一八年。

小泉義之『生殖の哲学』河出書房新社、二〇〇三年。

――『ドゥルーズと狂気』河出書房新社、二〇一四年。

小泉義之・鈴木泉・檜垣立哉編『ドゥルーズ／ガタリの現在』平凡社、二〇〇八年。

國分功一郎「特異性、出来事、共可能性　ライプニッツとドゥルーズ」1・2、『情況』二〇〇四年七月号、八／九月号所収。

――『ドゥルーズの哲学原理』岩波書店、二〇一三年。

佐藤嘉幸『権力と抵抗　フーコー・ドゥルーズ・デリダ・アルチュセール』人文書院、二〇〇八年。

佐藤嘉幸・廣瀬純『三つの革命　ドゥルーズ＝ガタリの政治哲学』講談社選書メチエ、二〇一七年。

澤野雅樹『ドゥルーズを「活用」する！』彩流社、二〇〇九年。

ギャリー・ジェノスコ『フェリックス・ガタリ　危機の世紀を予見した思想家』杉村昌昭・松田正貴訳、法政大学出版局、二〇一八年。

鈴木泉「雀斑と倒錯　ドゥルーズの最初期思想瞥見」『神戸大学文学部紀要』通号29所収、二〇〇二年。

——「ドゥルーズ哲学の生成」『現代思想』二〇〇二年八月号所収。

——「ドゥルーズ」、『哲学の歴史第12巻　実存・構造・他者【20世紀Ⅲ】』鷲田清一責任編集、中央公論社、二〇〇八年。

千葉雅也『動きすぎてはいけない　ジル・ドゥルーズと生成変化の哲学』河出書房新社、二〇一三年。

西川アサキ『魂と体、脳　計算機とドゥルーズで考える心身問題』講談社、二〇一一年。

檜垣立哉『ドゥルーズ　解けない問いを生きる』NHK出版、二〇〇二年。

——『ドゥルーズ入門』ちくま新書、二〇〇九年。

廣瀬純『絶望論　革命的になることについて』月曜社、二〇一三年。

——『シネマの大義』フィルムアート社、二〇一七年。

福尾匠『眼がスクリーンになるとき　ゼロから読むドゥルーズ『シネマ』』フィルムアート社、二〇一八年。

堀千晶「ドゥルーズ『経験論と主体性』における「想像力」と「軽薄さ」の問題」、『フランス語フランス文学研究』第96号所収、二〇一〇年。

——「文献案内」、『ドゥルーズ　没後20年　新たなる転回』所収、河出書房新社、二〇一五年。

——「ドゥルーズ」、加賀野井秀一・伊藤泰雄・本郷均・加國尚志監修『メルロ＝ポンティ哲学者事典　別巻』所収、白水社、二〇一七年。

芳川泰久・堀千晶『ドゥルーズ　キーワード89』せりか書房、増補新版、二〇一五年。

『ドゥルーズ　没後10年、入門のために』河出書房新社、二〇〇五年。

『ドゥルーズ　没後20年　新たなる転回』河出書房新社、二〇一五年。

**その他の参考文献**

ARENDT, Hannah. *Les Origines du totalitarisme : Le Système totalitaire*, trad. par Jean-Loup Bourget, Robert Davreu et Patrick Lévy, Paris : Seuil, 1972.（ハンナ・アーレント『全体主義の起原3　全体主義［新版］』大久保和郎・大島かおり訳、みすず書房、二〇一七年）。

ARTAUD, Antonin. *Œuvres complètes*, Paris : Gallimard, 26 vols, 1956-1994.

——. *Œuvres*, édition établie, présentée et annotée par Évelyne Grossman, coll. « Quarto », Paris : Gallimard, 2004.（アントナン・アルトー『神経の秤・冥府の臍』粟津則雄・清水徹編訳、現代思潮社、一九七一年。『演劇とその分身』安堂信也訳、白水社、一九九六年。『神の裁きと訣別するため』宇野邦一・鈴木創士訳、河出文庫、二〇〇六年。『アルトー後期集成Ⅰ』宇野邦一・鈴木創士監修、宇野邦一・岡本健訳、河出書房新社、二〇〇七年。『アルトー後期集成Ⅱ』宇野邦一・鈴木創士監修、管啓次郎・大原宣久訳、河出書房新社、二〇一六年。『アルトー後期集成Ⅲ』宇野邦一・鈴木創士監修、鈴木創士・荒井潔・佐々木泰幸訳、河出書房新社、二〇〇七年）。

BALIBAR, Étienne. *Violence et civilité*, Paris : Galilée, 2010.

——. *Spinoza politique : Le Transindividuel*, Paris : PUF, 2018.（同書に再録された *Spinoza et la politique*, Paris : PUF, 1985 の訳として、エティエンヌ・バリバール『スピノザと政治』水嶋一憲訳、水声社、二〇一一年）。

BECKETT, Samuel. *Malone meurt*, Paris : Minuit, 2004 (1$^{e}$ éd. 1951).（サミュエル・ベケット『マロウン死す』宇野邦一訳、河出書房新社、二〇一九年）。

BENVENISTE, Émile. *Le Vocabulaire des institutions indo-européennes*, Paris : Minuit, 1969.（エミール・バンヴェニスト『インド＝ヨーロッパ諸制度語彙集Ⅰ』前田耕作監訳、蔵持不三也・檜枝陽一郎・鶴岡真弓・渋谷利雄・田口良司・中村忠男訳、言叢社、一九八六年）。

BERGSON, Henri. *Matière et mémoire : Essai sur la relation du corps à l'esprit* (1896), in *Œuvres*, édition du Centenaire, Paris : PUF, 1959.（アンリ・ベルクソン『物質と記憶』杉山直樹訳、講談社学術文庫、二〇〇七年）。

——. *L'Évolution créatrice* (1907), in *Œuvres, op. cit.*（『創造的進化』合田正人・松井久訳、ちくま学芸文庫、二〇一〇年）。

——. *La Pensée et le mouvant* (1934), in *Œuvres, op. cit.*（『思考と動き』原章二訳、平凡社ライブラリー、二〇一三年）。

BLANCHOT, Maurice. *L'Entretien infini*, Paris : Gallimard, 1969.（モーリス・ブランショ『終わりなき対話Ⅰ　複数性の言葉（エクリチュールの言葉）』湯浅博雄・上田和彦・郷原佳以訳、筑摩書房、二〇一六年。『終わりなき対話Ⅱ　限界‐経験』湯浅博雄・岩野卓司・上田和彦・大森晋輔・西山達也・西山雄二訳、筑摩書房、二〇一七年。『終わりなき対話III　書物の不在（中性的なもの、断片的なもの）』湯浅博雄・岩野卓司・郷原佳以・西山達也・安原伸一朗訳、筑摩書房、二〇一七年）。
BORGES, Jorge Luis. *Fictions*, traduit de l'espagnol par P. Verdevoye, Ibarra et Roger Caillois, Paris : Gallimard, coll. « folio », 1983.（ボルヘス『伝奇集』鼓直訳、岩波文庫、一九九三年）。
BRASSIER, Ray. *Nihil Unbound : Enlightenment and Extinction*, New York : Palgrave, 2007.
BRÉHIER, Émile. *La Théorie des incorporels dans l'ancien stoïcisme*, Paris : Vrin, 1962 (1e éd. 1908).（エミール・ブレイエ『初期ストア哲学における非物体的なものの理論』江川隆男訳、月曜社、二〇〇六年）。
——. *Chrysippe et l'ancien stoïcisme*, Paris : Éditions des archives contemporaines, 2005 (1e éd. 1910).
BUTLER, Judith, ATHANASIOU, Athena. *Dispossession : The Performative in the Political*, Cambridge : Polity Press, 2013.
CHEVALIER, Louis. *Classes laborieuses et classes dangereuses à Paris pendant la première moitié du XIXe siècle*, Paris : Librairie Générale Française, 1978.（ルイ・シュヴァリエ『労働階級と危険な階級　19世紀前半のパリ』喜安朗・木下賢一・相良匡俊訳、みすず書房、一九九三年）。
COURTINE, Jean-François. *Schelling entre temps et éternité : Histoire et préhistoire de la conscience*, Paris : Vrin, 2012.
D'AGATA, Antoine, DELORY-MOMBERGER, Chritine. *Le Désir du monde. Entretiens*, Paris : Téraèdre, 2013.
D'AGATA, Antoine, LE DANTEC, Bruno, GARIDO, Rafael. *Odysseia*, Marseille : André Frère, 2013.
DALCQ, Albert. *L'Œuf et son dynamisme organisateur*, Paris : Albin Michel, 1941.
DEMANGE, Dominique. *Jean Duns Scot : La Théorie du savoir*, Paris : Vrin, 2007.
DERRIDA, Jacques. « Introduction », in Edmund Husserl, *L'Origine de la géométrie*, traduction et introduction par Jacques Derrida, Paris : PUF, 2e éd. revue, 1974.（ジャック・デリダ「『幾何学の起源』序説」、エドムント・フッサール『幾何学の起源』所収、田島節夫・矢島忠夫・鈴木修一訳、青土社、一九八八年）。
——. *Le Monolinguisme de l'autre, ou la prothèse d'origine*, Paris : Galilée, 1996.（『たった一つの、私のものではない言

葉　他者の単一言語使用』守中高明訳、岩波書店、二〇〇一年）。
——. *Demeure. Maurice Blanchot*, Paris : Galilée, 1998.（『滞留』湯浅博雄監訳、郷原佳以・坂本浩也・西山達也・安原伸一郎訳、未来社、二〇〇〇年）。
——. *Le Toucher, Jean-Luc Nancy*, Paris : Galilée, 1999.（『触覚　ジャン＝リュック・ナンシーに触れる』松葉祥一・榊原達哉・加國尚志訳、青土社、二〇〇六年）。
——. *Séminaire La bête et le souverain I (2001-2002)*, Paris : Galilée, 2008.（『獣と主権者［Ｉ］』西山雄二・郷原佳以・亀井大輔・佐藤朋子訳、白水社、二〇一四年）。
DESAN, Wilfrid. *The Marxism of Jean-Paul Sartre*, Garden City, N.Y. : Doubleday, 1965.（ウィルフリッド・デサン『サルトルのマルクス主義』玉井茂・宮本十蔵訳、筑摩書房、一九六八年）。
DESCOMBES, Vincent. *Le Même et l'autre : Quatre-cinq ans de philosophie française (1933-1978)*, Paris : Minuit, 1979.（ヴァンサン・デコンブ『知の最前線』高橋允昭訳、TBSブリタニカ、一九八三年）。
D'HONDT, Jacques. « Le Meilleur des mondes de Marx », in *Leibniz : Le Meilleur des mondes, Studia leibnitiana*, Sonderheft 21, publié par Albert Heinekamp, André Robinet, Franz Steiner, 1992.
DOSSE, François. *Histoire du structuralisme*, Paris : Découverte, 2 vols, 1991-1992.（フランソワ・ドッス『構造主義の歴史』上巻、清水正・佐山一訳、下巻、仲澤紀雄訳、国文社、一九九九年）。
DUPOUY, Roger. « Du masochisme », in *Annales médico-psychologiques*, t. II, décembre 1929. (http://psychanalyse-paris.com/985-Du-masochisme-a-type-chevalin.html)（二〇一八年九月一〇日閲覧）。
DURAS, Marguerite. *La Maladie de la mort*, Paris : Minuit, 1982.（マルグリット・デュラス『死の病い・アガタ』小林康夫・吉田加南子訳、朝日出版社、一九八四年）。
DUMOULIÉ, Camille. *Nietzsche et Artaud : Pour une éthique de la cruauté*, Paris : PUF, 1992.
FERON, Olivier. « La modernité entre la théodicée et le principe de raison insuffisante », in Juan Antonio Nicolás (Hg.), *Leibniz und die Entstehung der Modernität, Studia Leibnitiana*, Bd. 37, Franz Steiner Verlag, 2010.

FOUCAULT, Michel. « La Pensée du dehors » (1966), in *Dits et écrits I, 1954-1975*, Paris : Gallimard, coll. « Quarto », 2001.（ミシェル・フーコー「外の思考」豊崎光一訳、『ミシェル・フーコー思考集成Ⅱ』所収、筑摩書房、一九九九年）。

——. « Sur la justice populaire. Débat avec les maos » (1972), in *Dits et écrits I*, *op. cit.*（「人民裁判について　マオイスト（毛沢東主義者）たちとの討論」菅野賢治訳、『ミシェル・フーコー思考集成Ⅳ』所収、筑摩書房、一九九九年）。

——. *Surveiller et punir : Naissance de la prison*, Paris : Gallimard, 1975.（『監獄の誕生　監視と処罰』田村俶訳、新潮社、一九七七年）。

——. *« Il faut défendre la société » : Cours au Collège de France (1975-1976)*, Paris : Seuil/Gallimard, 1997.（『社会は防衛しなければならない　コレージュ・ド・フランス講義 1975-1976 年度』石田英敬・小野正嗣訳、筑摩書房、二〇〇七年）。

FRANK, Manfred. « Schelling and Sartre on Being and Nothingness », in *The New Schelling*, edited by Judith Norman and Listair Welchman, London ; New York : Continuum, 2004.

FRÉMONT, Christiane. *L'Être et la relation*, Paris : Vrin, 2ᵉ éd revue et augmentée, 1999.

GENETTE, Gérard. *Figures II*, Paris : Seuil, 1969.（ジェラール・ジュネット『フィギュールⅡ』花輪光訳、書肆風の薔薇、一九八九年）。

GOUX, Jean-Joseph. « Dérivable et indérivable » , in *Critique*, janvier 1970.

GROUPE D'INFORMATION SUR LES PRISONS. *Intolérable*, présenté par Philippe Artières, Paris : Verticales, 2013.

GRUA, Gaston. *Jurisprudence universelle et théodicée selon Leibniz*, Paris : PUF, 1953.

GUEROULT, Martial. *Spinoza I : Dieu*, Paris : Aubier-Montaigne, 1968.

——. *Études sur Descartes, Spinoza, Malebranche et Leibniz*, Hildesheim : Georg Olms, 1970.

——. *Spinoza II : L'Âme*, Paris : Aubier-Montaigne, 1974.

HAUSSMANN, Georges-Eugène. *Memoires du baron Haussmann*, Paris : Vicor-Havard, 3ᵉ éd. 1890.

HEIDEGGER, Martin. *Qu'appelle-t-on penser ?*, trad. Aloys Becker et Gérard Granel, Paris : PUF, 1973 (1e éd. 1959).

HOCQUENGHEM, Guy. *L'Après-mai des faunes*, Paris : Grasset, 1974.

HORN, Roni. *YOU ARE THE WEATHER*, Zurich : Scalo, 1997.

——. *ANOTHER WATER*, Zurich : Scalo, 2000.

——. *Desseins/Drawings*, Paris : Centre Pompidou, 2003.

HUME, David. *A Treatise of Human Nature*, edited by David Fate Norton, Mary J. Norton, Oxford : Oxford University Press, 2000.（デイヴィッド・ヒューム『人間本性論　第1巻 知性について』木曾好能訳、法政大学出版局、一九九五年。『人間本性論　第2巻 情念について』石川徹・中釜浩一・伊勢俊彦訳、法政大学出版局、二〇一一年。『人間本性論　第3巻 道徳について』伊勢俊彦・石川徹・中釜浩一訳、法政大学出版局、二〇一二年）。

INGOLD, Tim. *Being Alive : Essays on Movement, Knowledge and Description*, London ; New York : Routledge, 2011.

JAMESON, Fredric. *The Political Unconscious : Narrative as a Socially Symbolic Act*, Ithaca : Cornell University Press, 1981.（フレドリック・ジェイムソン『政治的無意識　社会的象徴行為としての物語』大橋洋一・木村茂雄・太田耕人訳、平凡社ライブラリー、二〇一〇年）。

——. *The Antinomies of Realism*, London ; New York : Verso, 2013.

JOHNSTON, Adrian. *Badiou, Žižek, and Political Transformations : The Cadence of Change*, Evanston : Northwestern University Press, 2009.

KACEM, Mehdi Belhaj. *Être et sexuation*, Paris : Stock, 2013.

LACAN, Jacques. *Le Séminaire livre XVI. D'un Autre à l'autre*, Paris : Seuil, 2006.

LACOUE-LABARTHE, Philippe, NANCY, Jean-Luc. *L'Absolu littéraire : Théorie de la littérature du romantisme allemand*, Paris : Seuil, 1978.

LACROIX, Justine, PRANCHÈRE, Jean-Yves. *Le Procès des droits de l'homme : Généalogie du scepticisme démocratique*, Paris : Seuil, 2016.

LECOUTURIER, Henri. *Paris incompatible avec la République*, Paris : Desloges, 1848.

LEIBNIZ, G. W. *Œuvres philosophiques de Leibniz*, avec une introduction et des notes par Paul Janet, 2 vols, Paris : Ladrange, 1866.

——. *Die philosophischen Schriften von Gottfried Wilhelm Leibniz*, herausgegeben von C. I. Gerhardt, 7 Bd., Berlin : Weidmannsche Buchhandlung, 1875-1890.（『ライプニッツ著作集』工作舎、全一〇巻、一九八八―一九九九年。『ライプニッツ』中公クラシックス、二〇〇五年。『形而上学序説　ライプニッツ－アルノー往復書簡』橋本由美子監訳、秋保亘・大矢宗太朗訳、平凡社ライブラリー、二〇一三年）。

LÉON, Albert. *Les Éléments cartésiens de la doctrine spinoziste sur les rapports de la pensée et de son objet*, Paris : Félix Alcan, 1907.

LYOTARD, Jean-François. *Discours, figure*, Paris : Klincksieck, 1971.（ジャン＝フランソワ・リオタール『言説、形象』合田正人監修、三浦直希訳、法政大学出版局、二〇一一年）。

MARSHALL, A. J. *Bower-Birds : Their Displays and Breeding Cycles*, Oxford : Clarendon Press, 1954.

MARGEL, Serge. *Logique de la nature : Le Fantôme, la technique et la mort*, Paris : Galilée, 2000.

——. *Destin et liberté : La Métaphysique du mal*, Paris : Galilée, 2002.

——. *De l'imposture. Jean-Jacques Rousseau. Mensonge littéraire et fiction politique*, Paris : Galilée, 2007.（セルジュ・マルジェル『欺瞞について　ジャン＝ジャック・ルソー、文学の嘘と政治の虚構』堀千晶訳、水声社、二〇一二年）。

——. *Aliénation. Antonin Artaud. Les Généalogies hybrides*, Paris : Galilée, 2008.

——. *La forces des croyances : Les Religions du Livre et le destin de la modernité*, Paris : Hermann, 2009.

MASCOLO, Dionys. *Autour d'un effort de mémoire. Sur une lettre de Robert Antelme*, Paris : Maurice Nadeau, 1987.

MATHERON, Alexandre. *Individu et communauté chez Spinoza*, Paris : Minuit, nouvelle édition, 1988 (1e éd. 1969).

——. *Anthropologie et politique au XVIIe siècle (Etudes sur Spinoza)*, Paris : Vrin, 1986.

——. *Études sur Spinoza et les philosophies de l'âge classique*, Lyon : ENS Éditions, 2011.

MEILLASSOUX, Quentin. *Après la finitude : Essai sur la nécessité de la contingence,* Paris : Seuil, éd. revue 2013 (1e éd. 2006).（カンタン・メイヤスー『有限性の後で　偶然性の必然性についての試論』千葉雅也・大橋完太郎・星野太訳、人文書院、二〇一六年）。

MERLEAU-PONTY, Maurice. *La Nature : Notes, Cours du Collège de France,* établi et annoté par Dominique Séglard, Paris : Seuil, 1994.

MILNER, Jean-Claude. *La Politique des choses : Court traité politique I,* Lagrasse : Verdier, 2011.

MONDADORI, Fabrizio. « On Some Disputed Questions in Leibniz's Metaphysics », in *Studia Leibnitiana,* Bd. 25, 1993.

MORITZ, Karl Philipp. « Anton Reiser », traduction de Henri-Alexis Baatsch, in Jean-Christphe Bailly, *La Légende dispersée : Anthologoie du romantisme allemand,* Paris : Christian Bourgois, 1976.

NORMAN, Judith. « Schelling and Nietzsche : Willing and Time », in *The New Schelling,* edited by Judith Norman and Listair Welchman, London ; New York : Continuum, 2004.

OGILVIE, Bernard. *L'Homme jetable : Essais sur l'exterminisme et la violence extrême,* Paris : Amsterdam, 2012.

——. *Le Travail à mort au temps du capitalisme absolu,* Paris : L'Arachnéen, 2017.

PASSERONE, Giorgio. *Un Lézard : Le Cinéma des Straubs,* Villeneuve d'Ascq : Septentrion, 2014.

PERRIER, Édmond. *La Philosophie zoologique avant Darwin,* Paris : Félix Alcan, 1886.

RANCIÈRE, Danielle. « Militer ensemble », in *L'Herne. Foucault,* dirigé par Philippe Artières, Jean-François Bert, Frédéric Gros, Judith Revel, L'Herne, 2011.

RANCIÈRE, Jacques. « Le Concept de critique et la critique de l'économie politique des « Manuscrits de 1844 » au « Capital » », in Louis Althusser, Etienne Balibar, Roger Establet, Pierre Macherey, Jacques Rancière, *Lire le Capital,* Paris : PUF, coll. « Quadrige », 1996 (1e éd. 1965).（ジャック・ランシエール「『一八四四年の草稿』から『資本論』までの批判の概念と経済学批判」、今村仁司訳『資本論を読む』上巻所収、ちくま学芸文庫、一九九六年）。

――. *La Mésentente : Politique et philosophie*, Paris : Galilée, 1995.（ランシエール『不和あるいは了解なき了解　政治の哲学は可能か』松葉祥一・大森秀臣・藤江成夫訳、インスクリプト、二〇〇五年）。
――. *Et tant pis pour les gens fatigués : Entretiens*, Paris : Amsterdam, 2009.
READ, Jason. *The Micro-Politics of Capital*, Albany : SUNY Press, 2003.
――. *The Politics of Transindividuality*, Chicago : Haymarket Books, 2016.
ROSS, Kristin. *Communal Luxury : The Political Imaginary of the Paris Commune*, London, New York : Verso, 2016.
ROUSSEAU, Jean-Jacques. « Discours sur l'économie politique », in *Œuvres complètes*, t. III, coll. « Pléiade », Paris : Gallimard, 1964.（ジャン＝ジャック・ルソー『政治経済論』阪上孝訳、『ルソー全集　第五巻』所収、白水社、一九七九年）。
RUSSELL, Bertrand. *A Critical Exposition of the Philosophy of Leibniz*, Nottingham : Spokesman, 2008 (1e éd. 1900).
RAYNER, Alan D. M. *Degrees of Freedom : Living in Dynamic Boundaries*, London : Imperial College Press, 1997.
SARTRE, Jean-Paul. *L'Être et le néant*, Paris : Gallimard, 1943.（ジャン＝ポール・サルトル『存在と無　現象学的存在論の試み』松浪信三郎訳、人文書院、全三巻、一九五六―一九六〇年）。
――. *Situations, II. Qu'est-ce que la littérature ?*, Paris : Gallimard, 1948.（ジャン＝ポール・サルトル『文学とは何か』加藤周一・白井健三郎・海老坂武訳、人文書院、一九九八年）。
――. *Critique de la raison dialectique, t. I. Théorie des ensembles pratiques*, Paris : Gallimard, 1960.（ジャン＝ポール・サルトル『方法の問題　弁証法的理性批判　序説』平井啓之訳、一九六二年。『弁証法的理性批判』第Ⅰ巻、竹内芳郎・矢内原伊作訳、第Ⅱ巻、平井啓之・森本和夫訳、第Ⅲ巻、平井啓之・足立和浩訳、一九六二―一九七三年）。
――. *Situations*, X, Paris : Gallimard, 1976.（ジャン＝ポール・サルトル『シチュアシオンX』鈴木道彦・海老坂武訳、人文書院、一九七七年）。
SCHELLING, F.-W. *Essais*, traduits et préfacés par S. Jankélévitch, Paris : Aubier, 1946.（シェリング『人間的自由の本質』西谷啓治訳、岩波文庫、改版、一九七五年。『シェリング著作集4a　自由の哲学』灯影舎、二〇一一年。『哲学的経験論の叙述』岩崎武雄訳、『世界の名著続9　フィヒテ　シェリング』所収、中央公論社、一九七四年）。
——. *Les Ages du monde* suivi de *Les Divinités de Samothrace*, trad. S. Jankélévitch, Paris : Aubier, 1949.（『シェリング著作集4b　歴史の哲学』藤田正勝・山口和子編、文屋秋栄、二〇一八年）。
SCHUHL, Pierre-Maxime. *Le Dominateur et les possibles*, Paris : PUF, 1960.
SERRES, Michel. *Le Système de Leibniz et ses modèles mathématiques*, Paris : PUF, 4e éd. 2001 (1e éd. 1968).
——. *Genèse*, Grasset, 1982.（ミシェル・セール『生成』及川馥訳、法政大学出版局、一九八三年）。
SIMON, Claude. *Orion aveugle*, Paris : Skira, 1970.（クロード・シモン『盲いたるオリオン』平岡篤頼訳、新潮社、一九七六年）。
——. *Quatre conférences*, Paris : Minuit, 2012.
SIMONDON, Gilbert. *L'Individuation à la lumière des notions de forme et d'information*, Grenoble : J. Millon, 2005.（ジルベール・シモンドン『個体化の哲学』藤井千佳世監訳、近藤和敬・中村大介・ローラン・ステリン・橘真一・米田翼訳、法政大学出版局、二〇一八年）。
SOURIAU, Étienne. *Les Différents modes d'existence*, Paris : PUF, 2009 (1e éd. 1943).
SPINOZA, Baruch. *L'Éthique*, trad. Armand Guérinot, Paris : Édouard Pelletan, 1930.
——. *Éthique*, édition bilingue latin-français, présenté et traduit par Bernard Pautrat, Paris : Seuil, 2010.
STENGERS, Isabelle. *Penser avec Whitehead : Une libre et sauvage création de concepts*, Paris : Seuil, 2002.
STIEGLER, Bernard. *États de choc : Bêtise et savoir au XXIe siècle*, Paris : Mille et une nuits, 2012.
TRONTI, Mario. *Ouvriers et capital*, traduit par Y. Moulier avec la collaboration de G. Bezza, Paris : Christian Bourgois, 1977.
UEXKÜLL, Jakob von. *The Theory of Meaning*, in *Semiotica*, volume 42 (1), 1982.
VALÉRY, Paul. « Problème des trois corps » in *Œuvres complètes*, t. I, coll. « Pléiade », Paris : Gallimard, 1957.（ポール・ヴァレリー「三つの身体の問題」、『ヴァレリー集成IV』山田広昭編訳、筑摩書房、二〇一一年）。

VIRILIO, Paul. *L'Insécurité du territoire*, Paris : Galilée, 2e éd. 1993 (1e éd. 1976).
VUILLEMIN, Jules. *Nécessité ou contingence : L'Aporie de Diodore et les systèmes philosophiques*, Paris : Minuit, 1984.
WAHL, Jean. *Les philosophies pluralistes d'Angleterre et d'Amérique*, Paris : F. Alcan, 1920.
–. *Études kierkegaardiennes*, Paris : Vrin, 1974 (1e éd. 1949).
WOTLING, Patrick. *La Pensée du sous-sol : Statut et structure de la psychologie dans la philosophie de Nietzsche*, Paris : Allia, 2007.
ŽIŽEK, Slavoj. *The Indivisible Remainder : On Schelling and Related Matters*, London ; New York : Verso, 1996.（スラヴォイ・ジジェク『仮想化しきれない残余』松浦俊輔訳、青土社、一九九七年）。
ZOURABICHVILI, François. *Le Conservatisme paradoxal de Spinoza : Enfance et royauté*, Paris : PUF, 2002.
——. *Spinoza : Une Physique de la pensée*, Paris : PUF, 2002.
*Recherches, Le Soldat du travail. Guerre, fascisme et taylorisme*, n° 32/33, septembre 1978.
*Recherches. Drogues, passions muettes*, n° 39 bis, décembre 1979.
*Rencontres avec Jean-Marie Straub, Danièle Huillet*, édition établie par Jean-Louis Raymond, Paris : Beaux-arts de Paris, 2008.

アガンベン、ジョルジョ『ホモ・サケル　主権権力と剝き出しの生』高桑和巳訳、以文社、二〇〇三年。

——『スタンツェ　西洋文化における言葉とイメージ』岡田温司訳、ちくま学芸文庫、二〇〇八年。

——『思考の潜勢力』高桑和巳訳、月曜社、二〇〇九年。

アリストテレス『命題論』早瀬篤訳、『アリストテレス全集1』所収、岩波書店、二〇一三年。

——『自然学』内山勝利訳、『アリストテレス全集4』岩波書店、二〇一七年。

市田良彦「マルチチュードとは何か　ドゥルーズとネグリ、二つの思考：豊かさとチャンス　市田良彦からズーラビクヴィリへの問い」佐野元直訳、『現代思想』二〇〇三年二月号所収。

――『ランシエール　新〈音楽の哲学〉』白水社、二〇〇七年。

――『ルイ・アルチュセール』岩波新書、二〇一八年。

入不二基義『相対主義の極北』ちくま学芸文庫、二〇〇九年。

――『時間と絶対と相対と』勁草書房、二〇〇七年。

――『あるようにあり、なるようになる　運命論の運命』講談社、二〇一五年。

ウォディス、ジャック『クーデター　軍隊と政治権力』土生長穂・河合恒生訳、大月書店、一九八一年。

ウォーリン、リチャード『1968　パリに吹いた「東風」　フランス知識人と文化大革命』福岡愛子訳、岩波書店、二〇一四年。

宇野邦一『アルトー　思考と身体』白水社、一九九七年。

岡真理『ガザに地下鉄が走る日』みすず書房、二〇一八年。

ガルセス、ホアン・E『アジェンデと人民連合　チリの経験の再検討』後藤政子訳、時事通信社、一九七九年。

カント『純粋理性批判』熊野純彦訳、作品社、二〇一二年。

カントロヴィッチ、エルンスト・H『王の二つの身体』小林公訳、ちくま学芸文庫、上下巻、二〇〇三年。

キケロ『宿命について』水野有庸訳、『世界の名著13』所収、中央公論社、一九六八年。

キャロル、ルイス『鏡の国のアリス』矢川澄子訳、新潮文庫、一九九四年。

北見秀司『サルトルとマルクス1　見えない『他者』の支配の陰で』春風社、二〇一〇年。

――「サルトルとマルクス、あるいは、もうひとつの個人主義、もうひとつの自由のあり方　変革主体形成論の試み」、澤田直編『サルトル読本』所収、法政大学出版局、二〇一五年。

清眞人『実存と暴力　後期サルトル思想の復権』御茶の水書房、二〇〇四年。

キルケゴール『おそれとおののき』桝田啓三郎訳、『世界文學大系27　キルケゴール』所収、筑摩書房、一九六一年。

――『死にいたる病』桝田啓三郎訳、『世界の名著40　キルケゴール』中央公論社、一九六六年。

ゴンブリッチ、E・H『棒馬考　イメージの読解』二見史郎・谷川渥・横山勝彦訳、勁草書房、一九九四年。

スチュアート、マシュー『宮廷人と異端者　ライプニッツとスピノザ、そして近代における神』桜井直文・朝倉友海訳、書肆心水、二〇一一年。

スピノザ『神学・政治論』畠中尚志訳、岩波文庫、上下巻、一九四四年。

――『エチカ』畠中尚志訳、岩波文庫、上下巻、一九七五年。

――『国家論』畠中尚志訳、岩波文庫、一九七六年。

高尾由子『シェリングの自由論　存在の論理をめぐって』北樹出版、二〇〇五年。

ニーチェ『ニーチェ全集　第九巻（第Ⅱ期）』三島憲一訳、白水社、一九八四年。

ハイデガー、マルティン『シェリング講義』木田元・迫田健一訳、新書館、一九九九年。

――『思惟とは何の謂いか』四日谷敬子、ハルトムート・ブフナー訳、創文社、二〇〇六年。

――『現象学の根本問題』木田元監訳、平田裕之・迫田健一訳、作品社、二〇一〇年。

ハーヴェイ、デヴィッド『パリ　モダニティの首都』大城直樹・遠城明雄訳、青土社、二〇〇六年。

ハルトマン、ニコライ『ドイツ観念論の哲学　第一部フィヒテ、シェリング、ロマン主義』村岡晋一監訳、迫田健一・瀬嶋貞徳・吉田達・平田裕之訳、作品社、二〇〇四年。

プラトン『ティマイオス』種山恭子訳、『プラトン全集12』所収、岩波書店、一九七五年。

ペルニオーラ、マリオ『無機的なもののセックス・アピール』岡田温司・鯖江秀樹・蘆田裕史訳、平凡社、二〇一二年。

ホワイトヘッド、アルフレッド・ノース『ホワイドヘッド著作集第4巻　自然という概念』藤川吉美訳、松籟社、一九八二年。

マラッツィ、クリスティアン『資本と言語』柱本元彦訳、水嶋一憲監修、人文書院、二〇一〇年。

――『現代経済の大転換　コミュニケーションが仕事になるとき』多賀健太郎訳、青土社、二〇〇九年。

マルクス、カール『ユダヤ人問題によせて／ヘーゲル法哲学批判序説』城塚登訳、岩波文庫、一九七四年。

――『資本論』向坂逸郎訳、岩波書店、全四巻、一九六七年。

マルクス、カール／エンゲルス、フリードリヒ『共産党宣言』大内兵衛・向坂逸郎訳、岩波文庫、二〇〇七年。

ムジール、ローベルト『特性のない男1』高橋義孝・圓子修平訳、新潮社、一九六四年。

村岡晋一『ドイツ観念論　カント・フィヒテ・シェリング・ヘーゲル』講談社選書メチエ、二〇一二年。

メイヤスー、カンタン『亡霊のジレンマ　思弁的唯物論の展開』岡嶋隆佑・熊谷謙介・黒木萬代・神保夏子訳、青土社、二〇一八年。

モーリス‐スズキ、テッサ『自由を耐え忍ぶ』辛島理人訳、岩波書店、二〇〇四年。

ユクスキュル、ヤーコプ・フォン／クリサート、ゲオルク『生物から見た世界』日高敏隆・羽田節子訳、岩波文庫、二〇〇五年。

ユンガー、エルンスト『労働者』川合全弘訳、月曜社、二〇一三年。

——『ユンガー政治評論』川合全弘編訳、月曜社、二〇一六年。

ロス、クリスティン『68年5月とその後　反乱の記憶・表象・現在』箱田徹訳、航思社、二〇一四年。

# あとがき

本書は、二〇一九年一月に早稲田大学に提出された博士論文「ドゥルーズ思想研究――「出来事」と「生成変化」の論理と政治――」をもとにしたものである。論文審査を担当してくださったのは、主査の芳川泰久先生（早稲田大学教授、現・名誉教授）、副査の宇野邦一先生（立教大学名誉教授）、藤本一勇先生（早稲田大学教授）である。日頃からご指導、ご助言をいただき、審査においても貴重なご指摘を賜った先生方に、あらためて感謝申しあげたい。

論文執筆をはじめたのはおそらく二〇一〇年頃だと思うが、もはや記憶も判然としない。どの箇所をいつ書いたのかも思い出せない。たびたび中断を挟み、横道に幾度も逸れながら、二〇一八年末まで間歇的に執筆は続けられた。その間に、いやその遙か前から、世界各地で様々な事件や出来事が、様々な地域や領域で起こっていた。逐一挙げていくことはしないが、ジャック・ランシエールの言葉を借りるなら「不名誉な三十年」をかたちづくる数々の出来事の連鎖であり、それに対する無数の抵抗運動の軌跡である。執筆に長い時間がかかったのは、他の仕事に取り組んでいたという外的な要因ばかりでなく、同時代的な出来事や運動の数々に直面し、ときにはそのいくつかについて考えあぐね、立場や態度を決めかねていたからである。大学の制度内で書かれるテクストであっても、決して時代と切り離されたものではない。少なくとも私はそのような立場を取らなかった。論文執筆と同時代の出来事に直接言及した箇所はほとんどないが、本書には時代の空気がいたるところに漂っている。執筆時には自分でも意識しなかったような様々な足踏み、蛇行、停滞、躊躇、さらには思い切った踏み込みが、本書のあちこちに散見されるのは、おそらくそのためだろう。読み返してみると、繰り返し同じ問題に執拗に立ち帰っているのも、そうしたことと無縁であるとは思えない。なお本書のもとになった博士論文を改稿したのは、主に二〇二一年末から二〇二二年四月末までであることも書き添えておく。部・章・節の題名には基本的に変更はなく、分量も当初からほとんど変わっていないが、追記と削除を全篇にわたって行っている。

本書のもとになる論文というか、試論を構想しながら考えていたのは、どれほど不十分であれ、協和音的でないテクストを書くことであった。コンポジションをめぐる嗜好といえばそれまでかもしれない。『意味の論理学』や『千のプラトー』が愛すべき偉大な書物であるのは、その形式によるところが大きい。ドゥルーズについて書こうとする者は、いかなる形式で書くかを考えざるをえない。私が夢見たのは――実現できているかどうかはもちろん別として――、テクスト全体が等質的な場をなすことなく、各部が、ときには各章、各節が互いを批評しあい、相手のふところに新たな切り込みを入れ、断絶や落差を持ち込むようなしかたで書くことだった。各部は内容だけでなく文体も相応に異なっており、口頭試問の際には、複数の異なる論文をひとつに結いあわせたようだという評もいただいた（必ずしも否定的な意味ではなかったと記憶している）。いわゆるアカデミックな形式ではないかもしれない。私が書くことをとおして聴きたかったのは、分裂の響きだった。乾ききった、より静穏な調子になればよかったとも思うが、そのためには別の形式で書くしかない。本書には中心点がなく、さらに書き継いでゆくこともできる。結論は終焉ではない。本書独自の幾つかの用語を除けば、各部、各章、各節の順番を変えて読むこともできるはずだ。その一方で、本書ではたったひとつのことしか語られていない、そのひとつのことめがけて様々なしかたで言葉が発せられているにすぎない。著者という最初の読者としてはそんな印象も抱いている。

本書の出版までには様々な経緯があった。原稿を文字どおり救ってくださったのは、編集者の阿部晴政氏である。阿部さんからのお声がけがなければ、この試論が日の目を見ることはなかった。心より感謝申しあげたい。また本書の刊行を受け容れてくださった月曜社の神林豊氏に御礼申しあげます。

二〇二二年七月

堀千晶（ほり・ちあき）1981年生まれ
著書『ドゥルーズ　キーワード89』（共著、せりか書房）、『ドゥルーズと革命の思想』（共著、以文社）
編著『ドゥルーズ　千の文学』（共編、せりか書房）
訳書　ダヴィッド・ラプジャード『ドゥルーズ　常軌を逸脱する運動』（河出書房新社）、『ちいさな生存の美学』（月曜社）、ジル・ドゥルーズ『ザッヘル＝マゾッホ紹介　冷淡なものと残酷なもの』（河出文庫）、『ドゥルーズ　書簡とその他のテクスト』（共訳、河出書房新社）、ロベール・パンジェ『パッサカリア』（水声社）など

ドゥルーズ　思考（しこう）の生態学（せいたいがく）

著者　堀千晶（ほりちあき）

二〇二二年一〇月三〇日　第一刷発行

発行所　有限会社月曜社
発行者　神林豊
〒一八二‐〇〇〇六　東京都調布市西つつじヶ丘四‐四七‐三
電話〇三‐三九三五‐〇五一五（営業）／〇四二‐四八一‐二五五七（編集）
ファクス〇四二‐四八一‐二五六一
http://getsuyosha.jp/

編集　阿部晴政
装幀・写真　大友哲郎
印刷・製本　モリモト印刷株式会社

ISBN978-4-86503-155-3